国家科学技术学术著作出版基金资助出版

制造业绿色创新系统研究与进展

Manufacturing Green Innovation System Research and Progress

毕克新　杨朝均　黄　平等　著

国家自然科学基金资助项目（71273073、71073041、70872024）

科学出版社

北　京

内 容 简 介

构建绿色创新系统、提升绿色创新能力已成为制造业解决环境问题、实现转型升级和跨越发展的关键。本书结合制造强国等国家战略思想与制造业发展的现实问题，从制造业绿色创新系统构建及运行机制研究、制造业绿色创新系统的绿色创新动力与绿色创新模式研究、制造业绿色创新系统的知识溢出与知识共享机制研究、跨国公司技术转移与直接投资行为下的制造业绿色创新系统研究、低碳创新相关的制造业绿色创新系统研究等五个方面对制造业绿色创新系统进行深入探讨。

本书可作为政策制定者、企业与产业主体，以及绿色创新、技术创新、可持续发展等领域读者的参考用书。

图书在版编目（CIP）数据

制造业绿色创新系统研究与进展/毕克新等著.—北京：科学出版社，2016.12
　ISBN 978-7-03-051296-3

Ⅰ.①制… Ⅱ.①毕… Ⅲ.①制造工业—技术革新—研究 Ⅳ.①F416.4

中国版本图书馆 CIP 数据核字（2016）第 319410 号

责任编辑：李　莉／责任校对：王　瑞　孙婷婷
责任印制：霍　兵／封面设计：无极书装

科学出版社 出版
北京东黄城根北街 16 号
邮政编码：100717
http://www.sciencep.com

北京通州皇家印刷厂 印刷
科学出版社发行　各地新华书店经销

*

2016 年 12 月第　一　版　　开本：720×1000　B5
2016 年 12 月第一次印刷　　印张：30 1/4
字数：608 000
定价：178.00 元
（如有印装质量问题，我社负责调换）

作者简介

毕克新，男，管理学博士，现为哈尔滨工程大学经济管理学院教授，哈尔滨理工大学管理学院教授。国务院政府特殊津贴获得者，"龙江学者"特聘教授，黑龙江省优秀中青年专家获得者，首届黑龙江省优秀研究生导师获得者，黑龙江省宣传文化系统"六个一批"人才获得者，黑龙江省科技经济顾问委员会专家，黑龙江省政协常务委员。中国技术经济学会、中国软科学研究会、中国科学学与科技政策研究会常务理事，中国管理现代化研究会理事，黑龙江省工商管理学会副会长，黑龙江可持续发展研究会副理事长等。

作为项目负责人，主持国家自然科学基金资助项目（已完成的7个项目中6项被评为优秀、1项良好）、国家社会科学基金资助项目、国家软科学研究计划项目等国家级项目14项和省部级各类科研项目30多项；作为第一完成人获省部级科技奖励14项；在国家级出版社出版专著10部，其中获国家科学技术学术著作出版基金资助项目1部，中共中央统一战线工作部华夏英才基金资助1部；发表学术论文200多篇，其中SSCI期刊论文2篇、SCI期刊论文3篇、国家自然科学基金委员会管理科学部认定的A类重要期刊45篇、EI收录30余篇、CSSCI来源期刊100余篇、《新华文摘》全文转载2篇、中国人民大学《复印报刊资料》全文转载4篇。在制造业绿色创新系统研究、制造业企业工艺创新研究、制造业企业低碳创新研究、技术性贸易壁垒与中小企业技术创新等领域已形成了自己的研究特色。

杨朝均，男，管理学博士，现为昆明理工大学管理与经济学院讲师。主要研究方向是绿色创新管理、开放经济与创新。目前主持国家自然科学基金青年项目1项、云南省哲学社会科学规划项目1项，参与多项国家自然科学基金等国家级项目、国际合作研究项目的研究工作，发表论文20余篇，其中国家自然科学基金委员会管理科学部认定的A类期刊论文6篇。

黄平，男，管理学博士，现为伦敦大学学院博士后，主要研究方向是可持续与低碳技术创新、城市低碳转型管理。参与多项国家自然科学基金、国家软科学项目、教育部高等学校博士学科点基金和省部级项目的研究工作；发表论文20余篇，其中SSCI/SCI期刊论文3篇、国家自然科学基金委员会管理科学部认定的A类期刊论文7篇。

序

　　人类经济社会的发展经验表明，制造业始终是一个国家经济社会发展的主导产业，是增加社会财富、改善人民生活、拉动就业、带动其他产业发展的基础，也是一个国家整体实力和国际地位的根本象征。制造业在人类经济社会发展中一直起到重要作用，尤其是2008年次贷危机引发的全球经济衰退使得世界各国进一步深刻认识到制造业在本国经济社会发展中的重要性，发达国家纷纷提出以重振制造业和大力发展实体经济为核心的"再工业化战略"，将发展重心再次转向制造业。不论是美国的制造业复兴战略、还是德国的工业4.0计划，都强调制造业对本国经济社会发展的基础作用，全球制造业竞争格局正在发生巨大转变。而在资源匮乏、环境污染、气温变暖等资源环境约束严重的今天，绿色发展成为本轮制造业转型升级的主旋律。

　　为应对全球制造业竞争格局变更带来的机遇和挑战，突破阻碍中国制造业可持续稳定增长的资源约束与环境约束，中国一直致力于推动制造业转型升级。"十一五"以来，在自主创新、新型工业化、节能减排、绿色经济、低碳经济、战略性新兴产业等国家战略和发展理念的指导下，中国制造业已经在新型工业化、工业化与信息化"两化融合"等方面取得积极进展。但制造业大而不强的特征依然明显，制造业附加值较低、自主创新能力不足、关键制造技术缺乏等问题仍然存在，而外资撤退、成本上涨等问题也进一步增加了制造业转型发展的压力。在全球制造业发展格局和中国经济发展环境发生重大变化的背景下，推动制造业从"中国工厂""中国制造"向"中国智造""中国创造"转变，已成为当前中国制造业发展过程中亟待解决的问题。

　　尽管制造业转型升级发展面临众多困局，但"中国制造2025""双创""互联网+""工业4.0"等概念的出现，为中国制造业转型升级提供了新的指导。2015年10月，李克强总理在国务院常务会议上强调，互联网+双创+中国制造2025彼此结合起来进行工业创新，将会催生一场"新工业革命"。其中，《中国制造业2025》行动纲领及《关于金融支持制造强国建设的指导意见》等系列配套政策，是对制造业重点领域和任务进行的谋划，为中国制造业转型升级指出了明确的发展方向，是制造业发展的核心。

2015年，国务院制定和发布了《中国制造2025》，部署全面推进实施制造强国战略。《中国制造2025》提出将"创新驱动""绿色发展"等作为基本方针。要求"坚持把创新摆在制造业发展全局的核心位置，完善有利于创新的制度环境，推动跨领域跨行业协同创新，突破一批重点领域关键共性技术，促进制造业数字化网络化智能化，走创新驱动的发展道路"。要求"坚持把可持续发展作为建设制造强国的重要着力点，加强节能环保技术、工艺、装备推广应用，全面推行清洁生产。发展循环经济，提高资源回收利用效率，构建绿色制造体系，走生态文明的发展道路。"进一步地，党的第十八届五中全会提出"创新、协调、绿色、开放、共享"作为新常态下中国经济发展的五大理念，再次强调了"创新驱动"与"绿色发展"的国家战略地位。而绿色创新作为"创新"与"绿色"两大发展理念的结合点，是突破资源环境约束、推动制造业可持续发展的关键手段。

绿色创新是一种综合考虑环境影响和资源消耗的创新模式，其目标是使产品在设计、制造、包装、运输、使用到报废处理的整个产品生命周期中，对环境的影响最小、资源利用效率达到最高。区别于传统创新，绿色创新活动能满足社会技术系统在资源环境约束背景下所提出的新要求，即绿色创新有助于促进社会技术系统向更加可持续的生产和消费模式转换。而制造业绿色创新活动的开展则依赖于绿色创新系统，制造业绿色创新系统为绿色创新提供了基本制度安排和组织保障，是实现制造业绿色创新能力提升、增强制造业企业市场竞争力的关键。因此，推动制造业建立具有节能、降耗、减排等功能的绿色创新系统，确保制造业绿色创新能力提升，加快制造业绿色转型升级，从而实现环境污染减少、资源节约以及资源再生等目标，已成为中国经济发展刻不容缓的任务之一。

在此背景下，获得国家科学技术学术著作出版基金项目资助的《制造业绿色创新系统研究与进展》一书，为促进制造业绿色创新能力提升、实现制造业绿色转型升级发展提供了可行的解决方案。《制造业绿色创新系统研究与进展》一书是毕克新教授等以制造业绿色创新系统为研究对象的一部学术专著，该书在对前人研究和相关理论进行梳理的基础上，结合定性与定量分析、理论与实证分析、案例分析等多种研究方法，对当前制造业绿色创新系统研究中的重要问题进行深入探讨，其研究成果对制造业绿色创新系统构建和绿色创新能力提升具有重要参考价值，是中国制造业绿色创新系统研究领域的一个亮点。

该书主要内容包括：制造业绿色创新系统构建及运行机制研究、制造业绿色创新系统的绿色创新动力与绿色创新模式研究、制造业绿色创新系统的知识溢出与知识共享机制研究、跨国公司技术转移与直接投资行为下的制造业绿色创新系统研究、低碳创新相关的制造业绿色创新系统研究等五大部分。通览全书，可以发现该书整体研究逻辑严密、脉络清晰、分析全面、体系完整、结构合理、见解独到，在研究内容上强调理论结合实践，在研究方法上强调定量结合定性，以及理论系统性与理论应用性的有机统一。该书步步推进、层层分析，足见作者研究视野的开阔、治学态度的严谨和科研底蕴的深厚。

该书不仅在理论上有助于建立制造业绿色创新系统理论框架，丰富和完善绿色创新系统理论体系，弥补现有研究的不足；也有助解决中国制造业绿色创新系统结构不合理、系统运行过程模糊、绿色创新模式不匹配、绿色创新知识共享机制不完善等实践问题。该书为毕克新教授等顺应时代发展而做，也是毕克新教授等多年来从事制造业绿色创新系统研究成果的集中体现。相信该书对于政府相关部门在制定绿色创新政策时，以及制造业企业等绿色创新主体在进行绿色创新决策时具有重要参考作用；也对制造业绿色创新系统等领域的研究者具有较高的学术参考价值。

遵作者之嘱，是为序。

2016 年 12 月

前 言

作为国民经济支柱产业,制造业在中国经济快速发展中起到了举足轻重的作用,但其以规模扩张为主的外延式发展模式却导致了资源消耗的高速增长和污染物排放的不断攀升,制造业发展已面临极大的资源环境约束。为应对制造业发展带来的资源环境问题和提升中国制造业的国际竞争力,《中国制造 2025》将"创新驱动"及"绿色发展"定为基本方针,要求"坚持把创新摆在制造业发展全局的核心位置……走创新驱动的发展道路",以及"坚持把可持续发展作为建设制造强国的重要着力点……构建绿色制造体系"。因此,把绿色创新作为"创新驱动"和"绿色发展"的结合点,是突破资源环境约束、推动制造业可持续发展的有效手段之一,其在中国制造业发展中的作用比过去任何时候都显得更为重要,构建绿色创新系统、提升绿色创新能力已成为制造业解决环境问题、实现绿色发展的关键。

基于以上研究背景,本书通过对现有研究文献和相关理论的梳理,探讨了制造业绿色创新系统结构、绿色创新动力、绿色创新模式等问题,并对以下内容进行了深入研究。

(1)制造业绿色创新系统构建及运行机制研究。首先,在梳理绿色创新系统及相关创新系统、绿色创新模式、绿色创新绩效等研究领域国内外文献的基础上,对国内外研究现状进行评述。其次,界定绿色创新、绿色创新系统等基本概念,并对制造业绿色创新系统的基本结构、构成要素、特征、功能与环境等制造业绿色创新系统的理论基础进行研究,从而构建制造业绿色创新系统。最后,作为制造业绿色创新系统理论基础的补充,在分析制造业绿色创新系统运行机制要素的基础上,构建了制造业绿色创新系统运行机制要素协同模型,揭示运行机制要素间的协同作用,并通过案例分析验证制造业绿色创新系统运行机制要素协同模型。

(2)制造业绿色创新系统的绿色创新动力与绿色创新模式研究。首先,从技术推动、市场拉动、环境规制推动三个方面对制造业绿色创新动力进行细化分解,运用结构方程模型实证检验绿色创新动力对制造业绿色创新系统的影响。其次,基于绿色创新动力视角构建制造业绿色创新系统的技术推动绿色创新模式、市场拉动绿色创新模式、环境规制推动绿色创新模式及混合绿色创新模式。再次，结合自组织理论，进一步对制造业绿色创新系统绿色创新模式选择与组合进行研究。最后，构建制造业绿色创新系统产学研战略联盟模式，并对产学研战略联盟模式的演化过程和选择进行深入探讨和案例分析。

（3）制造业绿色创新系统的知识溢出与知识共享机制研究。首先，在阐明知识溢出与知识共享基本概念及其对制造业绿色创新作用的基础上，探讨制造业绿色创新系统的知识溢出与知识共享过程，构建制造业绿色创新系统知识溢出与知识共享过程的综合模型，并深入研究制造业绿色创新系统知识溢出与知识共享的影响因素。其次，从产生机制、传导机制和吸收机制三个方面研究制造业绿色创新系统知识溢出机制。最后，从发生机制、竞合机制和激励机制三个方面探讨制造业绿色创新系统知识共享机制。

（4）跨国公司技术转移与直接投资行为下的制造业绿色创新系统研究。首先，在理论探讨跨国公司技术溢出、绿色创新系统社会资本、绿色创新系统吸收能力三个因素对跨国公司技术转移、绿色创新系统创新绩效影响的基础上，进行了跨国公司技术转移下中国制造业绿色创新系统创新绩效影响因素的实证检验；其次，运用结构方程模型实证分析了跨国公司技术转移对中国制造业绿色创新系统绿色创新绩效的影响机理；最后，实证评价了跨国公司技术转移对制造业绿色创新系统绿色创新绩效的影响效果。此外，本书还进一步从绿色创新资源投入视角，实证研究了外商直接投资流入对制造业绿色创新系统绿色创新能力的影响，探讨了外商直接投资流入以及中国制造业绿色创新系统绿色创新资源投入与制造业绿色创新系统绿色创新能力之间的关系。

（5）低碳创新相关的制造业绿色创新系统研究。首先，以低碳技术创新系统概念为核心提出了低碳创新系统的概念内涵及模型，并从行政或经济区域、技术领域两个维度梳理了低碳创新系统的外延。其次，运用经济学、管理学和生态学等三个学科的经典成熟理论对所提出的低碳创新系统概念进行解析。再次，结合对低碳创新系统概念的归纳和提炼，展望了未来低碳创新系统研究的方向和侧重点。最后，从循环效益、绿色效益、低碳效益三个方面综合评价了制造业绿色创新系统的可持续发展效益。

总之，在资源环境问题日益凸显、气候环境不断恶化的今天，制造业绿色创新系统构建和绿色创新能力提升显得尤为重要。对于中国制造业而言，不论是实现《中国制造 2025》中的发展目标，还是达成中国 2030 年的碳排放峰值目标，抑或是在"互联网+"时代实现制造业的绿色转型，都依赖于绿色创新能力提升，需要构建促进制造业绿色创新活动开展的绿色创新系统。因此，研究制造业绿色创新系统的相关问题具有重要的现实和理论意义。

本书在编写的过程中，参考了大量文献。在此，谨向各位同仁表示衷心的感谢。由于时间紧迫，加之笔者水平有限，尽管笔者尽了最大的努力，书中仍然会不可避免地存在一些有待商榷的地方或不足之处，恳请各位读者提出宝贵意见和建议，以使本项研究成果可以不断得到修正、补充和完善。

毕克新

2016 年 11 月

目　　录

第一部分　制造业绿色创新系统构建及运行机制研究

第1章　绪论 3
1.1　制造业绿色创新系统的研究背景 3
1.2　制造业绿色创新系统的研究目的与意义 7
1.3　制造业绿色创新系统的研究内容 10
1.4　制造业绿色创新系统的研究方法 14

第2章　绿色创新系统及相关领域的研究现状与评述 15
2.1　绿色创新系统及相关领域的研究现状 15
2.2　绿色创新模式及相关领域的研究现状 24
2.3　绿色创新绩效及相关领域的研究现状 27
2.4　研究现状评述 30

第3章　制造业绿色创新系统构建 33
3.1　绿色创新系统及相关概念界定 33
3.2　制造业绿色创新系统的构成要素 41
3.3　制造业绿色创新系统的特征及功能 46
3.4　制造业绿色创新系统的外部环境 48
3.5　制造业绿色创新系统的基本结构 49
3.6　本章小结 51

第4章　基于机制要素协同的制造业绿色创新系统运行机制研究 52
4.1　制造业绿色创新系统运行机制要素分析 52
4.2　基于机制要素协同的制造业绿色创新系统运行机理 61
4.3　制造业绿色创新系统运行机制要素协同模型构建 63
4.4　案例分析：以我国家电制造业为例 66
4.5　本章小结 69

第二部分　制造业绿色创新系统的绿色创新动力与绿色创新模式研究

第5章　制造业绿色创新系统的绿色创新动力研究 73
  5.1　制造业绿色创新系统绿色创新动力机制模型 73
  5.2　制造业绿色创新系统绿色创新的技术推动力 74
  5.3　制造业绿色创新系统绿色创新的市场拉动力 78
  5.4　制造业绿色创新系统绿色创新的环境规制推动力 83
  5.5　本章小结 87

第6章　绿色创新动力对制造业绿色创新系统的影响机理研究 88
  6.1　假设提出与概念模型 88
  6.2　实证研究方法与变量测度 101
  6.3　实证检验 105
  6.4　实证分析的结果讨论 110
  6.5　本章小结 116

第7章　制造业绿色创新系统绿色创新模式构建：绿色创新动力视角 117
  7.1　制造业绿色创新系统技术推动绿色创新模式 117
  7.2　制造业绿色创新系统市场拉动绿色创新模式 123
  7.3　制造业绿色创新系统环境规制推动绿色创新模式 126
  7.4　制造业绿色创新系统混合绿色创新模式 133
  7.5　本章小结 137

第8章　制造业绿色创新系统绿色创新模式选择与组合分析 138
  8.1　制造业绿色创新系统的自组织演进分析 138
  8.2　制造业绿色创新系统绿色创新模式选择分析 142
  8.3　制造业绿色创新系统绿色创新模式组合分析 149
  8.4　本章小结 157

第9章　制造业绿色创新系统产学研战略联盟模式及其演进研究 158
  9.1　制造业绿色经济创新驱动发展模式与产学研战略联盟 158
  9.2　制造业绿色创新系统产学研战略联盟模式构建 160
  9.3　制造业绿色创新系统产学研战略联盟模式演化分析 165
  9.4　案例分析 168
  9.5　本章小结 170

第三部分 制造业绿色创新系统的知识溢出与知识共享机制研究

第 10 章 制造业绿色创新系统的知识溢出与知识共享：过程与因素 ··············173
- 10.1 知识溢出与知识共享的基本概念及作用··············173
- 10.2 制造业绿色创新系统的知识溢出与知识共享过程··············177
- 10.3 制造业绿色创新系统知识溢出与知识共享的影响因素··············179
- 10.4 本章小结··············189

第 11 章 制造业绿色创新系统的知识溢出机制研究··············191
- 11.1 制造业绿色创新系统知识溢出的产生机制··············191
- 11.2 制造业绿色创新系统知识溢出的传导机制··············203
- 11.3 制造业绿色创新系统知识溢出的吸收机制··············212
- 11.4 本章小结··············217

第 12 章 制造业绿色创新系统的知识共享机制研究··············218
- 12.1 制造业绿色创新系统知识共享的发生机制··············218
- 12.2 制造业绿色创新系统知识共享的竞合机制··············222
- 12.3 制造业绿色创新系统知识共享的激励机制··············233
- 12.4 本章小结··············246

第四部分 跨国公司技术转移与直接投资行为下的制造业绿色创新系统研究

第 13 章 制造业绿色创新系统绿色创新绩效影响因素研究：跨国公司技术转移视角··············249
- 13.1 跨国公司技术转移视角下的影响因素选择及研究构架··············249
- 13.2 影响因素的理论分析··············258
- 13.3 影响因素的实证分析··············269
- 13.4 实证结果探讨··············273
- 13.5 本章小结··············277

第 14 章 跨国公司技术转移对制造业绿色创新系统绿色创新绩效的影响机理··············278
- 14.1 影响机理的概念模型与研究假设··············278
- 14.2 影响机理的研究假设··············286
- 14.3 研究设计与数据检验··············294

14.4　影响机理的实证检验与结果探讨……298
　　14.5　本章小结……308
第15章　跨国公司技术转移对制造业绿色创新系统绿色创新绩效影响效果评价……309
　　15.1　评价指标体系构建……309
　　15.2　评价模型……316
　　15.3　实证评价及结果探讨……319
　　15.4　本章小结……329
第16章　外商直接投资流入对制造业绿色创新系统绿色创新能力的影响研究：创新资源投入视角……330
　　16.1　概念模型及研究假设……330
　　16.2　研究设计与数据检验……342
　　16.3　模型检验及结果探讨……346
　　16.4　本章小结……351

第五部分　低碳创新相关的制造业绿色创新系统研究

第17章　低碳创新系统的内涵与外延及其多学科视角的理论解析……355
　　17.1　低碳创新系统的内涵……355
　　17.2　低碳创新系统的外延……361
　　17.3　基于多学科视角的低碳创新系统的概念解析……364
　　17.4　低碳创新系统的政策建议与未来研究设想……366
　　17.5　本章小结……370
第18章　制造业绿色创新系统可持续发展效益综合评价研究……371
　　18.1　影响因素分析及概念模型构建……371
　　18.2　制造业绿色创新系统可持续发展效益综合评价指标体系构建……376
　　18.3　层次分析-模糊综合评价模型选择……380
　　18.4　实证评价……384
　　18.5　本章小结……399
第19章　结论与展望……401
　　19.1　研究结论……401
　　19.2　研究展望与局限……407

参考文献……409

附录 A　指标衡量方式和数据来源说明 434
附录 B　调查问卷 450
附录 C　制造业行业代码对照表 463
后记 464

第一部分

制造业绿色创新系统构建及运行机制研究

在绿色低碳发展的背景下，发达国家对进口产品能效等指标的提高与我国对产品生产过程中污染物、温室气体排放、能耗等管制的加强，使作为全球低成本"制造工厂"和我国高能耗、高排放重点行业之一的制造业的绿色转型与发展成为我国实现经济和环境可持续发展的重要前提。而绿色创新则被越来越多的企业作为实现可持续发展的一项有效战略。

然而，仅仅是绿色创新及由此引起的绿色产品或产业的扩张，无法实现整个产业或国家的绿色转型。事实上，绿色增长不仅仅是绿色产品和产业的扩张，而是源于有组织的、自下而上的国家和产业创新系统的绿色转型。可见，一个有效运行的制造业绿色创新系统是实现我国制造业绿色转型，进而实现我国经济发展模式绿色转型的关键。因此，本部分以制造业绿色创新系统构建及运行机制为主要研究内容，具体包括第1~4章的内容。

第1章 绪　　论

1.1　制造业绿色创新系统的研究背景

国际经验表明，制造业是人类社会进步的支柱产业，推动着各国社会经济的发展。自中华人民共和国成立 60 多年以来，特别是改革开放 30 多年的发展，中国制造业生产总值已跃居世界第一，实现了历史性的发展。当今制造业的发展已成为衡量一国综合国力的重要指标，虽然产值表明中国是制造业大国，但事实上中国并非制造业强国，其中最主要的差距是自主创新能力不强，未掌握关键制造业核心技术，特别是以能源和资源消耗为支撑的外延式发展模式，往往以巨大的环境破坏为代价换取制造业产值增加和规模扩张。

随着环境问题的日益严重，绿色发展理念逐渐融入工业领域中，中国制造业也开始面临着资源与环境的约束，如何在保证制造业稳步增长的同时，实现制造业与资源环境的协调可持续发展，是制造业目前面临的首要问题。对于中国制造业发展的实际情况而言，通过构建制造业绿色创新系统，增加创新资源投入和开展创新活动，提升制造业绿色创新能力，降低资源消耗和污染强度是最根本和最可行的途径。因此，鉴于中国制造业在工业体系中的核心地位，建立高效的制造业绿色创新系统是保证中国制造业可持续发展的关键。具体而言，本书研究的背景主要包括以下几个方面。

1.1.1　中国制造业处于工业体系的核心地位

统计数据显示，2014 年全国规模以上工业增加值同比增长 8.3%，其中制造业同比增长 9.4%；从效益看，2014 年规模以上工业企业实现利润同比增长 3.3%，其中制造业实现利润增长 6.5%。可见，制造业产值与利润增长均高于工业整体速度。《中国统计年鉴 2014》数据显示，2012 年制造业行业增加值为 199 670.7 亿元，占工业行业总增加值的 84.91%。根据 2013 年规模以上工业企业主要指标的统计，制造业企业单位数为326 998个，占总数的92.75%；制造业资产总计651 226亿元，占总计的76.56%；主营业务收入901 942亿元，占总计的87.64%；利润总额50 706亿元，占总计的80.70%。这些数据足以证实中国制造业在工业体系中的核心地位。同时，在吸纳就业方面，制造业的作用也不容忽视。统计数据显示，2013年制造业城镇单位就业人员数为5 257.9万人，占总城镇单位就业人员数的29.04%；由于城镇化推进，农民工就业重心也以制造业为主，占到农民工就业总数的31.4%。

制造业各指标的时间序列数据变化显示（表1-1），2007年以来中国制造业发展呈现出稳步增长的势头，资产规模在不断增长，制造业增加值年均增长了16.89%，资产总计年均增长19.96%，主营业务收入和利润总额也在逐渐稳步增长，分别年均增长达21.82%和24.46%。制造业的发展对于就业人数的吸纳也在逐年增加，年均吸纳增长3.83%。在制造业企业单位个数方面，近些年呈现出先增加后减少的态势，虽然近几年企业单位数量减少，制造业内部产业结构在不断调整，但并未带来资产规模的减少。在工业体系中的结构变化方面，制造业各指标在工业体系中的比重变化并不明显，增加值比重稳定在80%左右，城镇单位就业人员比重稳定在28%~29%，企业单位数比重稳定在92%~93%，资产总额比重稳定在86%~88%；在利润总额方面，2007年以来总体上呈现出上涨趋势，由2007年的72.17%上涨至2013年的80.70%，提升相对明显。

表1-1 中国制造业主要指标及增速

年份	增加值/亿元	城镇单位就业人员数/万人	企业单位数/个	资产总计/亿元	主营业务收入/亿元	利润总额/亿元
2007	87 465	3 465	312 394	265 231	347 207	19 598
2008	102 539	3 434	395 863	322 854	431 602	21 634
2009	110 118	3 492	404 018	369 429	470 417	27 906
2010	130 325	3 637	421 230	449 110	603 918	42 436
2011	150 597	4 088	300 412	511 990	726 618	47 683
2012	161 326	4 262	317 159	582 898	801 856	48 363
2013	—	5 258	326 998	651 226	901 942	50 706
累计增长/%	84.45	22.99	1.53	119.77	130.94	146.77
年均增长/%	16.89	3.83	0.25	19.96	21.82	24.46

资料来源：《中国统计年鉴》

关于制造业在工业体系中的规模和结构分析的表明，制造业在中国工业体系中处于核心地位，随着经济发展与改革推进，制造业结构也在不断调整，制造业的健康、稳定和可持续发展对于平稳推进国民经济改革与发展起到至关重要的作用。

1.1.2 中国制造业在发展中环境问题日益凸显

尽管中国的制造业规模不断扩大，结构不断调整，但始终无法脱离依赖能源资源消耗的粗放型发展模式，无法从根本上由制造业大国向制造业强国转变。中国制造业目前仍处于世界产业链末端，技术含量较低，导致必须依赖资源消耗保证产量的提升。国际经验表明，制造业是国民经济中的主要产业，也是工业污染的主要源头。

《中国统计年鉴2014》数据显示，2012年制造业能源消费总量为205 667.69万吨标准煤，占工业能源消费总量的81.46%，占中国总能源消费的56.86%。能源消耗必然带来环境的污染，根据《中国环境统计年鉴 2013》数据计算，2012年制造业废水排放量达1 699 632万吨，占全部工业排放量的83.62%；二氧化硫排放量达9 527 087吨，占全部工业排放量的53.65%；氮氧化物排放量达5 505 962吨，占全部工业排放量的34.8%；烟（粉）尘排放量达7 116 075吨，占全部工业排放量的74.36%。可见，中国制造业依然没有走出资源消耗型、环境污染型的经济增长路线，没有摆脱传统的粗放式发展方式。

从制造业的污染指标变化趋势看，整体污染程度仍处于上升状态。曹执令和杨婧（2013）选取20个制造业为代表，以工业废水、工业粉尘、工业烟尘、二氧化硫、二氧化碳和固定废弃物排放量六类指标为污染指标，分析了1999~2010年制造业的污染排放情况。结果显示，工业废水、二氧化硫、二氧化碳和固定废弃物排放量都在逐年增加，而工业粉尘和工业烟尘排放量增幅在逐渐放缓。整体上，污染程度仍在加剧，改善制造业环境污染举措势在必行。

若将制造业行业的污染情况进行分类，根据《中国环境统计年鉴2013》的数据分析，高污染行业主要集中于化学原料和化学制品制造业、黑色金属冶金及压延加工业和有色金属冶金及压延加工业等，从产业性质上看大多属于资本密集型产业；而低污染行业主要集中于电气机械和器材制造业、仪器仪表制造业和娱乐用品制造业等，从产业性质上看大多属于技术密集型产业。因此，有必要加强制造业的技术创新和技术引进，通过技术创新实现制造业内部结构优化，使制造业由资本密集型逐步向技术密集型方向转化，实现中国制造业的节能减排和可持续发展。

随着近些年低碳经济理念发展，低碳概念由农业逐步扩展到了工业领域，碳排放指标的控制给中国制造业发展带来了一定压力。中美双方共同发表的《中美气候变化联合声明》宣布了各自2020年后的行动目标，加强双方在清洁能源、环保技术等领域的合作，并承诺将共同推动国际气候变化谈判在2015年的巴黎会议中达成协议。中国计划 2030 年左右二氧化碳排放达到峰值且将努力早日达峰，并计划到 2030 年非化石能源占一次能源消费比重提高到 20%左右。在这种背景下，中国制造业的转型发展已迫在眉睫。

1.1.3 绿色创新是推动制造业可持续发展的关键

改革开放以来，制造业持续快速发展有力地推动了中国的工业化和现代化进程。然而，与世界先进水平相比，中国制造业仍然大而不强，在自主创新能力、资源利用效率、质量效益等方面差距明显，转型升级和跨越发展的任务紧迫而艰巨。目前，中国制造业转型升级发展正处在机遇与约束并存的历史转折点。

一方面，中国制造业发展迎来了"互联网+"时代的新契机。在"互联网+"时代，新一代信息技术与制造业深度融合，正在引发影响深远的产业变革，形成新的生产方式、产业形态、商业模式和经济增长点。各国都在加大科技创新力度，推动三维（3 dimensions, 3D）打印、移动互联网、云计算、大数据、生物工程、新能源、新材料等领域取得新突破。基于信息物理系统的智能装备、智能工厂等智能制造正在引领制造方式变革；网络众包、协同设计、大规模个性化定制、精准供应链管理、全生命周期管理、电子商务等正在重塑产业价值链体系；可穿戴智能产品、智能家电、智能汽车等智能终端产品不断拓展制造业新领域。中国制造业转型升级、创新发展迎来重大机遇。

另一方面，中国制造业发展仍然面临着资源环境约束等挑战。在经济发展新常态下，中国制造业发展面临新挑战。资源和环境约束不断强化，劳动力等生产要素成本不断上升，投资和出口增速明显放缓，主要依靠资源要素投入、规模扩张的粗放发展模式难以为继，调整结构、转型升级、提质增效刻不容缓。形成经济增长新动力，塑造国际竞争新优势，重点在制造业，难点在制造业，出路也在制造业。

如何实现制造业可持续发展，实现制造强国的战略目标，已成为中国社会各界关注的重要问题。为应对制造业发展问题，《中国制造 2025》中将"创新驱动"及"绿色发展"定为基本方针，要求"坚持把创新摆在制造业发展全局的核心位置，完善有利于创新的制度环境，推动跨领域跨行业协同创新，突破一批重点领域关键共性技术，促进制造业数字化网络化智能化，走创新驱动的发展道路"，以及"坚持把可持续发展作为建设制造强国的重要着力点，加强节能环保技术、工艺、装备推广应用，全面推行清洁生产。发展循环经济，提高资源回收利用效率，构建绿色制造体系，走生态文明的发展道路"。因此，绿色创新作为"创新驱动"和"绿色发展"的结合点，是突破资源环境约束、推动制造业可持续发展的有效手段之一，其在中国制造业发展中的作用比过去任何时候都显得更为重要，构建绿色创新系统、提升绿色创新能力已成为实现制造业产业优化升级，突破资源环境对制造业发展约束，推动制造业绿色发展的关键。

关于制造业的绿色创新，国际上的发展态势已逐渐由单一绿色创新向绿色创新系统转变，特别是一些发达国家已经开始从政策、人才等方面进行全方位的制造业绿色创新系统构建。尽管近些年的统计数据显示，中国制造业绿色创新已有所进展，但仍与国际上众多发达国家差距明显。蔡跃洲（2012）从专利角度对比了中国、日本、韩国及欧美等主要国家和地区的绿色创新相对技术优势（revealed technological advantage，RTA），中国完全处于日本、韩国、德国和奥利地等国家之后。另外，在之前政府对制造业绿色创新并不重视，鲜有相关政策法规出台，企业仍处于观望状态，导致中国制造业绿色创新并未形成系统化发展。为保证制造业的可持续发展，满足低碳经济发展和人类生存环境保护，制造业未来的发展将向节能、降耗和减排的方向发展，通过技术创新将制造业由高污染行业逐渐向低污染行业转变，突出绿色创新作用。因此，绿色创新是制造业当前和未来创新的必然选择。

综上所述，面对制造业不断扩展的发展要求、日益严峻的能源环境约束和全球气候问题，分析中国制造业绿色创新系统的研究成果与进展，探讨制造业绿色创新系统的绿色创新动力、绿色创新模式、绿色创新绩效等已成为当前亟待解决的问题。因此，研究制造业绿色创新系统的相关问题，对于中国制造业进行绿色创新，实现制造业绿色发展和提高全球绿色竞争力具有重要的意义。

1.2 制造业绿色创新系统的研究目的与意义

1.2.1 研究的目的

随着全球气候变化、环境污染的不断加剧，以及自然资源消耗的日益增加，绿色创新在当前经济社会发展过程中的作用比过去任何时候都显得更为突出和重要。对于制造业而言，依托绿色创新系统开展绿色创新活动，提高产业绿色创新能力，不仅能降低制造业生产过程中的资源能源消耗与污染排放，提高产业竞争力，增加制造业的经济价值，而且同时也能降低核心技术缺乏而造成的进口技术依赖。因此，提高绿色创新能力是中国制造业当前的迫切任务，而制造业绿色创新能力的提升，依赖于高效的绿色创新系统运行机制、与当前发展问题相匹配的绿色创新模式，以及对跨国公司技术转移的有效利用和绿色创新系统内的知识溢出与知识共享。

但当前中国制造业绿色创新系统的基本结构是否合理？其运行过程和运行机制要素是否协同？哪些因素又如何影响了制造业绿色创新？当前的绿色创新模式是否可行、如何选择创新模式？跨国公司技术转移等外部环境因素如何影响制造业绿色创新系统？制造业绿色创新系统内外部的绿色知识是否有效共享并推动绿色创新能力提升？……众多关于制造业绿色创新系统的问题亟待解决。

基于上述考虑，本书的研究目的是在绿色低碳经济的新常态下，结合《中国制造 2025》等发展纲略的基本方针，以制造业绿色创新系统为研究对象，深入探讨制造业绿色创新系统的研究进展，揭示制造业绿色创新系统在运行机制、创新模式、创新绩效影响因素、创新绩效评价等方面的基本规律。

具体而言，本书的研究目的包括：在梳理现有研究成果的基础上，从绿色创新系统及相关概念的定义，以及绿色创新系统的基本结构与构成要素、功能、特征和环境等方面，形成制造业绿色创新系统的理论基础，并揭示制造业绿色创新系统运行机制要素的协同机理；以绿色创新动力为切入点，探讨技术推动、市场拉动、环境规制推动等动力因素对制造业绿色创新系统的驱动作用，进而构建制造业绿色创新系统的单一创新模式和混合创新模式，以及产学研战略联盟模式，剖析制造业绿色创新系统创新模式的选择与组合策略；探讨制造业绿色创新系统知识溢出与知识共享的基本过程和影响因素，构建制造业绿色创新系统的知识溢出机制和知识共享机制；进一步研究跨国公司的技术转移行为和直接投资行为对制造业绿色创新系统创新绩效（或创新能力）的影响机理，并评价跨国公司技术转移对制造业绿色创新系统绿色创新绩效的影响效果。

此外，本书将对作为绿色创新系统的特殊内容——低碳创新系统的内涵、外延进行解析，并从低碳发展的视角对制造业绿色创新系统的可持续发展效益进行综合评价。这些将为中国制造业绿色创新系统发展策略的制定与优化提供依据，从而促进中国制造业绿色创新能力提升，实现制造业的绿色可持续发展。

1.2.2　理论意义

创新系统是开展创新活动的基础，制造业绿色创新系统的有效性决定了制造业企业等主体的绿色创新绩效。而作为 20 世纪 90 年代兴起的新理论，制造业绿色创新系统的相关研究还需深入开展。因此，本书关于制造业绿色创新系统的研究具有以下理论意义：

第一，建立制造业绿色创新系统理论框架。本书将在绿色发展、低碳经济的新背景下对制造业绿色创新系统进行系统分析，通过分析制造业绿色创新系统的要素、结构、功能、环境等基础理论，深刻解析制造业绿色创新系统的运行机制、创新动力、创新模式、创新绩效等问题，并对绿色创新系统中的特殊内容——低碳创新系统进行初步解析。因此，本书对于构建绿色发展、低碳经济新常态下的制造业绿色创新系统理论框架具有重要意义。

第二，丰富和完善绿色创新理论体系。近年来，越来越多的社会和监管部门对环境关注的持续增加，导致产业部门越来越把绿色主题作为技术战略转变的主要来源，这种趋势对产品创新和工艺创新的影响尤为重大。但目前绿色产品创新和绿色工艺创新的理论系统还远未建立。此外，在开放经济背景下，绿色创新活动越来越受到来自跨国公司等外部环境的影响，但目前关于外商直接投资或跨国公司对绿色创新系统影响的研究尚未深入开展。因此，本书将丰富和完善绿色创新的理论体系。

第三，丰富和完善绿色低碳新常态下的产业创新理论体系。当前学术界对创新系统的论证主要集中在国家、区域、产业及企业四个层面，其中国家、区域的创新系统已形成了较完善的研究架构，而产业创新系统近几年才开始受到重视，尤其是在绿色发展、低碳经济的新常态下，制造业创新系统有助于推动绿色创新的实施，但目前还鲜有这方面的研究。因此，本书对于丰富和完善绿色低碳新常态下的产业创新理论体系意义重大。

第四，丰富和完善绿色创新系统理论体系。绿色经济下对创新的要求顺应了工业经济向知识经济转变的时代需要，尤其是绿色创新必将成为促进制造业转型与可持续发展的助推器。但有关制造业绿色创新系统基础理论、绿色创新动力和跨国公司转移等因素对制造业绿色创新系统的影响、制造业绿色创新系统创新模式的选择与组合、制造业绿色创新系统知识管理等问题的研究也需深入开展。以此为着眼点，本书从众多方面对制造业绿色创新系统的不同问题进行研究，这将是创新系统理论体系的有益补充。

1.2.3 现实意义

作为解决资源环境问题的关键手段，绿色创新不仅引起了学术界的广泛研究，也得到了各国政府和产业界的重点关注。因此，研究中国制造业绿色创新系统的相关问题，不仅能解决中国制造业绿色创新系统结构不合理、系统运行过程模糊、绿色创新模式不匹配等问题，而且也能为其他产业绿色创新系统研究和应用提供参考和借鉴。具体而言，本书研究具有以下现实意义：

第一，为中国制造业的可持续发展提供理论依据。中国制造业在为国民经济创造丰富财富的同时，又大量消耗有限资源、造成环境污染。低碳经济要求用尽量少的能源消费和二氧化碳排放保证经济社会的持续发展，对中国制造业的要求就是节能减排，而节能减排则需要技术创新、制度创新及市场创新等。因此，本书可为中国制造业贯彻落实科学发展观、建设生态文明、实现可持续发展提供指导和参考。

第二，为中国制造业在绿色发展中抓住机遇迎接挑战提供理论依据。制造业是中国最大的产业，近年来发展迅猛，但背后也暗藏着"大而不强"的隐忧。如何树立低碳意识，以"中国设计"重塑"中国制造"，甚至是"中国智造"，实现中国制造业的"由大变强"，成为摆在中国制造业面前的一个严峻课题。而解决问题的关键就是制造业的绿色创新。因此，本书将为中国制造业在绿色发展中抓住机遇迎接挑战提供强大的理论支撑。

第三，为完善中国创新系统、促进制造业绿色创新系统的建立和有效运行提供理论依据。历史经验表明，危机和机遇并存，百年不遇的金融危机冲击了各国经济，但也推动了全球经济增长模式以及产业结构新一轮的调整、升级，催生了应对资源环境问题的绿色创新以及应对气候变化的低碳创新。基于此，本书将建立制造业绿色创新系统理论框架，深入分析制造业绿色创新系统的运行模式、动力因素、创新模式、跨国公司技术转移条件下的绿色创新绩效提升，甚至是制造业低碳创新系统等问题，这将有助于完善中国创新系统，为制造业绿色创新系统（乃至低碳创新系统）的建立和有效运行提供理论依据。

第四，为中国制造业建立新的创新理念提供理论依据。绿色创新将成为未来创新的重要方向，在今后的10~20年很有可能发生一场以绿色、智能和可持续为特征的新的科技革命和产业革命；而低碳创新作为绿色创新中最核心和特殊的内容，也将成为近几十年产业界、学术界致力解决的问题。无论是解决资源环境、气候变化问题，还是应对金融危机，绿色创新都为发展绿色经济、低碳经济创造着新的需求和市场。因而，针对中国制造业绿色创新系统的研究将为中国制造业建立新的创新理念提供理论依据。

1.3 制造业绿色创新系统的研究内容

近年来，随着全球资源环境问题的不断加剧、全球气候问题的日益恶化，对制造业绿色创新问题的研究越来越受到理论界重视。国内很多学者也从不同角度研究制造业绿色创新系统的相关理论，并提出了制造业绿色创新系统构建和绿色创新能力提升研究的必要性与重要性，但这些观点也仅仅开启了对制造业绿色创新系统问题的研究之门，制造业绿色创新系统的众多问题尚待探讨。本书突破了现有研究的局限性，结合定性与定量分析方法，对制造业绿色创新系统的运行机制要素协同、绿色创新动力与绿色创新模式、制造业绿色创新系统知识溢出与知识共享、跨国公司技术转移下制造业绿色创新系统以及低碳创新系统等问题进行研究。本书研究内容包括以下五个方面。

1. 制造业绿色创新系统构建及运行机制研究

首先，在梳理绿色创新系统及相关创新系统、绿色创新模式、绿色创新绩效等研究领域国内外文献的基础上，对国内外研究现状进行评述。其次，界定绿色创新、绿色创新系统等基本概念，对制造业绿色创新系统的构成要素、特征、功能与环境等制造业绿色创新系统的理论基础进行研究，进而构建制造业绿色创新系统。

此外，作为对制造业绿色创新系统理论基础的补充，在分析制造业绿色创新系统运行机制要素的基础上，剖析了各项运行机制要素间的相互作用关系，构建了制造业绿色创新系统运行机制要素协同模型，揭示运行机制要素间的协同作用，并通过案例分析验证制造业绿色创新系统运行机制要素协同模型。

2. 制造业绿色创新系统的绿色创新动力与绿色创新模式研究

第一，研究绿色创新动力及其对制造业绿色创新系统的影响机理。从技术推动、市场拉动、环境规制推动三个方面对绿色创新动力进行了细分分析，并在理论探讨三种绿色创新动力对绿色创新系统绿色研发绩效、绿色制造绩效和绿色营销绩效影响的基础上，构建绿色创新动力对制造业绿色创新系统影响的研究概念模型，进而运用结构方程模型进行实证检验。

第二，基于绿色创新动力的制造业绿色创新系统绿色创新模式构建。通过对不同的绿色创新模式进行分析，确定绿色创新的主体及主体行为，深入分析不同绿色创新模式的运行机理及影响因素，在此基础上构建了制造业绿色创新系统的技术推动绿色创新模式、市场拉动绿色创新模式、环境规制推动绿色创新模式及混合绿色创新模式。

第三，制造业绿色创新系统绿色创新模式选择与组合研究。结合自组织理论，对制造业绿色创新系统自组织特性的开放性、超循环性、协同性和非线性进行研究，在其基础上通过实证研究对制造业各行业绿色创新系统绿色创新模式的选择进行分析，并利用耦合协调度进一步实证检验制造业各行业绿色创新系统绿色创新模式组合策略。

第四，制造业绿色创新系统产学研战略联盟模式及演化机理。从制造业绿色经济创新驱动发展模式分析入手，构建了基于绿色技术创新、基于绿色产业创新和基于绿色供应链创新的三种制造业绿色创新系统产学研战略联盟模式，进而探讨了制造业绿色创新系统产学研战略联盟演化过程，运用创新系统生命周期的理论对产学研战略联盟模式进行选择分析，并通过案例研究检验制造业绿色创新系统产学研战略联盟模式的构建及选择。

3. 制造业绿色创新系统知识溢出与知识共享机制研究

第一，研究制造业绿色创新系统知识溢出与知识共享的基本过程与影响因素。对知识溢出和知识共享等概念进行界定，并阐述知识溢出与知识共享对制造业绿色创新的作用；在解析制造业绿色创新系统知识溢出过程、知识共享过程的基础上，构建制造业绿色创新系统知识溢出与知识共享的过程模型。同时，提取制造业绿色创新系统影响知识溢出和知识共享的直接和间接因素，并分别分析两种因素对知识溢出和知识共享的影响机理。

第二，制造业绿色创新系统溢出机制研究。将制造业绿色创新系统的知识溢出机制分为产生机制、传导机制和吸收机制三个子机制，从而研究制造业绿色创新系统内创新主体间的知识溢出行为。在绿色创新系统知识溢出产生机制方面主要研究了绿色创新系统知识溢出的产生根源、产生主体源和产生动力；在绿色创新系统知识溢出传导机制方面主要探讨了知识溢出的传导方向、传导路径和传导阶段；在绿色创新系统知识溢出吸收机制方面主要研究了知识溢出主体的吸收能力和知识溢出吸收过程。

第三，制造业绿色创新系统知识共享机制研究。将制造业绿色创新系统知识共享机制分为发生机制、竞合机制和激励机制三个子机制。在绿色创新系统知识共享发生机制方面主要研究知识共享的发生动机、知识共享发生的三维空间；在绿色创新系统知识共享竞合机制方面主要探讨知识共享中的竞合机制、基于两种竞合关系的竞合模型，并分析不同竞合关系下的知识共享博弈过程；在绿色创新系统知识共享激励机制方面集中于探讨知识共享的激励目标和激励方式，并基于委托—代理理论分析了制造业绿色创新系统知识共享激励模型。

4. 跨国公司技术转移与直接投资行为下的制造业绿色创新系统研究

首先，进行跨国公司技术转移视角下制造业绿色创新系统绿色创新绩效的影响因素研究。基于现有文献总结选择的影响因素，进而从理论视角分别探讨跨国公司技术溢出、绿色创新系统社会资本、绿色创新系统吸收能力三个因素对跨国公司技术转移、绿色创新系统创新绩效的影响，并运用灰色关联分析对跨国公司技术转移下我国制造业绿色创新系统创新绩效的影响因素进行实证检验。

其次，在分析跨国公司技术转移、绿色创新系统创新绩效、跨国公司技术溢出、绿色创新系统社会资本和绿色创新系统吸收能力理论背景的基础上,构建跨国公司技术转移对制造业绿色创新系统创新绩效影响机理的概念模型,并提出研究假设,在进行数据的信度与效度分析的基础上运用结构方程模型进行了实证检验。

再次,在梳理评价指标选择文献和设计指标构建原则的基础上,构建了跨国公司技术转移对制造业绿色创新系统创新绩效影响效果的评价指标体系;运用RAGA-PPE[①]模型实证评价基于跨国公司技术转移的制造业绿色创新系统创新绩效,进而运用雷达图法、变异系数法等对评价结果进行分析,并探讨差异的成因。

最后,在分析外商直接投资流入与制造业绿色创新系统创新能力、绿色创新资源的理论关联基础上,从绿色创新资源视角构建了外商直接投资流入与制造业绿色创新系统创新能力影响的概念模型,并提出了三者间关系的理论假设,运用结构方程模型的偏最小二乘(partial least squares,PLS)建模技术深入探讨了外商直接投资流入以及我国制造业绿色创新系统绿色创新资源与制造业绿色创新系统绿色创新能力之间的关系。

5. 低碳创新相关的制造业绿色创新系统研究

低碳经济的发展对制造业绿色创新系统提出了新的要求,制造业在构建绿色创新系统、进行绿色创新活动的过程中必然更加关注低碳方面的效应,因此,本书对低碳创新相关的制造业绿色创新系统问题进行了研究。

首先,界定低碳创新系统的内涵、外延及学科特点。以低碳技术创新系统概念为核心,增加了低碳组织创新和低碳制度创新功能维度,提出了低碳创新系统的概念内涵及模型;从行政或经济区域和技术领域两个维度梳理了低碳创新系统的外延,并进一步运用经济学、管理学和生态学等三个学科的经典成熟理论对所提出的低碳创新系统概念进行解析;结合对低碳创新系统概念的归纳和提炼,提出了一般性的、适用于不同层面低碳创新系统的政策建议,并展望了未来低碳创新系统研究的方向和侧重点。

其次,综合评价制造业绿色创新系统的可持续发展效益。在制造业绿色创新系统可持续发展影响因素识别和分析的基础上,构建制造业绿色创新系统可持续发展效益概念模型,从循环效益、绿色效益、低碳效益三个方面构建我国制造业绿色创新系统可持续发展效益评价指标体系,运用层次分析-模糊综合评价的评价模型对我国制造业28个行业的可持续发展效益进行评价。

---

① RAGA:real coding based accelerating genetic algorithm,即实码加速遗传算法。PPE:projection pursuit evaluation,即投影寻踪评价。

1.4 制造业绿色创新系统的研究方法

（1）文献分析。采用文献分析法，通过收集大量国内外文献，对绿色创新系统、绿色创新模式、绿色创新绩效以及低碳创新系统等研究进行动态跟踪，并从多个角度研究学者们有关制造业绿色创新系统的观点，从而对后续研究提供理论借鉴。

（2）理论分析。理论分析法的应用主要体现在从理论层面分别对绿色创新、绿色创新系统、低碳创新系统等进行概念界定，并在对已有研究进行分析的基础上，从制造业绿色创新系统的基本结构、构成要素、特征、功能与环境等基础问题进行探讨。此外，本书在进行绿色创新模式构建方面，结合绿色创新动力理论、自组织理论和系统动力学理论构建制造业绿色创新系统的绿色创新模式；在进行实证分析前，本书也加强了对研究对象之间相关关系的理论分析。

（3）实证分析。实证分析法就是用证据和数据来分析制造业绿色创新系统创新模式选择和创新绩效影响因素等问题，是本书中最主要的研究方法。本书以统计年鉴和国家知识产权局等官方数据库和网站为核心，并运用调查问卷的方法以及通过提取文献中现有数据，以制造业行业面板数据为对象，分别在制造业绿色创新系统的动力因素、制造业绿色创新模式选择与组合、跨国公司技术转移下的影响因素和影响机理、制造业绿色创新系统的绿色创新绩效评价以及可持续发展效益综合评价、制造业绿色创新系统低碳绩效等方面的研究中进行实证分析。

（4）归纳与演绎相结合的方法。国内外对制造业绿色创新系统等方面已进行一些研究，在实践中也有了较大的发展。因此，本书以大量文献资料为研究基础，通过对现有关于绿色创新、绿色创新系统、绿色创新模式、绿色创新绩效等方面研究成果的归纳分析，演绎出本书的主要观点，从而对相关概念进行重新界定，构建制造业绿色创新系统，并论述制造业绿色创新系统运行的基本特征和过程，揭示制造业绿色创新系统的产学研战略合作模式等。

第 2 章 绿色创新系统及相关领域的研究现状与评述

2.1 绿色创新系统及相关领域的研究现状

要明晰绿色创新系统的概念，首先要搜索出所有与绿色创新系统相关的文献，以从中挖掘出绿色创新系统的内容与特征；其次要识别出与绿色创新系统相关的概念，并辨析相关概念间的异同，以从概念提出的背景与理论依据、概念发展与演变的历程等方面提炼出绿色创新系统的内涵。

首先，对绿色创新系统的相关研究进行搜索与整理。本书在 SCI-E 和 SSCI 数据库中以"green innovation system*"作为主题（Topic）进行搜索，没有发现相关论文；而以"green"和"innovation system*"作为主题进行搜索则发现 21 篇相关文献。同时，以"绿色创新系统"作为主题在 CSSCI 和核心期刊数据库中进行搜索，共搜出 11 篇论文；而以"绿色"和"创新系统"作为主题进行搜索则发现 29 篇相关文献。

其次，识别与绿色创新系统相关的概念。结合 Schiederig 等（2012）、Shi 和 Lai（2013）对绿色创新相关概念的辨析，绿色创新与低碳创新、生态创新和环境创新概念的内涵具有很大的相似性，而可持续创新则在以上概念内涵基础上增加了社会维度。因此，本书将低碳创新系统、生态创新系统或创新生态系统、环境创新系统和可持续创新系统作为与绿色创新系统近似的概念进行分析。同样，按照以上的文献查找方式搜索并整理相关概念的文献，如表 2-1 所示。其中，以"环境"和"创新系统"搜索出来的多数文献是对创新系统环境的研究，与主题不符，通过文献阅读后被筛选出去。另外，通过文献整理发现，以上的搜索方式并不完善，忽略了一些与绿色创新系统相关的文献，如对可再生能源技术的创新系统研究等。因此，在研究中本书也参考了以下文献的相关参考文献，以尽可能全面地挖掘绿色创新系统的内涵。

表 2-1 绿色创新系统相关文献的统计情况

相关文献分类	数据库	关键词	搜索对象	搜索结果	
绿色创新系统相关文献	SCI-E 和 SSCI	green 和 innovation system*	Topic	21	50
	CSSCI 和核心期刊	绿色和创新系统	主题	29	
低碳创新系统相关文献	SCI-E 和 SSCI	low-carbon 和 innovation system*	Topic	15	47
	CSSCI 和核心期刊	低碳和创新系统	主题	32	
生态创新系统相关文献	SCI-E 和 SSCI	eco/ecological 和 innovation system*	Topic	27	103
	CSSCI 和核心期刊	生态和创新系统	主题	76	
环境创新系统相关文献	SCI-E 和 SSCI	environmental 和 innovation system*	Topic	71	374
	CSSCI 和核心期刊	环境和创新系统	主题	303	
可持续创新系统相关文献	SCI-E 和 SSCI	sustainable 和 innovation system*	Topic	88	171
	CSSCI 和核心期刊	可持续和创新系统	主题	83	

注：表中相关文献搜索时间截至 2015 年 9 月

2.1.1 绿色创新系统

现有研究中的绿色创新系统概念大多从国家与区域维度展开。其中，"区域绿色创新系统"概念已经受到了较多国内外学者的认可。仅有少数学者研究剖析了产业层面的绿色创新系统概念与内容，从技术层面对绿色创新系统的剖析则更为少见。

1. 绿色创新系统的基本内涵研究

国内外学者从多个方面对绿色创新系统进行了研究。陈劲（1999）很早就提出国家绿色技术创新系统这一观点。Martin 和 Sunley（2006）、Wolch（2007）指出应该扩大对绿色创新系统的研究，不应该仅仅局限于已有的技术创新模式。Hellström（2007）在熊彼特的创新体系和创新模式的基础上，对绿色创新的相关结构模式进行了构建。田红娜和毕克新（2012）指出绿色工艺创新系统具有一定的演进规律，进而基于自组织理论将工艺创新分为四个阶段。

Heron 和 Hayter（2002）从经济学的视角，对绿色创新系统进行了研究。Cooke（2008）认为绿色创新系统是为了降低排放温室气体，通过改善技术与工艺减少废物排放或进行回收利用及使用清洁能源来生产新产品。Eiadat 等（2008）从企业的角度对绿色创新系统进行了研究，指出企业的经营绩效与之相关。丁堃（2009）首先界定了绿色创新系统，其次指出绿色创新系统是一个复杂的系统，并对其结构和功能进行了研究。李进兵和邓金堂（2009）从装备制造业创新系统的视角出发,对企业创新环境系统、企业创新投入系统和企业创新产出系统进行了深入研究。

2. 国家维度的绿色创新系统研究

区别于 Freeman(1987)、Lundvall(1992)、Nelson(1993)提出的国家创新系统,Parayil(2003)认为"绿色变革"下的国家创新系统涉及政府与公共机构、高等院校和非营利性国际慈善机构。其中,传统国家创新系统中结构要素"产业"被非营利性国际慈善机构替代,作为技术开发与扩散的代理人。另外,旨在控制和减少环境污染,陈劲(1999)提出了国家绿色技术创新系统这一概念,并认为其绩效取决于教育、财政或投融资、研发和政府四个子系统。

同样将国家或区域作为系统边界,丁堃(2009)基于复杂适应系统提出了绿色创新系统概念,认为"绿色创新系统是指一个国家或区域内以面向可持续发展的技术创新为目的,通过一定的机制和制度模式等关联方式,由相互联系、相互作用的企业、大学、研究机构、中介服务机构以及政府等各类主体要素构成网络。并将经济、社会和生态的可持续发展纳入绿色创新系统作为绿色创新系统的功能"。

3. 区域维度绿色创新系统的研究

作为区域创新系统概念的提出者,在全球气候变化背景下,Cooke(2011)提出了"绿色区域创新系统"这一概念,并将可再生能源创新视为绿色创新的重要内容,旨在管理化石能源技术机制向可再生能源技术机制的过渡。同样以可再生能源创新为研究对象,威尔士的"区域绿色创新系统"被认为具有一般区域创新系统的所有特征。随后,Chapple 等(2011)探究了绿色经济背景下区域创新系统内涵的扩充,其研究发现区别于多数区域创新系统,本土市场是绿色创新系统中的主导要素。另外,在对区域内产业和企业"绿色化"发展的研究中,部分研究认为,为应对资源短缺和环境污染的挑战,围绕生态化生产与产品而形成"生态网络"是区域创新系统的一种特殊形式。

除了国家与区域维度的绿色创新系统,少数研究基于对产业绿色化的研究,提出了"绿色化的创新系统"概念,认为更加绿色的创新系统实质上是在传统创新系统分析中增加一个维度,即创新系统的运作方式如何服务于产品的可持续性质量。

4. 产业绿色创新系统的研究

张治河和谢忠泉(2006)从管理措施的角度对产业创新展开了研究。王琰

（2012）指出绿色产业创新是绿色产业链上各要素的变革，实现对绿色产业结构、产业组织和产业布局等的改变。Diabat 和 Govindn（2011）以印度制造业企业为研究对象，指出绿色供应链管理能够有效降低企业的环境风险。李红霞（2011）从采购的角度对钢铁企业绿色供应链展开了研究。胡继灵等（2008）研究了企业绿色供应链管理中可转移的知识，包括法律法规知识、技术知识和管理知识。李进兵和邓金堂（2009）指出装备制造业创新系统主要由企业创新环境、企业创新投入、企业创新产出三个子系统组成。

2.1.2 产业创新系统

熊彼特认为创新不是孤立事件，也不在时间上均匀分布，而是趋于集群或者成簇地发生。这就是熊彼特最初发现的创新系统现象。此后，创新系统的研究经历了一个发展和演化的过程，学术界对于国家创新系统、区域创新系统及企业创新系统的研究已形成了较完善的研究体系，而产业创新系统近几年才开始受到学术界重视。通过总结现有文献，产业创新系统的研究主要集中在以下四个方面。

1. 产业创新系统的提出

从学术发展的角度看，产业创新系统的起源最早可追溯到 20 世纪 80 年代末期形成的国家创新系统理论。其后，迈克尔·波特（Porter）在其创新模型中，把产业基础纳入创新系统，贯穿了深刻的产业创新系统思想。第一位提出产业创新系统理论的人则是英国经济学家 Freeman（1987），他认为产业创新系统包括技术和技能创新、产品创新、工艺创新、管理创新（含组织创新）和市场创新。

我国对产业创新系统的研究开始于 20 世纪 90 年代后期，主要以柳卸林和陈劲等学者为代表。柳卸林（1998）指出产业创新系统的概念对中国具有重要的意义，它是对生产链上的相关企业、知识生产机构、中介机构和顾客网络关系的确认。陈劲（2000）认为国家创新系统可视为由许多产业创新系统构成的，因此可将国家创新系统的概念应用到产业中，通过推动创新源之间的协作和信息流动，加强产业竞争能力。

2. 产业创新系统的基本结构

加拿大学者 Padmore 等（1998）从集群创新系统的构成要素分析提出了产业创新系统的三要素（GEM）模型。三要素分别是环境（groundings）、企业（enterprises）和市场（markets）。第一类环境要素是整个创新系统的供应要素，包括资源和基础结构设施。第二类企业要素是整个系统的结构要素，决定了集群生产效率。第三类市场要素是整个集群的需求要素，该要素包括外部市场和内部市场。

我国学者魏江和申军（2003）从要素之间联系强弱角度将产业创新系统划分为核心网络系统（包括供应商、竞争企业、用户和相关企业）、辅助网络系统（包括研发机构、实验室和高等院校、金融机构、技术服务机构等）、环境网络系统（包括政府、市场等）三大子系统。王明明等（2009）指出，产业创新系统结构模型应该包括系统目标、三个子系统（技术子系统、组织子系统、制度子系统）及系统环境。其中，技术子系统是核心，组织子系统是主体，制度子系统是保障。

3. 产业创新系统的运行机理

Keeble 和 Wilkinson（1999）从学习行为出发，对产业创新系统的运行机理进行了研究，他们认为产业创新系统的本质就是系统内企业之间、企业与相关机构间的知识动态性流动过程。CaPello（2007）从知识观入手，对产业创新系统内部的学习行为给予了关注，提出了"集群学习模式"，以此来分析高科技产业的创新系统运行机理和模式等。我国学者张振刚和景诗龙（2007）以产业集群创新理论为基础，结合共性技术性质，构建了产业集群共性技术创新模型并介绍了系统的运行机制。吕志元（2007）对产业集群学习和创新的内在机理进行了理论分析，给出了学习型产业集群创新的定义。

4. 制造业创新系统的类型与实证研究

根据产业创新系统理论，某一产业具有某些与其他产业不同的特性，而这些特性会影响创新体系要素，最终使该产业的创新具有特点。因此制造业创新系统与其他产业的创新系统特性也具有明显不同，对制造业创新系统的研究更应该受到关注。

Pavitt（1984）根据产业依赖模式将制造业创新系统分为三类。第一类为供给主导型制造业，其创新系统倾向于工艺、组织和渐进创新，包括纺织、造纸、印刷等。第二类为规模型制造业，其创新系统主要注重产品创新和工艺创新，包括汽车、食品加工业等。第三类为科技型制造业，其创新系统注重与科学进步有关的根本创新，包括电子、制药和生物技术等。总之，制造业创新的产业依赖模式不同，则制造业创新系统包括的内容和侧重点不同。此外，国内外学者基于产业创新系统理论，对具体的制造业创新系统也做了相应研究。Gilsing 和 Nooteboom（2006）以生物制药产业为例，对生物制药业创新系统进行了探测与开发。

2.1.3 生态创新系统与创新生态系统

现有研究将生态与创新系统的结合形成了两个相互区别的方向，包括创新生态系统和生态创新系统。前者是基于生态学和生态系统等理论构建的，把创新系统置于生态系统的框架下。其中，对创新生态系统概念的理解也存在一定差异，仅有部分学者将生态环境纳入创新生态系统中。后者更多是在低碳绿色发展与生态环境保护要求下形成的。

1. 区域的创新生态系统概念

2003 年，旨在探究美国创新的领导地位，美国总统科技顾问委员会提出了"国家创新生态系统"概念。但是，概念并未涉及生态环境的相关内容。同年，结合生态学理论与区域技术创新系统理论，黄鲁成（2003）将生态环境纳入了"区域技术创新生态系统"概念中，将其界定为"以可持续发展为目标，旨在指导区域科技、经济、社会和生态的相互协调，在一定的空间范围内技术创新复合主体（企业、科研机构、高校、中介和政府）与技术创新复合环境（生态环境、人文环境），通过创新物质、能量和信息流动而相互作用、互相依存形成的系统"。

2. 区域的生态创新系统概念

生态创新被界定为旨在实现绿色增长，并能够减少环境影响的，涉及环境产品、服务和管理实践与流程等的创新活动。基于此认识，区域创新系统概念的提出者 Cooke（2011）进一步提出了"区域生态创新系统"概念，其区域与国家管制、补贴与激励结构，以及基于市场的新产品、工艺和组织变革下的生态创新产出均被纳入这一概念的范畴。而且，区域的绿色发展战略、气候变化战略、环境与经济战略等都被认为是"区域生态创新系统"的内容。同样基于区域维度，旨在解决美国和巴西两个国家的生态问题，Gee 和 McMeekin（2011）应用"生态创新系统"这一概念分析了两个地区的生物燃料创新系统。

2.1.4 环境创新系统

旨在实现创新系统向生态效率跨越的功能性转变，环境创新系统作为一个完整的概念被提了出来。而与环境创新系统相关的若干概念主要涉及国家创新系统和产业创新系统两个层面。

环境创新可以被界定为"由新的或修正的流程、实践、系统和产品构成的，并有利于环境及环境可持续性的创新活动"。随着工业化深入对环境污染的加剧，陈劲（2000）提出了"有利于环境创新的国家系统"概念，认为"其是包括所有与环境技术有关的创新机构，并与所有产业创新系统有很强的联系，因为每一个产业都在应用环境技术。同时，涉及产业部门、公共研究部门、学术机构（教育部门）和政府"。

考虑到创新与可持续性、创新与环境的关系，以及创新系统的功能性转变，*Towards Environmental Innovation Systems* 这本书将环境创新系统这一概念界定为以下五个方面的内容，包括"向生态效率跨越的功能性转变，技术、组织和制度创新的整合，大量主体要素的参与，新导向性原则的涌现与新目标的设立，以及微观和中观层面的长期转变"。

基于 Malerba（2004）的产业创新与生产系统分析框架，Oltra 和 Saint-Jean（2009）以法国低排放汽车产业为案例，将产业创新与生产系统中制度模块的概念限定为环境和创新政策工具，提出了"环境创新产业系统"概念，认为其由技术机制、需求条件和环境与创新政策三个模块构成。另外，Faber 和 Hoppe（2013）则应用"环境产业创新系统"概念来分析荷兰低碳汽车行业的重构，也突出强调了管制对环境创新系统的重要作用。

2.1.5 可持续创新系统

对可持续创新系统概念的提出与补充主要从国家创新系统和区域创新系统两个层面展开，多数相关概念都将人类活动与生态环境保护纳入可持续创新系统的概念中。

在国家创新系统概念基础上，Segura-Bonilla（2003）通过增加"自然要素"提出了可持续创新系统概念，认为该系统由新的及经济有效的知识的生产、扩散和应用过程中相互作用的人类与自然要素及其相互关系构成，并涉及面向可持续发展的创新资源、正规组织（高等院校和科研院所等）、生产性结构（经济）、制度性建设（行为模式）、经济与生态关系（旨在生产的生态系统的潜力与约束），以及产业政策。陈劲（2000）则提出了"面向可持续的国家创新系统"概念，并认为其内涵与"有利于环境创新的国家系统"是等同的，并突出强调了可持续的国家产业竞争力强化与环境保护。随后，Bossink（2008）应用"国家可持续创新系统"概念对荷兰住宅建筑进行了分析。

彭灿（2002）则提出了"面向可持续发展的区域创新系统"概念，并将其界定为"指按照区域可持续发展的基本要求和技术创新与制度创新的内在规律以及三者之间的相互关系与作用，而构建的有利于技术创新与制度创新的区域创新系统。并将协调经济增长与生态环境保护视为系统的重要功能"。

2.1.6 低碳创新系统

低碳创新系统作为一个完整的概念尚未出现在国内外的学术期刊中，更未形成低碳创新系统自身的研究框架。现有与低碳创新系统相关的研究大多采用技术创新系统框架，另外少数研究将产业创新系统框架和区域创新系统的概念引入其中。事实上，多数相关的研究仅仅是将低碳技术作为研究对象，特别是可再生能源和替代能源供给技术，来剖析新兴能源技术创新过程及其对传统能源技术范式的嵌入。然而，减缓全球气候变暖、保护生态环境等内容并未被纳入已有低碳创新系统的相关概念中。

1. 低碳技术创新系统概念

围绕低碳技术的创新系统概念，大多都是借鉴技术系统的概念和研究框架展开的。Carlsson 和 Stankiewicz（1991）首次明确了技术系统的概念，"在特定的制度基础下，由特定经济/产业领域中相互作用的代理人构成的网络，涉及技术的产生、扩散与应用"。而一个技术系统被认为是一项特定技术的创新系统，不仅涉及新兴技术及其能力，还涉及支持技术发展的重构的或新的网络和制度。

随后，在对不同国家和地区可再生能源技术等新兴低碳技术的研究中，技术创新系统的概念和内容得到了逐步的扩充和明晰。Jacobsson 和 Bergek（2011）在对德国、瑞典和荷兰的可再生能源技术的研究中给出了详尽的界定，即"技术系统主要由主体及其能力、网络和制度构成。其中，主体可能是企业，例如使用商、供应商、风险投资商或其他组织。最重要的主体是先驱者或者系统构建者，这类主体在技术上、财政上，或者政治上具有足够的影响力以影响技术发展与扩散过程；另外一种重要的主体是旨在推动某项特定技术发展的非营利性组织。网络为隐性和显性知识转移提供了重要的渠道。其中，网络可能围绕市场而建，旨在对问题的识别与新技术解决方案发展的传导；网络同样可以影响对技术预期的感知。制度则旨在规定管制主体间关系的标准和规则，以及社会各种群体的价值标准"。

而 Foxon 和 Pearson（2008）对英国可再生能源技术的创新系统研究中强调了技术的商业化过程，即"创新系统涉及早期技术沿着创新链的移动，从示范应用到商业化前期，再到被支持的商业化全过程"。另外，McDowall 等（2013）在对中国、欧洲和美国风能创新系统的研究中，从两个方面扩展了技术创新系统框架，首先，强调了政策与创新系统动态性的相互作用；其次，为技术创新系统引入了全球化维度，突出了低碳技术的跨国转移。

随着技术创新系统概念对结构要素的补充与完善，技术创新系统功能分析框架的提出迅速成为技术创新系统研究的前沿。在对瑞典可再生能源技术的研究中，Johnson 和 Jacobsson（2001）提出技术系统的五项功能。随后，Hekkert 等（2007）将创新系统功能扩展至七项，即创业活动、知识开发、基于网络的知识扩散、对知识搜寻的引导、市场的形成、资源配置及合法性的建立。Bergek 等（2008）则将知识开发与扩散合并为一项功能，并引入"正向外部性的开发"这项功能。事实上，相关概念的提出与补充主要是基于对可再生能源技术等新兴低碳技术创新系统的研究，并面向技术变革背景下新兴低碳技术对传统能源技术的嵌入。因此，本书将以上的相关概念统一理解为低碳技术创新系统。

2. 围绕低碳技术的其他层面的创新系统概念

除了对技术系统概念的借鉴，部分研究也引入了产业创新系统概念。Rogge 和 Hoffmann（2010）在对能源供给技术的研究中，提出"面向能源供给技术的低碳产业创新系统"这一表述。该研究采用了 Malerba（2004）的产业创新与生产系统分析框架，旨在全面分析所有的能源供给技术、所有的技术机制，以及与整个能源部门相关的壁垒。产业创新与生产系统被 Malerba（2004）界定为"围绕具有特定用途的一组新的和已确立的产品，通过市场与非市场的相互作用，由一组代理人开展的这些产品的创造、生产与销售活动的集合"。产业创新与生产系统由知识与技术、主体与网络、制度和需求四个模块构建。

基于此，陈文婕和颜克高（2010）、梁中（2010）进一步将低碳产业创新系统作为一个完整的概念提了出来，并将其界定为"以低碳技术创新、低碳制度创新和组织创新为核心，以提升低碳产业创新能力和国际竞争力为导向，相关企业、知识生产机构、政府机构和中介机构通过附加值生产链互相联系所形成的动态网络体系"。

还有部分研究零星地将区域创新系统概念和国家创新系统部分内容引入低碳创新系统概念中。基于 Cooke（1992）提出的区域创新系统概念，陆小成（2008）、陆小成和刘立（2009）将区域低碳创新系统界定为"在特定区域内，与低碳技术创新全过程相关的政府、企业、高等院校、科研机构、中介服务机构、金融机构等组织机构和制度与机制等实现条件构成的网络体系。并由低碳技术创新—低碳生产与制造—低碳排放与消费—废物处理与碳汇的创新循环与利用构成"。另外，在对国际低碳技术转移的研究中，Rai 等（2014）将国家创新系统关键构件"本土吸收能力"引入研究中。

2.2 绿色创新模式及相关领域的研究现状

关于创新模式，Abernathy 和 Utterback（1978）较早地研究了技术创新模式，提出了著名的 A-U 模型。汪秀婷（2007）归纳了国外技术创新的四种主要模式，即技术推动模式、政策拉动模式、企业联动模式和环境驱动模式。此外，学者们基于技术关联性视角、自组织理论、耗散结构理论、复杂适应系统理论等理论对产业创新模式进行了研究。而随着新技术的不断更新和拓展，企业渐渐意识到单纯引进技术难以真正意义上提高企业核心竞争力，市场变化、消费者诉求甚至环境变化都要求企业在创新的同时要考虑到周围的主体关系与环境影响。因此，学者们开始关注绿色创新模式的研究。在创新模式研究过程中，产学研一直是学术界的研究重点，这主要在于产学研合作模式能最大限度地实现创新资源的有效配置和促进创新能力的提升。因此，本节主要从绿色创新模式和绿色创新系统产学研模式两个方面进行分析。

2.2.1 绿色创新模式的研究现状

关于绿色创新模式的早期研究主要围绕绿色技术进行开展，国外学者往往以熊彼特提出的创新体系和创新模式为基础进行分析并建立了绿色创新的主要结构模式。国内方面，学者们从不同视角着手进行了一系列研究。根据创新动因不同，我国的绿色创新模型被分为政府政策推动型、瓶颈诱导型、市场与环境双重作用型三种模式（吕燕和王伟强，1994），该研究将绿色创新动力主要界定于市场作用。根据这一研究成果，许庆瑞等（1995）以清洁工艺创新为代表的绿色创新模式属于瓶颈诱导型推动模式，而以末端技术创新为代表的绿色创新模式属于政府政策型推动模式。

不同视角下，绿色创新模式划分不同。杨发明和许庆瑞（1998）根据创新信息过程的研究，认为我国绿色技术创新模式分为政府主导型、二次创新型、产学研合作型、职能合作型、用户创新型和员工自发创新型六大类，阐述了技术在创新过程中的流动形式。而从企业内部运行视角出发，创新模式从技术、知识和组织角度可被分为技术集成创新、知识集成创新和组织集成创新三类。从纵向和横向两个层面出发，企业的绿色创新被分为以生产绿色产品为主的创新模式、以节能降耗为主的创新模式（减排、达标）、以提供环保服务为主的创新模式三大类；从微观、中观和宏观动力三个视角着手，田红娜（2012）构建了"微观员工个体推动"、"中观企业群体拉动"和"宏观环境引导驱动"的"三位一体"的制造业绿色工艺创新模式；从企业组织创新视角，企业组织创新模式包括战略引导型组织创新模式、智商提升型组织创新模式、技术领先型组织创新模式和文化构建型组织创新模式，而且在发展过程中可能涉及一个或多个组合模式。此外，从制度视角出发，绿色制度创新主要包括生产模式创新、新产品开发模式创新和消费模式创新三种类型。

学者们不但就我国绿色创新模式进行了分析，还通过具体典型案例进行了论证。陆致成等（2000）以清华同方的技术创新模式为例，指出该模式的形成得益于一个联系知识创新源和知识应用终端的创新孵化器；叶子青和钟书华（2002）则通过比较美国、日本和欧盟的绿色技术创新模式，认为绿色创新模式的选择取决于该国的创新宏观管理战略，在其后续研究中通过分析欧盟绿色技术创新现状，总结了欧盟的分散式联合研究发展模式。

绿色创新模式还被应用到了旅游生态产品中，刘焰（2003）从产品生命周期角度比较了传统旅游产品创新模式和绿色旅游产品创新模式之间的关系，并探索了绿色技术创新模式下我国环境法律法规、环境技术标准、环境会计核算及环境经济激励等制度设计。他认为绿色技术创新模式还需要以制度设计为前提，绿色技术创新和传统技术创新运行模式的不同是造成其环境制度设计差异的根本原因。

2.2.2 绿色创新系统产学研模式研究现状

1. 产学研合作模式的相关研究

（1）产学研合作模式的分类。不同于早期从非正式联结、人力资源联结与正式联结三个角度来研究产学研合作模式的观点，Santoro（2000）认为产学研合作共有四种模式，即正式或非正式的合作研究、提供基金支援研究、知识转移和技术转移。

国内学者更注重产学研合作模式类型研究，但提出的产学研合作模式往往存在一定差异。这种产学研合作模式分类的差异主要在于研究视角不同。例如，从合作主体角度，李焱焱等（2004）将产学研分为政府主导型、企业主导型、高等院校及科研院所主导型和共同主导型四种合作模式。进一步地，按照合作主体紧密程度，鲁若愚等（2012）将产学研合作创新模式分为技术转让、委托研究、联合攻关、内部一体化、共建基地、共建实体模式。以功能与结构为划分标准，周静珍等（2005）主要研究了政府指令型、政府推动型、企业主导型、高等院校主导型、共建模式和虚拟模式六种产学研合作创新模式。按照合作内容的不同，仲伟俊等（2009）将产学研合作模式分为合作技术创新模式、人才培养模式、设备共享模式和非正式信息交流模式。陈立泰和叶长华（2009）以重庆为例将产学研战略联盟分为研究院模式、校办企业模式、高等院校科技园模式等产学研合作模式。

（2）产学研合作模式的演进与选择。进一步地，部分学者主要研究产学研合作模式的演进与选择。葛如一和张朋柱（2008）建立了不连续的技术创新过程中产学研合作模式的演变模型。孙伟等（2009）将产学研合作模式分为三个阶段，分别为技术转移阶段、制度改良应对阶段和制度创新引领阶段。李嘉明和甘慧（2009）基于动力学理论对产学研联盟演进过程进行研究。

而在产学研合作模式选择方面，王元明和郝建新（2011）在分析企业的收益需求和创新联盟模式收益特征的基础上，研究了企业动机、收益特征及创新联盟模式的关系，研究结果验证了企业的动机和创新联盟模式之间确实有紧密联系。马家喜等（2008）将企业间与产学研合作创新模式进行统一考虑，建立了企业技术联盟和一类产学研合作技术创新模式选择动态博弈模型；并在投入规模、投入比例、产品价格与创新利润等均衡变量的基础上，分析了企业间、企业-高等院校间资源共享进行合作研发的条件。此外，Eun 等（2006）建立模型来分析影响高等院校建立校办企业的因素。Gulbrandsen 和 Smeby（2005）提出构建合作创新网络组织来解决影响高等院校新技术商业化的因素。王文岩等（2008）以政府为出发点，从多个角度对产学研合作模式进行研究，如由市场自发而形成的模式或政府起主要作用的模式。

同时，部分国内外学者从实证角度对产学研合作模式进行了研究。Motohashi（2005）从企业的角度对产学研合作进行研究，指出产学研合作对提高小企业的生产力比起大企业效果更加显著。但 Guan 等（2005）为了分析我国产学研合作情况，把北京地区的 900 多家企业作为研究对象，指出我国的产学研合作对产业创新的影响还不是很明显。胡守忠和宋勤建（2009）以实证为基础，研究地方高等院校科技服务与地区经济互动发展模式，进而从实体与非实体的角度对地方高等院校产学研合作模式进行探讨。

2. 绿色创新系统产学研合作研究现状

产学研合作创新目的是提高创新系统的效率，合作成功的因素在于提升自身的灵活度来适应环境。因此，如何推动产学研合作是绿色创新系统产学研合作研究的主要问题之一。秦书生（2012）指出政府应完善相关绿色技术创新的政策体系来促进产学研合作，以推进绿色技术创新的进程。而陈傲等（2010）研究创新系统产学研主体的分工和协作情况，指出高等院校和科研院所为企业提供基础研究，并能够为企业在新产品开发方面带来明显的效益。任保平和张如意（2011）指出，区域绿色创新体系中应选择共建联盟技术和市场双向推动的产学研合作模式。

此外，部分学者对特定地区的产学研合作模式及作用进行了研究。郭效中

（2012）研究了北京、江苏和广东地区创新系统中产学研合作协同模式，指出北京、江苏和广东地区分别主要采用科研院所主导协同型、企业主导协同型和企业主导但协同不足型的产学研合作模式。李彦蓉和郭鹏（2012）将北京和上海等五个城市作为对象研究了产学研创新系统协调度，指出北京和上海地区产学研整体协调度较好，然而天津、重庆和西安三个地区产学研整体不协调。

2.3 绿色创新绩效及相关领域的研究现状

2.3.1 绿色创新绩效的研究现状

较早提出技术创新绩效概念的学者是高建等（2004），他们认为技术创新绩效应包括技术创新过程的效率、产出的成果及技术创新对商业成功的贡献，由此，技术创新绩效可以分为创新产出绩效和创新过程绩效。从企业收益的角度来看，创新绩效不仅包括企业实施创新活动所实现的创新效果和创新效率，也涵盖在创新过程中各种因素相互作用使企业外在环境、产业结构和内部生产程序都随之发生相应的改变，以及消费者产品意识的改变及新概念的产生等过程性的产出。也有学者把创新绩效总结为技术创新活动产出的、能客观测度和感知的成果绩效，主要包括创新产生的直接经济效益（如新产品销售率、新产品利润率等）和间接经济效益产出（如技术诀窍、专利等）。

而在绿色创新绩效研究方面，不少学者在分析绿色创新绩效内容的基础上对绿色创新绩效进行测度和评价。陈劲等（2001，2002）从绿色概念的提出和应用、绿色产品创新、绿色工艺创新、末端技术创新四个方面，构建绿色技术创新绩效审计指标体系并进行了实证评价。李海萍等（2005）认为绿色创新绩效包括环境绩效和经济绩效两个部分，而中国科学院可持续发展战略研究组（2010）则认为绿色创新绩效还包括社会绩效，绿色创新绩效是技术、组织、社会和制度的统一。Arundel等（2007）从技术水平、知识产出水平、间接绩效水平和直接绩效水平四方面进行了环境创新绩效评价。

吴雷（2009）认为生态创新绩效包括经济效益、环境效益和社会效益三个方面，并运用DEA（data envelopment analysis，即数据包络分析）对生态技术创新绩效进行了评价分析。程华和廖中举（2011）从环境创新资金投入、环境创新人力投入、环境规制投入、环境绩效、经济绩效五个方面对环境创新绩效进行了实证分析。华振等（2011）从创新投入、创新产出和创新环境三个方面构建了绿色创新绩效的评价指标体系，并运用DEA模型进行了实证分析。任耀等（2014）基于 DEA-RAM（random access memory，即随机存取存储器）模型构建了体现绿色发展与创新驱动理念的绿色创新效率评价模型。

此外，部分学者还研究了绿色创新绩效在企业竞争力和企业绩效中的作用。Eiadat 等（2008）的研究表明绿色创新有利于提高企业绩效，但是否实施绿色创新取决于企业绩效和环境规制压力的平衡。Carrión-Flores 和 Innes（2010）以有毒气体排放量作为环境绩效的衡量指标，研究了美国制造业企业绿色创新的环境绩效。王建明等（2010）运用结构方程模型的研究表明，绿色创新在环境约束与企业绩效之间起完全中介作用。Chiou 等（2011）运用结构方程模型研究了绿色创新的环境绩效及对企业竞争力的影响。

2.3.2 绿色创新绩效影响因素的研究现状

绿色创新的决定因素比其他类型的创新都要宽泛得多（van den Bergh et al.，2011），绿色创新绩效是多种因素共同作用的结果，其中受到较多研究关注的主要因素包括市场需求、环境规制、吸收能力、知识转移与组织学习能力等。

（1）市场需求。市场需求是企业创新绩效的决定性因素，也是导致绿色产品创新的重要因素。彭灿和杨玲（2009）基于问卷的研究发现，企业的技术能力与创新绩效存在显著的正相关，技术能力与所采用的创新策略存在一定的关联，创新策略的选择也受到技术创新绩效的影响。陈劲等（2007）通过把技术能力作为中介变量，实证分析了技术学习各要素对创新绩效的影响并比较了程度，其中学习内容对创新绩效的正向影响相对最显著，学习层次和学习主体也对创新绩效产生正向影响。技术学习内容对技术能力存在正向影响，而技术学习虽然未对技术能力产生影响，但直接对创新绩效产生正向影响。

（2）环境规制。Marchi（2012）的研究显示，由于环境创新的高外部性及其通常采用依赖于环境规制的特点，与其他创新者相比，环境创新者与外部合作伙伴间存在更高的相互依存性。在环境创新过程中，由于存在对知识、技能和资源的高度相互依存性，供应商、高等院校、咨询研究机构也成为重要的合作研发伙伴，企业为实现可持续发展的复杂性导致企业更大程度地依赖于合作伙伴。同样，Hoffman（2001）指出最有可能影响企业层面环境行为的利益相关者包括政府和监管机构、消费者、供应商、员工、股东、金融机构、当地社区和社会团体、非政府组织、竞争者、媒体，而政府和监管机构等相关者的环境监管具有重要作用。

而 van den Bergh 等（2011）认为，除现行或预期的环境制度外，细分市场机会、先行者优势、企业形象、对问题和机会的意识、社会和商业压力、供应链压力、网络中的合作与模仿活动也具有重要作用。Yalabik 和 Fairchild（2011）通过经济学分析研究了消费者、规制和竞争压力对企业在绿色创新方面的投入的综合影响。研究表明,在驱动企业对绿色创新的投入方面,特别是对于那些污染严重的行业而言,支持性政策有利于释放企业的资源使其能够更好地投入绿色创新之中。竞争是一种有效驱动企业绿色创新的因素,特别是当消费者针对企业的环境绩效做出选择时,绩效差的企业将失去消费者,环境规制也同样成为一种有用的绿色创新驱动力。

(3)吸收能力。从技术消化、吸收和利用的视角来研究吸收能力,新技术从创意直至实现的整个过程是一个技术转移的过程,技术转移的绩效受企业吸收能力的直接影响,研究证明,良好的吸收能力有利于促进企业更好地完成技术转移,获得预期的效果,从而提高企业的创新绩效。Zahra 和 George(2002)在综合前人研究成果的基础上,把吸收能力定义为一种动态能力,对吸收能力的概念提出了更深入的见解,将吸收能力分为四个维度,即获取能力、消化能力、转化能力与应用能力,而且这些维度能力蕴含于企业运行的组织惯例和过程中。另外,他们还提出吸收能力能够提高企业的创新绩效,从而提高企业的竞争优势。吴晓波和陈颖(2010)实证发现,基于对吸收能力水平的考虑,企业需要采用不同的技术创新投入方式。由于吸收能力在创新活动中的重要性很高,是企业实施创新的必要条件,企业的创新成果无疑依赖于吸收能力的水平和效率。同时,从技术获取的角度来看,吸收能力的提升有利于企业从外部环境中获取更多开展创新所需的新技术,这样也会间接促进企业创新能力的提高,有助于企业提升创新绩效。

(4)知识转移与组织学习能力。Rhodes 等(2008)通过对中国台湾参加技术研究发展计划的 661 家企业的实证研究,证实了组织间的知识转移对企业创新绩效的促进作用。他们还将组织学习和社会资本、知识转移和组织绩效纳入同一框架来分析。张明等(2008)利用 127 个德国联盟企业数据统计研究发现,联盟中企业向合作伙伴学习新知识,通过相互学习,联盟企业可以积累大量的经验和教训,从而避免过度投资的失误、降低研发成本并提高企业理解和解决问题的能力,对企业的内部研发、专利和其他创新产出产生积极的作用,会直接促进企业的创新活动,还会通过知识创造的中介作用间接促进企业的创新绩效。

2.3.3 绿色创新绩效评价的研究现状

陈劲等(2002)基于绿色创新过程,借鉴传统技术创新评价方法,建立了包括创新投入、创新过程、创新绩效在内的绿色技术创新过程评价指标体系。具体包括绿色意识、绿色战略、环境教育与培训投入、企业家重视程度、绿色技术创新费用投入、绿色人员投入、绿色 R&D、绿色化组织与系统、绿色生产制造、绿色新概念提出与应用、绿色产品创新、绿色市场营销、绿色工艺创新、末端技术创新。绿色技术创新的影响正逐渐超越传统的技术创新，成为创新管理研究的新焦点。也有学者从技术水平、知识产出水平、间接绩效水平和直接绩效水平四方面进行环境创新绩效评价，具体内容包括环境 R&D 支出、环境专利数量、环境专著数量、资源与生产率变化、创新数、环境创新产品销售收入等。

Fagerberg 和 Srholec（2008）使用的一种"因子分析"方法，将不同的测量方法组合在一起，克服了指标分配权重的问题，并对 25 个发展指标和 115 个国家的创新绩效进行了数据因子分析。这种方法非常简单，基于相同维度的指标具有强烈的相关性，可以将大型数据集合（包含大量的指标）减为少数复合变量，每个都可以反映一个特定维度的方差数据。应用于创新的因子分析指标包括专利、科学出版物、信息和通信技术的基础设施、国际标准化组织 ISO 9000 认证、融资渠道和教育。复合指标在一定程度上受到欢迎，是因为它们可以克服使用不正确或不准确的单一指标可能出现的问题。然而，许多衡量创新表现的指标是由程度和性能指标组成的，在采用多指标进行绿色创新绩效评价时应注意明确区分创新能力和创新绩效的测量，还应注意这些综合指标不提供定性的差异。

Reid 和 Miedzinski（2008）发现，生态创新应可以通过指标来显示商业、行业和国家经济的绩效。特别是显示生态创新如何影响可持续发展的主要指标，如资源的流动。该指标还应该为政府管理和不同层级的决策提供引导。欧洲生态创新记分板也采用相关指标，用来在政策层面提高对生态创新的意识，其中一个重要的指标就用以监控欧盟资源效率路径图项目的进程。

Andersen（2006）指出，评价生态创新并不容易，特别是在社会和制度领域。一般来说，客观评价方法或者主观评价方法都可以采用。客观的方法关注于创新个体的特性，而主观方法关注企业整体的创新行为。在分析创新目标时，可考虑采用线性的模型，即包含从创意的形成到营销实施的全过程。因此，生态创新的指标要抓住主要的能力（R&D 投入、技能与教育、组织发展）、创新产出（生态效率、专利）和市场渗透（市场份额、贸易）。生态创新指标需要服务于以下目的——政治信号，把重点集中在生态创新的发展上而不是环境现状，激励创新系统中不同主体，为绿色产业和绿色经济提供新的数理分析。

2.4 研究现状评述

综上所述，尽管国内外在绿色创新系统及相关领域、绿色创新模式、绿色创新绩效等研究领域已经取得了具有重要意义的成果，但是由于面向绿色经济、低碳经济的绿色创新系统尤其是制造业绿色创新系统的研究还是一个刚起步的新领域，因此要解决绿色低碳经济条件下如何建立制造业的绿色创新系统的问题，还有待于进行深入研究。

1. 研究视角缺乏系统观，理论体系尚待建立和完善

在绿色低碳经济背景下，制造业绿色创新系统的研究尚未建立起完善的理论框架。国内外从不同的角度对产业创新系统的特征和内容等进行界定，并运用产业创新系统理论研究了具体产业的创新或某个部门的创新。但学术界有关制造业产业创新系统的研究还处于初期阶段，尚未建立起成熟的理论框架。尤其在绿色低碳经济环境下，制造业绿色创新系统有助于推动绿色创新的实施。因此，还需要对制造业绿色创新系统的基础理论、创新动力、创新模式等进行深入研究和探讨。

2. 新常态下制造业绿色创新系统的研究呈现出必然趋势

国内外学者对绿色创新及绿色创新系统的概念、绿色创新系统结构、绿色创新模式等方面做了尝试性研究，但尚未形成完善的理论体系，因此对于绿色低碳经济条件下制造业建立绿色创新系统尚缺乏一定的指导意义。虽然学者们对于绿色创新的研究成果涵盖了宏观、中观和微观三个层面，并且研究内容也较丰富。但现有关于绿色创新系统的文献多集中在国家、区域等层面进行研究，有关产业层面的研究相对较少，尤其针对制造业绿色创新系统的研究理论性不强。

3. 缺乏系统的定量分析与实证研究

从现有文献来看，绿色创新领域取得了丰富的定性研究成果和定量研究成果。这些研究成果多采用定性分析方法研究绿色创新系统的结构、运行过程、创新模式、对策建议等，而对绿色创新系统的运行、绿色创新系统绿色创新绩效、绿色创新系统的绿色创新模式等内容的定量分析较少。虽然部分学者对绿色创新系统相关问题进行了实证研究，但多采用了单一的测度方式，如采用单一指标对绿色创新绩效、绿色创新动力等进行研究；或采用问卷调查的方式对某一有限区域或行业的绿色创新系统问题进行研究。因此，缺乏系统性的、综合性的制造业绿色创新系统领域的定量研究和实证研究，还需要进一步拓展绿色创新及绿色创新系统的研究方法和研究领域。

此外，绿色创新系统研究学者对绿色创新系统的研究往往容易受地区限制，局限于一种或者几种比较简化的研究模型，局限在宏观经济范畴和不同产业领域，进而对某一国的绿色创新系统进行研究，而欠缺从整体上、宏观上、长远上对绿

色创新系统进行深入讨论，尤其是开放经济下跨国公司技术转移行为对制造业绿色创新系统影响的研究。从目前的研究成果来看，立足于国际经济大背景和全球资源环境问题，全面系统地探讨绿色创新系统的经济属性与资源环境效益、绿色创新系统与经济增长的关联机理、绿色创新系统的成本与效益、绿色创新系统的动力与绩效评价体系等问题，有助于为我国相关管理部门制定相关政策提供理论依据。

总之，绿色低碳经济背景下对制造业绿色创新的要求顺应了工业经济向知识经济转变的时代要求，绿色创新系统也必将成为促进制造业转型与可持续发展的助推器。因此我国制造业发展绿色经济必然要求进行绿色创新并建立完善的绿色创新系统。

第3章 制造业绿色创新系统构建

绿色创新系统是制造业进行绿色创新活动的重要支撑和基本环境，对制造业绿色创新绩效的提升具有重要作用。因此，本章集中研究制造业绿色创新系统的理论基础，在界定绿色创新系统及相关概念定义的基础上，分析制造业绿色创新系统的基本结构和构成要素，并对制造业绿色创新系统的功能、特征和环境进行深入分析，为本书的后续研究奠定理论基础。

3.1 绿色创新系统及相关概念界定

3.1.1 绿色创新的概念界定

1. 绿色创新的基本概念界定

随着国际社会对生态问题的关注不断升温，绿色创新已成为学者们日益关注的热点问题。绿色创新是产品或工艺的改进，目的是增强环境管理的绩效进而满足环境保护的要求，而且被认为是增强企业竞争优势的主要力量之一。Driessen 和 Hillebrand（2002）应用一个相对实用的定义来定义绿色创新，"没有减轻环境负担的目的，但是却能产生重要的环境效益"。Chen 等（2006）定义绿色创新为"与绿色产品、工艺相关的硬件或软件创新，也包括能源保护、预防污染、设计绿色产品，以及企业环境管理中的技术创新"，认为绿色创新可以分为三个主要类别，即绿色产品创新、绿色工艺创新和绿色管理创新，同时其研究发现绿色产品创新和绿色工艺创新与企业竞争优势具有正向的关联。

而在制造业的背景下，以环境改善为目标的创新在于创造新颖、有竞争性的产品、工艺、系统、服务和流程，用以满足人类的需求并为所有人提供一个更好的生活，在整个生命周期中，使用最少的自然资源，同时产生最少的有害物质。也就是说，只要所推出任何新的或者具有显著改进的产品（商品或者服务）、工艺、组织变动或者营销方案，能够在整个生命周期中减少对自然资源的使用，并且减少有害物质释放的创新都可以归结为绿色创新范畴。

绿色创新的目标在于实现生态创新的过程中需要提高环境效率和资源效率。其中，绿色效率旨在环境质量的改善，进而提高生活的质量。资源效率在企业层面特别有意义，由此可以降低生产成本进而提高竞争力。另外，绿色创新也不仅限于末端治理技术，而是针对整个生命周期的影响。目前，很少有绿色创新的定义针对经济绩效的提高，就意味着生态创新仅仅被作为可持续发展的手段，而经济绩效只是其提高资源效率的副产品。但从本质上来看，绿色创新也是绿色增长的来源。

Foster 和 Green（2000）指出，传统的技术创新管理理论对于绿色创新依然有效。在广义的范畴下，多数解释技术创新的理论和技术创新的成功因素，可以被解释为企业对于绿色议题的回应。作为技术创新的分支，绿色创新可以被理解为以环境改善为导向的技术创新。绿色创新越来越被归诸为一般技术创新的一个分支，与技术创新相同，绿色创新更复杂并需要新的综合能力，需要跨学科的方法，必须采用内部知识、外部知识、网络和资源等。基于绿色创新的价值与意义还被定义为：生态创新、环境创新和可持续创新。其意义在于：一是降低环境影响，二是产生环境绩效，三是改进环境绩效。

目前，众多学者对绿色创新的定义进行了研究，但未形成统一的观点。本书对主要绿色创新定义进行了归纳，如表3-1所示。

表3-1 绿色创新的定义归纳

学者	定义
Blättel-Mink（1998）	绿色创新包括开发新产品（新技术）、新市场和新系统，以及在经济战略中引入生态维度
Klassen 和 Whybank（1999）	绿色创新可分类为产品设计和制造工艺两个方面。从产品设计方面来看，绿色创新包括在产品生命周期各阶段对已有产品设计进行基于减少对环境副作用的改进的过程。从工艺方面来看，绿色创新是在原材料获取、生产和送货过程中采用任何可能的制造工艺来减少对环境的副作用
Chen 等（2006）	绿色创新是在环境管理领域中有关节能、污染防控、废物循环利用、绿色产品设计和企业环境管理的产品或工艺的改进
Tseng 等（2012）	绿色创新可以被分为四种，即绿色产品创新、绿色工艺创新、绿色技术创新和绿色管理创新。绿色创新是制造业实现环境绩效的驱动力
Walz 和 Eichhammer（2012）	绿色创新是以以下六个领域的创新：①建筑和工业的能源利用效率；②环境友好型能源供应技术；③材料利用效率；④运输技术；⑤水技术；⑥废弃物管理技术

结合上述分析，本书认为绿色创新是以绿色发展为指导的，旨在减少生产经营活动、产品使用过程中造成的污染和消耗而进行的创新活动。从广义的角度来讲，绿色创新包括绿色技术创新、绿色制度创新等；从狭义的角度来讲，绿色创新仅指绿色技术创新，本书采用狭义的观点。绿色创新从技术角度来看包括绿色工艺创新和绿色产品创新两个方面，从创新过程来看包括研发过程绿色化、应用

过程绿色化和扩散过程绿色化等。

2. 绿色创新相近概念的界定

联合国把可持续发展定义为用以满足目前需求,但以不损害满足后代需求为前提的发展,其中暗示了现有技术、社会组织对自然资源和自然界吸收人类活动造成的不利影响等方面存在的局限。于是,针对改善环境保护、资源使用、社会发展和人类健康的各种创新应运而生,被最普遍采用的名称包括绿色创新、生态创新、环境创新和可持续创新。虽然四种创新的名称不同,但其实质无不是针对人类社会发展与环境污染和资源使用的矛盾而提出的解决方案,具有同质性。

苏黎世大学的 Bernauer 等(2006)指出绿色创新包括各种对环境有益的创新,同时认为生态创新和环境创新也被用做绿色创新的同义词。绿色创新也常被称为生态创新、环境创新和可持续创新等,众多学者对生态创新、环境创新和可持续创新的定义进行了研究,如表3-2所示。

表 3-2 绿色创新相近概念的定义归纳

学者	定义
Rennings(2000)	生态创新是指全部相关者(包括企业、政治家、工会、协会、普通居民等)采取方法,用以开发新的思想、行为、产品、工艺,并加以应用来有助于降低环境压力或者实现特定的可持续性目标
Frondel 等(2007)	根据生态创新的特征,把生态创新分为末端治理技术、清洁生产技术和环境研发
Kemp 和 Pearson(2007)	(生态创新)商品、服务、生产、工艺、组织结构或者经营方式的生产、应用或开发具有新颖性,并在生命周期中,与其他的同类做法相比较,能够降低环境风险、污染和资源的不良作用
Reid 和 Miedzinski(2008)	生态创新是创造新颖和有价格优势的商品、工艺、系统、服务和规程,用以满足人类的需求,为每个人提供更好的生活质量,并在生命周期中单位产出消耗最少量的自然资源和产生最少的有害物质排放
Spiers 等(2008)	生态创新是有关于产品、生产工艺、服务或者管理等的方法(只要对一个企业而言是新颖的),被制造、吸收和使用,并且在全生命周期中,与同类的方法相比较而言,降低了环境风险、污染和其他对资源的负面影响(包括对能源的利用)
OECD(2010)	把生态创新分解为生态产品创新、生态工艺创新、生态营销创新、生态组织创新和生态制度创新。生态产品创新和生态工艺创新倾向于依赖技术的发展,而生态营销创新、生态组织创新和生态制度创新更依赖于非技术性改进
隋俊(2015)	生态创新的界限定义为外部生态创新和内部生态创新。外部生态创新是指企业所有绿色和可持续性活动,包括供应商、政府、市场需求。内部生态创新是指组织内部有效的管理生态创新过程的实践,包括组织管理、生产工艺和新产品开发
Beise 和 Rennings(2005)	环境创新是指新的或改进的工艺、技术、实践、系统和产品避免或减少对环境的损害
Huber(2008a)	环境创新是一种新技术或产品能够显著提高生态效率或者改善生态代谢,内容包括可持续资源管理、清洁技术、有害物质的替代、仿生学、环境设计、延伸的制造者责任、循环经济、零排放工艺、排放控制、废物处理
Oltra 和 Saint-Jean(2009)	环境创新是新的或改进的工艺实践、系统或产品使环境受益并贡献于环境的可持续性

本部分将在总结归纳现有定义的基础上分别对这三种定义进行辨析。

1）生态创新

国内外学者和研究机构对生态创新进行了不同的界定。Kemp 和 Pearson（2007）将生态创新定义为：产品、生产工艺、服务、管理或商业方法的生产、吸收和开发，从而从全生命周期减少环境危险、污染及资源使用过程中的负面影响。欧洲创新小组对生态创新的定义进行总结：生态创新意味着通过生命周期内自然资源使用的最小化以及有毒物质释放的最小化，可以给人类带来有质量的生活、满足人类需要，从而进行原创性的创造，使具有价格竞争力的产品、工艺得以产生，同时包括具有竞争力的系统、服务以及流程。Arundel 等（2007）得出结论，即生态创新是对于商业和政策制定者来说具有重大意义的新概念，与替代方案相比，这种创新对环境的负面影响相对较低，技术的或者是非技术的（组织、制度或市场）创新均有可能，并且经济和环境可以激发生态创新。

OECD（2010）将生态创新定义为：相对于替代方案来说，可以导致环境改善的新的、重大改进的产品、工艺、营销方法、组织结构或制度安排的创造和实施。根据 OECD（2010）的描述，生态创新更多与可持续制造相关。麻省大学罗威尔分校的可持续制造中心认为，生态创新即通过采用无污染的生产技术或使用生态可再生品，以保存能源和自然资源，保证对工人、社区、客户的安全和健康，并对所有的人都产生经济的和创造性的回报。这种观点强调了生态创新在商品制造过程中对环境保护、资源节约以及生产过程参与者和所有非参与者的有益性。欧盟把生态创新的发展与更广泛的可持续发展的目标结合起来，也强调了对环境和资源的保护，将生态创新描述为：任何形式的，通过减少对环境的负面影响，加强环境的承受能力，或者实现更有效的、负责任的自然资源使用，可以导致实现显著的、可观测的绿色发展目标的创新。

2）环境创新

Rennings（2000）是较早明确提出环境创新概念的学者，其认为环境创新也许是在有或者没有减少环境危险的具体目标中形成的，环境创新也许会被类似于收益率、产品质量的提升这种典型的商业目标激发，许多环境创新是将环境效益和公司或者用户的收益结合在一起的。Rennings（2000）还认为环境创新的一个特质就是在创新和扩散阶段会产生正向溢出。Kemp 和 Pearson（2007）认为环境创新由新的或改进的工艺、技术、系统和产品组成，目的在于避免或减少环境危害。该定义被广泛地使用。Oltra 和 Saint-Jean（2009）将环境创新定义为有益于环境、对环境可持续性有贡献的创新，这种创新的组成要素为新的或改进的工艺、实践，或者是新的或改进的系统和产品。

3）可持续创新

关于可持续发展概念的明确提出，最早见于世界自然保护联盟于 1980 年 3

月发布的《世界自然保护战略》。《世界自然保护战略》把可持续发展定义为为了确保对地球的改变确实能保护人类的生存和幸福而进行的保护和发展的一体化。而 Porter 和 van der Linde（1995）提出可持续创新是为了克服来自顾客、竞争者和监管者压力的一种重要解决方案。因此，在组织价值链范围内采用绿色创新并实施绿色供应链管理实践是非常重要的。Rao 和 Holt（2005）开展了绿色供应链管理的实证研究，并探讨了绿色供应链管理与竞争力和经济绩效之间的关系，实证研究表明实施绿色供应链管理可以提升企业的竞争力和经济绩效。

3. 绿色创新与相近概念辨析

绿色创新、环境创新、生态创新及可持续创新等相近概念在绿色创新领域的研究中大量使用，引起部分学者对这些相近概念的关注，并对这些概念进行了辨析。

Schiederig 等（2012）在众多学者的研究基础上，对绿色创新、生态创新、环境创新和可持续创新的概念进行说明，利用 2010 年 11 月谷歌学术数据库进行数量分析，研究内容是分别以绿色创新、生态创新、环境创新和可持续创新为搜索关键词搜索到的相关内容，共 8 516 条（包括期刊、会议论文、书籍、增刊和工作报告）。通过数量分析和对生态创新、环境创新、可持续创新和绿色创新的定义进行比较，只发现微小的概念性区别，除此之外都具体表现为降低环境影响的创新，只有可持续创新的范围较其他三种创新更为宽泛，强调社会效益维度。因此，这四个定义似乎可以检验相同的主题，在很大程度上可以互换使用。数量分析的结果如表 3-3 所示，支持以上四种概念的可互换性。

表 3-3 四种创新概念比较

创新主要方面	生态创新	环境创新	可持续创新	绿色创新
创新目的：产品、工艺、服务、方法	√	√	√	√
市场导向：满足需求、获得竞争力	√	√	√	√
环境方面：减少负面影响（最终目标为 0 影响）	√	√	√	√
期限：全生命周期（达到原料使用减少）	√			
动机：减耗可达到经济或生态效果	√	√	√	√
层次：为企业设定新的创新和绿色标准	√	√		√

资料来源：根据 Schiederig 等（2012）整理获得

此外，杨朝均（2013）提出国内学者多采用绿色创新这个概念，环境创新和生态创新的概念多被国外学者采用。他认为，经济管理学界和人文科学界倾向使用绿色创新；环境科学界和环境经济学界倾向于采用环境创新；生态科学界和生态经济学界倾向于采用生态创新。

综上所述，尽管绿色创新、生态创新、环境创新、可持续创新在称谓上不同，但在很大程度上具有相同的特点，即旨在减少对环境的不利影响，所以很大程度上这些概念被认为是等同的，并可以互换使用。本书参考国内学者的主流使用习惯，采用绿色创新这一概念，但其含义与以往研究者提出的环境创新及生态创新是一致的。

3.1.2 创新系统与产业创新系统的概念界定

1. 创新系统的概念界定

创新活动中发挥作用的公司、组织和机构之间相互联系，形成一个系统，这样的一个系统被称为创新系统。在这里，系统不仅意味着所有不同的主体，还包括周围环境、主体与环境之间或主体间无意识地相互作用，以及不同的主体拥有的不尽相同的目标。

首先提出国家创新系统概念的是 Freeman（1987），他认为国家创新系统是一个网络，由公共部门和私营部门中的各种机构组成，这些机构的活动和相互影响对新技术的开发、引进、改进和扩散等具有促进作用，他认为英国、德国、美国、日本这些技术领先国家的追赶和超越，不仅是企业技术创新的结果，同时还有很多制度和组织的创新，因此是一种国家创新系统演变的结果。Nelson（1993）认为国家创新系统既包括各种制度因素以及技术行为因素，也包括致力于公共技术知识的高等院校，还有政府的基金机构和规划机构。其中，国家创新系统的核心是以营利为目的的厂商。相似地，Patel 和 Pavitt（1994）认为国家创新系统是对一个国家内技术学习的方向和速度起决定作用的国家机构、激励结构和竞争力。

此外，Lundvall（1992）认为国家创新系统由位于一个国家内部或植根于一个国家边界之内的一些要素和联系构成，这些要素和联系在新知识的生产、扩散和使用过程中相互作用、相互影响，它实际上是一个社会系统，其中心活动是学习，同时，它又是一个动态系统，以正反馈和再生产为特征。Edquist（1997）指出创新系统的概念主要在于描述与分析创新的过程，对大部分创新形成与影响的关键因素进行描述。Edquist（1997）认为创新系统学派以互动式学习理论和技术变迁的进化理论为基础，可从多个角度或层面，如国家创新系统、技术创新系统、产业创新系统、区域/地方创新系统对其进行研究。

总体来看，目前国家创新系统还没有一个被普遍接受的定义，但重要的是学者们越来越意识到创新的网络和系统特征。不管从哪个层面进行创新系统的研究，都涉及知识的创造、知识的扩散和知识的应用。创新系统包括组成要素、创新主体之间的互动关系及创新环境。Motohashi 和 Yun（2007）对中国产业创新系统变革进行了研究，并提出应提升产业与科技之间的链接。

结合经济学理论和创新系统的特点，创新系统可分为企业创新系统、产业创新系统、区域创新系统、国家创新系统等几个层次，它们之间具有一定的功能关系，即企业的技术创新不仅受产业创新系统和区域创新系统的制约和影响，也受国家创新系统的约束和影响，还与不同的约束和影响之间的复杂关系有关。同时，国家创新和区域创新必须通过企业创新和产业创新实现，也就是说国家创新体系必须借助产业政策才能最终对企业的创新活动发生作用。总之，无论是国家层面上的创新，还是区域层面上、产业层面上的创新，都可以将其看做一个系统，该系统由多种要素及其相互关系组成，即创新系统。

2. 产业创新系统的概念界定

Freeman 认为产业创新是一个系统的概念，决定产业创新成功与否的因素是系统因素。Malerba（2004）认为产业创新系统是为了通过各种活动以及市场和非市场的交互作用来制造、生产与使用特定的产业产品群的行为者的集合，产业创新系统的基本要素包括企业、其他参与者、网络、需求、知识基础、制度及系统运行过程与协同演进。

柳卸林（1998）认为产业创新系统以获取新的和互补的技术为目的，该系统从互补资产和利用知识的结合中获得收益，通过学习过程的加快，将交易成本降低，进而将市场中的进入壁垒克服掉或者创造出新的进入壁垒，通过协同经济效果将创新带来的风险分散掉，通过一个附加值生产链，由关联性很强的企业、知识生产机构、中介机构及客户相互联系形成网络系统。

李庆东（2008）认为产业创新系统的中心为企业活动，基础是知识发展，导向为政策调控，动力为市场需求，核心是供给创新性技术，良好的国内外环境为保障力量，目标为实现特定产业创新，这样的网络体系为产业创新系统。周绍东（2012）评述了战略性新兴产业创新系统的研究，将战略性新兴产业创新系统的政策配套体系构建出来。

王明明等（2009）评价了以国家创新系统理论、国家创新系统与技术系统理论结合以及进化经济学为理论基础的产业创新系统，并认为产业创新系统结构包括系统目标、技术子系统、制度子系统、组织子系统及系统环境。张治河和谢忠泉（2006）认为产业创新系统由产业创新技术系统、产业创新政策系统、产业创新环境系统和产业创新评价系统四个部分组成，并阐述了产业创新系统的功能及运行机制。李春艳和刘力臻（2007）深入分析了产业创新系统形成的条件，并给出了产业创新系统模型。张治河和谢忠泉（2006）认为产业创新系统具有提升产业自主创新能力的功能，同时可以促进产业结构高级化，进而形成创新型产业集群。

彭勃和雷家骕（2008）以产业创新系统理论为基础，深入剖析中国大飞机产业的发展，提出了中国大飞机产业创新系统模型框架。汪秀婷（2007）对战略性新兴产业创新系统的结构进行了分析，认为战略性新兴产业创新系统包括战略子系统、核心网络子系统、知识技术子系统以及环境子系统，在此基础上，提出战略性新兴产业创新系统的培育路径。

产业创新系统是国家创新系统的重要组成部分，由于产业创新系统本身边界具有一定的动态性，因此，产业创新系统与国家创新系统的关系比较复杂。一般认为产业创新系统和国家创新系统的关系存在两种情况。其一，产业创新系统可以被认为是国家创新系统的子系统，国家创新系统包含若干个产业创新系统；其二，产业创新系统超越国家边界，跨越了多个国家创新系统，形成超宏观的创新系统，在欧洲这种情况较为常见。不过，这并不意味着产业创新系统可以完全从国家环境分离出来。因此产业创新系统经常有明显的区域或国家特征，成为国家或区域的产业创新系统。

3.1.3 绿色创新系统的概念界定

一些学者认为绿色创新系统的概念是用于描述产业-政府-学界的关系。政府的环境规制能够使这三者联动起来，并且可以促进绿色创新的产生和扩散。尽管如此，绿色创新系统也主要针对发达国家。而一些学者却认为，这样的运行模式也适用于发展中国家。为了实现绿色发展的目标，政府、企业和学术机构形成的网络为环境规制提供标准建设和评价工具，还为那些执行环境规制的机构提供技术方案。一些学者认为绿色创新系统由人、自然元素、社会关系等要素组成，这些要素在社会、环境、经济和制度信息产生的过程中互动，从而在绿色创新成果的产生、扩散和使用过程中形成有利于绿色生产和消费的新模式。绿色创新系统中成员间的关系是不可或缺的。这些关系把系统中的主体联结在一起，并致力于更有效的绿色技术扩散、绿色创新活动和与现实世界的资源交换。

丁堃（2009）指出，绿色创新系统是一个网络，这个网络在一个国家或区域范围由企业、高等院校、科研院所、政府、中介机构等主体构成，这些主体要素之间相互作用、相互联系，该系统在一定机制的作用下，通过一定的制度模式，目的是实现可持续发展的技术创新。绿色创新系统具有满足可持续发展要求的结构和功能，这是其本质特征，该系统由绿色知识生产、绿色知识传播和绿色知识应用三个子系统构成。陈劲（1999）认为在国家绿色创新系统中政府的政策是绿色创新的首要激励源。

杨淑芳（2013）认为绿色创新系统是一个非常复杂的系统，其中，可持续发展是绿色创新系统的目标，考虑生态效益、经济效益和社会效益的协同发展是绿色创新系统的前提，企业、高等院校、政府、中介机构和科研院所这些主体和非主体要素通过相互作用、相互联系构成了绿色创新系统，该系统离不开各种资源要素之间的相互联系，同时，与各个主体要素之间的联系也是分不开的。绿色创新系统采用包括绿色产品创新和绿色工艺创新的绿色技术创新以及制度、市场、管理和观念等方面的绿色非技术创新，其中技术和各类有关创新的活动贯穿创新的整个过程，从绿色创新活动的设计到过程、目标和成果管理，都贯穿着绿色创新；绿色创新系统通过开发或引用绿色知识以及应用和扩散绿色技术进而实现提高能源效率与节能减排的目的。

绿色创新系统是指在一定区域或者产业内，以实施绿色发展的技术创新为目标，通过一定的规则和关联方式，由相互联系、相互作用的各类主体要素构成的网络。绿色创新系统的主体包括企业、高等院校、科研院所、中介机构及政府等。绿色创新系统的结构特征和功能目标是为满足绿色发展的要求。在这个由众多主体构成的绿色创新系统中，各主体间除了相互关联和作用外，还存在各种资源在主体之间的流动，包括人力资源、资本资源和信息资源。制造业绿色创新系统中，各主体能够有效配置和利用制造业绿色创新系统内部与外部的绿色创新资源是实现我国制造业绿色创新系统绿色创新能力提升的主要驱动力。

通过对相关文献的梳理与分析，本书认为绿色创新系统是在一定的环境背景下，各类型的创新主体要素和非主体要素（政府、高等院校、企业、科研院所、中介机构等）结合创新资源在创新动力（市场拉动、技术推动、环境规制推动）的作用下，通过创新过程（研发、制造、营销）联结成的网络体系，该网络体系的目的是实现可持续发展、经济发展及创新和扩散。

3.2 制造业绿色创新系统的构成要素

创新系统的构成要素是决定创新系统功能能否实现的基础条件，也是设定创新系统功能目标的依据。一方面，创新系统构成要素的规模和数量会影响系统的功能，因此，创新系统中企业的数量和规模、高等院校和科研院所的研究水平和质量变化等都会对创新系统的功能实现产生重要影响。另一方面，创新系统构成要素之间的组合方式也会影响创新系统功能的实现，如系统内的产学研合作情况、企业间的并购、合作创新系统的发展。本书将制造业绿色创新系统的构成要素分为创新主体、创新资源、创新动力与创新过程，制造业绿色创新系统是一个有机整体，由各个构成要素组成，各要素之间具备特定的关系，相互作用、相互联系、相互依赖，从而形成具有特定比例的结构。创新资源、创新动力、创新主体及创新过程是绿色创新系统的主要要素，这四个要素相互协同，相互作用，共同保证制造业绿色创新系统的螺旋上升得以顺利实现。

3.2.1 创新主体

（1）制造业绿色创新主体主要包括了制造业企业、政府、高等院校及科研院所、中介机构四大要素（图3-1）。

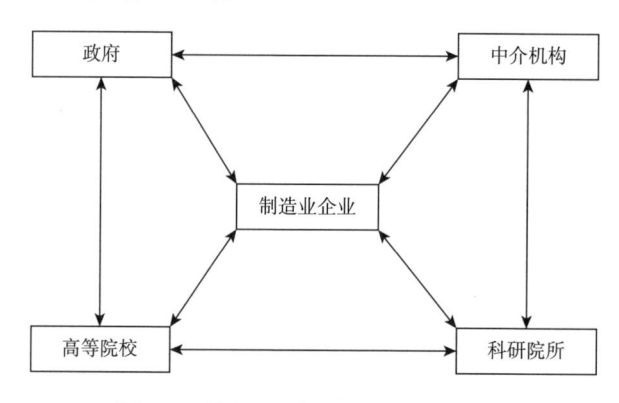

图3-1 制造业绿色创新系统四大要素

第一，制造业企业。企业是制造业绿色创新系统中最重要的主体之一，是主要的绿色创新实施主体。但是绿色创新系统中的企业在实施绿色创新中的表现也不尽相同，创新主体作用的强弱也千差万别。由此，那些自身创新需求较低或者自主创新能力较弱的企业，即使参与了创新活动，也难以发挥有力的创新主体作用。显而易见，只有那些自身创新需求旺盛而且自主创新能力强的企业，才能够积极有效地组织和实施创新活动，实现绿色创新系统的健康发展。

企业毫无疑问地成为绿色创新活动的主体，能够主动搜集和本行业相关的最新的科学研究成果，并及时地把获得的科学研究成果与企业的绿色技术升级、绿色产品创新、绿色市场扩展和绿色服务优化等主要业务创新结合起来，转化成为生产技术和新产品，并在实际的生产经营中获得商业化。企业凭借创新成果而获得的竞争优势，不仅可以使企业在经济上获得收益，而且还能提供更绿色的产品、生产制造流程和技术，进而不断推动整个社会的绿色发展进程。

当然，在绿色创新系统的主体中也包括跨国公司。由于跨国公司与绿色创新系统在主体构成、区位选择和目标推动上具有一定的关联性，跨国公司对于绿色创新系统中的演化要素——创新能力、创新主体、创新关系网和创新环境产生直接和间接的影响，使得四种因素得到提高和改善，最终实现绿色创新系统的演化驱动。

第二，政府。政府是制造业绿色创新系统中另一关键主体。Freeman 在对日本国家创新系统做出实践研究后得出结论，政府在创新系统中有着不可忽视的作用。这点在制造业绿色创新系统中尤为突出，绿色技术具有较强的外部性，这使得绿色创新系统的顺利运转离不开政府提供法律法规和政策支持。

政府在制造业绿色创新系统中具有双重身份。政府本身是绿色创新系统的关键主体，负责整个系统的政策制定及完善工作；同时，政府又是整个绿色创新系统的宏观调控者，必须合理有效、最大限度地利用系统内的所有资源，与此同时还需负责引领各主体行为，确保绿色创新系统的流畅运转。

第三，高等院校及科研院所。高等院校和科研院所同样在制造业绿色创新系统中具有重要作用。它们作为知识库为整个创新系统提供充足的知识支持，研究人员在其中专注于绿色技术的开发，由于无须过多在意风险，对比企业研发而言更容易实现技术的突破。

高等院校及科研院所在研发技术的同时也注重绿色创新人才的培养。人才是知识的载体，大量绿色创新人才的涌现，将进一步丰富绿色创新系统的知识储备，为制造业绿色创新系统的发展提供更多可能。

第四，中介机构。在绿色创新系统中，中介机构是链接各创新主体供需关系并发挥桥梁作用的纽带。虽然中介机构不直接开展创新活动，但是为那些从事创新活动的主体提供专业咨询和中介服务。中介机构都具有较强的专业性，其中包括提供必要技术支持和资金支持的专门服务机构，同时也包括高等院校、科研院所、企业和政府机构。在一定程度上，这些中介机构在绿色创新系统中为各主体开展绿色创新活动以及在绿色技术扩散过程中发挥产生创新需求、提供创新支持、应用创新成果和扩散绿色技术的动力和推力作用，促进了绿色创新系统的有效运行。

（2）创新系统中的主体间联系的类型也表现为多样性，如正式或非正式性联系、直接或间接联系、横向或纵向联系等。正式联系是有意识创建的，它包括合作协议和合同规定。非正式联系是自发形成的，它包括贸易博览会、人员流动、通过机械设备对技术的转让、科学会议和科学出版物等。直接联系是刻意创建的，如政府为支持企业开展研发活动提供资金。间接联系是自然产生的，如果直接合作研发的技术知识无意中蔓延到第三方，那么就建立了与第三方的间接联系。横向联系包括主体之间的联系，这些主体属于同一个组织类别，如公司或研究机构之间的相互作用。纵向联系的形成是在属于不同组织类别的主体之间进行的，如公司、高等院校、政府和科研院所之间的相互作用。来自欧洲的研究显示，在法国，来自贸易展、专业协会的非正式知识或者来自集团内部或高等院校的技术都会对生态创新产生积极的影响。

此外，在绿色创新系统中存在三种伙伴关系——合作、学习系统和管理网络。高等院校和研究机构为社会提供高技能人才，另外，公司为高等院校从事的研究提出问题并提供来自实践中的信息资源。在这个过程中，不同机构都在系统主体间的互动中发挥调解作用。绿色创新系统中主体间的绿色学习对企业环境伦理具有积极的影响，从而对企业的绿色创新绩效也具有积极的影响。另外，企业的环境伦理在绿色学习和绿色创新绩效之间发挥中介作用。企业的环境伦理并不是与生俱来的，而是通过与系统中的伙伴交流信息获得了绿色技术和环境知识从而提高企业环境伦理程度。企业的环境伦理程度越高，绿色创新绩效就越理想。

总之，作为绿色创新系统绿色创新活动的承担者和实践者，创新主体参与到绿色创新的全过程中，发挥着重要的作用。政府、高等院校、科研院所、制造业企业是重要的创新主体，同时，中介机构也作为创新主体，承担着绿色创新活动。制造业企业在绿色创新系统中担任着绿色创新过程中的重要责任，是绿色创新的主导力量，引进、利用并学习新技术是必不可少的，还要负责技术与生产的衔接，保证市场化与规模化得以顺利实现；高等院校和科研院所作为知识生产、扩散与转移的重要源泉，提供基础研究与应用研究等方面的绿色知识成果，同时积极地参与绿色创新的各个过程，高等院校和科研院所不仅为可持续发展提供包括以科学知识、技术知识为核心的知识库，还要为以可持续发展为需求的绿色创新培育人才，并不断输送优秀人才，因此，承担的责任重大；政府是创新环境的营造者和维护者，政府和中介机构分别提供相关政策和服务方面的支持，进一步促进知识的传播和技术的流通。

3.2.2 创新资源

开展绿色创新活动，首先要投入创新资源，因此，创新资源可以保障制造业企业绿色创新能力的提升，是绿色创新的基础和前提。绿色创新人力资源、绿色创新财力资源，是最重要的创新资源。同时，绿色创新物力资源、绿色创新技术资源和绿色创新知识资源也是非常必要的创新资源。在创新的全过程中需要充分利用包括企业自身的和来自外界的绿色创新资源，通过绿色创新资源投入量的提高以及配置效率的提升，从而促进绿色创新绩效的提升。同时，要采取积极有效的管理方法和手段对创新资源进行管理，防止创新资源的流失。

3.2.3 创新动力

在创新的各个环节相互反馈以及相互协同，有利于创新动力的产生。创新动力对于制造业绿色创新系统来说，是进行绿色创新的驱动因素，发挥着重要作用，创新动力是某种力量或各种力量的集合，这些力量共同对制造业绿色创新系统的绿色创新起到推动作用。

市场拉动动力、技术推动动力和环境规制推动动力作为制造业绿色创新系统的主要创新动力。由于市场需求和市场竞争对制造业绿色创新系统的影响而产生的绿色创新即为市场拉动动力；科学技术发生着日新月异的变化，同时，科学技术渗透于创新的各个要素中，越来越多的先进科学技术被广泛地应用到各个领域中，这将促使制造业企业为了更好地进行创新而不断采用先进科学技术，这即为技术推动动力；政府会通过一定的政策行为对市场进行干预，在干预的过程中政府会施加某种限制和某种约束，或者通过制定一系列的激励制度以及提供相应的政策方面支持，进而达到推动制造业绿色创新系统进行绿色创新的目的，这种干预活动即为环境规制推动。

3.2.4 创新过程

制造业绿色创新系统在开展绿色创新时，包括从绿色研发到绿色制造，再到最终的绿色营销，要经过一系列的阶段，这个全过程即为创新过程。

第一阶段：绿色研发阶段。绿色研发是指制造业绿色创新系统在产品研发过程中以节约、降耗为目的，所进行的绿色产品研发以及绿色科技成果的产生等，节约资源从绿色创新活动的源头开始，进而降低污染。

第二阶段：绿色制造阶段。制造业绿色创新系统在进行制造的过程中，可以减少原材料的浪费，通过有效的方法把成本降低，在这种情况下开展的生产制造，可以达到环保的目的，同时把对自然界可能产生的负面影响尽可能地减少，这个过程即为绿色制造。

第三阶段：绿色营销阶段。制造业企业将绿色体现到营销活动中，保护地球生态环境将会得到更多的重视，对经济与生态的共同协调发展具有促进作用，将社会利益、消费者利益、企业自身利益以及生态环境保护有机地统一起来，对产品、定价、分销和促销的策划等各个环节进行有效的管理，并对具体的实施过程进行严格的控制，这个环节即为绿色营销。

3.3 制造业绿色创新系统的特征及功能

3.3.1 绿色创新系统的特征

绿色创新系统不同于可预测的、易拆分的、较少交互和反馈的简单系统，它是一个复杂系统，具有大多数复杂系统的基本特征。本书从复杂系统理论的角度出发，认为绿色创新系统具有以下四个基本特征——聚集性（aggregation）、非线性（nonlinearity）、流（flows）和多样性（diversity）。

（1）聚集性。绿色创新系统的聚集性包括两方面的含义：一方面是按照某种特定规则进行同类或相似类的聚集，另一方面是聚集行为，即绿色创新系统做什么。

绿色创新系统的行为主体包括绿色创新企业、高等院校和科研院所、政府及中介机构等四大主体，它们之间通过相互交流、相互影响、相互作用等行为形成一个有机的创新网络，而这一聚集体又可以进一步聚集形成更高一层的行为主体——介主体（meta-agents），如产业介主体。从这一观点来看，国家创新系统、区域创新系统等所体现出来的国家竞争力和技术水平的提高可以通过聚集特性来进行描述。

（2）非线性。线性与非线性的根本区别在于是否满足叠加原理。绿色创新系统的非线性决定了该系统具有不确定性和不可预测性，即不可能通过单一因素的变动而对未来某一时刻的情况进行准确预测。

（3）流。流是绿色创新系统运行的基础，各主体之间的沟通交流是通过人力、财力、物力、信息等的流动来实现的。随着时间和经验的积累，流所产生的乘数效应和再循环效应会逐渐反映出变异适应性（changing adaption）。

（4）多样性。绿色创新系统中，任一单个主体对其所存在的环境都具有很强的依赖性。任何一个单一主体要进入已有的绿色创新系统中，必须通过学习，进入"生态位"（niche）中。绿色创新主体的多样性不仅体现在主体类型上，同一类主体本身也具有多样性，这与其生存的环境相关。

3.3.2 绿色创新系统的功能

制造业绿色创新系统要具有一定的目的，即制造业绿色创新系统要实现一定的功能。制造业绿色创新系统在与外部环境相互作用、相互联系的过程中，将会有一定的性质、某种能力和某种功能表现出来，这种功能即为制造业绿色创新系统的功能。可持续发展功能、经济发展功能以及创新与扩散功能，都是制造业绿色创新系统的主要功能。

第一，可持续发展功能。节约资源、降低污染排放、减少消耗都是制造业绿色创新系统提倡的生产方式，通过推进这些生产方式，各种创新活动在绿色创新系统的开展下，才能对绿色技术、绿色市场结构及绿色产业的变化起到更好的促进作用。

因而，对制造业产业升级起到了更好的推动作用，有利于促进能源和资源的节约，有利于废弃物排放的减少，同时，对绿色产品质量的提高起到了推动作用，具有一定的综合效益，促使绿色转型的步伐得以加快，力图在促进经济增长、加大环境保护的同时，努力推动实现一个节能环保、绿色低碳、社会包容的可持续未来，对人类社会的可持续发展起到了有效的促进作用。

第二，经济发展功能。制造业绿色创新系统在开展绿色创新活动中，可以采取低开采、低排放、高利用的节能方式，从而更加充分合理地利用物质资源，最大地发挥物质资源的功效和作用，使得经济活动尽可能小地对自然环境产生负面影响，经济社会的可持续发展得到有效保证。

显然，制造业绿色创新系统的经济发展功能不仅仅体现在促进经济效益方面的增长，同时也体现在社会效益和生态效益方面的增长。通过对产业结构以及资源配置进行合理有效的优化，制造业绿色创新系统开展的绿色创新活动，对经济增长的效率和质量有很大的提升作用，同时对经济的可持续发展也具有很大的促进作用，对循环经济发展战略的顺利实施来说，是一个非常重要的依靠和有效的保证。

第三，创新与扩散功能。创新与扩散是不可分割的，创新是扩散的基础，扩散是创新的主要目的和途径。制造业绿色创新系统是一个复杂的整体，各个要素之间相互联系、相互作用、相互促进。创新与扩散功能是指制造业绿色创新系统在演进过程中，通过开展绿色创新活动，不断促进制造业企业、高等院校和科研院所等创新主体之间建立更加紧密的产学研合作关系，实现物质资源和智力资源的更加有效的联结，在加速绿色技术创新、绿色产业创新和绿色供应链创新进程的同时，不断提高绿色创新系统创新主体的绿色知识创造和知识流动的动力和能力，减少绿色知识扩散阻力，促进绿色知识在制造业产业内外不断进行扩散从而有效地提升制造业绿色创新系统绿色创新能力和产业竞争力。

制造业绿色创新系统的创新与扩散功能促进绿色技术成果转化为现实生产力，通过生产符合可持续发展的绿色产品，进而实现经济与生态的协调发展。

3.4 制造业绿色创新系统的外部环境

系统总是处在一定的环境背景中，与环境保持着某种程度的物质、能量、信息的交换。一个创新系统不仅包括主体和它们的行为以及互动，还包括这些主体所存在的社会经济环境。环境对主体的行为产生影响，同时，主体也与环境进行频繁的资源交换。系统内主体的行为和所发挥的作用都会决定创新系统的表现。

制造业绿色创新系统的外部环境与创新资源共同作用为绿色创新系统输入信息与资源，同时实现制造业绿色创新系统与外部环境的能量、物质以及信息的交换和流动。绿色创新的本质可能是技术的、组织的、社会的和制度的。制造业绿色创新系统的外部环境是指创新主体在参与绿色创新活动过程中所处的外部环境，如宏观政治环境、市场环境、文化环境、社会服务环境等。

（1）宏观政治环境。宏观政治环境是指与制造业绿色创新系统绿色创新活动相关的政府政策、税收政策、法律法规、知识产权等方面的相关制度以及一系列与绿色发展有关的方针战略，如环境保护政策、节能减排和应对气候变化的政策、节水的政策、节约原材料、资源综合利用和发展循环经济的政策以及节约和集约利用土地的政策等，为制造业绿色创新系统朝着有序方向演进提供了有力的保障和支持，同时，对于发展绿色经济也具有明确的导向作用。

（2）市场环境。需求与竞争，在市场环境中同时存在。一方面，从顾客需求的角度出发，制造业绿色创新系统中创新主体间通过开展绿色创新活动，来提高绿色创新系统的绿色技术创新绩效，进而使用户的需要最大可能地得到满足；另一方面，激烈的竞争是制造业企业之间的正常现象，尤其是在产品差异化越来越难的情况下，制造业企业在市场竞争的迫使下，开展绿色创新活动更加需要不断加大力度，这样，才能在众多竞争对手中不断获取强大的绿色竞争优势。

（3）文化环境。文化环境是一种倡导人与自然和谐相处的理念，是指制造业绿色创新系统所处的创新氛围，其创新氛围是与当地的社会文化密切相关的。文化环境与绿色创新有着相互促进、相互激荡的密切关系，文化环境孕育绿色创新活动，绿色创新活动激励创新文化，文化环境是制造业绿色创新系统开展绿色创新活动的重要前提。良好的文化环境有利于制造业绿色创新系统的运行，能够促进创新主体间的相互联系与相互学习；反之，不良的文化环境对制造业绿色创新系统的运行将会起到阻碍和抵制的作用。

（4）社会服务环境。社会服务环境是指保障制造业绿色创新系统良好运行的服务机构的状况，其中服务机构主要包括信息技术服务中心、科技咨询机构、技术成果转化机构、高等院校科技园区、科技企业孵化器等。良好的社会服务环境不仅能够促进绿色技术和知识的转移与扩散,而且还能够有效地整合创新资源,为参与绿色创新的各个创新主体提供专业服务,为制造业绿色创新系统的顺利运行起到沟通、联系、组织、协调等作用,进而促进绿色创新活动。

制造业绿色创新系统的运行离不开外部环境,制造业绿色创新系统需要与外部环境进行不断的物质、能量和信息的交换。制造业绿色创新系统与外部环境相互作用、相互联系,外部环境是制造业绿色创新系统运行的动力和条件,同时,制造业绿色创新系统内部结构的改变将会引起外部环境的变化。外部环境具有动态性、复杂性和制约性,直接影响着制造业绿色创新系统的运行和发展。

制造业企业、高等院校和科研院所等创新主体只有充分调动制造业绿色创新系统中的绿色创新资源并进行合理有效的配置,充分发挥制造业绿色创新系统的整体功能,根据动态的外部环境做出适当的调整,进而适应不断变化的外部环境,充分利用制造业绿色创新系统的绿色创新能力和产业竞争力提升绿色创新绩效,进而促进制造业绿色创新系统的绿色创新和可持续发展。

3.5 制造业绿色创新系统的基本结构

创新主体、创新动力、创新过程和创新资源是制造业绿色创新系统的主要构成要素,这四部分相互联系、相互作用,共同构成了制造业绿色创新系统。

(1)创新主体:创新主体在开展绿色创新活动时需要投入人力、物力以及财力、技术,这些保证绿色创新活动顺利开展的投入即为创新资源;高等院校、政府、制造业企业、科研院所及中介机构是绿色创新系统的创新主体,在绿色创新活动中发挥着重要的作用。

(2)创新动力:制造业绿色创新系统开展绿色创新活动,离不开创新动力,创新动力是驱动绿色创新的重要因素,市场拉动、技术推动及环境规制推动是绿色创新的主要动力因素。

(3)创新过程:创新过程包括从研发到制造再到最终销售的全过程,制造业绿色创新系统的绿色创新过程包括绿色研发、绿色制造和绿色营销。在外部环境的作用下,以满足可持续发展的需求为前提,以经济社会和环境实现可持续发展创新为目标,制造业绿色创新系统的创新主体持续地从事绿色供应链创新活动,持续地开展绿色产业创新和绿色技术创新,完成从绿色研发到绿色制造,最终实现绿色营销的全过程,这个过程即为制造业绿色创新系统的完整运行过程,该过程主要体现在绿色技术创新、绿色市场创新、绿色产业制度创新和绿色知识创新

（4）创新资源：在绿色创新过程中，制造业绿色创新系统会面对来自可持续发展创新和绿色创新提出的新一轮更高水平的可持续发展要求，因此，不断加大绿色创新资源的投入对于绿色创新系统来说是非常必要的，进而使创新动力对创新主体产生更大的动力作用，促使创新主体从满足可持续发展要求，逐渐向实现可持续发展创新转变。

制造业绿色创新系统在这种情况下，形成了一个动态螺旋上升的绿色创新过程，图 3-2 为制造业绿色创新系统结构及基于创新过程的绿色创新动力因素。由此可见，制造业绿色创新系统是一个有机整体，这个整体由若干要素构成，各个要素之间相互作用、相互联系、相互依赖，不可分割，同时，各个要素依据一定的比例，呈现出系统特有的结构，从而保证该系统具有一定的特定功能，实现系统的动态性、复杂性及整体性。

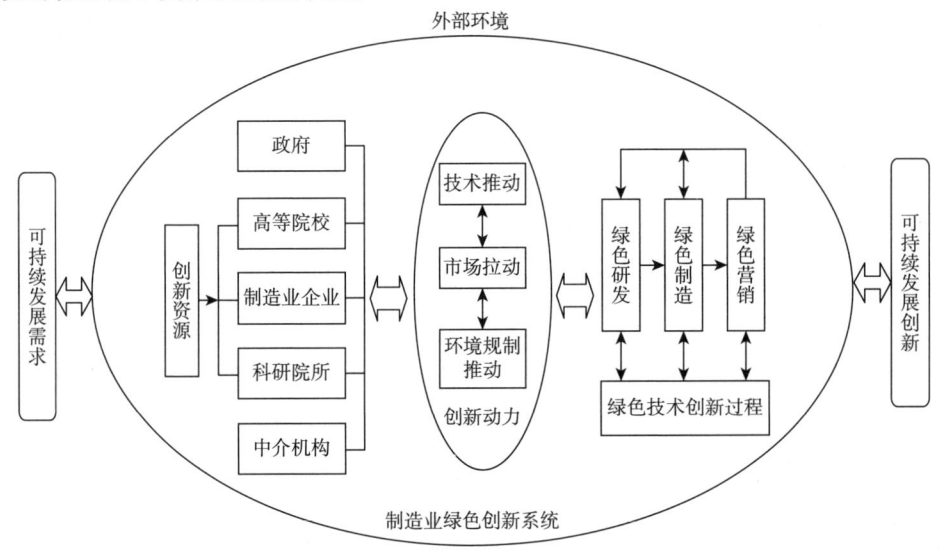

图 3-2 制造业绿色创新系统的基本结构

从创新系统的边界来看，不论国家创新系统、区域创新系统还是产业创新系统，都包括促进技术生产、扩散、储存、转移、传播和应用的机构，即高等院校、科研院所、企业、中介机构等。这些机构不仅作为创新系统中的主体发挥着重要作用，同时，各主体之间还发生相互作用，需要协调并形成相对适当的关系。高等院校和科研院所作为区域创新系统的科学产生单位，拥有较丰富的创新资源，具有较高的创新潜力。尽管跨国公司都会严格地保护自有的优势技术不外泄，但是科研院所通常具有较强的发现和获取新技术的能力，可以通过些许线索，对跨国公司的主要技术进行挖掘，获得技术方向的基本信息，为将来的技术突破积累技术。

3.6 本章小结

本章主要对制造业绿色创新系统的理论基础进行了分析。首先，对绿色创新、创新系统、产业创新系统、绿色创新系统等概念行了界定；其次，从创新主体、创新资源、创新动力和创新过程四个方面分析了制造业绿色创新的构成要素；再次，进一步地对绿色创新系统的基本特征、主要功能进行了分析，并从宏观政治环境、市场环境、文化环境和社会服务环境等方面分析了制造业绿色创新系统的环境；最后，构建了制造业绿色创新系统的基本结构。

第4章 基于机制要素协同的制造业绿色创新系统运行机制研究

制造业绿色创新系统运行机制是制约制造业绿色创新活动开展和提升绿色创新绩效的关键，而绿色低碳发展的时代背景对我国制造业绿色创新系统的运行机制提出了新的要求，也为制造业绿色创新活动提供了新兴的市场机会。在此背景下，本章旨在探究制造业绿色创新系统的运行机制及机制要素间的相互作用，基于创新系统理论和协同学理论提出制造业绿色创新系统运行机制基本要素，并结合绿色创新系统运行过程探究制造业绿色创新系统运行机制要素的协同作用，构建运行机制要素协同模型，并通过案例分析验证运行机制要素协同模型的现实意义。

4.1 制造业绿色创新系统运行机制要素分析

机制存在于一个特定的系统内部，是一种系统外部环境变化条件下要素之间的协调方式，是指系统内部各要素之间相互联系、相互依存、相互制约的关系。研究系统的运行机制就要研究系统的内在工作方式。所以说技术创新的运行机制就可以理解为技术创新系统的运行过程中各个子系统之间互相作用的关系。而运行机制的一个关键点是若干个基本功能的组合网。普遍的事物之间的联系无外乎以下几点：一是整合功能，其把各要素联系到一起成为一个整体；二是动力功能，这是为事物的运行提供一个能源；三是定向功能，它指明了系统运行的方向和目标；四是调控功能，控制每个因素的此起彼伏。这四种功能都缺一不可。

根据上述分析，本书认为绿色创新系统运行机制是指制造业绿色创新系统内部各绿色创新主体、组织、制度等要素之间及其与制造业绿色创新系统内外部其他要素相互配合、相互作用的运作方式。

4.1.1 制造业绿色创新系统运行机制的重要性

自从《京都议定书》签署以来，对发达国家的强制性温室气体减排要求和对发展中国家的自愿性减排呼吁使得全球各国开始制定相应的国家和产业低碳发展规划。在此低碳发展的背景下，发达国家对进口产品能效等指标的提高，以及我国对产品生产过程中污染物和温室气体排放，以及能耗等管制的加强，使得作为全球低成本"制造工厂"和我国高能耗、高排放重点行业之一的制造业的绿色转型与发展成为我国实现经济和环境可持续发展的重要前提。而绿色创新则被越来越多的企业作为实现可持续发展的一项有效战略。

然而，仅仅是绿色创新，以及由此引起的绿色产品或产业的扩张，无法实现整个产业或国家的绿色转型。事实上，绿色增长不仅仅是绿色产品和产业的扩张，而是源于有组织的、自下而上的国家和产业创新系统的绿色转型。可见，一个有效运行的制造业绿色创新系统是实现我国制造业绿色转型，进而实现我国经济发展模式绿色转型的关键。

制造业绿色创新系统实质上是以低排放、低能耗、低污染为标志的绿色生态经济模式下，由企业、高等院校、科研院所、政府和中介机构等大量相互作用的主体所组成，以实现节能减排，维持生物圈碳平衡为目标，以提高能源利用效率和创建清洁能源结构为本质特征，以绿色技术创新、绿色产业创新和绿色供应链创新等多方面的转变与紧密结合为核心的复杂大系统。在制造业绿色技术和产业领域，作为后发国家，除了少数较为成熟的新兴绿色产业创新系统，如风能产业创新系统，我国多数绿色技术和产业仍处于初创阶段，并未开始经历产业绿色创新系统运行和发展所面临的问题和障碍。对于我国制造业绿色创新系统而言，由于涉及众多的行业和技术机制，其创新系统发展的阶段不尽相同。

可见，我国制造业绿色创新系统的有效运行需要依赖于不同系统运行机制的共同作用，即构建系统运行机制的协同关系，将相互独立的运行机制要素组合起来，促进运行机制要素间的相互作用。特别是对于新兴绿色技术和产业而言，新兴绿色技术和产业创新的实现需要绿色技术、绿色产业和绿色供应链的协同作用，否则，绿色创新系统的形成将不完整或无法实现。显然，系统运行机制要素的协同关系是实现我国制造业绿色创新系统有效运行的重要基础。

4.1.2 制造业绿色创新系统运行机制的四大基本要素

制造业绿色创新过程可简单理解为绿色创新动力产生→绿色技术获取及过程

的整合→技术创新实施与拓展创新绩效的扩散与输出。主要功能在于推动制造业将节能减排的外部性转变成制造成本的内部化，从而提高低碳经济的市场效率。根据绿色创新过程，并结合 Gosens 和 Lu（2013）、Köhler 等（2013）、Hekkert 等（2007）对不同绿色技术和产业的创新系统的研究，本书将制造业绿色创新系统运行机制的四种要素界定为四个要素——生成机制要素、整合机制要素、长效机制要素及扩散机制要素。这些运行机制要素之间相互促进又相互影响，保障了绿色创新系统运行的高效性、稳定性和前瞻性。四种机制要素的运行并不是独立进行的，互相之间具有一定的联系。

1. 生成机制

我国制造业绿色创新系统的初创和形成主要源于两部分的动力，一方面是来自系统外部环境的动力，由此形成了绿色创新系统的生成机制的外生机制；另一方面是来自系统内部的动力，由此形成了内生机制。其中外生机制主要是系统外部环境（如可持续发展需求等）相互作用的集合，主要包括监督机制、保障机制等；内生机制主要是制造业绿色创新系统中创新主体、创新资源和创新知识三种系统结构要素相互作用的集合，主要包含激励机制、约束机制等。另外，内生激励与外生监督的共同作用为我国制造业绿色创新系统的初创和形成提供了基本的条件。

2. 整合机制

整合机制实质上是在政府机构或市场的作用下，制造业绿色创新系统内各系统结构要素自主地或被动地进行整合所构成的相互关系的集合。其中，涉及创新主体的整合，如绿色技术或产业的产学研战略联盟的形成等；创新资源的整合，如绿色风险投资与未产业化绿色技术或产品的结合；以及创新知识的整合，如绿色知识和技术领域的研讨会和科技合作等。我国制造业绿色创新系统由于处于初创阶段，政府主导下的整合机制更为突出，其主要以环境规制和绿色技术引导两种方式为主，主要包含共享机制、协调机制、反馈机制等。

3. 长效机制

事实上，制造业绿色创新系统的系统功能不仅涉及绿色技术知识的创新与扩散，更涉及经济发展与社会可持续发展等。长效机制即为实现经济发展的绿色转型和社会的可持续发展，涉及绿色技术知识创新与扩散对经济发展和社会可持续发展的影响，以及过程中创新主体、创新资源和创新知识之间以及与外部环境间相互作用的集合，又可称为发展机制。其中，包括协调绿色创新与经济增长的关系；处理节能减排与产业结构调整、经济发展方式转变的关系；统筹推进以政府为主导、企业为主体、市场有效驱动、全社会共同参与的节能减排工作格局。另外，长效机制还涉及市场运行机制、资金运作机制、人才培养机制等。

4. 扩散机制

制造业绿色创新系统运行机制中的扩散机制涉及三个层面的扩散：其一是绿色技术的创新与扩散，即新兴绿色技术和知识的创造、应用和扩散。其二是绿色产业的创新与扩散，这里的绿色产业不仅包含绿色新兴产业，如风力发电涡轮机制造业等；也包含传统制造业的绿色转型，如钢铁行业中可循环流程技术的发展与扩散。其三是绿色供应链的创新与扩散，即绿色产业发展向纵向的延伸与扩散。大体来说，扩散机制主要包含竞争机制、利益协调机制、市场倒逼机制等。

4.1.3 制造业绿色创新系统运行的生成机制

绿色创新系统运行生成机制是指制造业绿色创新主体所产生的创新动力要素及这些要素之间的相互关系。从系统的角度来考察，制造业绿色创新系统的生成机制分为外生动力和内生动力，这些内外生动力之间通过相互影响和相互作用，将绿色创新的动力传导下去，促进制造业绿色创新的顺利进行。因此制造业绿色创新系统的生成机制是指驱动制造业绿色创新产生内外生动力以及这些动力要素在动力传导过程中运作方式。

1. 绿色创新系统运行的外生动力

（1）社会需求。制造业绿色创新系统运行成败与效益的直接影响因素包括良好的社会环境作为基本条件，以及创新观念、创新人才、政府等的支撑条件。因此，为满足绿色创新的社会需求，必须从以下几方面采取措施。

首先是满足绿色创新系统环境上的需求。绿色创新环境就其内容来讲，一方面是要建立起激励创新的政治、经济、科技、法律等体制；另一方面是要树立起创新、竞争、合理和消费等的观念。其次是通过体制的变革，充分调动创新主体观念上的需求。同时要以绿色创新为目标深化体制改革。最后是人才的需求。制造业绿色创新系统结合科技创新人才的分类标准和重要性，应着力培养两种类型的创新人才：一种是专于钻研，并卓有成效的人；另一种是务实干练，具有丰富经验的学术带头人。

（2）政府政策支持。政府在促进绿色创新系统运行机制上的政策支持体现为在明确制造业绿色创新的方向重点的前提下，从供给与需求两个方面作用于企业和市场，根据政治和经济发展的需要通过行政、政策、法律、决策和行为等多种体系合为新的激励力量，并给出主要措施，增强市场机制的作用。政府还可以通过基础设施和产业共性技术方面的供应，帮助制造业突破关键技术上的瓶颈，推动共性技术的发展。政府还应设法促进企业、研究机构和高等院校等创新主体间的合作，提高制造业的生产集成度、细化专业分工，解决创新技术能力薄弱、产业结构趋同的不合理现象。

（3）科技推动。加强科技成果的转化，提升绿色制造技术，对制造业的产业结构进行优化升级是推动制造业绿色创新系统运行机制纳入科学化、规范化的轨道的根本途径。这取决于科技力量的渗透程度，也就意味着制造业通过对绿色创新技术和管理人才的筛选及充分利用，不断提升员工整体素质。这种科技力量主要通过两种人才得以体现，一种是专业技术型人才，另一种是职业管理型人才。这两种人才最终凝聚为一股科技力量推动着制造业绿色创新的进步。

（4）市场竞争激励。市场竞争激励因素就是指建立起绿色创新系统的制造业在市场竞争的激励作用下要善于从竞争对手的弱点和消费者的需求变化入手，通过绿色创新技术，发挥出自身的比较优势。还有一些机会隐藏在竞争对手和市场中，要善于挖掘它们，并通过部门间的有效沟通与协作，合理利用有限的资源来提高生产效率，从而形成整体优势。制造业进行绿色创新的动力此时来源于市场需求变化的拉动和市场竞争的激励作用。

2. 绿色创新系统的内生动力

（1）利润驱动。经济效益是制造业进行绿色创新的基本出发点。而制造业进行绿色创新恰恰意味着大额的前期成本投入以及后期治理费用，这必然给制造业带来越来越大的成本压力，再加上可利用的资源有限，使得制造业只有通过绿色创新来降低成本压力，取得良好的社会收益。此外，制造业必须追求的是长期利润最大化，通过加大机器设备的投入，以及在生产过程中通过改进的工艺方法，改变生产要素的组合方式，生产出高质量低成本的新产品，从而获得利润的长期稳定增长。

（2）企业家精神，即对市场机会的洞察能力。企业家精神对绿色创新的推动作用主要体现在以下几个方面。一是激励企业家决心改变现状的创新精神；二是稳扎稳打的实战精神；三是注重拓宽信息渠道，在降低风险的同时抢占创新先机；四是注重自身经济利益，兼顾创新的社会效益。因此，企业家精神的作用表现为协调内部的领导能力、对市场机会与风险的预知能力等。

（3）企业文化。企业文化是最能体现企业核心竞争力的地方。任何一种创新离不开它特定的文化环境，制造业绿色创新也一样，必须建立起与之相配套的技术、知识、制度、组织上的创新。

3. 绿色创新系统生成机制的运作方式

在制造业绿色创新过程中,生成机制所包含的内外生动力要素并不是相对独立的,而是相互联系、相互制约的。内外生动力要素通过开放的系统,不断进行着物质、信息、能量等的交换。内外动力要素并不能各自发挥作用,而是通过将外生动力要素转化到内因的具体环节中,才能发挥其动力效能。

因此,可以将制造业绿色创新系统生成机制的运行方式表述为:在外部动力要素影响的环境下,借助市场需求、行业竞争、科学技术、政府政策的支持力等的综合作用,最大化地创造出绿色创新的效益,从而激发出企业家精神。创新效益的产生驱动着制造业从事绿色创新活动,这时企业文化开始通过活动中的个人发挥作用。绿色创新的成功必将为下一轮创新提供新的动力。从而形成良性循环,使得制造业的绿色创新活动持续地进行下去。

4.1.4 制造业绿色创新系统运行的整合机制

整合就是指一个系统内各要素的整体协调、相互渗透,使系统各要素发挥最大效益。绿色创新系统的整合机制是按照一定的框架对内外部资源进行重新整理,打破原有技术体系,摒弃无用环节,是促进制造业绿色创新系统运行的一条有效途径。整合机制对制造业绿色创新系统的具体贡献体现在技术与文化之间的相互作用过程之中。制造业绿色创新的整合模式就是要制定一个科学的标准来对整合内容进行划分并评估其重要程度,从而降低整合成本。

1. 绿色创新系统的文化整合

制造业绿色创新的文化主要由自然文化、物质文化和心理文化(目前有学者把物候形态、地理特征等归为自然文化,机器、厂房等归为物质文化,而把知识、信仰、道德和风俗归为心理文化)组成。文化整合就是指有效地整理和整顿创新系统内的文化差异,从而形成一个有机整体的过程,是文化主张、文化意识和文化实践实现从无序到有序的一体化的过程。自由放任的文化整合过程具有很大的随意性,并且很难适应制造业绿色创新的发展。

2. 绿色创新系统的技术整合

技术整合已成为我国制造业技术创新和提高竞争力的必由之路。哈佛大学商学院 Marco Ianisiti 教授对技术整合的定义是指制造业技术创新过程中所涉及的一系列的技术、评价选择和提炼的方法,是"面向产品的技术整合"。本书认为,理想的制造业绿色创新系统技术整合模式，即在国家政策与市场机制的共同作用下，推动产学研机构通过系统化的技术整合，开发部分"具有战略意义的创新产品"的"规模化生产的产品制造方案和制造流程"。

3. 绿色创新系统整合机制的运作方式

对制造业绿色创新的整合是解决绿色创新问题的一种有效途径，是采用系统集成的方法，通过评估，将筛选出的新技术与现有技术进行融合，从而推出新产品的一种创新方法。绿色创新整合机制的运作过程注重新旧技术的相融，其核心是创新各要素的协同管理，具体从以下两个层次进行互动与整合：

第一，垂直整合。以细分的应用市场为导向，通过制造厂家拉动绿色产业链的发展。绿色技术提供方（技术输出源）与绿色技术采纳方是绿色创新垂直整合的参与方。因此，要研究制造业绿色创新系统整合过程中的技术整合和知识整合，必须借助于沟通理论。绿色技术的提供方和采纳方可以解决与绿色创新技术有关的问题，双方沟通的有效性有助于绿色创新技术与知识的推广与扩散。

第二，水平整合。补齐产品线，实现资源共享和研发资源互补。制造业绿色创新的水平整合即职能部门之间以及行业之间的整合。然而，不少研究文献将研究重点放在强调不同职能部门及不同行业之间沟通与互动的重要性，将衡量整合程度的重要标志列为"会议"和"文件信息交流"等。但实现水平整合还存在另外一种重要方式，就是不同部门的人员轮换。其他有利于职能部门之间整合的方式还包括团队工作和资源共享，即通过确立共同的目标，实现团队协作精神，从而提高整合效果。

4.1.5 制造业绿色创新系统运行的长效机制

对于制造业绿色创新系统而言，始终要考虑系统整体功能、结构和利益的实现，结合制造业绿色创新系统的特点、资源优势和环境承载能力，确定绿色创新系统的发展目标。制造业绿色创新系统长效机制是绿色创新系统运行过程中促进各机制要素之间互补、协同、合作的关系总和。绿色创新系统通过长效机制来确定系统内绿色创新和产业发展的战略方向，合理配置创新资源，确保整个创新系统运行效果。

1. 绿色创新系统的导向目标

制造业绿色创新系统的目标实质上就是可持续发展。一方面，要在保证生态效益的同时，实现经济的快速发展；另一方面，就是在保证经济效益的同时，也兼顾社会效益和生态效益,通俗地说,就是要实现经济效益、社会效益和生态效益的统一。

如果将绿色创新活动所涉及的因素纳入一个系统目标值比较,系统的导向目标是创新主体所确定的创新活动目标位与实际完成位之间的偏差,必须找出偏差产生的原因并力图加以修正。制造业绿色创新系统目标是创新调控主体决定技术创新系统行为的根本依据。根据技术创新的规律,调控主体一般就是技术创新主体。需要明确的是,构成绿色创新主体的最本质条件在于拥有组织绿色创新活动的权利,享受绿色创新成果或承担创新风险。

2. 绿色创新的协调手段

(1) 环境生产要素供给量调控手段,是一种比较直接的手段类型。任何一项经济活动的开展都必然要消耗环境生产要素。无论是一级市场还是二级市场,都离不开政府对环境生产要素供给量的调整,从而牵住企业的"牛鼻子",控制制造业高消耗、高排放、高污染的行为。

(2) 环境生产要素价格调控手段,是制造业绿色创新系统生产成本的直接影响因素,主要通过污染物排放规模来决定制造业绿色创新的生产规模,影响着制造业节能减排的积极性。按照具体作用的市场层级分为初级市场环境生产要素配售价格手段和二级市场政府引导(基准价格调整、减持/回购价格和数量影响等)环境生产要素价格手段。

3. 绿色创新系统长效机制的运作方式

制造业绿色创新系统长效机制主要是对系统内的资源要素和环境要素,借助政策及技术预见等理论工具,为制造业绿色创新系统选择并确定具有战略意义的研发领域、关键技术和通用技术。绿色创新系统长效机制的运作方式主要分为两种:一是以确立绿色经济条件下制造业绿色创新系统为目标,对绿色产品的市场需求及产业竞争结构进行评估,从而降低资金投入、优化资源配置;二是建立绿色创新系统的技术跟踪和导向机制,这主要蕴含在相关绿色技术的创新规律中。

4.1.6 制造业绿色创新系统运行的扩散机制

绿色创新系统的运行在经过创新动力的生成阶段、创新整合阶段、创新发展阶段后进入创新成果的扩散阶段。制造业绿色创新运行的扩散阶段是指制造业在绿色创新方面取得一定成果后,除了部分创新技术和制造方法需要内部化,其余成果通过外部潜在使用者进行传播和应用。这就促使下一个绿色创新动力、调控、扩散的产生。因此，绿色创新系统扩散机制在此处发挥了反馈的功能。不仅能够帮助我国制造业绿色创新提高能源利用效率，还能节约成本，使绿色创新成果达到利润最大化。

1. 绿色创新的扩散要素

制造业绿色创新的扩散从始至终都脱离不开生成机制的驱动作用，主要有三种扩散渠道，即企业信息部门、中介机构以及政府，这三种渠道分别在长效机制的控制下发挥作用。因此，绿色创新扩散要素主要包括提供者、采纳者、扩散渠道。

其中，绿色创新提供者一般包括绿色创新的潜在提供者、采用绿色创新的示范者和扩散信息的传播者、绿色创新的改进者、绿色创新的"推销者"。采纳者可以分为创新者、早期采纳者、中期采纳者、后期采纳者和落伍者。而扩散渠道则包括企业上游供应商、企业下游的销售商、具有合作关系的新技术开发者、当地政府、技术服务机构等。

2. 绿色创新的扩散过程

制造业绿色创新扩散过程始于创新的提供者，是指绿色创新通过一定扩散渠道，使创新提供者向创新采纳者扩散的过程。绿色创新的扩散过程往往始于创新的初始提供者，通过一定的扩散渠道，绿色创新被所有潜在采纳者采纳为终点。制造业在制定绿色创新战略前，必须明确自身的发展状况，根据内部研发水平及外部环境等确定战略制订方案；进而通过合理的创新技术扩散方式，使创新技术扩散开来，从而为制造业带来可观的经济效益与社会效益。

3. 绿色创新系统扩散机制的运作方式

综上分析，扩散机制的运作方式可以分为以下两种：

（1）诱致型扩散（主动型扩散）。其一，"交易传染型"绿色创新扩散。假定被观测企业A，在其前后向的供应链上，绿色创新扩散的实现是通过企业A的上下游关联企业来完成的。其二，"竞争模仿型"绿色创新扩散，即市场竞争中扩散。例如，假设被观测企业A因采用了绿色技术，生产出来的绿色产品，带来社会效益的同时还为其带来了大量的利润，行业内的成果必然招致同行业者B的青睐，竞争意识也由此而产生，绿色创新的技术将在B的创新策略中经历新一轮的模仿与创新。

（2）推广型扩散（被动型扩散）。绿色创新与扩散所带来的社会效益就是通过节能减排来改善环境。然而对制造业而言，绿色创新所需的高额投入，以及技术与市场风险大大削弱了制造业绿色创新的动力。为此，政府的角色就是要针对节能减排在全社会征选技术研发课题和项目，然后交给企业、科研院所、政府、高等院校等进行攻关。最终再由政府进行绿色创新成果推广。

4.2 基于机制要素协同的制造业绿色创新系统运行机理

协同，其实质是表示集合对集合的相干能力，表现为不同集合间协调与合作的性质。协同的思想主要源于1971年哈肯对自然界和人类社会间有序和无序现象转换普遍规律的发现，他将有序的关系称为协同。显然，对于制造业绿色创新系统而言，其形成、运行和发展也存在着有序和无序的交替，本书旨在探讨有序发展下我国制造业绿色创新系统的运行特征。其中，运行机制的有序协同将为创新系统的有序发展提供必要条件。考虑到制造业绿色创新系统的产业和技术边界，本书从内部协同和外部协同两个方面进行分析。

4.2.1 基于机制要素的绿色创新系统内部协同运行机理

我国制造业绿色创新系统运行机制要素的内部协同是指绿色创新系统内部各运行机制间以及不同运行机制内的协同发展关系。其中，各子运行机制内部的协同是运行机制间协同的前提，绿色创新系统各运行机制间的协同则是实现创新系统有序发展的基础。

绿色创新生成机制内的协同是指系统的内生机制与外生机制之间的协同作用，即外生机制中以环境管理为主的监督机制对内生机制中围绕绿色知识创造和技术研发的激励机制的倒逼，并促进以淘汰落后产能和高耗能技术为主的约束机制的形成；同时，内生机制中的激励机制下新兴绿色技术和核心企业的涌现将对外生机制中以维系绿色可持续发展为主的保障机制提出要求。这种相互作用的协同发展将保障制造业绿色创新系统生成机制的有效运行。

整合机制的有效运行则有赖于制造业中绿色技术、绿色产业和绿色供应链三个层面创新资源、创新主体和创新知识的整合。其中，共享机制下绿色技术和知识的转让和合作，与反馈机制中对初创绿色技术的应用和改进的相互作用将有利于整合产学研的技术研发资源，以及供应链上下游不同企业的技术知识能力；而共享机制和反馈机制相互作用下的绿色技术路径选择则需要协调机制予以支持，以实现对多种绿色技术路径的优化、改进和选择。

对于新兴绿色技术而言，制造业绿色创新系统的扩散机制是实现绿色创新系统嵌入传统既定创新系统和技术轨道的核心过程。其中，源于绿色新兴技术发明和扩散的竞争机制，与源于政策引导的市场倒逼机制的相互作用将共同促进绿色技术、环境管理和绿色制度的扩散；而在绿色新兴技术的冲击下，传统产业及其利益集团对绿色新兴技术的抵制在很大程度上影响着扩散机制的运行，利益协调机制的形成成为必要的平衡工具，以在平衡各方利益的基础上推进绿色创新系统对传统创新系统的嵌入。

长效机制旨在维系制造业绿色创新系统对传统创新系统及技术轨道嵌入的可持续性。这涉及创新资源的可持续积累与整合、创新主体的可持续发展，以及创新知识的可持续涌现与突破。因此，本书认为长效机制的有效运行依赖于市场运行机制、资金运作机制和人才培养机制的良性相互作用，即循环型促进。

在以上四个子运行机制内部的协同发展的条件下，作为制造业绿色创新系统这一整体，其有序发展还有赖于四个子运行机制间的协同作用。在生成机制的作用下，某一制造业产业的绿色创新系统得以初创和形成，但处于较为不稳定的状态；这需要整合机制的有效运行以更合理高效地对创新资源、创新主体和创新知识进行整合，为扩散机制的运行提供保障；而扩散机制下绿色创新系统对传统创新系统及技术路径的冲击则需要长效机制的运行以保持其系统发展的稳定性和可持续性。当然，以上仅仅是制造业绿色创新系统四个子运行机制的其中一种协同方式，其协同的过程存在着不断地反馈与修正，因而存在着两两相互作用的协同关系，如图4-1所示。

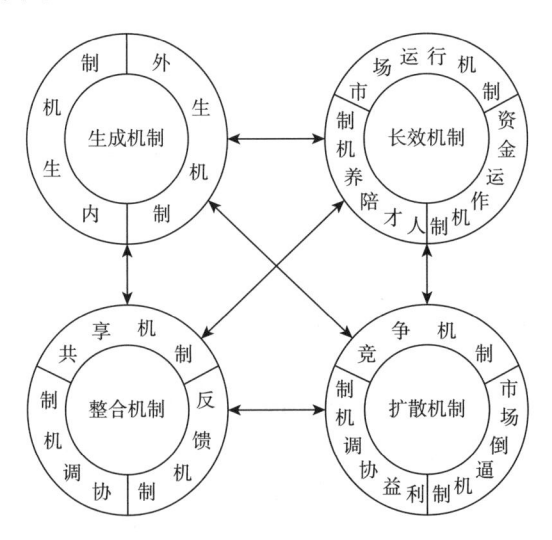

图4-1 基于机制要素的制造业绿色创新系统内部协同运行机理

4.2.2 基于机制要素的绿色创新系统外部协同运行机理

我国制造业绿色创新系统的外部环境体现出突出的绿色和低碳特性,不仅涉及政策层面的环境规制和绿色技术引导,还涉及市场层面的绿色新兴产品需求以及人力和财力的支持。对于制造业绿色创新系统而言,创新主体是创新系统与外部环境进行信息等交流的载体,主要包括制造业企业、高等院校及科研院所、政府和中介机构等。而其外部协同主要体现在制造业绿色创新系统四项运行机制与外部环境间的相互作用,如图 4-2 所示。

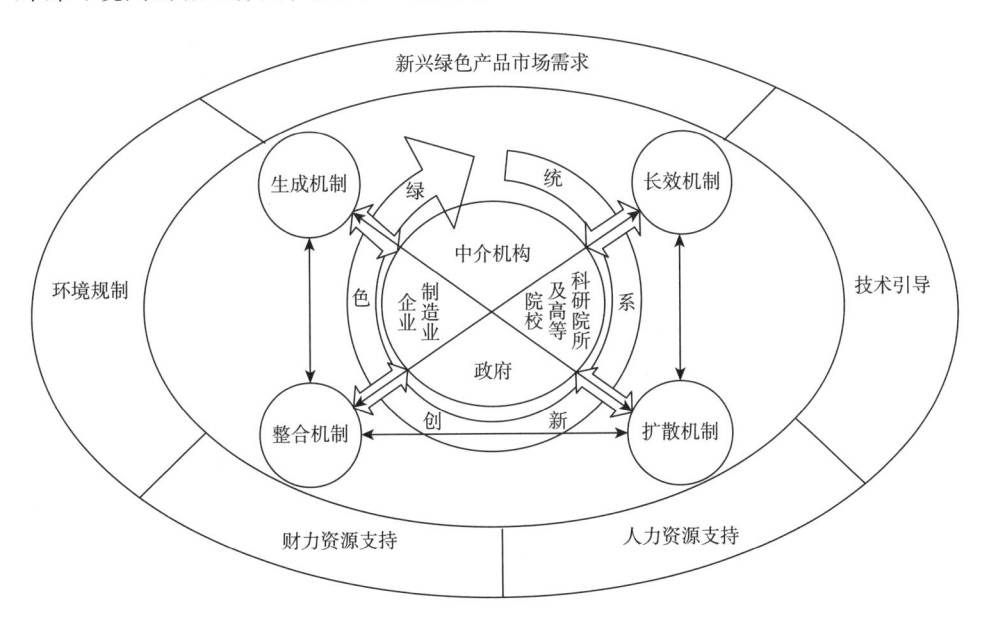

图 4-2 基于机制要素的制造业绿色创新系统外部协同运行机理

事实上,我国制造业绿色创新系统的形成、运行和发展的过程是在系统外部环境作用和系统内部运行机制协同作用下共同实现的,外部环境的变化以及由此引致的系统内部运行机制的演变决定着绿色创新系统的运行效果和发展方向。因此,要深入剖析我国制造业绿色创新系统运行机制内外部的协同关系仍需分阶段展开。

4.3 制造业绿色创新系统运行机制要素协同模型构建

我国作为新兴绿色技术的后发国家,制造业多数行业的绿色产业创新系统都处于初创阶段。结合新兴绿色技术先发国家的制造业绿色创新系统发展过程，本书基于绿色创新系统运行的三个阶段分别从制造业绿色创新系统的绿色技术创新、绿色产业创新和绿色供应链创新三个层面对创新系统的运行机制的协同作用进行分析。其中，绿色创新系统的生成机制、整合机制、扩散机制和长效机制分别用 M1、M2、M3 和 M4 来表示。

4.3.1 初创阶段的运行机制要素协同

在我国制造业绿色创新系统发展的初创阶段，绿色转型的要求仍未被提出来，绿色技术的开发主要源于对降低污染物排放和可持续发展的要求，即环境规制与一定程度的绿色技术引导。在初创阶段，我国作为新兴绿色技术的后发国家，其创新系统的初创方式与西方绿色技术先发国家有着明显的差异，其实质上就是绿色创新系统生成机制的差异，其特点主要表现在以下两个方面：

一方面，我国制造业绿色创新系统生成机制的内生机制中约束机制发挥着主导作用，即行政性的自上而下的环境规制对制造业企业开展绿色技术开发的倒逼；然而，激励机制的缺失使得绿色技术的合法性地位未被确立。另一方面，在生成机制中，外生机制发挥着重要的作用，包括国际市场对绿色产品的规定及绿色技术贸易壁垒对境内制造业企业开展绿色技术开发的倒逼，以及政府引导国内市场对绿色技术开发的人力和财力的保障。可见，在初创阶段，我国制造业绿色创新系统生成机制的有效运行是创新系统得以发展的重要基础。

然而，在初创阶段，与新兴绿色技术相关的创新系统结构要素表现为创新资源的缺乏、创新主体的单一和创新知识的不成熟等，整合机制、扩散机制和长效机制并未形成。因而，我国制造业绿色创新系统运行机制的协同仅表现为生成机制中内生机制与外生机制的协同。

4.3.2 形成与成长阶段的运行机制要素协同

随着绿色创新系统外部环境中环境规制的强化、绿色技术引导的深入，以及财力和人力资源配置的加强，我国制造业绿色创新系统的整合机制和扩散机制开始发挥作用，绿色创新系统进入形成与成长阶段。其中，整合机制的出现主要源于绿色新兴技术和产品的不断涌现，以及创新主体的不断发展，为政府机构或市场引导资源的配置和整合提出了新的要求。由此，以技术知识共享机制、产学研创新主体协调机制，以及技术-市场反馈机制为主的绿色创新系统整合机制逐渐形成；扩散机制的形成则主要源于绿色产品市场的不断扩大，并引致市场竞争机制的初步形成，以及产业绿色新兴技术与产业传统技术轨道间利益协调机制的出现等。

在形成与成长阶段，伴随着绿色创新系统生成机制、整合机制和扩散机制的形成，三种机制间的相互作用也逐渐显现出来。在生成机制的作用下，制造业不同行业的绿色创新系统逐一地大体形成，不同产业创新系统的形成将吸引更多的创新主体进入绿色技术和产品研发与推广领域，进而吸纳市场上更多的创新资源投入绿色技术的研发中，绿色技术和产品将日趋成熟。同时，绿色技术、知识和资源的整合又为新一代绿色新兴技术和产品的形成提供支持，进而形成生成机制与整合机制的协同作用。

另外，随着绿色技术和产品市场的扩张、绿色创新主体的增加，以及绿色技术和产品对传统技术和产品的嵌入，绿色新兴技术创新系统作为一个整体开始不断嵌入传统技术创新系统，同时，这也为进一步的绿色新兴技术发展与资源整合提供了契机。可见，在这一阶段，我国制造业绿色创新系统的生成机制、整合机制与扩散机制将形成协同关系。然而，由于绿色技术和产品嵌入的不稳定，以及市场的不确定性，长效机制仍未能发挥作用。

4.3.3 成熟与转移阶段的运行机制要素协同

成熟与转移阶段的开端以长效机制的形成和有效运行为标志。其实质是绿色产品市场的构建及市场运行机制的形成，以及在此背景下风险投资等资金配置方式的完善引致的资金运作机制的形成等。

在长效机制的作用下，绿色创新系统的生成机制、整合机制和扩散机制得以进一步强化协同作用，以实现制造业绿色创新系统对传统创新系统的嵌入甚至替代，同时，构建绿色技术和产品的自主创新能力，并能够进行整套技术和设备的出口。事实上，我国制造业绿色创新系统的生成机制、整合机制、扩散机制与长效机制间真正意义上的协同关系在创新系统发展的成熟与转移阶段才真正实现。

4.3.4 制造业绿色创新系统运行机制要素协同模型

对于制造业绿色创新系统而言，不仅涉及绿色技术创新，还涉及绿色产业创新和绿色供应链创新，因而绿色创新系统发展三个阶段后的运行机制协同作用，实质上仅仅是绿色创新系统中绿色技术创新系统四项运行机制的协同，而其又是绿色产业创新系统形成的开端，并最终形成四项运行机制协同作用下绿色技术创新系统、绿色产业创新系统和绿色供应链创新系统的螺旋式推进模式，如图 4-3 所示。其中，用灰色填充来表示不同阶段发挥主要作用的运行机制。

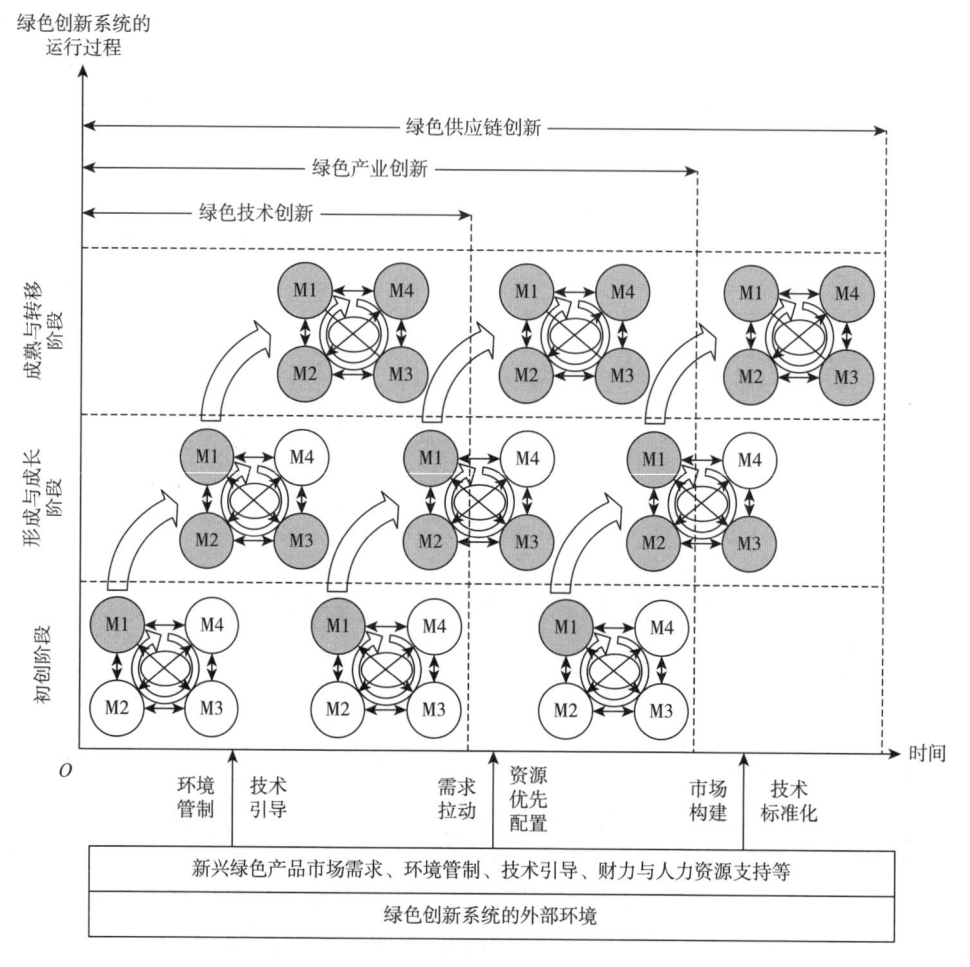

图 4-3 制造业绿色创新系统运行机制要素协同模型

4.4 案例分析：以我国家电制造业为例

4.4.1 我国家电制造业绿色创新现状分析

在低碳发展的背景下，我国对家电产品的能耗和排放要求越来越高。而绿色创新作为实现家电制造业绿色转型的重要战略手段，受到了我国家电制造业企业的高度重视。事实上，我国家电制造业的绿色创新活动涉及绿色技术创新、绿色产业创新和绿色供应链创新三个部分。

我国家电制造业的绿色技术创新旨在提高家电产品的能效水平，并降低产品使用过程中的温室气体排放。特别是我国家电制造业的龙头企业，包括海尔、美的、长虹、海信、康佳等，已经在绿色家电产品的研发和产业化方面取得很大的成就。从家电产品的环保性能上看，通过重点开展产品的模块化、可拆卸、材料的可循环利用及节能、降噪等绿色设计中关键技术的研究，我国家电系列产品在全生命周期内的环保性能达到国际领先水平。

在我国家电制造业的绿色产业创新和供应链创新方面，在明确的碳减排要求的约束下，我国家电制造业及全供应链生产过程的绿色转型，从传统生产方式向绿色生产方式的过渡，如图4-4所示。

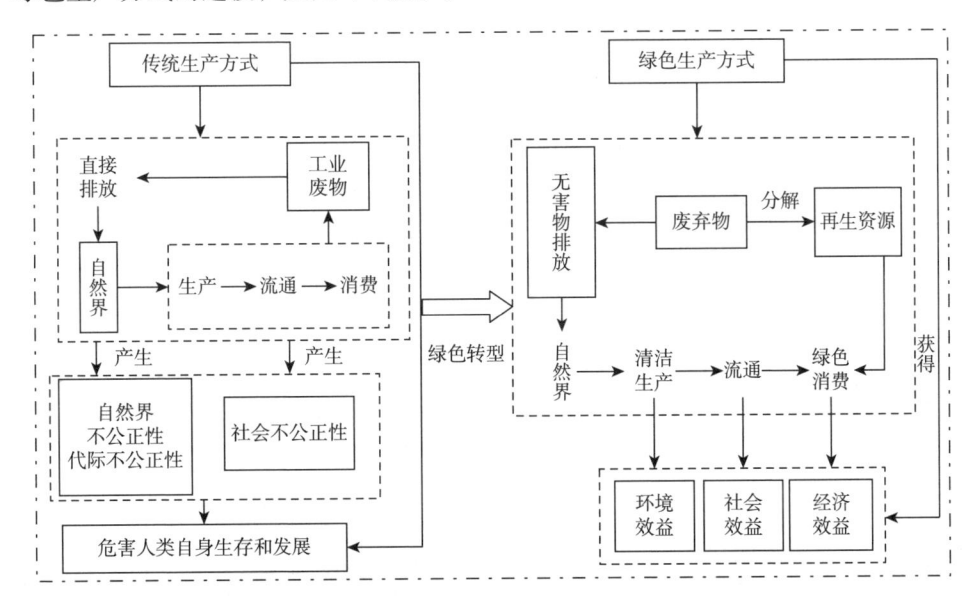

图4-4 我国家电制造业及全供应链生产过程的绿色转型

事实上，在我国家电制造业的发展初期，传统生产方式下的工业废物通常会在不经过任何处理的情况下被直接排放到自然界中，由此产生对自然环境的污染和破坏，也造成了社会不同行业和群体间的不公正性；而在绿色生产方式下，由于环境规制的压力，生产过程中的废弃物被强制进行无害处理，或者循环利用，由此不仅保护了自然环境，也为实现环境效益、社会效益和经济效益的协同发展提供了可能。

4.4.2 中国家电制造业绿色创新系统运行机制的协同分析

1. 绿色创新系统的生成机制

在家电制造业，绿色技术对传统技术轨道的嵌入也带来了产业结构的变化和演进，这成为我国家电制造业绿色新兴产业形成和发展的基础。高额收益和内部利益激励是家电制造行业绿色创新系统的动力源。一个行业中创新产品营利能力是行业内部激励实现的物质基础。其他动力要素则源于预期高额收益。家电制造行业绿色创新动力系统通过动力机制的支配作用和各系统要素之间非线性的协同作用，促进系统有序结构的形成，实现一种整体效应。

2. 绿色创新系统的整合机制

我国家电制造业绿色创新系统整合机制涉及多种不同的活动，包括逐步淘汰落后产能，改造和关停高能耗高污染企业；积极培育本国家电制造业，完善产业链；招商引资，加快我国家电行业内企业的整合，提高业务整合度。整合机制的协同有助于我国家电行业对绿色创新进行行业估值和投资评级，并做出盈利预测，为投资者规避风险、做出投资决策提供了极有价值的参考依据。

3. 绿色创新系统的扩散机制

影响我国家电制造业绿色创新系统扩散机制的因素主要包括利益激励和技术能力。在利益激励方面，对家电制造行业的调查结果显示，利润、荣誉、社会效益和其他四种从创新投资动机所占的比例分别为78%、14%、0和8%，可见利润的影响是很大的。在技术能力方面，家电制造业的投资规模很大，特别是近几年一些大型的家电制造业，如海尔、TCL等，都纷纷扩大研发队伍，形成了一套成熟可靠的技术。

4. 绿色创新系统的长效机制

我国家电制造业绿色创新系统长效机制的形成与作用主要依赖于市场调控机制。在我国家电市场的调控下，绿色创新成为我国家电产业未来持续增长的新动力。以海信集团的绿色创新活动为例，其率先制定《海信产品绿色环保设计标准》，绿色理念根植海信文化。截至目前，海信平板电视在绿色节能领域的专利有600多项。以外观工艺为例，该产品采用国内领先的双色注塑工艺，应用可回收的环保材料，满足了消费者对绿色生活的需求。

4.5 本章小结

首先，本章在探讨制造业绿色创新系统运行机制重要性的基础上，从生成机制、整合机制、扩散机制与长效机制四个方面分析了制造业绿色创新系统的运行机制要素；其次，基于绿色创新系统运行的初创阶段、形成与成长阶段、成熟与转移阶段，从绿色创新系统的绿色技术创新、绿色产业创新和绿色供应链创新三个方面，剖析了四项运行机制要素间的相互作用关系，并构建了我国制造业绿色创新系统运行机制要素协同模型，进而揭示运行机制要素间的协同作用；最后，选取了制造业中绿色创新系统发展较为成熟的家电行业作为案例，验证了制造业绿色创新系统运行机制要素协同模型。

第 二 部 分

制造业绿色创新系统的绿色创新动力与绿色创新模式研究

绿色创新动力是制造业绿色创新系统开展绿色创新活动的前提。绿色创新动力的强弱不仅直接影响制造业绿色创新系统绿色创新绩效的高低,绿色创新动力的组合模式还影响到制造业绿色创新系统绿色创新模式的构建。因此,本部分主要研究制造业绿色创新系统的绿色创新动力与绿色创新模式问题,具体包括第5~9章的内容。

第5章 制造业绿色创新系统的绿色创新动力研究

结合前文绿色创新系统的理论基础研究，以及制造业绿色创新系统运行机制的要素协同研究，本章将深入研究绿色创新动力及其对制造业绿色创新系统绿色创新绩效的影响机理。本章将参考 Rennings（2000）关于绿色创新动力的经典理论，从技术推动力、市场拉动力和环境规制推动力三个方面构建制造业绿色创新系统的绿色创新动力机制模型，并进一步细化研究不同技术推动动力因素、市场拉动动力因素和环境规制推动动力因素对制造业绿色创新系统绿色创新的驱动作用。

5.1 制造业绿色创新系统绿色创新动力机制模型

传统创新动力理论强调了科学技术和市场需求对创新的驱动作用，科学技术水平决定了创新成功的可能性与成本，市场需求决定了创新的收益。科学技术和市场需求对创新的驱动作用虽然同样适用于绿色创新，但若将科学技术和市场需求作为绿色创新的全部推动力却存在一定的局限。

在某种程度上来讲，制造业绿色创新系统的绿色创新活动是一种能产生巨大社会绩效的公益性创新活动，能实现经济绩效和环境绩效的双赢，但对绿色创新主体（主要是指制造业企业）来讲却存在外部成本内部化的问题，因此，在研究制造业绿色创新系统的绿色创新动力时，需要对传统创新动力理论进行扩展，分析环境规制对制造业绿色创新系统绿色创新的驱动作用。

依据 Rennings（2000）的研究成果，本书认为制造业绿色创新系统的绿色创新动力主要包括市场拉动动力、技术推动动力及环境规制推动动力三大类。鉴于此，本书构建了制造业绿色创新系统绿色创新的三源动力机制模型（图5-1），综合分析技术、市场和环境规制对制造业绿色创新系统绿色创新的驱动作用。

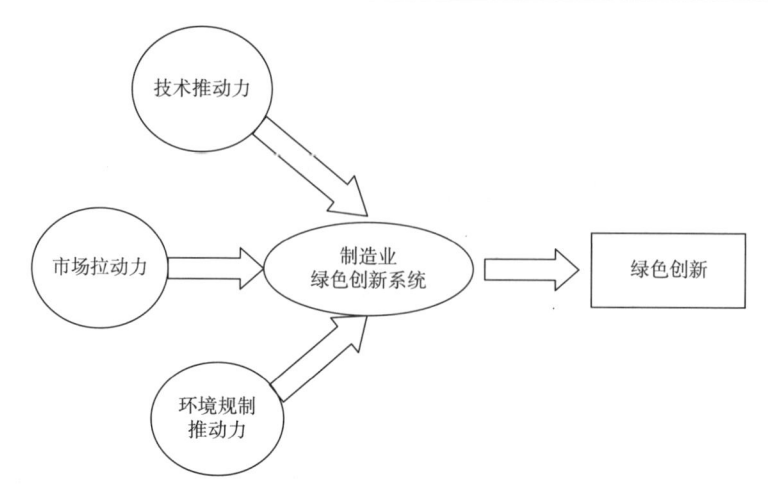

图 5-1 制造业绿色创新系统绿色创新动力机制模型

制造业绿色创新系统的绿色创新动力是一个复杂系统，制造业绿色创新系统主体的绿色创新行为产生，是环境规制、市场需求与科学技术进步三者综合作用的结果，而非某一动力要素的独立驱动。制造业绿色创新系统绿色创新的三种动力要素各具功能且相互影响。环境规制是制造业绿色创新系统绿色创新的前提，由于绿色创新具有双外部性，因此在缺乏相应环境规制的条件下，制造业绿色创新系统的创新主体将选择进行传统创新，而非绿色创新；市场需求是制造业绿色创新系统绿色创新的基础，从企业追求利润额本质来看，创新活动的最终目的是获得利润，只有存在足够的绿色市场需求或潜在的绿色需求时，制造业绿色创新系统的创新主体才会进行绿色创新；科学技术是制造业绿色创新系统绿色创新的保证，只有随着科学技术的进步，制造业绿色创新系统主体才能有实现绿色创新的技术机会，并存在创新成功的可能性。

5.2 制造业绿色创新系统绿色创新的技术推动力

技术之所以能成为推动创新的动力，主要原因在于两个方面：一方面，技术具有发展性，不断进步的技术总能为创新提供新的思想和技术机会；另一方面，技术具有可被利用的内在特征，技术的商业化应用总能产生经济利益，在短期内甚至产生超额利润。因此，技术的变化和发展一直被认为是引发创新的主要动力因素。

5.2.1 技术推动创新研究的源起

技术作为创新动力的研究由来已久，在创新理论研究的早期甚至被认为是创新的唯一动力来源。在《经济发展理论》一书中，熊彼特首次提出了创新的概念，并对创新的动力进行了分析，他认为存在一个与科学发展相关，却脱离现有企业和市场结构的基本的发明流，这些发明流不受市场需求的影响，但能为企业家提供短期内获取超额垄断利润的机会，从而促使企业家开展创新活动。这种观点被称为熊彼特创新模型Ⅰ，如图 5-2 所示。

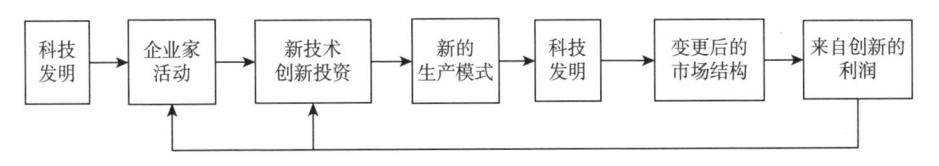

图 5-2 熊彼特创新模型Ⅰ

此后，在《资本主义、社会主义和民主主义》一书中，熊彼特对创新的技术推动力进行了再次论述，他认为源自大型企业的研发活动推动了创新活动的开展，再次强调了技术开发对创新的驱动作用。这种观点被称为熊彼特创新模型Ⅱ，如图 5-3 所示。

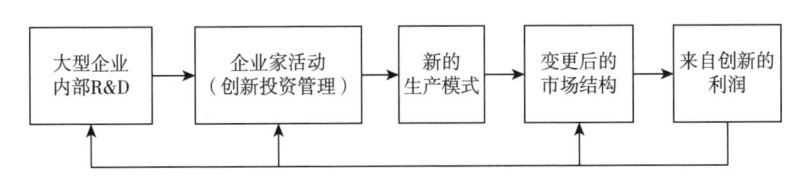

图 5-3 熊彼特创新模型Ⅱ

熊彼特关于创新动力的论断奠定了技术推动论的基础，并在创新动力研究的早期占据了主体地位。

5.2.2 技术推动制造业绿色创新系统绿色创新的作用机理

技术对绿色创新能产生推动作用主要有两方面原因：一方面，由于技术是不断发展的，技术的不断进步可以提供新的思想和新的技术机会，技术机会越来越多，因而，就有更大的动力开展技术创新活动，在这种情况下，绿色创新可以得到技术的不断推动；另一方面，技术是可以被利用的，技术可以通过商业化应用产生经济利益，甚至在短期内可以产生超额利润。所以，引发绿色创新的另一个主要动力因素即为技术，技术的发展和变化对绿色创新具有重要的推动作用。

可以从以下三个方面来衡量技术对制造业绿色创新系统绿色创新的推动作用：首先是制造业绿色技术产值占总产值比重；其次是制造业绿色技术升级程度；最后是制造业绿色科技进步贡献率。

1. 制造业绿色技术产值占总产值比重

绿色技术是指能充分节约地利用自然资源的技术，而且在生产和使用时不对环境造成伤害。绿色技术在减少污染、降低污染及改善生态方面具有重要的作用。绿色技术是一个动态系统，由相关知识、能力和物质手段构成，将保护环境、改造生态的知识、能力和物质手段有效地结合，通过它们的相互作用、相互促进、共同发展，构成现实的绿色技术。绿色技术创新是一种对环保和生态知识进行有效应用的创新。绿色技术与可持续发展战略关联紧密，具有高度的战略性。绿色技术在随着时间的推移和科学技术不断进步的过程中，也在不断发生着变化，具有一定的发展前景。

此外，绿色技术和高新技术同样密不可分。绿色技术不是指某个单项技术，而是一个技术群，具体包括能源技术、材料技术、生物技术、污染治理技术、资源回收技术以及环境监测技术和从源头、过程加以控制的清洁生产技术。绿色技术又可分为以减少污染为目的的"浅绿色技术"，以及以处置废物为目的的"深绿色技术"。

随着工业化进程的大力推进以及人们日渐提高的环保意识，资源型生态环境的发展在社会进步中占据着越来越重要的地位，因此，必须开辟出一条真正的可持续发展之路，寻求一种环保的经济增长方式以及一种新的发展途径，关键是绿色GDP循环经济指标体系的构建。目前，世界各国对绿色技术势不可当的发展速度给予认可，同时，世界各国在制定和实施国家重要发展战略时，也将绿色技术作为重要依据和参考。

科学技术的进步为绿色创新提供了技术机会，从而对绿色创新活动的进行起到了有益的推动作用，制造业绿色技术产值占总产值比重的大小，可以反映出技术推动力的大小：绿色技术产值占总产值比重越大，说明绿色创新带来的效益越大，反映出绿色技术在制造业总产值中的重要程度越大，即绿色技术在制造业总产值中发挥着重要作用，在总产值产生中具有重要的地位，进而反映出技术对绿色创新的推动力越大，因而对经济可持续发展的实现更有利；反之，绿色技术产值占总产值比重越小，说明绿色创新带来的效益越小，反映出绿色技术在制造业总产值中的重要程度越小，进而说明技术对绿色创新的推动力越小。

2. 制造业绿色技术升级程度

市场竞争越来越激烈，面对不断增加的资源和环境压力，非常有必要对基于技术进步的产业结构进行调整和优化升级。绿色技术创新对保护环境、节能减排更加关注，同时重点关注对生态环境的改善，相对于一般的技术创新，绿色环保是它的侧重点，绿色技术创新对技术创新的发展趋势和发展方向具有一定的导向作用。绿色创新不但关乎着人类的生活，而且深入地影响整个国家的产业结构。

绿色创新是未来的发展方向，在制度、市场与观念等方面体现得非常明显，保护环境的法律法规和国际公约已经在国内外普遍得到共识，并具备一定完备的法律法规体系，因此，对企业的绿色化从制度上起到了约束作用。另外，市场也在逐渐地向企业的绿色化进行引导，同时，逐年提高的绿色产品占有率，促使人们心中逐渐拥有绿色意识和观念，为了购买绿色产品，对于消费者来说，花费更高的价格也是可行的。绿色化大行其道，对国家的产业结构有着重要的影响。作为传统产业转型升级的重要引擎，新兴技术和新兴产业在制造业转型升级的漫长过程中，发挥着显著的主导作用。将新型工艺、新型材料以及高技术与新技术进行融合，从而实现协同创新，已经成为技术发展的重要趋势。

随着绿色技术的兴起，全球一致认为这将是推动制造业进步的重要契机。中国装备制造业规模居世界第一位，目前正处于由大变强的关键时期，"绿色、智能、融合"是未来发展的方向，因而要抓住契机，挖掘潜能，加快制造业技术升级。在中国大力倡导"绿色经济、低碳经济"并对其扶持的情势下，中国制造业正面临着低碳绿色化革命，需要将智能、绿色、节能、环保等理念逐步融入制造业，以绿色技术作为企业和产业发展支撑，提高制造业的整体产业水平，推动绿色创新模式，同时利用生产和消费的市场拉动作用实现绿色创新系统的快速发展和完善。制造业绿色技术升级，必须依靠技术进步，技术推动力可以促进制造业绿色技术升级。

因而，制造业绿色技术升级程度，可以反映出技术推动力的大小：制造业绿色技术升级程度越高，升级越快，反映出技术水平越高，技术对绿色创新的推动力越大；反之，制造业绿色技术升级程度越低，升级越慢，反映出技术对绿色创新的推动力越小。

3. 制造业绿色科技进步贡献率

作为第一生产力，科学技术发挥着越来越突出的作用，在推动经济社会发展中起到决定性作用，为国家强大和兴盛提供了重要的保障。经济建设对科学技术有着重要的依赖作用，因此，科学技术必须面向经济建设。注重全面协调与可持续发展，新型工业化道路是中国经济社会需要坚持的，只有技术进步，才能提高技术含量和经济效益，将资源消耗降低、环境污染减少。这就决定了技术进步在中国经济社会发展中具有举足轻重的作用。

传统工业化长期对自然资源环境进行高强度的开发，并加以利用。在这种情形下，中国的资源与环境状况难以承受强大的负载。面对这样的国情和实际需求，走技术创新的发展道路势在必行，从根本上转变经济增长方式，使技术创新成为经济社会发展的内在动力，在全社会中得以普遍开展和传播，在实现经济社会持续协调发展的道路上，充分依靠制度创新和技术创新的力量。只有重视人才、科技进步和经营管理，重视应用技术的研究与开发和引进技术的消化吸收、创新，才能促进产业结构的升级，促使经济取得飞速发展。

科学技术与经济发展的关系是科技进步是推动现代生产力发展中的重要因素和重要力量。在生产力系统中，推动生产力发展的关键性要素和主导性要素无疑为科学技术。科学技术对先进生产力的性质、方向、结构和水平起着决定性作用，因此，科学技术标志着先进生产力的水平。科技进步对经济发展具有重要的贡献作用，成为经济发展强有力的"助推器"。

贡献率是分析经济效益的一个指标，绿色科技进步贡献率是指绿色技术进步对经济增长的贡献份额，是衡量科技竞争实力和科技转化为现实生产力的综合性指标，用来反映绿色科技进步对经济增长的贡献作用。制造业绿色科技进步贡献率，可以反映出技术推动力的大小：制造业绿色科技进步贡献率越高，反映出技术对绿色创新的推动力越大；反之，制造业绿色科技进步贡献率越低，反映出技术对绿色创新的推动力越小。

5.3 制造业绿色创新系统绿色创新的市场拉动力

5.3.1 市场拉动创新研究的源起

需求是经济学的一个基本范畴，也是社会发展历史经常提到的概念。需求能促进技术进步的观点常被用来解释创新的产生和完成。20 世纪 70 年代以前，技术推动说占据主导地位，技术甚至被认为是推动创新的唯一因素。

但 Schmookler（1966）对技术推动说表示了质疑，他根据对 1840~1950 年美国铁路、石油提炼等的调查研究结果，提出市场增长和市场潜力是决定创新的主要动力。Schmookler（1966）的观点被称为创新的需求拉动模式（图 5-4），并得到了不少学者的支持。Myers 和 Marquis（1969）通过对 5 个不同行业中 567 项创新的研究发现，其中 75%左右的创新活动由市场需求或生产需求引起，而科技推动的创新活动仅占 20%左右。

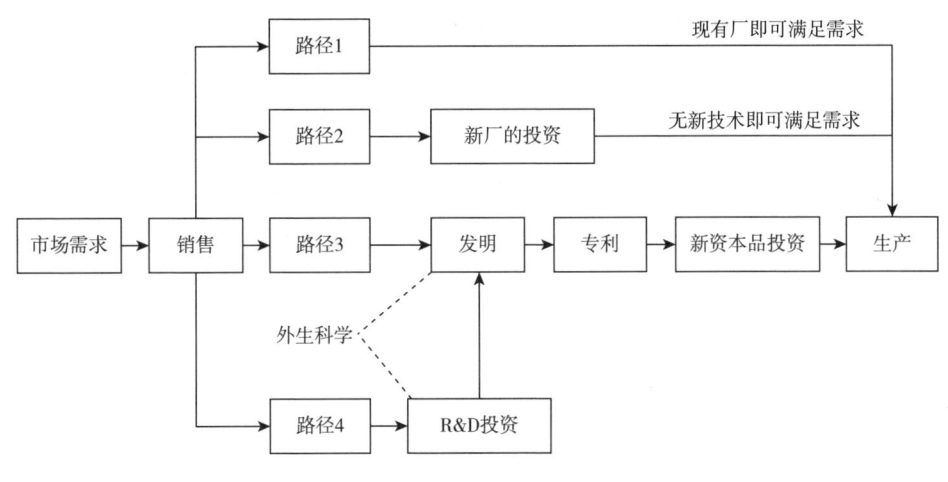

图 5-4　创新的需求拉动模型

纯粹的需求拉动模式也存在一定的缺陷，无法解释某些基于科学发现和技术发明的创新活动，如计算机技术的出现，但至少证明了需求也是创新的一种主要动力。

市场需求是市场上与人们的购买欲望和购买能力相适应的需求，可以通过交易实现。需求与需要是两个不同的概念，需求是经济学中的概念，往往与满足这种需求的方式一同出现；需要是社会学、人类学上的概念，往往变化多端，且在长期内难以满足。与一般需要相比，市场需求更有实现的现实性。正是这种现实性决定了市场需求能拉动创新活动的开展。

广义来讲，市场需求包括外部需求和内部需求两个方面。外部需求是指消费者对产品和服务的需求，是他人的需求；内部需求是指企业生产的需求，是自身的需求。对于传统创新，外部市场需求对创新的拉动力总是伴随着产品的需求而产生。具体表现如下：随着消费者对产品的需求量增加、产品质量要求的提高、产品种类需求的多样化，企业必然通过创新来增加生产能力、提高产品质量、扩大产品种类，从而在市场竞争中获得更多的市场份额和利润。内部市场需求对创新的拉动力主要源于生产成本和生产成功率的需要，具体表现如下：企业通过创新进行技术改造和更替，从而降低生产活动的物资能源消耗、提高产品的成功率，使企业在市场竞争中具有低成本的优势。

5.3.2 市场拉动制造业绿色创新系统绿色创新的作用机理

市场拉动作为绿色创新系统的动力因素，在其影响下，绿色创新技术一般是以满足消费者需求为目的，应用导向型技术创新得到的。绿色创新发挥作用的最终场所即市场，绿色创新活动的动力源自顾客对市场的需求，因而，绿色创新活动的原始起点即为市场需求。

经济水平和社会不断地发展变化，与此同时，市场需求也发生相应的变化，当这种变化具备一定规模达到某种程度时，将对制造业企业产品的销售以及收入水平产生非常直接的影响。在这种情况下，企业就会遇到新的市场机会，同时对市场产生新的构思思路，此时，这种变化对制造业企业进一步实现绿色技术创新活动的开展给予一定程度的引导，起到了导向作用，将会拉动并激励制造业企业开展绿色创新活动。

市场主要从三个方面对制造业绿色创新系统的绿色创新活动产生拉动作用：第一，市场需求拉动绿色创新，特别是绿色需求对绿色创新具有较大的拉动作用；第二，市场竞争拉动绿色创新；第三，市场需求与市场竞争相互结合、相互作用，共同拉动绿色创新。市场拉动动力包括制造业用户驱动绿色创新参与程度、制造业绿色产品差异化进入壁垒难易程度和制造业绿色破坏性创新规模。

1. 制造业用户驱动绿色创新参与程度

众多创新领域的研究者对市场需求是传统创新动力来源的观点已经认同，这种观点也同样适用于制造业绿色创新系统的绿色创新。不同的是，传统创新的创新动力更倾向于市场需求，然而，对于绿色创新来说，用户需求为它的创新动力。

对于绿色创新来讲，用户需求对绿色创新的拉动作用主要是由于用户需求越来越向绿色化发生着转变，随着绿色市场需求的不断增加，这种拉动力也不断增强。从某种程度上来说，这种绿色市场需求可以通过制造业用户驱动绿色创新参与程度体现出来。用户驱动型创新注重在产品的创新过程中，更多地考虑用户的需求和感受而对产品进行设计，并且让用户在可能的情况下尽量参与到产品的设计、研发以及试验等一系列过程当中，从而使用户的潜力和能动性被充分地挖掘出来。

用户驱动绿色创新一方面可以提高用户对产品的满意度，另一方面可以将用户新的需求挖掘出来，进而使企业可持续的创新能力得以提升。根据用户在制造业绿色创新系统绿色创新过程中的作用，将用户驱动绿色创新分为两个层次——以用户需求为中心的绿色创新以及用户参与型绿色创新。

制造业用户驱动绿色创新参与程度的大小，决定着市场拉动力的大小：

首先，用户驱动绿色创新参与程度增大，就可以更好地结合用户感受，将用户的潜力充分挖掘出来并让用户参与到绿色创新过程中，不仅可以使用户的需求得到更好的满足，同时还可以节约产品的成本，使用户满意度得到提高，并使销售额得到提升。因而，大大提高了对绿色市场的拉动作用，进而对制造业绿色创新系统的绿色创新产生了更强大的拉动作用。

其次，用户驱动绿色创新参与程度越大，表明用户的积极性越高。以用户需求为导向，在创新之初就要注重对用户需要的考虑，为用户提供充足的机会和平台，使用户在产品构思、研发、设计和原型制作的每一个阶段都能共同参与。

用户驱动绿色创新，可以使用户与企业和研究机构等创新主体之间的互动得到增强，使产品研发的风险成本降低，使企业创新资源的范围得到拓宽，进而可以储备丰富的人力资本，不断地提高创新能力。因而，对绿色市场具有更大的拉动效应，进而更好地拉动了制造业绿色创新系统的绿色创新。反之，用户驱动绿色创新参与程度越小，对绿色市场的拉动作用越小。

2. 制造业绿色产品差异化进入壁垒难易程度

作为绿色创新的动力，相对于科学技术来说，用户需求的作用更为直接、更为根本。用户满意度和市场销售份额的提高有着直接的关系，然而通过满足用户需求获得经济利益才是创新的最终目的。因此，用户满意度是用户驱动型绿色创新的目标。而科学技术很可能是追求这种目标的结果，也有可能是创新主体根据这种目标不断搜寻，从而产生了一定的结果。

与此同时，市场需求对绿色创新的驱动作用也离不开市场竞争，主要由于只有在一定公平公正的市场竞争强度下，市场需求才能对绿色创新起到拉动作用。此外，市场竞争对绿色创新也起到一定的拉动作用。这种市场竞争在某种程度上可以通过制造业绿色产品差异化进入壁垒难易程度体现出来。

制造业绿色产品的差异主要来源于市场中的消费者对其他企业的产品在长期过程中所形成的消费者偏好的差异，而且这种差异还会由于之前企业的商标法、知识产权法、广告宣传活动及专利法等法律的存在而加强。因此，制造业绿色产品差异化壁垒的核心是在位企业在已有的市场中拥有制造业绿色产品新进入企业所没有的消费者偏好优势。这种偏好优势具有一定的长期积累效应，因而先进入企业即享有一定的消费者偏好优势。而对于新进入的制造业绿色产品企业来说，如果没有得到消费者的认可，消费者不可能对绿色产品具有特殊的偏好，因而制造业绿色产品企业想要获取消费者偏好或者将消费者偏好转移到自身，就必须要花费一定的成本。

如果制造业绿色产品差异壁垒越小，即绿色产品进入市场越容易，消费者越倾向于对绿色产品形成明显的偏好优势,因而,对制造业绿色创新系统绿色创新的拉动作用就越大;反之,如果制造业绿色产品差异壁垒越大,消费者选择绿色产品需要付出越大的成本,在这种情况下,对制造业绿色创新系统绿色创新产生的拉动作用就越小。

在公平公正的市场竞争机制下,市场竞争才会对绿色创新起到推动作用。缺乏公平的市场竞争机制时,先进入企业会凭借自身的特殊优势和垄断地位,为获取市场利润而采取不正当的竞争手段,使其垄断地位得以维持,从而挤占市场空间,不利于绿色创新活动的顺利开展。因此,只有竞争环境是公平、公正的,市场竞争才能成为绿色创新的拉动力。

3. 制造业绿色破坏性创新市场规模

市场需求与市场竞争均对绿色创新具有拉动作用,同时,绿色破坏性创新以其特色针对特殊的目标消费者,将绿色产品透过科技性的创新,突破现有市场所能预期的消费改变,同样对绿色创新起到拉动作用。绿色破坏性创新有其特定的目标消费者,因而来源于市场需求,同时,绿色破坏性创新凭借自身的特色吸引消费者,因而形成一定的市场竞争。

制造业绿色破坏性创新有其自身的特点:

第一,绿色破坏性创新并不是与现有主流市场的竞争者抢夺用户,而是通过满足新的现有主流产品的"非消费者"来求得生存与发展,所以,绿色破坏性创新具有非竞争性。随着破坏性技术的不断发展,绿色产品的性能会在破坏性技术发展到一定程度的时候提高,因而,可以吸引更多现有主流市场的用户。绿色破坏性创新不会对现有主流市场产生侵犯,而是使用户从主流市场中脱离出来,迈向新的市场。

第二,绿色破坏性创新立足的市场与维持性创新大不相同,多在低端市场立足是破坏性创新的特点,同时,也是其本质,而维持性创新的特征主要是高端市场的占据。也正由于绿色破坏性创新在初始阶段具有一定的低端性,其往往被现有主流市场的竞争者忽略,因此,绿色破坏性创新的新进入者在与高端市场竞争时,可以将激烈的竞争巧妙地避开,故其成长较为迅速。

第三,绿色破坏性创新的顾客价值导向较为清晰明确。更好地帮助用户满足需求,解决实际问题,是绿色破坏性创新的目标。帮助顾客创造价值,以顾客价值为导向,这是绿色破坏性创新的价值所在。

制造业绿色破坏性创新市场规模越大,使用绿色产品的用户就越多,说明绿色产品能更好地满足用户的需求,实现用户的目标,绿色破坏性创新将会占据更大的市场份额,通过初始低端市场的不断壮大,进一步占领高端市场,此时,对绿色创新的拉动力就越大;反之,制造业绿色破坏性创新市场规模越小,使用绿色产品的用户越少,不具有一定的市场规模,因而对绿色创新的拉动力就越小。

5.4 制造业绿色创新系统绿色创新的环境规制推动力

5.4.1 环境规制推动创新研究的源起

环境规制与创新关系的研究萌芽于环境规制与国际竞争力关系的研究。20 世纪 70~80 年代,随着资源环境问题的逐渐凸显,不少发达国家实施了较为严厉的环境规制政策,国外不少学者开始研究环境保护政策的作用,尤其是对企业竞争力的影响。

不少学者认为环境规制具有挤出效应和约束效应,增加了企业的成本,从而降低了企业的国际竞争力。而 Porter(1991)、Porter 和 van der Linde(1995)却持相反的观点,认为环境规制虽然在短期内增加了企业成本,但从动态的观点来看,环境规制有利于提升企业的竞争力,而其中的关键在于环境规制能推动企业的创新活动。这一观点被称为波特假说,构成了研究环境规制与技术创新关系的基础。

波特假说的提出引起了大量学者研究环境规制与创新的关系。波特本人及波特假说的支持者认为,在较严厉的环境规制政策下,企业为了应对外部环境成本内部化的问题,将被迫进行技术创新活动,采用新的、更有效率、更加环境友好的生产工艺和设备,技术创新活动所带来的新技术或进行技术改进将提高产品产出和降低生产成本,从而提高企业的整体竞争力。

虽然波特假说认为环境规制能促使企业进行创新,从而实现经济绩效与环境绩效的双赢,但由于其结论缺乏一个明确的理论构建和令人信服的证据,不少文献对波特假说存在怀疑和批评。赵细康(2006)对波特假说的主要研究成果进行了总结,从假设前提、研究范式等方面对比分析了波特假说支持者和反对者的观点,在一定程度上解释了环境规制与创新关系研究结论存在差异的原因,具体如表 5-1 所示。

表 5-1 波特假说赞同者与反对者的比较

焦点	赞同者	反对者
假设前提	动态模式; 技术动态; 不完全信息; 存在 X-非效率现象	静态模式; 固定的技术、产品和生产模式; 信息充分; 不存在 X-非效率现象
研究范式	基于管理理论	基于经济学理论
分析视角	利润最大化	成本最小化

续表

焦点	赞同者	反对者
影响机制	管制—刺激创新—成本节约—竞争力上升	管制—外部成本内部化—成本增加—竞争力下降
环境政策角色	绿色技术创新的触发器	厂商额外环境成本的来源
实证检验	部分个案和检验结果支持	部分检验结果的支持
代表人物	Porter、van der Linde、Altam、Berman、Bui 等	Palmer、Jaffe、Simpson、Bradford 等

5.4.2 技术推动制造业绿色创新系统绿色创新的作用机理

制造业企业开展绿色创新活动，具有多方面的动力因素，其中，来自市场机制方面的动力因素包括市场需求和市场竞争，与此同时，政府政策对制造业企业的绿色创新也具有一定的激励和诱导，因此会产生一定的推动作用。政府政策对某些特殊产业来说，推动作用显得更加突出，或者是在特殊时期，如市场发育不健全，导致市场动力作用不足的情况下，企业绿色创新活动通过政府的激励政策进行有效的刺激和诱导是非常有必要的。

一般情况下，宏观产业政策、科技创新政策以及财政税收政策，都会对企业的技术创新活动产生不同程度的激励和引导作用。根据政策手段的不同，政府政策对企业技术创新活动产生的作用也具有一定的差异，主要有动力型、引导型和保护型三个类型，如表 5-2 所示。

表 5-2 政府政策在企业技术创新中的作用比较（最高为 5 分）

政策类型	政策手段	政策作用
动力型	技术开发优惠贷款	3.47
	创新人员激励	2.9
	新产品减免税	2.7
	直接资助	2.2
	自主定价	1.9
引导型	科技政策引导	2.6
	产业政策引导	2.5
保护型	关税	1.3

资料来源：高建（1997）

在这三个类型的政府政策中，对企业创新活动的激励作用最为直接的应属动力型政策，表现为该政策的效果最为明显而有效。环境规制推动对制造业绿色创新系统的动力作用主要可以从制造业绿色创新环境规制制度建设水平、制造业绿色创新环境规制政策体系完备程度以及制造业绿色创新环境规制有效性三个方面来衡量。

1. 制造业绿色创新环境规制制度建设水平

绿色创新既要求保护环境，又要发展社会经济。绿色创新具有较强的正外部性，因此，许多追求利润最大化的企业会对绿色技术创新产生抵触，此时对绿色创新的开展，需要政府通过规制制度来引导企业。政府为实现人类社会、经济及生态的协调发展，走可持续发展道路，建立一系列制度激励制造业企业进行绿色创新是非常有必要的。制造业企业进行绿色创新所支付的成本与模仿需要的成本相比而言，远远高于后者，因而，企业的收益在短期内会降低，这就需要激励制造业企业进行绿色创新，降低企业进行绿色创新所花费的成本。

可见，制度环境是影响制造业绿色创新系统绿色创新的重要因素，在制造业企业进行绿色创新的过程中，需要政府的激励性规制和制度，并对绿色创新具有重要的推动作用。因此，为了对制造业企业进行绿色创新给予更好的激励作用，建立一套具有激励性的制度，对于政府来说是非常有必要的，从而对制造业企业进行绿色创新起到有效的引导作用。

首先，建立产权制度，使发明创新的产权归属在法律上清晰明确，使企业在一定年限内拥有对其科技成果的垄断权得以保证；制定绿色创新的专利保护制度等，着力于为制造业进行绿色创新、发展绿色经济创造一个良好的外部环境。产权制度是激励创新主体的重要制度，合理的产权制度对于激励制造业的绿色创新具有关键性的作用。

其次，良好的市场体系对绿色创新活动起到决定性的作用，因此，一套完善的市场制度必须建立起来，形成有利于制造业绿色创新的竞争环境，将技术咨询与评估体系建立起来并不断完善，进而对技术市场的顺利运行起到更好的促进作用。

再次，政府的采购制度对绿色创新也起到一定的影响，因此，符合国家环保标准或带有绿色标识的产品或服务，应作为政府在采购时的重点选择对象，努力将环保意识贯穿到整个采购的过程中，在购买和消费过程中重视生态平衡和环境保护。

最后，采取公众参与制度。目前，绿色消费意识和绿色意识已经在公众心里根深蒂固，要给予公众发表意见的权利，同时，对公众发表的意见给予合理的反馈与采纳。

健全的环境规制制度有利于制造业绿色创新系统的绿色创新活动，制造业绿色创新环境规制制度建设水平的高低，对环境规制的推动力具有一定程度的影响：环境规制制度建设水平越高，环境规制对制造业绿色创新系统绿色创新的推动力就越大；反之，环境规制制度建设水平越低，环境规制对制造业绿色创新系统绿色创新的推动力就越小。因此，有必要建设高水平的环境规制制度，进而推动和促进制造业绿色创新。

2. 制造业绿色创新环境规制政策体系完备程度

为了使环境规制对绿色创新起到更好的拉动/推动作用，除了需要制定一系列完善健全的环境规制制度，还需要建立一套完备的环境规制政策体系。

环境政策是国家为保护环境所采取的一系列措施，这些措施起到了管理、调节和控制的作用，具体包括法律、规章和政府指令，环境政策包括政府促进绿色创新的政策，如金融、税收、补贴等，政策法规以法律强制手段为工具，对制造业企业的活动进行规范和制约，从而将对环境造成的负面影响尽可能减少，否则将会对违规的企业进行制裁。

首先，政府可通过税收优惠的经济激励手段促进绿色创新。税收方面，对采用绿色技术或环保设备的制造业企业减免税收或给予税收补贴等政策，对绿色技术转让的税收给予减免，实施技术转让费税前扣除等，将其他税收用于环保事业，以鼓励绿色创新。

其次，政府可通过资助的方式推动绿色创新，政府可采取两种资助方式——直接资助和间接资助，如直接投资一些重点项目，对符合产业政策发展的项目给予补贴及税收优惠。为鼓励绿色创新活动，积极地运用各种奖金或奖励措施方式，为绿色创新创造良好的环境，进而鼓励和推动绿色创新。研究开发是绿色创新活动的动力源，对于研发活动来说，大量资金的耗费是非常必要的，对于绿色技术创新活动来说，政府需要通过直接拨款行为对绿色创新进行扶持。

再次，为了减少对环境的污染，排污收费、罚款等经济手段需要适当采用，并对能源消耗高、资源浪费大、污染严重的制造业企业进行控制，以政策促使绿色创新的外部性得到内部化，使私人收益等同于社会收益，使制造业的绿色创新得到促进。

最后，鼓励制造业绿色创新的产学研合作，建立以制造业企业为主体、市场为导向的绿色创新产学研合作机制。

完备的环境规制政策体系有利于制造业绿色创新系统的绿色创新活动，制造业绿色创新环境规制政策体系完备程度的高低，对环境规制的推动力具有一定程度的影响：环境规制政策体系完备程度越高，环境规制对制造业绿色创新系统绿色创新的推动力就越大；反之，环境规制政策体系完备程度越低，环境规制对制造业绿色创新系统绿色创新的推动力就越小。因此，有必要建立完备的环境规制政策体系，对制造业绿色创新起到较好的推动作用。

3. 制造业绿色创新环境规制有效性

环境规制对绿色创新的拉动/推动作用，需要有完善健全的环境规制制度、完备的环境规制政策体系，除此之外，环境规制的有效性同样重要。如果环境规制的执行效果不理想，没有足够的执行力度，必将会挫伤制造业企业进行绿色创新活动的积极性，因而，制造业企业绿色创新的动力势必会削弱。

因此，政策在保证建立健全的规制制度和政策体系之外，还要保证这些规制的有效性，有了制度和政策，如果不严格执行和实施，制度和政策将形同虚设，毫无意义。需要对侵犯产权的单位和个人实行严厉打击，刻不容缓，势在必行，以保护创新者的利益。

政府的监管力度对制造业企业是否完全遵守环境规制具有重要的决定作用。如果政府监管力度足够大，企业不存在谎报现象，否则，如果监管力度不大，企业会谎报污染量。企业是否谎报污染以及污染谎报量与企业绿色创新能力无关，但与环境规制的严厉程度和监管力度有关。因此，需要政府将环境规制的严厉程度提高，进而使制造业企业绿色创新的激励效果得到提高。

如果需要制造业企业做到既减排又不谎报，一方面政府需要将环境政策的严厉程度提高，另一方面政府需要将监管力度进一步加大，这是实现目标的最佳途径。对环境规制，要保证较高的执行效果，保证规制一定要具有较高的可行性与可操作性，使得环境规制切实发挥效果，同时，要保证规制者的素质，保证规制实施的方法恰当，还要对规制者进行有效的规制。

环境规制的有效性反映了规制结果对规制目标的趋近程度，既包括规制的效果，同时也包括规制的效率。有效的环境规制可以拉动/推动制造业绿色创新系统的绿色创新活动，制造业绿色创新环境规制有效性的高低，对环境规制的推动力具有一定程度的影响：环境规制的有效性越高，环境规制对制造业绿色创新系统绿色创新的推动力就越大；反之，环境规制的有效性越低，环境规制对制造业绿色创新系统绿色创新的推动力就越小。因此，一定要保证制造业绿色创新环境规制切实有效，对制造业绿色创新起到较好的推动作用。

5.5 本章小结

本章首先从技术推动力、市场拉动力和环境规制推动力三个方面构建制造业绿色创新系统的绿色创新动力机制模型；其次，分别研究了不同技术推动动力因素、市场拉动动力因素和环境规制推动动力因素对制造业绿色创新系统绿色创新的驱动作用。

第6章　绿色创新动力对制造业绿色创新系统的影响机理研究

第 5 章系统探讨了制造业绿色创新系统的绿色创新动力问题。本章在此基础上实证检验绿色创新动力对制造业绿色创新系统的影响机理。本章在将制造业绿色创新系统绿色创新绩效分为绿色研发绩效、绿色制造绩效和绿色营销绩效三个方面的基础上，提出绿色创新动力对制造业绿色创新系统绿色创新绩效影响机理的研究假设和概念模型，进而利用结构方程模型进行实证检验。

6.1　假设提出与概念模型

6.1.1　研究假设提出

1. 技术推动动力因素对绿色创新系统创新绩效影响的研究假设

1）技术推动动力因素对绿色创新系统研发绩效影响的研究假设

绿色创新的研发活动是指绿色创新主体为了获得科学技术新知识，或创造性地运用科学技术新知识，或实质性改进技术、产品和服务而持续进行的具有明确目标的系统活动。绿色研发阶段是绿色创新活动的起点，也是绿色创新过程中最关键、最容易失败的环节，研究表明仅有 30%的创新项目能在研发活动阶段取得成功。

因此，利用不断进步的科学技术保证绿色研发活动的成功率和提升绿色创新绩效已成为当今创新活动的主要手段，尤其在知识爆炸的时代，创新活动更多地表现为新技术的融合与集成，科学技术的不断发展将对我国制造业绿色创新系统绿色研发活动起到更为重要的作用。

科学技术对我国制造业绿色创新系统绿色研发活动的推动作用主要体现在两

个方面：

第一，不断出现的新技术为绿色研发活动提供了新思路（孙冰，2003）。绿色创新活动具有较强的路径依赖，当具有破坏性创造的绿色新技术出现时，创新主体将沿着新的技术轨迹进行绿色研发活动，如核裂变、核聚变等相关原理的提出不仅促进了原子弹、氢弹的产生，也为新能源技术——核发电技术提供了理论基础。

第二，不断出现的新技术为绿色研发活动提供了技术支撑。绿色创新的研发活动具有高度的复杂性，依赖于不同知识的综合运用，并借助其他技术的突破和支撑。例如，计算机辅助设计（computer aided design，CAD）、计算机辅助工艺过程设计（computer aided process planning，CAPP）等信息技术软件的出现为绿色研发活动提供了新研究工具，使研发活动相对更为便捷。

此外，绿色创新的研发活动具有较强外部性。从新增长经济学的视角来看，创新系统中研发活动具有溢出效应，尤其是源于国外的技术扩散对发展中国家的研发活动具有较强的促进作用（Kenneth，1962），其原因在于创新主体通过人员流动、产品技术交易等方式获取其他创新主体的绿色技术信息，能够在消化吸收的基础上进一步研发，从而降低绿色研发成本和风险，提高创新主体的研发积极性，并增加绿色研发投入，促进绿色研发绩效的提高（Spence，1962）。郭孝刚等（2008）对我国制造业的研究表明，源于美国、日本、欧盟等国家和地区的技术扩散对我国研发投资和专利产出均具有显著的促进作用。

基于以上研究，本书提出如下假设：

H_1：技术推动动力因素对制造业绿色创新系统绿色研发绩效具有正向影响，技术推动动力因素的动力强度越高，绿色研发绩效越好。

2）技术推动动力因素对绿色创新系统制造绩效影响的研究假设

绿色创新的制造活动是指绿色创新主体为了降低生产活动带来的资源环境问题而对生产制造技术、工艺、设备甚至组织结构进行有明确目标的系统活动。从广义角度来看，绿色制造是一种全面考虑环境问题和资源利用的现代化生产制造方式，涉及产品设计、制造、包装、运输等产品生命周期的所有环境，旨在从产品生命周期全过程实现资源利用效率最大化和环境污染最小化，进而实现经济和社会、环境的协调发展（Azzone and Noci，1998；Deif，2011）。从狭义角度来看，绿色制造仅涉及产品的生产、包装等环节。结合本书的研究视角，制造业绿色创新系统绿色创新的制造活动仅指狭义的绿色制造，是绿色研发活动的后续环节。

从产品生产制造过程和技术发展轨迹来看，在新的科学原理或科学技术出现以前，现有生产制造技术会在现有技术轨迹的基础上不断改进和发展，从而不断接近该项技术的物理极限（王敏和银路，2008）。例如，内燃机从煤气机技术发展到油气机技术的过程中使得热量利用效率越来越高，但内燃机的结构并未发生根本性的转变。虽然内燃机的结构越来越紧凑、转速越来越高，但内燃机技术已然迫近该技术的物理极限。这种沿着现有技术轨迹的生产技术改进和创新仅仅属于渐进式绿色创新，且绿色制造绩效随着物理极限临近而不断降低。

然而，随着知识经济时代来临，科学理论不断突破和新兴技术不断出现使得现有生产制造技术具有突破原有技术轨迹的可能，甚至导致部分新技术在出现阶段就被另一项更新的技术取代。例如，电子技术在内燃机中的应用使得内燃机技术突破了传统油气机技术范式，在能源效率、污染排放等方面实现了重大改进。

总体来看，技术推动制造业绿色创新的制造活动主要体现在两大方面。

首先，科学技术尤其是基础科学原理的进步为绿色制造技术的改进提供理论支撑。基础科学原理的发展或新原理出现为绿色制造技术的改进和完善提供了可能性，尤其是在现有技术范式的制约下，基础科学进步对绿色制造技术发展的作用更为显著。例如，在生产制造过程中各种设备的运作原理依赖于力学、电学等物理学科的基础知识，随着这些物理学科基础知识的进步，生产制造设备的改进将更容易实现。

其次，科学技术的出现为绿色制造技术提供了更多的技术融合选择。当今绿色制造技术发展不仅仅依赖于突破性新技术的出现，更多地表现为不同学科技术的融合和集成。绿色制造技术不仅依赖于物理学科的技术发展，也依赖于计算机学科等其他学科领域的技术突破，跨技术群的技术融合为绿色制造技术改进提供了更多可行性方案。

从制造业的发展历程来看，科学技术进步对制造业发展起到了重要推动作用。制造业一度被认为是夕阳产业，但现代科学技术的不断进步尤其是第三次科技革命中不断涌现的新理论、新技术为制造业提供了新的生命力。例如，传统机械加工因为数字技术、信息化技术的发展而形成了数控加工技术，焊接技术因为激光技术而产生了创新，动力技术因为新材料技术和新能源技术的发展而取得了显著的进步。其中，数字技术、信息技术等对制造业绿色创新系统绿色制造活动的作用尤为显著。目前，大部分制造业企业普遍将先进、绿色制造技术运用于生产制造过程中，如利用CAD、CAM（computer aided manufacturing，即计算机辅助制造）、CAPP、MRP（material requirement planning，即物料需求计划）、RPM、VM（virtual machine，即虚拟机）、FMS（flexible manufacture system，即柔性制造系统）、CIMS（computer/contemporary integrated manufacturing system，即计算机/现代集成制造系统）等信息数字技术来开发制造产品，不仅提高了制造业企业产品质量和生产效率，同时对于减少污染物的排放和降低资源消耗也具有重要作用（杨朝均，2013）。

基于以上研究，本书提出如下假设：

H_2：技术推动动力因素对制造业绿色创新系统绿色制造绩效具有正向影响，

技术推动动力因素的动力强度越高，绿色制造绩效越好。

3）技术推动动力因素对制造业绿色创新系统营销绩效影响的研究假设

绿色营销又被称为环境营销，是指在充分满足市场需求、争取适度利润和发展水平的同时，注重环境污染问题和自然资源消耗问题，将生态环境保护视为企业生存发展的重要条件和机会的一种新型营销观念和活动（井绍平，2004）。绿色营销活动的开展往往以绿色技术、绿色市场和绿色经济为基础，通过多样化的营销手段满足消费者以及社会生态环境发展的需要，从而对人类的生态关注给予回应（郑继方，2002）。因此，绿色营销的目的旨在应对资源环境问题的同时获取绿色竞争力，不仅有助于提高企业的商业利润，也有助于实现经济与生态环境的协调发展（Ginsberg and Bloom，2004）。

对于制造业绿色创新系统来讲，绿色营销是制造业绿色创新系统绿色创新成果市场化转换的根本渠道，是确保绿色创新活动成果商业化价值实现的关键和检验绿色创新是否成功的唯一标准。随着科学技术的不断进步发展，绿色创新成果的营销活动越来越依赖于当前的各种科学技术，如互联网技术、移动通信技术等，科学技术进步已成为制造业绿色创新系统绿色营销绩效提升的重要手段（Foxman and Kilcoyne，1993）。

从营销经典理论的 4P 理论来看，科学技术发展与制造业绿色创新系统绿色营销绩效紧密相关，如图 6-1 所示。

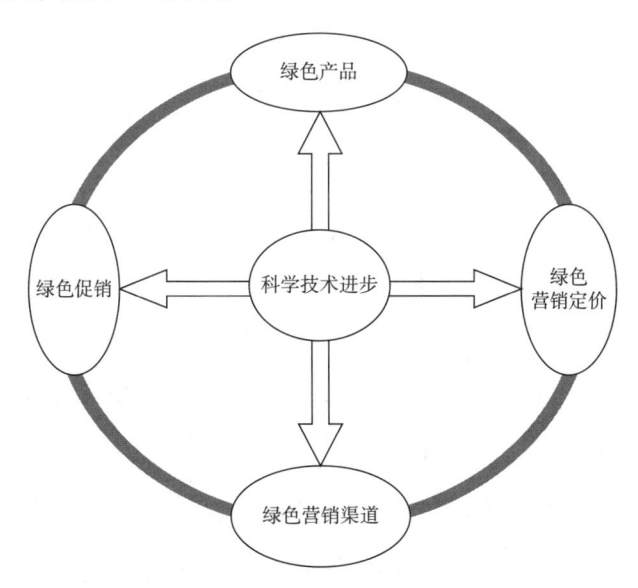

图 6-1 技术推动动力因素对制造业绿色创新系统绿色营销绩效的影响

首先，科学技术不断发展有助于制造业绿色创新系统内的绿色创新主体降低产品的生产成本和营销成本，从而在绿色产品定价过程中赢得竞争优势。一般而言，市场销售范围的扩大会提高企业的销售量。在信息技术、网络技术等出现以前，传统销售市场往往局限在一定的地域范围之内，是一个受到地理位置、交通运输条件等制约和限制的二维市场，为扩大市场销售范围需要支付大量的资金成本、人力成本以及时间成本，增加了构建大规模市场销售网络的难度。而随着信息技术、网络技术等的出现，新型的销售市场突破了原有二维市场在空间和时间上的限制，形成了产品、服务更短时间内可以在更广泛地域间快速流动的三维市场，从而制造业绿色创新系统的绿色创新主体能够以更少的成本拓宽原有的销售网络，节约绿色营销中的人力成本、时间成本等。

其次，科学技术不断发展有助于制造业绿色创新系统主体改善绿色营销渠道，为消费者提供更为便捷的产品和服务。如何最大限度地为消费者提供便利产品和服务是制造业绿色创新系统主体绿色营销过程中的关键问题。一般而言，绿色产品从企业到消费者往往需要经历经销商、批发商、零售商等多个中间环节，这不仅增加了制造业绿色创新系统主体的中间交易费用，也增加了消费者对绿色产品了解的信息不对称。而通过利用移动通信、互联网等先进技术可以实现制造业绿色创新主体与消费者的直接交易，不仅能为消费者提供更便捷的产品和服务，也大大降低了中间交易费用以及消费者的信息不对称程度。

最后，科学技术不断发展有助于制造业绿色创新系统主体以多样化的促销方式推广绿色创新成果。信息传递的速度和范围对绿色产品促销效果具有决定性的影响，而广告是绿色产品促销的基本方式。在传统条件下，绿色产品的广告宣传往往依赖于电视、报纸等传统媒介，促销效果相对有限。而随着科学技术的不断进步，互联网技术、移动通信技术的出现为绿色产品促销提供了更多手段，网络促销和手机促销已成为广泛使用的促销方式，如淘宝网的"双11"促销、手机微信促销等。新的促销方式不仅可以节约巨大的促销成本，也拓宽了绿色产品促销信息的传播范围、加快了促销信息的传播速度，从而提高了绿色产品的促销效果。

基于以上研究，本书提出如下假设：

H_3：技术推动动力因素对制造业绿色创新系统绿色营销绩效具有正向影响，技术推动动力因素的动力强度越高，绿色营销绩效越好。

2. 市场拉动动力因素对绿色创新系统创新绩效影响的研究假设

1）市场拉动动力因素对绿色创新系统研发绩效影响的研究假设

市场拉动创新模型的观点认为市场是技术创新的起点也是创新的终点，即创新的研发活动始于市场需求，而最终创新成果又必须以消费者的接受程度作为检验创新是否成功的标准。因此，市场需求一直被认为是创新活动的重要拉动因素。

同样，源于市场的绿色消费需求对绿色研发活动具有重要的拉动作用。

绿色研发活动具有规模经济性和双外部性，导致绿色研发需要较大的资金支持，因此企业是否进行绿色研发取决于绿色研发投入和对绿色研发收入的预期。若一项绿色研发成果的预期市场规模越大，其对绿色研发活动的激励就越大，对绿色研发绩效的影响就越显著。罗小芳和李柏洲（2013）的实证研究表明我国国内市场上关于新产品的需求有利于提升大型企业发明专利数量，也促进了R&D投入的增加。梁喜（2014）认为制造商的低碳技术研发决策受到消费者的低碳需求约束。

同时，该绿色研发成果能形成较高产品差异化进入壁垒，使得创新主体相较于其他绿色创新主体具有了更高的竞争优势，从而获取高额的垄断市场利润。因此，相对垄断的市场结构也有利于制造业绿色创新系统绿色研发绩效的提升。

熊彼特认为创新动力之一就是大型企业的研发活动，这种观点在一定程度上赞同了相对垄断的市场结构对创新具有拉动作用；且相比于完全竞争的市场结构，熊彼特认为完全垄断的市场结构对研发活动具有更积极的作用（王齐，2005）。而对于制造业绿色创新系统的绿色研发活动来讲，在相对垄断的市场结构中，大型企业对绿色市场的控制力和影响力较大，通过绿色研发形成的产品差异壁垒导致其他企业很难在该领域形成竞争力，而大型企业长期进行绿色研发形成的内涵知识积累也难被其他企业模仿。

此外，绿色研发活动是一种比传统研发活动具有更高不确定性的复杂技术活动，使得较小企业难以承担绿色研发失败的风险和较高的绿色研发投入。而大型企业的企业家往往对绿色研发具有更多的偏好，其原因在于大型企业雄厚的资金、技术实力以及抗风险能力为绿色研发提供了风险担保（严海宁，2009）。Tang（2006）对加拿大的大型企业和小型企业的对比研究表明，大型企业比小型企业投入更多的研发资金和进行了更多的研发活动（尤其是工艺研发），从而认为相对垄断的市场结构能促进研发。Greenhalgh和Rogers（2006）基于英国的研究表明具有较大市场份额的企业才能获得较大的市场利润，而在竞争激烈的市场中企业的研发动力较低。因此，相对垄断的市场结构更能激励制造业绿色创新系统的绿色研发活动。

同时，随着创新模式从封闭式创新向开放式创新不断演变，用户在绿色研发过程中的作用越来越重要，用户驱动甚至直接参与制造业绿色研发活动已成为绿色研发的重要来源之一，用户驱动绿色创新参与程度高低直接影响企业的绿色研发绩效。Hippel（1988）根据行业发展历史的研究发现企业不是创新活动的唯一创新源，在多个行业中存在多个创新来源，其中，科学仪器、半导体和印刷电路板组装行业中用户在使用过程中比企业更早发现创新的市场需求，从而积极地进行了创新活动以解决相应的需求问题。苏楠和吴贵生（2011）对神华集团高端液压支架自主创新案例的研究表明，本土领先用户主导创新是我国装备制造业自主创新的有效模式。用户参与创新不仅能增加我国制造业绿色创新系统绿色创新的创新源，用户提出的创新创意也能促进绿色研发活动的开展。

基于以上研究，本书提出如下假设：

H_4：市场拉动动力因素对制造业绿色创新系统绿色研发绩效具有正向影响，市场拉动动力因素的动力强度越高，绿色研发绩效越好。

2）市场拉动动力因素对绿色创新系统制造绩效影响的研究假设

一般而言，生产制造活动必然带来自然资源的消耗和污染物的排放。在粗放的经济发展模式中，制造业一直被认为是中国环境污染问题的最大制造者和自然资源的最大消耗者。因此，在环保意识不断加强的情况下，市场消费者越来越关注制造业的生产制造活动带来的环境问题，从而促进中国制造业绿色创新系统的主体积极采用新的生产设备或改进生产设备，实现向绿色制造、清洁生产的模式转变。因此，市场环境因素对制造业绿色创新系统绿色制造影响具有重要的拉动作用。

根据市场拉动动力因素的不同来源，中国制造业绿色创新系统绿色制造活动受到的市场拉动力可以分为国内市场拉动力和国外市场拉动力两个方面。

首先，在国内市场拉动动力因素方面，随着社会公众环保意识的不断加强，社会公众越来越重视生产制造对当地生态环境以及自身的影响，从而呼吁甚至迫使制造业企业进行绿色制造。例如，近年来宁波、广州、昆明等各地居民陆续发生的反对石油化工冶炼厂建立的案例就说明社会公众越来越重视生产制造带来的环境破坏，从而对制造业绿色创新系统的主体形成绿色制造压力。同时，随着绿色供应链理论的广泛发展和应用，源于绿色供应链的上下游企业关系也会对制造业绿色创新系统主体的绿色制造提出新的要求，迫使供应链上的企业提供绿色环保的原材料、中间产品和最终产品等（戴鸿轶和柳卸林，2009）。尤其是大型企业在应用绿色供应链管理的过程中会对价值链上的上下游企业形成绿色制造的压力，如通用汽车、EPSON、宜家等公司的绿色供应链管理带动了相关企业的绿色制造活动。

其次，在国外市场拉动动力因素方面，外部市场尤其是发达国家市场的较高环境标准和绿色贸易壁垒会对中国制造业出口企业形成绿色制造压力。目前，低污染、低能耗产品在全球市场范围内成为具有更强竞争力的产品，从而迫使中国制造业出口企业积极主动地进行绿色研发和绿色制造，增强企业的国际竞争力。同时，为避免中国制造对本国经济的影响，不少发达国家在与中国企业的贸易中提高了产品的绿色标准，设置了绿色贸易壁垒，如欧盟先后发布的"RoHS"指令（*The Restriction of the use of Certain Hazardous Substances in Electrical and Electronic Equipment*，《在电子电气设备中限制使用某些有害物质的指令》）和"WEEE"指令

(Waste Electrical and Electronic Equipment,《电子电器设备废弃处理办法》)(范群林等,2011)。这些绿色贸易壁垒将迫使中国制造业出口企业进行绿色研发和绿色制造,以满足目的国的环境保护标准,从而对中国制造业绿色创新系统绿色制造产生拉动作用。

基于以上研究,本书提出如下假设:

H_5:市场拉动动力因素对制造业绿色创新系统绿色制造绩效具有正向影响,市场拉动动力因素的动力强度越高,绿色制造绩效越好。

3)市场拉动动力因素对绿色创新系统营销绩效影响的研究假设

随着环境问题的日益严重,市场消费模式已逐渐向绿色消费模式转变,绿色营销已成为企业竞争力的新来源。在绿色市场消费模式下,消费者越来越重视产品是否低碳节能、绿色环保,不仅考虑产品对个人自身是否存在不利影响,还关注产品对社会生态环境的影响。网络调查显示,购物过程中更愿意选择绿色产品的男女比例高达37%和46%,有小孩的家庭更加倾向于绿色消费选择;中国社会调查事务所的调查显示,71.3%的消费者认为发展环保产业和绿色产品有利于改善环境,而愿意购买绿色产品的消费者已增长到52.8%(刘晓昆,2009)。这种消费模式的转变必然导致中国制造业绿色创新系统的主体更加重视绿色营销。

市场上绿色消费模式的兴起必然促进中国制造业绿色创新系统主体的绿色营销活动。朱成钢(2006)认为绿色消费模式的兴起会为企业在营销过程中带来新的细分市场,而作为一个巨大的新兴市场,绿色消费细分市场为企业的绿色营销提供了机遇和平台。绿色消费是绿色营销的原动力,消费者是否采取绿色消费行为是绿色细分市场存在的先决条件,并直接决定着绿色营销的发展。张汝根(2007)则认为绿色消费是绿色营销产生和发展的时代基础和思想基础,绿色营销能有效引导和促进绿色消费,绿色消费和绿色营销存在互动发展关系。

市场拉动因素对中国制造业绿色创新系统绿色营销的拉动作用还体现在价格效应和市场效应两个方面。Zweimüller(2000)、李平和于国才(2009)认为绿色新产品的需求往往来自高消费群体,由于高消费群体的可支配收入较高,制造业绿色创新系统绿色创新主体在绿色新产品的定价方面有更高的利润空间,创新者的定价能力越大,R&D投入和创新的动力就越强,从而具有较高的绿色营销绩效,即所谓的价格效应;而市场效应则是指需求规模的大小直接决定新产品的销售量,从而影响企业的绿色创新系统的绿色营销绩效。

基于以上研究,本书提出如下假设:

H_6:市场拉动动力因素对制造业绿色创新系统绿色营销绩效具有正向影响,市场拉动动力因素的动力强度越高,绿色营销绩效越好。

3. 环境规制推动动力因素对绿色创新系统创新绩效影响的研究假设

1）环境规制推动动力因素对绿色创新系统研发绩效影响的研究假设

环境规制对研发活动影响的研究源于波特假说的提出。Porter 和 van der Linde（1995）认为环境规制对企业研发活动具有积极影响，虽然环境规制迫使企业改进生产技术、设备等增加了企业的生产运营成本，但企业通过研发创新带来的高额收益会弥补在环境成本上的额外支出，甚至提高企业的竞争优势和营利能力。Porter 和 van der Linde（1995）关于环境规制带来的研发补偿效应被称为波特假说，为研发创新开辟了新的研究领域，引起了众多学者的关注。

大量研究证实了波特假说的基本观点，认为环境规制对绿色研发活动具有积极的推动作用。Carrión-Flores 和 Innes（2010）用污染排放量反向表征环境规制强度研究了美国制造业环境规制与绿色创新的关系，结果发现污染排放量与绿色专利间呈负相关关系，说明环境规制强度提高（即污染排放量降低）增加了美国制造业的绿色专利数量，从而得出了环境规制促进绿色研发的结论。Lee 等（2011）、Costantini 和 Mazzant（2012）的研究表明严格的环境规制增加了企业运营成本，从而迫使进行绿色相关的研发和创新活动来改进或替换现有的生产制造装备，从而减少污染物排放以降低污染惩罚费用的支出。同时绿色研发能够降低企业的生产成本，绿色研发所带来的收益大于绿色研发成本。毕克新等（2013a）基于中国省级面板数据的研究表明，环境规制强度与中国工业的绿色工艺创新绩效呈正相关关系，环境规制强度越高的地区其绿色工艺创新绩效越高。

但也有学者质疑和反对波特假说，认为环境规制对绿色研发活动不存在影响或具有不利影响。Becker（2011）基于美国制造业面板数据的研究表明，环境规制与制造业生产率并没有显著的关系，没有实质性地促进研发活动的开展。Ambec 和 Barla（2006）认为环境规制会导致企业运营成本上涨，使得企业在激烈的市场竞争环境中缺乏足够的研发投入，为避免环境规制带来的不利影响，部分企业将向较低环境标准的国家转移污染产业。韩先锋等（2014）基于中国工业 37 个细分行业面板数据的研究表明，环境规制与中国研发技术进步之间呈现倒"U"形非线性关系，即环境规制强度对工业行业研发技术进步有先提高后降低的影响趋势。

本书认为环境规制对制造业绿色创新系统的绿色研发活动具有积极推动作用，其根本原因在于绿色研发创新自身所具备的双外部性。与一般技术创新相似，绿色创新在研发和扩散阶段存在外部效应，其他企业通过技术模仿可以获取绿色创新的经济溢出效益；同时，绿色创新在研发和扩散阶段还产生了环境溢出效应，绿色创新成果在环境问题上的收益不仅被企业占有，也会被社会公众获取，而创新主体却承担了绿色创新的全部成本。

绿色创新在经济绩效和环境绩效上的"双重外部性"特征将导致企业缺乏绿

色研发的积极性,而扩散阶段的市场驱动性也相对较弱,从而使得绿色创新在与传统技术创新的竞争中缺乏足够的激励,只有通过环境规制促进绿色创新的外部环境成本内部化,才能有效地推动制造业绿色创新系统的绿色研发活动。

基于以上研究,本书提出如下假设:

H_7:环境规制推动动力因素对制造业绿色创新系统绿色研发绩效具有正向影响,环境规制推动动力因素的动力强度越高,绿色研发绩效越好。

2)环境规制推动动力因素对绿色创新系统制造绩效影响的研究假设

随着资源环境问题的不断加剧,各国政府越来越重视生产制造活动带来的资源高消耗和环境高污染,采取措施积极推动本国制造业从传统制造方式向绿色制造、清洁生产模式转变。例如,欧盟于2005年颁布实施了WEEE指令,该指令要求制造商必须负责回收和处理其生产的电子产品;我国也于2011年开始实施《废弃电器电子产品回收处理管理条例》,明确规定了电器电子产品制造商在废旧产品的回收、处理方面的责任和义务。聂佳佳(2014)认为各国在环境保护方面制定的法律法规提高了制造业企业关于物料循环利用的绿色理念,环境规制有助于形成从消费者回到生产商的逆向物流,这种与传统物流方向相反的新型物流可实现资源再生、物料增值和成本节约的目的。

从生产制造活动过程来看,大部分企业在传统生产制造活动中仅仅考虑企业内部经济性。与传统制造相比,绿色制造还要考虑生产制造活动对外部环境的影响,从而具有更多的外部成本。因此,实施绿色制造往往导致制造业绿色创新系统主体外部边际成本的增加,这就导致在传统生产制造模式下制造业绿色创新系统主体进行绿色制造的动力不足,需要通过环境规制政策将绿色制造的外部边际成本内部化,增加制造业绿色创新系统主体进行绿色制造的外部激励,迫使制造业绿色创新系统主体采用更为环保、更高效率的绿色工艺和设备,从而减少生产活动所带来的环境污染问题。

政府的环境规制政策不仅能直接促进制造业绿色创新系统主体进行绿色制造,也对绿色制造选择具有间接促进作用,如图6-2所示。

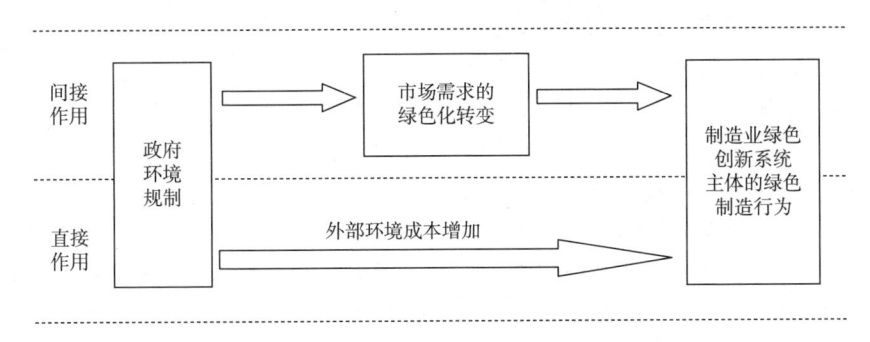

图6-2 环境规制推动绿色制造的示意图

在直接作用方面，环境规制政策导致企业进行传统制造会面临高额环境惩罚的风险增加，为避免环境规制带来额外惩罚成本，制造业绿色创新系统主体会进行绿色制造以降低生产活动带来的环境污染问题，同时，绿色制造带来的高效率和资源高利用率也降低了生产制造成本，在提高产品绿色竞争力的同时增加企业利润。

在间接作用方面，环境规制政策的实施不仅能提高消费者的绿色环保意识，还能在消费者绿色消费的过程中起到有效监管，确保消费者的绿色权益，这将促使市场消费的绿色化转变，引导消费者对绿色产品和绿色制造的需求，从而提高制造业绿色创新系统主体进行绿色制造的积极性和主动性。

基于以上研究，本书提出如下假设：

H_8：环境规制推动动力因素对制造业绿色创新系统绿色制造绩效具有正向影响，环境规制推动动力因素的动力强度越高，绿色制造绩效越好。

3）环境规制推动动力因素对绿色创新系统营销绩效影响的研究假设

任何企业在绿色营销过程中都会受到消费者的绿色消费需求影响，而绿色消费需求则受到内部动机因素和外部动机因素的影响。绿色消费需求的内部动机因素主要包括消费者价值观、态度等个人因素和印象管理动机（如为给他人留下正面形象而进行绿色消费）、整个社会的规范信念等社会因素，绿色消费需求的外部动机因素主要包括信息刺激、经济刺激和规章制度等外部干预因素以及消费者对绿色产品信息不对称的影响（吴波，2014）。

环境规制不仅可以引导消费者的绿色消费观念，促使消费者的绿色消费行为符合整个社会的规范信念，从而通过影响绿色消费的内部动机因素促进制造业绿色创新系统绿色营销绩效提升；环境规制还能通过加强绿色营销的信息传导、规章制度等外部干预措施影响绿色消费需求的外部动机因素，降低制造业绿色创新系统主体在对创新成果进行绿色营销时的外部性和信息不对称性，从而提升制造业绿色创新系统的绿色营销绩效。

由于绿色创新成果受益对象的差异性，环境规制对不同绿色创新成果的绿色营销影响具有一定差异性，参考彭福扬和王胜（2005）的观点，本书将制造业绿色创新系统的绿色创新成果分为私益型绿色创新成果和公益型绿色创新成果，进而深入研究环境规制对制造业绿色创新系统绿色营销绩效的影响。

私益型绿色创新成果是指仅为消费者个人提供绿色效益的绿色创新产品、绿色创新工艺等，如绿色食品、绿色饮料、环保建材等。私益型绿色创新成果具有强烈的排他性，其具有的产品、工艺附加值往往对使用者的个人健康、生活工作环境和质量产生直接的影响（杨新荣，2005）。由于私益型绿色创新成果带来的环境效益直接被（且仅被）消费者个人享用，因此私益型绿色创新成果一般具有更高的价格定位，增加了消费者购买私益型绿色创新成果的成本。

但是，私益型绿色创新成果是否环保、健康等关键信息在消费者与制造业绿色创新系统主体间存在明显的信息不对称，消费者很难通过产品的外观等完全获取蕴含在私益型绿色创新成果中的作用和功能，从而会对私益型绿色创新成果产生质疑；甚至部分企业利用私益型绿色创新成果的信息不对称性，夸大伪劣和假冒绿色产品的绿色效用，形成消费者的逆向选择，这将进一步增加消费者对私益型绿色创新成果的不信任，不利于制造业绿色创新系统主体对私益型绿色创新成果的绿色营销。而通过环境规制的相应措施和政策，如绿色产品标识、环境认证标志等，为消费者的绿色消费选择提供参考和指导，提高私益型绿色创新成果的社会公信力，进而提高制造业绿色创新系统私益型绿色创新成果营销的边际收益。

公益型绿色创新成果是指能为社会生态环境产生积极作用的绿色创新产品、绿色创新工艺等。与私益型绿色创新成果相比，公益型绿色创新成果（如无氟冰箱、无铅汽油、无磷洗涤剂、可降解饭盒等）更加注重对大气、土壤及水资源等公共生态环境的保护。公益型绿色创新成果带来的环境效益不具有排他性，其环境效益并非被某一消费者独占，而是被社会公众共享，因此，公益型绿色创新成果的消费增长在更大程度上依赖于环境意识的真正增强（刘伯雅，2009）。

对于消费者来讲，使用公益型绿色创新成果的环境效益不能被消费者独占，反而会被他人或社会"窃取"，而被"窃取"的部分却未通过市场交易的成本和价格反映出来，具有通常所说的"外部性"，即绿色消费具有正的外部性，而非绿色消费具有负的外部性，这将导致消费者不愿意支付高于非公益型绿色创新成果的成本购买公益型绿色创新成果。

对于制造业绿色创新系统的主体而言，公益型绿色创新成果造成的高额创新成本支出使得制造业绿色创新系统主体期望通过高价格快速获取绿色创新的收益，这将导致制造业绿色创新系统主体与消费者间价格预期的差额，即公益型绿色创新成果环境绩效被社会"窃取"的部分（公益型绿色创新成果的溢出效用）。

这就需要政府通过价格、税收、制裁、奖励等措施使绿色消费的"外溢"收益内部化或非绿色消费的外部成本内部化，如对消费者的绿色消费进行补贴以弥补消费者支付高价格的损失，或给予制造业绿色创新系统主体适当的税收减免以减小低价格出售的损失，从而增加消费者对公益型绿色创新成果的需求（李云雁，2010）。因此，制造业绿色创新系统公益型绿色创新成果营销更加依赖于环境规制。

基于以上研究，本书提出如下假设：

H_9：环境规制推动动力因素对制造业绿色创新系统绿色营销绩效具有正向影响，环境规制推动动力因素的动力强度越高，绿色营销绩效越好。

6.1.2　假设总结与概念模型

根据前文的文献梳理和提出的研究假设，本书构建了绿色创新动力因素对制造业绿色创新系统绿色创新绩效影响机理的研究概念模型，形成探讨技术推动动力因素、市场拉动动力因素、环境规制推动动力因素与制造业绿色创新系统绿色创新的绿色研发绩效、绿色制造绩效、绿色营销绩效之间关系的研究框架，为下文进一步实证研究奠定理论基础。本章的概念模型如图 6-3 所示。

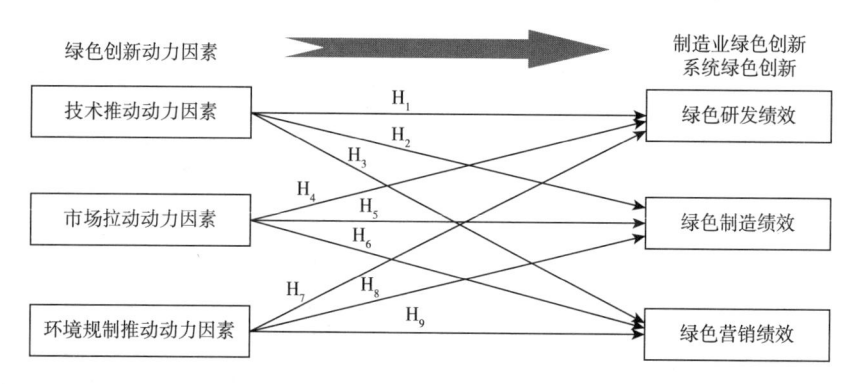

图 6-3　绿色创新动力因素对制造业绿色创新系统创新绩效影响的概念模型

为阐明绿色创新动力因素对我国制造业绿色创新系统绿色创新的影响机理，参考现有研究成果，本书共提出 9 项待检验假设，如表 6-1 所示。

表 6-1　研究假设及依据

假设内容	假设依据参考文献
H_1：技术推动动力因素对制造业绿色创新系统绿色研发绩效具有正向影响，技术推动动力因素的动力强度越高，绿色研发绩效越好	孙冰（2003）；Arrow（1962）；Spence（1962）；郭孝刚等（2008）
H_2：技术推动动力因素对制造业绿色创新系统绿色制造绩效具有正向影响，技术推动动力因素的动力强度越高，绿色制造绩效越好	Azzone 和 Noci（1998）；王敏和银路（2008）；Deif（2011）；杨朝均（2013）
H_3：技术推动动力因素对制造业绿色创新系统绿色营销绩效具有正向影响，技术推动动力因素的动力强度越高，绿色营销绩效越好	Foxman 和 Kilcoyne（1993）；郑继方（2002）；Ginsberg 和 Bloom（2004）；井绍平（2004）
H_4：市场拉动动力因素对制造业绿色创新系统绿色研发绩效具有正向影响，市场拉动动力因素的动力强度越高，绿色研发绩效越好	Tang（2006）；Greenhalgh 和 Rogers（2006）；罗小芳和李柏洲（2013）；梁喜（2014）
H_5：市场拉动动力因素对制造业绿色创新系统绿色制造绩效具有正向影响，市场拉动动力因素的动力强度越高，绿色制造绩效越好	郭国峰等（2007）；范群林等（2011）
H_6：市场拉动动力因素对制造业绿色创新系统绿色营销绩效具有正向影响，市场拉动动力因素的动力强度越高，绿色营销绩效越好	Zweimüller（2000）；李平和于国才（2009）
H_7：环境规制推动动力因素对制造业绿色创新系统绿色研发绩效具有正向影响，环境规制推动动力因素的动力强度越高，绿色研发绩效越好	Porter 和 van der Linde（1995）；Lee 等（2011）；毕克新等（2013a）

续表

假设内容	假设依据参考文献
H_8：环境规制推动动力因素对制造业绿色创新系统绿色制造绩效具有正向影响，环境规制推动动力因素的动力强度越高，绿色制造绩效越好	赵细康（2004）；Costantini 和 Mazzant（2012）；聂佳佳（2014）
H_9：环境规制推动动力因素对制造业绿色创新系统绿色营销绩效具有正向影响，环境规制推动动力因素的动力强度越高，绿色营销绩效越好	彭福扬和王胜（2005）；刘伯雅（2009）；李云雁（2010）

6.2 实证研究方法与变量测度

6.2.1 结构方程模型

结构方程模型又被称为潜变量模型等，是一种整合了因素分析和路径分析两大统计方法的统计数据分析方法，被认为是管理学领域第二代统计数据分析模型的代表。由于不受因变量、自变量个数的限制，结构方程模型常被用来研究一个或多个因变量与一个或多个自变量之间的关系。结构方程模型具有可以同时处理多个因变量、容许自变量和因变量含有测量误差、同时估计因子结构和因子关系、容许更大弹性的测量模型、估计整个模型的拟合程度等优点，这些传统回归分析所不具备的优点使得结构方程模型在管理学、经济学、心理学等领域被广泛应用。

从本质上来讲，结构方程模型是一种基于协方差结构模型演变而来的统计数据分析方法，因此，完整的结构方程模型同协方差结构模型一样，包含测量模型和结构模型两个子模型。测量模型反映了潜在变量如何被相对应的显性指标测量或概念化，结构模型反映了潜在变量间的相互关系，以及模型中其他变量无法解释的变异量部分。测量模型［式（6-1）］和结构模型［式（6-2）］的表达公式为

$$\begin{cases} x = \Lambda_x \xi + \delta \\ y = \Lambda_y \eta + \varepsilon \end{cases} \quad (6\text{-}1)$$

$$\eta = B\eta + \Gamma\xi + \zeta \quad (6\text{-}2)$$

其中，x 表示外生变量；y 表示内生变量；ξ、η 分别表示 x、y 的潜变量；Λ_x 表示 x 与 ξ 之间的关系；Λ_y 表示 y 与 η 之间的关系；B 表示内生潜变量间的影响关系系数；Γ 表示外生变量对内生变量的影响系数；ζ 表示各变量间的误差项。

在利用结构方程模型进行分析时，主要包含以下四个步骤：第一，模型构建与设定。结构方程模型是一种具有理论先验性的研究方法，因此在构建理论模型时需要基于现有研究成果和现实依据明确各潜变量间的关系，以及确定测度各潜

变量的显性指标，进而构建结构方程的概念性模型和操作性模型。第二，模型评价。利用极大似然估计和最小二乘法等方法对收集数据进行估计，求解各个潜变量之间、潜变量与显变量之间的参数估计值。第三，模型拟合。模型拟合时利用结构方程模型分析问题的关键，主要检验各变量间的理论关系假设与实际数据检验结果是否相匹配，以及匹配程度的大小。第四，模型修正。对于没有通过拟合的模型，根据修正指数（modification index，MI）以及先验性的理论成果，通过删除、增加或修改变量间的关系对模型进行修正，从而最终使模型符合主要拟合指数的标准以及得到合理的参数估计值。

6.2.2 实证研究方法与变量测度

1. 绿色创新动力因素测度方式和数据提取说明

制造业绿色创新系统主体的绿色创新行为是环境规制、市场需求与科技进步三者综合作用的结果，而非某一动力因素独立驱动，三种动力因素各具功能且相互影响。参考现有文献，本书构建了制造业绿色创新系统绿色创新动力因素的测度指标体系，如表6-2所示。

表6-2 制造业绿色创新系统创新动力因素测量量表

变量	潜变量	观测变量
绿色创新动力	技术推动动力因素	制造业绿色技术产值占总产值比重
		制造业绿色技术升级程度
		制造业绿色科技进步贡献率
	市场拉动动力因素	制造业用户驱动绿色创新参与程度
		制造业绿色产品差异化进入壁垒难易程度
		制造业绿色破坏性创新市场规模
	环境规制推动动力因素	制造业绿色创新环境规制制度建设水平
		制造业绿色创新环境规制政策体系完备程度
		制造业绿色创新环境规制有效性

（1）技术推动动力因素。技术推动动力因素是制造业绿色创新系统绿色创新的保障，只有随着科学技术的不断进步，制造业绿色创新系统才能获取足够的绿色创新技术支撑。本书选择制造业绿色技术产值占总产值比重、制造业绿色技术升级程度、制造业绿色科技进步贡献率三个变量衡量绿色创新的技术推动动力因素。

（2）市场拉动动力因素。市场拉动动力因素是制造业绿色创新系统绿色创新的基础。制造业绿色创新系统主体进行绿色创新活动的最终目的是获得利润，因此，只有存在足够的绿色市场需求或潜在的绿色需求时，制造业绿色创新系统才会进行绿色创新。本书选择制造业用户驱动绿色创新参与程度、制造业绿色产品差异化进入壁垒难易程度、制造业绿色破坏性创新市场规模三个变量衡量绿色创新的市场拉动动力因素。

（3）环境规制推动动力因素。环境规制推动动力因素是制造业绿色创新系统绿色创新的前提。只有通过环境规制将绿色创新外部成本内部化，避免绿色创新具有双外部性导致的创新动力不足，才能促使制造业绿色创新系统主体进行绿色创新。本书选择用制造业绿色创新环境规制制度建设水平、制造业绿色创新环境规制政策体系完备程度、制造业绿色创新环境规制有效性三个变量衡量绿色创新的环境规制推动动力因素。

2. 绿色创新绩效测度方式和数据提取说明

从创新过程的视角来看，绿色创新过程可以分为研发活动和应用扩散两个阶段。其中，应用扩散阶段主要包括在制造过程中应用绿色新工艺和在营销过程中推广绿色新产品（工艺、服务）两个方面的内容。因此，本书用绿色研发绩效、绿色制造绩效和绿色营销绩效三个指标来衡量我国制造业绿色创新系统的绿色创新绩效，如表6-3所示。

表6-3 制造业绿色创新系统创新绩效影响的测量量表

变量	潜变量	观测变量
绿色创新绩效	绿色研发绩效	制造业绿色专利授权数增长率
		制造业绿色科技成果转化率
		制造业绿色新产品（工艺、服务）占新产品（工艺、服务）总量比重
	绿色制造绩效	制造业单位产值资源消耗降低率
		制造业单位产值能源消耗降低率
		制造业三废综合利用产值占总产值比重
		制造业绿色技术改造率
	绿色营销绩效	制造业绿色产品（工艺、服务）销售收入占产品（工艺、服务）销售收入总额比重
		制造业绿色产品（工艺、服务）出口创汇率
		制造业绿色产品（工艺、服务）顾客满意度

（1）绿色创新系统绿色研发绩效。绿色研发活动是绿色创新活动的起点，是制造业绿色创新系统创新主体为了获得科学技术新知识，或创造性地运用科学技术新知识，或实质性改进技术、产品和服务而持续进行的具有明确目标的系统活动。本书选择用绿色专利授权数增长率、绿色科技成果转化率和绿色新产品（工

艺、服务)占新产品(工艺、服务)总量比重三个指标衡量绿色创新系统绿色研发绩效,反映了制造业绿色创新系统在专利研发、转化以及新产品(工艺、服务)开发方面取得的绿色创新绩效。

(2)绿色创新系统绿色制造绩效。绿色制造活动是绿色创新活动的中间环节,是绿色研发成果从样品转化成商品的保障,只有制造业绿色创新系统的绿色制造能力与绿色创新成果设计以及市场需求相匹配时,才能实现绿色创新成果的大规模生产和制造。本书选择用单位产值资源消耗降低率、单位产值能源消耗降低率、三废综合利用产值占总产值比重和绿色技术改造率四个指标衡量绿色创新系统绿色制造绩效,反映了制造业绿色创新系统在绿色创新活动中通过应用新工艺、新技术对传统技术进行改造,从而降低生产活动的资源、能源消耗以及实现资源、能源的循环利用,从而提升绿色创新的整体绩效。

(3)绿色创新系统绿色营销绩效。绿色营销活动是绿色创新活动的后续环节,是绿色创新成果实现其商业化价值关键,也是检验制造业绿色创新系统绿色创新成果的最终标准。本书选择用绿色产品(工艺、服务)销售收入占产品(工艺、服务)销售收入总额比重、绿色产品(工艺、服务)出口创汇率和绿色产品(工艺、服务)顾客满意度三个指标衡量绿色创新系统绿色营销绩效,体现了制造业绿色创新系统在绿色新产品(工艺、服务)的市场开拓和技术扩散方面取得的绿色创新绩效。

6.2.3 数据来源

本章运用结构方程模型实证研究绿色创新动力因素对制造业绿色创新系统绿色创新的影响机理,选择的样本数据为中国 29 个制造业行业 2005~2011 年的面板数据。数据来源为历年《中国统计年鉴》、《中国工业经济统计年鉴》、《中国科技统计年鉴》、《中国能源统计年鉴》、《中国环境统计年鉴》、《工业企业科技活动统计资料》及《人力资源和社会保障事业发展统计公报》,以及国家统计局、国家知识产权局等官方网站发布的相关数据和统计报告。由于本书所需的部分数据不能从统计年鉴中直接查找到,参考以往文献对此类问题的处理方式,本书通过计算推导得出此类数据(具体计算方式见附表 A1 和附录 B1)。

为消除价格变动的影响,本书以 2004 年为基年,用出厂价格指数、固定投资指数对工业总产值、绿色创新投入等指标进行平减。由于中国制造业统计口径在 2011 年后发生了变化,本书选择的样本数据为 2005~2011 年的面板数据。对于行业的选择,由于统计年鉴中"废弃资源和废旧材料回收加工业"的数据缺乏连贯性,为确保本书数据分析的准确性,基于对数据连贯性的考虑,实证分析剔除了这个行业。

6.3 实证检验

6.3.1 信度与效度检验

1. 信度分析

信度分析就是对测度量表的可靠性分析，检验采用同样方法对同一对象重复测量时得到相同结果的可能性高低，即测验分数未受测量误差影响的程度，反映测量指标对测度问题衡量程度的一致性或稳定性。在信度检验时大多数文献采用 Cronbach's α 系数作为检验测度工具一致性的指标。Cronbach's α 系数越高，说明观测变量对潜在变量的解释程度越高，可信度就越高。一般来说，当测度量表的 Cronbach's α 系数大于 0.6 时，认为测度同一潜变量的观测变量间的一致性可以接受；当 Cronbach's α 系数大于 0.7 时，表明测度同一潜变量的观测变量间具有较高的一致性。

因此，本书采用 Cronbach's α 系数来检验各观测变量的稳定性和内部一致性。根据 SPSS 16.0 的结果，测度量表的总体 Cronbach's α 系数为 0.729，高于信度检验 0.7 的临界值设定，表明本书所选择的测度量表总体上具有较好的一致性；同时，测度量表中 6 个潜变量的 Cronbach's α 系数也均高于 0.7，说明各潜变量内部也具有较高的一致性，观测变量间具有较好的相关性。

2. 效度分析

效度分析就是对测度量表的有效性分析，反映了所选择的测度量表是否能够符合研究目的以及符合程度。效度分析的结果越大，表明测度方法、测度手段、测度结果的有效程度越高，即表明测度指标对构念的解释程度越高、越有效。效度分析主要包括内容效度、收敛效度和判别效度等方面的内容，不同维度的测量结果反映测度量表效度的不同方面。

在内容效度检验方面，本书所构建的测度量表是根据大量绿色创新动力、绿色创新、制造业绿色创新系统领域文献的研究成果总结与修改而成的，因而具有较好的内容效度；在收敛效度检验方面，各测度指标的交叉因子载荷绝大部分高于 0.7（2 个指标接近于 0.7），且平均方程抽取量（average variance extracted，AVE）值均高于 0.5，表明测度指标可以有效地解释潜变量，测量变量具有很好的收敛效度；在判别效度检验方面，AVE 的平方根都大于该测量变量与其他测量变量的相关系数，表明本书所用量表具有较好的判别效度。

6.3.2 结构方程模型检验

1. 初始模型检验及模型拟合

1）初始模型构建

根据 6.3.1 小节的检验结果，样本数据通过了信度与效度分析，因此本小节将运用结构方程模型的路径进一步分析探讨绿色创新动力因素对制造业绿色创新系统绿色创新的影响机理。基于图 6-4 中所构建的绿色创新动力因素对制造业绿色创新系统绿色创新影响研究的概念模型，本书设置了初始结构方程模型，如图 6-4 所示。

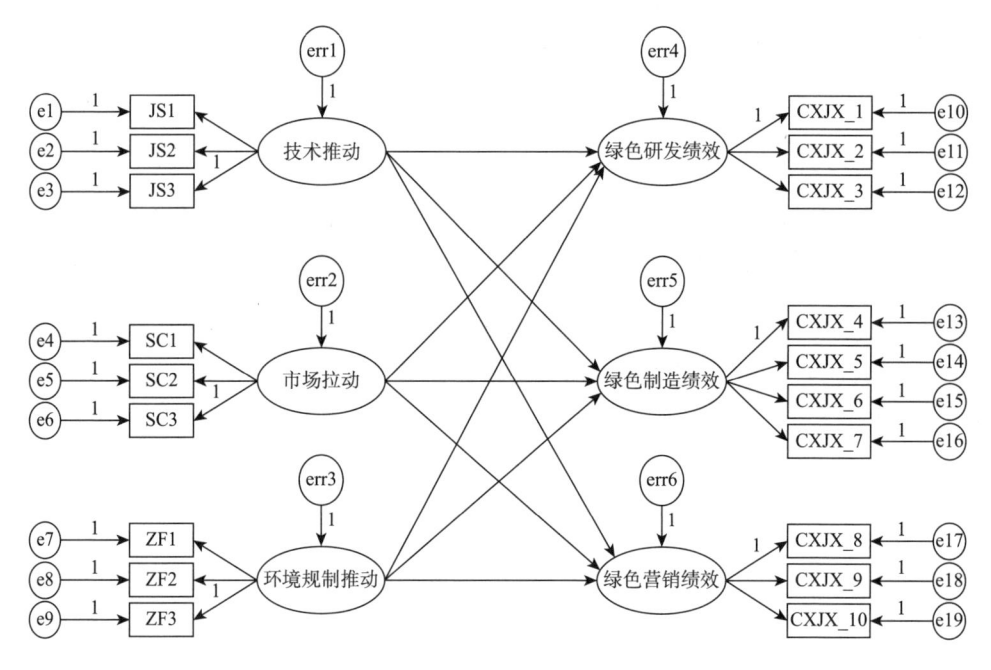

图 6-4 初始模型路径示意图

2）初始模型检验及模型拟合

本书使用 AMOS 17.0 的极大似然法对初始模型进行参数估计，从而判别理论假设模型与实际数据是否吻合，以及各变量的估计参数是否通过显著检验。表 6-4 为初始模型参数估计的结果。

第6章 绿色创新动力对制造业绿色创新系统的影响机理研究

表6-4 初始模型的参数估计值

路径	估计值	标准误差	临界比	P
绿色研发绩效<---技术推动	0.004	0.006	0.585	0.558
绿色制造绩效<---技术推动	0.025	0.070	0.357	0.721
绿色营销绩效<---技术推动	1.252	1.794	0.698	0.485
绿色研发绩效<---市场拉动	−0.012	0.009	−1.252	0.210
绿色制造绩效<---市场拉动	−0.209	0.127	−1.642	0.101
绿色营销绩效<---市场拉动	1.263	0.269	4.701	***
绿色研发绩效<---环境规制推动	0.076	0.051	1.484	0.138
绿色制造绩效<---环境规制推动	−0.112	0.237	−0.475	0.635
绿色营销绩效<---环境规制推动	0.119	0.177	0.671	0.502

***表示 $P<0.001$

在初始模型检验结果的基础上，通过分析参数估计结果和各种适配度指标判断初始模型的拟合性，从而检验测度变量间理论假设关系是否与数据结果相拟合，以及理论假设与数据检验间的拟合程度，来确定是否需要进行模型修正。早期文献中采用的模型拟合指数主要包括 GFI（拟合优度指数）和 AGFI（调和拟合优度指数）两种，但存在 GFI 和 AGFI 指数值很高，而拟合模型与真实模型相去甚远的误判。因此，参考现有多数文献的做法，本书选择多个适配度指标来判断模型的拟合程度，主要包括卡方与自由度的比值（χ^2/df）、RMSEA（近似均方根残差）、RMR（残差均方根）、GFI、CFI（比较拟合指数）、NFI（规范拟合指数）、IFI（递增拟合指数）等7个拟合指数。各拟合指数的判别标准以及初始模型的拟合指数值如表6-5所示。

表6-5 初始模型的常用拟合指数计算结果

拟合项目	标准	拟合指数值	拟合结果
χ^2/df	≤2	5.853	否
RMSEA	<0.05	0.155	否
RMR	<0.1	0.005	是
GFI	≥0.9	0.772	否
CFI	≥0.9	0.778	否
NFI	≥0.9	0.746	否
IFI	≥0.9	0.780	否

依据表6-5，初始模型拟合结果不理想，除 RMR 之外其余拟合指数显然没有达到结构方程模型所要求的标准。如表6-4所示，除"市场拉动→绿色制造绩效"

和"市场拉动→绿色营销绩效"外,其他假设的路径系数未通过显著检验。因此,初始模型的计算结果与理论模型间存在偏差,需要修正初始模型以提高模型的拟合度。

2. 模型修正

结构方程模型是一种应用线性方程系统来检验变量与潜变量之间以及潜变量之间关系的统计方法。结构方程模型可以同时检验多个因变量,并且能够接受自变量和因变量的测量误差。但在进行结构方程模型分析时,变量测度方式和数据收集过程往往受到主观因素影响,且模型构建和研究假设也可能存在不足,导致理论假设与实际数据很难轻易匹配,从而需要对模型进行修正。

进行结构方程模型修正时一般采用两种修正方法——简约修正法和扩展修正法。简约修正法是指通过删除或限制部分假设路径以简化结构模型,扩展修正法是指通过放松路径限制以提高模型的拟合度。不论是采用简约修正法还是扩展修正法,删减或限制路径关系必须依赖于理论成果或现实依据,避免随意删减或限制路径关系。在变更路径关系时往往参考 MI 指数对初始模型进行修正,MI 指数反映了某一固定或限制参数恢复自由时 χ^2 值的减少量,一般而言,当 MI 指数大于 4 时才具有修改的意义。因此,本书以 MI 指数为模型修正依据,按照 MI 指数从大到小的顺序,依次增加变量残差的协方差关系以及变量之间的关系,从而对模型进行修正。

根据上述模型修正的基本要求,本书通过增加变量残差的协方差关系以及变量之间的关系,对模型进行修正以改善模型的拟合程度。模型修改的具体情况如表 6-6 所示。

表 6-6 修改模型中增加的残差间协方差关系和变量间的路径关系

增加的协方差项					
err3<-->err2	e13<--> e16	e3<-->err1	e6<-->err3	e7<-->e3	e8<-->e6
e15<-->err5	e13<-->e15	e3<-->err3	e6<-->e3	e8<-->err2	e9<-->err2
e15<-->e16	e12<-->e15	e4<-->e1	e6<-->e4	e8<-->e3	e9<-->e6
e14<-->e19	e10<-->err4	e5<-->err3	e6<-->e5	e8<-->e4	
添加的路径关系					
市场拉动<----环境规制推动			环境规制推动<---市场拉动		

注:表中所增加的残差间协方差关系和变量间路径关系的目的在于提高模型拟合程度,并通过协方差和相关系数进行新增的两条路径系数检验,但新增的各种关系并非本书的研究重点,因此在后续的研究中并未探讨。

经过上述修正过程,修正模型的主要适配度指标都达到了可接受的标准,修正过程结束。修正后的各适配度指标如表 6-7 所示。

表 6-7　修正模型的常用拟合指数计算结果

拟合项目	标准	拟合指数值	拟合结果
χ^2/df	≤2	1.31	是
RMSEA	<0.05	0.039	是
RMR	<0.1	0.002	是
GFI	≥0.9	0.927	是
CFI	≥0.9	0.988	是
NFI	≥0.9	0.953	是
IFI	≥0.9	0.988	是

3. 假设检验

根据修正模型，本书对前文的研究假设进行了再次检验，从而得到各测度变量间的路径系数，见表 6-8。

表 6-8　修正模型的参数估计值

路径	估计值	标准误差	临界比	P
绿色研发绩效<---技术推动动力因素	0.002	0.026	0.087	0.930
绿色制造绩效<---技术推动动力因素	0.734	0.195	3.760	***
绿色营销绩效<---技术推动动力因素	2.768	0.566	4.890	***
绿色研发绩效<---市场拉动动力因素	−0.082	0.038	−2.152	0.031
绿色制造绩效<---市场拉动动力因素	−0.002	0.002	−1.345	0.179
绿色营销绩效<---市场拉动动力因素	1.281	0.295	4.336	***
绿色研发绩效<---环境规制推动动力因素	0.187	0.077	2.430	0.015
绿色制造绩效<---环境规制推动动力因素	−0.004	0.002	−2.080	0.038
绿色营销绩效<---环境规制推动动力因素	0.320	0.158	2.022	0.043

***表示 $P<0.001$

1）技术推动动力因素相关假设检验结果

技术推动动力因素对制造业绿色创新系统绿色研发绩效的路径系数为 0.002，但未通过显著性检验，H_1 没有得到数据检验的支持；技术推动动力因素对制造业绿色创新系统绿色制造绩效的路径系数为 0.734，并通过了显著性检验，H_2 得到数据检验的支持；技术推动动力因素对制造业绿色创新系统绿色营销绩效的路径系数为 2.768，并通过了显著性检验，H_3 得到数据检验的支持。

2）市场拉动动力因素相关假设检验结果

市场拉动动力因素对制造业绿色创新系统绿色研发绩效的路径系数为 −0.082，虽通过了显著性检验，但其路径系数为负，说明 H_4 没有得到数据检验的支持；市场拉动力因素对制造业绿色创新系统绿色制造绩效的路径系数为 -0.002，但未通过显著性检验，H_5 没有得到数据检验的支持；市场拉动力因素对制造业绿色创新系统绿色营销绩效的路径系数为 1.281，并通过了显著性检验，H_6 得到数据检验的支持。

3）环境规制推动动力因素相关假设检验结果

环境规制推动动力因素对制造业绿色创新系统绿色研发绩效的路径系数为 0.187，并通过了显著性检验，H_7 得到数据检验的支持；环境规制推动动力因素对制造业绿色创新系统绿色制造绩效的路径系数为 -0.004，虽通过了显著性检验，但其路径系数为负，说明 H_8 没有得到数据检验的支持；环境规制推动动力因素对制造业绿色创新系统绿色营销绩效的路径系数为 0.320，并通过了显著性检验，H_9 得到数据检验的支持。

6.4 实证分析的结果讨论

本书结合创新系统理论、绿色创新理论、产业创新理论等理论，提出了绿色创新动力因素对制造业绿色创新系统绿色创新影响机理的研究假设，并运用结构方程模型检验了制造业绿色创新系统的技术推动动力因素、市场拉动动力因素、环境规制推动动力因素对绿色研发绩效、绿色制造绩效、绿色营销绩效的影响机理。根据数据分析的结果，本书得到如下研究结论。

6.4.1 技术推动动力因素影响机理的结果探讨

1. 技术推动动力因素对绿色研发绩效的正向影响并不显著

从表 6-8 可知，虽然技术推动动力因素对绿色研发绩效的路径回归系数为正，但并未通过显著性检验，这表明技术推动动力因素对我国制造业绿色创新系统绿色研发绩效具有正向影响的研究假设并未得到实证检验的显著支持。

本书认为一个可能的原因在于创新的"路径依赖-路径锁定"特性。传统创新理论认为技术能力是推动创新的重要动力来源，这些技术能力包括用于新产品和新工艺开发的实物资本和知识资本。为了获取这样的资本，企业必然增加创新投入，而随着实物资本和知识资本不断增长，企业创新能力将得到不断提升，从而使得进一步创新成功的可能性不断增加。这种高度发展的技术能力会导致进一步创新成功的特性就是创新的路径依赖，也被 Baumol（2002）称为"创新培育创新"

(innovation breeds innovation)。

创新的路径依赖特性虽然对创新的进一步发展具有积极的推动作用,但往往也会导致企业在创新的过程中沿着既定的技术轨迹进行研发,从而陷入创新的路径锁定。相比于传统创新路径,绿色创新路径是区别于传统创新路径的另一条技术轨迹,当企业陷入传统创新路径的技术轨迹时,技术跃迁能力不强的企业将很难打破现有创新路径,从而导致制造业绿色创新系统绿色研发动能不足,降低我国制造业绿色创新系统绿色研发绩效。

此外,范群林等(2011)认为企业的技术虽然是推动绿色研发的重要力量,但具备了技术能力并不一定会实施绿色研发,技术推动绿色研发的过程中还受到企业所处产业类别、发展历程、市场结构、领导者意识等因素的影响。

2. 技术推动动力因素对绿色制造绩效具有显著的正向影响

从表 6-8 可知,技术推动动力因素对绿色制造绩效的路径回归系数为正,并具有较高的显著性,这表明技术推动动力因素是推动我国制造业绿色创新系统绿色制造绩效提升的显著影响因素。

随着科学技术的不断发展,制造业实现了从夕阳产业到朝阳产业的重要转变,再次奠定了制造业在国民经济发展中的基石地位。制造业再次快速发展的原因就在于现代科学技术的不断发展为制造业绿色创新系统的绿色制造提供了技术支撑。

当代先进技术与传统制造技术相结合形成了更先进的、更绿色环保的制造技术,如 CAD、CAM、CAPP、FMS 等信息化技术能够优化工艺方案、制造流程,促进企业提高生产效率、降低成本、降低能耗、减少环境污染等。Sicotte 等(1998)认为不断进步的科学技术促进了生产制造流程的重新设计,为绿色制造技术进步提供了技术保障。Presley 等(2015)则认为信息技术、自动化技术等的出现,实现了生产制造技术从单机到系统、从刚性到柔性、从简单到复杂的技术演变,形成了更为完整的绿色生产制造技术体系。李婉红等(2011)从信息技术的视角分析了技术进步对生产工艺创新的推动作用,认为 IT 进步、IT 设备供应商等信息技术对信息化时代制造业的生产工艺创新提供了重要的推动作用。

3. 技术推动动力因素对绿色营销绩效具有显著的正向影响

与绿色制造绩效相似,技术推动动力因素对制造业绿色创新系统绿色营销的路径回归系数为正,并具有较高的显著性,这表明技术推动动力因素也是推动我国制造业绿色创新系统绿色营销绩效提升的重要影响因素。

在知识经济时代,企业竞争优势往往来源于产品或服务中所蕴含的技术进步。魏大鹏和张慧毅(2011)的研究表明技术进步促进了我国产业竞争力的提升,而在绿色经济、低碳经济的背景下,技术进步将进一步促进绿色竞争力的提升。随着消费者绿色环保意识的不断加强,消费者对产品或服务的满意度不仅仅源于传统意义上的科技含量,而更加强调产品或服务的绿色技术含量,注重产品或服务的绿色、环保功能,从而使得具有绿色技术进步的产品或服务具有更强的竞争优势,促进制造业绿色创新系统绿色营销绩效的提升。

此外,如前文所述,技术发展推动了营销模式的不断转变,从经典的营销 4P 理论来看,首先,科学技术的不断发展有助于制造业绿色创新系统绿色创新主体更为了解顾客需求,提供满足消费的产品或服务;其次,科学技术的不断发展导致营销模式的转变,突破原有地理条件和交通工具对营销的限制,从而有助于制造业绿色创新系统绿色创新主体降低成本,获取定价优势;再次,科学技术的不断发展有助于制造业绿色创新系统绿色创新主体改善营销渠道,为消费者提供更为便捷的产品和服务;最后,科学技术的不断发展有助于制造业绿色创新系统绿色创新主体以多样化的促销方式推广绿色创新成果。

6.4.2 市场拉动动力因素影响机理的结果探讨

1. 市场拉动动力因素对绿色研发绩效具有显著的负向影响

从表 6-8 可知,市场拉动动力因素对绿色研发绩效的路径回归系数为负,并具有较高的显著性,这表明市场拉动动力因素对我国制造业绿色创新系统绿色研发绩效具有显著不利影响,与本书假设相反。

本书认为其原因在于市场竞争对绿色研发的负向影响大于市场需求产生的正向影响。就创新动力而言,市场需求比科学技术的作用更直接、更基本。但市场需求对我国制造业绿色创新系统绿色研发的驱动作用还依赖于市场竞争,只有在一定的市场结构中市场需求才能拉动绿色创新。一般而言,完全垄断的市场结构和完全竞争的结构均不利于绿色研发,只有在一定程度范围内的市场竞争会促进绿色研发的良性循环。目前,一方面,我国制造业市场竞争激烈,不少制造业行业在发展过程中陷入了以规模扩张为主的外延式发展模式,表现为劳动密集型产业,其利润空间相对狭小;另一方面,相比于传统技术研发活动,绿色技术研发需要企业投入更多研发资金和研发人员,同时却承担了比传统技术研发更高的失败风险,使得部分企业在激烈的市场竞争中忽视生产经营活动的环境影响,降低绿色研发经费投入,从而导致制造业绿色创新系统绿色研发绩效降低。

2. 市场拉动动力因素对绿色制造绩效的负向影响不显著

从表 6-8 可知,虽然市场拉动动力因素对绿色制造绩效的路径回归系数为负,但并未通过显著性检验，这表明市场拉动动力因素对我国制造业绿色创新系统绿色制造绩效的负向影响并未得到实证检验的显著支持。

3. 市场拉动动力因素对绿色营销绩效具有显著的正向影响

从表6-8可知，市场拉动动力因素对绿色营销绩效的路径回归系数为正，并具有较高的显著性，这表明市场拉动动力因素是推动我国制造业绿色创新系统绿色营销绩效提升的显著影响因素。

如前文假设所述，绿色消费需求是制造业绿色创新系统绿色营销绩效提升的前提和保障。从绿色营销的纵向发展过程来看，市场中关于绿色产品或服务的需求是一个从少到多的发展过程，因此，绿色营销绩效提升需要绿色消费的正确引导，只有满足市场绿色需求的绿色产品或服务才能取得较高的绿色营销绩效。从社会经济总体发展趋势而言，资源环境问题的不断加剧使得社会环保意识不断提升，市场中关于绿色产品或服务的需求不断增加，绿色市场需求的整体规模将不断扩大，从而有利于我国制造业绿色创新系统绿色营销绩效不断提升；同时，绿色消费是一种符合生态环境、自然资源基本规律的消费模式，随着人类社会环保意识的不断提升和资源环境问题的不断加剧，追求绿色消费的绿色市场需求将不断扩张，这将会逐渐挤占、替代部分非绿色市场需求，迫使部分企业从非绿色营销向绿色营销转变，从而促使制造业绿色创新系统绿色营销绩效不断提升。

6.4.3 环境规制推动动力因素影响机理的结果探讨

1. 环境规制推动动力因素对绿色研发绩效具有显著的正向影响

从表6-8可知，环境规制推动动力因素对绿色研发绩效的路径回归系数为正，并具有较高的显著性，这表明环境规制推动动力因素是推动我国制造业绿色创新系统绿色研发绩效提升的显著影响因素。

环境规制一直被认为是绿色研发活动最根本的动力因素，这主要由绿色研发本身具有的双外部性所决定。绿色研发的双外部性是指绿色研发活动不仅具有经济技术溢出效应，还具有环境绩效溢出效应。在经济技术溢出方面，与传统技术研发相似，先发企业的绿色研发行为会对其他企业形成竞争压力，促进后发企业进行绿色研发。更重要的是先发企业的研发成果为后发企业绿色研发提供了示范，使得后发企业不仅能减少研发的试错成本，还能在更高的起点上进行新的绿色研发。在环境效益溢出方面，绿色研发不仅有助于制造业绿色创新系统内企业减少资源消耗量和污染排放量，提高企业的生产制造效率、产品质量等，从而减少企业在环境惩罚方面的损失；而且绿色研发成果有助于消费者减少在使用过程中带来的环境问题，从而对生态环境产生积极的影响。

绿色研发的双外部性不仅能实现经济绩效和环境绩效的双赢，还能为研发主体、其他企业和社会公众带来收益，但制造业绿色创新系统的研发主体却承担了全部研发成本。因此，在与传统技术研发竞争时，若不强化外部环境规制内化绿色研发的外部环境成本，部分企业将放弃绿色研发活动，选择进行传统技术研发活动，从而不利于制造业绿色创新系统绿色研发绩效提升。

2. 环境规制推动动力因素对绿色制造绩效具有显著的负向影响

从表6-8可知，环境规制推动动力因素对绿色制造绩效的路径回归系数为负，并具有较高的显著性，这表明环境规制推动动力因素对我国制造业绿色创新系统绿色制造绩效具有显著不利影响，与本书假设相反。本书认为上述结论的原因主要在于环境规制政策对绿色制造的影响受到环境规制工具类型和绿色制造模式的影响。

一方面，不同环境规制工具对绿色制造绩效的影响不同，李婉红等（2013）研究认为命令-控制型规制工具对末端治理技术创新具有显著的正向影响，市场化型规制工具对绿色工艺创新和末端治理技术创新具有显著正向影响，而相互沟通型规制工具对绿色产品创新和末端治理技术创新具有显著的正向影响。

另一方面，因绿色制造模式不同，环境规制对绿色制造绩效影响具有差异性。根据降低环境污染物与生产过程的关系不同，绿色制造模式可以分为清洁生产模式和末端治理模式。

清洁生产模式是指在生产制造过程中采用先进的、绿色环保的技术、工艺和设备，从而提高资源利用效率和减少污染产生；末端治理模式是指不改变现有的产品生产制造技术、工艺和设备，而是在生产制造终端对已产生的污染物进行处理或再利用。

末端治理模式是一种拼接性的、积木型的绿色制造模式，采用末端治理模式进行绿色制造对现有生产技术、工艺和设备的影响较小，带来的经济绩效和环境绩效改善也相对有限；而清洁生产模式是一种黏着型的、一体化的绿色制造模式，采用清洁生产模式的绿色制造往往涉及现有生产技术、工艺和设备的较大改变以及管理方式等的改变，能带来较高的经济绩效和环境绩效改善。两者相比，清洁生产技术比末端治理技术在技术经济上更具优势，但前者需要更高的转换成本。

目前，我国环境规制工具更多体现为命令-控制型规制工具，导致我国制造业绿色创新系统主体更倾向于采用引进末端治理技术的方式改进绿色制造技术，虽然末端治理的绿色制造使企业在生产经营过程中避免支付额外的环境惩罚成本，但并不能带来绿色制造产生的经济绩效和社会绩效的提升，同时末端治理的高成本导致不少企业在环境规制监管不足的情况下，忽视生产制造带来的环境污染，从而很少甚至不进行绿色制造活动，这将不利于我国制造业绿色创新系统绿色制造绩效的提升。

3. 环境规制推动动力因素对绿色营销绩效具有显著的正向影响

从表6-8可知,环境规制推动动力因素对绿色营销绩效的路径回归系数为正,并具有较高的显著性,这表明环境规制推动动力因素是推动我国制造业绿色创新系统绿色营销绩效提升的显著影响因素。

绿色营销具有明显的系统性特征,即绿色营销是由相互作用、相互影响的多种要素组成的一个不断变化的经营活动组合,是企业、消费者、社会和环境等诸要素的集成,追求的是企业、环境和社会和谐共生的整体效益。制造业绿色创新系统中的企业作为绿色营销的实施主体,其绿色营销活动对绿色营销绩效提升具有重要影响,但绿色营销绩效提升不仅取决于制造业绿色创新系统主体的行为,还受到消费者、政府等的影响,绿色营销绩效提升由众多行为主体所共同决定。

此外,绿色消费行为还受到整体经济发展水平限制,根据环境库兹涅茨曲线,只有收入超过一定水平之后才会更加关注绿色消费,而消费者绿色环保意识提升也会促进绿色消费。因此,绿色营销还依赖于社会物质文明和精神文明的不断进步。我国作为发展中国家,整体经济水平和社会环保意识都有待进一步提升,在此情况下环境规制对绿色营销的作用显得更为重要。

环境规制不仅对绿色创新系统中制造业企业的绿色营销行为产生影响,还会引导消费者的绿色消费行为:

一方面,环境规制促进制造业企业进行绿色营销。环境规制通过产品检验、资格审批、环境标准等环境政策和措施规范制造业企业的绿色营销行为,加强对非绿色产品营销企业的监管和控制,从而使非绿色营销带来的环境成本内部化,迫使制造业企业进行绿色研发、绿色生产和绿色营销;而通过价格、税收、补贴等优惠政策和措施,对进行绿色产品营销的制造业企业加以补偿,以弥补其在环境污染治理、稀缺资源保护上支出的额外成本。

另一方面,环境规制促进消费者进行绿色消费。一般而言,大部分消费者的绿色环保意识很难自发形成并不断提升,需要政府加大绿色环保知识的宣传和教育,从而提高消费者的绿色环保意识,主动进行绿色消费。此外,政府可以通过正激励和反激励两种方式促进消费者进行绿色消费。在正激励方面,政府提供绿色消费补贴等措施鼓励消费者购买绿色环保产品,如家电下乡和节能补贴政策等;在反激励方面,政府加强对污染性消费、浪费性消费的监管和惩罚,提高消费者进行非绿色消费的成本,如通过阶梯电价、水价等措施提高消费者对绿色产品的购买倾向。

因此,环境规制对制造业绿色创新系统绿色营销绩效的提升具有重要的促进作用。

6.5 本章小结

首先，本章从技术推动、市场拉动以及环境规制推动三个方面探讨了绿色创新动力因素对绿色创新系统绿色创新研发绩效、绿色制造绩效和绿色营销绩效的影响机理，提出了相关研究假设，进而构建绿色创新动力因素对制造业绿色创新系统绿色创新绩效影响的研究概念模型；其次，通过设计变量测度指标体系和收集研究数据，进行了样本数据的信度与效度检验；最后，运用结构方程模型对概念模型进行了拟合、修正，进而在修正模型实证检验的基础上对研究结果进行了讨论。

第7章 制造业绿色创新系统绿色创新模式构建：绿色创新动力视角

前文在将绿色创新动力分为技术推动动力、市场拉动动力和环境规制推动动力的基础上，运用结构方程模型分析了绿色创新动力对制造业绿色创新系统绿色创新的影响，这为本章的研究奠定了理论基础。本章将在第6章的基础上，构建制造业绿色创新系统的绿色创新模式，具体包括技术推动绿色创新模式、市场拉动绿色创新模式、环境规制推动绿色创新模式，以及混合绿色创新模式。

7.1 制造业绿色创新系统技术推动绿色创新模式

7.1.1 技术推动对制造业绿色创新的影响路径

从技术演进的视角来看，一项绿色创新的生命周期可以划分初生期、成长期、成熟期和衰退期，其中的成长期又可大致划分为三个阶段，即绿色创新的发展阶段、应用竞争阶段以及技术-需求匹配阶段。观察技术推动型绿色创新的全生命周期，成长期对于一项绿色创新能否成功至关重要，如果不能成功度过成长期，这项创新将会在巨大的成本效益压力下而面临夭折的命运；如果顺利度过了成长期的三个阶段，则标志着绿色创新获得了成功。

1. 技术推动型绿色创新的发展阶段

科学技术尤其是基础科学原理的进步为绿色创新提供了理论和技术支撑，基础科学原理的发展或新原理出现为绿色创新的产生和发展提供了可能性；同时，新技术的出现为绿色创新提供了更多的技术融合选择，跨技术群的技术融合为绿色创新的改进提供了更多可行性方案。随着推动绿色创新的科学技术趋于成熟稳定，新的技术范式得到不断的发展和改进，并逐渐得到初步的认可。

2. 技术推动型绿色创新的应用竞争阶段

随着绿色创新主导技术范式的出现，绿色创新会形成几个不同的发展方向，而在不同的发展方向都会有一系列的辅助技术出现，不同的组合致力于满足不同领域的应用需求，或者用不同的方式满足同一领域的需求。绿色创新在不同应用领域的演化过程都是一个所需资源持续增加的过程，绿色创新的不同应用之间形成竞争，一个或几个特定领域在竞争中胜出，于是绿色创新进入下一个阶段。

3. 技术推动型绿色创新的技术-需求匹配阶段

在这个阶段，绿色创新技术与消费需求之间相互适应、相互影响，使绿色创新的潜在市场逐步明确，创新与应用领域的市场需求逐渐匹配，潜在市场的基本需求得到满足，进一步地催化了绿色创新应用领域的商业模式逐渐成形。绿色创新只有经过这个阶段，才能被普遍接受和采纳，从而获得成功。

7.1.2 技术推动绿色创新模式的主体

基于哲学的实践性来讲，主体是从事社会实践的个人和集体，实践性是主体的首要基本核心特征。综合上述哲学观点，基于创新体系理论，本书认为绿色创新系统下技术推动绿色创新模式是以政府为主导，以企业为核心，以科研院所为重要参与者，以中介机构为沟通桥梁组成的创新网络系统，所有绿色创新的参与者构成创新主体，如图 7-1 所示。

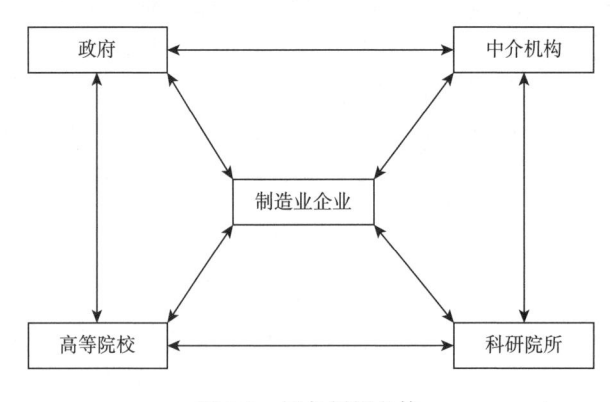

图 7-1 绿色创新主体

1. 制造业企业

企业是制造业主体，对制造业绿色创新来说，企业是首要力量，是绿色创新技术的重要发起者和实施者。在市场竞争中，制造业企业将绿色创新技术应用到技术研发中，减轻社会的碳排放负担，为社会创造最大化的绿色 GDP。在产品开发中，企业注重环保技术的应用，在生产过程中减少对社会的污染物排放，促进低碳绿色经济的发展。在产品推广中，企业在宣传方式和产品回收上，应用绿色技术，对资源需要最小而对社会创造最大效益。可以说，在绿色创新的整个环节，企业是绿色技术得以研发、应用的重要因素。

2. 高等院校与科研院所

高等院校与科研院所是制造业绿色创新的智库。高等院校与科研院所在绿色创新的研发、生产、传播和产业化中的作用不仅影响相关区域内的企业，也对国家重大科技战略产生着重要的影响，具体表现在以下几个方面：首先，高等院校与科研院所为制造业企业的绿色技术创新提供新创意；其次，高等院校与科研院所将自身研发的绿色技术创新转交制造业企业开发，直至产业化；再次，高等院校与科研院所为制造业企业提供源源不断的绿色研发创新人才；最后，也是最重要的，高等院校与科研院所形成本地产业化的绿色技术创新环境，影响着区域内的企业、人员，同时对区域外的行业人才带来吸引力，加速区域内绿色创新的形成和发展。

3. 政府

对于具有双重外部性特征的绿色创新活动而言，政府的政策能影响创新的外部环境，进而极大地影响到决定绿色创新成功性的因素，如人才、信贷投向、金融支持等，因此，政府对于制造业企业绿色创新具有重要的协调和保障作用。首先，人才是决定绿色创新成功与否的首要因素，政府的人才吸引政策能保证人才在某一区域的集聚，进而服务于区域内制造业企业。其次，金融支持政策影响到绿色创新的成功率。创新不是一蹴而就的工程，而是建立在基础学科的成功和应用科学的不断发展过程中，这一过程的培育需要资金支持。制造业企业在发展初期现金流有限，吸引人才、购买设备、投入实验、市场调查等均需要大量资金投入，仅靠企业自有现金流不足以维系高速发展。因此，政府对于制造业绿色创新来说具有与技术、市场同等重要的地位。

4. 中介机构

中介机构是促进制造业企业联系、沟通官学商的重要纽带，具有高度专业化、股权结构复杂、社会交往广泛等优势。在绿色创新中，中介机构在绿色技术的研发方与应用方之间，或研发方与资金提供方之间提供专业的法律、金融、评估、核算服务，帮助双方合理地计算持有资产的价值，促进绿色创新更快市场化。由于中介机构集聚了信息、技术、法律、投资、管理、会计等各方面的专家，为制造业企业的绿色创新提供专业化服务，帮助获得更好的市场机会，帮助制造业企业减少绿色创新生命周期中成长初期的机会风险和市场风险，解决发展中企业经常遇到的产业化等问题，促进科技成果尽快进入经济领域，发挥催化剂作用。

7.1.3 技术推动绿色创新模式的构建与运行机理

利用线性模型可以比较直观地表述技术推动型绿色创新：科学技术的进步为绿色创新提供了先进的技术基础，先进的技术推动绿色创新主体开展绿色研发、绿色制造以及绿色营销活动，通过与目标市场需求的适应和匹配，逐步满足目标市场的需求；绿色创新主体接受市场的反馈信息并对绿色创新活动进行持续的改进，通过进一步扩大市场份额，企业获得预期的利润，从而保证了本次绿色创新的成功。技术推动型绿色创新模式如图 7-2 所示。

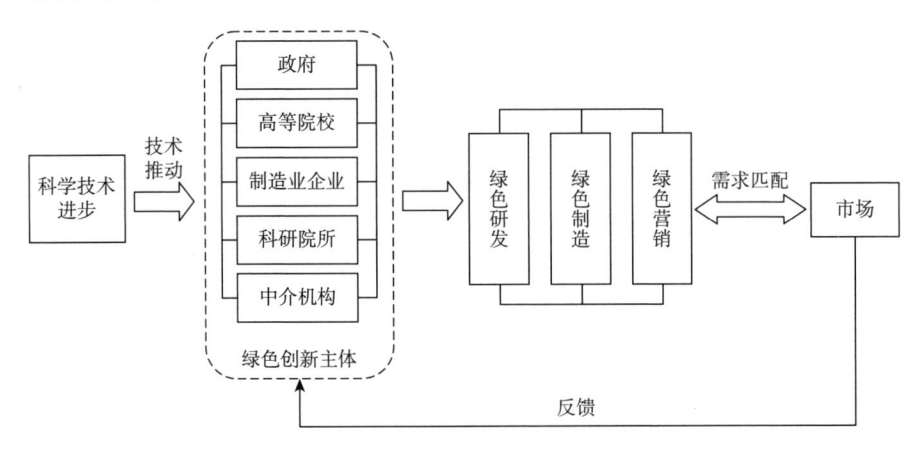

图 7-2 技术推动型绿色创新模式结构图

科学技术的突破是创新的主要动力源，也是创新产生和开展的根本原因。蒸汽机技术催生了火车的发明，内燃机技术更是创造了现代汽车的产生和发展，为人类的现代文明做出了巨大的贡献。同样，科学技术的进步也是绿色创新的源泉，人类对核裂变技术的掌握不仅制造了原子弹，同时也催生了新能源技术之一的核电技术。先进技术作用于绿色创新主体，或者说绿色创新主体利用和依托先进技术进行绿色创新活动，这一模式无疑是绿色创新的一个十分重要的模式。

1. 技术推动的绿色研发运行机理分析

新的科学技术成果为绿色研发活动提供了新的创新平台和技术手段，绿色创新主体利用这一创新平台能够大幅提高创新的效率以及创新的成功率。例如，依托日益进步的信息技术，创新系统的信息获取以及信息扩散的效率得到了大幅的提高，同时，强大的计算机软硬件的支持也大幅提高了研发人员的工作效能，并能够有效降低创新主体的研发成本。2015年3月5日第十二届全国人民代表大会第三次会议上，李克强总理在政府工作报告中首次提出"互联网+"行动计划，"互联网+"代表一种新的经济形态，即充分发挥互联网在生产要素配置中的优化和集成作用，将互联网的创新成果深度融合于经济社会各领域之中，提升实体经济的创新力和生产力，形成更广泛的以互联网为基础设施和实现工具的经济发展新形态。"互联网+"行动计划将重点促进以云计算、物联网、大数据为代表的新一代信息技术与现代制造业、生产性服务业等的融合创新，发展壮大新兴业态，打造新的产业增长点，为大众创业、万众创新提供环境，为产业智能化提供支撑，增强新的经济发展动力，促进国民经济提质增效升级。

2. 技术推动的绿色制造运行机理分析

首先，科学技术尤其是基础科学原理的进步为绿色制造技术的绿色创新提供理论支撑。基础科学原理的发展或新原理出现为绿色制造技术的改进和完善提供了可能性，尤其是在现有技术范式的制约下，基础科学进步对绿色制造技术发展的作用更为显著。其次，科学技术的出现为绿色制造技术提供了更多的技术融合选择。当今绿色制造技术发展不仅仅依赖于突破性新技术的出现，更多地表现为不同学科技术的融合和集成。绿色制造技术不仅仅依赖于物理学科的技术发展，也依赖于计算机学科等其他学科领域的技术突破，跨技术群的技术融合为绿色制造的绿色创新提供了更多可行性方案。

在2015年5月国务院印发的《中国制造2025》一文中，相关内容也说明了科学技术发展对于我国制造业绿色创新的重要推动作用。文章中明确指出要把创新摆在制造业发展全局的核心位置，推动跨领域跨行业协同创新，突破一批重点领域关键共性技术，促进制造业数字化网络化智能化，走创新驱动的发展道路；坚持把可持续发展作为建设制造强国的重要着力点，加强节能环保技术、工艺、装备推广应用，全面推行清洁生产，发展循环经济，提高资源回收利用效率，构建绿色制造体系，走生态文明的发展道路。

《中国制造2025》指出，我国制造业的战略任务和重点为：提高国家制造业创新能力和推进信息化与工业化深度融合，包括推进制造过程智能化、深化互联网在制造领域的应用以及加强互联网基础设施建设等具体措施。提出我国制造业的战略目标为：到 2025 年，制造业整体素质大幅提升，创新能力显著增强，全员劳动生产率明显提高，两化（工业化和信息化）融合迈上新台阶；重点行业单位工业增加值能耗、物耗及污染物排放达到世界先进水平；形成一批具有较强国际竞争力的跨国公司和产业集群，在全球产业分工和价值链中的地位明显提升。力争用十年时间，迈入制造强国行列。2020 年和 2025 年制造业主要预期指标见表 7-1。

表 7-1 我国制造业的 2020 年和 2025 年主要预期指标

类别	指标	2013 年	2015 年	2020 年	2025 年
创新能力	规模以上制造业研发经费内部支出占主营业务收入比重（%）	0.88	0.95	1.26	1.68
	规模以上制造业每亿元主营业务收入有效发明专利数（件）	0.36	0.44	0.70	1.10
质量效益	制造业质量竞争力指数	83.1	83.5	84.5	85.5
	制造业增加值率（比 2015 年提高）	—	—	2%	4%
	制造业全员劳动生产率增速（%）	—	—	7.5	6.5
两化融合	宽带普及率（%）	37	50	70	82
	数字化研发设计工具普及率（%）	52	58	72	84
	关键工序数控化率（%）	27	33	50	64
绿色发展	规模以上单位工业增加值能耗下降幅度（比 2015 年下降）	—	—	18%	34%
	单位工业增加值二氧化碳排放量下降幅度（比 2015 年下降）	—	—	22%	40%
	单位工业增加值用水量下降幅度（比 2015 年下降）	—	—	23%	41%
	工业固体废物综合利用率（%）	62	65	73	79

3. 技术推动的绿色营销运行机理分析

对于制造业绿色创新系统来讲，绿色营销是制造业绿色创新系统绿色创新成果市场化转换的根本渠道，是确保绿色创新活动成果商业化价值实现的关键。随着科学技术的不断发展进步，绿色创新成果的营销活动越来越依赖于当前的各种科学技术。

首先，信息技术使销售市场突破了原有二维市场在空间和时间上的约束，产品和服务能够在更短的时间内在更广阔的地域间快速流动，从而使得制造业绿色创新主体能够以更少的成本拓宽原有的销售网络，节约绿色营销中的人力成本和时间成本。科学技术不断发展有助于制造业绿色创新主体改善绿色营销渠道，为消费者提供更为便捷的产品和服务，通过利用移动通信、互联网等先进技术可以实现制造业绿色创新系统主体与消费者的直接交易（图 7-3），这不仅能为消费者提供更便捷的产品和服务，也大大降低了制造业绿色创新主体的中间交易费用。

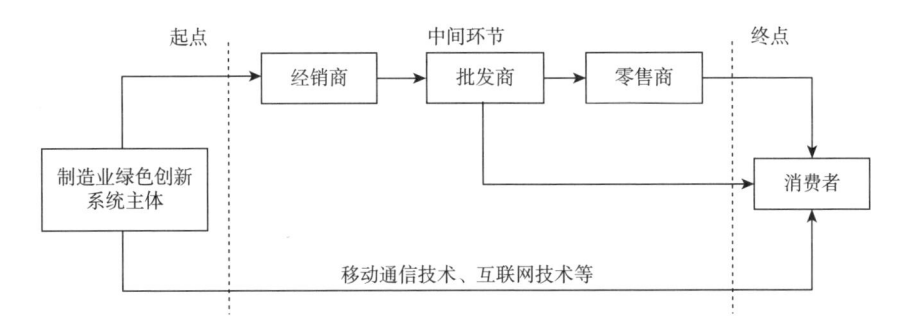

图 7-3　技术推动动力因素对制造业绿色创新系统绿色营销渠道的影响

其次，科学技术的发展有助于制造业绿色创新系统主体采用新型的促销方式推广绿色创新成果，互联网技术、移动通信技术的出现为绿色产品促销提供了更多手段，这些新技术的出现不仅可以节约传统媒介上投放广告的巨大促销成本，也拓宽了绿色产品促销信息的传播范围、加快了绿色产品促销信息的传播速度，从而提高了制造业绿色创新系统主体的绿色产品促销效果。

7.2 制造业绿色创新系统市场拉动绿色创新模式

7.2.1 市场拉动对制造业绿色创新的影响路径

市场拉动型绿色创新是一种以市场需求为导向的创新，创新被认为是由于潜在的需求被发现，创新主体聚焦于这一需求并集中资源开展研发活动，直至绿色创新产生并满足潜在需求的过程。绿色创新的生命周期可以划分初期、成长期、成熟期和衰退期，对市场拉动型绿色创新而言，其成长期从技术演进的角度可划分为缝隙市场定义阶段、技术扫描阶段、技术-需求匹配阶段和向主流市场渗透阶段等四个阶段。

1. 市场拉动型绿色创新的缝隙市场定义阶段

这个阶段是指从潜在缝隙市场的发现到形成明确的需求定义的过程。对于绿色创新主体来说，这一阶段的首要任务是发现主流市场以外的缝隙市场，进而对模糊的市场需求进行明确的定义。对于市场拉动型绿色创新，这个阶段是创新产生的前提，因为只有需求明确，创新主体才能锁定目标来开展 R&D 活动，并通过完成创新、满足市场需求来创造利润。

2. 市场拉动型绿色创新的技术扫描阶段

在明确了缝隙市场的需求之后，绿色创新主体需要寻找能够满足潜在市场需求的技术，这个寻找的过程就是创新主体在技术扫描阶段的主要任务。所需技术搜寻的范围可以在绿色创新主体内部，也可以在绿色创新主体之外，由创新主体通过学习或购买等方式引进。一般来说，创新主体所寻找到的技术都是现有技术或对现有技术进行的适当改进。

3. 市场拉动型绿色创新的技术-需求匹配阶段

在绿色创新的技术-需求匹配阶段，绿色创新主体需要按照潜在市场的需求方向对被搜寻到的技术进行适应性改进，使其能够更加符合潜在市场的需求方向。通过反复的技术改进与技术整合，直到技术与潜在市场达成基本协调一致。

4. 市场拉动型绿色创新的向主流市场渗透阶段

随着技术与市场的共生演化，绿色创新主体对技术的性能沿着市场需求的方向持续改进，直到技术达到需求阈值，与市场高度匹配并被广泛接受和采纳，绿色创新才能够逐步进入主流市场。只有到这时，这项市场拉动型绿色创新才能度过成长期而进入成熟期，从而宣告本次绿色创新的成功。

7.2.2 市场拉动绿色创新模式的构建与运行机理

市场拉动型绿色创新模式是以市场需求为绿色创新的动因和出发点的绿色创新模式，最初是由绿色创新主体辨识到市场对某种绿色产品或服务的需求，创新主体通过对市场所需技术进行寻找和扫描，将寻找到的技术与市场需求进行匹配来确定所需技术（或技术群），并依据该技术（或技术群）开展相关的绿色创新活动；绿色创新主体通过获取市场反馈信息，经过持续改进来满足市场的需求，最终从目标市场获得预期的利润，完成本次绿色创新活动。市场拉动型绿色创新模式如图7-4所示。

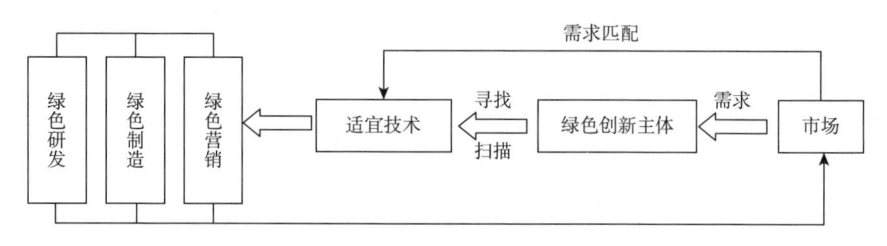

图 7-4 市场拉动型绿色创新模式结构图

从经济学角度分析，任何经济活动都是以追求利润为目标，绿色创新主体通过对潜在市场需求的辨识和确认，意识到目标市场的潜在利润，并以预期利润为导向开展相应的绿色创新活动。作为全球领先的信息与通信解决方案供应商，华为把"客户需求是华为发展的原动力"作为公司的核心价值观，任正非明确指出："华为投入了世界上最大的力量进行创新，但华为反对盲目的创新，反对为创新而创新，华为推动的是有价值的创新。"若无市场利润为导向，任何创新都将无利可图，创新成果如果得不到经济回报，则注定会是一次失败的创新。因此，市场需求在制造业绿色创新系统中发挥着不可替代的作用。

一个完整的创新过程可以用 OCAV 模型来表达，即创新目标（objective）、创新思维（conception）、创新成果（achievement）和市场价值（value）。这四个节点即四个"物化要素"，它们彼此相邻，在创新流程中依次排列。在供大于求的买方市场中，任何忽略顾客需求的创新都是盲目的，甚至是无效的，市场价值既是 OCA 的结果，也是 OCA 的目标。OCAV 模型结构如图 7-5 所示。

创新目标 → 创新思维 → 创新成果 → 市场价值

图 7-5 创新过程 OCAV 模型结构图

1. 市场拉动的绿色研发运行机理分析

市场拉动创新模型的观点认为市场既是技术创新的起点又是创新的终点，即创新的研发活动始于市场需求，而最终创新成果又必须以消费者的接受程度作为检验创新是否成功的标准。因此，市场需求一直被认为是创新活动的重要拉动因素。同样，源于市场的绿色消费需求对绿色研发活动具有重要的拉动作用。企业是否进行绿色研发取决于绿色研发投入和对绿色研发收入的预期。若一项绿色研发成果的预期市场规模越大，其对绿色研发活动的激励就越大，对绿色研发绩效的影响就越显著。同时，该绿色研发成果能形成较高产品差异化进入壁垒，使得创新主体相较于其他绿色创新主体具有了更高的竞争优势，从而获取高额的垄断市场利润。此外，随着创新模式从封闭式创新向开放式创新不断演变，用户在绿色研发过程中的作用越来越重要，用户驱动甚至直接参与制造业绿色研发活动已成为绿色研发的重要来源之一，用户驱动绿色创新参与程度高低直接影响企业的绿色研发绩效。

2. 市场拉动的绿色制造运行机理分析

目前，在公众环保意识不断加强的情况下，人们越来越来关注制造业的生产制造活动带来的环境问题，这促进了企业积极改进生产设备，实现向绿色制造、清洁生产的模式转变。因此，市场环境因素对制造业绿色创新系统绿色制造具有重要的拉动作用。根据市场拉动动力因素的不同来源，我国制造业绿色创新系统绿色制造活动受到的市场拉动力可以分为国内市场拉动力和国外市场拉动力两个方面。

在国内市场拉动动力因素方面，随着社会公众环保意识的不断加强，社会公众越来越重视生产制造对当地生态环境以及人身健康的影响，从而对制造业企业进行绿色制造的呼声日益强烈；同时，随着绿色供应链理论的广泛发展和应用，源于绿色供应链的上下游企业也会对企业的绿色制造提出新的要求，迫使供应链上的企业提供绿色环保的原材料、中间产品和最终产品等。在国外市场拉动动力因素方面，发达国家市场的较高环境标准和绿色贸易壁垒会对我国制造业出口企业形成绿色制造压力，从而对我国制造业绿色创新系统绿色制造产生拉动作用。

3. 市场拉动的绿色营销运行机理分析

随着环境问题的日益严重，市场消费模式已逐渐向绿色消费模式转变，绿色营销已成为企业竞争力的新来源。在绿色市场消费模式下，消费者越来越重视产品是否低碳节能、绿色环保，不仅考虑产品对个人自身是否存在不利影响，还关注产品对社会生态环境的影响。这种消费模式的转变必然导致我国制造业绿色创新主体更加重视绿色营销。

市场上绿色消费模式的兴起必然促进我国制造业绿色创新系统主体的绿色营销活动。作为一个巨大的新兴市场，绿色消费细分市场为企业的绿色营销提供了机遇和平台。绿色消费是绿色营销的原动力，消费者是否采取绿色消费行为是绿色细分市场存在的先决条件，并直接决定着绿色营销的发展。

7.3 制造业绿色创新系统环境规制推动绿色创新模式

7.3.1 制造业绿色创新系统的环境规制行为界定及规制边界

1. 制造业绿色创新系统的环境规制行为界定

制造业绿色创新中环境规制行为的主体是指中央和地方政府，两级政府的意志能够代表全社会的意志和利益，且能确保绿色创新政策得到尊重、具有强迫执行的性质，在具体行为上主要包括政府支持的创新活动过程、活动背景和活动基础等方面。制造业绿色创新的环境规制行为具体如表 7-2 所示。

表 7-2 制造业绿色创新的环境规制行为

项目	执行主体	战略、决策、能力、模式
过程	宏观过程	经济增长、产业发展
	微观过程	创新各环节的联系和反馈
背景	创新体系	政府、产业、高等院校、科研院所
	政策法规	相关支持政策
	改革发展	相关改革政策
基础	社会基础	劳动者素质
	自然基础	自然资源
	文化基础	价值观念

2. 制造业绿色创新系统的环境规制行为目标和规制边界

制造业绿色创新系统中环境规制行为与绿色创新目标是辩证统一的关系，两者在最终目的上是一致的，但表现形式上各自突出本身特征，所以应首先对制造业绿色创新目标做出明确界定：制造业绿色创新是一个过程，在这个过程中不断发生技术创新、组织创新、管理创新、研发创新和知识创新等多个模块的碰撞、融合，在制造业组织层级上打破传统的直线职能甚至事业部制，实现各个模块的直接接触，最终实现制造业绿色创新及绿色创新系统的可持续成长。

对基于绿色创新的环境规制行为来说，从应用经济学的角度，制造业绿色创新环境规制行为有以下目标：一是克服绿色创新中的市场失灵；二是克服政府本身的政策失灵。这里还需要两个前提假设：一是市场中各个主体市场竞争充分，环境规制行为是市场经济的补充；二是各绿色创新主体发挥主观能动作用，在坚持市场经济原则的基础上，方便政府干预，提高创新的有效性。

环境规制行为的边界有两个主要方面：一是市场失灵；二是政府失灵。

一是市场失灵问题，首要的是解决基于不同绿色创新属性的不同政策措施：其一，对于公共产品，环境规制的途径为提供直接供给，方式主要是提供资金资助。对于竞争产品，环境规制主要是提供有效的知识产权保护，创造外部环境，使各创新主体在公平的环境下开展竞争，维护市场秩序。其二，解决绿色创新中的整合问题。政府需要利用行政资源，有效地将高等院校、科研院所和企业的力量结合起来，发挥政府的引导作用。其三，解决制造业绿色创新眼前与长远的战略规划矛盾。在解决这个问题中需要从顶层设计出发，由政府出台政策将国家投资、民间资本和国外资本相结合，促进制造业企业创新活动。在这个过程中，政府需要明确政策的边界，避免出现政府干预经济运行。在行为上主要建立或进一步完善绿色创新风险投资金融支持体系、绿色创新研发的税收减免政策或资本市场支持政策等，推动制造业绿色创新。

二是政府失灵问题。市场经济中政府对创新的支持、引导作用是不可或缺的，因此既要避免政府过度干预市场经济，也要避免政府对产业初期发展的放任自流。"市场中有政策、政策执行中看市场"，这是避免政府失灵的最好解读。所以要强调企业在创新中的主体地位，政府主要提供辅助支持作用，坚决避免政府过度干预或错误干预。政府要在现有法律法规下开展对绿色创新主体的支持，如果没有明确的法律，政府内部要制定制度要求，保证政府的干预程度，避免破坏绿色创新体系的整体功能。

7.3.2 环境规制形式对制造业绿色创新的影响

环境规制的主要目的是避免制造业绿色创新系统的市场失灵和政策失灵，从行为主体角度分析，中央政府和地方政府是主要的行为主体，将两级政府行为细化后，主要包括政府直接投资、财政补贴、政府采购和知识产权保护。

1. 政府直接投资对制造业绿色创新的影响

从政府直接投资对制造业绿色创新的意义看：一方面，制造业绿色创新具有部分公共产品属性，部分创新成果能促使社会相关行业收益，属于高投入、高风险的经济技术活动。单一企业投资的意愿会受到资金成本、投资收益率等原因限制，而政府直接投资有助于分担风险。另一方面，制造业绿色创新投入大，受益面广泛，属于基础性研究领域的重要部分，对国家、地区的经济战略均有重要影响，但经济效益短期内无法形成规模，而政府直接投资能降低风险，有助于提高基础研究水平。

从研究领域看：制造业绿色创新是政府对研究开发直接参与的一个主要资助领域，政府、学院与依附政府的民间研究机构是开展绿色创新基础研究的主要力量。除此之外，政府直接投资普遍投资在绿色创新的应用开发领域，体现出政府对制造业绿色创新的支持力度，因为应用研发往往初期投入巨大而见效缓慢，但对整体经济发展有巨大影响，企业不愿意参与。

2. 财政补贴对制造业绿色创新的影响

在财政补贴形式上，主要分为直接补贴和间接补贴，直接补贴主要是政府资助、政府项目等方式，间接补贴主要是税收优惠、税收返还等方式。在实际应用中，要综合考虑直接补贴和间接补贴对绿色创新的挤出效应和替代效应。政府财政补贴形式如图7-6所示。

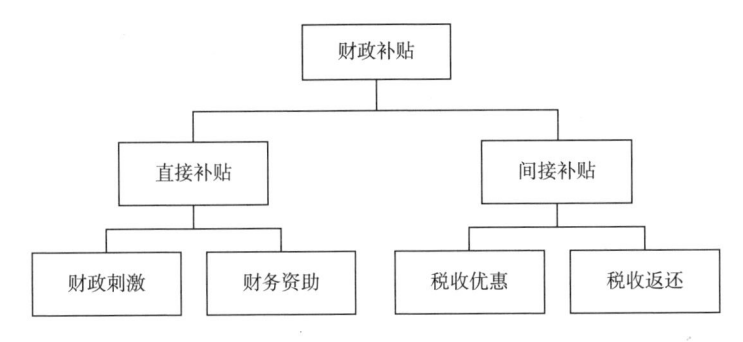

```
        财政补贴
        /      \
    直接补贴    间接补贴
    /    \      /    \
财政刺激 财务资助 税收优惠 税收返还
```

图 7-6　制造业绿色创新财政补贴形式

从实施效果看，作为促进绿色创新的手段，政府间接补贴与直接补贴相比较，在市场干预、官僚层次、政治灵活度等方面有许多优越性，但不能直接认定相关税收政策更加有效，要将制造业企业规模、营业收入、净利润等因素一并考虑进去，降低成本的税收政策有利于创新的产生。把税收优惠作为推动创新的基本主体有几方面优越性：首先受惠范围广泛，所有制造业企业均可以纳入税收优惠范围，进而给企业节约资金或指定相关税收返还资金应用于绿色创新；其次不影响整个市场的竞争环境，采用普惠而有指导性的税收政策，可以将政府行为限定在市场整个竞争的环境范围内而不直接干预企业的创新，企业作为绿色创新的主体地位不会受到影响。

3. 政府采购对制造业绿色创新的影响

政府采购是政府提供公共服务的活动，需按照相关法律和流程操作，如政府招标、公开竞争和直接采购，政府采购需要接受各级人大的监督等。

1）国外对政府采购的学术研究

英国经济学家施穆克勒认为技术创新大多数以市场需求为先导，而政府采购从市场需求方面对创新产生重要引导和促进作用。英国伯明翰大学的罗纳德·阿曼和朱利安·库泊认为政府采购对于高技术产业的影响作用比较大，尤其对于高技术企业产品化初期影响作用显著。国外学者对创新与政府采购主要有以下观点：一是政府采购对企业创新的初生阶段效用显著；二是由于政府的背书效应，当创新产品由政府购买时，会产生较大的市场拉动力；三是当采购与商业市场相一致时，规模化的公共市场会促进创新基础研究。

2）政府采购对制造业绿色创新的影响

政府采购对制造业绿色创新的影响主要体现如下：一是市场引导开发功能。政府采购可以帮助企业进行初期的市场开发功能，甚至实现创造市场的功能，通过政府采购督促制造业企业走绿色创新发展路线，帮助制造业企业顺利度过实现绿色创新产业化初期阶段，有效地降低绿色创新的风险；二是政府采购对绿色创新起到引导作用，政府对制造业企业提出明确的研发、产品要求，这种要求督促制造业企业实现技术变革；三是政府间接为制造业企业创新担当了试验机构。政府的采购一方面帮助制造业企业实现满足可持续发展的利润，另一方面帮助企业对绿色创新进行反复检验直至成熟。政府采购影响制造业绿色创新的最重要的方式是由政府采购传递市场信号和支持信号，强化政府通过市场方式影响制造业创新的运行，减少制造业创新风险，帮助企业平稳度过创新初期的巨大伴生风险期。越是重大的绿色创新，其风险性越大，制造业企业介入的意愿越低，而政府采购为制造业企业提供了一个稳定的市场预期，降低了绿色创新过程中与市场相联系的诸多不确定。

4. 知识产权保护对制造业绿色创新的影响

1) 国外创新理论研究中知识产权的作用

赫尔皮格认为专利保护可以刺激创新，国家要想促进创新和发明，需要给予创新者以一定时期内垄断发明的权利。西方学者蒂斯认为，在交易成本上，明确产权的技术相比较于不具有明确产权的技术要具有较大的优势。泰勒等对专利保护的影响进行研究，发现不同行业间专利保护依赖程度的差异极大。国外学者的研究直接证实了知识产权是保护绿色创新的重要手段。只有通过知识产权的保护给予创新者在一定时期内的市场收益权利，创新的溢出效应才能鼓励企业的绿色创新行为。

2) 知识产权保护对推动制造业绿色创新的影响

知识产权保护用来保证制造业企业对绿色创新的独占权，通过拥有创新独占权获得利润进而促进企业的创新动力，知识产权制度为制造业绿色创新提供了最重要的激励机制。反之，制造业企业任何一项创新的出现，都会引来同行业的仿制，严重地影响了企业的创新激情和市场秩序。另外，产权保护体现了知识技术参与分配的原则、形成制约机制、确定创新活动中大家必须共同遵守的行为规则，避免侵犯他人的知识产权。伴随技术的发展，知识产权保护发挥越来越重要的作用。一方面，在整个绿色创新过程中，利用相关信息的检索，避免重复研究，同时能指导研究方向和路径，提高绿色创新的研发起点。另一方面，避免无意间侵犯专利权。

7.3.3 制造业绿色创新系统环境规制推动绿色创新模式构建

1. 基于环境规制推动的制造业绿色创新构思模式

在绿色创新系统下，中央政府及地方政府作为环境规制的主体起着至关重要

第 7 章　制造业绿色创新系统绿色创新模式构建：绿色创新动力视角

的作用，其中，政府直接投资、财政补贴、政府采购和知识产权保护是环境规制的重要手段，在制造业绿色创新全过程起到重要的作用，其主要体现为以下三个路径，如图 7-7 所示。

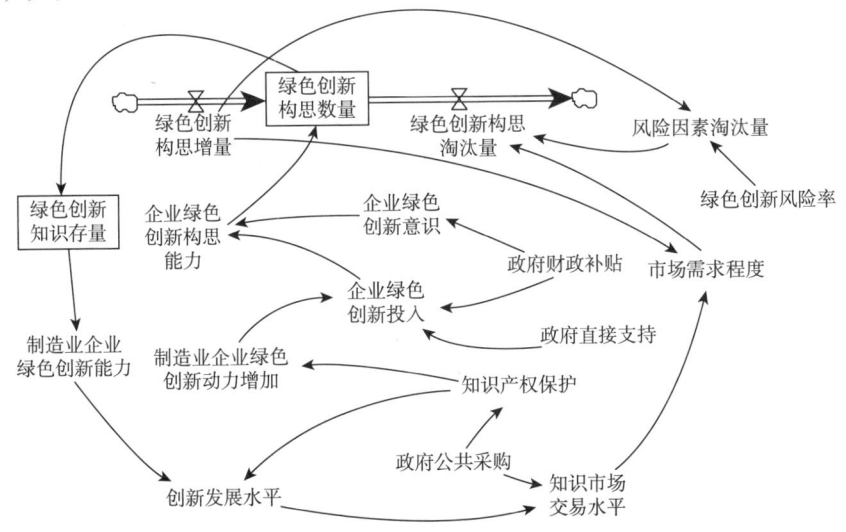

图 7-7　环境规制推动下制造业绿色创新构思模式系统流图

（1）政府直接支持政策促使制造业企业发起绿色创新能力→资源投入绿色创新→构思的增加→知识存量的增加→绿色创新构思动力的增加。主要体现了环境规制对制造业企业绿色创新初始阶段支持的重要作用及直接影响。

（2）绿色创新构思动力的增加→提高科技发展水平。此种路径体现环境规制对绿色创新能力的增强效应，从而形成企业绿色创新综合能力的形成。

（3）政府公共采购→绿色创新商品化→知识产权保护→制造业企业绿色创新动力增加。此路径体现了绿色创新对制造业企业实现可持续发展的重要作用。

2. 基于环境规制推动的制造业绿色创新模式

在知识创新研发阶段，政府直接支持→企业研发获得的物质利益越多→知识创新研发成果数量增多→制造业的发展越快→政府对绿色创新研发的支持力度加大→绿色创新开发实力提升→创新成功率提高。这一路径主要体现了政府对绿色创新研发阶段的正反馈作用，见图 7-8。

另外，绿色创新成果数量的增长→制造业企业取得间接利润增加→制造业整体素质提高；此外，政府保护政策的存在，促进了制造业企业绿色创新开发实力的提升，间接促进企业提高绿色创新成功率，促进成果数量的增加。以上体现了企业组织对绿色创新研发阶段的积极作用。

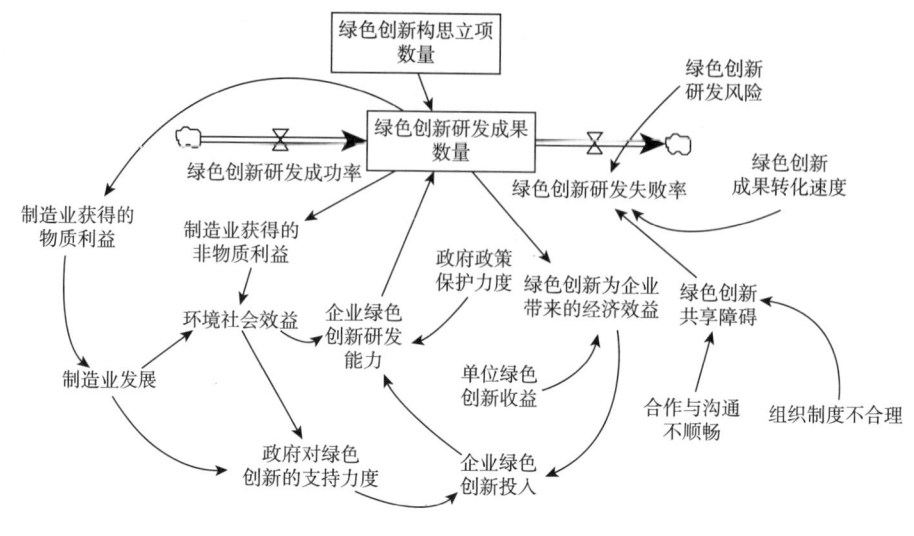

图 7-8 基于环境规制推动的制造业绿色创新研发模式

7.3.4 基于环境规制推动的制造业绿色创新系统运行机理

绿色创新目的是增强环境管理的绩效进而满足环境保护的要求，是增强企业竞争优势的主要力量之一，包括绿色产品创新和绿色工艺创新。绿色技术创新是在系统本身创新的基础上，产生的与绿色产品、工艺相关的硬件或软件创新，包括避免温室化、碳排放权交易、低碳经济、废物循环、绿色产品设计和企业环境管理中的创新行为。

环境规制与绿色创新密切相关，其目的是最大化降低市场失灵和政策失灵的可能性，推动制造业企业以绿色创新形成的成果提高企业的市场竞争力，并获得市场经济效益，促使企业可持续成长。中央、地方两级政府通过直接或间接的财政、税收和政策引导刺激制造业企业绿色创新的积极性，促进创新研发项目得到直接资助，保证一个国家或地区的绿色创新得到长期发展。

环境规制在知识创新构思和创新研发阶段通过一系列连续循环、相互促进的过程形成持续的、交互的能有效提升制造业绿色创新成功率的因素，两个阶段不是孤立存在的，而是以类似生命周期的发展层次交互影响，相互促进发展，进而促进绿色创新系统的良性运行。因此，在这种类生命周期的发展阶段中，存在多种影响因素和各种主体的参与和影响。构建模型的目的不仅是要说明环境规制对制造业绿色创新的影响方式及过程，更重要的是通过模型加强对影响绿色创新的各种障碍因素的控制力，减弱其对绿色创新的负面影响，促使制造业绿色创新良性发展，为我国制造业绿色创新体系的成功构建提供依据，促进制造业的转型升级，实现全社会的绿色发展目标。

7.4 制造业绿色创新系统混合绿色创新模式

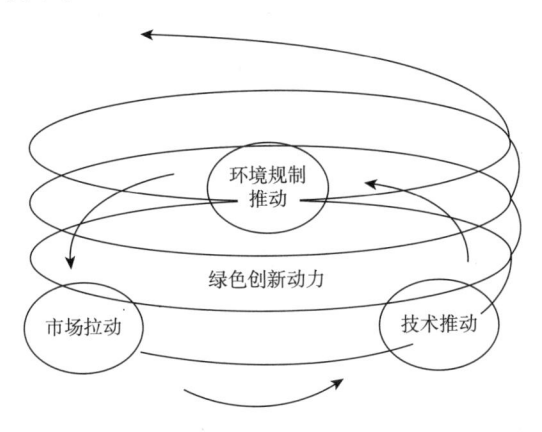

7.4.1 制造业绿色创新系统混合绿色创新模式构建

唯物辩证法告诉我们，事物的联系具有普遍性，任何事物内部的各个部分、要素都是相互联系的。在制造业绿色创新系统中，系统各要素同样是相互联系的，技术推动、市场拉动与环境规制推动三个动力因素并不是孤立存在、单独发挥作用的，而是三者之间相互影响并共同作用于创新主体，最终促成绿色创新的产生和发展。绿色创新系统的成长与演进可以用下面的函数形式来表达，即

$$绿色创新系统 = f(技术推动, 市场拉动, 环境规制推动)$$

在绿色创新系统中，技术推动、市场拉动与环境规制推动三个动力因素首先表现为互动性，它们之间既互相依存又相互影响，这体现在一方面每个动力因素都具有相对明确的属性与不可替代性，对创新的产生与发展发挥着各自独特的作用，另一方面它们之间又相互促进，发挥互补与协同效应，在绿色创新系统中形成互动机制，从而实现绿色创新系统的演进。

在这里借用生物学的三螺旋概念，构建包含技术推动、市场拉动与环境规制推动动力因素的绿色创新系统三螺旋混合绿色创新模式，而前文所述及的技术推动绿色创新模式、市场拉动绿色创新模式和环境规制推动绿色创新模式仅仅可以看做混合绿色创新模式的几个特殊形式。制造业绿色创新系统混合绿色创新模式三螺旋图如图 7-9 所示。

图 7-9 制造业绿色创新系统混合绿色创新模式三螺旋图

绿色产品与绿色技术都具有与自然界的生物相类似的生命周期，我们可以用生物体的成长规律来描述绿色产品与绿色技术。按照通常的划分方式，生命周期可以分为初生期、成长期、成熟期和衰退期。在不同的生命周期，绿色产品与绿色技术所面临的情况和问题是不同的，所需要的外部动力也不尽相同。与此相对应的是，技术推动、市场拉动与环境规制推动三个动力因素在绿色产品与绿色技术不同的生命周期阶段发挥着不同的作用。

因此，为了构建适宜的绿色创新模式，对各动力因素在不同技术生命周期阶段的作用程度，以及各动力因素在不同技术生命周期阶段的相互作用关系进行辨识，从而对绿色创新系统的发展演进过程进行深入的了解是十分必要的。

7.4.2 技术推动-市场拉动下的混合绿色创新模式运行机理

一方面，任何一项绿色创新都必须以科学技术为依托，科学技术作为绿色创新的基础是毋庸置疑的；另一方面，与市场需求相脱节的所谓创新也是毫无意义的。苹果公司已故总裁乔布斯曾经一针见血地指出："如果那些又新又酷的产品不能为你带来利润，那不是创新，只是艺术。"从经济学的视角对技术推动与市场拉动混合绿色创新模式进行分析，即无论是技术推动还是需求拉动，都以预期利润为导向。任何一方的缺失，都将使绿色创新失去动力。技术推动节约了绿色创新成本，需求拉动增加了预期总收入，两者共同决定了绿色创新可能带来的预期利润，从而在绿色创新实现过程中具有同等重要的作用。

观察技术推动型绿色技术的全生命周期，成长期对于一项技术能否生存发展至关重要，如果不能成功度过成长期，这项技术将会在巨大的成本效益压力下而面临夭折的命运。从技术演进的视角来看，一项新技术的成长期可以划分为三个阶段，即技术发展阶段、应用竞争阶段和技术-需求匹配阶段。在技术-需求匹配阶段，新兴绿色技术需要得到市场的认同与呼应，只有技术与需求之间达成一致，才能保证新兴的绿色技术度过艰难的成长期而进入成熟期。

对于市场拉动型绿色技术而言，其成长期从技术演进的角度可划分为缝隙市场定义阶段、技术扫描阶段、技术-需求匹配阶段和向主流市场渗透阶段。在技术扫描阶段，绿色创新主体需要寻找能够满足潜在市场需求的技术；在接下来的技术-需求匹配阶段，被搜寻到的技术将被按照潜在市场的需求方向而进行适应性改进，直到技术与市场达成协调一致。只有到这时，这项市场拉动型绿色技术才能度过成长期而进入成熟期，宣告本次绿色创新的成功。

通过上述分析可以看出，无论是技术推动型绿色技术还是市场拉动型绿色技术，在其成长期都需要经历技术与需求的匹配过程。因此，对于技术推动与市场拉动混合创新模式而言，技术推动与市场拉动动力因素二者之间相互影响并协同作用于创新主体，共同促进绿色创新的产生与发展。

7.4.3 技术推动–环境规制推动下的混合绿色创新模式运行机理

首先，绿色创新具有鲜明的正外部性，绿色创新主体需要承担全部创新成本却不能得到全部创新成果，由此导致创新主体的绿色创新动力不足。这时虽然科学技术的进步使绿色创新成为可能，但创新主体会出于对创新成本的考虑而选择放弃。因此，在这个时期，技术能力如果能够适时得到政府的助力，如创新主体能够得到财政直接补贴或优惠贷款的激励，那么绿色创新的积极性将得到正向的激励，绿色创新的产生也将成为可能。

其次，路径依赖是制约企业进行绿色创新的一个重要因素。当企业陷入传统创新路径的技术轨迹时，技术跃迁能力不强的企业将很难打破现有创新路径，从而导致制造业绿色创新系统绿色研发动能不足，降低我国制造业绿色创新系统绿色研发绩效。政府可以采取多种规制手段来促进企业摆脱路径依赖，如可以通过资金补贴以及促进产学研协作等方式协助企业提升创新能力以实现技术的跃迁，使其从传统创新路径成功转入新的绿色创新路径，从而实现绿色创新。

最后，国内外多数学者已经就完全垄断的市场结构和完全竞争的市场结构均不利于绿色创新这个结论达成了共识，认为只有在一定程度范围内的市场竞争才会促进绿色研发的良性循环。因此，为了给绿色创新营造一个适宜的环境，充分发挥企业的创新潜能，政府部门需要采取切实可行的规制手段，不仅要防止过度竞争和恶性竞争，同时也要限制和干预某些行业的垄断，从而形成适度合理的市场结构，提升我国制造业的绿色创新能力。

综上所述，技术推动与环境规制推动动力因素共同作用，对绿色创新的产生与成长至关重要。同时，即使在绿色技术的成熟期，如果政府没有采取适当的规制工具或对规制监管不足，也会导致企业为了降低绿色制造的成本而放弃绿色生产。因此，环境规制推动动力因素的影响贯穿着技术型绿色创新的全生命周期，在制造业绿色创新系统中，绿色技术在技术推动与环境规制推动绿色创新模式下完成从出生、成长到成熟的过程。

7.4.4 市场拉动-环境规制推动下的混合绿色创新模式运行机理

首先，政府可以通过规制工具努力营造绿色市场。在我国，随着物质生活的不断进步，人民群众已经越来越关注生活的质量与健康。但与发达国家相比，我们的整体经济水平和社会环保意识都有着较大的差距，有待进一步提升。政府部门应该加强宣传和教育，在全社会加强生态文化建设，营造一个科学的生态文明氛围，提升消费者的环保意识，从而不断创造新的绿色需求。而对于已经出现的绿色市场，应通过加大政府采购规模、完善政府采购绿色清单制度等规制手段尽力扩大绿色市场需求。而事实上，政府采购等规制手段已经与市场拉动融为一体，即环境规制手段需要通过市场对绿色创新起到激励作用，市场需要通过环境规制手段达到对绿色创新的拉动效果。

其次，政府可以鼓励百姓的绿色消费行为，如采取提供绿色消费补贴等措施鼓励消费者购买绿色环保产品，我们所熟知的家电下乡和购买节能产品补贴就是政府鼓励绿色消费政策的体现。政府还可以通过制定绿色产品标准等规制手段来引导绿色市场的健康发展。例如，政府通过对汽车排放标准的制定，极其高效地完成了以绿色制造为标志的汽车制造业的产业升级。北京市政府出台了从 2015 年 6 月 1 日起电动汽车将不限行等鼓励政策，这必将加大北京地区电动汽车的市场需求，从而促进我国汽车制造业的新一轮产业升级。追求利润是企业的本能，不断扩大的绿色市场需求必然会提升制造业绿色创新系统的创新绩效。

综上所述，在绿色市场的创造和培育方面，环境规制发挥着巨大的作用。为此我们可以得出结论，在制造业绿色创新系统中，市场拉动与环境规制推动动力因素协同作用，促进了绿色创新的产生、成长和成熟。

7.4.5 技术-市场-环境规制推动下的混合绿色创新模式运行机理

根据上面的分析，在三个动力因素共同作用的混合创新模式中，每两个动力因素之间都是相互影响、相互联系的。无论是技术推动型绿色创新还是市场拉动型绿色创新，在其演进过程中都需要经过一个技术-需求匹配阶段，而在其产生与成长的过程中，由于绿色创新的双重外部性，环境规制推动动力因素发挥着特殊的重要作用。对于一个以环境规制为直接诱导因素的绿色创新，如一个由政府行为创立新兴绿色市场并由此而拉动的绿色创新,其表现形式仍然是技术推动与市场拉动相结合的绿色创新成长过程。

因此,对制造业绿色创新系统的技术推动、市场拉动与环境规制推动混合绿色创新模式的运行机理进行分析后发现,技术与市场分别代表着绿色创新的两端,一方面绿色创新离不开技术的推动力,另一方面脱离市场需求的绿色创新同样也是不存在的;而在绿色创新的过程中,环境规制起到了催化剂的作用,由于绿色创新的双重外部性,环境规制的作用不可或缺。因此,在制造业绿色创新系统中,每个创新动力因素都发挥着不尽相同的作用,三者之间互相促进并协同作用于创新主体,从而保证绿色创新技术在生命周期的不同阶段能够健康地发展。

7.5 本章小结

在制造业绿色创新系统中,技术推动、市场拉动和环境规制推动动力因素作用于绿色创新主体,促进了绿色创新的产生。本书对不同的绿色创新模式进行分析,确定绿色创新的主体及主体行为,深入分析不同绿色创新模式的运行机理及影响因素,在此基础上构建了制造业绿色创新系统的技术推动绿色创新模式、市场拉动绿色创新模式、环境规制推动绿色创新模式以及混合绿色创新模式。

第8章　制造业绿色创新系统绿色创新模式选择与组合分析

绿色创新模式是制造业绿色创新系统进行绿色创新的基本方式，采用不同创新模式对绿色创新能力和绩效提升具有不同的影响。第7章分别构建了制造业绿色创新系统的技术推动模式、市场拉动模式、环境规制推动模式和混合模式。但一般而言，单一的创新模式往往在较特别的环境采用，研究混合创新模式具有更重要的现实意义。因此，本章在前文的研究基础上，利用自组织理论对制造业绿色创新系统绿色创新模式的选择和组合进行实证研究。

8.1　制造业绿色创新系统的自组织演进分析

20 世纪 60 年代以来，自然科学获得快速发展，自组织理论正是源于这一时期自然科学的重要研究成果。知名学者普里高津创立了耗散结构理论，并将其用于研究非平衡相变与自组织；学者哈肯创立了主要用于研究系统演化与自组织的协同学理论；为了很好地研究平衡状态下临界点的突变情况，托姆创立了"突变论"数学理论；艾根在生命系统演化行为方面取得重要成果，并因此创立了超循环理论——在生命系统演化行为基础上的自组织理论；在这一时期洛伦兹等学者提出了"混沌"理论，另外曼德布罗特还创立了分形理论。这些理论虽然略有差异，但它们共同的特点就是都能够用于揭示系统从无序到有序的演进变化过程。

8.1.1　制造业绿色创新系统的自组织特性

制造业绿色创新系统自组织是指制造业绿色创新系统是一个远离平衡态的开放系统，在外界环境的不断变化与创新系统内部各构成要素的非线性作用下，绿色创新系统不断地通过层次化、结构化等方式来实现系统自发地由无序状态走向有序状态，或由有序状态走向更加有序的状态。作为一个自组织系统，绿色创新系统具备自组织的特性，这些特性分别如下：与绿色创新系统外界不断进行能量、物质、信息交换的开放性；绿色创新系统各要素之间存在一种非线性的相互作用；系统内部诸要素之间相互作用的竞争与协同性；依靠各参量涨落使绿色创新系统发生巨变，从而达到新稳定的状态；存在正反馈机制使涨落得以放大，有利于绿色创新系统的演进。下面对制造业绿色创新系统的各项自组织特性分别加以简要论述。

1. 开放性

开放性是制造业绿色创新系统自组织演进的首要条件。制造业绿色创新系统受到社会环境、经济环境和自然环境的影响、激励和制约，与外部环境广泛地进行着物质、信息和能量的交换，具有显著的开放性。制造业绿色创新系统一方面需要从外部环境获得系统所需的知识、技术、信息、设备及资金，另一方面又向系统外部输出绿色创新成果，以实现经济价值和社会价值。在经济全球化的今天，制造业绿色创新系统的开放性特征显得更为突出，如企业竞争全球化、研究开发的一体化、知识传播的网络化、人才流动的跨国化及绿色需求的国际化等。可以看出，为了系统的自组织性，系统需要从外部环境获取自身发展所需要的人才、资金、信息等负熵流，真正形成远离平衡的开放系统。

2. 非线性

非线性是制造业绿色创新系统自组织演进的动力之源。制造业绿色创新的过程是一种螺旋式循环上升的过程，而并不是简单的单向递进层级过程，绿色创新要素之间的作用效果因为受到涨落机制的影响而存在着放大或缩小的效应。制造业绿色创新系统的基本要素、子系统间的作用是非线性的，存在正负反馈机制。根据自组织理论的基本原理，制造业绿色创新系统中随机出现的微小涨落能够被有效放大的根本原因就在于远离平衡态的开放系统能够产生非线性相互作用，而这种非线性的相互作用使绿色创新系统内的各个要素失去了单纯的独立性而成为相互影响的因素，这样就形成了双向信息传递的催化循环关系，直接造成了微小涨落被不断放大直到形成巨涨落现象的发生。

3. 竞争与协同性

协同性是制造业绿色创新系统自组织演进的基础。绿色创新系统的协同性是指不同绿色创新子系统之间或绿色创新系统内部诸要素之间保持集体性、合作性的状态和趋势。系统自组织理论十分重视竞争与协同的作用，该理论认为，系统之所以具有整体性是因为系统要素之间存在着竞争与协同这一先决特征。制造业绿色创新系统之所以呈现螺旋上升式自组织演化模式，其根本原因就在于系统要素之间相互竞争与协作造成了随机的涨落，进而使各个子系统在获取物质、信息和能量方面出现了不平衡的状态。当其中一些子系统率先打破平衡，同时得到其他子系统的响应时，就会出现巨涨落；在得到整个绿色创新系统诸要素的响应时，涨落将被非线性放大，系统发生质变，进入新的演化状态。

4. 随机涨落

随机涨落是制造业绿色创新系统自组织演进的诱导因素。当制造业绿色创新系统与外部环境进行物质、信息和能量的交换，内部的某个参量在这个过程中达到一个临界点时，系统某一点的微小涨落就有机会通过系统放大机制而成为巨涨落，这时就为制造业绿色创新系统的自组织进化提供了可能。制造业绿色创新系统不断从外部环境获取负熵流，不断寻求偏离平衡态的机会，导致系统不断打破自身平衡，通过出现的这种随机涨落诱导绿色创新系统的自组织演进。绿色创新系统在创新的过程中，会碰到很多涨落因素，正是其中的一些微涨落通过放大而形成了巨涨落，从而促成了制造业绿色创新系统的自组织演进。

5. 超循环性

超循环性是制造业绿色创新系统自组织演进的表现形式。超循环理论提出，循环是事物周而复始的运动，从低级到高级可依次分为反应循环、催化循环与超循环。依据超循环理论，制造业绿色创新系统的自组织演进形式具有超循环的特性，它主要体现在绿色创新各子系统的超循环和整体的超循环。具体来说，制造业绿色创新系统每一个子系统的独立运行就类似于一个反应循环，与此同时，各子系统之间相互联系并相互作用，每个子系统为其他系统提供了绿色创新的催化支持，从而由若干反应循环构成了催化循环，这种催化循环在功能上相互耦合，彼此之间提供各种绿色创新资源的催化支持，从而形成了制造业绿色创新超循环系统。

8.1.2 制造业绿色创新系统的自组织演进机理

我国系统工程学家钱学森说："系统自己走向有序结构就可以称为系统自组织。"根据制造业绿色创新系统的自组织性可知，绿色创新系统由无序到有序，由低级有序到高级有序是一个自组织演进过程。制造业绿色创新系统的自组织演进可以简化地分为三个阶段，即耗散结构形成阶段、触发机制形成阶段和有序结构形成阶段。

1. 制造业绿色创新系统耗散结构形成阶段

普里高津的耗散结构理论表明"非平衡是有序之源",这里的非平衡是指系统内部微观的差异性、分化性等状态。制造业绿色创新系统的非均衡的具体表现形式包括:新的绿色创意和设想得以产生、交流和采纳;绿色创新投入资金来源与投向的多元化导致资金运动形式的差异化;企业知识结构的更新;产品品种的细分化;科学技术进步促成的技术升级换代;绿色创新人员分工和分配的非均匀化形成了人才的流动;等等。

制造业绿色创新系统不仅需要积极引进绿色创新人才,吸收和引进先进的绿色制造技术,吸引外部资金对绿色研发的投入,还要畅通与市场之间的信息交流渠道,建立良好的市场反馈机制。同时,作为一个绿色的创新系统,系统对各级政府的依托性显得十分突出,系统不仅受到政府绿色扶持政策的正向激励,也会受到政府惩罚性制度的约束。制造业绿色创新系统需要与外部环境不断地进行物质、信息和能量的交换,获得足够的负熵流,打破系统原来的稳定结构,处于远离平衡的非平衡态,从而形成自组织演进所需的耗散结构。

2. 制造业绿色创新系统触发机制形成阶段

随机涨落是制造业绿色创新系统进入有序的契机。诱导涨落的因素是多方面的,一方面来源于绿色创新主体,如企业家及员工的绿色创新动机和行为、科研院所和中介机构对绿色创新的参与和投入等;另一方面来源于绿色创新的动力因素,如科学技术的进步、市场需求的变化及政府政策的导向等。通过这些因素的诱导,处于远离平衡态的绿色创新系统会出现涨落,而这些随机涨落对系统起着建设性的作用,成为触发系统向有序演进的诱因。

3. 制造业绿色创新系统有序结构形成阶段

通过因素的诱导,制造业绿色创新系统出现随机的涨落,而创新的产生伴随的是系统能级突然的跃迁。非线性相互作用产生的相干、分叉和临界效应是系统存在和进化的重要前提和基本条件,系统失稳出现分叉以后,通过系统内诸要素的非线性作用,微小涨落被放大为巨涨落,完成突变性创新。系统诸要素要保持彼此之间的协同性,共同作用于随机涨落,使远离平衡态的系统向有序方向演化并最终形成有序结构,产生新的技术范式,实现系统自组织的进化。

8.2 制造业绿色创新系统绿色创新模式选择分析

8.2.1 制造业绿色创新系统绿色创新模式序参量的确定

目前在国内专门进行制造业绿色创新系统绿色创新模式的研究中，相对缺乏对制造业绿色创新系统技术推动模式、市场拉动模式、环境规制推动模式等几种绿色创新模式进行准确分类的定量测度，这使得本书中对绿色创新模式序参量的选择具有一定的困难。为了内容前后的一致性，本章序参量参照前面第 3 章的相关观测变量加以确定。制造业绿色创新系统绿色创新模式的序参量如表 8-1 所示。

表 8-1 制造业绿色创新系统绿色创新模式序参量

绿色创新模式	序参量	指标代码
技术推动模式	制造业绿色技术产值占总产值比重	A1
	制造业绿色技术升级程度	A2
	制造业绿色科技进步贡献率	A3
市场拉动模式	制造业用户驱动绿色创新参与程度	B1
	制造业绿色产品差异化进入壁垒难易程度	B2
	制造业绿色破坏性创新市场规模	B3
环境规制推动模式	制造业绿色创新环境规制制度建设水平	C1
	制造业绿色创新环境规制政策体系完备程度	C2
	制造业绿色创新环境规制有效性	C3

8.2.2 制造业绿色创新系统绿色创新模式选择模型

熵的概念来源于热力学，由 Shannon 将其引入信息理论中。作为一种客观赋权法，熵值赋权法根据来源于客观环境的原始信息，通过对各指标之间的关联程度以及各指标所提供的信息量进行分析来决定指标的权重，这在一定程度上避免了主观因素所带来的偏差。

熵值赋权法确定指标权重的步骤如下：

首先，对指标进行标准化处理，以消除量纲的影响。设 x_{ij} 为第 i 个评价对象第 j 个指标的原始值，n、m 分别为指标数和样本数，$\bar{x}_{ij}$ 为 2005~2011 年 x_{ij} 的均值。则各指标经过标准化处理的公式为

$$y_{ij} = \begin{cases} (\overline{x}_{ij} - \min \overline{x}_{ij})/(\max \overline{x}_{ij} - \min \overline{x}_{ij}) & \text{正向指标} \\ (\max \overline{x}_{ij} - \overline{x}_{ij})/(\max \overline{x}_{ij} - \min \overline{x}_{ij}) & \text{负向指标} \end{cases} \quad (8\text{-}1)$$

其次，计算第 j 项指标的熵值。

$$H_j = -k \sum_{i=1}^{m} z_{ij} \ln z_{ij}$$

其中，

$$z_{ij} = y_{ij} \Big/ \sum_{i=1}^{m} y_{ij} \ ; \quad k = 1/\ln m \quad （8\text{-}2）$$

并规定当 $z_{ij}=0$ 时，$z_{ij} \ln z_{ij}=0$。

最后，计算第 j 项指标的权重。

$$w_j = (1 - H_j) \Big/ \left(n - \sum_{j=1}^{n} H_j \right) \quad （8\text{-}3）$$

计算数据来源与第 6 章相同，这里不再重复描述。经计算确定的指标权重如表 8-2 所示。

表 8-2 评价指标体系权重

绿色创新模式	评价指标	权重
技术推动模式	A1	0.328
	A2	0.351
	A3	0.321
市场拉动模式	B1	0.344
	B2	0.343
	B3	0.313
环境规制推动模式	C1	0.320
	C2	0.331
	C3	0.349

8.2.3 制造业绿色创新系统绿色创新模式选择的实证分析

本书以 2005~2011 年中国 29 个制造业行业的面板数据为样本数据进行实证研究。数据来源为《中国统计年鉴》、《中国工业经济统计年鉴》、《中国科技统计年鉴》、《中国能源统计年鉴》、《中国环境统计年鉴》、《工业企业科技活动统计资料》和《人力资源和社会保障事业发展统计公报》，以及国家统计局、国家知识产权局等官方网站发布的相关数据和统计报告。由于本书所需的部分数据不能从统计年鉴中直接查找得到，参考以往文献对此类问题的处理方式，本书通过计算推导得出此类数据（具体计算方式参见附表 A1 和附录 B1）。为消除价格变动的影响，本书以 2004 年为基年，用出厂价格指数、固定投资指数对工业总产值、绿色创新投入等指标进行平减。由于中国制造业统计口径在 2011 年后发生了变化，本书选择的样本数据为 2005~2011 年的面板数据。对于行业的选择，由于统计年鉴中"废弃资源和废旧材料回收加工业"的数据缺乏连贯性，为确保数据分析的准确性，基于对数据连贯性的考虑，实证分析剔除了这个行业。

由于制造业行业类别较多，各行业的名称长短不一。为了实证分析表格的简洁和美观，本书中的表格将统一以行业代码代替行业名称。参考国家统计局的国民经济行业分类代码，书中各制造业行业的代码及对应行业详情参见附录 C。

以上述 29 个制造业行业数据为实证研究对象，通过熵权法分别得到制造业绿色创新系统的技术推动、市场拉动和环境规制推动绿色创新模式评价结果，分别见表 8-3~表 8-5。

表 8-3 制造业绿色创新系统的技术推动绿色创新模式评价结果

行业代码	2005年	2006年	2007年	2008年	2009年	2010年	2011年	均值
C13	0.290	0.267	0.273	0.277	0.264	0.263	0.280	0.273
C14	0.295	0.269	0.317	0.301	0.245	0.292	0.289	0.287
C15	0.292	0.281	0.284	0.290	0.276	0.290	0.310	0.289
C16	0.280	0.270	0.273	0.268	0.256	0.269	0.277	0.270
C17	0.282	0.265	0.271	0.267	0.251	0.278	0.284	0.271
C18	0.278	0.290	0.280	0.247	0.250	0.257	0.310	0.273
C19	0.279	0.346	0.247	0.269	0.252	0.256	0.278	0.275
C20	0.324	0.255	0.281	0.277	0.252	0.273	0.288	0.279
C21	0.457	0.352	0.301	0.284	0.285	0.318	0.297	0.328
C22	0.293	0.295	0.332	0.301	0.291	0.299	0.285	0.299
C23	0.287	0.307	0.292	0.281	0.269	0.304	0.318	0.294
C24	0.276	0.274	0.283	0.304	0.261	0.281	0.388	0.295
C25	0.348	0.449	0.553	0.542	0.504	0.490	0.468	0.479
C26	0.376	0.380	0.399	0.430	0.395	0.449	0.367	0.399
C27	0.281	0.270	0.276	0.262	0.252	0.265	0.282	0.270
C28	0.316	0.275	0.301	0.296	0.279	0.286	0.292	0.292
C29	0.335	0.429	0.374	0.340	0.335	0.613	0.298	0.389
C30	0.336	0.336	0.353	0.351	0.298	0.353	0.277	0.329
C31	0.298	0.293	0.319	0.333	0.311	0.315	0.306	0.311

续表

行业代码	2005年	2006年	2007年	2008年	2009年	2010年	2011年	均值
C32	0.373	0.296	0.293	0.313	0.308	0.257	0.328	0.310
C33	0.318	0.308	0.361	0.336	0.297	0.324	0.491	0.348
C34	0.283	0.288	0.292	0.259	0.272	0.281	0.298	0.282
C35	0.341	0.346	0.356	0.395	0.370	0.387	0.321	0.359
C36	0.278	0.254	0.272	0.242	0.243	0.256	0.251	0.257
C37	0.283	0.277	0.269	0.270	0.243	0.310	0.298	0.279
C39	0.286	0.301	0.288	0.301	0.280	0.304	0.306	0.295
C40	0.311	0.279	0.280	0.283	0.261	0.271	0.343	0.290
C41	0.341	0.335	0.351	0.298	0.294	0.327	0.287	0.319
C42	0.267	0.262	0.262	0.262	0.242	0.237	0.308	0.263
均值	0.310	0.305	0.311	0.306	0.287	0.314	0.315	0.307

表 8-4　制造业绿色创新系统的市场拉动绿色创新模式评价结果

行业代码	2005年	2006年	2007年	2008年	2009年	2010年	2011年	均值
C13	0.126	0.137	0.155	0.151	0.193	0.165	0.076	0.143
C14	0.215	0.218	0.222	0.214	0.248	0.229	0.105	0.207
C15	0.266	0.256	0.266	0.252	0.320	0.289	0.111	0.251
C16	0.514	0.355	0.364	0.425	0.371	0.376	0.331	0.391
C17	0.225	0.223	0.227	0.231	0.261	0.252	0.127	0.221
C18	0.117	0.114	0.119	0.110	0.122	0.119	0.048	0.107
C19	0.130	0.132	0.148	0.137	0.159	0.118	0.069	0.128
C20	0.157	0.145	0.152	0.180	0.217	0.166	0.042	0.151
C21	0.127	0.132	0.156	0.159	0.184	0.152	0.062	0.139
C22	0.172	0.166	0.189	0.207	0.242	0.228	0.075	0.183
C23	0.151	0.144	0.153	0.161	0.220	0.202	0.070	0.157
C24	0.164	0.149	0.161	0.175	0.196	0.184	0.103	0.162
C25	0.145	0.135	0.129	0.137	0.158	0.153	0.088	0.135
C26	0.330	0.329	0.357	0.363	0.427	0.404	0.239	0.350
C27	0.560	0.570	0.577	0.569	0.628	0.591	0.328	0.546
C28	0.412	0.461	0.474	0.420	0.474	0.467	0.175	0.412
C29	0.290	0.301	0.345	0.334	0.358	0.372	0.143	0.306
C30	0.207	0.215	0.212	0.199	0.238	0.228	0.101	0.200
C31	0.175	0.177	0.177	0.196	0.230	0.216	0.082	0.179

续表

行业代码	2005年	2006年	2007年	2008年	2009年	2010年	2011年	均值
C32	0.216	0.233	0.263	0.289	0.304	0.300	0.170	0.254
C33	0.297	0.314	0.293	0.316	0.341	0.331	0.163	0.294
C34	0.251	0.230	0.247	0.268	0.329	0.305	0.114	0.249
C35	0.517	0.525	0.527	0.537	0.613	0.564	0.261	0.506
C36	0.521	0.525	0.539	0.510	0.598	0.574	0.297	0.509
C37	0.557	0.594	0.591	0.601	0.694	0.695	0.485	0.602
C39	0.477	0.472	0.495	0.526	0.606	0.618	0.402	0.514
C40	0.453	0.458	0.492	0.531	0.580	0.574	0.537	0.518
C41	0.470	0.467	0.517	0.540	0.625	0.580	0.406	0.515
C42	0.210	0.234	0.250	0.215	0.255	0.232	0.084	0.211
均值	0.291	0.290	0.303	0.309	0.351	0.334	0.183	0.294

表 8-5 制造业绿色创新系统的环境规制推动绿色创新模式评价结果

行业代码	2005年	2006年	2007年	2008年	2009年	2010年	2011年	均值
C13	0.312	0.332	0.393	0.472	0.469	0.583	0.613	0.453
C14	0.389	0.399	0.426	0.488	0.513	0.599	0.651	0.495
C15	0.369	0.393	0.427	0.577	0.524	0.605	0.640	0.505
C16	0.322	0.349	0.379	0.478	0.492	0.583	0.617	0.460
C17	0.394	0.420	0.495	0.509	0.551	0.638	0.691	0.528
C18	0.352	0.379	0.411	0.484	0.511	0.644	0.608	0.484
C19	0.357	0.383	0.433	0.463	0.504	0.582	0.621	0.478
C20	0.332	0.362	0.404	0.453	0.493	0.570	0.597	0.459
C21	0.339	0.379	0.397	0.467	0.501	0.591	0.614	0.470
C22	0.609	0.589	0.578	0.678	0.679	0.763	0.816	0.673
C23	0.334	0.366	0.388	0.473	0.490	0.579	0.641	0.467
C24	0.319	0.347	0.388	0.441	0.455	0.551	0.611	0.445
C25	0.419	0.455	0.524	0.615	0.622	0.721	0.759	0.588
C26	0.426	0.466	0.495	0.574	0.587	0.660	0.686	0.556
C27	0.388	0.406	0.453	0.521	0.549	0.634	0.649	0.514
C28	0.570	0.425	0.506	0.564	0.577	0.648	0.679	0.567
C29	0.367	0.385	0.418	0.483	0.509	0.596	0.629	0.484
C30	0.335	0.373	0.379	0.421	0.474	0.564	0.607	0.450
C31	0.478	0.481	0.538	0.564	0.718	0.650	0.705	0.591
C32	0.507	0.492	0.548	0.620	0.656	0.748	0.795	0.624

续表

行业代码	2005年	2006年	2007年	2008年	2009年	2010年	2011年	均值
C33	0.402	0.435	0.560	0.595	0.605	0.678	0.708	0.569
C34	0.368	0.400	0.466	0.523	0.529	0.600	0.629	0.502
C35	0.353	0.369	0.406	0.471	0.490	0.577	0.612	0.468
C36	0.345	0.377	0.444	0.486	0.498	0.581	0.610	0.477
C37	0.357	0.376	0.414	0.484	0.510	0.580	0.613	0.476
C39	0.338	0.376	0.411	0.467	0.492	0.577	0.603	0.466
C40	0.338	0.372	0.401	0.485	0.510	0.584	0.625	0.474
C41	0.380	0.392	0.423	0.480	0.514	0.591	0.621	0.486
C42	0.338	0.372	0.403	0.473	0.500	0.569	0.598	0.465
均值	0.384	0.402	0.445	0.511	0.535	0.615	0.650	0.506

（1）以上述29个制造业行业数据为实证研究对象，得到了如表8-3所示的制造业绿色创新系统的技术推动绿色创新模式评价结果。

从评价结果可以看出，技术推动绿色创新模式的相应评价数值并不高，其各年度的均值基本稳定在0.3左右，说明技术推动绿色创新模式对提升制造业绿色创新系统创新绩效的作用并没有预期的那样明显。

对不同制造业行业的数据进行分析，评价结果均值超过0.3的行业共有10个，从高到低排序依次为石油加工炼焦及核燃料加工业、化学原料及化学制品制造业、橡胶制品业、通用设备制造业、有色金属冶炼及压延加工业、塑料制品业、家具制造业、仪器仪表及文化.办公用机械制造业、非金属矿物制品业和黑色金属冶炼及压延加工业，紧随其后的造纸及纸制品业的评价数值为0.299。可以看出，上述排名靠前的行业绝大部分为制造业中的污染密集型行业，这组数据可以从一个侧面说明技术推动绿色创新模式对提升制造业绿色创新系统的创新绩效还是具有明确效果的。

（2）以上述29个制造业行业数据为实证研究对象，得到了如表8-4所示的制造业绿色创新系统的市场拉动绿色创新模式评价结果。

通过对表8-4的分析，总体看来市场拉动绿色创新模式的相应评价数值也并不高，其各行业每个年度的均值也是在0.3左右。对不同制造业行业的数据进行分析，评价结果均值超过0.5的行业共有7个，从高到低依次为交通运输设备制造业、医药制造业、通信设备.计算机及其他电子设备制造业、仪器仪表及文化.办公用机械制造业、电器机械及器材制造业、专用设备制造业、通用设备制造业，其结果与技术推动绿色创新模式评价数值排名靠前的行业情况几乎没有重复。

从这些行业的特点可以看出，其产品与百姓生活基本都是直接相关的。以交通运输设备制造业为例，其主要产品汽车已经走入寻常百姓家，百姓的低碳环保意识带动了汽车的绿色需求,而由此带来的市场拉动作用效果十分明显,使交通运输设备制造业的市场拉动绿色创新模式评价数据达到了 0.602,并使其成为所有制造业行业中唯一数据超过 0.6 的行业。

医药制造业在市场拉动绿色创新模式评价中的数据排名为第二,其评价数值达到了 0.546。分析其原因,一方面,医药产品直接关系到百姓的身体健康,另一方面,由于医药产品更多的是被医务工作者这样的专业人员使用,因此其绿色创新的市场拉动效果十分显著。以在医疗工作中最为常用的输液器和注射器为例,产品主要的需求方向是材质的无毒害,以及对废弃物回收处理的便捷,以免造成对环境的二次污染,这样的产品需求无疑会成为绿色创新系统的创新动力。通过上面的分析可以看出,市场拉动绿色创新模式对部分制造业行业的绿色创新具有十分明显的正向作用。

(3)以上述 29 个制造业行业数据为实证研究对象,得到了如表 8-5 所示的制造业绿色创新系统的环境规制推动绿色创新模式评价结果。

对表 8-5 的数据进行分析,制造业绿色创新系统的环境规制推动绿色创新模式评价结果的均值为 0.506,各行业 2005~2011 年的数据均值介于 0.445~0.673,说明环境规制推动绿色创新模式对制造业绿色创新系统的绿色创新绩效提升效果明显。排名靠前的行业按评价数据由高到低排序依次为造纸及纸制品业、黑色金属冶炼及压延加工业、非金属矿物制品业、石油加工炼焦及核燃料加工业、化学纤维业和化学原料及化学制品制造业。可以看出,这几个行业全部都是制造业污染密集型行业,通过环境规制,制造业绿色创新系统的绿色创新绩效得到了较大的提升。

通过对比 2005~2011 年度的数据,各制造业的评价数据大致呈现逐年上升的趋势,评价数据的均值由 2005 年的 0.384 上升到了 2011 年的 0.650,造纸及纸制品业的评价数据更是由 2005 年的 0.609 上升到了 2011 年的 0.816,在 2011 年的评价结果中排名第一,说明在环境规制推动绿色创新模式作用下,制造业绿色创新系统逐步进入了良性运行轨道。

(4)对比三种绿色创新模式,其中,制造业绿色创新系统环境规制推动绿色创新模式的评价数据最高,并且其数值要明显高于其他两组数值,说明在技术推动、市场拉动和环境规制推动三个动力因素中,环境规制对提升制造业绿色创新系统创新绩效的作用最为显著,这充分体现了绿色创新与传统创新的不同之处。

绿色创新区别于传统创新最显著的特点就是其双外部性,一方面,溢出效应产生了正外部性,绿色创新企业承担了绿色创新成本,却不能获得全部绿色创新收益,缺少政府补贴等政策支持就会出现创新动力不足;另一方面,制造过程所造成的环境影响会给社会带来显著的负外部性,缺乏将这种外部性内部化的政策干预就会造成企业对资源的过度消耗以及对环境污染的加剧。因此,利用科学合理的环境规制手段来促进制造业绿色创新系统绿色创新绩效的提升是十分必要的。

8.3 制造业绿色创新系统绿色创新模式组合分析

8.3.1 制造业绿色创新系统绿色创新模式组合分析方法

耦合的概念来源于物理学，意指两个或两个以上的体系或运动形式通过各种相互作用而彼此影响的现象。耦合现象的产生要求耦合各方必须存在某种联系，而耦合结果也会导致耦合各方属性发生改变，使得原有属性被放大或缩小。为了准确地反映系统或要素之间彼此作用、发生影响程度的大小，引入"耦合度"的概念。从系统自组织的角度看，系统由无序走向有序的关键在于系统内部序参量之间的协同作用，它左右着系统相变的特征与规律，耦合度正是对这种协同作用的度量。因此，本书将制造业绿色创新系统的技术推动绿色创新模式、市场拉动绿色创新模式、环境规制推动绿色创新模式各自的序参量通过各自耦合要素而产生相互影响的程度定义为耦合度。下面对三种绿色创新模式的耦合度计算方法加以简略说明。

1) 功效函数

设变量 u_i ($i=1, 2, \cdots, m$) 为制造业绿色创新系统的第 i 个子系统的综合序参量，x_{ij} 为各指标原始值。a_{ij}、b_{ij} 分别表示系统稳定临界点序参量上下限值，u_{ij} 为变量 x_{ij} 对系统的功效贡献大小，其取值范围为[0, 1]，趋近于 0 为最不满意，趋近于 1 为最满意。技术推动、市场拉动、环境规制推动模式对系统有序的功效函数 u_{ij} 可表示为

$$u_{ij} = \begin{cases} (x_{ij} - b_{ij})/(a_{ij} - b_{ij}) & u_{ij} \text{具有正功效} \\ (a_{ij} - x_{ij})/(a_{ij} - b_{ij}) & u_{ij} \text{具有负功效} \end{cases} \quad (8\text{-}4)$$

制造业绿色创新系统内技术推动模式、市场拉动模式、环境规制推动模式是三个不同而又相互作用的绿色创新模式，对绿色创新系统有序程度的"总贡献"可以通过集成方法论来实现，一般情况下可采取几何平均法和线性加权和法，这里采取线性加权和法：

$$u_i = \sum_{j=1}^{n} \lambda_{ij} u_{ij}, \quad \sum_{j=1}^{n} \lambda_{ij} = 1 \quad (8\text{-}5)$$

其中，u_i 为子系统对绿色创新系统有序度的贡献；λ_{ij} 为各个指标的权重，本书中具体通过熵值赋权法予以确定。

2) 耦合度与耦合协调度模型

对物理学的容量耦合概念及容量耦合系数模型进行借鉴，可得本书制造业绿

色创新系统绿色创新模式的耦合度评价函数：

$$C = m\left\{(u_1 \cdot u_2 \cdots u_m)/(u_1 + u_2 + \cdots + u_m)^m\right\}^{1/m} \quad (8\text{-}6)$$

其中，耦合度值 $C \subset [0, 1]$。当 $C=1$ 时，子系统之间的耦合度最大，说明子系统之间达到了良性共振耦合；当 $C=0$ 时，子系统之间的耦合度最小，说明子系统之间处于无关状态。

耦合度对于绿色创新模式耦合关系的强弱及其作用的时序区间进行判别具有重要意义。但在某些情况下，耦合度却很难反映出绿色创新模式的整体功效和协同效应，如果单纯依靠耦合度进行分析，有时甚至会产生误判。例如，两个绿色创新模式综合序参量 u_1、u_2 的取值都较低但数值却十分相近时，耦合度指标会较高，如果据此判断系统协同发展程度较高，则显然与真实情况不符，由此导致错误评价的产生。因此，为了评价的真实可靠，需要进一步构造绿色创新模式耦合协调度模型，用以评判不同绿色创新模式交互耦合的协调程度，其计算公式为

$$\begin{cases} D = (C \times T)^{1/2} \\ T = \alpha_1 \mu_1 + \alpha_2 \mu_2 + \cdots + \alpha_m \mu_m \end{cases} \quad (8\text{-}7)$$

其中，C 为耦合度；D 为耦合协调度；T 为不同创新模式的综合调和指数；α_1、α_2、α_m 为待定系数，本书通过熵权法计算获得。

在实际应用中，最好使 $T \in [0, 1]$，这样可以保证 $D \in [0, 1]$。可以将耦合协调度大致划分为四个层次：①当 $D=0$ 时，表示绿色创新模式之间不存在耦合关系。②当 $0 < D \leqslant 0.4$ 时，表明绿色创新模式之间为低度协调耦合阶段，两者很难相互促进。③当 $0.4 < D \leqslant 0.6$ 时，表明绿色创新模式之间为中度协调耦合阶段，二者尚处于磨合阶段，其间相互作用仍有待加强。④当 $0.6 < D \leqslant 0.8$ 时，表明绿色创新模式之间为高度协调耦合阶段，并初步实现了相互促进的良性耦合协调发展局面。⑤当 $0.8 < D \leqslant 1$ 时，表明绿色创新模式之间为极度协调耦合阶段，达到了理想状态。

3）耦合协调度评价指标体系

耦合协调度评价指标体系的建立参照 8.2 节的制造业绿色创新系统绿色创新模式序参量的选择，指标体系可参照表 8-1。

8.3.2 制造业绿色创新系统绿色创新模式组合的实证分析

技术推动、市场拉动与环境规制推动三个绿色创新模式并不是相互完全孤立的三个模式，而是共同存在于制造业绿色创新系统中，互相影响并共同促进绿色创新系统的演进。制造业绿色创新系统具有自组织特性，通过系统内部各要素之间的非线性相互作用，系统实现从无序到有序的变化过程，系统内任何一个要素

的变化都会影响到其他的要素，并影响到整个系统。

因此，为了构建一个高效的制造业绿色创新系统，需要研究技术推动、市场拉动与环境规制推动三个绿色创新模式之间的相互作用关系，探究各个模式之间以及三个模式之间的耦合协调程度。下面便运用耦合协调度模型对制造业绿色创新系统的技术推动、市场拉动与环境规制推动三个绿色创新模式进行实证分析，数据来源与本章8.2节所采用的数据相同。

（1）根据前面的耦合协调度模型和计算方法，计算出2005~2011年度制造业技术推动与市场拉动绿色创新模式耦合协调度数据，见表8-6。其中的综合调整指数 T_{12} 的计算见式（8-8）, $\alpha_1=0.5019$, $\alpha_2=0.4981$ 为通过熵权法计算获得。

$$T_{12} = \alpha_1\mu_1 + \alpha_2\mu_2 \qquad (8\text{-}8)$$

表 8-6 制造业技术推动与市场拉动绿色创新模式耦合协调度

行业代码	2005年	2006年	2007年	2008年	2009年	2010年	2011年	均值
C13	0.437	0.438	0.454	0.452	0.476	0.457	0.383	0.442
C14	0.502	0.493	0.515	0.504	0.497	0.509	0.418	0.491
C15	0.528	0.518	0.524	0.520	0.545	0.538	0.431	0.515
C16	0.616	0.556	0.561	0.581	0.555	0.563	0.550	0.569
C17	0.502	0.493	0.498	0.499	0.506	0.515	0.436	0.493
C18	0.426	0.426	0.427	0.407	0.418	0.418	0.349	0.410
C19	0.437	0.462	0.437	0.438	0.448	0.417	0.372	0.430
C20	0.475	0.439	0.455	0.473	0.484	0.462	0.333	0.446
C21	0.492	0.465	0.466	0.461	0.479	0.469	0.369	0.457
C22	0.474	0.471	0.501	0.500	0.515	0.511	0.383	0.479
C23	0.457	0.459	0.460	0.461	0.493	0.498	0.387	0.459
C24	0.461	0.450	0.462	0.480	0.476	0.477	0.447	0.465
C25	0.475	0.497	0.518	0.522	0.531	0.524	0.451	0.503
C26	0.593	0.595	0.614	0.628	0.641	0.653	0.544	0.610
C27	0.629	0.626	0.631	0.621	0.630	0.629	0.551	0.617
C28	0.601	0.597	0.614	0.594	0.603	0.604	0.476	0.584
C29	0.558	0.600	0.599	0.580	0.588	0.691	0.455	0.582
C30	0.514	0.519	0.523	0.514	0.516	0.533	0.410	0.504
C31	0.478	0.477	0.488	0.506	0.517	0.511	0.398	0.482
C32	0.533	0.513	0.527	0.549	0.553	0.527	0.486	0.527
C33	0.555	0.557	0.570	0.571	0.564	0.572	0.532	0.560
C34	0.516	0.508	0.518	0.513	0.547	0.541	0.429	0.510
C35	0.648	0.653	0.658	0.678	0.690	0.683	0.538	0.650

续表

行业代码	2005年	2006年	2007年	2008年	2009年	2010年	2011年	均值
C36	0.616	0.604	0.618	0.593	0.617	0.619	0.522	0.598
C37	0.630	0.637	0.631	0.634	0.640	0.681	0.616	0.638
C39	0.607	0.614	0.614	0.631	0.641	0.658	0.592	0.622
C40	0.612	0.598	0.609	0.622	0.623	0.627	0.655	0.621
C41	0.632	0.629	0.652	0.633	0.654	0.660	0.584	0.635
C42	0.487	0.498	0.506	0.488	0.499	0.484	0.402	0.481
均值	0.534	0.531	0.540	0.540	0.550	0.553	0.465	0.530

从表 8-6 的计算数据来看，技术推动绿色创新模式与市场拉动绿色创新模式耦合协调度的数值区间为 0.410~0.650，其中 $D \geqslant 0.6$ 的行业共有 7 个，从数值高低排序依次为通用设备制造业、交通运输设备制造业、仪器仪表及文化.办公用机械制造业、电器机械及器材制造业、通信设备.计算机及其他电子设备制造业、医药制造业、化学原料及化学制品制造业，说明在绿色创新系统中技术推动绿色创新模式与市场拉动绿色创新模式处于较高耦合状态，而其他行业的 D 值为 0.4~0.6，处于中度耦合状态，表明技术推动与市场拉动绿色创新模式推动制造业绿色创新系统发展的作用是基本协调的，但仍存在较大的提升空间。

比照前面的表 8-4 和表 8-5，可以看出技术推动绿色创新模式的评价数值基本上都低于市场拉动绿色创新模式的评价数值，说明我国制造业绿色创新的制约因素主要还是绿色创新技术的滞后。为了促进制造业绿色创新系统的健康发展，需要关键核心技术的突破，避免技术瓶颈对绿色创新系统演进的影响。

（2）根据前文耦合协调度模型和计算方法，计算出 2005~2011 年度制造业技术推动与环境规制推动绿色创新模式耦合协调度数据，见表 8-7。其中，综合调整指数 T_{13} 的计算见式（8-9），β_1=0.497 3，β_3=0.502 7 为通过熵权法计算获得。

$$T_{13} = \beta_1 \mu_1 + \beta_3 \mu_3 \tag{8-9}$$

表 8-7 制造业技术推动与环境规制推动绿色创新模式耦合协调度

行业代码	2005年	2006年	2007年	2008年	2009年	2010年	2011年	均值
C13	0.549	0.546	0.573	0.602	0.594	0.626	0.644	0.591
C14	0.582	0.573	0.606	0.620	0.596	0.647	0.659	0.612
C15	0.573	0.577	0.590	0.640	0.617	0.648	0.668	0.616
C16	0.548	0.554	0.567	0.599	0.596	0.630	0.644	0.591
C17	0.578	0.578	0.606	0.608	0.611	0.649	0.666	0.614
C18	0.560	0.576	0.583	0.589	0.598	0.639	0.659	0.601
C19	0.562	0.603	0.572	0.594	0.597	0.622	0.645	0.599

续表

行业代码	2005年	2006年	2007年	2008年	2009年	2010年	2011年	均值
C20	0.573	0.552	0.581	0.596	0.594	0.629	0.645	0.596
C21	0.627	0.604	0.589	0.604	0.615	0.659	0.654	0.622
C22	0.650	0.646	0.663	0.673	0.667	0.692	0.695	0.669
C23	0.557	0.579	0.581	0.604	0.603	0.648	0.673	0.606
C24	0.545	0.556	0.576	0.605	0.588	0.628	0.698	0.599
C25	0.618	0.672	0.734	0.760	0.748	0.771	0.773	0.725
C26	0.633	0.649	0.667	0.705	0.694	0.738	0.709	0.685
C27	0.575	0.576	0.595	0.608	0.610	0.641	0.655	0.609
C28	0.652	0.585	0.625	0.640	0.634	0.657	0.668	0.637
C29	0.593	0.637	0.629	0.637	0.643	0.777	0.658	0.653
C30	0.579	0.595	0.605	0.620	0.613	0.668	0.641	0.617
C31	0.615	0.613	0.644	0.659	0.688	0.673	0.682	0.653
C32	0.660	0.618	0.634	0.664	0.671	0.663	0.715	0.661
C33	0.598	0.605	0.671	0.669	0.652	0.686	0.768	0.664
C34	0.568	0.583	0.608	0.607	0.616	0.641	0.658	0.612
C35	0.589	0.598	0.617	0.657	0.653	0.688	0.666	0.638
C36	0.557	0.556	0.590	0.586	0.590	0.622	0.626	0.590
C37	0.564	0.568	0.578	0.602	0.594	0.652	0.654	0.602
C39	0.558	0.580	0.586	0.613	0.610	0.647	0.656	0.607
C40	0.569	0.568	0.579	0.609	0.604	0.631	0.681	0.606
C41	0.600	0.602	0.621	0.615	0.624	0.664	0.650	0.625
C42	0.549	0.559	0.570	0.594	0.590	0.607	0.656	0.589
均值	0.586	0.590	0.608	0.627	0.624	0.660	0.671	0.624

从表8-7的计算数据来看，技术推动绿色创新模式与环境规制推动绿色创新模式的耦合协调度数值分布为0.589~0.725，其中石油加工、炼焦及核燃料加工业的D值达到了0.725，化学原料及化学制品制造业等21个行业的D值也超过了0.6，均处于高度协调耦合状态，表明在绿色创新系统中，技术推动与环境规制推动绿色创新模式初步实现了相互促进的良性耦合协调发展局面。另外的文教体育用品制造业等7个行业的耦合协调度为0.589~0.599，属于中度耦合状态，表明在绿色创新系统中两种绿色创新模式的作用基本协调。

对比2005~2011年度的数据，可以看出各制造业技术推动与环境规制推动绿色创新模式耦合协调度基本呈现逐年上升的趋势，其均值从0.586上升到了0.671，表明从制造业整体情况看，两种绿色创新模式已经由中度耦合阶段上升到了高度耦合阶段，两种模式的运行可以有效地促进制造业绿色创新系统向着更加有序的方向演化。

正如前文所述，绿色创新存在着双重外部性，这使得环境规制在制造业绿色创新中发挥着特殊的作用。各级政府应在制造业绿色创新活动中充分发挥激励作用，努力提高制造业企业绿色创新的积极性，另外，政府部门也要通过有效的手段积极促进制造业的产业升级，突破技术瓶颈，推进技术进步，技术推动绿色创新模式与环境规制推动绿色创新模式协调发展，促进制造业绿色创新系统进入更加有序的发展轨道。

（3）根据前文耦合协调度模型和计算方法，计算出2005~2011年度制造业市场拉动与环境规制推动绿色创新模式耦合协调度数据，见表8-8。其中的综合调整指数 T_{23} 的计算公式见式（8-10），$\gamma_2 = 0.4955$，$\gamma_3 = 0.5055$ 为通过熵权法计算获得

$$T_{23} = \gamma_2 \mu_2 + \gamma_3 \mu_3 \qquad (8\text{-}10)$$

表8-8 制造业市场拉动与环境规制推动绿色创新模式耦合协调度

行业代码	2005年	2006年	2007年	2008年	2009年	2010年	2011年	均值
C13	0.446	0.463	0.498	0.518	0.550	0.559	0.467	0.500
C14	0.539	0.544	0.555	0.569	0.598	0.610	0.513	0.561
C15	0.560	0.564	0.581	0.619	0.641	0.648	0.518	0.590
C16	0.637	0.593	0.610	0.672	0.654	0.685	0.673	0.646
C17	0.547	0.554	0.580	0.587	0.617	0.635	0.546	0.581
C18	0.452	0.457	0.471	0.482	0.501	0.527	0.414	0.472
C19	0.465	0.475	0.504	0.503	0.533	0.514	0.456	0.493
C20	0.479	0.480	0.499	0.535	0.573	0.556	0.401	0.503
C21	0.457	0.474	0.500	0.523	0.552	0.549	0.443	0.500
C22	0.570	0.561	0.576	0.614	0.638	0.647	0.500	0.587
C23	0.475	0.480	0.495	0.526	0.574	0.586	0.462	0.514
C24	0.479	0.478	0.501	0.528	0.547	0.565	0.502	0.514
C25	0.498	0.499	0.511	0.540	0.561	0.578	0.510	0.528
C26	0.613	0.626	0.649	0.676	0.708	0.720	0.637	0.661
C27	0.682	0.693	0.715	0.738	0.766	0.782	0.680	0.722
C28	0.697	0.665	0.700	0.698	0.723	0.742	0.589	0.688
C29	0.571	0.584	0.616	0.634	0.654	0.687	0.550	0.614
C30	0.514	0.533	0.533	0.539	0.580	0.600	0.499	0.543
C31	0.539	0.541	0.557	0.578	0.639	0.613	0.491	0.565
C32	0.576	0.583	0.617	0.652	0.670	0.690	0.608	0.628
C33	0.588	0.608	0.637	0.659	0.675	0.689	0.584	0.634

续表

行业代码	2005年	2006年	2007年	2008年	2009年	2010年	2011年	均值
C34	0.552	0.552	0.584	0.612	0.647	0.655	0.519	0.589
C35	0.653	0.663	0.680	0.709	0.740	0.756	0.633	0.691
C36	0.651	0.666	0.699	0.706	0.738	0.760	0.653	0.696
C37	0.667	0.687	0.703	0.734	0.771	0.797	0.739	0.728
C39	0.633	0.649	0.671	0.704	0.738	0.773	0.702	0.696
C40	0.625	0.642	0.666	0.712	0.737	0.761	0.761	0.701
C41	0.650	0.654	0.684	0.713	0.753	0.765	0.709	0.704
C42	0.517	0.544	0.564	0.566	0.599	0.604	0.475	0.553
均值	0.563	0.569	0.592	0.615	0.644	0.657	0.560	0.600

对表 8-8 的数据进行分析，耦合协调度均值超过 0.6 的制造业行业共有 13 个，处于高度协调耦合阶段，表明在这些行业中，市场拉动与环境规制推动绿色创新模式实现了相互促进的良性耦合协调发展局面。其中排在前 7 位从高到低依次为交通运输设备制造业、医药制造业、仪器仪表及文化.办公用机械制造业、通信设备.计算机及其他电子设备制造业、电器机械及器材制造业、专用设备制造业、通用设备制造业，其结果与前面的制造业绿色创新系统市场拉动绿色创新模式的评价结果高度一致，仅排名第三与第四的顺序略有不同，这从一个侧面说明市场拉动绿色创新模式在制造业绿色创新系统中发挥着十分重要的作用。

从年度数据看，大致呈现耦合协调度逐渐提高的趋势，说明制造业市场拉动与环境规制推动绿色创新模式的协调效果趋于合理，在二者的作用下，制造业绿色创新系统的运行绩效将不断提高。

（4）根据前文耦合协调度模型和计算方法，计算出 2005~2011 年度制造业技术推动、市场拉动与环境规制推动三种绿色创新模式的耦合协调度数据，见表 8-9。其中，三种绿色创新模式耦合协调度综合调整指数 T_{123} 的计算公式见式（8-11），δ_1 = 0.333 0，δ_2 = 0.330 5，δ_3 = 0.336 5 为通过熵权法计算获得。

$$T_{123} = \delta_1 u_1 + \delta_2 u_2 + \delta_3 u_3 \qquad (8\text{-}11)$$

表 8-9 制造业技术推动、市场拉动与环境规制推动绿色创新模式耦合协调度

行业代码	2005年	2006年	2007年	2008年	2009年	2010年	2011年	均值
C13	0.475	0.480	0.506	0.521	0.538	0.543	0.487	0.507
C14	0.540	0.536	0.558	0.563	0.562	0.586	0.521	0.552
C15	0.553	0.552	0.565	0.591	0.600	0.609	0.531	0.572
C16	0.599	0.568	0.579	0.616	0.601	0.624	0.620	0.601
C17	0.541	0.541	0.560	0.563	0.576	0.597	0.542	0.560
C18	0.476	0.482	0.490	0.487	0.501	0.521	0.457	0.488

续表

行业代码	2005年	2006年	2007年	2008年	2009年	2010年	2011年	均值
C19	0.485	0.510	0.502	0.508	0.523	0.511	0.479	0.503
C20	0.507	0.488	0.509	0.532	0.548	0.545	0.442	0.510
C21	0.520	0.511	0.516	0.526	0.546	0.554	0.475	0.521
C22	0.561	0.555	0.576	0.591	0.603	0.612	0.511	0.573
C23	0.494	0.504	0.510	0.528	0.555	0.574	0.494	0.523
C24	0.494	0.492	0.511	0.535	0.535	0.553	0.539	0.523
C25	0.527	0.550	0.579	0.598	0.607	0.616	0.562	0.577
C26	0.613	0.623	0.643	0.669	0.680	0.703	0.627	0.651
C27	0.627	0.629	0.645	0.653	0.665	0.681	0.626	0.647
C28	0.649	0.615	0.645	0.643	0.652	0.666	0.572	0.635
C29	0.574	0.607	0.615	0.617	0.628	0.717	0.548	0.615
C30	0.535	0.548	0.552	0.556	0.569	0.598	0.508	0.552
C31	0.541	0.541	0.560	0.578	0.611	0.596	0.511	0.563
C32	0.587	0.570	0.591	0.620	0.629	0.623	0.596	0.602
C33	0.580	0.590	0.625	0.632	0.629	0.647	0.621	0.618
C34	0.545	0.547	0.569	0.576	0.602	0.610	0.528	0.568
C35	0.629	0.637	0.651	0.681	0.693	0.708	0.610	0.658
C36	0.607	0.607	0.634	0.626	0.646	0.664	0.598	0.626
C37	0.619	0.628	0.635	0.654	0.664	0.707	0.668	0.654
C39	0.598	0.614	0.623	0.648	0.661	0.690	0.649	0.640
C40	0.602	0.602	0.617	0.646	0.652	0.670	0.698	0.641
C41	0.627	0.628	0.652	0.652	0.675	0.695	0.646	0.654
C42	0.517	0.533	0.546	0.547	0.561	0.562	0.501	0.538
均值	0.559	0.562	0.578	0.592	0.604	0.620	0.557	0.582

分析表8-9的计算数据，耦合协调度均值超过0.6的制造业行业共有13个，处于高度协调耦合阶段，表明在绿色创新系统中，技术推动、市场拉动与环境规制推动三种绿色创新模式达到了良性耦合的状态。在这些行业中，排名靠前的依次为通用设备制造业、仪器仪表及文化.办公用机械制造业、交通运输设备制造业、化学原料及化学制品制造业、医药制造业、通信设备.计算机及其他电子设备制造业和电器机械及器材制造业。

从总体的趋势看，年度数据的均值大致呈现耦合协调度逐渐提高的趋势，说明制造业技术推动、市场拉动与环境规制推动三种绿色创新模式对绿色创新系统的作用效果整体在走向协调，在三种绿色创新模式的协同作用下，具有自组织特性的制造业绿色创新系统将不断从无序状态到有序状态、从有序状态向更加有序的状态发展完善。

8.4 本章小结

本章首先对制造业绿色创新系统自组织特性的开放性、非线性、协同性、随机涨落和超循环性进行了研究,其次在其基础上通过实证研究的方法对制造业各行业绿色创新系统绿色创新模式的选择进行了分析,最后对制造业各行业绿色创新系统绿色创新模式组合的耦合协调度进行了实证分析。

第9章 制造业绿色创新系统产学研战略联盟模式及其演进研究

本书第 7 章和第 8 章从绿色创新动力的视角对制造业绿色创新系统的绿色创新模式进行了深入研究。但在创新主体多样化的低碳、绿色发展时代，关于制造业绿色创新系统绿色创新模式的研究需要进一步深入开展，构建低碳、绿色经济时代的制造业绿色创新系统绿色创新模式具有重要的现实意义。其中，制造业绿色创新系统产学研战略联盟模式则是众多模式中最有效、最重要的一种绿色创新模式。因此，本章将在前文绿色创新模式的研究基础上，进一步研究制造业绿色创新系统的产学研战略联盟模式及其演进机理，并通过案例分析验证制造业绿色创新系统产学研战略联盟模式的现实意义。

9.1 制造业绿色经济创新驱动发展模式与产学研战略联盟

9.1.1 制造业绿色经济创新驱动发展模式

我国制造业绿色经济走创新驱动发展之路是必然的，是经济发展本质所决定的，绿色创新是绿色经济发展的关键，本书所指的绿色创新是以绿色技术创新为核心并不断推动绿色产业创新和绿色供应链创新等全过程以及在这过程中所产生的绿色知识创新等创新活动的总称。制造业在走绿色创新之路的过程中所面临的重要挑战是在如何提高生产率的基础上降低对环境的污染。绿色创新不是要解决独立的问题，而是从整个制造业绿色创新系统的角度出发，依靠制造业绿色创新系统的创新和变革来促使制造业绿色经济创新驱动发展模式的建立与制造业绿色创新系统的发展。

制造业绿色经济创新驱动发展模式,有别于具有高投入、高消耗、高污染、低产出、低效益和低质量特点的粗放式经济发展模式。制造业绿色经济驱动发展模式更强调的是经济、环境和社会的可持续发展。随着人类对绿色、健康、和谐的生态环境的追求,对可持续发展的需求更加明显,本书所指的可持续发展需求主要是指能够促进人类社会可持续发展的新知识、新产品和新服务等方面的需求。为了满足这种需求,制造业企业已经开展了大量的绿色技术创新活动,以绿色技术创新带动绿色产业创新,进一步推动绿色供应链的创新,最终实现经济、环境、社会的可持续发展创新。同时,可持续发展创新又对绿色供应链创新、绿色产业创新、绿色技术创新直至可持续发展提出了新的需求和保障,又开始了新的一轮绿色创新过程,从而形成了一个动态螺旋上升的绿色创新模式。制造业绿色经济创新驱动发展模式如图 9-1 所示。

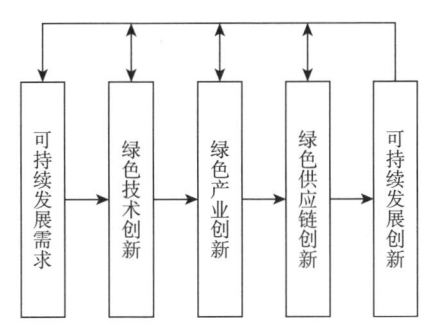

图 9-1 制造业绿色经济创新驱动发展模式

9.1.2 产学研战略联盟在制造业绿色创新系统中的地位与作用

我国制造业在国民经济中有着重要的地位与作用,是工业生产不可或缺的重要组成部分,同时在制造业高速发展的进程当中,我国的生态环境安全问题已经非常严重。在全球都在倡导可持续发展和我国产业结构转型升级的宏观环境下,制造业企业的生产与创新呈现出新的发展态势,绿色创新也正成为制造业发展的必然趋势。当前我国制造业在环保政策、产业环境、绿色技术、绿色制度和绿色市场等方面还不是很成熟,特别是在绿色技术创新、绿色产业创新和绿色供应链创新方面还进一步需要相关企业、高等院校、科研院所等参与者共同协作组建新的产学研战略联盟模式,来进一步推动制造业绿色创新系统的形成与发展,从而为我国制造业提供良好的可持续发展动力和条件。

制造业绿色创新系统产学研战略联盟作为一种创新的组织形式,集合了产业内的创新主体与优势资源，共同推动了制造业绿色创新系统的发展。所以，研究产学研战略联盟模式有助于产业内优势资源的集聚，势必会进一步地促进制造业的绿色技术创新、绿色产业创新和绿色供应链创新活动的深入发展。显然，本书的研究具有重要的理论与现实意义，会有助于进一步完善我国制造业绿色创新系统及产学研战略联盟模式理论与实践，在实现制造业绿色创新系统可持续发展创新的同时来更加有效地促进经济、环境、社会的可持续发展。

产学研战略联盟不同于普通的单项合作，是以关键性重大项目为依托以实现长期的、互惠的利益而紧密结合在一起，以坚持优势互补、实现共赢为目的，具有高度的战略性。显然，产学研战略联盟是制造业绿色创新系统的主要创新模式，是制造业绿色创新系统构建和运行的重要基础，具体如下：第一，产学研战略联盟可以有效调动和整合制造业绿色创新系统中绿色创新资源，增强制造业绿色创新系统创新主体间的联系，提高制造业绿色创新系统的绿色技术创新能力和绿色创新绩效；第二，产学研战略联盟可以有效提高制造业绿色创新系统中绿色创新知识的扩散，以此推动制造业产业结构调整和技术升级，加速绿色产业创新的进程；第三，产学研战略联盟可以有效加速制造业绿色创新系统创新主体间信息的流动与共享，降低创新主体独自开展绿色创新活动所产生的交易费用以及所伴随的绿色市场风险，不断推动绿色供应链的创新。

9.2　制造业绿色创新系统产学研战略联盟模式构建

本书基于产学研战略联盟在制造业绿色创新系统中的地位与作用，并参照制造业绿色创新系统的绿色创新过程分析将产学研战略联盟分为以下三种模式，即基于绿色技术创新、基于绿色产业创新和基于绿色供应链创新的制造业绿色创新系统产学研战略联盟模式。

9.2.1　基于绿色技术创新的制造业绿色创新系统产学研战略联盟模式

基于绿色技术创新的制造业绿色创新系统产学研战略联盟模式是由某个或多个制造业企业与高等院校和科研院所组成，以实现绿色技术创新为主要目的，共同建立的共担风险、实现共赢的针对绿色产品和绿色工艺实施创新活动的一种产学研战略联盟模式。基于绿色技术创新的产学研战略联盟模式的功能主要体现为通过提高绿色创新系统绿色产品和绿色工艺的创新能力，以此来不断提升制造业绿色创新系统绿色技术创新的绩效。

在基于绿色技术创新的制造业绿色创新系统产学研战略联盟模式中，虽然高等院校、科研院所和制造业企业共同主导绿色技术创新活动，但是各自有明确的分工。高等院校在基础研究人员与设备方面具有优势，为了提高科研能力和教学水平，高等院校通过参与产学研战略联盟并获得基础研究所需的大量资金，主要负责绿色技术创新的基础性研究工作，为产学研战略联盟模式的绿色技术创新活动提供坚实的理论基础。

科研院所在产学研战略联盟中主要从事应用研究活动，进一步将高等院校所提供的绿色技术理论与知识应用到绿色技术创新活动当中，针对制造业企业在产品开发或工艺改进及生产线上所遇到的具体问题进行分析与试验，最终获得绿色技术应用研究成果，如绿色技术专利、具有绿色产品特征的产品原型或具备新设备基本特征的原始样机等。

制造业企业在产学研战略联盟中为了突破已有技术来提高绿色竞争力，利用自身生产、配套设备和资金方面的优势，通过与高等院校和科研院所的紧密合作，并且充分利用高等院校和科研院所提供的绿色技术理论和绿色技术的支持，主要负责在绿色产品和绿色工艺创新过程的中间和最后阶段工作，实现绿色新产品和绿色新工艺的创新及对现有产品与工艺的升级和改进。

由此可见，通过基于绿色技术创新的制造业绿色创新系统产学研战略联盟模式的有效运作，可以提高绿色创新系统中的绿色技术创新绩效，最终实现制造业绿色创新系统的绿色技术创新。

综上所述，基于绿色技术创新的制造业绿色创新系统产学研战略联盟模式是制造业绿色创新系统中的制造业企业、高等院校和科研院所根据各自发展的需要，整合各自的优势有效开展绿色产品和工艺创新活动与不断改进现有产品和工艺的性能，以实现绿色技术创新为主要目标而构建的一种优势互补、风险共担、利益共享的产学研战略联盟模式。基于绿色技术创新的制造业绿色创新系统产学研战略联盟模式如图 9-2 所示。

9.2.2 基于绿色产业创新的制造业绿色创新系统产学研战略联盟模式

基于绿色产业创新的制造业绿色创新系统产学研战略联盟模式是由某个或多个制造业企业为主导，多家高等院校和科研院所共同参与，在一系列绿色技术创新活动的完成之后，继续实现制造业绿色产业创新的一种产学研战略联盟模式。基于绿色产业创新的制造业绿色创新系统产学研战略联盟模式的功能主要体现在

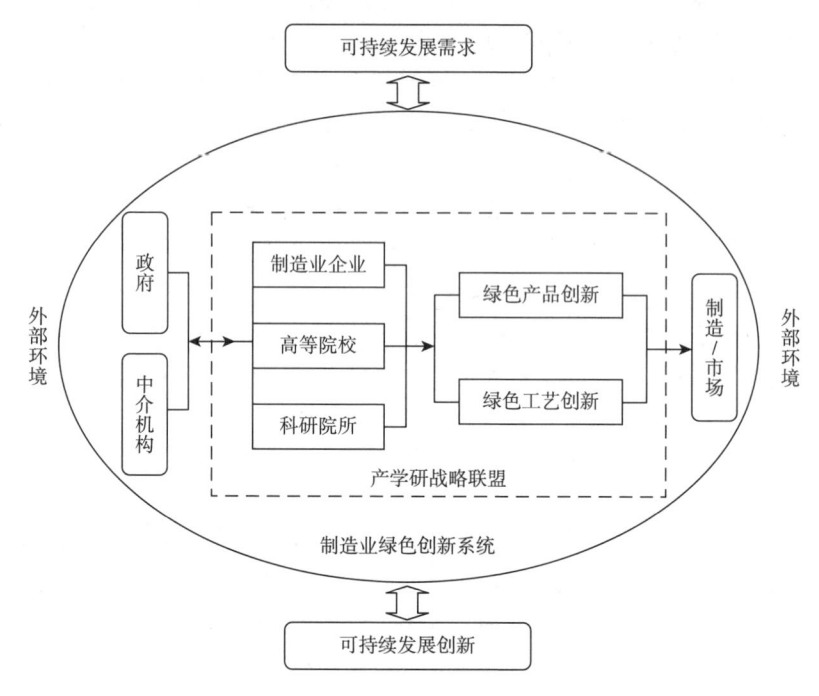

图 9-2　基于绿色技术创新的制造业绿色创新系统产学研战略联盟模式

制造业绿色创新系统通过绿色产业创新进一步促进制造业产业升级和产业集聚，以此带来制造业产业组织和制度等方面的创新，完成制造业绿色创新系统中的各种绿色产业创新活动。

在我国制造业快速发展的背景下，单纯依靠制造业企业内部资源进行绿色产业创新活动的局限性越来越大，因此制造业企业只有通过加强与高等院校和科研院所的产学研深入合作，才能进一步提高制造业整体绿色产业创新能力。产学研制度的进一步完善有效地推动了高等院校和科研院所将绿色智力资源充分运用到制造业产业发展上来，与制造业企业进一步加深产学研合作，实现了整个制造业的产业产品、产业技术和产业结构等发生根本性的改变，促进了制造业的产业升级，进而完成了制造业的绿色产业创新；同时基于绿色产业创新的制造业绿色创新系统产学研战略联盟模式也进一步吸引了大量具有优势的制造业企业的参与，加速了生产要素与绿色知识的流动，促使制造业绿色产业集聚的形成，也更加有效地推动了制造业绿色产业创新。

在基于绿色产业创新的制造业绿色创新系统产学研战略联盟模式中，高等院校发挥着绿色知识传播和社会服务的功能，高等院校科技园等各类园区的孵化和扩散作用，进一步推动了制造业绿色产品和绿色技术的升级，加速高技术产业化的进程，有效地促进了制造业绿色产业的进一步创新；科研院所凭借着其应用研究的科技优势，深入地了解了制造业产业政策或发展方向，为制造业企业提供绿色技术成果的同时也提供相应的绿色产业最新动态，促进绿色创新知识的进一步扩散，这也为实现绿色产业创新奠定了基础；制造业企业通过吸收高等院校和科研院所的各种绿色创新资源，通过采用新的管理方式和方法将生产要素和绿色创新资源进行重组和重置，调整制造业产业绿色创新资源不足和产业结构不合理等问题，促使制造业产业组织和绿色市场制度之间相互渗透和融合，最终实现了制造业绿色创新系统的绿色产业创新。

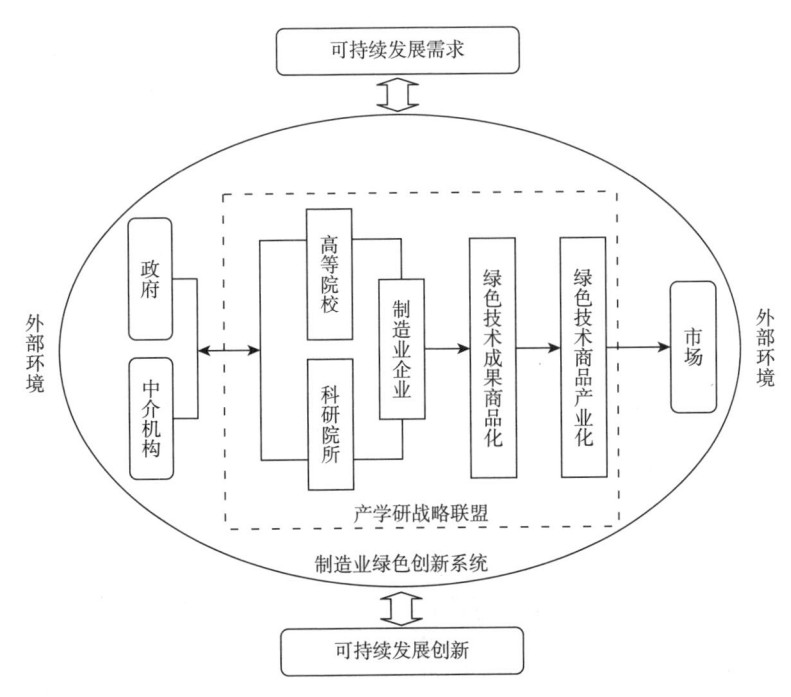

综上所述，基于绿色产业创新的制造业绿色创新系统产学研战略联盟模式是制造业绿色创新系统中的制造业企业、高等院校和科研院所以实现绿色产业创新为主要目标而构建的一种优势互补、主次分明、协作共建的产学研战略联盟模式。基于绿色产业创新的制造业绿色创新系统产学研战略联盟模式如图9-3所示。

图 9-3 基于绿色产业创新的制造业绿色创新系统产学研战略联盟模式

9.2.3 基于绿色供应链创新的制造业绿色创新系统产学研战略联盟模式

基于绿色供应链创新的制造业绿色创新系统产学研战略联盟模式是由某个

或多个制造业企业为核心，多家高等院校和科研院所共同参与，在一系列绿色技术创新活动和绿色产业创新活动完成之后，继续实现制造业绿色供应链创新的一种产学研战略联盟模式。基于绿色供应链创新的制造业绿色创新系统产学研战略联盟模式的功能主要体现在制造业绿色创新系统通过绿色供应链创新进一步促进绿色市场和绿色营销等方面的创新，以此来降低制造业绿色创新系统的交易费用和绿色市场风险，高效完成制造业绿色创新系统中的各种绿色供应链创新活动。

制造业绿色创新系统绿色供应链中的绿色产品供需信息在最终消费者和原始供应商之间双向传递时，由于无法有效地实现绿色产品供需信息的共享，绿色产品供需信息扭曲而逐渐放大，供需信息产生变异放大现象。

针对这种现象，制造业绿色创新系统中创新主体间通过建立信息与交流平台，由高等院校和科研院所充分发挥各自的社会服务功能为制造业企业提供供销方面人才和绿色供应链相关知识、信息和理论，减少制造业绿色创新系统中绿色供应链上的供应商、制造商、分销商、零售商之间信息不对称现象，促进绿色产品供需信息的有效流通与共享，进一步降低制造业企业独自开展绿色供应链创新活动所产生的交易费用以及所伴随的绿色市场风险，避免了资源浪费，使得基于绿色供应链创新的制造业绿色创新系统产学研战略联盟模式在市场机制的作用下更有效率。

在基于绿色供应链创新的制造业绿色创新系统产学研战略联盟模式中，制造业企业拥有较庞大的网络系统和较灵活的营销手段，所以制造业企业在产学研战略联盟模式中主导作用特别显著。制造业企业主要负责原材料供应、生产、批发、零售和回收工作，并且将生产中有利用价值的废弃物进行分拣、分解、加工，使其成为有用的资源重新进入生产和消费领域，形成逆向物流。

同时，零售商对消费者购买产品的包装和旧产品进行回收，提供给分销商和制造商再次使用，对绿色供应链资源的合理配置，使整个绿色供应链围绕消费者提供增值服务，提高顾客价值和绿色产品价值，这样不仅保护了环境又提高了企业经济效益。绿色供应链主体间通过共同建立物流中心，由制造业企业为绿色供应链下游企业提供原材料和绿色产品，通过开发新市场，推动了绿色营销和绿色市场等方面的创新，延伸绿色供应链链条的长度和深度，促进绿色商流、物流、信息流、资金流的有效流通。

显然，通过绿色采购、绿色制造、绿色销售、绿色消费和逆向物流的构建，形成了绿色供应链一体化，最终实现制造业绿色创新系统的绿色供应链创新。

综上所述，基于绿色供应链创新的制造业绿色创新系统产学研战略联盟模式是制造业绿色创新系统中的制造业企业、高等院校和科研院所以实现绿色供应链创新为主要目标而构建的一种优势互补、学研参与、实现共赢的产学研战略联盟模式。基于绿色供应链创新的制造业绿色创新系统产学研战略联盟模式如图 9-4 所示。

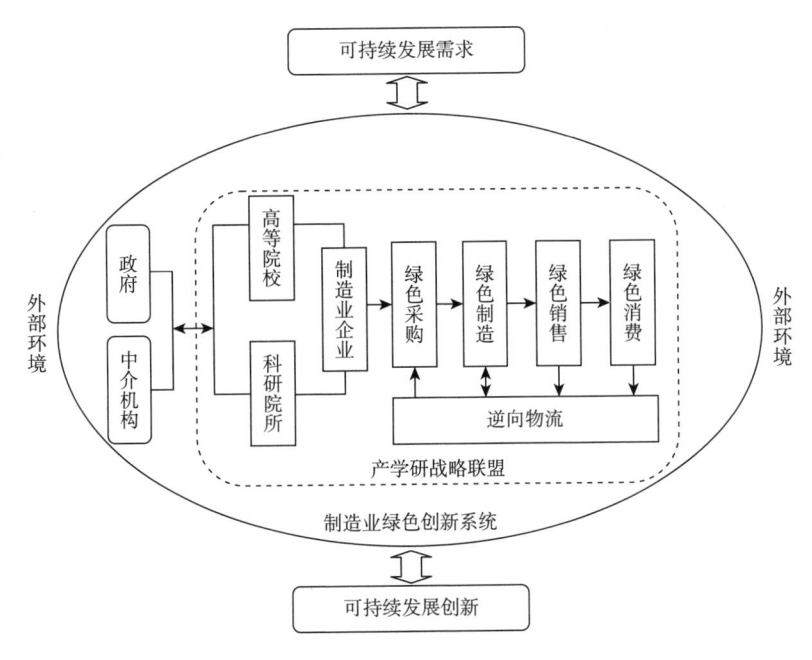

图 9-4 基于绿色供应链创新的制造业绿色创新系统产学研战略联盟模式

9.3 制造业绿色创新系统产学研战略联盟模式演化分析

本章在构建了制造业绿色创新系统产学研战略联盟模式的基础之上，基于自组织理论分析了制造业绿色创新系统产学研战略联盟模式的演化过程，并根据创新系统生命周期理论对制造业绿色创新系统产学研战略联盟模式的选择进行探讨。

9.3.1 制造业绿色创新系统产学研战略联盟模式演化过程

制造业绿色创新系统产学研战略联盟模式的演化可以看做一种复杂的系统，具有开放性、非线性和随机涨落等自组织特征，其发展演变符合自组织规律，存在自组织现象。

首先，绿色创新系统产学研战略联盟模式的演化具有开放性。绿色创新系统中的创新主体与外部环境不断交换物质、能量与信息，通过绿色创新资源的不断投入来促使绿色创新活动的展开，并以此提升其绿色创新能力和产业竞争力，这为制造业绿色创新系统的运行和产学研战略联盟模式的演化提供了新的动力，加速提升了绿色创新系统的整体绿色创新绩效，促使产学研战略联盟模式朝着有序方向发展，制造业绿色创新系统产学研战略联盟模式向高阶段不断演化。

其次，绿色创新系统中创新主体间在行为和技术上呈非平衡性和多样性，这导致绿色创新系统创新主体间结构关系越来越复杂，创新主体间形成非线性的相互作用，促使绿色创新系统中创新主体间不断产生协同效应。同样推动了制造业绿色创新系统产学研战略联盟模式向着更高阶段演化。

最后，制造业绿色创新系统产学研战略联盟模式的演化具有随机涨落性。绿色创新系统从无序到有序再到创新的演变过程是通过随机涨落实现的。没有随机涨落，就没有绿色创新系统的创新和发展。在远离平衡态的开放绿色创新系统中，涨落对绿色创新系统起着建设性的作用，是制造业绿色创新系统产学研战略联盟模式有序演化的诱因。

制造业绿色创新系统产学研战略联盟模式的自组织演化是一个循环往复和结构不断进化的过程。制造业绿色创新系统产学研战略联盟模式是从无到有、从小范围到大面积、从低层次合作到高层次合作、从低级有序到高级有序的演化过程，是多种外部环境综合作用的结果，如市场环境的变化、制度环境的变化和社会文化环境的变化及制造业国际大背景变化等都会促使产学研战略联盟模式出现多种层级。

综上所述，制造业绿色创新系统产学研战略联盟模式由低级到高级演化过程表现为基于绿色技术创新的制造业绿色创新系统产学研战略联盟模式、基于绿色产业创新的制造业绿色创新系统产学研战略联盟模式和基于绿色供应链创新的制造业绿色创新系统产学研战略联盟模式三个阶段。同时，根据可持续发展新的需求，制造业绿色创新系统产学研战略联盟模式绿色创新过程又会呈现出新一轮回的开始。制造业绿色创新系统产学研战略联盟模式演化过程如图9-5所示。

9.3.2 制造业绿色创新系统产学研战略联盟模式选择

根据创新系统生命周期理论，将制造业绿色创新系统分为孕育期、初生期、高速发展期、成熟期和衰退期。并结合制造业绿色创新系统结构与运行过程进行分析，可以认为可持续发展需求阶段是制造业绿色创新系统的孕育期，绿色技术创新阶段是初生期，绿色产业创新阶段是高速发展期，绿色供应链创新和绿色知识扩散阶段

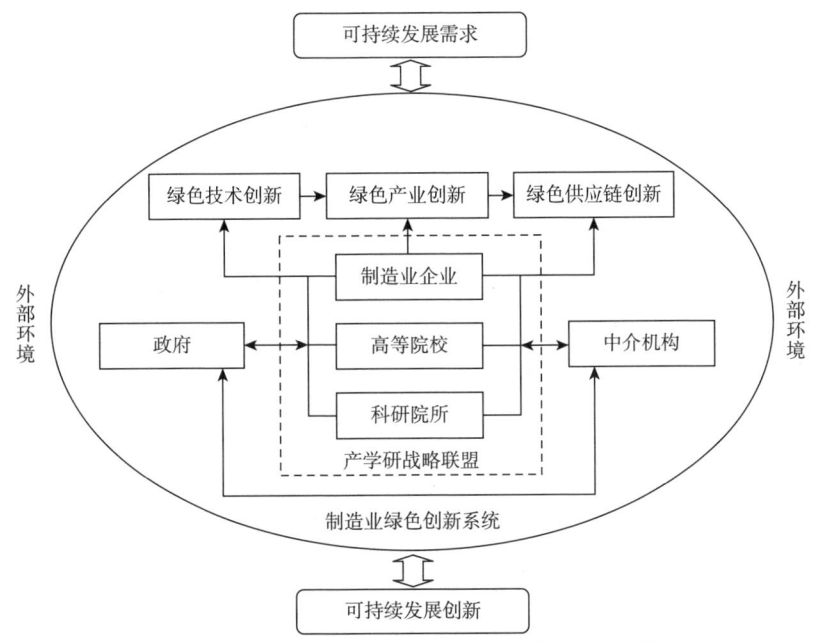

图 9-5　制造业绿色创新系统产学研战略联盟模式演化过程

直至达到可持续发展创新目的是成熟期。随着新一代绿色技术的孕育开始，绿色创新系统也就进入了衰退期，标志着绿色创新系统新一轮生命周期的开始。

在制造业绿色创新系统处于孕育期时，创新主体间面临原有产品市场竞争日趋激烈的现状，独自创新能力持续降低，因此创新主体间开始寻找合作伙伴建立联系，逐渐形成新的绿色创新理念，来为实现满足可持续发展的需求做必要的前期工作准备。

在制造业绿色创新系统处于初生期时，由于创新主体独自开展绿色技术创新活动的难度较大，绿色创新系统中的基础设施尚在完善，虽然整个绿色创新系统的绿色创新能力较低，创新主体间合作意愿较强烈，这种合作意愿都是以绿色产品创新和绿色工艺创新为主要目的的，所以此时采取由制造业企业、高等院校和科研院所共同主导绿色技术创新的产学研战略联盟模式是初生阶段绿色创新系统中创新主体间的必然选择。

在制造业绿色创新系统处于高速发展期时，绿色创新系统中的基础设施逐步完善，创新主体间协作能力逐渐加强，通过绿色技术创新阶段的实施加速了绿色知识的扩散。此阶段绿色创新系统在已有技术上已全面掌握，并在此基础上进行了改良，通过不断积累技术力量，促进绿色产业创新的进程，推动创新主体间选择基于绿色产业创新的制造业绿色创新系统产学研战略联盟模式。

在制造业绿色创新系统处于成熟期时，绿色创新系统中的基础设施已经很完善，表现为充足的绿色创新知识、人才、资金与设备，绿色创新资源得到有效的配置，这为制造业绿色创新系统持续运行提供基本保障。创新主体间的联系已经成熟，形成有效的交流与合作机制，且协同效应达到最大化，促进了彼此信息共享的程度，为了实现可持续发展，创新推动创新主体间开始选择了基于绿色供应链创新的制造业绿色创新系统产学研战略联盟模式。

制造业绿色创新系统处于衰退期时，绿色创新系统的产业竞争力和绿色创新绩效开始下降，在面临竞争的白热化情况下，绿色创新系统拥有的绿色技术、产品与绿色市场新需求出现了不匹配现象，这就推动制造业绿色创新系统开始全面地实现对新的绿色技术的孕育，即对制造业绿色创新系统提出了新的可持续发展需求。因此制造业绿色创新系统绿色创新必将进入新一轮回，促使其不断实现可持续发展的持续创新。

9.4 案例分析

9.4.1 钢铁可循环流程技术创新产学研战略联盟简介

2011 年我国钢铁产能达 8.9 亿吨，钢铁总产量占全球 1/3 以上，已成为世界第一钢铁生产大国。由于钢铁行业在开发战略技术和前沿技术方面理念较超前，且具有学科交叉性和开发周期长等特点，同时行业规模和供应链系统特色显著，由单个钢铁企业开展绿色创新活动非常困难，所以在我国制造业绿色创新系统可持续发展需求的推动下，为了充分调动钢铁企业、高等院校和科研院所等各方的力量，于 2007 年 6 月共建了钢铁可循环流程技术创新产学研战略联盟。

钢铁可循环流程技术创新产学研战略联盟成员包括宝山钢铁股份有限公司、鞍山钢铁股份有限公司、武汉钢铁（集团）公司、北京首钢建设集团有限公司、河北钢铁集团唐山钢铁集团有限责任公司、济南钢铁集团总公司（六家企业以下简称钢铁企业），北京科技大学、东北大学、上海大学和中国钢研科技集团有限公司（以下简称中国钢研）共十家单位。

9.4.2 制造业绿色创新系统产学研战略联盟模式案例分析

（1）基于绿色技术创新的制造业绿色创新系统产学研战略联盟模式分析。在由钢铁企业、北京科技大学等三所大学和中国钢研等单位组建基于绿色技术创新的制造业绿色创新系统产学研战略联盟的基础上，通过产学研战略模式的运行，开展了新一代可循环钢铁流程工艺技术创新活动，使我国钢铁工业拥有冶金产品制造、能源转换和社会废弃物处理能力，解决了资源和能源可供性问题，提高了钢铁行业的市场竞争力。

其中，北京科技大学等三所大学提供了轧制晶粒细化机理、钢铁冶金新技术基础、现代冶金与材料制备等方面的基础研究成果；中国钢研负责冶金系统国防军工新材料方面的研制和具有行业共性的前沿技术研制工作；钢铁企业运用北京科技大学等三所大学和中国钢研提供的基础研究和应用研究成果，针对一系列绿色技术进行联合创新，并对原有产品和工艺进行了改进和升级，如成功研制出大型焦炉能源高效转换技术、超大型高炉系统工艺技术、全量铁水"三脱"预处理技术、低温抑制剂技术等，获得关键性先进工艺和技术达220项。显然，通过基于绿色技术创新的制造业绿色创新系统产学研战略联盟模式的构建有效地实现了钢铁行业的绿色技术创新。

（2）基于绿色产业创新的制造业绿色创新系统产学研战略联盟模式分析。钢铁企业在通过与北京科技大学等三所大学和中国钢研的产学研合作获得新一代可循环钢铁制造流程技术后，解决了钢铁企业技术难题，取得了产业核心技术的突破，促进了产业技术升级。

其中，在北京科技大学国家科技园、上海大学国家科技园和东北大学国家科技园等各类园区的孵化作用下，钢铁行业产品和技术的升级进一步推动，同时加速了钢铁绿色产业化的进程；中国钢研是权威的国家冶金分析测试技术机构，在参与产学研战略联盟开展绿色产业创新的同时也提供绿色产业最新发展动态，加速促进了绿色产业创新知识的扩散；基于绿色产业创新的制造业绿色创新系统产学研战略联盟模式的建立吸引了具有优势的六家大型钢铁企业加盟，进一步实现了产业集聚，有效地促进了绿色产业创新。

同时钢铁行业以实现绿色创新资源优化配置为目的也不断地调整产业结构来适应不断变化的外部环境，进一步促进了产业组织和制度等方面的创新。显然，通过基于绿色产业创新的制造业绿色创新系统产学研战略联盟模式的构建加速了制造业绿色产业创新的进程。

（3）基于绿色供应链创新的制造业绿色创新系统产学研战略联盟模式分析。在绿色供应链创新过程中，北京科技大学等三所大学和中国钢研向钢铁企业源源不断地输送供应链管理方面的优秀人才和信息，同时通过共同建立中瑞科技合作交流中心、钢铁行业技术创新平台、科技情报信息数据库等，加速绿色供应链上下游企业间绿色产品供需信息流动与共享；在绿色供应链中上下游企业通过相互协作组建绿色物流中心负责钢铁产品从原材料供应、炼铁炼钢、铸造轧制、深度加工至终端客户，直到废物回收再利用的全部环节的工作，如宝山钢铁股份有限公司的国际钢材加工物流配送中心、鞍山钢铁股份有限公司的上海钢材加工配送中心和武汉钢铁（集团）公司下属的国贸总公司与工业港等。

钢铁企业通过推广使用节能减排和低碳技术，利用绿色供应链物流中心为建筑、机械、轻工、造船等相关行业提供绿色低碳节能环保型钢材和产品，同时也为国防工业的航空航天等产业提供所需的高性能特钢材料和产品，开拓了新的绿色市场，进一步实现了绿色市场的创新。显然，通过基于绿色供应链创新的制造业绿色创新系统产学研战略联盟模式的构建有效促进了制造业绿色供应链的创新。

9.5　本章小结

首先，本章从制造业绿色经济创新驱动发展模式的分析入手，构建了基于绿色技术创新、基于绿色产业创新和基于绿色供应链创新的三种制造业绿色创新系统产学研战略联盟模式。其次，探讨了制造业绿色创新系统产学研战略联盟演化过程，并运用创新系统生命周期的理论，对制造业绿色创新系统产学研战略联盟模式进行了分析选择。最后，以钢铁可循环流程技术创新产学研战略联盟为例，对黑色金属冶炼制造业绿色创新系统产学研战略联盟模式的构建及选择进行了案例分析。

第 三 部 分

制造业绿色创新系统的知识溢出与知识共享机制研究

  知识是创新活动开展的基本要素,是实现创新能力提升的基础,制造业绿色创新系统内外部知识流动对制造业绿色创新活动的开展和创新效果具有重要作用。因此,本部分主要研究制造业绿色创新系统的知识溢出与知识共享问题,具体包括第 10~12 章的内容。

第10章　制造业绿色创新系统的知识溢出与知识共享：过程与因素

首先，本章在界定知识溢出与知识共享基本概念的基础上，探讨知识溢出与知识共享对制造业绿色创新的推动作用；其次，通过研究制造业绿色创新系统的知识溢出与知识共享过程，构建制造业绿色创新系统知识溢出与知识共享过程的综合模型；最后，进一步地，本章研究制造业绿色创新系统知识溢出与知识共享的影响因素，深入挖掘影响因素在制造业绿色创新系统知识溢出与知识共享过程中的作用。

10.1　知识溢出与知识共享的基本概念及作用

10.1.1　知识溢出与知识共享的基本概念

1. 知识溢出

从字面意义来看，溢出（spillover）是指储存容器中的气体、液体或固体等物质被无意地泄漏出来。从管理学角度而言，溢出的对象不仅涵盖了固、液、气体等有形的物质，而且还涵盖了无形的技术及知识等。因此，基于这一角度，学者们提出知识溢出这一名词并对知识溢出行为及原因进行了广泛研究。在有关知识溢出概念的提出方面，Marshall（1920）所著的《经济学原理》一书最早涉及了知识溢出的思想，但其并未明确地提出知识溢出这一概念。真正首次明确知识溢出概念的是 Macdougall（1960），他在研究东道国接受外商直接投资的社会收益时，认为知识溢出效应是外商直接投资的一个重要现象，并指出外商投资企业在东道国从事经济活动，会因为经济的外部性而导致技术外溢，从而促进东道国本土企业生产力水平的提高。此后，Krugman（1991）基于核心能力培育角度阐述了知识溢出的内涵，提出知识溢出是知识应用的产物，是知识管理的经济效应和表现形式，与知识管理具有内在的联系，并分析了卡罗来纳州区域知识溢出模式。

有关知识溢出产生原因及溢出行为方面，Arrow（1962）最早阐明了知识的累积过程及其经济含义，Romer（1990）在此基础上明确指出，技术知识的非竞争性和部分排他性特征是知识溢出发生的根本原因，并将知识作为独立要素引入生产函数，建立了知识溢出的内生增长模型。在 Arrow（1962）、Romer（1990）的开创性研究基础上，技术创新与技术进步领域的学者们以企业为研究对象，开始通过构建知识生产函数对知识生产与溢出行为进行分析。他们认为，企业的新知识既能促进本企业生产具有排他性的产品，也能溢出到其他企业并促进这些企业的创新，这些创新的技术知识又会溢出，从而形成不间断的企业间相互知识溢出，使得创新收益递增。

基于这些研究成果，本书认为，知识接受者结合原有知识和从知识提供者处获得的新知识，并将其融合转化应用，而给予提供者较少收益并分担成本的现象为知识溢出。

2. 知识共享

随着学术界对于知识管理研究的不断深入，国内外学者逐渐认识到知识共享的意义，同时发现知识管理中最为棘手的问题正是促使知识主体分享其所拥有的知识，因此学术界将知识共享独立进行剖析。通过对文献的总结发现，学者们主要从两个方面对知识共享进行研究：

第一，基于知识交换角度，知识共享是互动中成功地将知识转移给需要它的人，从而使接受的一方形成有效的行动能力；组织成员相互交换知识，并从中创造新知识的过程（Hooff and Ridder，2004；郝文杰，2008）。

第二，基于学习与应用角度，知识共享不仅仅是知识在个体间的交流和在组织内传播，也是组织内部员工与员工之间、团队与团队之间相互学习的过程，在知识共享的过程中，个体知识转化为组织知识，双方通过知识的获取、沟通、消化、应用等一系列过程产生的新认识、新方法、新能力、新知识等创新结果（惠赟，2011）。

10.1.2 知识溢出与知识共享对制造业绿色创新的作用

创新通常是从个人认知开始的，经过有意识的挖掘与研究，最终将概念化创意转化为实体化的技术、工艺、产品等。而制造业企业绿色创新在一定程度上等同于企业内部的知识创新。基于对创新过程的研究，过程学派将绿色创新细分为九大阶段,即创新知识的识别与获取阶段、创新知识的处理阶段、创新知识的评估阶段、绿色创新设计阶段、绿色创新试生产及运行阶段、绿色创新成果检测阶段、商业化生产应用阶段、市场推广阶段、绿色知识产权保护阶段。知识管理贯穿在制造业绿色绿色创新的这九大阶段中,并推动不同阶段的发展。

1)创新知识的识别与获取阶段

无论是原始创新还是二次创新,制造业企业绿色创新的起点都是一个创意的提出,而创意在某种程度上等同于新的知识。

绿色知识流动的方向具有不确定性,因此,制造业企业在绿色创新的启动阶段中需要应用知识管理来催发不同创意,并根据现有资源对相关绿色知识进行挖掘,在这种过程中进行创意的提出、分析及选取,即知识的获取。创意可以来自客户、供应商、合作制造商、竞争对手、高等院校、科研院所、企业内技术人员及企业其他员工等;创意包括许多方面,如新产品外形设计、新技术及技术的改进等;创意可以从定向研究中获得,也可以是在生产实践过程中激发的灵感。

2)创新知识的处理阶段

绿色创新过程中,特别是在探索阶段,绿色知识会被大规模发现并发掘。一部分绿色知识会以技能类知识的形式存在,如创新工作者的经验、技能(know-how)、诀窍等;另一部分绿色知识则以感悟、价值观等认知类的形式存在,即隐性化知识。

依据著名的 SECI 模型,隐性知识需要经过群化(socialization)及外化(externalization)两个过程,即通过共享经验产生新的意会性知识,并把隐性知识表达出来成为显性知识。隐性知识在经过群化与外化后,将在知识管理系统的存储工具——知识库中进行存储。在绿色创新的初始阶段有大量的显性知识杂乱地散落在制造业企业的各业务流程之中,在这个阶段知识管理能够初步整理创新所需的显性知识,即形成知识的融合(combination),为以后构建系统的创新知识管理体系打下基础。成功的知识分类储存能够帮助企业将创意准确、快捷地传递给相关成员,创新者也可以通过知识存储系统及时得知创新信息的最新动态,达到知识共享的效果,进一步形成显性知识的内化(internalization)。

3)创新知识的评估阶段

在创新知识的评估阶段,创新者对不同的创意方案进行整理、分析,根据已存储的有关知识对创新方案的可行性进行评估,分析评估结果以判断是否进行创新。

绿色创新的可行性评估包括外部评估与内部评估两个方面。其中,外部可行性评估包括定价策略、目标客户、客户接受度、预期市场容量等,而内部可行性评估则包括成本预测、企业技术人员的创新能力、企业设备的应用水平、研发资金预算、研发周期预评等。研发设计人员通过分析可行性评估结果以感知创意方案的发展潜力,为将无形的创意转化成有形的技术或产品做准备。

4）绿色创新设计阶段

绿色创新的设计阶段主要分为创新产品设计以及创新工艺/技术设计两种，其中，创新产品设计又包括外观设计、结构设计、模具设计等。绿色创新的设计应依照启动阶段所拟定的设计方向，并结合目标群体的实际用途进行设计。在此过程中，CAD、CAPP等信息化系统开始发挥作用，市场调查结果及设计人员思路以绿色知识流的形态引导绿色创新设计。绿色创新的启动阶段所构建的知识库在这时开始生效，当创新者需要某些绿色知识时，可以通过知识库快捷有效地获得所需知识并避免知识的重复创造。

5）绿色创新试生产及运行阶段

完成详细创新方案设计后，绿色知识系统整合相关技术信息，根据实际需求引进或改造生产设备，随后按照所制订的计划进行绿色创新试运行。运行过程中的数据资料需详细记录，经过绿色知识库整理后，将结果反馈给研发人员，研发人员根据反馈信息对创新方案进行调整，为创新方案的实施做好准备。

6）绿色创新成果检测阶段

该阶段分为问题检测和市场预检两个环节。

问题检测。绿色创新概念转化为绿色创新成果时会遇到各种问题，创新人员会针对过程中遇到的问题有针对性地进行检测分析，并不断更正与改进，进而完善绿色创新知识管理系统内的信息沟通。同时，专门的研发人员也会协助集中处理比较困难的问题，发现研发的亮点，从而更加科学合理地利用时间，以期缩短研发周期，为进行绿色创新的制造业企业抢占市场先机。

市场预检。绿色创新成果在大量投产之前要接受实际应用的检验，也就是市场预检。制造业企业开发的绿色创新产品试生产后同样需要实际检验，即把产品供应给实际用户，客户亲身体验后提供反馈意见，并被作为企业绿色创新的重要依据，集中形成知识流反映给绿色创新有关人员，从而有利于制造业企业进一步对产品进行改造完善。

7）商业化生产应用阶段

绿色创新成果经历前期的研发及检测阶段，通过后该产品或技术的下一阶段就是大规模的商业化投资生产。在这一阶段中恰当的知识管理不可或缺，它将直接影响到该绿色创新成果的生产效率。在绿色创新产品的生产阶段，知识管理将在生产的各个环节起到协调作用。除此之外，之前多次的材料订购、配送、消耗、存储等过程中遇到的问题、积累的经验都将有利于下一次绿色创新提供的实施。

8）市场推广阶段

要做好市场推广就要充分了解客户的需求，顾及客户的感受，在这一过程中，知识管理就起到了十分重要的作用。专业人员需及时获取并收集客户的意见反馈等知识信息，并对这些反馈信息进行集中处理，使产品更加符合客户偏好。

9）绿色知识产权保护阶段

绿色知识产权保护作为企业绿色创新活动的重要组成部分需贯彻至整个创新过程中。企业内部知识产权的日常管理主要包括权利获得、文献检索、知识产权储备等方面的工作。企业知识产权保护手段除了所熟知的申请专利，商业秘密也是一种必要的办法。因此，在这一阶段，企业需制定各种约束机制，预防有关绿色专利、商业秘密等知识的非法泄露。

10.2 制造业绿色创新系统的知识溢出与知识共享过程

10.2.1 制造业绿色创新系统的知识溢出过程

制造业绿色创新系统中伴随知识溢出和知识共享。知识溢出和知识共享是主体间知识经过不同途径和方式的流动。研究知识溢出和知识共享过程有助于更好地理解知识在不同性质主体间的作用和流通形式及途径。

作为绿色创新系统运行中的一部分，知识溢出可以被视为单独的整体，由不同的构成要素组成。绿色创新系统各个要素之间是相互影响、相互作用、相互联系的。从整体角度与过程角度来看，知识溢出包括知识溢出外部影响因素、知识溢出动力、知识溢出过程和知识溢出效果。知识溢出主要会受到外部空间距离的影响，并来源于绿色知识的需求。知识溢出的动力主要为绿色产出所需要的创新动力，创新动力又可分为市场动力和技术推动两方面。在具有知识溢出动力并受到知识特征的影响下，由于知识需求方与接受方（绿色创新系统主体）之间具有知识势差，知识溢出产生，并带来知识溢出的效果，即知识溢出能力提升、溢出速率加快、溢出量增加。制造业绿色创新系统知识溢出过程如图10-1所示。

10.2.2 制造业绿色创新系统的知识共享过程

知识共享既存在于个体间，也存在于组织中的不同主体间。个体间的知识共享能够激发新的创意和灵感，进而提高个体绩效，而不同主体的知识共享能够促进整个绿色创新系统的协同发展。因此，本章主要侧重系统内不同主体间的知识共享过程。

绿色创新系统的知识共享过程是指在内外部环境的激励下，组织中的主体或者个体将拥有的绿色创新知识共享给其他主体或个体的复杂过程，包括知识共享的发生、知识共享的主体及知识共享的过程。

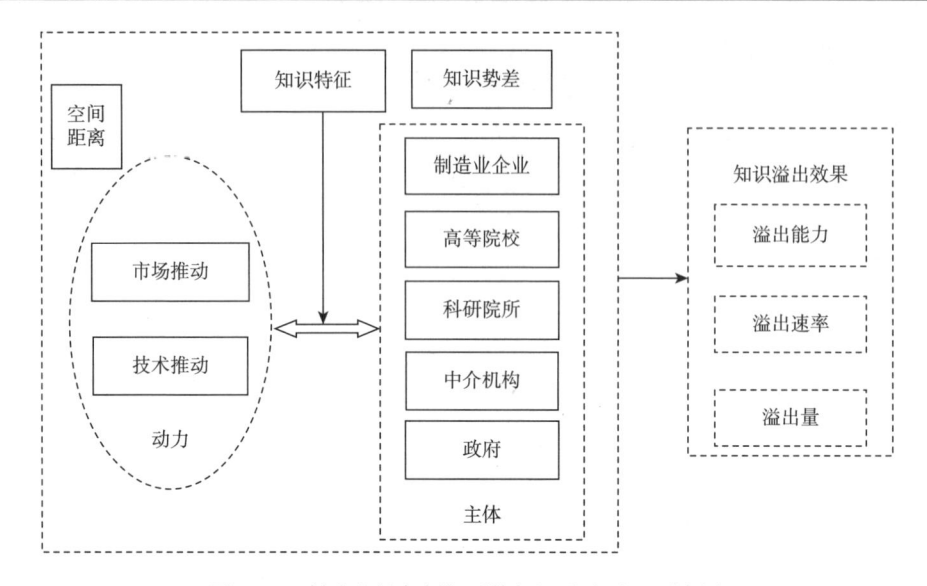

图 10-1　制造业绿色创新系统知识溢出过程示意图

首先，知识共享主要发生在制造业企业之间、制造业企业与高等院校及科研院所之间。制造业企业由于具有绿色知识的需求，从而通过与高等院校及科研院所的知识共享获得更加先进的绿色创新技术，提高绿色产出的价值，提升企业绿色创新能力。高等院校及科研院所通过为制造业提供人才和技术的方式实现知识共享，并获得科研经费，将绿色技术商业化。

其次，由于制造业企业、高等院校及科研院所等主体间存在竞争-合作关系，其知识共享不能完全由单个主体的意愿推动，因此政府的支持和中介机构的服务能力在一定程度上能够对系统中的知识共享起到促进和辅助作用。

最后，制造业绿色创新系统中的知识共享是一个涉及多个主体的复杂过程，知识共享必然能促进绿色产出，绿色产出反过来也会对主体的知识存量、绿色知识的需求和主体间的知识势差产生影响，进而影响下一阶段的主体间的知识共享。

因此，基于以上分析，本章构建绿色创新系统知识共享子系统如图 10-2 所示。

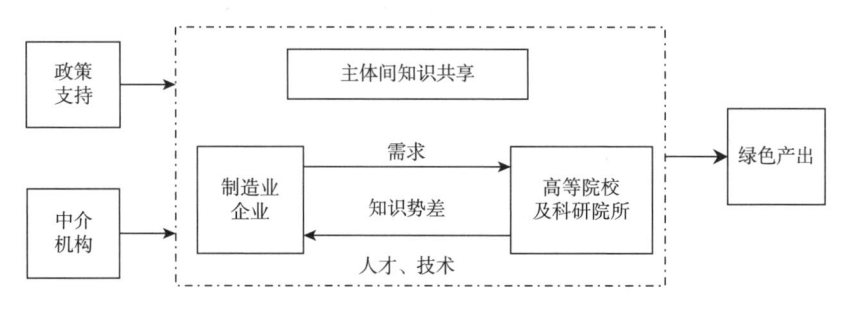

图 10-2　绿色创新系统知识共享过程

10.2.3 制造业绿色创新系统知识溢出与知识共享过程模型

任何组织的可持续竞争优势都来源于其所拥有的稀缺知识。只有不断创造和拥有新知识,并将其转化为新技术、新产品的企业最终才能取得成功。知识管理作为组织中识别知识、传播知识的活动,能够有效帮助企业提升综合竞争力。而知识管理不仅仅局限于某一组织中对集体知识进行管理,由于组织间的知识溢出与知识共享能够帮助组织建立竞争优势,因此知识溢出与共享也会成为知识管理的主要内容并受到关注。对于制造业绿色创新系统而言,在制造业绿色创新系统中对各个主体间的知识溢出与共享进行管理能够促进整个系统有序发展,激励主体学习、掌握并转化为绿色知识产出,有利于提升整个系统的竞争力。因此,本章基于知识管理视角构建了制造业绿色创新系统知识溢出与共享过程的概念模型,如图 10-3 所示。

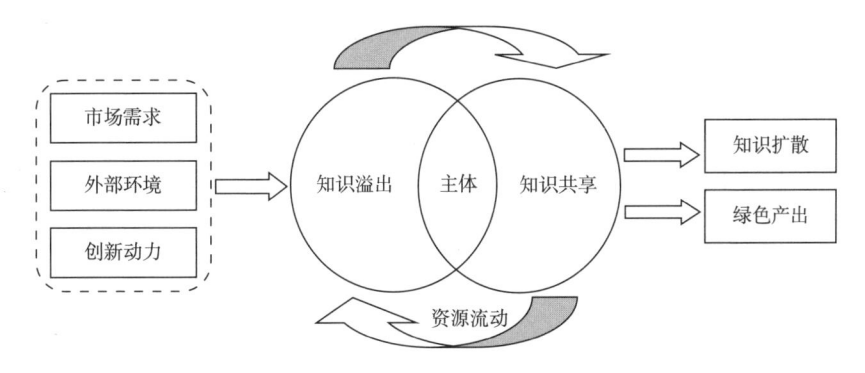

图 10-3 制造业绿色创新系统的知识溢出与知识共享的概念模型

如图 10-3 所示,基于知识管理的制造业绿色创新系统的知识溢出与知识共享概念模型包含了绿色创新系统主体(制造业企业、政府、中介机构、高等院校和科研院所),这些主体之间通过资源流动产生知识溢出与知识共享行为,而这些行为的产生源于市场需求、外部环境及创新动力的推动,并最终实现知识扩散,带来绿色产出。

10.3 制造业绿色创新系统知识溢出与知识共享的影响因素

绿色创新系统是某一区域内以可持续发展的绿色创新为目的,并由各类主体要素构成的一种系统。这些主体（主要包括制造业企业、高等院校、科研院所、中介机构和政府）通过知识的转让与获取，即知识溢出与知识共享活动促进绿色创新的顺利实施。本章在前人研究的基础上，进一步研究制造业绿色创新系统知识溢出与知识共享的影响因素，旨在深入挖掘影响因素在制造业绿色创新系统中的作用。

制造业绿色创新系统的知识溢出是指因绿色创新系统中的创新主体间由于知识存量以及知识结构的差异，创新主体产生的新知识经由传导途径，被接受方接受并转化创新的一系列过程。制造业绿色创新系统在产生知识溢出后，进入知识共享阶段。制造业绿色创新系统中的知识共享则是指绿色知识供给者在知识溢出后，被其他创新主体共同分享，从而转化为整个绿色创新系统知识存量的过程。创新系统中的知识溢出与知识共享既有联系又有区别，在研究影响因素时有必要对两者的影响因素进行对比分析。通过文献总结，知识溢出与知识共享的影响因素比较有代表性的相关研究见表10-1。

表10-1 知识溢出与知识共享的影响因素相关研究

影响因素	作者
知识的稀缺、重要性及知识溢出渠道的增加	刘柯杰（2002）
知识属性、知识溢出途径、宏观环境因素、微观主体因素	王立平（2008）
溢出方的主体特征、技术特征、溢出渠道和溢出阶段的互动	陈艳春和韩伯棠（2013）
知识特性、个体特性、组织特性和环境特性	宝贡敏和徐碧祥（2007）
主体、关联、知识和共享环境	史江涛（2007）

10.3.1　制造业绿色创新系统知识溢出的影响因素

1. 制造业绿色创新系统知识溢出的影响因素提取

1）知识溢出的直接影响因素

学者们从不同角度对创新系统的知识溢出影响因素进行研究和总结。例如，王欣（2015）在对高端装备制造业知识溢出影响因素探讨时，发现外部条件对知识溢出的发生及效果的影响是至关重要的。Teece（1981）提出了企业网络中知识流动的模型图，并从知识源、知识受体、知识本身的性质和距离四个方面考察和分析了影响知识溢出的主要因素。陈方丽等（2004）的研究表明企业的战略、知识、企业内吸收及员工学习机制能够影响企业内部知识的流动。员工吸收、理解新知识的能力及在商业上应用新知识的能力决定了企业所吸收知识的多少。陈艳春和韩伯棠（2013）认为主体的性质，包括知识的性质和文化的特点、主体间信任、传输通道都将影响知识溢出。本章在总结前人研究的基础上，并结合制造业绿色创新的特点，提出制造业绿色创新系统知识溢出的主要影响因素包括知识特征、知识势差、主体特征和空间距离。

第一，知识特征。根据知识能否清晰地表述和有效地转移，可以把知识分为显性知识（explicit knowledge）和隐性知识（tacit knowledge）。这两种不同的知识特性会影响到绿色创新系统中的知识溢出方式和效果。通常，显性知识易于交流沟通和分享，因而知识溢出相对较为容易发生，知识接受者也易于对所溢出的知识进行消化吸收并将其应用于绿色创新过程中。而隐性知识则基于个体经验，通常只能通过绿色创新主体之间的"干中学"及"学中做"等方式进行溢出。

第二，知识势差。知识主体拥有一定深度和广度的知识，而知识位势是指知识主体由于拥有知识而具有的状态。知识势差是指在不同知识主体间知识位势之间的距离。知识的广度和深度使得组织成员间存在知识势差。在组织中知识的流动往往也是从高势能的主体向低势能的主体流动。知识势能越高的主体向外传播知识的可能性越大，知识势能越低的主体吸收知识的可能性越大。知识势差越大的主体间知识溢出的可能性就越大。

第三，主体特征。通常而言，知识的创造部门包括了企业、高等院校和科研院所、知识生产个体。由于知识生产个体非本书研究对象，因此制造业绿色创新系统中知识溢出的产生主体源通常也包括了制造业企业、高等院校和科研院所，而政府和中介机构是制造业企业、高等院校和科研院所知识产生的引导机构和服务机构，为知识产生和溢出创造外部支撑条件。绿色创新系统中的制造业企业是知识溢出的主要来源。制造业企业的知识主要是应用型创新研究知识。高等院校和科研院所也是绿色创新系统中知识溢出重要的产生主体源，主要体现在知识创造能力、知识模式、知识溢出方式等。高等院校和科研院所的知识创造主要以学科研究和基础性研究为主，主要以显性知识创造为主，通过正式或非正式交流产生知识溢出。

在发生的过程中，知识溢出的溢出效果主要取决于知识接受方吸收能力。Inkpen 和 Tsang（2005）指出，企业自身的吸收能力影响着知识创新在网络中溢出的效率与效果。Kostopoulos 等（2011）指出，在知识溢出过程中，企业的吸收能力与组织对外部隐性知识的转化能力呈正相关关系，吸收能力越强，对知识的转化能力越强。同时，接受方企业知识储备水平对吸收能力有着重要影响，接受方知识广度决定了所能接受知识的范围，其知识的深度能够加速接受吸收转化外界技术知识，提高其利用效率。此外，接受组织的努力程度对于知识储备有着影响，努力程度的提升可以加大知识接受方内在知识的广度及深度，加速知识创新进程，同样，努力程度降低的同时也会使得接受方已有知识水平下降。

第四，空间距离。通常知识溢出随着空间距离的增加而衰退。其中，隐性知识受到自身特质的限制，无法远距离传播，只能经由观察、近距离交流传播吸收，同样只能溢出到邻近的企业。Jaffe等（1993）研究发现，知识溢出具有本土性，即美国的专利更多地由本国引用，因此地理距离相对较近的地区更容易获取知识。Feldman（1994）在此基础上研究表明，本地化或者区域化能够较大程度地降低创新活动引起的不确定性，地理上的相似性能够通过提高企业认知和交换思想的能力降低这种不确定性。因此，空间距离也会影响制造业绿色创新系统的知识溢出，并与知识溢出量和溢出效果呈负相关关系，即知识溢出方与知识接受方的空间距离扩大，知识溢出量会降低，溢出效果会减弱，反之亦然。

2）知识溢出的间接影响因素

第一，创新主体的社会环境特征。社会环境主要包括社会资本、人际关系、系统主体的创新氛围等。随着社会人假设的提出，人们越来越注重处在社会环境中的地位等相关方面。一方面，受到知识特性的影响，知识的溢出和传播仍然不能避免口头交谈的途径；另一方面，由于信息的不对称性，新信息的接受方更倾向于通过评价新知识的使用者是否应用该知识做出决策。

第二，政府政策。诱致性创新理论认为绿色技术溢出是环境政策作用的结果。绿色创新系统包括政府等各类主体要素（丁堃，2009）。制造业绿色创新系统受到政府政策的影响尤为突出。主要原因在于，制造业的新知识、新技术的开发具有风险性，与此同时，知识的外部性使得在系统主体创新改进原有技术的同时，不可避免地发生搭便车的现象，因此，这些特征都会导致创新主体的福利降低，打击绿色创新主体的积极性。而能够缓解这种矛盾、提高主体创新积极性的有效方法就是政府积极的扶持政策。例如，政府可以通过补贴型政策在一定程度上缓解企业的资金问题，降低研发成本和风险，带动系统主体研发的积极性。

此外，绿色创新系统需要高端优秀人才，引进外部人才有利于提升自主研发能力，形成自主创新、自有产权的知识体系，积极的政府政策能够帮助创新系统的主体引进人才，有利于技术性企业留住优秀人才。

2. 制造业绿色创新系统知识溢出影响因素的作用机理

机理是指在一定的系统结构中各要素的内在工作方式以及诸要素在一定环境下相互联系、相互作用的运行规则和原理。机理包括形成要素和形成要素之间的关系两个方面。绿色创新系统的知识溢出的影响因素有很多，本部分主要基于上述影响因素的分析，探讨这些因素对绿色创新系统知识溢出的影响。

1）知识溢出直接因素的作用机理

知识溢出的直接影响因素有很多，可以分为两大类——内部影响因素和外部影响因素。内部影响因素表现为，各创新主体作为知识溢出的直接主体，其特征与创新网络知识溢出直接相关。依据上述分析，并结合绿色创新系统知识溢出特点，将内部影响因素总结为知识特征、知识势差和主体特征，外部影响因素则主

第10章 制造业绿色创新系统的知识溢出与知识共享：过程与因素 ·183·

要是指空间距离，这些影响因素的作用会通过知识溢出能力、溢出量及知识溢出速率等知识溢出效果指标而体现。

首先，知识的复杂性、专用性、隐性程度等知识特征能够有效影响知识溢出能力。主要原因在于随着知识复杂性和学科种类的增加，知识的辨识难度提高，难以跨越边界溢出以及被接受者吸收。同时，与情境关系越密切、专用性越强的知识，越难以被接受者吸收理解利用。此外，知识的隐性程度能够影响知识的编码和传递效率，进而影响知识溢出并转移的效率和效果。

其次，主体间的知识势差也是影响知识溢出效果的又一重要因素。由于组织中各个主体拥有不同的特质，属于不同性质不同类型的主体或者行业，各个主体拥有的知识存量和所属领域不同，知识势差势必存在于各个主体间。知识势差能够同时影响知识溢出的数量、速率和主体溢出的能力。

再次，制造业企业、高等院校和科研院所等主体所掌握的知识类型与知识量、规模大小、R&D投入、开放性、所属行业及对员工外联的支持也会有所不同等特征，也会影响到知识溢出量的大小。

最后，外部影响因素即空间距离则在影响知识溢出速率方面起到关键作用，通常空间距离越大，知识溢出速率会越低。

因此基于上述分析，知识溢出直接因素的作用机理如图10-4所示。

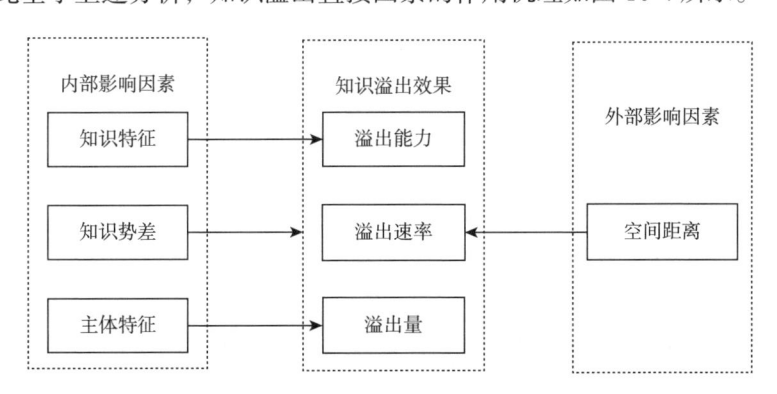

图10-4 知识溢出直接因素的作用机理

2）知识溢出间接因素的作用机理

知识溢出的间接因素有很多，在已有研究基础上，通过分析，可以将其分为两大类：一类是社会环境特征，另一类是政府政策。

主体所处的社会环境对于知识溢出存在着间接的影响，如主体的社会关系网络比较发达，主体所能接触到的知识将会广泛多样，那么主体对于知识溢出将起到作用，在吸收知识溢出的部分时，也会造成自身所掌握的知识向外溢出。同时，由于每个主体在制造业绿色创新系统中拥有的知识存量不同，不同主体的研究领域也有所区别，因此能够对其他主体起到知识供给的作用，并在为其他主体知识供给时促进知识的溢出。

政府政策也是促进知识溢出的间接因素，政府出台相关政策可以推动中介机构、产学研的结合等，从而加大知识溢出的可能性。同时，政府对主体出台的创新支持政策能够激励组织中的各个主体，使主体有能力加大知识的研发、知识的运用与商业化、知识的吸收能力等，可以增加知识的存量、知识的传播等从而使知识溢出的效果更加明显。基于上述分析，本章构建了知识溢出间接因素的作用机理模型，如图 10-5 所示。

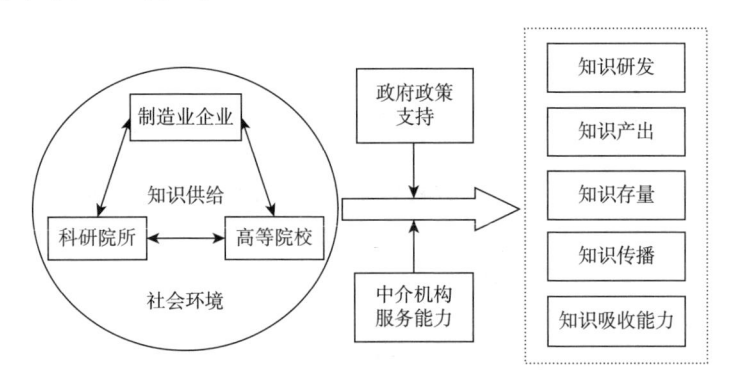

图 10-5 知识溢出间接因素的作用机理

3）知识溢出直接和间接因素的混合作用机理

间接因素通过对直接因素产生影响，从而对知识溢出产生影响。将直接因素和间接因素两类因素进行整合，可以得到两类因素对于知识溢出的影响过程及初步的影响机理。

首先，处于社会环境下的不同主体具有各自独有的特征。这些主体的特征能够对知识溢出的效率和效果产生影响。社会环境也会对主体的社会网络产生影响，拥有比较发达社会关系网络的主体，所能接触到的知识将会广泛多样，这就决定了主体所拥有的知识更加复杂和隐性化。其次，政府政策能够对主体产生影响，相关政策能够推动或减少各个主体的相关活动。积极的政策能够促进各个主体的合作，推动知识溢出的产生，增强知识溢出主体的溢出能力和提高溢出速率。最后，知识溢出的主体特征和所溢出的知识具备的特征在空间距离的影响下，能够作用于溢出知识的接受方，进而产生不同的溢出效果。

如图 10-1 所示，知识溢出的效果主要分为溢出能力、溢出速率和溢出量三方面。这三者相互作用，相辅相成，共同形成了知识溢出的效果。主体特征能够通过主体影响到知识的溢出能力，不同的主体溢出能力相对不同。相似的主体间知识溢出速率相对较高。知识的显性和隐性化程度能够对溢出知识的类型产生影响，显性化的知识更容易溢出，溢出速率也较高。空间距离越近，主体间沟通越方便，知识溢出的效果会更好；当空间距离超过一定范围时，主体间联系可能相对困难，不利于主体间知识的溢出。

基于以上分析，本章对知识溢出直接和间接因素进行整合，构建了以下简化作用机理模型，如图10-6所示。

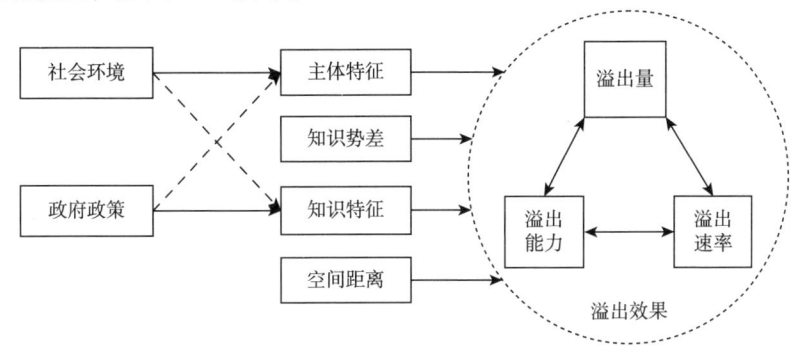

图10-6　知识溢出直接和间接因素的混合作用机理

10.3.2　制造业绿色创新系统知识共享的影响因素

1. 制造业绿色创新系统知识共享的影响因素提取

1）知识共享的直接影响因素

学者们对知识共享的因素进行了研究，汤建影和黄瑞华（2005）针对研发联盟企业之间知识共享的微观层面的影响机制，分析了合作伙伴的技术资源强度、企业的组织学习能力、技术知识的壁垒属性、伙伴间的相容性水平四个因素对联盟企业知识共享的影响。韩国元等（2014）构建了知识共享水平影响因素模型，主要包括知识共享主体、知识共享环境、知识特性、知识共享渠道。基于学者们的研究文献，并结合绿色创新系统知识共享特点，本章认为绿色创新系统知识共享的主要影响因素包括拥有者的共享意愿和发送能力、绿色知识的特性、知识接受者的接受意愿和吸收能力。

第一，拥有者的共享意愿和发送能力。随着绿色知识数据库的建设以及信息管理手段的广泛应用，知识共享的技术手段获得了快速发展，然而实际上影响绿色知识共享发生的最重要因素仍然在于绿色知识拥有者是否具有积极的知识共享意愿，也就是知识拥有者是否愿意将自身拥有的知识进行扩散或与他人进行共享的愿望。

此外，拥有者的发送能力也会影响知识共享的发生。首先共享的双方要具有知识势差，要具有对方所不具备的知识或技能；其次要具有互相转移知识的能力，包括能准确、完整地表达自己的知识，否则，成员之间的知识共享就会严重受阻而难以进行。大多数学者研究也表明，能力强（包括发送能力和吸收能力强）的成员更能参与知识共享，具有更高的知识共享能力。

第二，绿色知识的特性。与知识溢出相同，知识特性也会影响知识共享的效率和效果。显性知识更容易学习和吸收，隐性知识属于个体的经验知识，难以通过显性的形式传播。由于绿色创新系统的知识共享建立在制造业企业、高等院校与科研院所、政府、中介机构间对溢出知识资源进行流动的基础之上，知识的内隐性越高，共享的难度就越大。此外，高度专业化的知识涉及不同学科不同领域，知识的复杂性加大，知识共享的难度也随之增加。

第三，知识接受者的接受意愿和吸收能力。根据计划行为理论（theory of planned behavior，TPB），个体的行为意向和他们的实际行动可以由个体对这种行为的态度决定。因此，在绿色创新活动中，绿色知识接受者的接受意愿也会影响知识共享行为的发生。当绿色知识接受者对溢出知识的共享持有积极的接受意愿时，则更有利于促进知识共享的顺利发生。接受者的吸收能力也会影响知识共享的效果，如果接受者能较快地接受、吸收转化共享的知识，绿色创新活动中的知识共享效率就会较高。

2）知识共享的间接影响因素

激励、环境和个人因素均能影响个体努力的程度。同样，个体知识共享的意愿与组织内的激励机制、环境、文化氛围有关。系统中的不同个体也会受到内部制度和外部政策、主体间文化差异、组织氛围的影响。

第一，内部制度与外部政策。知识共享目的是获得一定的利益，不管是经济还是非经济利益。对于不同主体而言，知识共享的收益大于成本时，往往能促进知识共享。没有有效的制度激励，主体间的知识共享难以进行。制造业绿色创新系统包含不同的组织和机构，外部制度将不同类型的主体联系在一起。建立有效的制度和激励机制有利于增强主体间的沟通、增强企业间的信任、加速知识流动和知识共享。因此积极的外部政策能够对不同知识主体间的知识共享产生促进作用。

在知识主体内部，员工个人价值体现在其个人知识的存量和对组织所做的贡献。员工的个人价值与其在公司中的地位、待遇密切相关。如果把自己掌握的有限资源分享出来必然会损失一定的利益。企业、机构间的关系也是如此。知识共享的主体内部存在激励员工间进行知识共享的机制，能够促进员工间的知识共享行为，提高知识共享的效率和效果。在绿色创新系统中，在主体内部和组织间提供积极宽松的知识共享的政策保障，有利于各个机构组织间进行知识分享。

第二，主体间文化差异。系统中主体间对于共享知识的文化观念的不同和差异，会影响到共享知识的内容和效率。Lewis（2004）认为企业文化和价值观能够引导、激励个体间知识共享的行为，并且帮助企业获得长期的竞争优势。因此，制造业绿色创新系统的各个主体以知识型组织为主，需要提供共享的文化准则来鼓励知识共享的活动，同时消除主体内阻碍知识共享的其他因素。

第三，组织氛围。良好的组织氛围能够激励、促进个体间共享知识的倾向。组织内部如果更加看重关系，不仅不能促进知识的共享，反而会抑制知识共享。因此，制造业绿色创新系统的组织内部要为员工营造轻松的工作环境，并鼓励不同部门、不同工作岗位的员工通过协作进行知识共享，从而促进绿色创新的进行。

2. 制造业绿色创新系统知识共享影响因素的作用机理

1）知识共享直接因素的作用机理

首先，知识拥有者的共享意愿是知识共享最直接的影响因素。知识拥有者掌握着知识的全部信息，这些信息对于知识拥有者的重要程度、拥有者的个性及知识索求者愿意付出的代价等因素具有重要影响，并决定了知识拥有者共享的意愿。而知识拥有者共享的意愿程度决定了知识被共享的程度。拥有者共享意愿越大，知识被共享的程度越高。在拥有者共享意愿程度的基础上，拥有者的发送能力也是关键的直接影响因素。由于受到知识特性、空间距离等因素的影响，知识的共享需要一定的技术，而拥有者对这些技术的发送能力强弱对知识共享的程度产生直接影响，发送能力越强，知识共享量会越高。

其次，接受者是否愿意接受是知识共享是否能够进行的最直接因素。接受者由于考虑到知识吸收成本、自身发展潜力等因素，会对知识共享产生不同程度的意愿。如果知识吸收成本过高或者自身有能力研发同样的知识，那么接受者对知识的接受意愿程度将会不高。如果接受者愿意接受知识，但是由于自身吸收能力的限制，不能很好地将吸收的知识转化为商业效益，或者吸收过程过于缓慢，使成本不断上升，那么都将使接受者对于吸收知识的意愿降低。

最后，知识特性对知识共享的速率有着直接的影响。知识的复杂性、专用性、隐性程度等特征，对知识共享产生了负的影响。这些特征使得知识拥有者和接受者必须具备良好的知识技术与共享技术，如果两者在这些方面的准备不充分，那么知识共享的转化速率将会很低，减缓知识的共享。

因此，基于以上分析，本章构建了知识共享直接因素的作用机理模型，如图10-7所示。

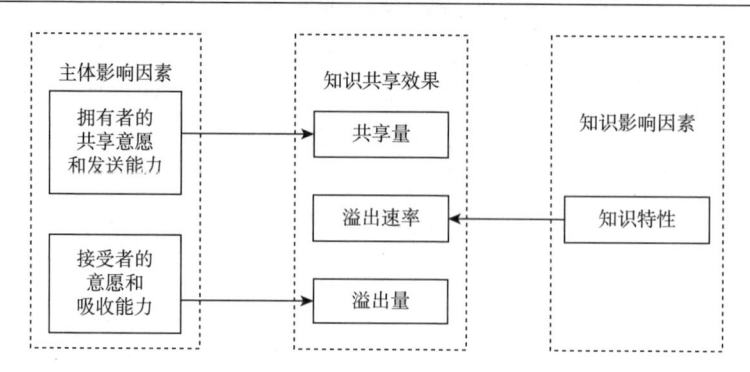

图 10-7　知识共享直接因素的作用机理

2）知识共享间接因素的作用机理

知识共享的间接影响因素大体可以分为三个方面，即内部制度与外部政策、主体间文化差异、组织氛围。这些因素主要通过对知识拥有者的意愿和发送能力、接受者的意愿和吸收能力产生影响从而对知识共享产生影响。

首先，内部制度与外部政策会影响到主体间的知识共享效率。好的制度和政策会使得主体内部形成乐于合作与分享的气氛，对外也呈现出开放的态度，那么主体将会更加积极地参与到知识的共享中去，主体的共享积极性也会越高，从而推动知识共享的发生。

其次，不同主体间存在文化差异时，两个主体的交流与沟通难度将会加大，从而间接对知识共享产生消极的影响。主体的文化差异越大越难以进行良好的沟通，随着沟通难度的加大，主体共享的积极性则会受到打击，知识共享量和吸收能力则会相应减少。

最后，组织氛围对个体间分享知识的行为也会产生影响。处于活跃的组织环境之中的个体，具有良好的关系网络，使得其能够更多地与其他个体进行接触，从而促进相互之间的协作与知识的共享。

基于以上分析，本章提出知识共享间接因素对系统知识共享效果的作用机理简化模型，如图 10-8 所示。

3）知识共享直接和间接因素的混合作用机理

间接因素通过对直接因素产生影响，从而对知识共享产生影响。将直接因素和间接因素两类因素进行整合，可以得到两类因素对知识共享的影响过程及初步的作用机理，见图 10-9。

构建混合作用机理时，主要考虑了三个重要间接因素的作用，包括制度与政策、主体间文化差异和组织氛围。每种因素都能在一定程度上影响共享主体的意愿和能力。首先，制度与政策的宽松与否能够影响到知识共享主体的动力的大小和知识发送能力，也能够对知识接受主体的意愿产生影响。其次，主体间的文化

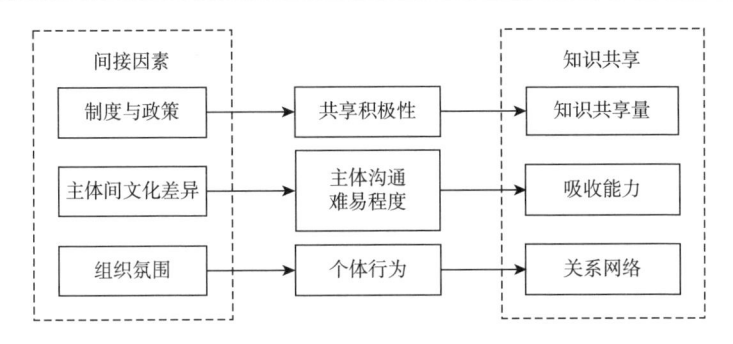

图 10-8　知识共享间接因素的作用机理

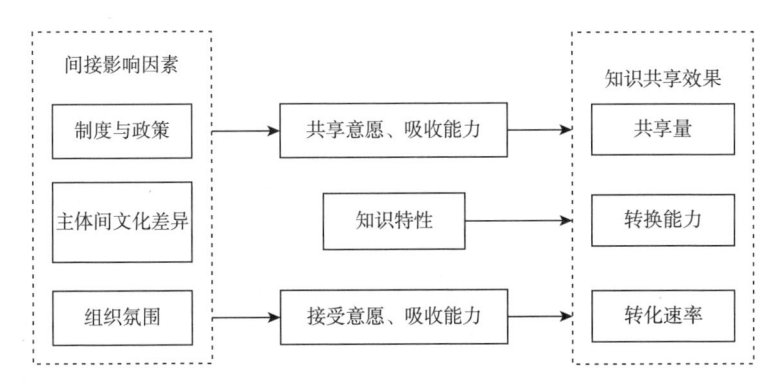

图 10-9　知识共享直接和间接因素的混合作用机理

差异的大小能够影响接受者的吸收能力。文化差异小的主体能够更快地适应对方的文化和知识共享模式，从根本上能够更加主动地接受新的知识。反之，文化差异大的主体间的沟通和知识共享的障碍就会相应加大。最后，组织氛围这一间接影响因素能够对主体内的成员产生影响。活跃、轻松的氛围能够帮助成员间良好地沟通，这对于新知识的产生和接受有很好的作用。呆板、死气沉沉的组织氛围将不利于主体内成员间的交流，因此对新知识的接受效率和效果将大打折扣。

同时，由上文可知，间接影响因素能够作用于各个主体，进而对主体关于知识共享活动的意愿、能力产生不同程度的影响，进而能够影响知识共享效果的好坏。间接因素的影响和作用不可忽略，它们同知识的特性一样，都能够对系统中知识共享产生影响，是同等重要的因素之一。

10.4　本章小结

本章对知识溢出和知识共享等概念进行了界定，并阐述了知识溢出与知识共享对制造业绿色创新的作用,在解析制造业绿色创新系统知识溢出过程、知识共享过程的基础上,构建了制造业绿色创新系统知识溢出与知识共享的过程模型。同时,本章提出了制造业绿色创新系统影响知识溢出和知识共享的直接和间接因素,并分别分析了两种因素对知识溢出和知识共享的作用机理,探讨了不同因素的影响程度,为下文的知识溢出和知识共享机制提供理论基础。

第 11 章　制造业绿色创新系统的知识溢出机制研究

　　创新的本质就是知识的产生，而知识的应用过程则会产生知识溢出。组织通过主动学习并获得所需知识，与已有知识相融开发新知识，这就是组织的"学习活动"，即知识溢出。制造业绿色创新系统在创新过程中，会带来绿色知识的溢出，即这类能减少污染、降低消耗和改善生态的知识体系在创新系统中通过主体间的创新合作、创新扩散等行为而产生溢出。知识溢出包括组织内部的知识溢出、组织间的知识溢出、个人与组织间的知识溢出、个人与个人间的知识溢出等，而本章主要研究制造业绿色创新系统内创新主体间的知识溢出行为。

11.1　制造业绿色创新系统知识溢出的产生机制

　　制造业绿色创新系统的知识溢出是指绿色创新系统中的创新主体间由于在知识存量以及知识结构方面的差异，而形成的知识从知识主体源溢出，经过知识传导渠道，被知识接受方吸收及再创新的一系列过程。由于绿色创新系统中的知识主要包括了在绿色技术创新过程中所产生的能够以环境保护为导向、以节约资源和能源为目的，并消除或减轻制造业在生产过程中生态负效应的一类知识，因此，在绿色创新系统中，所进行溢出的知识包括绿色技术知识、绿色工艺知识和绿色产品知识，如污染控制和预防知识、循环再生技术、生态工艺知识、绿色产品知识等。制造业绿色创新系统的知识溢出是一个互动的过程，其产生机制主要包括对知识溢出产生根源、产生主体源及产生动力的研究。

11.1.1　绿色创新系统知识溢出的产生根源

　　知识溢出效应源于知识的外部性特征，因此，要剖析绿色创新系统知识溢出效应的产生机制，首先必须了解绿色知识的正外部性，通过知识的外部性特征来认知和透析绿色创新系统中的知识溢出产生原理。

1. 绿色知识外部性的概念和内涵

绿色知识外部性是外部性在知识经济领域的一个特例。从经济学角度来看，外部性的概念最初由 Alfred Marshall 和 Arthur Cecil Pigou 于 20 世纪初提出，指的是市场中的个体的行为或决策能够影响到其他决策者的利益。即只要某人的效用函数所包含的某些要素被另一个人控制，就表明经济中存在着外部性。因此，绿色知识的外部性可以被界定为：绿色创新系统中各创新主体的福利函数中的绿色知识贡献部分包括由其他主体的知识贡献行为得到的收益，而创新主体却未付出任何成本或得到报酬，那么就可以认定绿色知识具有外部性。

依据外部性的概念，通常外部性包括正外部性和负外部性。正外部性是指某个经济行为主体的生产或消费使他人或社会受益，而又无法向后者收费的现象；负外部性则是指经济主体的行为使得其他主体利益受损却不用承担成本的现象。

用公式表示如下：

$$F_j = F_j\left(X_{1j}, X_{2j}, \cdots, X_{nj}, X_{mk}\right), \quad j \neq k; i = 1, 2, \cdots, n, m \quad (11\text{-}1)$$

其中，j 和 k 表示不同的个人（或厂商）；F_j 表示 j 的福利函数，是指经济活动。该函数表明，某个经济主体 j 的福利，不仅受到他自己所控制的经济活动 X_i 的影响，也受到另外一个经济主体 k 所控制的经济活动 X_m 的影响，在这种情形下，就存在外部效应。

绿色知识的外部性主要体现在它的正外部性方面，即由于制造业绿色创新系统中的创新主体在生产出绿色知识后，不能排除被他人无限次地再现或复制，并且绿色知识所带来的社会收益大于企业或个人的私人收益，而社会成员并不会因此而向绿色知识的生产者或消费者支付一定的报酬。因此绿色知识具有正外部性，具体体现在以下三点。

1）绿色知识对生态环境的正外部性

绿色知识是以生态思维来解决生态问题的知识和技术手段，也就是通过知识而表达出来的生态语言。随着自然资源的日益趋紧，生态问题已经上升为全球生态危机。基于此，创新知识如果依旧只是满足目前经济发展的需求，那么自然资源短缺问题依旧无法解决，经济则难以继续有序发展。而绿色知识则能有效弥补传统技术的不足和对生态环境的负面作用。例如，某些绿色清洁类知识能够有效监控生产过程中出现的污染物，末端治理知识则主要针对排放的污染物的处理，生产过程中产品的绿色指标则由绿色生产技术加以控制。因此，通过这种绿色知识的外溢可产生对生态环境的正外部性。在工业化时代，若要实现扩大全球能源消费和缓解生态危机的双重目标,就需要在制造业内部充分运用绿色技术以及广泛普及绿色知识。

2)绿色知识对市场的正外部性

绿色知识有助于企业的生产活动对市场资源和能源的消耗最小,使得市场中产品消费产生的废弃物和污染物最小。因此,强有力的绿色知识体系可以为市场带来正外部性。第一,绿色知识在制造业企业生产过程中的应用和扩散,可以促使企业减少生产能耗、降低对市场资源的使用和环境生态的破坏,从而为市场带来正外部性。第二,制造业企业通过绿色知识的应用可生产出绿色产品,而在生产绿色产品的过程中则使用清洁原料和清洁工艺,在销售、使用过程以及在废品处理过程中很少对环境产生危害,其生命周期的各个环节所消耗的能源都将达到最少,因此会对市场带来很大的正外部性。

3)绿色知识对创新系统的正外部性

绿色知识是绿色技术创新的基础,是新技术和新发明的源泉,是促进环境科学技术进步和经济增长的革命性力量。以往绿色知识主要产生于企业内部,随着环境的变化,企业在创新的过程中,所需要的专门的绿色知识范围也在日益广泛,仅仅依靠企业内部原有知识的积累已经远远不能满足企业应对外部生态环境、市场环境的变化。因此,在这种情况下,企业自身不仅要持续不断地创造绿色知识,并且要不停地与其他企业、高等院校及科研院所、政府等机构组成绿色创新系统,并通过主体之间的绿色知识以及其他资源的交换,提升核心竞争力。而绿色知识的正外部性借助创新系统内部的交流、技术模仿和人员调动,促进绿色知识在创新系统主体间的扩散。

2. 绿色知识的正外部性与绿色创新系统的知识溢出

研究表明,知识溢出效应的地理特征对创新系统的集聚起到了重要作用,邻近的企业和相关机构出于地理位置的相近更容易通过知识相互溢出提升各自的创新能力和提高效率,而知识的正外部性则促进了知识的溢出。通常,对于知识外部性与知识溢出的研究,可从 MAR(Marshall-Arrow-Romer)外部性、Porter 外部性和 Jacobs 外部性进行分析。MAR 外部性和 Porter 外部性均是指产业内的知识外溢对组织来说大多最为重要,而 Jacobs 外部性则侧重拥有不同产业的企业集聚的知识外溢,这种外部性来自行业间的差异性、互补性。由于本章主要研究制造业产业中绿色创新系统的知识溢出,因此,既有产业内不同制造业企业间发生的绿色知识外溢,也有不同行业或机构(如制造业企业、政府、高等院校和科研院所等)之间的绿色知识外溢,因此可应用以上三种理论进行分析。

1）基于 MAR 外部性的视角

MAR 外部性关注的是同产业内不同企业之间的知识溢出，认为一个地区越集中于某一个产业，则该地区该产业内的企业之间的知识外溢更容易、更频繁，企业之间的互动更经常发生，从而更有利于推动该产业内的企业的技术进步、技术创新和生产率的提高，促进该地区的产业增长。

Marshall（1920）认为同一区域的产业集聚能够促进知识溢出，进而加快经济发展。其原因在于集聚能够带来内部经济和外部经济。内部经济是指在企业内部因素引起的生产费用的降低；而外部经济则是企业外部因素促使企业生产费用的节约。同一产业的企业聚集，能够扩大外部经济的效应，进而带来企业的内部经济，对于增强企业竞争力具有重要作用（Romer，1986）。Arrow（1962）用外部性解释了溢出效应对经济增长的作用。他指出，新投资的溢出效应能够使投资者和其他厂商均受益，使得生产率能够通过生产经验的积累和学习得以提高。

Romer（1986）以 Marshall 外部性思想为基础，并借鉴 Arrow（1962）"干中学"概念构建了知识溢出模型，该模型是以知识生产和溢出为基础的［参见式（11-2）］。他认为知识与商品的不同是由于知识的溢出效应，该效应能够促进厂商生产知识并提高全社会的生产率。

$$Y = K^\alpha \left(AL_y\right)^{1-\alpha} \qquad (11-2)$$

其中，α 为介于 0~1 的数；A 为介于 0~1 的一个参数。

在该模型中，Romer（1986）假定代表性厂商的产出 Y 是该厂商的知识水平 A、其他有形投入 L（如物质资本和原始劳动等）和总知识存量 K 的函数。对于个别厂商的自身投入而言，该生产函数表现出不变规模收益、满足新古典生产函数的假定。然而，如果将 K 考虑在内，则这一生产函数对于代表性厂商和整个经济具有不同的含义：代表性厂商将总知识水平 K 视为给定的变量，因此生产函数表现为不变规模收益；但对整个经济（假定它由 N 个同质的厂商组成）而言，生产函数表现为规模收益递增。在这里，总知识水平 K 成为外部性的来源，而经济则通过知识积累的副产品性质和知识存量的外部性得到了内生增长。

基于 MAR 外部性理论，绿色创新系统的绿色知识溢出之所以会产生，主要源于创新系统的集聚，集聚能够促进绿色创新系统中创新要素的专业化投入，能够提供具有特定绿色创新技能的劳动力市场，并降低绿色创新人员出现短缺的可能性；而且使得绿色创新系统内企业的生产函数将会优于单个企业的生产函数，企业将会从绿色知识、绿色技术、绿色产品信息等的溢出中获得收益。因此，绿色知识的正外部性强调绿色创新系统中知识溢出效应对绿色技术创新的作用，这种作用使绿色创新系统中的知识生产者不仅能够从企业内部获得创新价值,而且也会受益于系统内其他绿色知识产生源的溢出效应。

2) 基于 Porter 外部性视角

Porter (1990) 提出了一种类似 MAR 外部性的理论,即 Porter 外部性。他认为知识在特殊的聚集产业内溢出会刺激经济增长,然而与 MAR 外部性不同的是,他强调是竞争而非垄断会促进产业内企业间技术创新与知识溢出,即本地竞争尽管会降低技术创新者的回报,但也为企业实施创新提供了压力,企业间残酷的竞争将迫使企业迅速采纳其他企业的创新(通过知识溢出的方式获得其他企业的创新经验),并对其进行改进,从而提高企业生产率,并促进产业增长。

因此,绿色创新系统中绿色知识溢出是推动绿色技术进步的主要手段,在绿色知识的溢出过程中,由于竞争的存在,一个企业会通过多渠道获得其他企业的经验、知识、信息,而这些经验、知识和信息既有助于生产者自身生产率的提高,而且通过外溢可提高其他人的生产率。因此,绿色知识对生产率的这一正外部性抵消了单个生产者所面临的递减报酬,但在社会整体水平上报酬是不变的。

3) 基于 Jacobs 外部性视角

外部性理论涉及城市经济学,并强调知识溢出在区域经济增长中的重要性。与 MAR 外部性和 Porter 外部性不同,Jacobs (1985) 认为一个地区知识溢出更多来源于该地区不同产业之间而非同一产业内部。她提出,由于各个行业差异性和互补性的存在,这些行业在集聚中其知识、经验、信息、技术相互融合和相互影响促进了企业的技术创新行为。威廉姆森提出的"入门效应"(gate effect) 是指,某种特殊需求或产业内创新能够以知识溢出为媒介促进区域内相关产业的发展或推进相关技术创新。因此,在产业种类越多的地区,产业间的互动也会更多,产业间知识外溢带来的收益更大,从而更加有利于企业技术创新和地区经济增长。

基于 Jacobs (1985) 的外部性理论,在实施绿色技术创新过程中,一个地区的制造业企业、政府机构、高等院校与科研院所以及中介机构等由于在绿色技术创新的知识存量方面存在着差异性、多样性以及互补性,因此集聚不仅促使了绿色创新系统的形成,而且集聚过程中通过绿色知识的外溢提升了创新系统中各主体的技术创新能力和产业经济发展。

11.1.2 绿色创新系统知识溢出的产生主体源

绿色创新系统中知识溢出的产生主体源是指知识溢出的供给者,或者是绿色创新系统中的绿色知识的供给主体。通常而言,知识的创造部门包括了企业、高等院校和科研院所、知识生产个体,由于知识生产个体非本章研究对象,因此制造业绿色创新系统中知识溢出的产生主体源通常也包括了制造业企业、高等院校和科研院所，而政府和中介机构是制造业企业、高等院校和科研院所知识产生的引导机构和服务机构，为知识产生和溢出创造外部支撑条件（图 11-1）。

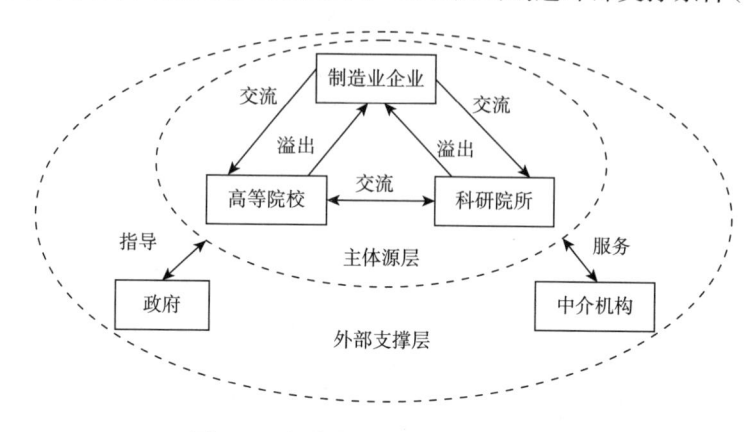

图 11-1　绿色创新系统知识溢出主体

1. 制造业企业

绿色创新系统中的制造业企业是知识溢出的主要来源。在创新系统中，这些企业组成一个知识库，不仅能够创造和产生出独特的生产性绿色知识、制度性绿色知识和管理性绿色知识，还能够进行绿色知识在生产制造中的运用、扩散和溢出。

制造业企业中绿色知识溢出通常遵循隐性绿色知识的产生—隐性绿色知识显性化—显性绿色知识的溢出三个阶段。

1）制造业企业中隐性绿色知识的产生

隐性知识是 Michael Polanyi 在 1958 年提出，与显性知识所对应，是指那些难以用语言加以表述的知识，它们往往依附于特定的场景存在于拥有者的头脑中，难以进行交流，属于以个人经验为基础的各种无形知识的总和。隐性绿色知识是企业员工在绿色产品的生产制造过程中，员工依据自己对规律的直觉、根据经验做出的判断和行为倾向。隐性绿色知识的形成过程是一个学习积累与创新的过程，企业员工长期以来所经历的技术开发和生产经验、体验（主动知识）以及所接受到的他人的生产经验（被动知识）都构成了企业隐性知识产生的基础。员工通过对这些生产实践经验进行筛选、吸收，并在后续的实践过程加以凝练，反复尝试论证并进行思考创新，从而形成特定的隐性知识体系（图 11-2）。

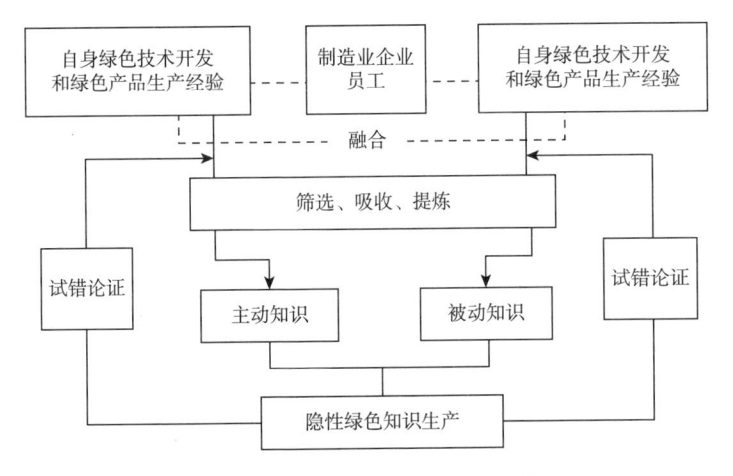

第 11 章　制造业绿色创新系统的知识溢出机制研究

图 11-2　制造业企业中隐性知识的产生

2）制造业企业中隐性绿色知识显性化

通常隐性绿色知识显性化的研究多采用日本学者野中郁次郎博士的 SECI 模型（东方和邓灵斌，2010），即社会化—外化—融合—内化（图 11-3）。

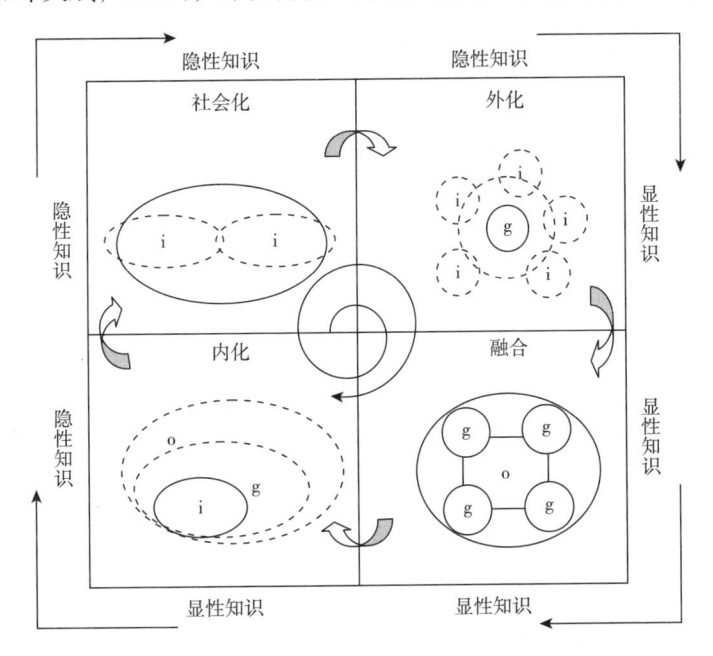

图 11-3　SECI 模型示意图
i：个人；g：群众；o：组织

在图 11-3 中，社会化阶段通常为隐性知识到隐性知识的传播。例如，参与者通过模仿和实践从别人那里获得隐性知识，从而实现隐性知识的传递、共享及创新；在外化阶段，成员利用想象、象征性的符号及类比、隐喻、假设等方式将自己的隐性知识表达出来并转化为显性知识，从而有利于制造业企业内部成员间的知识共享；组合阶段能够进一步将隐性知识转化为显性知识并进行初步创新。在这一过程中，成员间不仅会进行信息和知识的接受，而且在接受信息后，还会对其进行加工整理，从而形成一般的显性知识体系，最终浓缩为企业的核心知识。在内化阶段，新创造的显性知识又转化为组织中其他成员的隐性知识。显性知识隐性化的目的在于实现知识的应用与创新。经过内化阶段，组织竞争力得到提高，知识管理完成一个基本循环。

在上述四种转化过程中，隐性知识向显性知识的转化是核心，是知识生产的最直接和最有效的途径。员工个人的隐性知识，是企业新知识生产的核心。如何有效地激发个体的隐性知识，避免转化过程中的障碍，增加四种转化方式的互动作用，将影响公司的新知识产生水平。

3）制造业企业中显性绿色知识的溢出

当隐性知识显性化后，就为知识外溢提供了知识准备。知识溢出的载体包括制造业企业内部各种信息网络、企业与其他组织之间所具有的物质与信息交流网络、产品流转网络等。基于这些载体，显性知识往往会在制造业企业中产生外溢，并被其他知识需求者接受。知识溢出的直接后果是增加了接受者的知识和人力资本，提高接受者工作绩效，为增加个人收入创造条件。而且由于知识的特性，制造业外溢的显性知识能够为很多个体和组织同时使用，而且共享知识的人越多，知识的价值越大，这种溢出效应形成了知识对经济增长、社会发展的巨大推动力。

2. 高等院校和科研院所

在绿色创新系统中，高等院校和科研院所从事以显性知识为目标的知识生产，因此它们也是绿色知识、绿色技术的创造者，通过与制造业企业的互动而产生的知识溢出对于绿色创新系统创新能力的提升发挥着越来越重要的作用。因此，高等院校和科研院所也是绿色创新系统中知识溢出重要的产生主体源，主要体现在其知识创造能力、知识模式、知识溢出方式等方面。

第一，高等院校和科研院所具有很强的知识创造能力。高等院校和科研院所的科研力量主要以参与科研的在职人员和研究生为主，这批人员数量较多，占国家科研人员的比重较高，且科研思维活跃，产生的知识产权已占到所有知识产权数量的60%左右，尤其是基础研究成果比例要高于企业，这主要与这些机构的知识创造模式有关。高等院校和科研院所的知识创造主要以培根模式为主。培根模式是传统的牛顿式科学研究，该模式下的知识创造以国家为主导投资研发，高等院校或科研院所的研究人员利用政府基金的资助，R&D活动独立于企业组织以及市场需求之外，并以单学科研究和基础性研究为主。因此，高等院校和科研院所首先进行基础性研究，再以此为基础进行应用研究，这些研究通常为研究人员在其好奇心的驱动下所开展，并且不受经济利益的干扰。

第二，高等院校和科研院所以显性知识创造为主。由于这些机构的主要任务是科学研究以及教育，所发现的研究成果属于公共用品，因此，研究人员将能够表述的显性知识作为研发的目标。同时，高等院校或科研院所的研究人员将其获得的显性知识绝大部分以发表或出版的形式提供给全社会，从而以较低的成本进行了知识的转移和传递，且这种转移不受距离的限制，另一小部分则申请专利，这为知识溢出提供了一定的基础和途径。此外，相对于自然学科而言，由于社会科学的研究很少能够显性化，对于这些知识的获取则需要更多的面对面的接触和人际交流才能够顺利完成。因此，与高产出的高等院校在地理上邻近获取社会科学研究相比自然科学研究显得更为重要。

第三，高等院校和科研院所主要通过正式和非正式交流产生知识溢出。通常，在绿色创新系统中，高等院校和科研院所会通过与企业进行正式科研合作、人才交流产生大量的知识溢出，如高等院校为企业提供重要的技术成果、输送高科技人才、创办产业合作论坛，并帮助其培训人才以应付快速变化的技术环境等，在这些过程中都会带来知识溢出。此外，高等院校还可能通过更宽泛意义上的非正式交流引发知识流动并带来知识溢出。这里所说的非正式交流是指科研院所与企业之间所进行的正式合作交流之外的其他交流方式。非正式交流通常会以非正式讨论、项目调研、工作总结、研究过程中的工作记录等方式进行，在这些过程中绿色知识的传递和溢出可能会首先从两个个体开始，随着交往越来越多，交流的成本逐渐降低，并开始由非正式交流转为正式合作，从而形成绿色知识交流网络。

11.1.3 绿色创新系统知识溢出的产生动力

绿色创新系统中知识溢出是知识系统中各主体（制造业企业、高等院校和科研院所）之间进行流动的过程，但是由于知识的非均衡分布状态，这些主体之间由于知识存量存在一定差距，这种差距就是知识势差。由于缺乏参照系的比较，某一时点的单一知识主体不产生知识势差。知识势差往往存在于不同时点上的某一知识主体内或者特定时点上的不同主体间，如图11-4所示。

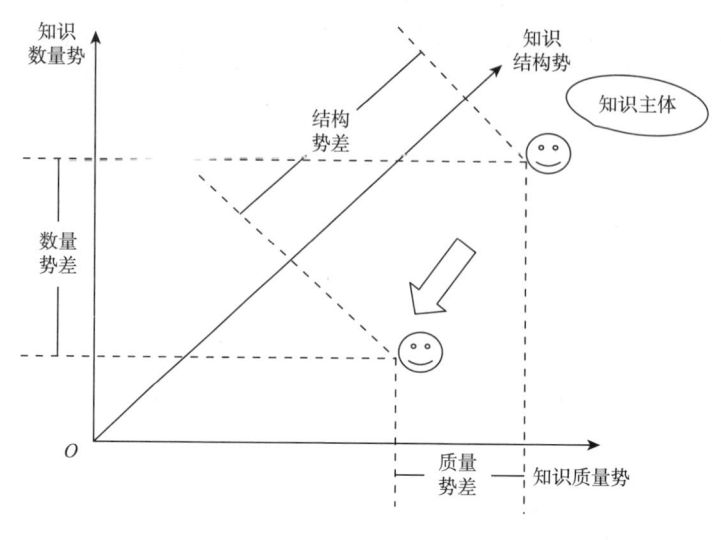

图 11-4 知识势差示意图

绿色创新系统中的知识溢出是由各个主体间存在的知识势差导致的，知识通常由势能高的主体向低势能主体进行转移。因此，知识势差是绿色创新系统知识溢出的产生动力。

1. 绿色创新系统主体间知识势差的形成

绿色创新系统各个主体拥有不同数量和类型的知识，相对而言，较前沿高端的知识通常被部分主体占有，有些知识主体则只能接触到普遍化、较为落后和狭隘的知识。因此，不同主体所拥有的知识存量、水平和结构能够形成主体间的知识势差。

1）不同主体间拥有的绿色知识存量差异

知识存量是指某阶段内绿色技术创新主体对各种类型绿色知识资源的占有总量，是依附于制造业企业、高等院校和科研院所等内部人员、设备和组织结构中的所有知识的总和，也是组织员工在生产和生活实践中知识的积累，它反映了不同主体生产知识的能力和潜力。同时，绿色创新系统中不同主体所拥有的知识存量是可以改变的，其改变可由知识的自身增长、外界流入或向外流出而引起。正是由于知识存量是可以改变的，因此受到系统内人员流动、产品生产和销售、研发合作等的影响，不同主体间拥有的绿色知识存量会产生差异，而这种差异就会带来知识势差。

2）不同主体间拥有的绿色知识水平差异

知识水平体现了绿色创新系统中某一时期内各主体所拥有的绿色知识优劣程度，能够表明各个主体内部知识质量维度。通常，不同主体间，主体自身对绿色知识的产生能力、整合能力、运用能力以及绿色知识自身的领先性、前沿性、应用性和可持续性等不同，使得主体间存在着绿色知识水平的差异，而这一差异通常决定了技术创新能力的高低，也影响着主体形成核心技术的能力（Wersching，2006），同时也形成了主体间的知识势差（图 11-5）。

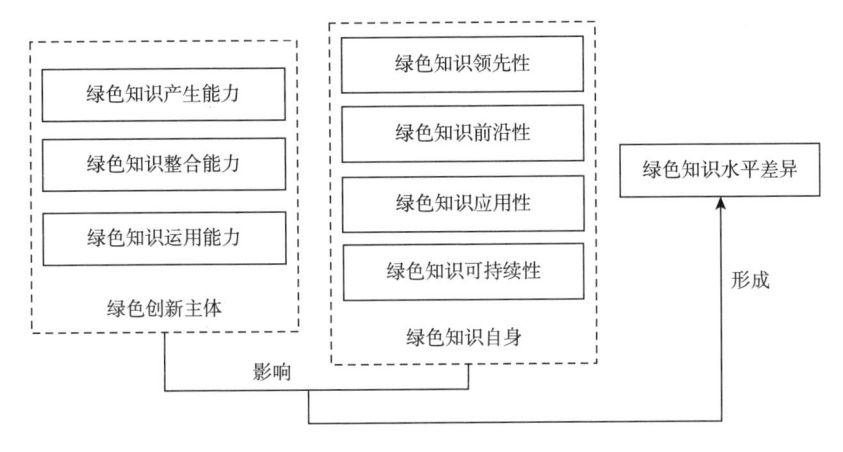

图 11-5　不同主体间的绿色知识水平差异形成

3）不同主体间拥有的绿色知识结构差异

知识结构是各种类型的绿色知识由不同主体所拥有的知识总量所占的比例，如所拥有的显性绿色知识和隐性绿色知识的比例、技术类绿色知识和工艺类绿色知识的比例、服务型绿色知识和制造型绿色知识的比例等。绿色创新系统的特征使得创新系统涉及的知识的结构和元素具有动态特征，表现为知识结构随时可能发生改变并反作用在主体的差异上。因而，系统中的知识依赖于系统中的主体，并且随着时间的累积而发生结构和内容上的改变，产生时间效应，该效应进而影响到系统中的各个不同的主体。然而，由于受到个体间不同经历、不同领域的限制，绿色创新系统的各个主体间的知识体系和结构不能完全相同，这就导致了绿色创新系统各个主体的创新能力的不同，这也是各个主体间知识势差的主要来源之一。

2. 绿色创新系统主体间知识势差对知识溢出的作用

第一，从知识溢出的过程和方向看，当权威知识流从原始知识生产源溢出（通常为原始创新企业、高等院校、科研院所等）后，首先会流向高位势创新主体（通常为模仿创新企业），而这些高位势主体通常拥有的知识存量相对较多、知识水平较高，因此成为绿色创新系统新兴知识流溢出的二次供给源。而处于低位势的其他主体（其他企业）通常为知识的需求者，其产生的知识需求主要来源于对技术创新过程中问题解决的实际需要。特别是在绿色创新系统内部，组织在不同领域的技术优势能够促进主体间相互产生知识溢出，组织通过对溢出的知识进行整合能够解决知识资源匮乏的相关问题。因此，处于低位势的知识需求者会通过知识需求拉动知识从高位势主体向低位势主体溢出，同时这两种主体又将新兴知识流反馈给原始知识生产源以实现知识逆向溢出（图 11-6）。

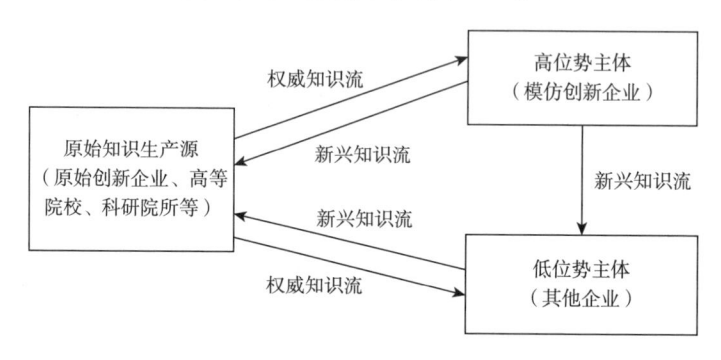

图 11-6　绿色创新系统中知识溢出的方向

第二，知识势差越大，知识溢出相对越有可能发生；而知识结构越相似，越有利于知识溢出。由于知识势差决定了知识供给者与需求者的知识差距，因此知识势差越大，则表明知识供给者的知识源越丰富，而知识需求者的知识选择空间也就越大，所以越有可能带动绿色知识在绿色创新系统内部的溢出，并有效促使各创新主体间的互动，从而促进绿色创新系统持续产生绿色创新动力。同时，知识结构相似，意味着绿色创新系统中不同主体间所依赖的技术范式具有同构性，从而会促进绿色创新系统内部的知识流动和溢出。例如，对于电子类产品的绿色创新系统而言，由于所拥有的关于电子类产品的绿色技术创新理论形态的知识具有相似性，如果这一系统内部的主体之间能够形成有关电子类产品绿色创新知识的有效流动和溢出，则有利于知识资源的共享和创新优势互补，并节省彼此的绿色创新成本。

第三，存在知识势差的主体间嵌入性会影响知识溢出。嵌入性是经济学和社会学中的概念，在本章主要表征的是存在知识势差的不同绿色创新主体间有关技术合作、技术转让和知识交流等的密切关系。这种主体间嵌入性程度的高低会影响到绿色创新系统中的知识溢出。通常，绿色技术创新过程中存在知识势差的不同主体间（科研院所、高等院校、制造业企业、政府、中介机构等）的嵌入性程度越高，高位势的知识供给者会越愿意提供知识的外溢，而低位势的知识需求者对溢出知识的各个环节越容易理解和接受，从而也就越有利于知识在绿色创新过程中的流动和溢出。

11.2 制造业绿色创新系统知识溢出的传导机制

制造业绿色创新系统中知识溢出的传导是一个动态过程，该过程以系统主体接受溢出源所溢出的知识为第一过程，并利用该知识进行创新产出为结果，伴随着创新结果在系统中扩散。因此，绿色创新系统不同主体间顺利吸收和转化来自其他主体的知识的前提是制造业绿色创新系统具备完善并且通畅的输入传输路径，只有这样制造业绿色创新系统的知识溢出才能最大化地发挥其效应，这对于建立持续性的创新系统竞争优势具有重大意义。因此，制造业绿色创新系统的知识溢出传导机制包括了对知识溢出传导方向、传导路径及传导阶段的研究。

11.2.1 绿色创新系统知识溢出的传导方向

绿色创新系统中基于知识溢出方、吸收方、组织与环境之间的绿色知识溢出传导通常可以表示为由制造业企业—高等院校和科研院所—政府—中介机构之间的知识传导，也可以表现为制造业企业 A—制造业企业 B、高等院校和科研院所 A—高等院校和科研院所 B 之间的绿色知识传导。按照绿色知识溢出的传导方向划分，前者的知识溢出传导为垂直传导，而后者则为水平传导。

1. 绿色创新系统知识溢出的水平传导

知识溢出的水平传导主要在同层次的知识生产者或同性质的制造业企业或研究机构之间进行。由于知识生产者包括了制造业企业内部的员工以及制造业企业这一组织，因此，绿色创新系统中知识溢出的水平传导也包括制造业企业内部员工之间知识溢出的传导以及制造业企业同行之间知识溢出的传导。

1）制造业企业内部绿色知识溢出的水平传导

由于制造业企业内部绿色知识生产者是员工个体，因此知识溢出也来自员工。这些员工或者是生产部门的制造员工，或者是销售部门的销售员工，或者是技术部门的研发员工，他们对绿色知识的生产与创造有效促进了制造业企业有关绿色技术创新领域知识存量的增加。但员工自身的知识素养和创新能力，使得员工对于绿色知识的认识与拥有存在差异，如技术部门的研发员工通常拥有更多有关绿色产品、绿色工艺的研发知识，而生产部门的制造员工其绿色知识更多来源于生产实践中的"干中学"，如如何生产制造才能降低能耗、减少污染，而销售部门的销售员工所拥有的绿色知识往往来自市场，即消费者对于环保的认识是否促进了绿色产品的销售，因此这些差异使得员工之间存在绿色知识溢出的水平传导。

通常，制造业企业内部绿色知识溢出的水平传导包括了隐性知识的水平传导和显性知识的水平传导。制造业企业员工拥有的经验、技能等隐性知识由于不可言传的特性只能通过"干中学"及"用中学"模式在企业内实现知识的水平传导。但通常情况下，"干中学"及"用中学"模式传导隐性知识的效率较低，只能在绿色技术创新的实践过程中逐渐获得创新经验。而显性知识则主要通过制造业企业内部员工之间的知识交流、团队学习、信息互动等方式进行，水平传导的效率较高。因此，制造业企业内隐性知识的显性化是实现知识溢出水平传导的关键，也是促进绿色技术创新实施的重要因素。

2）制造业企业之间绿色知识溢出的水平传导

制造业企业之间知识溢出的水平传导也是企业进行知识存量累积的一种重要方式。同行企业之间通过相互竞争与相互学习带动了知识溢出的水平传导，促进知识存量的增加，并进而推动制造业企业绿色技术创新。当绿色创新系统中某一制造业企业通过技术创新获得了新产品或新工艺等知识，从而成为新知识的溢出源和供给者，其他同质企业就会通过多种方式获得这些新知识，并在此基础上创造出新技术，从而产生了制造业企业之间知识溢出的水平传导。

2. 绿色创新系统知识溢出的垂直传导

绿色创新系统知识溢出的垂直传导是指不同性质的企业和研究机构之间、制造业企业与供应链上下游企业之间的知识溢出。

1）制造业企业与高等院校、科研院所绿色知识溢出的垂直传导

在制造业绿色技术创新系统中，制造业企业与高等院校、科研院所之间有关绿色技术创新的合作通常不是市场竞争关系，而是基于创新性知识的供求关系，即制造业企业、高等院校及科研院所会基于交易成本和技术知识互补原则，形成有关绿色技术创新的合作，因此，能够减少系统中成员间知识溢出最小化与对外部的知识学习吸收最大化的搭便车成本最小化的策略。在该合作中，绿色创新系统中的每一个主体都是知识的溢出源和知识转化的接受源。由于成员间技术属于供与求的关系，现认为制造业企业是创新性知识的需求方，高等院校或科研院所为创新性知识的供给方，供需双方通过不同阶段绿色技术创新的资源投入，联合进行绿色技术创新。例如，制造业企业通常在此过程中投入资金，而高等院校和科研院所为制造业企业提供知识和技术。建立合作关系有助于推动知识在制造业企业、高等院校和科研院所之间的垂直传导。

通常，在这种绿色技术创新的合作中，高等院校和科研院所主动通过合作研发、技术引进等正式渠道对制造业企业输出创新性知识不属于知识溢出。在此过程中，知识溢出的垂直传导主要通过制造业企业与高等院校和科研院所间的人才

交流等非正式沟通方式进行创新知识的传递。

2）制造业企业与供应链上下游企业绿色知识溢出的垂直传导

知识传导是制造业企业与供应链上下游企业之间的重要活动。制造业企业通过让供应商、销售商等参与绿色技术创新可以降低成本，不仅能够分担创新风险，提高创新效率，而且能够快速打破供应链上核心企业间的技术壁垒，提高供应链企业间的一致性、互补性以及凝聚力，以增强供应链的整体竞争力。

在这一传导中，制造业企业可以从上游供应商的紧密联系获得有关新零件与新材料的知识，并将其应用于绿色技术创新中；而对于供应商而言，通过知识溢出的垂直传导，他们可以根据制造商的新需求提供新零件和高质量的原料。此外，下游销售商通过与市场中消费者的直接接触可以获得市场需求知识，而且与制造业企业之间的交流带动了知识溢出的垂直传导，进而促使制造业企业根据市场需求进行绿色技术创新。因此，制造业企业与供应商、销售商等上下游企业之间的知识交流会不自觉地促进知识溢出的垂直传导。

11.2.2 绿色创新系统知识溢出的传导路径

绿色创新系统中知识溢出的传导路径通常表示知识从存量较高的供给者借助何种方式流向存量较低的知识需求者。在创新系统中，制造业企业、高等院校、科研院所、各级政府、中介机构之间更多通过绿色 R&D 合作、绿色技术转化、绿色产品流动等方式带动知识溢出。因此，本章认为绿色创新系统中知识溢出主要包括这三种传导路径，如图 11-7 所示。

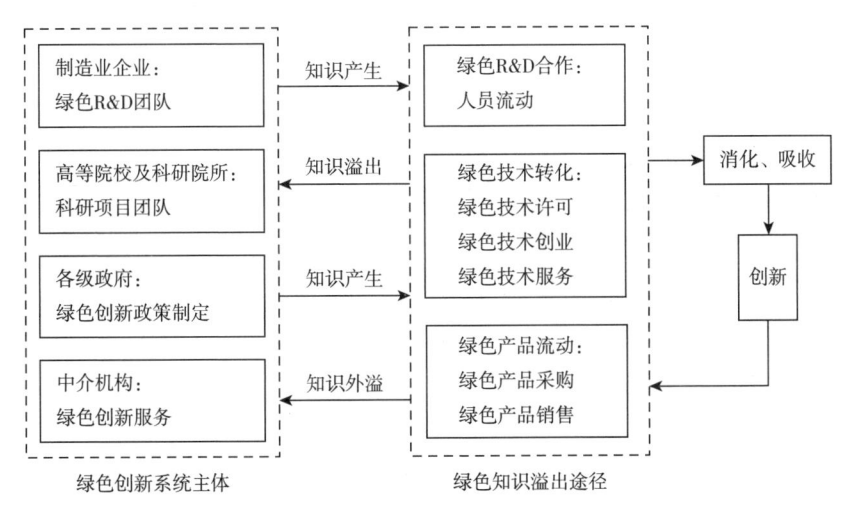

图 11-7 知识溢出传导路径图

1. 基于绿色 R&D 合作的知识溢出

绿色创新系统中各主体会通过绿色技术的研发合作产生相互关联作用。在这一过程中，研发合作不仅会带来创新性知识或产品，达成各个主体预设的目标，并且涉及的不同经验、不同水平、不同学历背景的企业人员能够相互交流和分享，使得知识溢出得以发生。正如 Fritsch 和 Franke（2004）的研究结果表明，研发合作是企业获得合作另一方的知识溢出的途径之一。

绿色创新系统中各主体之间基于绿色 R&D 合作而进行的知识溢出是由三条基本路径完成的：一是由制造业企业到产学研绿色 R&D 合作团队的知识溢出路径（路径Ⅰ），二是由产学研绿色 R&D 合作团队到制造业企业的知识创新路径（路径Ⅱ），三是由知识应用到制造企绿色 R&D 合作团队的知识创新路径（路径Ⅲ）。每条路径中都包含了新知识的产生和溢出，并带来制造业企业绿色技术创新过程的循环。

1）知识溢出的传导路径Ⅰ：由制造业企业到绿色 R&D 合作团队的知识溢出

合作进行前期，制造业企业 1 成员携带内化于自身的、与绿色技术创新研发合作项目有关的知识参与到与绿色创新系统中其他主体的研发合作中，并在政府相关政策引导及中介机构技术服务的推动下，将制造业企业有关项目的知识连同企业文化（如观念、思维方式、组织惯例等）引入绿色 R&D 合作团队的知识创新平台中去，这一过程就完成了由制造业企业到绿色 R&D 合作团队的知识溢出。研发合作团队会将这些知识内化于自身并带入项目的研发合作中，且在完成知识螺旋过程中产生新的知识，同时实现绿色知识的应用。由制造业企业到绿色 R&D 合作团队的知识溢出路径如图 11-8 所示。

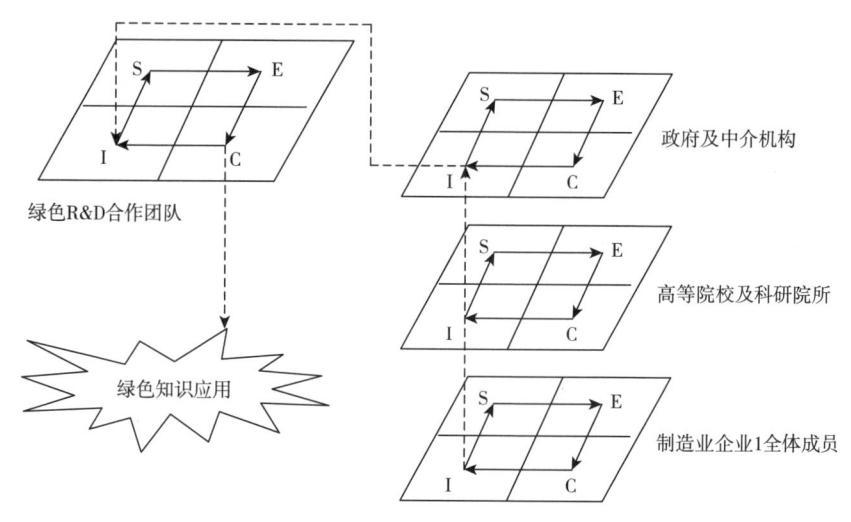

图 11-8　由制造业企业到绿色 R&D 合作团队的知识溢出路径

2）知识溢出的传导路径Ⅱ：由绿色 R&D 合作团队到制造业企业的知识溢出

在这一路径中，绿色 R&D 合作团队通过知识螺旋过程产生一系列有关绿色创新的新知识，而绿色 R&D 合作团队中制造业企业的员工首先会直接掌握这些新知识中的组合化显性知识，并将其通过政府及中介机构、高等院校及科研院所反馈到制造业企业内部，最终实现绿色知识在绿色创新中的应用。此外，这些员工还会进一步通过与研发团队成员的接触，以"干中学"的方式了解到有关绿色创新的隐性知识，并在其退出研发团队返回制造业企业进行实际研发或生产过程中，以"用中学"或"手把手"的方式将隐性知识也内化到制造业企业中。通过显性知识与隐性知识的溢出，完成制造业企业层面的知识螺旋过程，进而产生新的知识，从而促进新的绿色技术或绿色产品。由绿色 R&D 合作团队到制造业企业的知识溢出路径如图 11-9 所示。

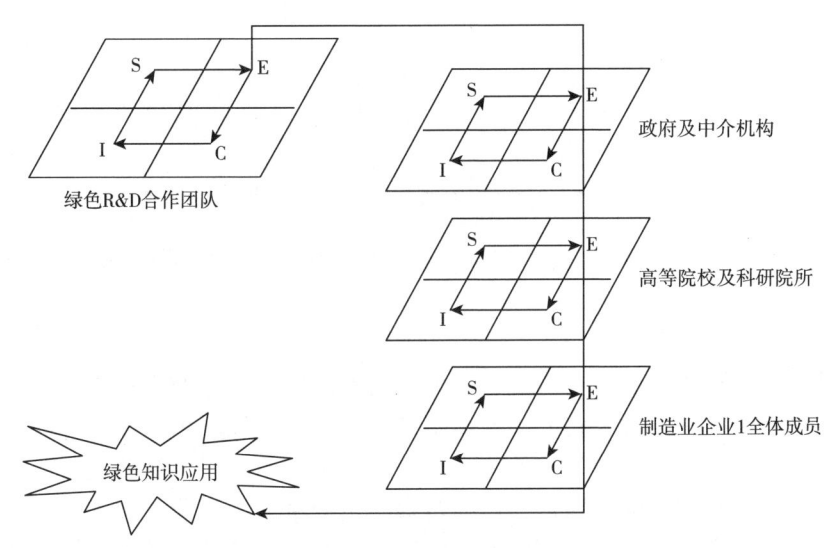

图 11-9 由绿色 R&D 合作团队到制造业企业的知识溢出路径

3）知识溢出的传导路径Ⅲ：由知识应用到制造业企业和绿色 R&D 合作团队的知识溢出

知识应用是指由知识溢出路径Ⅱ产生的新知识在制造业企业绿色技术创新中的应用过程和效果。由于这些知识在应用到新技术、产品和服务开发的过程中，可能会出现各种适用性障碍和与预期不符的情况，因此会以信息的形式反馈到绿色 R&D 合作团队和制造业企业中，并推动绿色 R&D 合作团队和制造业企业通过调整、纠正、改进等方式进一步进行绿色创新的研发活动。在这一过程中又会重新产生新的绿色创新知识，这些知识又会重复路径Ⅰ和路径Ⅱ，溢出到绿色 R&D 合作团队和制造业企业，如此周而复始，新技术和产品不断产生，新的反馈信息不断出现，研发合作团队和制造业企业之间的知识溢出也随之不断进行、无限循环。由知识应用反馈到制造业企业和绿色 R&D 合作团队的知识溢出路径如图 11-10 所示。

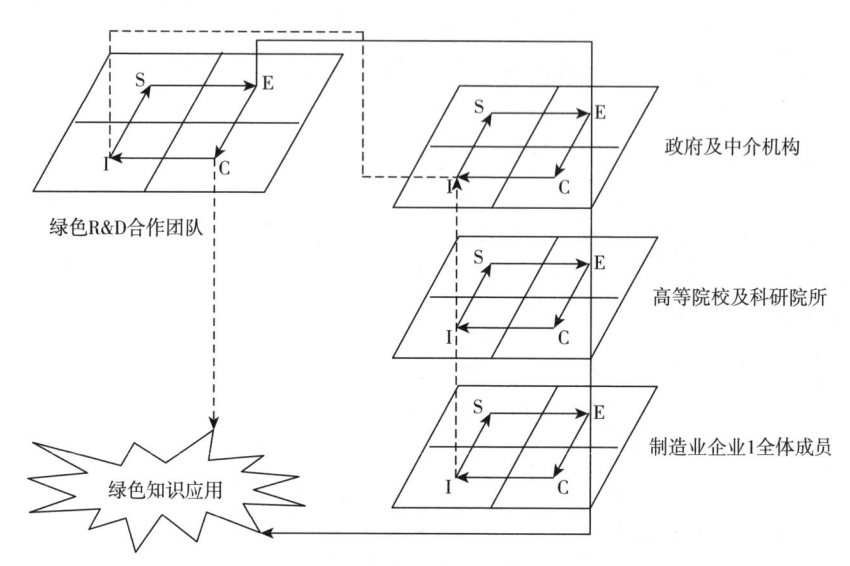

图 11-10　由知识应用反馈到制造业企业和绿色 R&D 合作团队的知识溢出路径

2. 基于绿色技术转化的知识溢出

绿色技术转化主要是指将经过绿色创新阶段后所获得的新技术或新工艺进行商品化及应用化，使其转变为现实生产力。因此，在绿色创新系统内部，创新主体之间不仅会包括研发合作，还包括将绿色创新成果进行转化。在这种转化过程中，内涵知识的新绿色技术的转移，也会带来制造业企业、高等院校和科研院所、政府及中介机构之间的知识溢出。基于绿色技术转化的知识溢出途径包括以下几种。

1）以绿色技术许可传导路径为主的知识溢出

在绿色创新系统中，绿色技术许可是绿色技术持有者（高等院校与科研院所）与接受者（制造业企业）之间签订的一种特定的绿色技术的权属契约。由于绿色技术包含了大量的知识资源，因此对绿色技术的许可已成为知识溢出的有效途径。

通过绿色技术许可，技术使用者或技术使用者集体（如专利技术联盟等）不仅可从技术所有者那里直接获取和使用所需的绿色技术及其所包含的显性绿色知识，而且通常在技术许可中还包括技术培训配套服务，这使得绿色技术使用者能够通过培训进一步掌握技术所有者的隐性知识、研发能力和经验来培训本单位的技术研发人员，以提高技术研发能力。

2）以绿色技术创业为传导路径的知识溢出

绿色技术创业一方面既包括制造业企业领域的创业行为（是指那些制造业企业内部员工离开原所在企业，并利用绿色技术专利或工艺成立新公司的行为，也是指合伙性质的制造业企业在发展过程中由于合伙人的解散，从而利用绿色技术进行新创企业的行为），另一方面也包括高等院校或科研院所的人员新创办的企业等。在绿色技术创业过程中，运用绿色技术进行企业的营运、产品的制造等业务本身就包含了知识溢出，而且由于新创企业通常与原企业或原机构在人员、技术、生产、客户等多个环节保持着紧密联系，因此也会带来知识溢出效应。

3）以绿色技术服务传导路径为主的知识溢出

绿色技术服务是技术市场的主要经营方式和范围，主要通过拥有绿色技术的被委托方（制造业企业、高等院校和科研院所、政府、中介机构等）为委托方（制造业企业）解决某一特定技术问题所提供的各种服务，如进行绿色产品的设计论证、绿色技术的分析、绿色设备的安装与调试，以及提供绿色技术信息、改进绿色工艺流程、进行绿色技术诊断等服务，从而将绿色技术进行生产化应用。

委托方与被委托方之间建立的绿色技术服务是一种特殊的知识型劳务关系，在这种服务中，被委托方掌握专门的绿色技术知识，在为受托方提供绿色技术服务的过程中，通过演示、培训、互动交流等方式，将这些知识溢出到委托方的研发设计、生产制造、市场销售等部门以及员工，这种溢出也使得制造业企业在原有知识库中增加了新知识的积累，而对新溢出知识的吸收则取决于制造业企业的接受能力。

3. 基于绿色产品流动的知识溢出

绿色产品作为创新成果，本身包含了设计该产品所用到的结构、材料和相关维护知识，可以视作知识载体。只不过针对不同的主体和价值链，该载体知识溢出的内容有所侧重。如果产品是在"供应商-制造商-分销商-用户"型的价值链条性的企业集群内流动的，那么知识溢出主要是相关维护使用信息。如果产品是在"竞争者-竞争者"型的产品趋同的企业流动的，知识溢出部分主要是产品的构造信息、配方信息以及生产工艺信息。产品是一个知识溢出的载体，并且具有可获得性。在不违背国家相应的法律法规情况下，竞争者完全能够通过模仿性创新获得相应的知识溢出，这既节省了研发成本，又能够带来可观的效益。产品的流动能够使先进技术知识随之得以扩散，可以促进产业集群的技术进步。因此，显著的知识溢出效应伴随着产品的流动而产生。

1）绿色产品采购带来的知识溢出

绿色产品采购通常包括制造业企业从供应商处采购原材料、零配件或采购委托其他企业加工的配件或材料。这些直接采购的绿色产品原材料或零配件，或者委托加工的配件或材料都包含绿色产品设计知识、制造知识等，如制造业企业在绿色产品设计阶段就确定了产品使用何种原材料和零配件的知识体系，并在采购原材料和零配件过程中不断利用这些知识体系识别和量化产品设计、材料消耗和废弃物产生之间的关系，在此基础上进行原材料和零配件选择性的采购。在这一过程中，制造业企业采购人员与供应商、委托加工商之间的知识交流、信息传递，带来知识溢出行为的发生。企业间绿色产品采购具有交互性以及"非贸易依赖性"，能够形成独特的创新环境，在企业间产生知识溢出，对于增强区域创新能力和竞争力具有重要作用。

2）绿色产品销售带来的知识溢出

绿色产品销售的最终目的是通过交换使交易双方（制造业企业与零售商、制造业企业与消费者等）获得自己所需要的资金、资源或消费品，而能够顺利交换的前提是制造业企业和零售商或消费者能够掌握相关信息：企业和销售商必须完全掌握消费者的需要并生产出符合市场需求的绿色产品，而购买者也必须掌握制造业企业所提供的绿色产品的信息、知识，并进行比较和判断，才能做出是否购买的决定。

从知识经济学与信息经济学的角度看，整个绿色产品销售环境是一个不对称的信息场，其中主体不仅包含交易双方中的制造业企业与零售商、制造业企业与消费者，而且还包括制造业企业与政府的关系。通常，制造业企业与零售商和消费者之间会存在信息不对称的情况，因此会在一定程度上阻碍交易的进行。而信息的"对称化"主要有两种途径：一是政府管制，要求绿色产品质量认证、绿色产品成分说明、能耗的降低功效等；二是制造业企业销售过程中的知识溢出，如制造业企业在绿色产品开发前所做的市场调研、在绿色产品开发阶段的测试和试销、在绿色产品营销推广中的广告宣传与使用功效介绍等，这些都会通过有关绿色产品设计制造、绿色产品构造、绿色产品使用等一系列知识的外溢，降低企业与消费者之间的信息不对称，以促进绿色产品的销售行为。同样，在绿色产品销售中还存在制造业企业与竞争者以及与合作者之间的信息交流、企业内部员工间的交流、企业与政府的交流，这些交流都会带来知识的溢出行为。

11.2.3 绿色创新系统知识溢出的传导阶段

从以上分析可以看到，绿色创新系统中的知识溢出存在于制造业企业（供应链上下游企业）、高等院校、科研院所、政府与中介机构之中。随着绿色创新系统内部条件和外部环境的不断变化，绿色技术创新过程中所包含的知识流会通过绿色 R&D 合作、绿色技术转化、绿色产品流动等途径并经过搜寻与获取、内化、应用和创新阶段得到全面溢出，最终提升绿色创新系统中各主体的知识存量。

1. 传导阶段Ⅰ：绿色知识的搜寻与获取

这里的知识获取主要是指在绿色技术创新的过程中，制造业企业发现并审查吸收所需知识的行为。企业通常采用技术购买、技术许可、组织内交流等方式获取必要的绿色知识。企业需要持续搜索新知识，不断地去学习，从实践中获得新知识、新技术。组织获得和搜寻新知识的方式方法以及对新知识的理解使用受到原有知识和技术的限制。通常制造业企业（知识需求者）通过判断企业在绿色技术创新中的知识需求和自身拥有的资源缺口，识别出其他制造业企业（知识供给者）中所拥有的对绿色技术创新有价值的创新知识。知识发现可借助计算机网络技术、人工智能技术等手段，通过数据挖掘的方法从企业网站、数据库中识别出有效的、潜在的知识而实现。在整个阶段中，涉及由知识指导并传递决策的所有过程。由作为知识需求主体的外部发射信号，知识需求者为获得所需知识，能够积极寻求绿色知识的拥有者，并搜索和发现更有价值的创新知识，识别出最佳合作方式和合作伙伴，并做出评估。

2. 传导阶段Ⅱ：绿色知识的内化

制造业企业在绿色技术创新过程中获取到知识后，接下来的就是在企业内部的消化吸收，即绿色知识的内化，从而将这些知识转化为自己的知识掌握运用并不断创新。企业学习新知识也就是将获取的新知识内化的过程。制造业绿色创新系统中的企业不仅内部需要学习新知识，还要进行跨组织学习，从网络中获取知识后将个体企业的知识升华为群体知识。

绿色知识的内化建立在对知识的编码化基础上。对绿色知识编码的目的是将隐性知识显性化，便于知识接受者进行识别和吸收，提高绿色知识转移及应用效率。制造业企业中的各部门及员工可以视作一个编码的机器，通过书面或口头语言的方式，对这些绿色知识进行显性化的编码，促进绿色知识在组织内部的扩散，使得对绿色知识的认知和协调变得更有效率。

3. 传导阶段Ⅲ：绿色知识的应用

在经历绿色知识的内化后，会进入第三个传导阶段，即绿色知识的应用。在组织中应用绿色知识既能将知识留存在组织中，又能激励组织人员进行绿色技术创新。

这种应用主要通过制造业企业内部的学习沟通、制造业企业与高等院校及科研院所之间的交流合作等手段，将所获得的知识应用于制造业企业的绿色技术创新中，对绿色产品的研发、绿色工艺的设计、绿色设备的使用等进行实际指导，因此企业内部的绿色知识使用者更加熟练，并提升企业整体的绿色创新效率。

11.3 制造业绿色创新系统知识溢出的吸收机制

制造业绿色创新系统知识溢出的吸收机制是知识溢出的逻辑终点，是创新主体通过对知识溢出的吸收、消化、应用并创造出相应创新产品的过程，同时也是实现知识增量的过程。绿色创新系统中各创新主体保持对外部知识的开放性和拥有高吸收能力对获取知识资源、提升绿色创新能力至关重要。

11.3.1 绿色创新系统主体的知识吸收能力

1. 知识吸收能力的内涵

知识吸收能力的概念源于熊彼特经济理论中相关外部知识对企业创新过程影响的观点。而正式对其进行界定的则是 Cohen 和 Levinthal（1990），他们在研究文献中提出知识吸收能力是一种评价、同化及运用外部新知识，最终形成商业化的能力。基于这一概念，Mowery 和 Oxley（1995）从隐性知识的吸收角度研究认为，知识吸收能力是用于处理外部转移的隐性知识并把外部来源的知识修改成内部利用知识需要的一系列广泛应用的技能。Zahra 和 George（2002）则认为组织的一组惯例和流程是知识吸收能力的核心，知识吸收能力包括潜在和实现两种。企业要想充分利用好外部知识，必须能够获取和理解外部知识，这就是企业的潜在吸收能力；企业获取到所需知识后，必须将其进行转化吸收利用才能具有战略优势，有利于企业面对多变的外部竞争环境时具有优势（图 11-11）。总的来看，Cohen 和 Levinthal（1990）对知识吸收能力的研究具有开创性，而 Zahra 和 George（2002）对知识吸收能力的分解具有较强的实用性，因此获得了较为广泛的应用。

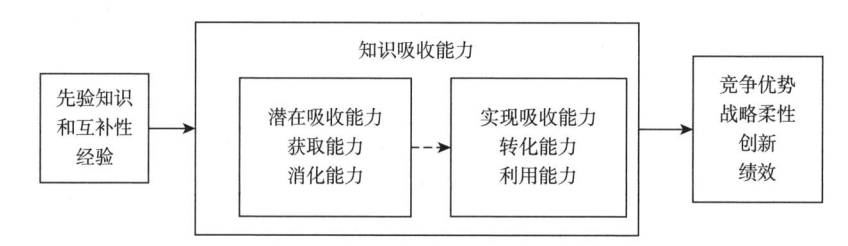

图 11-11 Zahra 和 George 对知识吸收能力的分解

基于以上研究，本章提出知识吸收能力是指绿色创新系统主体在评价、获取外部知识的基础上，将这些知识与企业原有知识有效整合和利用，并将其应用于商业终端的能力。这种能力是建立在绿色创新系统中各主体原有知识和经验积累的基础上获得的，是各创新主体所拥有的一种知识获取、应用和创新的能力，具有独特的、难以模仿的、有价值的和难以替代的特征，也是各创新主体获取竞争优势的基础。

2. 绿色创新系统主体知识吸收能力与知识溢出的关系

Jaffe 等（1993）基于技术相融指数研究了知识吸收与知识溢出的关系，发现技术距离在其中具有显著的中介作用，即相同技术领域的企业知识吸收能力越强，越能有效推进知识在技术创新中的溢出。其他学者的研究也证明，接受知识溢出的经济主体对新知识认知和吸收能力与知识溢出效应有关，这是知识溢出与知识吸收本身所具有的内在联系所致。

具体到绿色创新系统而言，通常情况下，知识溢出和绿色创新之间没有必然的联系，而在绿色创新系统发展中起着主导作用的是创新主体自身的知识吸收能力，只有所溢出的知识能够很好地被知识接受者吸收，这些溢出知识才能被应用于绿色创新中。因此，知识接受者的吸收能力对绿色创新系统中知识的有效溢出和绿色创新的实施非常重要。同时，知识溢出过程中由于知识黏性和溢出时滞性的存在，吸收能力也通过解决两个问题，提高知识溢出效率。

1）高知识吸收能力可降低知识黏性带来的溢出成本

知识黏性是特定状态下知识的一种特殊状态属性，是指知识具有一定的隐含性、复杂性、模糊性，使得知识难以被编码与溢出，从而形成的一种黏性。这种黏性往往由知识主体的保护、知识信息模糊等原因造成。在知识溢出的过程中，知识黏性通常会阻碍绿色创新系统中知识溢出的发生和溢出速度，从而增加溢出成本。

从绿色创新系统中知识接受者角度而言，接受者的知识吸收能力高，则会降低知识黏性及其带来的成本。绿色创新系统中的知识接受者在对待溢出知识时，通过与知识供给者的不断沟通与相互学习，能够克服对于溢出知识的认知障碍，并通过强的知识吸纳能力、转化能力和开发利用能力，降低知识因复杂性、模糊性而带来的黏性。正如 Teece 等（1997）所提出的，只有在相关知识被知识接受方充分理解和接受的环境下，知识黏性才会降低，知识溢出才能被简化为低交易成本的简单问题。否则，知识溢出将是非常困难且是高成本的。

2）高知识吸收能力可缩短知识溢出的时滞性

知识在绿色创新系统中从搜寻、发现、内化、应用到创新等任何一个溢出阶段或环节都需要一定的时间，然而由于知识供给者和知识需求者之间的地理距离、认知差距、知识势差等各方面因素,都会带来知识溢出的时滞性。例如,政府对于绿色创新系统支撑制度的制定与传达、高等院校与科研院所绿色创新科技活动成果的发表和转化、企业对绿色创新领域知识的搜寻与内化等。那么,对于绿色创新系统中知识溢出效应的最终接受而言,这一溢出效应能否在短期内被知识接受者创造,往往就取决于知识接受者的知识吸收能力,而高的知识吸收能力会大大缩短知识溢出的时滞性。

11.3.2 绿色创新系统知识溢出的吸收过程

对绿色创新系统中的各主体而言,各主体之间的相互信任与交流程度对溢出知识的吸收效果会有重要影响。同时,知识供给方和知识接受方之间对于溢出知识的认知也会具有差异,并影响溢出知识的吸收效果。因此本节将从信任关系、认知距离和合作程度三个方面分析绿色创新系统知识溢出的吸收过程。

1. 基于信任关系的绿色知识溢出吸收过程

一般而言,组织内建立相互信任的氛围能够帮助合作伙伴实现有效率的学习。在绿色创新系统中,制造业企业、高等院校与科研院所、政府、中介机构等主体之间的信任关系对于溢出知识的吸收具有重要影响。主体之间的信任关系不存在,绿色创新系统中的研发合作、技术转让等将更容易产生冲突及投机行为,内含在其中的知识将无法有效溢出,也将不存在知识吸收行为。相反,如果绿色创新系统中的各个主体具有很强的信任关系,则可以增强知识交换分享意愿,通过相互合作与交流而产生的知识溢出就会增加,因此也会促进接受者对知识的吸收与学习。

在绿色创新系统内部,信任关系主要有两个层次,即人际信任(human trust)与制度信任(institutional trust)。因此,知识吸收过程也主要划分为这两个层面。

第一,人际信任下的绿色知识溢出吸收。

创新系统中的人际信任通常为制造业企业和其他合作方的决策者在接触的过程中所建立的信任关系,体现为各种主观意愿。绿色创新系统中各方合作关系的形成之初,双方之间的信任多基于人际信任,即通过双方决策者的初步接触,逐步建立起双方的信任关系,并了解到通过与对方进行绿色 R&D 合作、绿色技术转让等能够降低绿色技术创新成本、实现绿色创新目标等。因此这种信任关系使得双方在开展合作过程中能够顺利带来知识的溢出,并促使知识接受方通过建立相应的学习机制进行知识吸收。但应注意到,这种人际信任更多源于双方决策者之间的"口头承诺"或"不完全契约",因此也就决定了其信任关系较为脆弱,个别合作者的败德行为很容易破坏绿色创新系统的运行秩序,因此也很容易切断知识溢出源,并破坏知识吸收过程。

第二,制度信任下的绿色知识溢出吸收。

制度信任是绿色创新系统中合作方对于合作对方制度环境或者某项制度安排的信任而建立起来的一种关系。因此,区别于人际信任,制度信任更多会考察合作对方有关绿色技术创新领域制度的规范性、完善性、稳定性等。这种制度信任程度越高,越可以抑制绿色创新合作过程中投机行为的产生,从而使合作更易于长期化发展。因此,制度信任所带来的绿色创新系统知识溢出过程会更为长期和有效,而且由于制度信任的深层次性,会激发知识接受者获得更大的学习动机,从而有较好的知识吸收效果。

2. 基于认知距离的绿色知识溢出吸收过程

认知距离通常用来描述个人或组织之间有关信息、技术、知识的认知差异。Nooteboom 等(2005)认为由于具有不同的生命路径和环境,认知主体就会以不同方式解释、理解和评价外部世界,从而产生认知距离。绿色创新系统中各个主体之间对于溢出知识的认知由于主体内部的创新需求、创新制度、创新文化及知识水平,会对溢出知识存在一定的认知距离。

认知距离对绿色创新系统中知识接受者的知识吸收存在着一定影响,然而认知距离的大小与知识吸收效果是否存在正比却存在争议。

第一,知识背景相似性与绿色知识溢出吸收。

相似的知识背景能够促进绿色创新系统中知识供给者和接受者的共同认知的形成,也就是认知距离越小,越有利于对溢出知识的吸收。例如,Hamel(1991)指出,认知距离能够影响学习知识所需的步骤多少,认知距离较大,学习所需步骤明显增加,从而导致知识吸收的难度加大,因此溢出知识能够被接受的条件之一在于认知距离不能太大。Soekijad 和 Andriessen(2003)也指出,知识供给者与接受者在相同领域具有的类似知识水平可能产生提高彼此能力的干劲和意愿。因此当溢出知识与接受者已有知识具有高度相关性时,知识接受者对于溢出知识的吸收效果最好。

第二,知识差异化与绿色知识溢出吸收。

知识的差异化同样也有利于知识接受者对溢出知识的吸收(Burgelman,1983),也就是认知距离越大,越会激发知识接受者对差异化知识的吸收欲望。究其原因在于差异化知识会增加知识接受者原有的知识库存,会改善已有知识结构,从而也可能使得知识接受者获得更有价值的知识(Soekijad and Andriessen,2003)。因此过小的知识距离会使得知识吸收方可能在学习投入较大的情况下却只能获得有限的新知识,而相对较大的认知距离则会避免这种情况的发生。

第三,知识认知距离与绿色知识溢出吸收的倒"U"形过程。

在初始阶段，较大的认知距离会对知识供给者与接受者之间的互动学习产生积极的推动作用，而这种认知距离也会带来溢出知识的新颖性价值（与知识接受者的原有知识结构相比较），而知识接受者会通过学习提升知识吸收能力而获得这种新颖性。然而，在某一个临界点，当认知距离太大时，将使得知识接受者无法了解溢出知识，从而使得学习几乎不可能发生，并造成接受者知识吸收效果不佳（Swap et al.，2001）。正如 Cohen 和 Levinthal（1990）在其文献中所描述的，吸收能力将随着认知距离的增加而下降，相互合作之间的新颖性将随着认知距离增加而增加（图 11-12）。

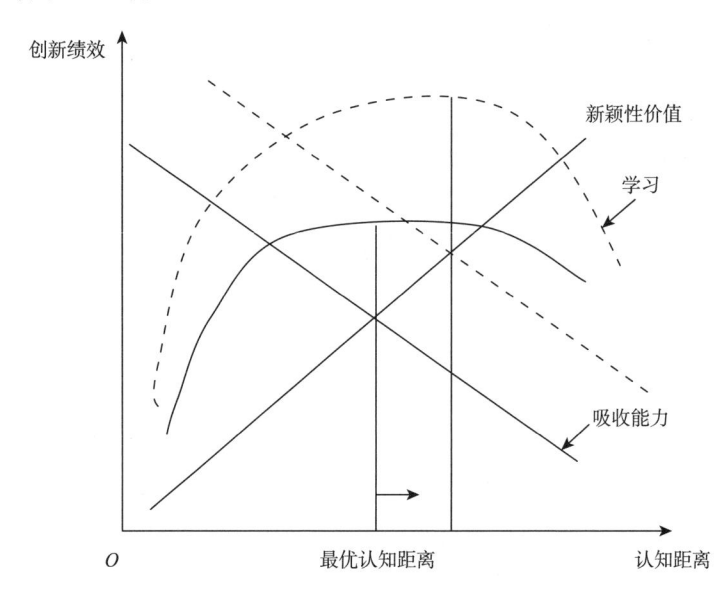

图 11-12　Cohen 和 Levinthal 的最优认知距离图

总体而言，知识距离对知识吸收存在影响，其关键在于绿色创新系统中知识供给者和接受者之间认知距离的大小，只有当认知距离与知识接受者的知识背景具有适度匹配时，才有利于接受者知识吸收效果的提升。

3. 基于合作程度的绿色知识溢出吸收过程

对于合作程度与知识吸收的关系，理论界不少学者也做过相关研究。Nonaka 和 Takcuchi（1995）认为，企业与联盟企业间采取合作能够帮助企业更好地通过分享来获取和吸收这些缄默知识。Seeley 和 Dietrick（2000）认为与合作伙伴间的密切合作有助于知识分享，合作程度可以拉近彼此心理距离，使得知识和技术更易被学习、吸收和延伸。因此，合作程度提高，则会促进知识接受者对知识的吸收。

依据绿色创新系统中主体间合作的紧密程度，可以将这些主体划分为松散型合作关系和紧密型合作关系。这两类合作程度下的知识吸收过程体现如下。

第一，松散型合作关系下的知识溢出吸收。

通常松散型的合作关系主要以绿色创新系统中主体之间业务外包和知识/技术互换等方式为主，同时也存在着购买专利以及一方出知识或技术而另一方出资金的合作方式，这些合作方式下参与合作的主体间关系比较松散，各主体间表现出相对较大的灵活性和自主权。在这种关系下，绿色创新系统中各主体间主要通过开展正式或非正式的交流活动，实现专利/技术中所包含的知识的转移、消化和吸收。而这种专利/技术中的知识主要以显性知识为主，因此松散型合作关系更多是对显性知识的吸收。

第二，紧密型合作关系下的知识溢出吸收。

当绿色创新系统中主体间以联合设计、共同研发为主要方式进行合作时，这种合作就可以称之为紧密型合作关系。创新系统中的各主体在合作过程中通过人员互派的方式，共享信息资源、技术资源和知识资源，从而形成主体间的技术创新团队，因此表现出较高程度的紧密性和正规化趋势。在该类型合作关系中，由于合作较为紧密，主体间更多呈现出为了完成合作目标而共同努力、进行知识创新的态势，因此知识共享程度较高，且显性知识和隐性知识都能较容易被知识接受者吸收。

11.4 本章小结

本章将制造业绿色创新系统的知识溢出机制分为产生机制、传导机制和吸收机制三个子机制，从而研究制造业绿色创新系统内创新主体间的知识溢出行为。在制造业绿色创新系统知识溢出产生机制方面主要研究了绿色创新系统知识溢出的产生根源、产生主体源和产生动力；在制造业绿色创新系统知识溢出传导机制方面主要探讨了知识溢出的传导方向、传导路径和传导阶段；在制造业绿色创新系统知识溢出吸收机制方面主要研究了知识溢出主体的吸收能力和知识溢出吸收过程。

第12章 制造业绿色创新系统的知识共享机制研究

制造业绿色创新系统在产生知识溢出后，进入知识共享阶段。知识共享是指知识在个体之间以及个体与组织之间相互扩散、应用并转化的过程。制造业绿色创新系统中的知识共享则是指绿色知识供给者在知识溢出后，被其他创新主体共同分享，从而转化为整个绿色创新系统知识存量的过程。知识共享机制则主要研究知识共享在绿色创新系统中的发生机制、竞合机制及激励机制等。

12.1 制造业绿色创新系统知识共享的发生机制

制造业绿色创新系通过知识共享获得丰富的知识资源，对创新主体获取竞争优势极为重要。但是，创新系统中的知识共享通常不是自然发生的，为了充分发挥知识共享对于创新主体竞争优势的提升作用，许多企业或者创新主体都在试图通过各种制度和措施来诱导知识拥有者进行知识共享。因此，研究知识共享的发生机制是实现知识共享作用的基础。

12.1.1 绿色创新系统中知识共享发生动机

在获得知识供给者的溢出知识后，知识拥有者愿不愿意在绿色创新系统中进行知识共享则是知识溢出推动绿色创新的关键。因此，这就涉及知识共享发生动机的研究。知识共享发生动机是在内外部环境刺激的作用下，知识拥有者愿意将绿色知识与其他人员、组织进行分享的诱因。对于绿色创新系统而言，知识共享通常发生在创新个体之间以及企业与高等院校、科研院所之间，因此，知识共享发生动机包括绿色创新个体之间的知识共享发生动机、绿色创新系统组织间的知识共享发生动机。

1. 绿色创新个体间知识共享发生动机

Davenport 和 Prusak（1998）指出，对知识拥有者而言，分享出其所专属且独特的知识通常会使其丧失竞争力，因此自愿与他人分享知识并不符合经济人假设。然而，对于绿色创新主体而言，要想在激烈的市场环境中获得竞争优势，就必须调动创新个体之间分享知识的动机，通过知识共享获得新的创意。Lin（2007）研究发现，互惠性偏好、知识自我效能等动因对个体知识共享的态度与意图有显著性作用。因此，这两种动机可以用来分析绿色创新个体进行知识共享的原因所在。

1）互惠性偏好

互惠性偏好是行为经济学的一个重要思想，认为在现代经济中经济个体会存在一定程度的利他动机，表现在忠诚、合作和奉献等方面，因此传统的经济人假设已不能够合理地分析现实的经济行为。在知识共享过程中，互惠性偏好能够使绿色创新主体在追求经济利益之余，也会对其他员工以及组织利益加以关注，并将他人的收益纳入自己的收益函数之中。同时，互惠性偏好能够有效消除绿色创新个体在知识共享过程中的心理隔阂，从而形成一种相互信任的环境，使每个成员都能够相信其他成员是发自内心地将其所拥有的知识分享给自己，同时自己也愿意与其他成员最大限度地交流自己所拥有的知识。因此，这种互惠性偏好能够有效提高绿色创新个体的知识共享效用。

2）知识自我效能

自我效能最初由美国斯坦福大学（Stanford University）心理学家 Bandura（1977）首次提出，是指个体在特定情景或者领域中进行某种活动并有信心能够实现预期目标的能力，它在很大程度上是指个体对自我有关能力的感觉。通常它不涉及技能本身，而是对自己能否利用所拥有的技能去完成工作行为的自信程度。因此，在绿色创新主体进行知识共享的过程中，它能够通过知识共享获得较强的知识效能感，能够让自己获得满足感，或者通过为其他绿色创新主体提供有益知识而对自身有较强的自信。

2. 绿色创新系统组织间知识共享发生动机

1）制造业企业之间的知识共享发生动机

制造业企业之间进行知识共享的动机主要来自企业绿色创新压力的增加和绿色创新资源的不足。

第一，在低碳经济时代，由于能源短缺以及环境保护问题的存在，实施绿色创新、降低污染物排放已成为制造业企业的重要任务之一。因此，这一压力迫使制造业企业通过与其他企业进行绿色知识共享、实施绿色创新，进而有效获得可持续的成长空间和经济利益。

第二，制造业企业自身通常很难具备独立承担绿色创新的能力和资源，尤其是中小型制造业企业，既缺少自主创新能力，又难以承担全部的创新风险和成本。而其他制造业企业可能拥有诸如绿色研发知识、绿色产品知识、绿色管理知识等，这些知识对于自身进行绿色创新、提升绿色创新能力、降低绿色创新风险具有重要意义。因此，通过与其他制造业企业进行知识共享，可获得企业所缺少的绿色创新资源，这也是制造业企业进行知识共享的动机之一。

2）制造业企业与高等院校及科研院所之间的知识共享发生动机

制造业企业与高等院校及科研院所之间的知识共享是绿色创新系统中知识共享的重要内容，双方通过对知识的转移和知识学习来实现知识在制造业企业和高等院校及科研院所中共享。通过有效地知识共享，各主体获得自己所需要的知识和技术，并将其应用于绿色技术创新，实现创新的价值增值。

这两类主体进行知识共享的动机可从以下两个角度进行分析。

第一，从制造业企业角度来看，通过与高等院校及科研院所的知识共享，不仅可以有效获得前沿的绿色创新技术知识，而且在绿色知识扩散的过程中能够使其增值，不仅是数量上的增加，而且也是绿色知识的质量和结构的提升，进而为企业带来收益。同时，制造业企业通过跟高等院校及科研院所进行知识共享，能够快速提高绿色创新能力，并为保持核心竞争力奠定基础。

第二，从高等院校及科研院所的角度来看，其动机主要在于获取科研经费、加快绿色知识转化、输送绿色创新人才等。首先，通过与制造业企业实施绿色创新合作并进行知识共享，高等院校和科研院所可以获得企业提供的科研经费和项目，可以更好开展绿色创新的科学研究，并有助于高等院校和科研院所综合竞争力的持续提升。其次，高等院校及科研院所研发出来的绿色技术创新成果可以通过与企业的知识共享，推动绿色知识的转化，并为下一次的科研活动打下基础并成为理论研究的源泉。最后，对于高等院校及科研院所而言，通过不断和企业进行知识共享，能及时把握市场需要和企业所需人才的特质，并针对性地设计和调整教学重点，进一步增强自身的技术创新能力、培养出更高层次的人才。

12.1.2 绿色创新系统知识共享发生的三维空间

知识共享发生可以具体体现在由绿色知识特性（绿色知识显性化程度）、绿色知识拥有者特性（绿色知识拥有者共享意愿）和绿色知识接受者特性（绿色知识接受者接受意愿）所组成的三维空间内进行（图12-1），当这三者的特性同时具备较高程度时，绿色知识共享行为最容易发生。

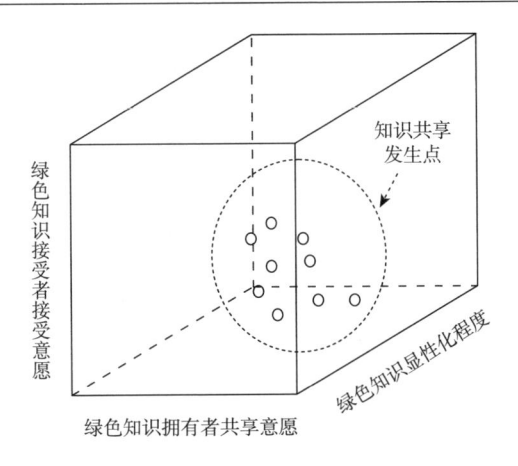

图 12-1 绿色创新系统知识共享发生的三维空间

1. 绿色知识显性化程度

学者们提到的知识特性主要包括知识的内隐性（或外显性）、复杂性、不确定性、专用性、模糊性等。其中，知识的显性化程度是其最重要的特性之一，显性化程度决定了知识的复杂性、不确定性和模糊性等其他特性。因此，本章选取绿色知识的显性化程度作为知识共享发生空间的一个维度进行研究。

绿色知识的显性化程度包括了显性绿色知识的显性化程度和隐性绿色知识的显性化程度。显性绿色知识的显性化程度较容易理解，也就是在绿色创新系统内，能够通过语言、文字、图形等系统化方式进行表达的、正式而规范的绿色知识是否都进行了显性化表达；而隐性绿色知识的显性化程度则是指通过对隐性知识的信息采集、解析、内化等过程后，隐性知识在多大程度上转化为可被进行共享和传播的显性知识。

假设绿色创新系统内的绿色知识总量为 Q_t（$Q_t>0$），显性化绿色知识量为 Q_i（$0 \leqslant Q_i \leqslant Q_t$），其中 Q_i 包括了原有的显性化绿色知识量（Q_{i1}）和经过显性化的隐性知识量（Q_{i2}），则绿色知识的显性程度 x_i：$x_i = Q_i / Q_t$。当显性化绿色知识量越趋近于绿色知识总量时，知识共享越容易发生；当显性化知识量越趋近于零时，知识共享越难以发生。特别地，当显性化知识量等于知识总量时，知识可以被完全共享；当显性化知识量为零时，知识完全不能共享。

2. 绿色知识拥有者共享意愿

经过绿色知识数据库的建设以及信息管理手段的广泛应用，知识共享的技术手段获得了快速发展，然而实际上影响绿色知识共享发生的最重要因素在于绿色知识拥有者是否具有积极的知识共享意愿，也就是知识拥有者是否愿意将自身拥有的知识进行扩散或与他人进行共享的愿望。

有关知识共享意愿的测度，学者们进行了大量量表的设计。例如，Goodman 和 Darr（1998）根据组织学习的流程，从知识贡献和知识采纳两个维度对组织内的知识共享进行了测度，知识贡献就是指个体能够自愿将掌握的方法知识与他人共享；知识采纳是指个体能够主动去寻找解决方法，并能够识别和采纳该方法。Bock 和 Kim（2002）在社会交换理论、自我效能和理性行为理论的基础上，构建组织情境下的知识共享影响因素的模型，并设计了组织中测度知识共享意愿的量表。Lee（2001）从隐性知识共享和显性知识共享两个维度论证了知识共享与信息服务外包成功的关系。Nita（2008）认为知识共享的意愿包括参与者进行共享或者不共享两部分，进行知识共享的意愿主要包括：知识共享参与者和他人都愿意共享知识的非互惠原因；他人不愿意与知识共享参与者分享知识的一般原因；知识共享参与者和他人都愿意共享知识的互惠原因。

借鉴 Bock 和 Kim（2002）的研究结论，假设知识共享意愿总强度为 W_t，绿色知识拥有者的知识共享意愿为 W_i（$0 \leq W_i \leq W_t$），当知识共享意愿越趋近于意愿总强度时，知识共享越容易进行；当知识共享意愿越趋近于零时，知识共享越难以进行。

3. 绿色知识接受者接受意愿

根据计划行为理论（theory of planned behavior，TPB），个体的行为意向和他们的实际行为可以由个体对这种行为的态度决定。因此，在绿色创新活动中，绿色知识接受者的接受意愿也会影响知识共享行为的发生。当绿色知识接受者对溢出知识的共享持有积极的接受意愿时，则更有利于促进知识共享的顺利发生，反之，如果知识接受者对于所溢出的知识持有拒绝或排斥的态度，即使组织提供了良好的外部环境，也会阻碍知识共享的发生。因此，绿色知识接受者的接受意愿也是知识共享发生的维度之一。

假设绿色知识接受者对溢出知识的总接受意愿为 R_t，个体绿色知识接受意愿为 R_i（$0 \leq R_i \leq R_t$）：当知识接受意愿越趋近于总意愿时，知识共享越容易进行；当知识接受意愿越趋近于零时，知识共享越难以进行。

12.2 制造业绿色创新系统知识共享的竞合机制

由于绿色创新系统的知识共享建立在制造业企业、高等院校与科研院所、政府、中介机构间对溢出知识资源进行流动的基础之上，而在此过程中绿色创新系统内部的绿色创新主体（主要是指制造业企业、高等院校与科研院所）往往通过相互之间的竞争与合作推动溢出知识的共享。因此，制造业绿色创新系统知识共享的竞合机制即研究绿色创新系统中的创新主体如何在知识共享中进行竞争与合作、推动溢出知识流动、实现知识共享并最终提升绿色创新能力的行为及过程。

12.2.1 绿色创新系统知识共享中的竞合关系

在绿色创新系统知识共享的竞合关系中，绿色创新主体创新目标的灵活性、创新环境的复杂性、创新风险的不可避免性以及创新知识资源的稀缺性总是成为其进行绿色创新难以解决的矛盾。因此，为了克服绿色知识资源不足、降低绿色创新风险，绿色创新主体必须通过合作获取互补性的异质资源来实现利益最大化，但是在知识共享的合作过程中，也必然会伴随着竞争行为，这种竞合关系体现了绿色创新主体为了获得市场优势的利己行为。当然，依据知识共享双方的知识资源依赖程度、创新目标的相关性等，可以将竞合关系分为竞争主导型关系、合作主导型关系，本节对这两种关系下的知识共享进行分析。同时，在绿色创新系统中，由于政府和中介机构的地位比较特殊，政府主要通过制定绿色创新政策对制造业企业进行创新导向，中介机构主要通过技术资源、知识资源的服务来参与系统，因此这两个组织较少涉及绿色创新系统主体间的竞合关系，本书在此不对其进行研究。

1. 竞争主导型关系中的知识共享

绿色创新系统中生产同质产品的企业其关系更多以竞争主导型为主。它们之间的竞争多表现为对产品市场份额的争夺，还表现在对绿色技术、绿色知识、人力资源等获取方面的竞争。然而，由于企业符合经济人假设，即使是以竞争为主导的关系，由于竞争对手拥有本企业进行绿色创新更为需要的技术和知识，因此在竞争主导型关系为主的制造业企业之间进行知识共享也成为可能。

通常竞争主导型制造业企业之间的知识共享发生在建立联盟和不建立联盟两种情况下，由于通过联盟进行知识共享的方式更接近于合作主导型的知识共享，因此，本节仅研究在非联盟方式下的知识共享过程。在非联盟方式下，制造业企业间没有组织约束和保障，因此属于非完全共同利益主体，各主体会通过独立决策的方式来确定知识共享量，确定自身最优的知识共享目标函数、知识共享量以及知识共享的最优决策，因此自身以及对方的知识资源得到合理利用和配置，从而实现在绿色创新过程中的低成本和高效率。

2. 合作主导型关系中的知识共享

在合作主导型关系中，绿色创新主体双方具有较为一致的绿色创新目标，对于所溢出的知识资源具有互补性，而且市场的重合性也较低。因此，合作主导型关系通常发生在制造业企业与高等院校和科研院所之间。

在制造业企业与高等院校、科研院所的合作主导型关系中，各创新主体的合作意愿具有很强的互补性。制造业企业是知识资源的主要需求者，需要通过合作获得绿色创新过程中所应用到的知识资源；而高等院校及科研院所具有较高的知识创造水平，并主要作为知识资源的提供者为制造业企业供给所需要的知识。因此在这种合作主导型关系中，制造业企业与高等院校、科研院所没有直接的竞争关系，更多通过双方的合作来达到共赢。

制造业企业与高等院校、科研院所的合作过程中，首先双方将知识库中的隐性知识（如制造业企业的制造经验、技术诀窍，高等院校及科研院所的科研成果、研究论文等）经过编码、可视化等手段转化为显性知识（i、iii），并与知识库中原有的显性知识一起通过共享平台（计算机网络、开放式数据库、印刷品等），与对方进行显性知识的传递与共享（ii），对方将获取的显性知识通过分析、整合，储存为绿色知识和绿色技术，并最终应用于绿色创新过程中（iv），其知识共享过程如图 12-2 所示。

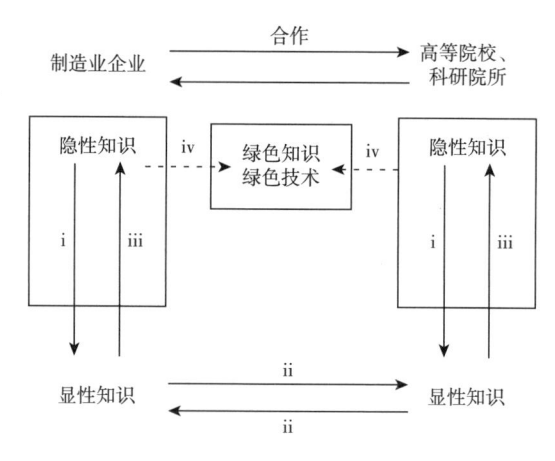

图 12-2　合作主导型关系中的知识共享

12.2.2　基于两种竞合关系的知识共享博弈模型

1. 博弈论及微分博弈的基本原理

博弈论也称对策论（game theory），是研究理性的参与者在合作或竞争中的策略选择理论。近代对于博弈论的研究，开始于策梅洛，波莱尔对博弈论也进行了相关研究，关于博弈论的基本原理则被冯·诺依曼在 1928 年证实。随后，在《博弈论与经济行为》中，博弈论被推广到 N 人博弈的结构并被应用于经济领域，至此，这一学科的基础和理论得以确定。20 世纪 50 年代，约翰·福布斯·纳什证明了博弈中存在均衡点，并提出了纳什均衡。此外，莱因哈德·泽尔腾、约翰·海萨尼也推动了博弈论的发展。

博弈通常被分为合作博弈与非合作博弈两类，合作博弈即收益分配问题，主要研究合作完成后分配利益的问题；非合作博弈也就是策略选择问题，主要研究利益者如何决策以获得最大利益。

1）博弈的基本要素

第一，参与人（player）是指在博弈中的独立决策主体，通常至少包括两个参与人，其目标是通过选择行动（或策略）以最大化其支付，通常用 $i=1, 2, \cdots, n$ 代表参与人。

第二，行动（actions）是指参与人在某个决策时点选择的方案，如果参与人 i 的全部可选方案集用 A_i 来表示，则 A_i 中的元素就是一个行动，一般用 a_i 表示一个行动，即 $A_i = \{a_i\}$。

第三，策略（strategies）是参与人选择行动的规则。一般用 $S_i = \{s_i\}$ 代表参与人 i 的所有可选择的策略集合，其中 s_i 表示参与人 i 的一个特定策略。若 n 个参与人每人选择一个策略，则 $s = (s_1, \cdots, s_i, \cdots s_n)$ 称为一个策略组合。

第四，信息（information）是参与人有关参与博弈的知识，包括其他参与人的特征、行动等。

第五，支付（payoff）是指参与人行动及其他人行动组合实施时所产生结果的评价，它反映了参与人的偏好。一般地，用 u_i 表示参与人 i 的支付，通常参与人的支付与自身及其他参与人策略选择有关，即 u_i 是所有参与人策略选择的支付函数：$u_i = u_i(s_1, \cdots, s_i, \cdots, s_n)$。

第六，均衡（equilibrium）是指所有参与人最优策略的组合或行动组合，一般记为 $S^* = (S_1^*, \cdots, S_i^*, \cdots, S_n^*)$。

第七，结果（outcome）是指在博弈终结后，博弈参与者采取了的行动和所获得的支付及其他相关变量的最终值，如均衡策略组合、均衡行动组合及均衡支付组合等。

2）微分博弈的基本原理

关于知识共享博弈，现有研究大多运用静态模型研究不同知识主体知识共享策略问题。但由于知识的更新周期不断缩短，绿色创新系统中主体之间的知识共享也是一个动态进行的过程，因此应用动态博弈模型中的微分对策模型研究这些主体的知识共享博弈问题更为符合现实。

通常，微分博弈的基本概念如下。

定义 12-1 对于一个离散的动态博弈，若每个阶段的时差趋于零，那么这样一个具有时间连续的无限动态博弈即为微分博弈，可记为 $\Gamma(x_0, T-t_0)$，其中，x_0 表示博弈的初始状态，$T-t_0$ 表示博弈的持续时间。

一般地，在一个 n 人微分博弈中，每个参与者 $i \in N = \{1,2,\cdots,n\}$ 的支付函数可以表示为

$$\max_{u_j} \int_{t_0}^{T} g^i[s, x(s), u_1(s), \cdots, u_n(s)] \mathrm{d}s + Q^i(x(T)) \tag{12-1}$$

对于 $i \in N = \{1,2,\cdots,n\}$，此处 $g^i(\cdot) \geqslant 0$，$Q^i(x(T))$ 为终点支付，$Q^i(\cdot) \geqslant 0$。
支付函数（12-1）受制于确定性的动态系统：

$$\dot{x}(s) = f[s, x(s), u_1(s), \cdots, u_n(s)], \quad x(t_0) = x_0 \tag{12-2}$$

对 $i \in N$，$s \in [t_0, T]$，$f[s, x(s), u_1(s), \cdots, u_n(s)]$、$g^i[s, x(s), u_1(s), \cdots, u_n(s)]$、$Q^i(\cdot)$ 都是可微的。

微分博弈的纳什均衡如下。

定义 12-2 令 $\phi(s)^*_{-i} = (\phi(s)^*_1, \cdots, \phi(s)^*_{i-1}, \phi(s)^*_{i+1}, \cdots, \phi(s)^*_n)$ 为由除参与者 $i \in N$ 之外的所有参与者的最优参与者的最优策略所组成的向量。策略集合 $(\phi(s)^*_1, \cdots, \phi(s)^*_{i-1}, \phi(s)^*_{i+1}, \cdots, \phi(s)^*_n)$ 构成一个 n 人微分博弈的非合作纳什均衡解法，当对于所有的 $u_i \in U^i, i \in N$，以下不等式成立：

$$\int_{t_0}^{T} g^i[s, x^*(s), v_i^*(s), v_{-i}^*(s)] \mathrm{d}s + Q^i(x^*(T)) \geqslant \int_{t_0}^{T} g^i[s, x^{[i]}(s), v_i(s), v_{-i}^*(s)] \mathrm{d}s + Q^i(x^{[i]}(T)) \tag{12-3}$$

其中，$i=1,2,\cdots,n$，在时间区间 $[t_0, T]$ 内：

$$\begin{cases} \dot{x}^*(s) = f[s, x^*(s), v_1^*(s), \cdots, v_n^*(s)], & x^*(t_0) = x_0 \\ \dot{x}^{[i]}(s) = f[s, x^{[i]}(s), u_i(s), v_{-i}^*(s)], & x^{[i]}(t_0) = x_0 \end{cases}$$

根据定义 12-2，当所有参与者都采用各自的最优策略的时候，便没有一位参与者能够通过独自偏离其最优策略而得到益处，此时称策略集合 $(\phi(s)^*_1, \cdots, \phi(s)^*_{i-1}, \phi(s)^*_{i+1}, \cdots, \phi(s)^*_n)$ 为一个纳什均衡。

2. 基本假设与博弈模型的构建

假设 12-1 绿色创新系统中参与知识共享的包括两方：{制造业企业 1，高等院校及科研院所 2} 或 {制造业企业 1，制造业企业 2}，同时假设双方的知识共享目的是在通过知识共享所获得的知识创新量最大时，共享双方可获得知识共享的最大收益。

假设 12-2 双方的知识共享从 t_0 时点开始，在 T 时点终结。双方在 S 时点的知识共享量为 $x_i(s)$，知识共享意愿为 $u_i(s)$，进行知识共享的单位成本系数为 c_i。借鉴于娱等（2013）的研究，建立如下知识共享博弈模型。同时，考虑到知识共享成本与知识共享意愿有关，因此双方的知识共享成本函数可以表示为知识共享意愿的二次凸函数：

$$C_1(u_1(s),s) = \frac{1}{2}c_1 u_1(s)^2 \tag{12-4}$$

$$C_2(u_2(s),s) = \frac{1}{2}c_2 u_2(s)^2 \tag{12-5}$$

1）竞争主导型的知识共享博弈模型

假设绿色创新系统中参与知识共享包括两方：{制造业企业 1，制造业企业 2}，双方为竞争主导型知识共享关系。本节将这种竞争主导型关系简化为非合作关系，即在市场中所表现出来的竞争实际上是在进行决策时的非合作。同时基于假设 12-1 和假设 12-2，双方的收益目标函数为

$$E_1 = \max_{u_1(s)} \left\{ \int_{t_0}^{T} e^{-\gamma s} \left[\xi_1 x_1(s) - \frac{1}{2}c_1 u_1(s)^2 \right] ds + e^{-\gamma T} h_1 x_1(T) \right\} \tag{12-6}$$

$$E_2 = \max_{u_2(s)} \left\{ \int_{t_0}^{T} e^{-\gamma s} \left[\xi_2 x_2(s) - \frac{1}{2}c_2 u_2(s)^2 \right] ds + e^{-\gamma T} h_2 x_2(T) \right\} \tag{12-7}$$

其中，ξ_i 为知识共享的边际收益系数且 $\xi_i > 0$；γ 为固定的贴现率；h_i 可以理解为知识的未来适用因子，其衡量着知识共享未来效应。

在这种关系中，双方知识共享的变化受制于以下动态系统：

$$\dot{x}_1(s) = \rho_1 u_1(s) - \delta x_1(s) \quad x_1(t_0) = x_1^0 \in X_1 \tag{12-8}$$

$$\dot{x}_2(s) = \rho_2 u_2(s) - \delta x_2(s) \quad x_2(t_0) = x_2^0 \in X_2 \tag{12-9}$$

2）合作主导型的知识共享博弈模型

绿色创新系统中的制造业企业与高等院校及科研院所之间通常会签订有关绿色技术研发的协议，这些协议会规定双方在某次合作中进行的收益分配事项。因此，当绿色创新系统中的制造业企业与高等院校及科研院所之间进行知识共享时，本节将其简化为合作主导型的知识共享博弈，或合作博弈。因此，假设绿色创新系统中参与知识共享包括两方：{制造业企业 1，高等院校及科研院所 2}，双方组成绿色技术创新契约型联盟并进行知识共享，在此情况下假设合作双方按照纳什均衡解分配合作所得的收益。当双方的目标都是在 $[t_0, T]$ 内寻求使其利润最大化的知识共享策略时，该联盟的整体收益等于双方合作收益之和：

$$E = \max_{u_j(s)} \left\{ \int_{t_0}^{T} \sum_{j=1}^{2} e^{-\gamma s} \left[\xi_j x_j(s) - \frac{1}{2}c_j u_j(s)^2 \right] ds + \sum_{j=1}^{2} e^{-\gamma T} h_j x_j(T) \right\} \tag{12-10}$$

在双方合作的情况下产生知识共享对绿色技术创新的协同效应，双方知识共享的变化受制于的动态系统将变为

$$\dot{x}_i(s) = \rho_i u_i(s) - \delta x_i(s) \quad x_i(t_0) = x_i^0 \in X_i \tag{12-11}$$

其中，ρ_i 表示共享意愿带来的知识共享期望增加因子；δ 为知识淘汰率且 $\delta > 0$，$\delta x_i(s)$ 表示在 s 时点上共享知识的瞬间淘汰情况。

12.2.3 不同竞合关系下绿色创新系统知识共享博弈过程

1. 竞争主导型的知识共享博弈过程

应用贝尔曼动态最优化原理：一个控制集 $u^*(t) = \phi^*(t,x)$ 构成最优化问题微分博弈方程的一个最优解法，若存在定义在 $[t_0, T] \times \mathbf{R}^m \to \mathbf{R}$ 上的连续可微的函数 $V(t,x)$，且满足如下贝尔曼方程：

$$-V_t(t,x) = \max_u \{g[t,x,u] + V_x(t,x) f[t,x,u]\} = \{g[t,x,\phi^*(t,x)]\} \tag{12-12}$$

$$V(T,x) = Q(x)$$

其中，$V(T,x)$ 为 $t \in [t_0, T]$ 点后所有瞬时收益之和的现值。

运用贝尔曼的动态最优化原理，考虑到参与人 1 与参与人 2 独立进行知识共享的决策，因此贝尔曼方程分别为

$$-V_t^{(t_0)1}(t, x_1) = \max_{u_1} \left\{ \left(\xi_1 x_1 - \frac{1}{2} c_1 u_1^2 \right) e^{-\gamma t} + V_{x_1}^{(t_0)1}(t, x_1)(\rho_1 u_1 - \delta x_1) \right\} \tag{12-13}$$

$$V^{(t_0)1}(T, x_1) = e^{-\gamma T} h_1 x_1$$

和

$$-V_t^{(t_0)2}(t, x_2) = \max_{u_2} \left\{ \left(\xi_2 x_2 - \frac{1}{2} c_2 u_2^2 \right) e^{-\gamma t} + V_{x_2}^{(t_0)2}(t, x_2)(\rho_2 u_2 - \delta x_2) \right\} \tag{12-14}$$

$$V^{(t_0)2}(T, x_2) = e^{-\gamma T} h_2 x_2$$

其中，$V^{(t_0)1}(T, x_1)$ 和 $V^{(t_0)2}(T, x_2)$ 表示参与人 1 和参与人 2 在时点 t_0 开始的动态最优问题中，在 $t \in [t_0, T]$ 点的价值函数。

本章以参与人 1 为例进行分析，参与人 2 的步骤省略。

首先定义汉密尔顿函数，即

$$H(x_1, u_1) = \left(\xi_1 x_1 - \frac{1}{2} c_1 u_1^2 \right) e^{-\gamma t} + V_{x_1}^{(t_0)1}(t, x_1)(\rho_1 u_1 - \delta x_1) \tag{12-15}$$

观察到 H 是可微的和非线性的，可以对 H 应用一阶条件 $\partial H / \partial u_1 = 0$ 以得到

$$\frac{\partial H(x_1,u_1)}{\partial u_1} = -c_1 e^{-\gamma t} u_1 + V_{x_1}^{(t_0)1}(t,x_1)\rho_1 = 0$$

因此，可以得出参与人 1 对于知识共享意愿的最优策略为

$$u_1(t) = \frac{V_{x_1}^{(t_0)1}(t,x_1)\rho_1 e^{\gamma t}}{c_1} \quad (12\text{-}16)$$

同时，利用乘积法则进一步求导 $\partial H/\partial u_1$ 得出

$$\frac{\partial H^2(x_1,u_1)}{\partial^2 u_1} = -c_1 e^{-\gamma s} < 0$$

因此，式（12-16）中的结果为最大化汉密尔顿函数。

将式（12-16）的结果代入贝尔曼方程（12-13），可得

$$-V_t^{(t_0)1}(t,x_1) = \left[\xi_1 - \delta V_{x_1}^{(t_0)1}(t,x_1)\right]x_1 - \frac{\left[V_{x_1}^{(t_0)1}(t,x_1)\rho_1\right]^2 e^{\gamma t}}{c_1} \quad (12\text{-}17)$$

求解式（12-17），可得

$$V^{(t_0)1}(t,x_1) = e^{-\gamma t}\left[A_1(t)x_1 + B_1(t)\right] \quad (12\text{-}18)$$

对式（12-18）分别求 t 和 x_1 的导数，得

$$V_t^{(t_0)1}(t,x_1) = -\gamma e^{-\gamma t}\left[A_1(t)x_1 + B_1(t)\right] + e^{-\gamma t}\left[\dot{A}_1(t)x_1 + \dot{B}_1(t)\right] \quad (12\text{-}19)$$

$$V_{x_1}^{(t_0)1}(t,x_1) = e^{-\gamma t} A_1(t)$$

将式（12-18）和式（12-19）代入式（12-17），可得

$$\gamma e^{-\gamma t}\left[A_1(t)x_1 + B_1(t)\right] - e^{-\gamma t}\left[\dot{A}_1(t)x_1 + \dot{B}_1(t)\right] = \left[\xi_1 - \delta e^{-\gamma t} A_1(t)\right]x_1 - \frac{\left[e^{-\gamma t} A_1(t)\rho_1\right]^2 e^{\gamma t}}{c_1} \quad (12\text{-}20)$$

对式（12-20）进行整理，可得

$$\left[\gamma e^{-\gamma t} A_1(t) - e^{-\gamma t}\dot{A}_1(t) - \xi_1 + \delta e^{-\gamma t} A_1(t)\right]x_1 + \gamma e^{-\gamma t} B_1(t) - e^{-\gamma t}\dot{B}_1(t) + \frac{\left[e^{-\gamma t} A_1(t)\rho_1\right]^2 e^{\gamma t}}{c_1} = 0 \quad (12\text{-}21)$$

令式（12-21）中的 x_1 系数和常数项都为 0，并根据边界条件可得

$$\begin{cases} \dot{A}_1(t) = (\gamma+\delta)A_1(t) - \xi_1 e^{\gamma t} \\ \dot{B}_1(t) = \gamma B_1(t) + \dfrac{[A_1(t)\rho_1]^2}{c_1} \\ A_1(T) = h_1 \\ B_1(T) = 0 \end{cases} \quad (12\text{-}22)$$

将式（12-19）代入式（12-16），可得参与人 1 的最优策略：

$$\psi_1(t,x_1) = \frac{A_1(t)\rho_1}{c_1} \quad (12\text{-}23)$$

式（12-22）中有关 $A_1(t)$ 的动态系统是对应于 $A_1(t)$ 的一阶线性微分方程，可以利用标准技术求解得到

$$A_1(t) = \left(h_1 - e^{\gamma T}\right) e^{(\gamma+\delta)(t-T)} + e^{\gamma t} \quad (12\text{-}24)$$

将式（12-24）代入式（12-22）中有关 $B_1(t)$ 的动态系统，可得

$$B_1(t) = -\frac{1}{c_1}\left[\frac{\rho_1}{e^{(\gamma+\delta)T}} \cdot \frac{h_1}{\delta}e^{\delta T} + \frac{\rho_1}{\gamma+\delta} + \rho_1 T\right] + \frac{e^{\gamma t}}{c_1}\left[\frac{\rho_1}{e^{(\gamma+\delta)T}} \cdot \left(\frac{h_1}{\delta}e^{\delta T} + \frac{e^{(\gamma+\delta)}t}{\gamma+\delta}\right) + \rho_1 t\right] \quad (12\text{-}25)$$

将式（12-24）和式（12-25）代入式（12-18），可得参与人 1 在时间区域 $[t,T]$ 得到的所有收益现值：

$$V^{(t_0)1}(t,x_1) = e^{-\gamma t}\left\{\left[\left(h_1 - e^{\gamma T}\right)e^{(\gamma+\delta)(t-T)} + e^{\gamma t}\right]x_1 - \frac{1}{c_1}\left[\frac{\rho_1}{e^{(\gamma+\delta)T}} \cdot \frac{h_1}{\delta}e^{\delta T} + \frac{\rho_1}{\gamma+\delta} + \rho_1 T\right] \right.$$
$$\left. + \frac{e^{\gamma t}}{c_1}\left[\frac{\rho_1}{e^{(\gamma+\delta)T}} \cdot \left(\frac{h_1}{\delta}e^{\delta T} + \frac{e^{(\gamma+\delta)}t}{\gamma+\delta}\right) + \rho_1 t\right]\right\}$$

同时可得，最优策略为

$$\psi_1(t,x_1) = \frac{\left[\left(h_1 - e^{\gamma T}\right)e^{(\gamma+\delta)(t-T)} + e^{\gamma t}\right]\rho_1}{c_1} \quad (12\text{-}26)$$

因此，从式（12-26）可以得出，在竞争主导型的知识共享博弈过程中，当制造业企业之间独立进行知识共享的决策时，双方可获得最优知识共享收益与知识未来效应因子、知识共享期望增加因子、折现率及淘汰率正相关，与知识共享单位成本负相关。

通过式（12-8）和式（12-26）可求得参与人 1 的最优状态轨迹：

$$\dot{x}_1(t) = \frac{\left[\left(h_1 - e^{\gamma T}\right)e^{(\gamma+\delta)(t-T)} + e^{\gamma t}\right]\rho_1^2}{c_1} - \delta x_1(t) \quad (12\text{-}27)$$

对于参与者 1，$x_1(t_0) = x_1(0) = x_1^0$，其可以通过变量替换后，使用标准方法得到在时点 t 的知识共享量为

$$x_1(t) = \left[x_1^0 - \frac{\rho_1^2}{c_1}(h_1 - e^{\gamma T}) \cdot \left(\frac{e^{-(\gamma+\delta)T}}{\gamma+2\delta} + \frac{1}{\gamma+\delta}\right)\right]e^{-\delta t} + \frac{\rho_1^2 e^{-\delta t}}{c_1}(h_1 - e^{\gamma T})\left(e^{-(\gamma+\delta)T} \cdot \frac{e^{(\lambda+2\delta)t}}{\gamma+2\delta} + \frac{e^{(\lambda+\delta)t}}{\gamma+\delta}\right) \quad (12\text{-}28)$$

依据以上步骤，同理可得绿色创新系统中参与人 2 在知识共享中的最优状态轨迹和知识共享量。

2. 合作主导型的知识共享博弈过程

应用贝尔曼动态规划技术，可以得到双方合作下进行知识共享的贝尔曼方程：

$$-V_t^{(t_0)\{1,2\}}(t,x_i) = \max_{u_i} \left[\sum_{i=1}^{2} e^{-\gamma t}\left(\xi_i x_i - \frac{1}{2}c_i u_i^2\right) + \sum_{i=1}^{2} V_{x_i}^{(t_0)\{1,2\}}(t,x_i)(\rho_i u_i - \delta x_i) \right]$$

$$V_t^{(t_0)\{1,2\}}(T,x_i) = \sum_{i=1}^{2} e^{-\gamma T} h_i x_i(T)$$

(12-29)

首先定义汉密尔顿函数，即

$$H(x_i,u_i) = \sum_{i=1}^{2}\left(\xi_i x_i - \frac{1}{2}c_i u_i^2\right)e^{-\gamma t} + \sum_{i=1}^{2} V_{x_i}^{(t_0)\{1,2\}}(t,x_i)(\rho_i u_i - \delta x_i) \quad (12-30)$$

观察到 H 是可微的和非线性的，可以对 H 应用一阶条件 $\partial H/\partial u_i = 0$，可以得出参与人对于知识共享意愿的最优策略为

$$u_i = \frac{e^{\gamma t} V_{x_i}^{(t_0)\{1,2\}}(t,x_i)\rho_i}{c_i} \quad (12-31)$$

将式（12-31）代入式（12-29）可得

$$-V_t^{(t_0)\{1,2\}}(t,x_i) = \max_{u_i}\left[\sum_{i=1}^{2}\left[e^{-\gamma t}\xi_i x_i - \frac{e^{\gamma t}\left[V_{x_i}^{(t_0)\{1,2\}}(t,x_i)\rho_i\right]^2}{2c_i}\right]\right.$$
$$\left.+\sum_{i=1}^{2} V_{x_i}^{(t_0)\{1,2\}}(t,x_i)\left(\frac{e^{\gamma t} V_{x_i}^{(t_0)\{1,2\}}(t,x_i)\rho_i^2}{c_i} - \delta x_i\right)\right]$$

(12-32)

求解式（12-32），可得

$$V^{(t_0)\{1,2\}}(t,x_i) = e^{-\gamma t}\left[\sum_{i=1}^{2} A_i^{\{1,2\}}(t)x_i + B^{\{1,2\}}(t)\right] \quad (12-33)$$

对式（12-33）分别求 t 和 x_i 的导数，得

$$V_t^{(t_0)\{1,2\}}(t,x_i) = -\gamma e^{-\gamma t}\left[\sum_{i=1}^{2} A_i^{\{1,2\}}(t)x_i + B^{\{1,2\}}(t)\right] + e^{-\gamma t}\left[\sum_{i=1}^{2}\dot{A}_i^{\{1,2\}}(t)x_i + \dot{B}^{\{1,2\}}(t)\right]$$

$$V_{x_i}^{(t_0)\{1,2\}}(t,x_i) = e^{-\gamma t} A_i^{\{1,2\}}(t)$$

(12-34)

将式（12-34）代入式（12-32）中，可得

$$\left[\gamma e^{-\gamma t}\sum_{i=1}^{2} A_i^{\{1,2\}}(t) - e^{-\gamma t}\sum_{i=1}^{2}\dot{A}_i^{\{1,2\}}(t) - \sum_{i=1}^{2} e^{-\gamma t}\xi_i + \delta\right]x_i + \left[\gamma e^{-\gamma t} B^{\{1,2\}}(t) - e^{-\gamma t}\dot{B}^{\{1,2\}}(t) - \sum_{i=1}^{2}\frac{e^{-\gamma t}\left[A_i^{\{1,2\}}(t)\rho_i\right]^2}{2c_i}\right] = 0$$

(12-35)

令式（12-35）x_i 系数和常数项都为 0，并根据边界条件可得

$$\begin{cases} \dot{A}_i^{\{1,2\}}(t) = \gamma A_i^{\{1,2\}}(t) - \xi_i - \mathrm{e}^{\gamma t}\delta \\ \dot{B}^{\{1,2\}}(t) = \gamma B^{\{1,2\}}(t) - \sum_{i=1}^{2}\dfrac{\left[A_i^{\{1,2\}}(t)\rho_i\right]^2}{2c_i} \\ A_i(T) = h_i \\ B_i(T) = 0 \end{cases} \quad (12\text{-}36)$$

将式（12-34）代入式（12-31），可得参与人的最优策略如下：

$$\psi_i(t, x_i) = \frac{A_i^{\{1,2\}}(t)\rho_i}{c_i} \quad (12\text{-}37)$$

式（12-36）中有关 $A_i(t)$ 的动态系统是对应于 $A_i(t)$ 的一阶线性微分方程，可以利用标准技术求解得到

$$A_i^{\{1,2\}}(t) = \left[\left(h_i - \frac{\xi_i}{\gamma}\right)\mathrm{e}^{-\gamma T} - \delta(T-t)\right]\mathrm{e}^{\gamma t} + \frac{\xi_i}{\gamma} \quad (12\text{-}38)$$

将式（12-38）代入式（12-36）中有关 $B_1(t)$ 的动态系统，可得

$$B_i^{\{1,2\}}(t) = -\frac{\rho_i^2 \mathrm{e}^{\gamma t}}{2c_i}\left[\frac{1}{\gamma}\left(\delta^2 t^2 \mathrm{e}^{\gamma T} - \frac{2\delta^2 \mathrm{e}^{\gamma T}}{\gamma} + 2M\delta \mathrm{e}^{\gamma T} + M^2 \mathrm{e}^{\gamma T}\right) - \frac{\xi_i^2}{\gamma^3}\mathrm{e}^{-\gamma T} + \xi_i T^2 + 2MT\right]$$
$$+ \frac{\rho_i^2 \mathrm{e}^{\gamma t}}{2c_i}\left[\frac{\mathrm{e}^{\gamma t}}{\gamma}\left(\delta^2 t^2 - \frac{2\delta^2}{\gamma} + 2M\delta + M^2\right) - \frac{\xi_i^2}{\gamma^3}\mathrm{e}^{-\gamma t} + \xi_i t^2 + 2Mt\right]$$
$$(12\text{-}39)$$

此处有

$$M = \left(h_i - \frac{\xi_i}{\gamma}\right)\mathrm{e}^{\gamma T} - \delta T$$

将式（12-38）和式（12-39）代入式（12-33），可得双方在时间区域 $[t, T]$ 得到的所有收益现值如下：

$$V^{(t_0)\{1,2\}}(t, x_i) = \mathrm{e}^{-\gamma t}\left\{\sum_{i=1}^{2}\left\{\left[\left(h_i - \frac{\xi_i}{\gamma}\right)\mathrm{e}^{-\gamma T} - \delta(T-t)\right]\mathrm{e}^{\gamma t} + \frac{\xi_i}{\gamma}\right\}x_i \right.$$
$$- \frac{\rho_i^2 \mathrm{e}^{\gamma t}}{2c_i}\left[\frac{1}{\gamma}\left(\delta^2 t^2 \mathrm{e}^{\gamma T} - \frac{2\delta^2 \mathrm{e}^{\gamma T}}{\gamma} + 2M\delta \mathrm{e}^{\gamma T} + M^2 \mathrm{e}^{\gamma T}\right) - \frac{\xi_i^2}{\gamma^3}\mathrm{e}^{-\gamma T} + \xi_i T^2 + 2MT\right]$$
$$\left. + \frac{\rho_i^2 \mathrm{e}^{\gamma t}}{2c_i}\left[\frac{\mathrm{e}^{\gamma t}}{\gamma}\left(\delta^2 t^2 - \frac{2\delta^2}{\gamma} + 2M\delta + M^2\right) - \frac{\xi_i^2}{\gamma^3}\mathrm{e}^{-\gamma t} + \xi_i t^2 + 2Mt\right]\right\}$$
$$(12\text{-}40)$$

同时将式（12-38）代入式（12-37），可得最优策略为

$$\psi_i(t,x_i) = \frac{\left\{\left[\left(h_i - \frac{\xi_i}{\gamma}\right)e^{-\gamma T} - \delta(T-t)\right]e^{\gamma t} + \frac{\xi_i}{\gamma}\right\}\rho_i}{c_i} \quad (12\text{-}41)$$

由式（12-41）可以看出，在合作主导型的知识共享博弈过程，双方可获得最优知识共享的收益与知识未来效应因子、知识共享期望增加因子、知识共享的边际收益系数、折现率正相关，与知识共享单位成本负相关。

通过式（12-11）和式（12-41）可求得双方的最优状态轨迹如下：

$$\dot{x}_i(t) = \frac{\left\{\left[\left(h_i - \frac{\xi_i}{\gamma}\right)e^{-\gamma T} - \delta(T-t)\right]e^{\gamma t} + \frac{\xi_i}{\gamma}\right\}\rho_i^2}{c_i} - \delta x_i(t) \quad (12\text{-}42)$$

对于绿色创新系统中参与知识共享的双方，$x_1(t_0) = x_1(0) = x_1^0$，其可以通过变量替换后，使用标准方法得到双方在时点 t 的知识共享量为

$$x_i(t) = x_i^0 e^{-\delta t} - \frac{\left\{\left[\left(h_i - \frac{\xi_i}{\gamma}\right)e^{-\gamma T} - \delta(T-t)\right]e^{\gamma t} + \frac{\xi_i}{\gamma}\right\}(e^{-\delta t} - 1)\rho_i^2}{tc_i} \quad (12\text{-}43)$$

12.3 制造业绿色创新系统知识共享的激励机制

虽然知识溢出和知识共享能够带来绿色创新系统中主体创新绩效的提升，然而由于知识共享过程中不仅需要共享者花费由时间和空间带来的成本，可能还会降低绿色知识提供者对绿色知识的独占性，因此，知识共享行为通常并不会在知识提供者和接受者之间主动发生。对于绿色创新系统的主体，尤其是作为绿色知识接受者的制造业企业而言，就需要通过建立健全完善的激励机制，为促进知识共享的发生提供制度保障，有效吸收绿色创新系统中的溢出知识，为提升绿色创新能力奠定基础。

本章将绿色创新系统知识共享的激励机制界定为为了实现绿色创新系统的知识共享目标而实施的各种激励方式的有机组合。这些激励方式应以实现绿色创新主体内部及主体间知识共享激励目标为切入点，通过对绿色创新系统中各创新主体及其行为的强化，以促进知识共享行为的持续发生。

12.3.1　绿色创新系统知识共享的激励目标

1. 绿色创新主体内部知识共享的激励目标

绿色创新主体内部的知识共享主要是在拥有知识的员工间进行，因此，知识共享激励应围绕有效提升员工的知识共享发生动机、实现知识在主体内部绿色创新中的有效应用来进行。

1）提升员工知识共享的动机

即使是绿色创新主体内部进行知识共享，由于员工间经济利益和非经济利益目标的差异性，知识共享过程中员工往往存在垄断、竞争、自我封闭、偏见的心理，因此组织中的知识共享不能主动发生。研究表明：影响绿色创新主体间的知识共享的最关键的因素就是个体的动机。Stenmark（2000）认为，缺乏强烈的个体动机的员工难以主动进行知识共享。Siemsen 等（2007）认为，个体动机、共享机会、个体能力均能影响组织中知识共享，当机会和能力较高时，知识共享的意愿依然受限于个体动机的影响。虽然绿色创新系统内存在很多阻碍知识共享的因素，如不合理的组织结构、不恰当的组织氛围、技术信息的差异、派别分割，但拥有知识的员工是否能够受到组织激励、主动与他人共享知识才是影响组织知识共享的决定性因素（赵书松等，2010）。因此，对于绿色创新主体而言，提升员工知识共享的动机是知识共享首要激励目标之一，这样才能促进内部知识的有效共享。

2）实现知识在主体内绿色创新中的有效应用

由于绿色创新是一个复杂的过程，它的每一个环节，如绿色产品设计、绿色工艺开发、绿色设备使用等都伴随着对知识的大量需求和应用。因此，通过制定相应的激励措施，激励员工彼此之间相互共享和交流所拥有的知识，促进知识从个人层面扩散到组织层面，内部更多员工可以通过查询共享知识进行绿色创新，从而促进知识在绿色创新中的有效应用和绿色创新活动的顺利进行。

2. 绿色创新主体间知识共享的激励目标

通常制造业企业与其他创新主体之间通过市场交易获得知识共享的机会，但相对于市场交易，由于绿色创新系统的形成，绿色创新主体通过系统内部的联系更能有效地进行知识共享。但绿色创新系统内部的创新主体成员面临的主要问题为是否愿意与其他成员共享知识，它是整个系统知识共享的关键所在，只有当系统中的绿色创新主体愿意将自己的组织知识与其他成员共享的时候，才能使绿色创新系统的知识共享优势得到进一步的发挥。而这种知识共享的进行同样需要制定一系列的措施进行激励,其激励目标则主要是降低绿色知识共享成本、增加绿色知识存储量以及促进知识共享在绿色创新中的协同增值。

1)降低绿色知识共享成本

绿色创新系统中激励机制的有效制定,能够有效促使创新主体之间通过组织学习的方式进行知识共享,进而提高双方对不确定性环境的认知能力,减少因交易主体的"有限理性"而产生的种种知识共享成本。同时激励机制也能够促进绿色创新主体之间建立长期的合作关系,也在很大程度上抑制了知识共享双方的机会主义行为,使这一行为带来的知识共享成本控制在最低限度。因此,在减少知识共享成本方面,创新主体在绿色创新系统内部制定激励措施要比通过市场交易进行知识共享更为有效。

2)增加绿色知识存储量

绿色创新系统中的成员间的知识共享行为能够相互影响、相互作用。每个成员的知识共享决策受到其他成员的影响,自身的知识共享活动也会作用于其他人员的决策,但归根到底创新主体间的出发点是如何使自己获得更多的知识存储量。由于知识资源的互补性,对每一个绿色创新主体来说,通过共享对方的知识无疑能够增加自身的知识存储量,以促进绿色创新的实施,获得更多的知识回报。因此,通过制定相应的激励措施,其他绿色创新主体能够愿意共享其知识,各方知识获得了知识优势延伸和加强,并对自身原有的知识系统进行补充,有利于自身知识存储量的增加。

3)促进知识共享在绿色创新中的协同增值

对于作为知识需求者的制造业企业而言,无论规模多大,知识资源如何丰富,都不可能具备绿色创新过程中所需的所有知识,这将成为制约企业从事大规模绿色创新活动的制约。因此为了在重大绿色技术、绿色产品开发获得竞争优势,制造业企业通常会制定有效的激励措施,激励其他绿色创新主体愿意共享所拥有的知识,并通过这种共享获取绿色创新过程中所需知识,实现知识在绿色创新中的协同增值。

12.3.2 绿色创新系统知识共享的激励方式

1. 绿色创新主体内部知识共享的激励方式

有关个体的知识共享激励方式主要包括两类:一是基于经济学视角的外在激励方式,二是基于社会心理学视角的内在激励方式(施建刚等,2014)。外在激励是对知识共享行为的一种经济补偿,使得知识员工能够因为其知识共享的贡献而取得一定经济利益,从而激励知识拥有者共享的主动性和积极性,通常包括知识共享目标激励、知识成果申报激励、知识奖惩激励等。内在激励是指知识共享本身带给知识拥有者的激励,包括知识共享可以使得知识拥有者获得责任感、成就感等,包括威望承认机制、潜力激发机制、团队信任机制,通常具有个别差异性和主观能动性等特点。与外在激励相比,内在激励有更强烈的效果。

1) 外在激励方式

第一,知识共享目标设置的激励方式。绿色创新主体通常设置知识共享目标,如从制造业企业层面设置与重大绿色创新攻关项目、绿色技术改造项目、绿色创新科学研究项目等有关的知识共享目标,从各部门角度则会设置有关绿色技术创新、绿色工艺创新、绿色产品创新等较小范围的知识共享目标。通过设置这些绿色创新过程中的知识共享目标,并结合知识薪酬激励等方式,可以有效引导知识拥有者进行知识共享,并进而实现绿色创新。

第二,知识成果申报制度的激励方式。针对知识拥有者的知识垄断心理、成就动机和被团队认可的愿望等影响因素,建立知识成果与个体联系的申报制度,在组织中个体创造的技术成果越明确越有利于激励员工共享的行为。企业采用绿色创新成果发现者的名字命名该成果的做法,既能鼓励公司员工努力创新又能形象地具化该成果,并使其得以广泛推广。

第三,知识奖惩机制的激励方式。知识奖惩机制主要使知识贡献纳入绩效考核范围,可以根据员工向企业知识库提供有关绿色创新成果的数量和质量等来判断员工的知识贡献,从而对于通过知识共享获得绿色创新成果的员工予以奖励,对于未进行知识共享和创造的员工进行惩罚。通常,奖励的方式包括经济报酬、知识股权期权分红、职位晋升、知识培训等,而惩罚的方式则主要为降级或淘汰。

2) 内在激励方式

第一,威望承认机制的激励方式。Davenport 和 Prusak (2001) 指出,组织内部知识共享体系对于威望的承认有利于员工的知识共享。因此,对优秀的知识共享员工的威望的建立和维护,承认其拥有的地位,使其在企业的绿色创新过程中担任一定职务,能够使员工将自己的知识成果与他人分享的愿望更加强烈。而且,优秀员工承担的威望能够促使其用比他人更快的速度成长起来,并且能够在企业内部建立良好的企业文化,鼓励员工积极参与绿色技术成果共享的热情和积极性。

第二,潜力激发机制的激励方式。双因素理论的提出表明,挑战性的工作既是员工工作的保健因素,也是激励员工知识共享积极性的因素。潜力激发机制主要是给知识型员工安排一些较高挑战性的绿色创新工作,这些工作的完成能够体现员工自身价值并得到高度认可,从而会激励员工在与其他人员交流、合作以及分享绿色创新成果时更具有热情,并能激发员工继续绿色技术创新的积极性,开发员工的创新潜能。

第三，团队信任机制的激励方式。在有关团队知识共享的研究中，由于信任可以消除知识共享的障碍，因此被认为是知识共享顺利进行的重要因素，它能够直接对团队的创新绩效起到促进作用。由于绿色创新系统中的知识共享是由知识拥有者和接受者之间的相互信任促进的，知识共享因此得以产生，并在知识共享的过程中增加双方的互相信任。因此，通过构建这种团队信任机制，能够激励员工与其他成员进行知识共享。

2. 绿色创新主体间知识共享的激励方式

除了激励内部成员进行知识共享外，绿色创新主体间也需要设置各种激励方式来促进组织间知识共享的发生。通常而言，这些方式主要包括以下两种。

1）通过增强相互依赖度进行激励

依据资源依赖理论，绿色创新系统中的创新主体不能获得进行绿色创新所需要的所有资源，因此为了降低资源约束并提高绿色创新效率，这些主体往往会通过知识共享的方式获取其他组织的知识资源以减少资源约束和提高创新效率。因此，为了更好地进行知识共享，介于创新主体间的创新依赖被划分为依赖总和（total interdependence）和依赖的不对等（inter dependence asymmetry）。依赖总和是指合作伙伴双方各自的单边依赖之和，而单边依赖间的差异产生了合作伙伴间的依赖不对等（Nieuwlaat et al.，2001）。绿色创新系统主体的知识共享活动受到以上两种依赖的影响。依赖总和的增加有利于提高合作伙伴间沟通的效率和创新互动的深度，彼此之间会培育高度的信任关系，这些都为彼此进行知识分享创造了必要条件，因此会促进知识共享的发生。所以通过增强绿色创新系统中创新主体之间的相互依赖度，会激励彼此间的知识共享（Dhanaraj et al.，2004），而依赖不对等与双方在知识共享中的权力地位有关，可在下一点激励方式中进行讨论。

2）通过适度均衡知识共享权力进行激励

Mintzberg（1983）指出联盟成员企业之间存在着权力分布问题，通常权力会较多地集中于某一企业，且主要体现在价值的分割行为当中。而这种权力分布差异会产生依赖的不对等，并对知识共享活动产生影响。绿色创新系统中拥有不同知识资源的组织之间能够进行知识共享，这些组织之间不仅会通过依赖总和的提升激励知识共享的发生，也会通过产生依赖的不对等影响知识共享的进行。依赖不对等意味着绿色创新系统中知识共享伙伴在权力和地位上存在不对等，这种不对等的差异导致优势的一方缺乏继续投入的积极性，劣势的一方由于无法得到回报而缺乏参与知识共享的动力，知识共享将会受到消极影响。因此，可通过合作契约规定双方的权力及利益分配、通过知识共享绩效对合作方进行权力奖赏等，适度均衡知识共享权力以激励双方进行知识共享。

12.3.3 基于委托—代理理论的绿色创新系统知识共享激励模型

1. 委托—代理理论及其模型的基本原理

委托—代理理论是由美国经济学家伯利和米恩斯于20世纪30年代提出的,该理论提倡企业把所有权和经营权剥离,所有者保留索取剩余利润的权利,而将经营权出让。在20世纪60年代末70年代初,经济学家应用委托—代理理论研究在利益相冲突和信息不对称的环境下的企业内部信息不对称、激励问题以及委托人如何设计最优契约激励代理人的相关问题。其中,在交易中拥有信息优势的称为代理人,而不具有信息优势的则为委托人。

委托—代理理论的模型方法主要有三种:一种是"状态空间模型化方法"(statespace formulation),由Wilson(1969)、Spence和Zeckhauser(1971)及Ross(1973)最初使用;第二种是"分布函数的参数化方法"(parameterized distribution formulation),由Mirrlees(1974,1976)最初使用,Holmstrom(1979)进一步发展;第三种是"一般化分布方法"(general distribution formulation)模型化方法(安小风,2009)。这三种模型的基本原理如下。

1)状态空间模型化方法

第一,假设代理人所有可选择的行动组合为A,$a \in A$表示代理人的一个特定行动,并假定a是代表努力水平的一维变量。

第二,假设θ是不受参与人控制的外生随机变量(称为自然状态),Θ是θ上的分布函数和密度函数,分别为$G(\theta)$和$g(\theta)$[一般我们假定θ为连续变量,如果θ取有限个可能值,$g(\theta)$为概率分布]。

第三,在代理人选择某个行动a之后,外生变量θ实现。a和θ共同决定一个可预测结果,并将其记为生产技术函数$x(a,\theta)$。同时假设a和θ共同决定了所有权属于委托人的一个产出函数$x(a,\theta)$,并假定π是a的严格递增的凹函数,π是θ的严格增函数(即较高的θ代表比较有利的自然状态)。

第四,代理人选择任何行动a几乎都会给他带来一定程度的"辛苦"或"痛苦",假定其可被用一种效用测度的成本函数$c(a)$来刻画,且假设有$c' = \dfrac{\mathrm{d}c(a)}{\mathrm{d}a} > 0$,$c'' = \dfrac{\mathrm{d}c'}{\mathrm{d}a} > 0$。

第五,设委托人将产出$\pi(a,\theta)$中的一个部分s作为奖赏支付给代理人以进行

激励,并且合约规定,s 是按照可观测变量(指标)$x(a,\theta)$来决定的,即有

$$s = s[x(a,\theta)]$$

简记为$s(x)$,因此委托人的问题是设计一个激励合同$s(x)$,根据观测到的 x 对代理人进行奖惩。

第六,假定委托人和代理人的 V-N-M[①]期望效用函数分别为$v(\pi-s(x))$和$u(s(\pi)-c(a))$,并设$v'>0$,$v''\leq 0$,$u'>0$,$u''\leq 0$,即委托人和代理人都是风险规避或风险中性的,努力的边际负效用是递增的。

显然,一般可假定$\frac{\partial \pi(a,\theta)}{\partial a}>0$。这与$c'>0$构成一对矛盾。$\frac{\partial \pi}{\partial a}>0$意味着委托人希望代理人多加努力,而$c'>0$则意味着代理人希望少努力。所以,除非委托人能对代理人提供足够多的激励或奖赏,否则,代理人不会如委托人希望的那样努力工作。

第七,假定$G(\theta)$、$x(a,\theta)$、$\pi(a,\theta)$、$c(a)$、$v(\cdot)$和$u(\cdot)$都是共同知识,就是说,委托人和代理人在有关这些技术关系上的认识是一致的。显然,$x(a,\theta)$是共同知识,当委托人能观测到θ时,也就可以知道a,反之亦然。所以,一般总假定a和θ同时都是不可观测的。

委托人的期望效用函数(P)可表示如下:

$$(P) \int v\{\pi(a,\theta)-s[x(a,\theta)]\}g(\theta)\mathrm{d}\theta \quad (12\text{-}44)$$

委托人的问题就是选择 a 和 $s(x)$ 最大化上述期望效用函数。

但是,委托人面临着代理人的两个约束,即"参与约束"(participation constraint)或"个人理性约束"(individual rationality constraint,IR)和"激励相容约束"(incentive compatibility constraint,IC)。

第一,IR,即代理人与委托人不签订合约时,他会有一个"保留支付"或"保留效用",记为$\bar{u}$。它是代理人不接受合约时的最大期望效用,即代理人接受合约的机会成本。那么对于代理人而言,他接受合约的期望效用则不能小于$\bar{u}$,可以表述如下:

$$(\text{IR}) \int u\{s[x(a,\theta)]\}g(\theta)\mathrm{d}\theta - c(a) \geq \bar{u} \quad (12\text{-}45)$$

第二,IC,即尽管委托人不能"经济地"观测到代理人的行为,但有一个原理制约着代理人的行为,这就是 IC。这个约束决定了代理人的行动选择 a 应满足的条件:

$$(\text{IC}) \int u\{s[x(a,\theta)]\}g(\theta)\mathrm{d}\theta - c(a) \geq \int u\{s[x(a',\theta)]\}g(\theta)\mathrm{d}\theta - c(a'),\ \forall a' \in A$$

$$(12\text{-}46)$$

[①] von Neumann 和 Morgenstern 证明,期望效用函数能满足当复合的函数仅限于正线性变换函数的情形时,具有与原来的效用函数保持同一偏好序的性质。具有这种性质的效用函数被称为 V-N-M 期望效用函数。

这样，委托人的问题就是：在（IR）和（IC）限定的范围内选择 a（通过奖惩诱使代理人选择 a）和 $s(x)$，最大化期望效用函数（P），即

$$\begin{cases} \max\limits_{a,s(x)} \int v\{\pi(a,\theta) - s[x(a,\theta)]\} g(\theta) \mathrm{d}\theta \\ \text{s.t.} \quad (\text{IR}) \int u\{s[x(a,\theta)]\} g(\theta) \mathrm{d}\theta - c(a) \geqslant \overline{u} \\ \qquad (\text{IC}) \int u\{s[x(a,\theta)]\} g(\theta) \mathrm{d}\theta - c(a) \geqslant \int u\{s[x(a',\theta)]\} g(\theta) \mathrm{d}\theta - c(a'), \ \forall a' \in A \end{cases}$$

（12-47）

以上的模型化方法被称为状态空间模型化方法，它的优点是每种技术关系都很直观地表现出来，但是无法得到经济上有信息的解［若 $s(x)$ 不限制在一个有限的区域，这个模型还可能没有解］。

2）分布函数的参数化方法

该方法是由 Mirrlees（1974，1976）、Holmstrom（1979）提出。其基本思路如下：因为 $x = x(a,\theta)$，$\pi = \pi(a,\theta)$，所以，对于每一个固定的 a，θ 与 x 或者 x 和 π 是相对应的。因为 θ 是随机变量，故此时 x 和 π 都是随机变量。将 θ 的分布函数转换为 x 和 π 的联合分布函数，用 $F(x,\pi,a)$ 和 $f(x,\pi,a)$ 分别代表从分布函数 $G(\theta)$ 导出的联合分布函数和密度函数。

此时，委托人的问题就可表示为

$$\begin{cases} \max\limits_{a,s(x)} \int v\{\pi - s(x)\} f(x,\pi,a) \mathrm{d}x \\ \text{s.t.} \quad (\text{IR}) \int u[s(x)] f(x,\pi,a) \mathrm{d}x - c(a) \geqslant \overline{u} \\ \qquad (\text{IC}) \int u[s(x)] f(x,\pi,a) \mathrm{d}x - c(a) \geqslant \int u[s(x)] f(x,\pi,a') \mathrm{d}x - c(a'), \ \forall a' \in A \end{cases}$$

（12-48）

3）一般化分布方法

这种方法基于在分布函数的参数化方法表述下，代理人选择不同的行动 a 等价于他选择了不同的分布函数 $F(x,\pi,a)$［或不同的密度函数 $f(x,\pi,a)$］。

由此，可将分布函数本身当做代理人的选择变量，从而将 a 消掉了（用 F 或 f 对应于 a）。

设 p 是 x 和 π 的一个密度函数，P 为所有 p 的集合。因 $c(a) = c[a(p)] = c(p)$（由 p 与 a 的上述对应），故 $c(p)$ 为 p（对应某个 a）的成本（负效用）函数。则委托人问题又可表述为

$$\begin{cases} \max\limits_{p\in P, s(x)} \int v\{\pi - s(x)\} p(x,\pi) \mathrm{d}x \\ \text{s.t.} \quad (\text{IR}) \int u[s(x)] p(x,\pi) \mathrm{d}x - c(p) \geqslant \bar{u} \\ \qquad (\text{IC}) \int u[s(x)] p(x,\pi) \mathrm{d}x - c(p) \geqslant \int u[s(x)] \tilde{p}(x,\pi) \mathrm{d}x - c(\tilde{p}), \quad \forall \tilde{p} \in P \end{cases}$$

(12-49)

在这种表述中，关于 a 和成本 $c(p)$ 的经济学解释消失了，但得到一个非常简练的一般化模型，这个一般化模型甚至包括隐藏信息模型。

在上述三种表述方法中，参数化方法是标准的方法，本章主要应用该方法对绿色创新系统知识共享的激励进行分析，且将假定产出 π 是唯一的可观测指标（即 $x=\pi$）。委托人对代理人的奖惩只能根据观测到的产出 π 做出（Tang et al., 2009）。这时委托人的问题就是

$$\begin{cases} \max\limits_{a, s(x)} \int v\{\pi - s(x)\} f(\pi, a) \mathrm{d}\pi \\ \text{s.t.} \quad (\text{IR}) \int u[s(\pi)] f(\pi, a) \mathrm{d}\pi - c(a) \geqslant \bar{u} \\ \qquad (\text{IC}) \int u[s(\pi)] f(\pi, a) \mathrm{d}\pi - c(a) \geqslant \int u[s(x)] f(\pi, a') \mathrm{d}\pi - c(a'), \quad \forall a' \in A \end{cases}$$

(12-50)

对于该最优化问题，一般可以通过拉格朗日方法进行求解。通常，对于想要获得绿色知识的制造业企业而言，对绿色创新主体（拥有绿色知识的员工、其他制造业企业或高等院校、科研院所等）的知识共享意愿（努力程度）具有非对称信息。因此，本章假设绿色创新主体之间的知识共享为非对称信息下的最优激励问题。

2. 绿色创新系统知识共享的激励模型

假设在绿色创新系统知识共享中，制造业企业为委托人，拥有绿色知识的员工、其他制造业企业或高等院校、科研院所等统一为代理人；委托人和代理人都满足理性假设人条件；委托人的目标是激励代理人进行知识共享从而提高制造业企业绿色创新产出；委托人和代理人都是风险中性或风险规避的。

1）绿色知识共享产出函数

依据知识生产函数，假设委托人 p_1 的绿色知识共享产出函数是代理人 p_2 努力水平 a 的函数，同时，知识共享产出函数与代理人的知识共享量（K）、制造业企业绿色创新研发投入（R）有关。此外，还会存在一些外生变量（如企业管理水平、员工的个人素质、高等院校及科研院所的绿色知识产出能力、其他市场因素等）θ 影响知识共享的产出，因此，将知识共享产出函数表示如下（樊斌和鞠晓峰，2009）：

$$\pi(a,\theta)=aK^{\alpha}R^{\beta}+\delta\theta, \quad a\geqslant 1; \theta \sim N(0,\sigma^2) \quad (12\text{-}51)$$

其中，当 $a=1$ 时表示代理人在知识共享方面未做任何努力；α、β 分别为知识共享量和绿色创新投入的产出弹性；δ 为外生变量对产出的影响系数；$E(\theta)=0$，$D(\theta)=\sigma^2$。

2）绿色知识共享成本函数

如前文所述，借鉴于娱等（2013）的研究，考虑到代理人进行绿色知识共享会产生成本，如由于绿色知识独占性的丧失而带来的收益减少等，并假设绿色知识共享成本与代理人绿色知识共享努力水平（即共享意愿）有关，因此代理人绿色知识共享成本函数可以表示为绿色知识共享努力水平的二次凸函数：

$$c(a)=\frac{1}{2}\varepsilon a^2 \quad (12\text{-}52)$$

其中，ε 为代理人绿色知识共享努力水平的成本系数，$\varepsilon>0$。

3）绿色知识共享激励合同

制造业企业通过制定激励合同 $s(\pi)$ 以激励代理人进行绿色知识共享，依据国内外学者的研究结论，线性激励合同具有合理性且能够达到最优，因此，本章假设激励合同 $s(\pi)$ 的表达式为

$$s(\pi)=\gamma+\zeta\pi, \quad \gamma>0; \ 0\leqslant\zeta\leqslant 1 \quad (12\text{-}53)$$

其中，γ 为代理人的固定报酬；ζ 为知识共享激励系数，也是代理人因为绿色知识共享而获得的浮动报酬率，同时是其承担风险的程度。当 $\zeta=1$ 时，意味着代理人承担全部风险和收益；当 $\zeta=0$ 时，意味着代理人不承担任何风险和收益（樊斌和鞠晓峰，2009）。

4）绿色知识共享期望效用函数

第一，委托人 p_1 的绿色知识共享期望效用函数。

委托人 p_1 的收益函数为

$$I(p_1)=\pi-s(\pi)=(1-\zeta)(aK^{\alpha}R^{\beta}+\delta\theta)-\gamma \quad (12\text{-}54)$$

当委托人为风险中性时，则其期望效用等于期望收益：

$$v(p_1)=(1-\zeta)aK^{\alpha}R^{\beta}-\gamma \quad (12\text{-}55)$$

当委托人为风险规避时，采用 Arrow 和 Pratt 绝对风险规避度 $\rho_1(\rho_1>0)$ 来定义风险规避的程度，则效用函数为

$$v[I(p_1)]=-e^{-\rho_1 I(p_1)}$$

$I(p_1)$ 服从均值为 $(1-\zeta)aK^{\alpha}R^{\beta}-\gamma$，方差为 $(1-\zeta)^2\delta^2\sigma^2$ 的正态分布，即 $I(p_2)\sim N\big((1-\zeta)aK^{\alpha}R^{\beta}-\gamma,(1-\zeta)^2\delta^2\sigma^2\big)$。同时，基于 I-Chieh Hsu 的研究结论，

委托人的风险成本 $F_1=\rho_1\mathrm{Var}(s)/2$,即 $F_1=\frac{1}{2}\rho_1(1-\zeta)^2\delta^2\sigma^2$,则委托人的期望效用函数为

$$v(p_1)=(1-\zeta)aK^\alpha R^\beta-\gamma-\frac{1}{2}\rho_1(1-\zeta)^2\delta^2\sigma^2 \quad (12\text{-}56)$$

第二,代理人 p_2 的绿色知识共享期望效用函数。

代理人的收益函数为

$$I(p_2)=s(\pi)-c(a)=\gamma+\zeta(aK^\alpha R^\beta+\delta\theta)-\frac{1}{2}\varepsilon a^2 \quad (12\text{-}57)$$

当代理人 p_2 为风险中性时,其期望效用等于期望收益:

$$u(p_2)=\gamma+\zeta aK^\alpha R^\beta-\frac{1}{2}\varepsilon a^2 \quad (12\text{-}58)$$

同理,当代理人为风险规避时,采用 Arrow 和 Pratt 绝对风险规避度 $\rho_2(\rho_2>0)$ 来定义风险规避的程度,则效用函数为

$$u[I(p_2)]=-\mathrm{e}^{-\rho_2 I(p_2)}$$

其中,$I(p_2)$ 服从均值为 $\gamma+\zeta aK^\alpha R^\beta-\frac{1}{2}\varepsilon a^2$,方差为 $\zeta^2\delta^2\sigma^2$ 的正态分布,即 $I(p_2)\sim N\left(\gamma+\zeta aK^\alpha R^\beta-\frac{1}{2}\varepsilon a^2,\zeta^2\delta^2\sigma^2\right)$。同时,基于 I-Chieh Hsu 的研究结论,代理人的风险成本 $F_2=\rho_2\mathrm{Var}(s)/2$,即 $F_2=\frac{1}{2}\rho_2\zeta^2\delta^2\sigma^2$,则代理人的期望效用函数为

$$u(p_2)=\gamma+\zeta aK^\alpha R^\beta-\frac{1}{2}\varepsilon a^2-\frac{1}{2}\rho_2\zeta^2\delta^2\sigma^2 \quad (12\text{-}59)$$

5)基本激励模型

在非对称信息情形下,基本激励模型为

$$\begin{cases}\max\limits_{a,\zeta}v(p_1)=(1-\zeta)aK^\alpha R^\beta-\gamma-\frac{1}{2}\rho_1(1-\zeta)^2\delta^2\sigma^2\\ \text{s.t.}\quad(\text{IC})\ \max\limits_{a}u(p_2)=\gamma+\zeta aK^\alpha R^\beta-\frac{1}{2}\varepsilon a^2-\frac{1}{2}\rho_2\zeta^2\delta^2\sigma^2\\ \quad\quad(\text{IR})\ \gamma+\zeta aK^\alpha R^\beta-\frac{1}{2}\varepsilon a^2-\frac{1}{2}\rho_2\zeta^2\delta^2\sigma^2\geq\overline{u}\end{cases} \quad (12\text{-}60)$$

上述模型根据 ρ_1 和 ρ_2 的不同取值,代表了参与人的四种不同的风险偏好组合情况:

第一,当 $\rho_1=0$,$\rho_2=0$ 时,委托人和代理人均为风险中性。

第二,当 $\rho_1>0$,$\rho_2=0$ 时,委托人为风险规避,代理人为风险中性。

第三,当 $\rho_1=0$,$\rho_2>0$ 时,委托人为风险中性,代理人为风险规避。

第四，当 $\rho_1 > 0$，$\rho_2 > 0$ 时，委托人和代理人均为风险规避。

6）模型求解

对式（12-60）中的（IC）进行一阶、二阶微分，可得

$$\frac{\partial u(p_2)}{\partial a} = \zeta K^\alpha R^\beta - \varepsilon a$$

$$\frac{\partial^2 u(p_2)}{\partial a^2} = -\varepsilon$$

由于 $\frac{\partial^2 u(p_2)}{\partial a^2} = -\varepsilon < 0$，所以 $u(p_2)$ 取最大值的条件为 $\frac{\partial u(p_2)}{\partial a} = \zeta K^\alpha R^\beta - \varepsilon a = 0$，即

$$a = \frac{\zeta K^\alpha R^\beta}{\varepsilon} \tag{12-61}$$

在 K-T 条件下，(IR) 等式成立（$\lambda=1$），即代理人决定共享绿色知识时，委托人没有必要给代理人支付更多的报酬，因此，非对称信息情形下的基本激励模型改写为

$$\begin{cases} \max\limits_{a,\zeta} v(p_1) = (1-\zeta)aK^\alpha R^\beta - \gamma - \frac{1}{2}\rho_1(1-\zeta)^2\delta^2\sigma^2 \\ \text{s.t. (IC)}\ a = \frac{\zeta K^\alpha R^\beta}{\varepsilon} \\ \quad\quad\ \text{(IR)}\ \gamma + \zeta a K^\alpha R^\beta - \frac{1}{2}\varepsilon a^2 - \frac{1}{2}\rho_2 \zeta^2 \delta^2 \sigma^2 = \overline{u} \end{cases} \tag{12-62}$$

将式（12-62）中的约束条件代入目标函数，可得

$$\max_{a,\zeta} v(p_1) = aK^\alpha R^\beta - \frac{1}{2}\rho_1(1-\zeta)^2\delta^2\sigma^2 - \frac{1}{2}\varepsilon a^2 - \frac{1}{2}\rho_2\zeta^2\delta^2\sigma^2 - \overline{u}$$

$$= \frac{\zeta K^{2\alpha} R^{2\beta}}{\varepsilon} - \frac{1}{2}\rho_1(1-\zeta)^2\delta^2\sigma^2 - \frac{1}{2}\varepsilon\left(\frac{\zeta K^\alpha R^\beta}{\varepsilon}\right)^2 - \frac{1}{2}\rho_2\zeta^2\delta^2\sigma^2 - \overline{u}$$

$$\tag{12-63}$$

式（12-63）分别对 ζ 进行一阶和二阶偏导，可得

$$\frac{\partial v(p_1)}{\partial \zeta} = \frac{K^{2\alpha} R^{2\beta}}{\varepsilon} - \rho_1 \delta^2 \sigma^2 (\zeta - 1) - \frac{\zeta K^{2\alpha} R^{2\beta}}{\varepsilon} - \rho_2 \zeta \delta^2 \sigma^2$$

$$\frac{\partial^2 v(p_1)}{\partial \zeta^2} = -\rho_1 \delta^2 \sigma^2 - \frac{K^{2\alpha} R^{2\beta}}{\varepsilon} - \rho_2 \delta^2 \sigma^2$$

由于 $\frac{\partial^2 v(p_1)}{\partial \zeta^2} = -\rho_1 \delta^2 \sigma^2 - \frac{K^{2\alpha} R^{2\beta}}{\varepsilon} - \rho_2 \delta^2 \sigma^2 < 0$，所以 $v(p_1)$ 取最大值的条件是

$$\frac{\partial v(p_1)}{\partial \zeta} = \frac{K^{2\alpha}R^{2\beta}}{\varepsilon} - \rho_1\delta^2\sigma^2(\zeta-1) - \frac{\zeta K^{2\alpha}R^{2\beta}}{\varepsilon} - \rho_2\zeta\delta^2\sigma^2 = 0$$，从而得到

$$\zeta^* = \frac{K^{2\alpha}R^{2\beta} + \varepsilon\rho_1\delta^2\sigma^2}{\varepsilon\rho_1\delta^2\sigma^2 + K^{2\alpha}R^{2\beta} + \varepsilon\rho_2\delta^2\sigma^2}$$

$$a^* = \frac{K^\alpha R^\beta (K^{2\alpha}R^{2\beta} + \varepsilon\rho_1\delta^2\sigma^2)}{\varepsilon^2\rho_1\delta^2\sigma^2 + \varepsilon K^{2\alpha}R^{2\beta} + \varepsilon^2\rho_2\delta^2\sigma^2}$$

依据风险类别进行分类总结：

第一，当委托人和代理人均为风险中性时，$a^* = \frac{K^\alpha R^\beta}{\varepsilon}$，$\zeta^* = 0$，$v(p_1) = \frac{K^{2\alpha}R^{2\beta}}{\varepsilon} - \gamma$。

第二，当委托人为风险规避，代理人为风险中性时，$a^* = \frac{K^\alpha R^\beta}{\varepsilon}$，$\zeta^* = 1$，$v(p_1) = \frac{K^{2\alpha}R^{2\beta}}{\varepsilon} - \frac{1}{\varepsilon} - \gamma$。

第三，当委托人为风险中性，代理人为风险规避时，$a^* = \frac{K^\alpha R^\beta}{\varepsilon}$，$\zeta^* = 0$，$v(p_1) = \frac{K^{2\alpha}R^{2\beta}}{\varepsilon} - \gamma$。

第四，当委托人和代理人均为风险规避时，$a^* = \frac{K^\alpha R^\beta}{\varepsilon}$，$\zeta^* = \frac{\rho_1}{\rho_1 + \rho_2}$，$v(p_1) = \frac{K^{2\alpha}R^{2\beta}}{\varepsilon} - \frac{\rho_1}{\varepsilon(\rho_1+\rho_2)} - \gamma - \frac{1}{2}\rho_1\left(1 - \frac{\rho_1}{\rho_1+\rho_2}\right)^2\delta^2\sigma^2$。

7）模型结果分析

第一，代理人的绿色知识共享努力水平与成本系数 ε 成反比，与代理人的知识共享量（K）和制造业企业绿色创新研发投入（R）成正比，成本系数 ε 越高，绿色知识共享量（K）和制造业企业绿色创新研发投入（R）越低，代理人的知识共享意愿越低。

第二，当委托人为风险中性时，代理人为风险中性和风险规避的结果一致，$\zeta^* = 0$ 意味着最优激励合同下的代理人不承担任何风险，当然也不获得委托人由于其绿色知识共享而给予的浮动报酬，只获得固定收入部分。

第三，当委托人为风险规避、代理人为风险中性时，$\zeta^* = 1$，意味着代理人承担全部绿色知识共享所带来的风险，同时获得委托人提供的浮动报酬；当委托人和代理人均为风险规避时，$\zeta^* = \frac{\rho_1}{\rho_1+\rho_2}$ 与双方的绝对风险规避度 ρ_1 和 ρ_2 有关。

12.4　本章小结

本章研究了制造业绿色创新系统知识共享的发生机制、竞合机制和激励机制，其中发生机制探讨了知识共享的发生动机、知识共享发生的三维空间；竞合机制探讨了知识共享中的竞合机制、基于两种竞合关系的竞合模型，并分析了不同竞合关系下的知识共享博弈过程；激励机制中探讨了知识共享的激励目标和激励方式，并基于委托—代理理论分析了制造业绿色创新系统知识共享激励模型。通过上述分析，本章得出互惠性偏好和知识自我效能是绿色创新个体间知识共享发生动机，而制造业企业之间知识共享发生动机主要来自企业绿色创新压力增加和绿色创新资源不足；知识共享通常发生在由绿色知识特性、绿色知识拥有者特性和绿色知识接受者特性组成的三维空间内；绿色创新主体通过合作获取互补性的异质资源来实现利益最大化，但在知识共享合作中又存在竞争行为；绿色创新系统主体应建立健全完善的激励机制，为促进知识共享的发生提供制度保障。

第四部分

跨国公司技术转移与直接投资行为下的制造业绿色创新系统研究

在一个复杂的社会经济系统中,两个事物之间的关系总会受到自身和外部环境的影响。在开放经济条件下,我国制造业绿色创新系统绿色创新将越来越多地受到跨国公司技术转移的影响,而在跨国公司技术转移影响我国制造业绿色创新系统绿色创新绩效的过程中,跨国公司技术转移产生的作用效果还会受到源自绿色创新系统内外部其他因素的影响。因此,本部分致力于研究跨国公司技术转移与直接投资行为下的制造业绿色创新系统问题,具体包括第13~16章共四章的内容。

第13章 制造业绿色创新系统绿色创新绩效影响因素研究：跨国公司技术转移视角

本章致力于探讨跨国公司技术转移对制造业绿色创新系统创新绩效的影响因素，即在理论探讨跨国公司技术溢出、绿色创新系统社会资本和绿色创新系统吸收能力三个影响因素作用机理的基础上，运用灰色关联模型进行实证分析，为后文的研究提供理论支撑。

13.1 跨国公司技术转移视角下的影响因素选择及研究构架

13.1.1 制造业绿色创新系统中的技术转移

1. 绿色创新系统中的技术转移

绿色创新系统中技术流动的实质就是在不同主体间的技术转移，而且，技术必须被一定的主体所利用才会发挥作用，才可以影响主体的行为。在技术转移、转化和再创造的过程中，可以把技术分成隐性技术和显性技术两类。隐性技术只有得到外化处理才能在企业间传播和分享，而显性技术通过内化处理过程转化为隐性技术。技术转化是技术从技术提供方向技术接受方传递的过程，主要涉及以下三种要素：①转化主体，即技术提供方和技术接受方；②转化客体，即流动的技术；③转化环境，即由各种影响技术转化的外部影响因素构成的环境。

根据上述技术转化的机制不难看出，技术在不同主体间的流动中，已有的技术存量可能会减少,也可能会产生新的技术。在流动中技术存量的增加主要通过以下路径:第一,技术提供方和技术接受方之间存在信息不对称,导致技术在接受方得到新的理解,继而产生新的技术。第二,在技术流动的相互作用中,会激发并创造出新的技术。第三,通过学习,主体外的技术被主体作为新技术吸收(李庆东,2008)。技术在系统中主体间流动过程中不断被接收并转化,且各主体也因技术流动的相互作用不断被刺激并创造出新的技术。因此,绿色创新系统就在技术流动的动态过程中获得创新所需的新技术。

绿色创新系统中的技术转移不是技术传递的简单动作,而是一个包括启动、实施、调整和整合四个阶段的过程。启动阶段是指从技术源形成到技术转移的决策确立的过程;实施阶段始于技术转移行为的启动,延续到接受方首次应用转移来的技术结束;调整阶段是指接受方在首次应用转移技术后,针对过程中发现的问题,对其进行调整,以适应新环境,实现预期效果;整合阶段是指保留、储备成功转移的技术,并将其嵌入组织惯例或制度化的过程(Szulanski,2000)。

从转移的过程来看,绿色创新系统内的技术转移具有动态化的特征:第一,技术获取,主动搜索并获得技术源;第二,技术沟通,通过语言、文字等媒介传递从技术源获取的技术;第三,技术应用,应用并验证转移来的技术的价值;第四,技术接受,以转移来的技术创造出的成果激发组织成员,使其充分被组织吸收和接受;第五,技术同化,成功应用转移来的技术,并在此基础上创造新技术(Gilbert and Martyn,1996)。由于绿色创新系统内技术转移的动态性特征,技术接受方需要在转移过程中与技术源保持紧密的联系和合作,以实现技术转移的顺畅和高效。这种联系也会促进绿色创新系统主体间的互动并加速资源交换。

在绿色创新系统中技术转移会由于过程相异和影响因素不同产生不同的结果。借鉴 Cummings 和 Teng(2003)的研究成果,把技术转移的成效看成一个因变量,并从技术角度提出测量维度,用以检验技术转移效果:一定时间内技术转移的数量;能否在规定时间内,在预计范围内达到接受方的满意度;是否能被作为接受方技术创新的基础;接受方获取技术的程度,对技术源承诺的满意度。影响接受方技术转移结果的因素包括:技术源企业分享技术的意愿;技术源企业不对工作保密;技术源企业对学习场所和讨论内容的开放程度;技术源企业提供充足的参观、学习机会;技术源企业毫不吝惜地将技术信息提供给接受方的管理者(Ramasamya et al.,2006)。

2. 跨国公司的技术转移

跨国公司技术转移是指跨国公司通过某种途径向技术接受方,也就是跨国公司在东道国的子公司或者东道国本地的企业转移技术的过程。技术转移可以在不同的地理空间上发生,也可以在不同的国家、地区、行业乃至企业内部发生。技术转移就是技术通过特定的途径进行的传播和交流,转移的内容既包括技术成果、信息,也包括能力的转让、移植、引进、交流和推广普及等。技术转移是一个动态过程。技术转移与一般的技术传播虽然看似相近,却存在根本的不同。技术转移必须达到技术接受方对转移来的技术的吸收和利用,如果仅仅在组织机构的界限意义上技术从一方迁移到另一方并不能构成技术的转移。

联合国认为技术转移是系统知识的转移,从位移的角度看是从产生知识的地方转移到使用知识的地方。技术转移的内容不仅仅是一种设备,而是涉及知识、信息、专利等软件;技术转移的目的是得到广泛的应用;其转移的技术一般较过去的技术更先进、更加能够满足接受方对新技术的需求。在技术转移的过程中,虽然"软性"技术和"硬性"技术都会使技术接受方在技术需求方面得到不同程度的满足,但是"软性"技术发挥的作用和长久性都要优于"硬性"技术。OECD(2010)在关于可持续制造和生态创新的政策简述中提出,技术转移是技术进口国在向技术出口国提供市场和创新机会的同时,在较短的时间内提高资源利用效率的方式。

技术转移质量是满足技术接受方技术需求程度的重要指标,可以定义为通过技术转移并增加接受方技术诀窍和接受方应用转移的技术来创新的能力。从技术转移对技术接受方的技术能力产生作用的角度来看,技术转移能够为技术接受方带来掌握某种新技术的能力,并且接受方能够运用这种新技术自主地实现其商业价值。由此看来,技术转移的关键在于技术接受方获得技术能力,并在独立掌握转移技术的基础上形成相关的自有知识体系。

技术转移不但可以满足技术接受方单纯的技术需求,还可以基于获得经济效益、政治效益或者社会效益的目的,在不同地区与组织之间由技术的转移方向技术接受方提供技术资源。技术转移过程中会出现资金、设备、人员、时间等其他资源流动,一般采取合作、指导等不同的实现方式,并且都会以技术是否真正被接受方消化吸收并运用到生产中作为技术转移过程结束的标志(蒋国瑞和高丽霞,2009)。

因此,可以从以下三个层次来解读技术转移的内涵:首先,技术转移是一个动态的过程,需要技术源和接受方的沟通和互动;其次,技术转移是技术重建的过程,它不是技术的简单流动,需要接受方依据自身现有资源或特定目的做出调整、重组;最后,技术转移是一个主动的过程,它是接受方带有目的性或计划性的活动。

3. 跨国公司的绿色创新系统中的技术转移

在绿色创新系统中,供应商和竞争对手起到的一个非常重要的作用就是技术转移。不管它们之间是否存在正式的联系,凭借技术转移,公司之间的联系对创新都会发挥技术来源和刺激创新的作用。发生在这些主体之间的交易将成为技术转移的载体,通过这些交易,技术作为产品或服务的重要组成部分最终一起被迁移。

跨国公司在绿色创新系统中扮演的角色是：在不同国家通过专利、许可、外商直接投资、贸易和科学合作等方式,从研发、生产和销售等方面增加管理经验、创业能力、技术能力等方面的信息交流,以及通过转移先进机械和设备到资本相对匮乏的发展中国家,触发新技术的产生,进而促进国际技术流动。

技术流动与金融流动相比更加难以区分流动形式,原因是技术流动不仅仅是通过直接的和正式的联系,还要通过间接的和非正式的联系。技术转移可以分为三类。第一类是公开信息来源,技术不用通过有偿支付就可以获得。第二类技术转移是不用与来源进行积极的合作而只是对技术进行收购,包括购买外部技术合作。第三类技术转移是通过创新进行的,涉及与其他组织积极合作或者参与联合创新项目。

上述三类技术转移对绿色创新系统中主体的创新活动都具有重要影响。技术是创新的基本投入。绿色创新系统中的任何主体间的技术流动,不论通过何种渠道,终将导致整个创新系统中作为一个整体的技术总量的扩大。反过来,这将最终导致创新活动和经济发展。由于经济日益全球化和竞争的加剧不可避免地必须伴随技术转移的国际化,跨国界的技术流动是在任何创新系统中都需要考虑的重要因素。

13.1.2 跨国公司技术转移对绿色创新系统创新绩效的影响因素选择

在一个复杂的社会经济系统中,两个事物之间的关系总会受到自身和外部环境的影响。跨国公司技术转移在影响我国制造业绿色创新的过程中也将受到众多,甚至无限多因素的影响,需要对这些因素进行划分和取舍。基于上述思考,本书从源于跨国公司方面的影响因素、源于东道国方面的影响因素、源于跨国公司与东道国共有的影响因素三个方面,选择跨国公司技术溢出、绿色创新系统吸收能力和绿色创新系统社会资本三个影响因素,作为制约跨国公司技术转移对我国制造业绿色创新系统创新绩效影响效果的主要因素。

1. 源于跨国公司方面的影响因素——跨国公司技术溢出

在来源于跨国公司方面的影响因素研究方面,跨国公司技术转移的市场导向被认为是主要影响因素。Javorcik(2004)对立陶宛的研究结果表明,基于东道国国内市场导向型的跨国公司技术转移对东道国技术创新具有更为显著的影响。但 Jabbour 和 Mucchielli（2007）的研究认为，出口市场导向型的跨国公司技术转移对西班牙企业产生了明显的溢出效应，其原因在于未满足本企业对中间产品的高要求，出口市场导向型跨国公司技术转移会为东道国供应商提供新技术或原理性知识。

跨国公司来源地也被认为是重要的影响因素，朱华兵和龚江洪（2009）、隆娟洁和陈治亚（2009）的研究结果表明，来源于不同地区的跨国公司技术转移对我国技术进步和技术创新产生的影响存在差异，其中，来源于美国的跨国公司技术转移具有较为显著的积极影响。Abraham 等（2010）通过计量分析发现跨国公司技术转移对东道国的溢出效应受到外资来源、结构、出口企业行业特征等因素的影响。

根据 Kardos（2014）的观点，对外直接投资会产生三种绿色效应：清洁技术转移——与国内生产相比更加有效、更环保的技术；技术跨越——通过技术转移控制污染；对国内公司所产生的溢出效应——将环境管理方面最佳的实践方法转移给子公司和国内竞争者、供应商。

从上述研究可知，跨国公司技术转移过程中带来的技术溢出效应是影响东道国制造业绿色创新系统创新绩效的重要因素。本书认为跨国公司是国际资本和技术的重要来源，那么它们的进入可以导致生产力转移中所得的技术和业务知识的转移，并且还能缓解本土企业，特别是中小企业的竞争。这些效果需要通过最佳实践的示范和传播而产生，或者通过将跨国公司和本土企业进行对接（或者是供应商，或者是消费者）而实现，抑或是通过有经验的跨国公司员工流动到本土企业而产生。跨国公司的进入势必会使市场竞争变得更加激烈，也会迫使本土企业不断模仿创新，不断进步。

众所周知，这些溢出效应和外部效应可以通过不同渠道产生。第一，劳动力移动溢出效应可以通过劳动力的转移而产生（训练有素的外企员工组建自己的公司，或者受雇于国有企业）。第二，跨国公司的存在可以导致新科技和生产程序信息的传播，这就是大家熟知的"示范影响"。第三，通过和本地企业的接触，跨国公司会提高东道国的生产效率。第四，跨国公司的进入势必会使市场竞争更加激烈，这样，就会迫使本土企业变得更加有效和不断创新（Tuluce and Doğan，2014），这就是由于技术溢出而产生的"竞争影响"。

2. 源于东道国方面的影响因素——绿色创新系统吸收能力

在来源于东道国方面的影响因素研究方面，跨国公司技术转移对技术创新的影响依赖于东道国的学习活动，东道国对跨国公司的学习投入越多，消化吸收努力程度越高，跨国公司技术转移对技术创新的影响就越大（黄静，2006）。Grinfeld

(2006)的研究结果表明,内资企业的吸收能力是决定其是否受益于跨国公司技术转移的关键因素。此外,Zhu 和 Jeon(2007)、Marcin(2008)研究东道国信息技术水平、市场竞争压力和市场开放程度等因素在跨国公司技术转移影响东道国技术创新过程中的调节作用。

由于技术具有外部性特质,跨国公司产生技术外溢成为必然,而本土企业未必能够从这种必然的外溢中吸收和模仿到相应程度的知识。如果本土企业与跨国公司之间的技术差距相对较小,即使吸收能力很强,吸收和模仿的空间也相对较小,学习的收益不大。只有当本土企业与跨国公司之间的技术差距处于相对理想的区间时,才可以实现对跨国公司外溢技术的吸收和模仿,学习的效果才会较好。毕克新等(2014)的实证检验表明,在跨国公司外商直接投资流入影响我国制造业绿色创新系统绿色创新能力的过程中,绿色创新资源投入具有完全的中介作用,说明制造业绿色创新系统绿色创新资源是提升我国制造业绿色创新能力的重要因素之一。

在一个产业中出现的溢出效应能促进生产力的提高(这种生产力是指本土企业向外国同类型公司学习所得的)。同样,由跨国公司产生的溢出效应可以从特定市场外的交易中产生,在这些市场中,资源(特别是技术)可以不经任何契约关系就能散播。然而,有效利用跨国公司所产生的溢出效应需要再一次依赖于"吸收能力"。吸收能力在很大程度上取决于技术能力,特别是在本土企业中直接承担吸收和消化转移来的技术的部门。一旦承担任务的部门发生变化,吸收、消化的过程和效果也会产生差异。这样就解释了一些本土企业中任务集中程度高的部门会更容易受到发展能力、知识流动、先进技术和吸收能力影响的现象。如果本土企业能和一些高等院校、科研技术中心、工程咨询公司、供应商、客户和竞争对手进行合作,这将会提高该公司的吸收能力。反之,跨国公司也可以通过和本土公司的合作将它们的技术和信息转移过来。

大量研究证实了吸收能力在跨国公司技术转移作用于本土企业创新过程中的重要影响。郑慕强(2011)认为吸收能力作为中介变量使跨国公司技术转移对本土企业技术创新产生溢出效应。Sánchez-Sellero 等(2014)的研究显示,技术吸收也会通过熟练员工间的知识交流和转移而产生,所以,有能力、受过专业培训、有吸收新技术经验的员工是必不可少的。反过来,有些企业拥有专家、合格的技师、科学家、工程师和某一领域有经验的员工,这些企业就有更强的吸收能力。有一些熟练的工人来自跨国公司,他们会选择留在本土企业工作,那么,他们也会把跨国公司的先进技术转移给本土公司。雇员的吸收能力会随着他们的投入努力程度、公司规范化政策程序、成员间合作程度、共同意识的存在等发生变化。

Liu 和 Buck(2007)研究发现进出口(learning-by-exporting or importing)具有提高中国本土高新技术企业技术创新绩效的作用,吸收能力是在华跨国公司的研发活动影响国内企业创新绩效的关键因素。Park 和 Ghauri（2011）认为，来自技术转移方的合作支持是帮助公司吸收技术能力的先决条件。Miozzo 和 Grimshaw（2008）也指出提高吸收能力有助于提高技术的转移。我们需要考虑到客户、高等院校、技术中心、供应商、竞争对手及其他创新主体等在溢出效应的吸收能力方面的影响。

从现有研究可以看出，大多数文献研究了东道国对跨国公司技术溢出的学习、模仿、消化吸收等问题。因此，本书认为绿色创新系统吸收能力是制约跨国公司技术转移对制造业绿色创新系统创新绩效影响的重要东道国因素。

3. 源于跨国公司与东道国共有的影响因素——绿色创新系统社会资本

在来源于跨国公司与东道国共有的影响因素研究方面，Wang 和 Blomström（1992）的研究显示跨国公司与本土企业之间的技术差距与技术外溢存在正相关。模仿成本低于创新成本，较大的技术差距意味着本土企业具有更多学习的机会并可以向跨国公司模仿更多的先进技术。

而对技术差距的作用也存在不同的看法，Perez（1997）运用实证研究发现，跨国公司和本土企业的技术差距与技术溢出效应之间存在着一种非线性关系，从而提出了门槛效应的概念。这种非线性关系表现为，在某一临界值下时，技术溢出效应随着技术差距的增加而增大，而当技术差距超过了这一临界值时，本土企业的技术水平太低，很可能无法吸收跨国公司所溢出的新技术，由此会导致技术溢出效应变小。如果技术差距进一步扩大，则跨国公司的技术溢出可能会变得微乎其微，甚至产生负面影响。Girma（2005）利用分位数回归模型的研究表明，在跨国公司技术转移与技术差距存在倒"U"形曲线的关系，即只有技术差距在一定门槛值以内时，跨国公司技术转移才能对东道国技术创新产生积极影响。Crespo 和 Fontoura（2009）研究了跨国公司与本土企业地理位置上的差异对跨国公司技术转移效应的影响。

发达国家往往是绿色创新的倡导者，拥有最新的绿色信息资源。尽管这些绿色信息资源随着跨国公司的进入大量流入中国，势必会促进我国制造业绿色创新系统的发展，然而由于国内制造业企业与跨国公司之间技术差距较大，我国制造业绿色创新系统各主体无法有效地吸收跨国公司外溢出的绿色知识和绿色技术，继而跨国公司技术外溢的效应不够显著。

从上述研究可以看出，跨国公司与东道国间的技术差距是制约跨国公司技术转移对东道国绿色创新绩效的影响因素。当技术差距过大时，跨国公司技术转移时无法产生技术溢出效应，而东道国较低的吸收能力使得制造业绿色创新系统无法获得技术溢出。因此，需要搭建跨国公司技术溢出与制造业绿色创新系统吸收能力两者间的联系纽带。

本书认为绿色创新系统社会资本是联系跨国公司与我国制造业绿色创新系统的基本桥梁和主要途径。一方面，绿色创新系统社会资本不仅能有效地促进跨国公司的技术溢出；另一方面，也能有效地提升制造业绿色创新系统的吸收能力。因此，本书选择绿色创新系统社会资本作为跨国公司技术转移作用于制造业绿色创新系统创新绩效过程中的重要影响因素。

目前，已有部分文献开始关注社会资本在跨国公司技术溢出与吸收能力间的重要作用。付菁华（2010）研究了社会资本与跨国公司知识转移的关系，认为社会资本的结构维度和关系维度对跨国公司技术转移具有积极促进作用。彭文慧（2012）认为跨国公司进行区位选择就是其寻找并利用社会网络中资源的过程，跨国公司的社会资本结构对区域经济增长具有显著的溢出作用，跨国公司融入本土的程度越高，本土企业进行吸收的可能性就越高。

4. 三个影响因素间的关系

通过以上分析得出，新技术是绿色创新的基本条件，获得外部技术是促进技术创新，提升绿色技术创新绩效的有效途径之一；跨国公司掌握先进的技术，但出于维护自身利益考虑，跨国公司会适时选择技术转移的形式，最大限度地减少技术转移过程中产生的技术外溢。技术外溢成为决定东道国企业从跨国公司获得外部技术数量的主要因素之一。

由于绿色创新系统中的创新主体需要不断地与系统内的其他主体进行资源交换，主体间默契的合作程度有利于绿色技术传播，保障隐性技术有效地转移，加速绿色创新扩散，降低创新风险，社会资本是连接绿色创新系统内各主体的纽带，也是影响主体间技术转移程度的重要因素之一，进而会进一步影响绿色创新系统的创新活动和绿色创新绩效。

不论是跨国公司技术转移的种类、数量多少，还是所转移技术的核心价值高低，东道国企业并不会自然地全部吸收所转移的技术。当吸收能力不足时，跨国公司技术转移不但不会对绿色创新系统内的创新活动产生有益的影响，反而会带来不利的结果。

因此，本书尝试提取技术外溢、社会资本和吸收能力作为影响因素，研究跨国公司技术转移与我国制造业绿色创新系统创新绩效的作用程度。

13.1.3　跨国公司技术转移影响的研究框架构建

在我国制造业绿色创新系统中，外部因素对绿色创新绩效的影响程度不容忽视,尤其是跨国公司技术转移的影响。一般认为,跨国公司对东道国绿色创新系统创新绩效的影响主要表现在两个方面:一是跨国公司作为东道国绿色创新系统的主体,其进行的绿色创新活动将直接提升东道国绿色创新系统的绿色创新绩效;二是跨国公司在技术转移过程中对东道国绿色创新系统的其他创新主体(内资制造业、高等院校、科研院所等)产生作用,进而对东道国绿色创新系统创新绩效产生间接影响。

尽管如此,以技术转移效应作为激励跨国公司政策在理论依据的合理性上尚未得到实证分析的一致性支持。毕克新等(2011a)的研究发现,以跨国公司为载体的外商直接投资对东道国绿色创新影响的实证研究存在争议,包括促进论、抑制论和双刃剑论三种不同观点;而在有关发展中国家和转型经济国家的微观面板数据研究中,基本上都只发现了跨国公司对外直接投资的消极影响、无影响或统计性不显著的证据。其原因在于,以往的研究致力于检验跨国公司技术转移是否对东道国绿色创新绩效存在影响,而很少考虑什么样的环境最有利于跨国公司技术转移积极影响的产生。

因此,在参考现有研究成果的基础上,本书在探讨跨国公司技术转移对我国制造业绿色创新系统创新绩效的影响机理时,创新性地将跨国公司技术溢出、绿色创新系统社会资本和绿色创新系统吸收能力三个因素纳入影响机理模型中,从而构建了跨国公司技术转移对我国制造业绿色创新系统创新绩效的影响模型,如图13-1所示。

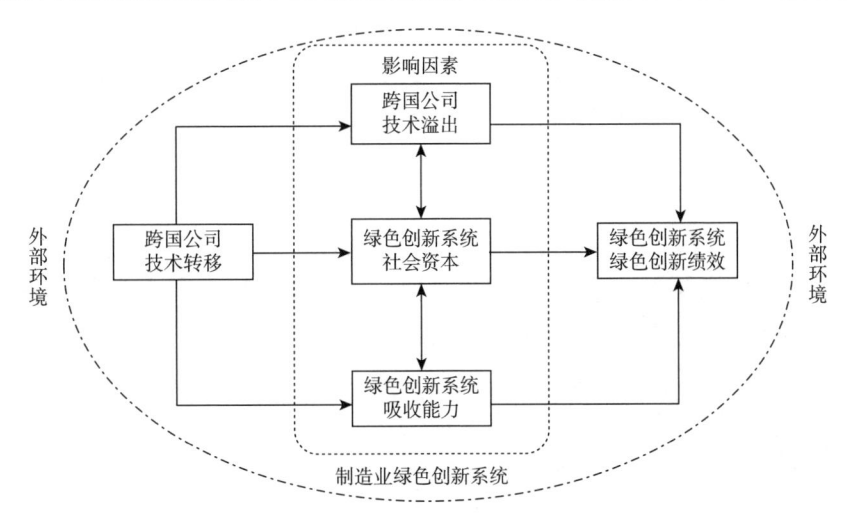

图 13-1 跨国公司技术转移对制造业绿色创新系统创新绩效影响的研究思路框架

基于上述研究思路框架,本书的后续研究内容包括以下三个方面:首先,分析跨国公司技术转移作用于制造业绿色创新系统创新绩效过程中的影响因素,探讨跨国公司技术溢出、绿色创新系统社会资本和绿色创新系统吸收能力的中间传导作用（即第 13 章的研究内容）；其次，在构建跨国公司技术转移对制造业绿色创新系统创新绩效的影响机理理论模型的基础上，实证检验跨国公司技术转移、跨国公司技术溢出、绿色创新系统社会资本和绿色创新系统吸收能力对制造业绿色创新系统创新绩效的影响机理（即第 14 章的研究内容）；最后，实证评价跨国公司技术转移对制造业绿色创新动力创新绩效的影响效果（即第 15 章的研究内容），进一步检验跨国公司技术转移及三大影响因素对制造业绿色创新动力创新绩效的影响，并对前文的研究内容加以验证。

13.2 影响因素的理论分析

13.2.1 跨国公司技术溢出影响的理论分析

1. 跨国公司技术溢出的内涵

技术溢出是跨国公司技术转移过程中所产生的外部性影响，是技术的非自愿扩散。跨国公司作为全球资本和技术流动的主要载体，其技术转移过程中的技术溢出早已引起学术界的关注和研究。Macdougall（1960）作为最早研究跨国公司技术溢出的学者，在研究外商直接投资的一般福利效应时就提出了技术溢出效应的存在。随后，Caves（1974）清晰地给出了技术溢出的定义，认为"由跨国公司的创新活动产生，或者由于跨国公司带来的竞争压力消除了东道国产业内原有的扭曲，由此产生的准租金。这些准租金不能完全被跨国公司获取所产生的溢出"。参考 Caves（1974）的定义，本书认为跨国公司技术溢出是指跨国公司对我国制造业绿色创新非自愿产生的且无法直接获取全部收益（甚至无收益）的外部性影响。

跨国公司对东道国企业产生技术溢出的主要渠道包括示范-模仿效应、竞争效应、人力资本流动效应、前后向关联效应，如表 13-1 所示。

表 13-1 跨国公司技术溢出的四种渠道及作用机理

溢出渠道	作用机理
示范-模仿效应	采用新的生产方法；采用新的管理实践；通过反向工程研发新产品
竞争效应	降低 X 非效率；更快地采用新技术；提高研发速度
人力资本流动效应	人力资本质量的提高；提高补充劳动力的生产率；技能知识（尤其是隐含经验类知识）随着人力资本流动而转移
前后向关联效应	跨国公司对上下游合作伙伴提供帮助；更高的技术标准促使本地企业提高技术水平

资料来源：根据 Görg 和 Greenaway（2004）、孟亮和宣国良（2005）、杜健和顾华（2007）整理所得

（1）示范-模仿效应是指东道国本土企业在新技术、新产品、新工艺流程及产品策略、销售经验、管理理念等方面对跨国公司进行模仿和学习，从而促进东道国本土企业技术水平和管理水平的提升。但示范-模仿效应的成立建立在一个假设前提下，即跨国公司与东道国本土企业之间存在技术差距，跨国公司的技术、管理水平高于东道国本土企业，从而东道国企业可以通过有意识的技术跟踪、逆向工程和看中学等方式对跨国公司的先进技术和优秀管理经验进行模仿和学习，甚至二次创新。

（2）竞争效应是指由于跨国公司的进入，东道国市场结构和竞争态势发生改变，从而对东道国本土企业产生影响。这种影响表现为积极影响和消极影响两个方面。

在积极影响方面，跨国公司进入东道国市场后，会对东道国市场上原有的自然垄断格局形成破坏，加剧了市场竞争的激烈程度，这不仅迫使东道国本土企业增加研发投入并提高效率，也有助于降低东道国企业的 X 非效率。

在消极影响方面，跨国公司比东道国本土企业具有更强的竞争优势，使得东道国本土企业在市场竞争中被淘汰，从而挤占东道国本土企业的市场份额，即所谓的市场窃取效应或市场挤出效应（Aitken and Harrison，1999）。此外，跨国公司的窃取效应还表现在人力资本方面，由于跨国公司往往比东道国本土企业具有更优厚的工资待遇和良好的工作环境，东道国的优秀人才大量流向跨国公司。

（3）人力资本流动效应是指跨国公司的本土员工向东道国本土企业流动而对东道国本土企业产生的影响。发达国家的经验证实，国外资本所具有的竞争优势是无法脱离其人力资源而完全物化在设备和技术上的，因此，跨国公司海外投资项目的有效运转往往和当地人力资源的开发结合在一起。例如，当地技术及管理人员和跨国公司总部派遣的专家一起工作；对当地人员进行培训；当地技术人员参与对技术、产品和工艺的改进工作，甚至研发活动；高级管理人员了解、参与跨国公司全球网络的运作过程。当这些在跨国公司工作的员工向本土企业流动，或者离开跨国公司在东道国进行创业，或者东道国本土企业员工通过非正式渠道与跨国公司本土员工进行交流和接触时，跨国公司的优秀管理经验和先进技术向东道国本土企业溢出。

（4）前后向关联效应是指跨国公司进入后与东道国本土企业形成上下游关系进而对东道国产生的影响效应。东道国本土企业借助前后向关联可以获取跨国公司的先进产品技术和工艺知识等，实现技术能力提升的"免费搭车"。跨国公司作为下游企业对上游本土企业产生的影响效应被称为前向关联效应，跨国公司作为上游企业对下游本土企业产生的影响效应被称为后向关联效应。

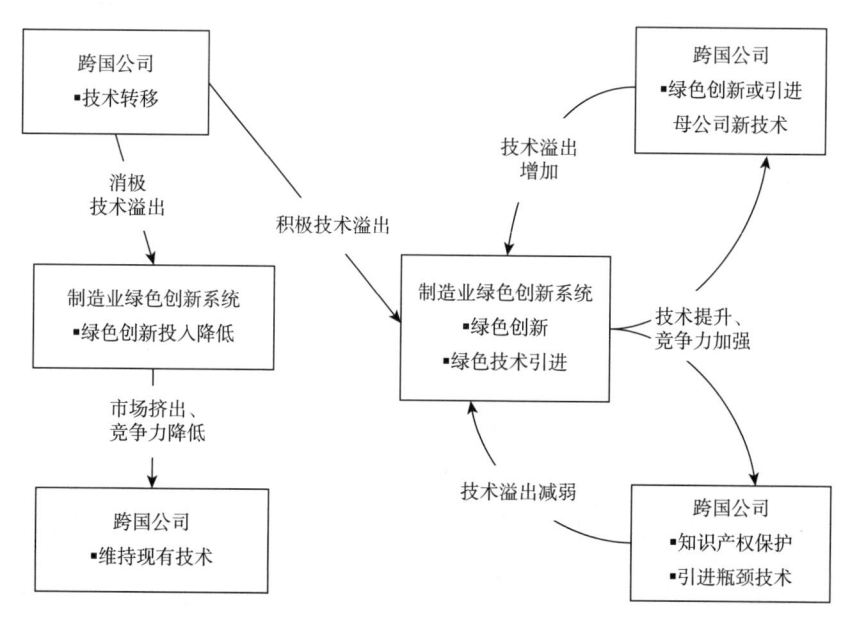

2. 跨国公司技术溢出对跨国公司技术转移的影响

跨国公司技术溢出是伴随跨国公司技术转移而产生的，在绝大多数情况下两者同时发生。一方面，跨国公司对东道国进行技术转移的过程中，跨国公司总是在自愿或非自愿情况下对东道国企业产生影响，存在技术溢出的可能；另一方面，技术溢出的不断增加会导致跨国公司不断调整技术转移策略，以保证跨国公司的技术领先地位。跨国公司技术溢出对技术转移影响的作用过程如图13-2所示。

图 13-2　跨国公司技术溢出对跨国公司技术转移的影响

跨国公司技术溢出的不断发生，东道国企业将受到积极和消极两方面的影响，使得东道国企业存在技术提升和市场挤出两种可能，进而导致跨国公司不断调整技术转移策略，如图13-2所示。在跨国公司技术溢出产生积极影响时，即东道国企业通过对跨国公司技术转移进行模仿学习或在跨国公司竞争压力下不断进行技术引进、技术创新等活动，从而东道国企业的技术竞争力不断提升。面临东道国企业竞争压力的加强，跨国公司技术竞争优势的不断降低，从而迫使跨国公司不断调整技术转移策略，以保持技术领先地位。

跨国公司技术转移的调整策略存在三种可能：

一是东道国企业在竞争压力下迫使跨国子公司向母国公司获取更为先进、环保的技术，或跨国子公司通过技术创新活动提升公司的技术水平。

二是加大知识产权保护力度，跨国子公司对东道国企业的模仿等行为进行法律制裁，或迫使当地政府提升知识产权保护水平，增加东道国获取技术溢出积极影响的难度和代价，从而防止技术溢出的进一步发生。

三是跨国公司转移成熟技术或瓶颈技术，技术 S 曲线认为任何技术都存在物理极限，邻近物理极限的成熟技术或瓶颈技术进一步改进和创新的难度加大，当东道国企业引进跨国公司的成熟技术或瓶颈技术时，其需要的创新成本将远远高于对新兴技术进行创新的成本，且创新取得的效果十分微弱，从而导致东道国企业陷入跨国公司技术转移的陷阱。当跨国公司技术溢出产生消极影响时，意味着跨国公司比东道国企业具有更为先进、环保的技术，在市场竞争中处于领先地位，从而降低了跨国子公司转移新的先进、环保技术的可能。

3. 跨国公司技术溢出对绿色创新系统创新绩效的影响

跨国公司技术溢出是发展中国家提升企业创新绩效的重要影响因素的观点已被广泛认同，如于国才（2013）将熊彼特破坏性创新引入外商直接投资技术溢出研究，认为外商直接投资企业进入行为会激励距离技术前沿较为接近的东道国企业的研发活动和技术水平，但对远离技术前沿的企业则会产生抑制作用。同样，跨国公司技术溢出也是绿色创新系统创新绩效提升的重要影响因素。结合前文的技术溢出渠道，本书进一步分析跨国公司技术溢出对我国制造业绿色创新系统创新绩效的直接影响和间接影响。

（1）跨国公司技术溢出的直接影响是指跨国公司直接与我国制造业绿色创新系统的绿色创新主体接触而产生的影响，主要包括人员流动效应、前后向关联效应等渠道。

在人员流动效应的直接影响方面，跨国公司的本土员工（尤其是管理人员和技术人员）向我国制造业企业流动时，不仅提升了我国制造业绿色创新系统的绿色创新人力资本水平，同时以这些员工为载体的绿色管理经验、绿色技术知识等也有助于增加我国制造业绿色创新系统的绿色创新知识存量，从而提升我国制造业绿色创新系统的创新绩效；此外，我国本土制造业企业员工在与跨国公司员工正式或非正式的交流过程中，也会伴随一定程度的绿色管理经验和绿色技术的溢出。

在前后向关联效应的直接影响方面，作为上游企业的我国制造业企业在为跨国公司提供中间产品和生产设备时，为达到跨国公司对中间产品和生产设备的要求而主动或被迫地进行绿色创新活动，从而有利于提升我国制造业绿色创新系统的创新绩效；作为下游企业的我国制造业企业在采购跨国公司的中间产品和生产设备时，我国制造业企业不仅能模仿固化在中间产品和生产设备中的技术知识，而且能获取来自跨国公司的技术帮助和指导，从而促进我国制造业绿色创新系统的创新绩效。

（2）跨国公司技术溢出的间接影响是指跨国公司通过市场等媒介间接作用于我国制造业绿色创新系统绿色创新主体而产生的影响，主要包括示范效应、竞争效应和前后向关联效应。

在示范效应的间接影响方面，跨国公司的绿色产品、绿色管理理念，甚至绿色生产工艺技术等作为现实的证据和样本，为我国制造业绿色创新系统绿色创新主体的绿色创新活动提供了创新的方向，不仅降低了我国制造业绿色创新系统绿色创新的试错成本，而且提高了我国制造业绿色创新系统绿色创新的成功概率，从而有助于绿色创新绩效的提升。

在竞争效应的间接影响方面，由于跨国公司的进入加剧了我国制造业的竞争激烈程度，为在与跨国公司的竞争中保持现有市场地位，我国制造业绿色创新系统中的创新主体将被迫增加绿色创新投入；同时，跨国公司有助于打破某些制造行业出于历史原因形成的垄断格局，改善我国制造业绿色创新系统绿色创新资源配置效率较低的问题，增强市场机制对我国制造业绿色创新系统绿色创新资源的配置作用，从而提升我国制造业绿色创新系统的创新绩效。

在前后向关联效应的间接影响方面，为节约成本和尽快融入我国本土市场，越来越多的跨国公司倾向于选择本土化的中间产品配套战略，从而引起我国制造业中间产品供应商在空间上形成聚集，而产业聚集有利于知识尤其是隐性知识及信息在企业之间迅速传递，增加了不同技术知识和创新信息的交流与融合，从而有助于提高我国制造业绿色创新系统的创新绩效。

13.2.2 绿色创新系统社会资本影响的理论分析

1. 绿色创新系统社会资本的内涵

社会资本的概念最早被 Hanifan（1916）用于社区与当地教育成果形成关系的研究中，Hanifan（1916）认为社会资本是社会单元中的个人与家庭及其邻居接触和交往中形成的社会关系（包括信誉、同情、友情等）（Hanifan，1916；刘寿先，2008）。此后，Bourdieu 将经济学中的"资本"概念与社会学中的"社会"概念结合并首次将社会资本引入社会学的研究中，从而使社会资本成为除经济资本、文化资本之外的第三种资本基本类型（边燕杰和丘海雄，2000）。而最早明确提出社会资本的概念的学者为 Coleman（1988），他从社会资本功能的角度将其定义为个人的社会结构资源，以及个人可以通过这种结构资源实现的自身利益。目前，关于社会资本的定义尚未形成统一，学者们（张方华等，2003）分别从资源、能力、社会网络等角度定义了社会资本，虽然众人的定义不同，但都确定了社会网络在社会资本中的核心地位。

参考现有定义，本书认为社会资本是指个体或组织通过构建社会关系网络及形成网络成员间的信任、规范等获取稀缺资源进而盈利的能力总和。而绿色创新系统社会资本则是指我国制造业绿色创新系统主体间形成的网络关系及主体间的信任、规范等有助于绿色创新绩效提升的资源的总和。

社会资本根据其涵盖范围可以分为宏观层面的社会资本、微观层面的社会资本和综合层面的社会资本。宏观层面的社会资本是指以群体、组织和社会等为立足点，探讨整体的网络结构、成员间的互动关系、信任和规范等，是一种内部社会资本；微观层面的社会资本是指以个体为中心，探讨个体对外的网络连接与互动情形，是一种外部社会资本；同时，宏观层面（社会资本和微观层面）社会资本综合构成综合层面的社会资本。

制造业绿色创新系统社会资本是一种综合层面的社会资本，制造业绿色创新系统社会资本不仅从制造业绿色创新系统主体的角度研究制造业绿色创新企业间形成的网络关系、成员间的信任和规范等，也探讨制造业绿色创新企业与外部的高等院校、科研院所、政府、中介组织间形成的网络关系、信任和规范等。

基于社会关系网络构成对象的差异性，我国制造业绿色创新社会资本可分为内部社会资本和外部社会资本两种。内部社会资本是指我国制造业绿色创新系统内部各创新主体间形成的关系网路及由此产生的信任、规范等，而外部社会资本是指我国制造业绿色创新系统作为一个整体与外部其他企业和机构（如跨国母公司、销售商等）形成的社会关系网络及由此产生的信任、规范等。对于跨国公司而言，我国制造业绿色创新系统内部社会资本属于其东道国社会关系网络，即跨国子公司与我国制造业绿色创新系统其他绿色创新主体形成的社会资本；而我国制造业绿色创新系统的部分内部社会资本属于其母国社会关系网络，即跨国子公司作为我国制造业绿色创新系统绿色创新主体与跨国母公司形成的社会资本。

2. 绿色创新系统社会资本对跨国公司技术转移的影响

从社会资本的构成来看，社会资本可以分为网络维度、关系维度和认知维度三个层面。而我国制造业绿色创新系统社会资本在网络维度、关系维度和认知维度等方面均存在差异，从而导致绿色创新系统社会资本对跨国公司技术转移的影响作用的方面和程度都存在较大差异。

（1）绿色创新系统社会资本的网络维度是指我国制造业绿色创新系统与跨国公司之间形成的整体联系模式，以及两者间联系的强弱及网络结构。我国制造业绿色创新系统主体与跨国公司之间关系的紧密程度直接影响跨国公司在进行技术转移时的转移速度与转移规模。跨国公司的技术转移，尤其是包含缄默知识的技术转移,需要跨国公司与我国制造业绿色创新大量的交互作用。

因此,当我国制造业绿色创新系统与跨国公司的联系较强时,绿色创新系统社会资本不仅能促进我国制造业绿色创新系统主体与跨国公司进行高度互动,而且形成了跨国公司向我国制造业绿色创新系统进行技术转移的通道;不仅提升了跨国公司进行技术转移的可能性,而且还增加了跨国公司技术转移的数量,提高了转移技术的技术含量,尤其是有利于加大跨国公司转移相对复杂技术、隐性技术的可能性和规模;同时增加了我国制造业绿色创新系统与跨国公司关系网络内部的知识总量,有助于我国制造业绿色创新系统与跨国公司相互了解彼此的技术资源与知识资源,降低获取技术资源、知识资源的难度,从而使跨国公司对于技术转移的价值具有更高的预期,提升跨国公司技术转移的动机。

(2)绿色创新系统社会资本的关系维度是指我国制造业绿色创新系统内创新主体与跨国公司通过建立关系创造的或者由关系手段获得的资产,包括信誉程度、规范与惩罚、义务和期望及有利的身份可识别性。绿色创新系统社会资本关系维度的信任程度对跨国公司技术转移具有重要的影响。

一般来讲,合作伙伴间形成的信任关系资本有利于建立双方独特的知识转移路径。在我国制造业绿色创新系统与跨国公司形成的网络关系中,跨国母公司与跨国子公司之间天然较高的信任关系能有效地激发技术转移,而作为我国制造业绿色创新系统绿色创新主体的跨国子公司在获得跨国技术转移后,增加了向我国制造业绿色创新系统其他创新主体转移的可能性。总之,绿色创新系统社会资本的信任关系可以降低跨国公司技术转移过程的成本与风险,提高跨国公司技术转移的意愿,进而在跨国母公司、跨国子公司和我国制造业绿色创新系统其他绿色创新主体间形成良好的技术转移机制。

(3)绿色创新系统社会资本的认知维度是指我国制造业绿色创新系统与跨国公司共同理解的表达、解释与意义系统的资源,如语言、符号和文化习惯。

跨国公司在东道国的经营与发展总是离不开本土各种资源,尤其是人力资源,为加快跨国子公司融入东道国市场的速度,跨国子公司必然实施本土化战略,从而使跨国子公司在语言、文化等方面与我国本土制造业企业形成共同的认知,从而减少了跨国公司技术转移过程中的沟通障碍,增加我国制造业绿色创新系统主体对跨国公司转移技术的理解能力和吸收程度,从而有利于跨国公司技术转移的有效进行。

3. 绿色创新系统社会资本对绿色创新系统创新绩效的影响

我国制造业绿色创新系统创新绩效的提升依赖于绿色创新主体对绿色创新系统内外部资源的收集和运用,而绿色创新系统社会资本在此过程中的作用至关重要。绿色创新系统社会资本对绿色创新系统创新绩效的影响主要表现在以下三个方面。

第一，有助于我国制造业绿色创新系统获取绿色创新的关键资源。知识是制造业绿色创新系统主体进行技术创新活动的关键资源，技术创新过程在本质上是以知识为投入的生产过程。因此，我国制造业绿色创新系统绿色创新知识获取能力的大小决定了绿色创新绩效的高低。在市场竞争日益加剧的情况下，作为竞争力来源的关键资源成为企业重点保护对象，通过市场化手段等正式渠道很难获取绿色创新的关键资源。而绿色创新系统绿色创新主体形成的社会资本网络关系，不仅为绿色创新系统提供了关键资源获取的正式渠道，而且形成了关键资源获取的非正式渠道。相对而言，基于绿色创新系统社会资本形成的关键资源获取的非正式渠道比正式渠道获取关键知识、信息的速度更快，知识、信息传递的准确性、有效性和稳定性更高。

第二，有助于促进我国制造业绿色创新系统绿色合作创新的开展。随着社会各界对环境污染问题的认识日益加深，市场对环保产品和绿色生产的需求也不断增强，从而促使我国制造业绿色创新系统必须加快绿色创新的速度和频率，以满足不断变化的消费需求；同时，在开放型经济的条件下，原有的封闭式创新模式也不能满足现有市场对我国制造业绿色创新系统绿色创新的要求，从而我国制造业绿色创新系统的绿色创新主体必须加强合作创新，而绿色创新系统的社会资本是促进我国制造业绿色创新绿色合作创新的重要影响因素。绿色创新系统社会资本不仅有助于我国制造业绿色创新系统绿色创新主体之间形成紧密的关系网络，从而促使制造业绿色创新系统内部形成良好的合作氛围，而且也有助于维系、巩固和加强我国制造业绿色创新系统与外部实体之间的联系，为绿色合作创新的开展提供信任基础。

第三，有助于降低我国制造业绿色创新系统的绿色创新风险，增强绿色创新动力。绿色创新的高风险性特征导致创新主体在进行绿色创新决策时缺乏足够激励，从而降低了我国制造业绿色创新系统的绿色创新动力，并制约了绿色创新绩效的提升。基于社会资本形成的绿色创新合作关系，通过构建资源共享、优势互补、研发联盟等多种合作方式，不仅使我国制造业绿色创新系统的绿色创新主体共同承担创新成本、分散创新风险，而且也能增强我国制造业绿色创新系统绿色合作创新的合作强度与稳定性；绿色创新系统社会资本下的信用关系增加了我国制造业绿色创新系统绿色创新主体的信息沟通渠道，提高了知识交流、知识共享的深度与广度及知识交流的真实性，有利于激发突破性创新的产生；同时，基于绿色创新系统社会资本的知识内部转移降低了交易成本，有助于提升我国制造业绿色创新系统的绿色创新动力。

13.2.3 绿色创新系统吸收能力影响的理论分析

1. 绿色创新系统吸收能力的内涵

吸收能力的概念衍生于学术界对资源观和知识观的研究,已成为目前创新研究领域和组织理论研究领域的重要问题。吸收能力的概念由 Cohen 和 Levinthal(1990)最早明确提出,认为吸收能力是指企业识别、吸收来源于企业外部的知识并实现这些知识的商业化利用的能力。此后,不同学者从不同侧重点对吸收能力进行了界定。Zahra 和 George(2002)认为吸收能力是源于组织惯例和规范形成的获取、消化、转化和利用知识的动态组织能力。Kim 和 Inkpen(2005)认为吸收能力就是指学习和解决问题的能力。Volberda 等(2010)认为吸收能力是指企业处理从外部引入的新技术中的缄默知识并将其应用于本企业的一系列应用范围广泛的技能。

参考现有定义,本书认为绿色创新系统吸收能力是指我国制造业绿色创新主体在绿色创新的过程中,识别、吸收并运用来源于绿色创新系统内部其他绿色创新主体和绿色创新系统外部的知识的动态能力。

由于研究侧重点的不同,学术界对吸收能力基本维度的认识也存在一定的差异。Cohen 和 Levinthal(1990)将企业吸收能力分为四个维度:一是对外部知识的识别获取能力,二是对外部知识的分析处理能力,三是对外部知识的提炼转化能力,四是对外部知识的运用能力。与 Cohen 和 Levinthal(1990)相似,Zahra 和 George(2002)认为知识获取能力、知识消化能力、知识转化能力、知识应用能力是吸收能力的四大基本维度。Fosfuri 和 Tribó(2008)认为吸收能力的基本维度包括潜在吸收能力和现实吸收能力两个部分,前者是指获取并消化外部知识的能力,后者是指将外部知识转化为内部知识并实现商业化的能力。Todorova 和 Durisin(2007)认为吸收能力包括认知价值、知识获取、内化转换、价值创造、社会整合机制五个维度。

基于上述研究成果,本书认为我国制造业绿色创新系统吸收能力包括三个基本维度,即绿色技术获取能力、绿色技术消化能力、绿色技术整合能力,其逻辑关系如图 13-3 所示。

制造业绿色创新系统吸收能力三个基本维度间存在紧密的联系。绿色技术获取能力是指绿色创新系统内的绿色创新主体能够在绿色创新系统内部和外部识别与本系统绿色创新相关的绿色技术,并具有引入该创新主体的能力;绿色技术消化能力是指绿色创新系统的绿色创新主体能分析、处理和运用所获取的绿色技术的能力;绿色技术整合能力是指绿色创新系统的绿色创新主体能将所获取的绿色技术转化为内部绿色技术,甚至对其进行改进的能力。

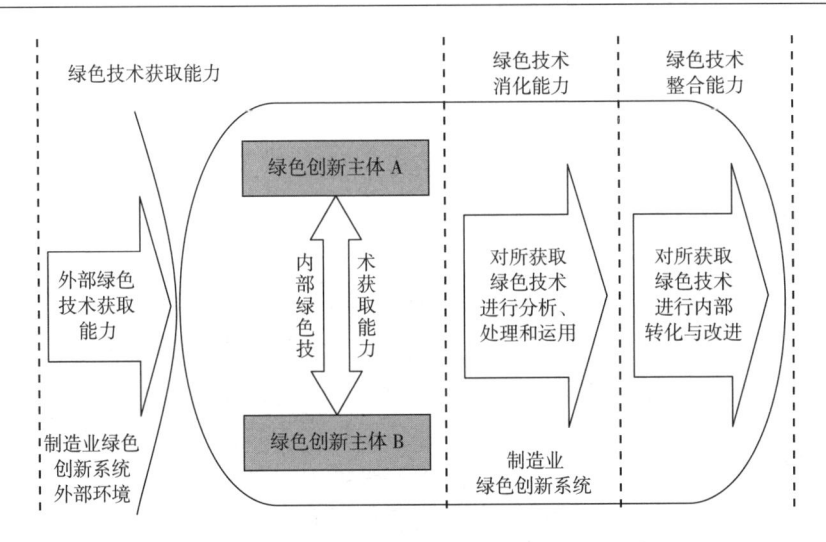

图 13-3　制造业绿色创新能力基本维度及逻辑关系

灰色区域代表绿色创新主体

2. 绿色创新系统吸收能力对跨国公司技术转移的影响

绿色创新系统吸收能力在跨国公司技术转移对我国制造业绿色创新系统创新绩效产生影响的过程中具有重要作用，从跨国公司技术转移的角度来看，绿色创新系统吸收能力的高低对跨国公司技术转移决策具有积极和消极两方面的影响。

当我国制造业绿色创新系统吸收能力较弱时，其对跨国公司技术转移不存在影响或具有消极影响。国际生产折中理论认为跨国公司进行对外直接投资的主要动因之一在于跨国公司所具有的所有权优势，即跨国公司与东道国企业在生产率水平、产品或专利、营销策略等方面存在技术差距，从而具有更强的市场竞争力。当我国制造业绿色创新系统吸收能力较弱时，意味着我国制造业企业很难从跨国公司技术转移中获取溢出效应，我国制造业企业绿色技术水平提升完全依赖于自主创新，导致跨国公司与我国制造业企业间的绿色技术差距缩减缓慢，跨国公司在较长时间内能保持绿色技术的领先地位，从而降低跨国公司进一步转移更新、更环保的绿色技术的可能性。

当我国制造业绿色创新系统吸收能力较强时，其对跨国公司技术转移的影响具有双面性。一方面，较强的绿色创新系统吸收能力使我国制造业企业能从跨国公司技术转移中大量获取技术溢出，从而快速提升我国制造业绿色创新系统的创新绩效和创新能力，为保持技术领先地位和市场竞争优势，跨国公司将从母公司引进更新、更环保的绿色技术，加快了跨国公司的技术转移。另一方面，高吸收能力导致跨国公司竞争优势的减弱，会加大跨国公司对转移技术的保护力度，若我国知识产权保护水平不能满足跨国公司技术保护的需要，跨国公司将减少对我国制造业的技术转移规模，或降低技术转移的绿色技术含量。

3. 绿色创新系统吸收能力对绿色创新系统创新绩效的影响

吸收能力对创新绩效具有重要影响的观点已被学术界广泛认同，吸收能力已成为技术后发企业最高技术领先企业的关键。绿色创新系统吸收能力对我国制造业绿色创新系统创新绩效同样具有重要的影响，主要体现在以下三个方面。

（1）绿色创新系统的绿色技术获取能力为我国制造业绿色创新系统创新绩效的提升提供了广泛的知识基础。绿色创新在本质上是一项以绿色技术与知识等为投入，绿色技术与知识等为产出的知识生产活动，因此，在传统意义上，绿色创新主体投入绿色技术与知识的多少决定了绿色创新产出的高低，即绿色创新绩效的高低。绿色创新系统绿色技术获取能力不仅有助于我国制造业绿色创新系统的绿色创新主体获取系统外部的绿色创新技术，而且有助于绿色创新系统内不同创新主体间绿色技术的相互转移和流动，从而拓宽了我国制造业绿色创新系统的绿色创新知识来源，增加了绿色创新知识存量。

（2）绿色创新系统的绿色技术消化能力为我国制造业绿色创新系统创新绩效的提升形成了基本保障。绿色技术获取能力为我国制造业绿色技术创新提供了广泛的绿色知识基础，但能获取绿色技术并不意味着绿色创新绩效的绝对提升。

对于绿色技术消化能力不强的绿色创新主体来说，获取的绿色技术仅作为生产工具和产品被简单使用，绿色创新主体并未获取到这些绿色技术中内涵的缄默知识。虽然绿色技术获取在短时间内有助于提升绿色创新绩效，但从长远来看，只能陷入"绿色技术获取—绿色创新绩效提升—技术差距暂时缩小—绿色创新技术停留在获取技术的水平上—绿色技术差距再次扩大—再次获取绿色技术"的恶性循环。因此，我国制造业绿色创新系统创新绩效的提升，不仅需要大量获取绿色技术，同时也需要对所获取技术的分析、处理和运用的消化过程。

（3）绿色创新系统的绿色技术整合能力是实现我国制造业绿色创新系统创新绩效快速提升的关键。绿色技术消化能力在一定程度上有助于我国制造业绿色创新系统创新绩效的提升，但也仅限于停留在绿色技术的简单应用层面，并不能完全掌握该技术的原理和诀窍，从而导致我国制造业绿色创新系统创新绩效的提升受到限制。

绿色技术整合能力反映了对所获取绿色技术的内部化转化和改进能力，而绿色技术的整合过程事实上是一个结构性理解的过程，即通过探索所获取绿色技术的原理和诀窍，实现新旧绿色技术的融合，形成具有新质的绿色技术结构的过程，从而促进我国制造业绿色创新系统创新绩效的提升。同时，在绿色技术整合的过程中，新旧绿色技术整合的各种适应性问题会反馈到研发、生产等环节，从而促进我国制造业绿色创新系统进行进一步的绿色创新活动。

13.3 影响因素的实证分析

13.3.1 灰色关联

灰色关联分析是研究系统中各因素关联程度的常用方法。作为一种定量系统分析技术，灰色关联分析在样本数据等方面具有独特的优点。首先，灰色关联对于样本量的多少与样本数据的正态分布没有严格要求；其次，它可以建立非函数形式的序列模型，计算方便易行。因此，本书选择应用灰色关联模型剖析跨国公司技术转移对我国制造业绿色创新系统创新绩效的影响因素。

灰色关联分析是系统动态过程发展态势的量化比较分析，其目的在于通过序列数据变化的一致程度探寻系统内各因素之间关系的紧密程度。若两个因素在系统发展过程中具有较高的一致性变化，则两个变量的关联程度就高，反之，关联度低。

（1）确定参考序列和比较序列。在采用灰色关联分析进行实证比较时，首先需要确定参考序列和比较序列。设数据序列 $Y_i = (y_{i1}, y_{i2}, \cdots, y_{in})(i=1,2)$ 表示参考序列跨国公司技术转移和绿色创新系统创新绩效；数据序列 $X_j = (x_{j1}, x_{j2}, \cdots, x_{jn})(j=1,2,3)$ 表示比较序列跨国公司技术溢出、绿色创新系统社会资本和绿色创新系统吸收能力。

（2）无量纲化处理。由于上述各因素的数据量纲不同且数值相差较大，不具有可比性，必须对原始数据进行数值变换。通常可采用初值化、均值化、区间相对化和归一化等方法。本书采取均值化方法进行无量纲化处理。

（3）计算关联系数。其计算公式为

$$\xi_{ij}(t) = (\Delta_{\min} + \rho \Delta_{\max}) / (\Delta_{ij}(t) + \rho \Delta_{\max}) \tag{13-1}$$

其中，$\Delta_{ij}(t) = |y_i(t) - x_j(t)|$ 表示 t 时刻参考序列与比较序列之差的绝对值；$\Delta_{\min}$、$\Delta_{\max}$ 分别为所有绝对差中的最大值与最小值；ρ 为分辨系数，用来提高关联系数之间的差异显著性，一般取 0.5。

（4）计算关联度。其计算公式为

$$R = \frac{1}{m} \sum_{t=1}^{m} \xi_{ij}(t) \tag{13-2}$$

其中，R 的取值范围为 [0，1]，R 越接近 1 说明该因素的影响越大。一般情况下，当关联度大于 0.6 时，认为比较序列的影响因素对参考序列具有较大影响。

13.3.2 指标与数据

1. 指标选择

为了系统、全面地衡量跨国公司技术转移、绿色创新系统创新绩效及各影响因素，本书均采用多指标的衡量方式。

（1）跨国公司技术转移。从内部化技术转移和外部化技术转移两个方面，选择跨国公司在华 R&D 经费支出额、跨国公司在华技术开发项目数量、跨国公司在华专利申请数量、跨国公司在华 R&D 机构规模、跨国公司在华产学研合作程度和制造业外商直接投资占总产值比重共六个指标综合衡量跨国公司技术转移。

（2）绿色创新系统创新绩效。从绿色研发绩效、绿色制造绩效和绿色营销绩效三个方面，采用制造业绿色专利授权数增长率、制造业绿色科技成果转化率、制造业绿色新产品（工艺、服务）占新产品（工艺、服务）总量比重、制造业单位产值资源消耗降低率、制造业单位产值能源消耗降低率、制造业三废综合利用产值占总产值比重、制造业绿色技术改造率、制造业绿色产品（工艺、服务）销售收入占产品（工艺、服务）销售收入总额比重、制造业绿色产品（工艺、服务）出口创汇率、制造业绿色产品（工艺、服务）顾客满意度共十个指标综合衡量绿色创新系统创新绩效。

（3）跨国公司技术溢出。采用制造业跨国公司绿色技术转让合同数、制造业跨国公司绿色技术联盟合作程度、制造业跨国公司绿色技术扩散程度共三个综合指标衡量跨国公司技术溢出。

（4）绿色创新系统社会资本。采用制造业绿色产业链整合程度、制造业绿色创新系统主体间协同程度、制造业绿色产业集群规模、制造业绿色企业集群规模、制造业绿色制度建设水平共五个指标综合衡量绿色创新系统社会资本。

（5）绿色创新系统吸收能力。用制造业绿色创新系统绿色技术的获取能力、制造业绿色创新系统绿色技术的消化能力和制造业绿色创新系统绿色技术的整合能力共三个指标综合衡量制造业绿色创新系统吸收能力。

2. 数据说明

本节数据来源于《中国统计年鉴》、《中国环境统计年鉴》、《中国能源统计年鉴》、《中国工业经济统计年鉴》、《中国科技统计年鉴》、《工业企业科技活动统计资料》与《人力资源和社会保障事业发展统计公报》等，以及国家统计局、国家知识产权局和国务院发展研究中心信息网等相关数据库。由于本书所需的部分数据不能从统计年鉴中直接查找得到，参考以往文献对此类问题的处理方式，本书通过计算推导得出此类数据（具体计算方式见附表 A2 和附录问卷 B2）。

为消除价格变动的影响，本书以 2004 年为基年，用出厂价格指数对工业总产值等指标进行平减。由于 2005 年以前部分行业数据缺失严重，而 2011 年以后我国制造业统计口径发生了变化，因此，本书选择的样本数据为 2005~2011 年的面板数据。同时，由于烟草制品业与废弃资源和废旧材料回收加工业数据缺失较大，因此，本书的样本行业为 28 个制造业行业。

13.3.3 实证结果

1. 基于熵权法的指标合并

由于跨国公司技术转移、绿色创新系统创新绩效、跨国公司技术溢出、绿色创新系统社会资本、绿色创新系统吸收能力均采用了多指标衡量的衡量方式，因此，需要将多指标合并为单指标。本书采用熵权法对上述指标进行合并，其步骤如下。

第一，对指标进行标准化处理，以消除量纲的影响。设 x_{ij} 为第 i 个评价对象第 j 个指标的原始值，n、m 分别为指标数和样本数，$\bar{x}_{ij}$ 为 2005~2011 年 x_{ij} 的均值，则各指标标准化处理的公式为

$$y_{ij} = \begin{cases} (\bar{x}_{ij} - \min \bar{x}_{ij})/(\max \bar{x}_{ij} - \min \bar{x}_{ij}) & \text{正向指标} \\ (\max \bar{x}_{ij} - \bar{x}_{ij})/(\max \bar{x}_{ij} - \min \bar{x}_{ij}) & \text{负向指标} \end{cases} \quad (13\text{-}3)$$

第二，计算第 j 项指标的熵值。

$$H_j = -k \sum_{i=1}^{m} z_{ij} \ln z_{ij}, \quad z_{ij} = y_{ij} \bigg/ \sum_{i=1}^{m} y_{ij}, \quad k = 1/\ln m \quad (13\text{-}4)$$

其中，当 $z_{ij}=0$ 时，规定 $z_{ij}\ln z_{ij}=0$。

第三，计算第 j 项指标的权重。

$$w_j = (1 - H_j) \bigg/ \left(n - \sum_{j=1}^{n} H_j\right), \quad j = 1, 2, \cdots, n \quad (13\text{-}5)$$

其中，$w_j \in [0,1]$，$\sum_{j=1}^{n} w_j = 1$。

第四，进行指标合并。合并公式为

$$z_i = \sum_{j=1}^{n} w_j y_{ij} \quad (13\text{-}6)$$

2. 基于灰色关联的实证检验结果

基于上述灰色关联的计算步骤，本书分别计算跨国公司技术溢出、绿色创新系统社会资本、绿色创新系统吸收能力三个影响因素与跨国公司技术转移和绿色创新系统创新绩效，以及跨国公司技术转移和绿色创新系统创新绩效之间的灰色关联度，结果如表 13-2 所示。

表 13-2 跨国公司技术转移对绿色创新系统创新绩效影响因素的灰色关联度

行业代码	跨国公司技术溢出		绿色创新系统社会资本		绿色创新系统吸收能力		跨国公司技术转移
	跨国公司技术转移	绿色创新系统创新绩效	跨国公司技术转移	绿色创新系统创新绩效	跨国公司技术转移	绿色创新系统创新绩效	绿色创新系统创新绩效
C13	0.729	0.749	0.699	0.575	0.654	0.545	0.680
C14	0.651	0.699	0.542	0.561	0.613	0.728	0.538
C15	0.687	0.688	0.669	0.549	0.709	0.777	0.658
C17	0.880	0.665	0.636	0.537	0.707	0.753	0.610
C18	0.601	0.746	0.693	0.594	0.720	0.697	0.672
C19	0.752	0.734	0.683	0.762	0.653	0.655	0.687
C20	0.760	0.747	0.724	0.648	0.779	0.707	0.716
C21	0.679	0.704	0.851	0.570	0.785	0.770	0.838
C22	0.512	0.586	0.688	0.600	0.636	0.687	0.686
C23	0.807	0.619	0.704	0.740	0.715	0.726	0.700
C24	0.712	0.771	0.603	0.617	0.689	0.655	0.601
C25	0.586	0.638	0.671	0.598	0.664	0.708	0.683
C26	0.700	0.566	0.650	0.716	0.737	0.717	0.636
C27	0.784	0.828	0.834	0.601	0.634	0.690	0.859
C28	0.685	0.746	0.675	0.599	0.709	0.655	0.695
C29	0.682	0.703	0.720	0.583	0.701	0.615	0.724
C30	0.688	0.681	0.680	0.715	0.779	0.626	0.702
C31	0.607	0.606	0.710	0.561	0.681	0.686	0.678
C32	0.683	0.777	0.722	0.650	0.737	0.707	0.685
C33	0.750	0.719	0.524	0.646	0.514	0.575	0.615
C34	0.739	0.716	0.689	0.529	0.666	0.799	0.682

续表

行业代码	跨国公司技术溢出		绿色创新系统社会资本		绿色创新系统吸收能力		跨国公司技术转移
	跨国公司技术转移	绿色创新系统创新绩效	跨国公司技术转移	绿色创新系统创新绩效	跨国公司技术转移	绿色创新系统创新绩效	绿色创新系统创新绩效
C35	0.767	0.761	0.655	0.614	0.762	0.717	0.651
C36	0.793	0.722	0.743	0.578	0.718	0.654	0.709
C37	0.705	0.648	0.670	0.583	0.665	0.595	0.722
C39	0.800	0.714	0.510	0.564	0.754	0.694	0.567
C40	0.654	0.647	0.644	0.555	0.636	0.669	0.664
C41	0.699	0.623	0.713	0.553	0.568	0.775	0.735
C42	0.693	0.622	0.764	0.602	0.713	0.643	0.752
均值	0.707	0.694	0.681	0.607	0.689	0.687	0.684

13.4 实证结果探讨

为便于比较，本书将关联度系数分为五个维度（表 13-3），从而衡量各因素在跨国公司技术转移影响我国制造业绿色创新系统创新绩效过程中作用效果的重要程度，以及跨国公司技术转移与绿色创新系统创新绩效的关联性。

表 13-3 关联度系数划分

关联度系数	$0<R\leqslant0.2$	$0.2<R\leqslant0.4$	$0.4<R\leqslant0.6$	$0.6<R\leqslant0.8$	$0.8<R\leqslant1$
影响程度	影响小	影响较小	影响一般	影响较大	影响大

13.4.1 跨国公司技术溢出的影响

（1）制造业整体的关联性分析。如表 13-2 所示，从关联度均值来看跨国公司技术溢出与跨国公司技术转移、绿色创新系统创新绩效的关联度分别为 0.707 和 0.694，说明跨国公司技术溢出在跨国公司技术转移影响我国制造业绿色创新系统创新绩效的过程中具有较大作用。相比较而言，跨国公司技术转移对跨国公司技术溢出的影响略高于跨国公司技术溢出对我国制造业绿色创新系统创新绩效的影响。此外，跨国公司技术溢出与跨国公司技术转移、绿色创新系统创新绩效的关联度的关联系数均大于绿色创新系统社会资本、绿色创新系统吸收能力与两者的关联度系数,意味着跨国公司技术溢出是跨国公司技术转移影响我国制造业绿色创新系统创新绩效过程中的最重要因素。

(2)分制造业行业的关联性分析。在跨国公司技术溢出对跨国公司技术转移的影响方面,大多数行业中跨国公司技术溢出与跨国公司技术转移的关联度系数较高。其中,纺织业、印刷业和记录媒介的复制、电气机械及器材制造业3个行业的关联度系数分别为0.880、0.807和0.800,意味着在上述3个行业中跨国公司技术转移对跨国公司技术溢出的影响十分明显;而专用设备制造业、通用设备制造业、有色金属冶炼及压延加工业等23个行业的跨国公司技术溢出与跨国公司技术转移的关联度系数均为0.6~0.8,说明跨国公司技术转移在这些行业中对跨国公司技术溢出的影响也较为明显;跨国公司技术转移对跨国公司技术溢出影响较弱的行业主要为造纸及纸制品业与石油加工、炼焦及核燃料加工业两个行业,其关联度系数分别为0.512和0.586。

在跨国公司技术溢出对绿色创新系统创新绩效的影响方面,医药制造业的关联度系数最高,为0.828,这意味着在医药制造业中跨国公司技术溢出对绿色创新系统创新绩效的影响十分明显;而黑色金属冶炼及压延加工业、通用设备制造业、农副食品加工业等 25 个行业的跨国公司技术溢出与绿色创新系统创新绩效关联度系数均为0.6~0.8,这说明跨国公司技术溢出在这些行业中对绿色创新系统创新绩效的影响也较为明显;跨国公司技术溢出对绿色创新系统创新绩效较弱的行业主要为造纸及纸制品业与化学原料及化学制品制造业2个行业,其关联度系数分别为0.586和0.566。

13.4.2 绿色创新系统社会资本的影响

(1)制造业整体的关联性分析。如表13-2所示,从关联度均值来看绿色创新系统社会资本与跨国公司技术转移、绿色创新系统创新绩效的关联度分别为0.681 和 0.607,表明绿色创新系统社会资本也是跨国公司技术转移影响我国制造业绿色创新系统创新绩效的重要因素,但绿色创新系统社会资本与跨国公司技术转移、绿色创新系统创新绩效的关联度在三个影响因素的关联度中最低,意味着其产生的影响最小。相比较而言,跨国公司技术转移对绿色创新系统社会资本的影响明显高于绿色创新系统社会资本对我国制造业绿色创新系统创新绩效的影响。

(2)分制造业行业的关联性分析。在跨国公司技术转移对绿色创新系统社会资本的影响方面,大多数行业中绿色创新系统社会资本与跨国公司技术转移的关联度系数较高。其中,家具制造业和医药制造业两个行业的关联度系数分别为

0.851 和 0.834，意味着在家具制造业和医药制造业中跨国公司技术转移对绿色创新系统社会资本的影响显著；而专用设备制造业、工艺品及其他制造业、仪器仪表及文化、办公用机械制造业等 23 个行业的绿色创新系统社会资本与跨国公司技术转移的关联度系数均介于 0.6~0.8，表明跨国公司技术转移在这些行业中对绿色创新系统社会资本的影响也较为明显；跨国公司技术转移对绿色创新系统社会资本影响较弱的行业主要为食品制造业、有色金属冶炼及压延加工业、电气机械及器材制造业 3 个行业，其关联度系数分别为 0.542、0.524 和 0.510。

在绿色创新系统社会资本对绿色创新系统创新绩效的影响方面，大部分行业中绿色创新系统社会资本与绿色创新系统创新绩效的关联度系数较低。在农副食品加工业、纺织业等 16 个行业中，绿色创新系统社会资本与绿色创新系统创新绩效的关联度系数均低于 0.6，表明绿色创新系统社会资本在这些行业中对绿色创新系统创新绩效的影响较弱；而绿色创新系统社会资本与绿色创新系统创新绩效在其余 12 个行业中的关联度系数介于 0.6~0.8，意味着绿色创新系统社会资本在这些行业中对绿色创新系统创新绩效的影响较为明显。

13.4.3 绿色创新系统吸收能力的影响

（1）制造业整体的关联性分析。如表 13-2 所示，从关联度均值来看绿色创新系统吸收能力与跨国公司技术转移、绿色创新系统创新绩效的关联度分别为 0.689 和 0.687，表明绿色创新系统吸收能力也是跨国公司技术转移影响我国制造业绿色创新系统创新绩效过程中的重要因素；在三个影响因素中，绿色创新系统吸收能力与跨国公司技术转移、绿色创新系统创新绩效的关联度排名居中。相比较而言，跨国公司技术转移对绿色创新系统吸收能力的影响和绿色创新系统吸收能力对绿色创新系统创新绩效的影响并无明显差异。

（2）分制造业行业的关联性分析。在跨国公司技术转移对绿色创新系统吸收能力的影响方面，大多数行业中绿色创新系统吸收能力与跨国公司技术转移的关联度系数较高。除有色金属冶炼及压延加工业、仪器仪表及文化.办公用机械制造业以外，其余 26 个行业中绿色创新系统吸收能力与跨国公司技术转移的关联度系数均介于 0.6~0.8，表明跨国公司技术转移在这些行业中对绿色创新系统吸收能力的影响较为明显；而在有色金属冶炼及压延加工业、交通运输设备制造业中，绿色创新系统吸收能力与跨国公司技术转移的关联度系数分别为 0.514 和 0.665，意味着跨国公司技术转移对绿色创新系统吸收能力的影响较弱。

在绿色创新系统吸收能力对绿色创新系统创新绩效的影响方面，与跨国公司技术转移相似，大多数行业中绿色创新系统吸收能力与绿色创新系统创新绩效的关联度系数较高。除农副食品加工业、有色金属冶炼及压延加工业、交通运输设备制造业以外，其余 25 个行业中绿色创新系统吸收能力与绿色创新系统创新绩效的关联度系数均介于 0.6~0.8，表明绿色创新系统吸收能力在这些行业中对绿色创新系统创新绩效的影响较为明显；而在农副食品加工业、有色金属冶炼及压延加工业、交通运输设备制造业中，绿色创新系统吸收能力与绿色创新系统创新绩效的关联度系数分别为 0.545、0.575 和 0.595，意味着绿色创新系统吸收能力对绿色创新系统创新绩效的影响较弱。

（3）三大影响因素的对比分析及启示。首先，跨国公司技术溢出与跨国公司技术转移、绿色创新系统创新绩效的关联度系数最高，是跨国公司技术转移影响我国制造业绿色创新系统创新绩效的最重要因素。相比较而言，跨国公司技术溢出对跨国公司技术转移的影响略高于其对绿色创新系统创新绩效的影响。可见，在引进跨国公司的过程中，我国制造业绿色创新系统应更加注重利用跨国公司的技术溢出效应，通过技术监听站、逆向工程等手段加强对跨国公司的绿色、先进技术的学习、模仿，甚至二次创新，从而促进我国制造业绿色创新系统创新绩效的提升。

其次，绿色创新系统社会资本与跨国公司技术转移、绿色创新系统创新绩效的关联度系数虽然相对最低，但同样是跨国公司技术转移影响我国制造业绿色创新系统创新绩效的重要因素，跨国公司技术转移对绿色创新系统社会资本的影响及绿色创新系统社会资本对绿色创新系统创新绩效的影响并无显著差异。可见，我国制造业绿色创新系统应加强社会资本的建立和积累，将跨国公司等外部绿色创新要素植入我国制造业绿色创新系统中，充分利用跨国公司技术转移的知识提升绿色创新绩效。

最后，绿色创新系统吸收能力也是跨国公司技术转移影响我国制造业绿色创新系统创新绩效的重要因素，跨国公司技术转移对绿色创新系统吸收能力的影响及绿色创新系统吸收能力对绿色创新系统创新绩效的影响并无显著差异。但作为我国制造业绿色创新系统利用跨国公司技术转移提升绿色创新绩效的关键，绿色创新系统吸收能力与跨国公司技术转移的关联度系数，尤其是与绿色创新系统创新绩效的关联度系数较低。可见，加强我国制造业绿色创新系统绿色创新吸收能力的培育、发展和提高，可以增强绿色创新系统从外部创新网络获利的能力，并强化吸收能力在不同知识学习过程中的互补性，以提高我国制造业绿色创新系统绿色创新能力。

13.4.4　跨国公司技术转移的影响

从制造业整体来看，跨国公司技术转移与绿色创新系统创新绩效的关联度系数均值为 0.684，表明跨国公司技术转移对我国制造业绿色创新系统创新绩效具有较大影响。

从制造业各行业的情况来看，家具制造业和医药制造业的关联度系数分别为 0.838 和 0.859，表明跨国公司技术转移对家具制造业和医药制造业绿色创新系统创新绩效的影响十分显著；而在食品制造业和电气机械及器材制造业中跨国公司技术转移对绿色创新系统创新绩效的影响较弱，其关联度系数分别为 0.538 和 0.567；在橡胶制品业等其他 24 个行业的关联度系数介于 0.6~0.8，表明在这些行业中跨国公司技术转移对绿色创新系统创新绩效的影响较为明显。

13.5　本章小结

本章首先基于现有研究对跨国公司技术转移视角下制造业绿色创新系统绿色创新绩效的影响因素进行了选择，构建了本章的基本研究框架；其次从理论视角分别探讨了跨国公司技术溢出、绿色创新系统社会资本、绿色创新系统吸收能力三个因素对跨国公司技术转移、绿色创新系统创新绩效的影响；最后以我国 2005~2011 年 28 个制造业行业为样本数据，运用灰色关联分析实证研究了跨国公司技术转移对我国制造业绿色创新系统创新绩效的影响因素，并对实证结果进行了深入探讨，为下文的影响机理研究提供理论和实证支撑。

第14章 跨国公司技术转移对制造业绿色创新系统绿色创新绩效的影响机理

本章以第13章的研究为基础,从概念模型中涉及的自变量(跨国公司技术转移)、因变量(制造业绿色创新系统创新绩效)和中间变量(跨国公司技术溢出、绿色创新系统社会资本、绿色创新系统绿色吸收能力)三个部分研究跨国公司技术转移对制造业绿色创新系统创新绩效影响机理概念模型提出的理论背景,从而构建跨国公司技术转移对制造业绿色创新系统创新绩效影响机理的概念模型。然后分别从跨国公司技术溢出、绿色创新系统社会资本和绿色创新系统吸收能力三个方面提出跨国公司技术转移对制造业绿色创新系统创新绩效影响机理的研究假设,进而构建影响机理的结构模型,并以2005~2011年我国制造业28个行业为样本数据,运用结构方程模型实证检验跨国公司技术转移对制造业绿色创新系统创新绩效的影响机理。

14.1 影响机理的概念模型与研究假设

14.1.1 影响机理概念模型提出的理论背景

考虑到研究现状和相关概念部分已对跨国公司技术转移、制造业绿色创新系统创新绩效进行了大量理论研究,因此本部分主要探讨跨国公司技术溢出、绿色创新系统社会资本、绿色创新系统吸收能力三个影响因素的理论背景。

1. 概念模型中的中间变量——跨国公司技术溢出的理论背景

（1）跨国公司技术溢出的研究源起。哈佛大学 Caves（1974）明确提出外商直接投资技术外溢问题，并首次较全面地把技术外溢可能产生的外部性分为三类：跨国公司克服了壁垒进入本不能进入的国家，使当地福利增加；跨国公司的进入给当地企业带来竞争压力，同时当地企业也能够有机会近距离观察外国企业的先进技术和管理经验；跨国公司的进入导致的竞争和模仿等效应将加速技术转移和扩散。

Caves（1974）是较早研究跨国公司技术转移的学者，他把跨国公司的进入所产生的技术外溢区分为生产率外溢和技术外溢。所谓生产率外溢是东道国的市场竞争情况会随着跨国公司的进入而更加激烈，这将导致部分生产效率较低的东道国企业在激烈的市场竞争中被淘汰，从而使这个行业的资源配置效率得到提升。而技术外溢是指，跨国公司的子公司或分支机构基于自身利益的考虑而对当地进行一定的技术转移，或者通过加剧市场竞争而迫使东道国企业被动增加一定的技术投资或进行创新活动，从而促使东道国技术状况得到改善。

Wang 和 Blomström（1992）最早提出跨国公司与东道国溢出效应企业之间存在互动策略原则，他们的研究表明，跨国公司与东道国企业中存在溢出效应这一潜在成本，且双方都可通过改变自身的战略选择和行为策略对溢出效应的大小进行调整。跨国公司对东道国企业的正反馈效应主要可通过两种渠道实现：一是东道国企业加大对跨国公司的技术学习投入来获取更多的溢出效应；二是利用跨国公司的研发活动来获得技术溢出效应。

（2）跨国公司技术溢出的主要渠道。Blomström 和 Kokko（1998）较为全面地论述了技术溢出对东道国的影响，总结了技术外溢对东道国的实证效应。

第一，关联效应。跨国公司的生产率和市场途径外溢是通过其子公司与当地供应商和客户间的关联实现的。关联可分为后向关联与前项关联。后向关联是指跨国公司子公司与价值链上游当地供应商建立的联系，可以帮助供应商建立生产设备，提供技术援助或信息，提高供应商的产品质量，以促进创新；提供或协助购买原材料和提供中介机构；提供培训与帮助管理和组织，并协助供应商适应多样性的市场并吸引更多的客户。

第二，培训效应。技术从跨国公司的母公司转移到子公司，不仅体现在机械、设备、专利权、外籍管理者和技术人员方面，而且还体现为对当地员工的培训。这种培训影响员工的综合能力水平，通过指导可以提高其专业技术水平，员工可以从简单的制造操作岗位发展到技术先进的专家和高层管理人员。跨国公司中掌握各种技能的员工可能会跳槽到其他公司，或成立自己的企业，也会造成外溢。通过培训产生的溢出确实对跨国公司的人力资本技能具有积累作用。当某些员工流动到东道国企业时，这些技术正是东道国企业不具备的。很多研究也显示，员工流动主要产生管理技能的外溢,因为技术外溢具有很强的企业特有性,离开了特定环境,就不能发挥作用。

第三,示范效应。研究表明,示范效应是生产力溢出和市场途径外溢的重要渠道。然而示范效应通常是在潜移默化中发生的,对新技术和新产品的初次学习也是无意识的。示范效应也往往暗含于跨国公司子公司与东道国企业的竞争中。在相同的市场中,东道国企业倾向于采用同与其竞争的跨国公司子公司相似的生产技术。同时,东道国企业在与跨国公司子公司竞争中也倾向于模仿外国公司。

Bwalya(2006)指出,有效的溢出效应至少可以通过三种渠道产生:国外训练有素、技术熟练的员工流向国内公司;向跨国子公司学习国外先进的生产技术、技术诀窍及管理方法和经验;运用学习到的先进生产技术保持竞争力和生产力。研究显示,技术的专用性机制是指创新和新知识在其创造者与潜在竞争者之间的扩散和转移。在文献中,这些机制特别是指如何将知识通过模仿、抄袭的方式或付出尽可能低的成本被竞争者用于新产品、新工艺之中,对发明者造成消极的影响。当技术外溢的程度提高时,对行业创新具有的影响是不确定的。知识的外部性能够降低企业投资研发的积极性,因此外部性可以导致其他企业通过学习吸收知识外溢提高研发的产出率,并且鼓励其他企业加大投资以提高它们的吸收能力。

(3)跨国公司技术溢出的影响因素。在吸收技术外溢的过程中,不同性质的企业也表现出不同。国有企业从竞争影响中获益,而私企和集体所有企业则从以出口为导向的跨国公司的示范影响中获益。引入外资对生产力的改变确实有积极的影响,但是,对于那些效率不高的企业来说,不会起到显著作用。总之,国有企业的技术能力在主动的溢出效应中起到关键的作用。另有研究表明,外资企业的增多会对整个国有企业产生消极影响,但是对中小企业会有积极的影响。合资企业会产生积极的溢出效应,因为对于国有企业来说,外资企业展现出更优越的一面。这些研究表明,溢出效应取决于外资企业的性质,而外资企业进入东道国的方式也是溢出效应过程中的重要条件。在水平溢出效应中,以出口为导向的外资企业相较于以内销为导向的外资企业会对国内市场产生更大的影响。同样,在垂直溢出效应中,国内企业会从以内销为导向的外资企业中收益更多(Eryiğit et al., 2012)。

在针对中国的研究中,亓朋等(2008)利用中国制造业 14 291 家企业 1998~2001 年的面板数据,分别实证分析了外商直接投资企业在我国行业内、行业间和地区间的技术溢出效应。研究结果发现,外商直接投资企业在行业内的溢出效应不显著;外商直接投资企业通过人员培训和流动在行业间产生了显著的技术外溢;外商直接投资企业在地区间通过示范效应和竞争效应对我国内资企业产生显著的技术外溢。王滨(2010)利用 1999~2007 我国 27 个制造业行业的面板数据研究发现,外商直接投资出于对技术的严格保护和与本地企业竞争的需要对国内企业的横向关联溢出效应不显著,而对于本地的供应商和客户采取技术保密的动机大大减弱,导致后向关联仅对技术进步有显著的正效应,而横向溢出效益对技术进步的影响不显著。

在外商直接投资技术溢出效应中,技术转让、员工培训等显性技术溢出对东道国人力资本的正向作用未显现,而管理经验和技术的示范、产业关联等隐性技术溢出对东道国智力资本的正向作用显著,外商直接投资技术溢出对东道国吸收能力的正向作用显著,企业的智力资本和吸收能力对其技术创新能力都具有正向作用。

2. 概念模型中的中间变量——绿色创新系统社会资本的理论背景

(1)绿色创新系统社会资本的研究源起及定义。关于社会资本的起源,吴宝(2012)分别从社会学和经济学两个角度进行了论述。首先,从社会资源的角度分析,社会资本是其中一种形式,其要素体现为社会网络、成员身份及个人关系。随着各种资源要素的增值,社会资本实现了价值的创造;从社会规范的角度来看,社会资本可以用规则、信任、制度来定义;从资源摄取利益的视角分析,社会资本拓宽了资源获取渠道,保证了资源供给的及时性,提高了资源获取的数量和质量。其次,社会资本具有公共物品性、使用的强化性、不可转让性、可传递性及可转化性等性质。

不同学者对社会资本进行了不同的界定,其中较为有影响力的定义包括以下几个:所谓社会资本,即一定地域范围内,企业通过长期贸易往来构建的彼此间相互依赖的社会网络框架。社会资本的不同维度会为企业不同层面的创新和合作提供诸多方便(Kaasa,2009)。企业社会资本是指企业与其他企业的关系,它是企业的一种资源。社会资本有助于企业间信息的交流和资源的共享。一家企业拥有越丰富的社会资本,就会具备越强的内部管理能力及外部环境影响力,也会获得越高的经营绩效和经济利润(郑海涛,2011)。社会资本,即一个企业所有社会关系的总和,以及合理、有效获取并利用这些关系的能力的总和。这里的社会关系不仅从产业内包括了相同性质企业间具有的横向关系,而且从产业间包括供应链上下游不同性质企业间的纵向关系,还包括整个产业外部其他与企业相关的各类组织、群体间的社会关系(陈劲和李飞宇,2001)。社会资本是一种无形的公共物品,客观存在于人与人、企业与企业之间,具有共享性和相互作用的特性,其层次具有高度的不可分割性。

(2)绿色创新系统社会资本的主要维度。社会资本是指结构内以个体为中心的社会关系网络。结合企业社会资本与技术创新的关系,韦影(2007)从结构、认知、关系三个维度对企业社会资本加以阐释。从结构维度(structural dimension)来讲,社会资本是企业与外部环境之间相互联结;从认知维度(cognitive dimension)来看,社会资本是行动者间通过语言、编码或叙述等沟通方式加以创造和利用的资源;从关系维度(relational dimension)来说,社会资本是企业利用内外部社会关系创造和利用资产。

结构维度、关系维度和认知维度是测量社会资本的三个重要参数。其中结构维度重点关注网络连接模式、网络密度及个体在网络中的位置;关系维度是用来评估个体是凭借哪种方式，如相互间的信任、公共的规范、义务或期望等，来拥有或使用相关的资产；认知维度则是用来表示网络中相互连接的个体通过何种方式进行沟通和交流。

企业的社会资本包括外部社会资本和内部社会资本。其中，外部社会和资本，即企业外部网络关系资源。其意义一方面表现在，它为企业提供更具价值的资源——企业通过外部社会资本从周围环境中获得市场情报，这些情报既可能带来巨大的现实价值，也可能蕴含无限的潜在价值；另一方面，企业外部社会资本还会使企业在对外交流过程中不断增强自己的影响力、控制力及权力，使企业赢得良好的知名度、美誉度，增强企业外部资金吸引能力和社会认可度；此外，企业通过与外部组织机构间进行高频率的交流、互动，更容易获取和利用新知识，从而有利于企业技术创新。因此，具有高外部社会资本的企业更有可能凭借对关键信息的获取和处理能力在竞争中获胜，因与外部机构间高频率、高效率的交流和互动，提高企业自身影响力，降低交易成本，获取更高的经济与社会效益。

武志伟（2003）总结概述了社会资本与社会结构之间的关系，并指出社会资本蕴含于企业构建的社会结构或网络中，它能够通过降低交易成本等方式帮助企业获取更多资源，实现特定目标。Tsai（2001）的研究证明了社会资本的三维度划分原则的可操作性。社会资本对新知识形成的作用表现为社会资本促进智力资本的整合和转移，从而为新知识的构建奠定基础。在吸收能力固定的情况下，知识转移和创新能力与组织在网络中的位置有关，即处于较中心网络位置的组织比处于较边缘网络位置的组织更有优势。

（3）绿色创新系统社会资本对创新的影响。无论是从社会网络角度出发，还是从社会资源的视角来定位，社会资本都来源于企业内外部社会关系网络；从本质上来讲，鉴于信任和规范机制，群体成员是互惠共同体；它体现的是企业对网络资源的调配能力。Yli-Renko 等（2001）也曾从知识获取与知识资本的角度论证了社会网络对公司生产经营能力提升的重要影响及对企业技术创新的促进作用。具体来说，在新知识获取方面，社会网络无疑会扩充企业的知识资本，使企业在提高自身知识的深度和广度的同时，也加快了企业间知识交流的频率，提高了知识交流的效率。

针对企业社会资本的关系维度与知识转移的关系，Nahapiet 和 Ghoshal（1998）认为，关系维度通过多种方式（如组织间的信任、规范、预期等）对关系主体间的知识交换和转移产生影响。如果企业的社会资本呈现的是较弱联结度的关系网络，即处在不同关系网络中的企业间存在大量的异质信息，那么企业原来所在的网络就越容易叠加和联结，从而促进知识的转移，使企业能在最大限度上获取并利用新知识。当企业间存在较强的联结度时，则便于企业进行组织间的知识和技术的转移。由此可见，企业社会资本的结构维度不仅为知识转移提供了平台，企业间联结交互的频度更是决定了知识转移的成功与否。

网络位置是创新主体在创新网络中建立起来的关系结果，是研究创新网络的一个关键变量。在创新网络中，处于不同网络位置的创新参与者具有不同的获取新知识的机会，新知识又是企业从事创新活动的必要因素之一，因此在创新网络中所处的位置也对创新绩效具有重要影响。研究发现，知识消化能力对中心度与企业的创新绩效具有正相关作用。其中，知识消化能力较低的企业在合作创新网络中处于较边缘的位置，并且创新绩效也较低；而吸收能力强的企业，在合作创新网络中所处的位置更为有利，有机会获得更多新的知识，其创新绩效也较高。

同时，消化知识的能力对企业在合作创新网络中的结构洞和创新绩效也具有正向调解作用。其中，知识消化能力低的企业，在合作创新网络中，所处的结构洞较为不利，不能有效地与异质性信息源建立联系，躲避创新风险的能力也较弱，创新效率也较低；而知识消化能力强的企业，能够与异质性信息源建立有利的联系，剔除冗余的联结，更好地躲避创新风险，提高创新成功率（钱锡红等，2010）。因此，知识吸收能力与创新绩效具有正向关系。

Subramaniam 和 Youndt（2005）以 93 家企业为研究对象，发现相互作用的组织资本、人力资本和社会资本对企业的创新能力具有正向促进作用。而其中社会资本对企业的渐进性创新能力和激进创新能力的影响最显著。游达明和刘芳（2009）同样用实证方法证实了企业社会资本与技术创新的正相关关系。社会资本往往通过知识获取和知识吸收两大媒介实现对技术创新的正向影响。

陈金波（2010）也用实证法研究了企业的技术创新与有关机构的社会资本之间的关联程度。其中在社会资本维度对企业技术创新产生显著正向促进作用的机构包括高等院校、科研院所、中介机构、顾客和供应商；而政府和金融机构在此方面的作用不明显。Park 和 Luo（2001）在对上海、江苏等地的 128 家企业进行调研后，得出的结论是，关系与企业绩效呈正相关关系，关系于组织和个体而言都是一种重要资源。鉴于关系在企业与外部行动者之间的桥梁作用，企业如果能有效地致力于网络关系，关系就会成为价值和效益获取的工具，并最终促进企业的经营能力和创新绩效的提升。

为进一步厘清企业社会资本与技术创新绩效、企业社会资本与吸收能力、吸收能力与技术创新绩效三组变量之间的关系，韦影（2007）通过实证结果表明，当忽略吸收能力作用的情况下，社会资本的三个维度均对我国企业创新绩效的提升具有积极显著的作用。当考虑吸收能力作用的情况下，企业社会资本三个特征维度的水平通过提高吸收能力进而正向影响技术创新绩效，其中，认知维度在结构维度和关系维度发挥效应中承担中介变量的作用。张方华和林仁方（2004）基于浙江省第一头转基因羊难产的案例研究认为，成功的技术合作有赖于良好的社会资本，而我国企业要提高国际竞争力，建立良好的社会资本并加强企业间（包括与国外跨国公司）的技术合作是必由之路。

3. 概念模型中的中间变量——绿色创新系统吸收能力的理论背景

（1）绿色创新系统吸收能力的研究源起及定义。Cohen 和 Levinthal（1990）最早提出企业层次吸收能力，将吸收能力定义为企业识别到外部信息的价值，并对该外部信息进行消化整合，最后对它进行商业化应用的能力。他们还把吸收能力分成三个维度——认知、消化和商业化应用外部知识。

与 Cohen 和 Levinthal（1990）将吸收能力定义为一种绝对能力不同，Lane 和 Lubatkin（1998）提出相对吸收能力的概念，认为劣势企业向优势企业学习的能力取决于两者是否存在相似的基础，这些基础表现在知识、组织结构和激励政策、主导逻辑等方面。Mowery 和 Oxley（1995）认为，吸收能力是一系列技能的集合。吸收能力主要针对的是从企业外部获取的新知识，关键是处理这些新信息中的隐性知识，也就是把外部知识进行内部化处理，或者把隐性知识显性化处理。通过吸收能力的转化，转移的新知识就可以转换成适于企业使用的知识。这个过程中转化隐性知识是吸收能力主要的任务。

（2）吸收能力的主要维度划分。Zahra 和 George（2002）从动态能力的视角对吸收能力进行了界定，认为吸收能力是以企业内众多组织流程和管理为基础，从而形成的获取、消化、转化和利用知识的一种动态能力。他们还把吸收能力分为潜在吸收能力和显现吸收能力。潜在吸收能力包括获取和消化两个维度的能力，显现吸收能力包括知识的转化和应用两个维度的能力。

Lichtenthaler（2009）从学习过程的角度把吸收能力分为探索性学习（explorative learning）、转化性学习（transformative learning）和利用性学习（exploitative learning）三个过程。其中，探索性学习是指对外部知识的识别和同化，转化性学习是指对所吸收知识的保持和再生，利用性学习是指对新知识的转换和应用。结合组织学习，还认为吸收能力包括获取外部知识，以及将外部知识整合到组织现有的知识库中以便于对外部知识进行消化吸收的处理过程。

除上述吸收能力的维度划分以外，本书总结了其他学者关于吸收能力的划分，如表 14-1 所示。

表 14-1　吸收能力的概念归纳及维度划分

研究学者（年份）	构成要素（维度）
Coahen 和 Levinthal（1990 年）	外部知识的识别与评估；知识的领会吸收；如何在商业化领域应用之前的知识
Zahra 和 Geoger（2002 年）	知识的获取；知识的接受使用；知识的转型；知识的应用
Too（2006 年）	先前知识检验；交流平台网络；交换环境氛围；知识扫描机制
Hubor（1991 年）；Hamle（1991 年）	知识的接受使用；外部知识的获取；知识的解析；技术能力
Grant（1996 年）	外部知识评估；知识的获得；知识的有效集合；知识的应用

续表

研究学者（年份）	构成要素（维度）
Kim（1998年）	学习知识的能力；解决问题的能力
Healay（1997年）	外部知识的获得；知识的播散；技术能力
Cueller 和 Galliven（2006年）	先前的知识基础、知识的整合效力、组织目的、组织架构、文化间的匹配和交流通道
Lane（2001年）	知识的了解；知识的转化；知识的应用
Lane 等（2006年）	探索性学习；转换性学习；利用性学习
张杰等（2012年）	识别和获得；消化和接受；应用和商业化

资料来源：付敬和朱桂龙（2014）、王天力（2013）

此外，王向阳等（2011）基于学者们先前的研究成果，把吸收能力分为潜在吸收能力和实现吸收能力两个纬度。

潜在吸收能力包括知识获取能力和知识消化能力。其中知识获取能力由搜寻外部知识的能力、持续收集行业发展新的相关信息的能力和员工记录并储存新知识已备将来使用的能力三个方面组成。知识消化能力由能够很快识别外部新知识的用途、员工之间分享实践经验及与同事分享获取的新知识三方面的能力组成。

实现吸收能力包括知识整合能力和知识利用能力。知识整合能力由新知识和已有知识的融合能力、利用外部知识开发新机会的能力及经常考虑如何更好地利用新知识的能力三个方面组成。知识利用能力由员工关于新产品和服务具有共同语言、开发出新产品或服务的能力及利用新知识对现有产品改良的能力三个方面的指标构成。

Lim（2009）基于知识类型将企业吸收能力定义为，基础学科吸收能力（disciplinary abosorptive capacity）、特定领域吸收能力（domain-specific abosorptive capacity）和编码知识吸收能力（encoded absorptive capacity）。

14.1.2　影响机理的概念模型构建

从前文的理论背景研究可以看出，现有关于跨国公司技术溢出、社会资本和吸收能力的研究已经获得了大量研究成果，虽然针对绿色创新系统社会资本和绿色创新系统吸收能力的研究相对较少，但这些研究成果也为本书的研究提供了重要的借鉴和参考，为跨国公司技术转移对制造业绿色创新系统创新绩效影响机理概念模型的构建提供了理论支撑。

本书认为，制造业绿色创新系统是实现制造业绿色创新、促进制造业可持续发展的关键，绿色创新绩效是衡量制造业绿色创新系统发展水平的标准和依据。跨国公司技术转移是提升我国制造业绿色创新系统创新绩效最直接有效的方式之一，但其在影响我国制造业绿色创新系统创新绩效的过程中受到跨国公司技术溢出、绿色创新系统社会资本、绿色创新系统绿色吸收能力等因素的影响。根据现有研究成果和前文研究假设推理，本书构建了跨国公司技术转移对我国制造业绿色创新系统创新绩效影响机理的概念模型，用以探讨跨国公司技术转移、跨国公司技术溢出、绿色创新系统社会资本、绿色创新系统吸收能力、绿色创新系统绿色创新绩效之间的关系，如图14-1所示。

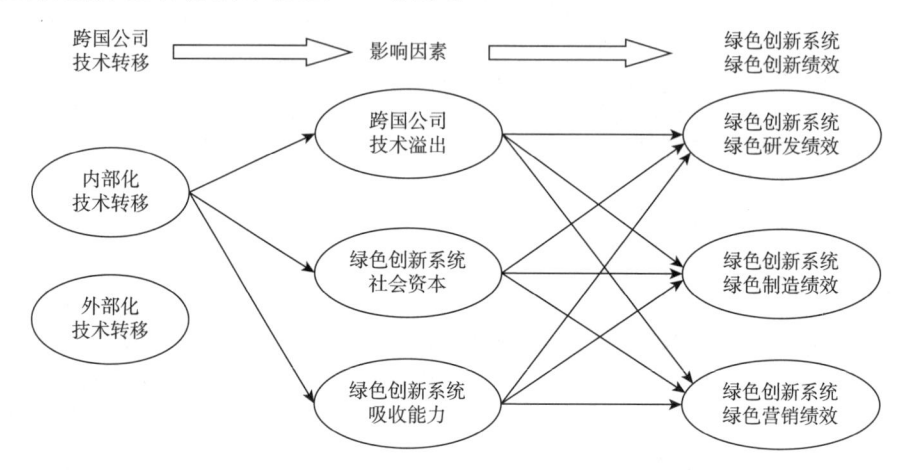

图14-1　跨国公司技术转移对制造业绿色创新系统创新绩效影响机理的概念模型

14.2　影响机理的研究假设

14.2.1　基于跨国公司技术溢出的研究假设

1. 跨国公司技术转移与跨国公司技术溢出

跨国公司是向发展中国家传播环境友好型技术的载体，在带来资金的同时也带来先进的技术和管理经验。更重要的是，它们遵循全球统一的生产标准和环境标准，为东道国的企业树立了良好的榜样。Eskeland 和 Harrison（2003）认为外资企业一般使用比当地企业更加环境友好的生产技术和污染处理技术，使东道国有机会获得清洁生产技术，并迫使东道国对现有产业的生产过程进行"清洗"，从而提高东道国的环境技术水平。

但跨国公司技术溢出的产生会受到东道国最小限度的社会能力的制约，这些最小限度的社会能力包括技术性质、卖方战略、买方能力和东道国政策四个方面。王子君和张伟（2002）从发展中国家自主技术创新角度出发，以外国直接投资与技术许可技术两方面为基础，建立技术引进模型，研究结果表明，技术许可技术比外商直接投资更有利于发展中国家获得技术溢出。

此外，Bell 和 Marin（2004）认为跨国公司外商直接投资技术溢出源于跨国公司知识资产的积累，这些知识通过"跨国母公司技术转移到东道国跨国子公司→漏向当地公司→当地公司的吸收程度发生改变"的单向传递途径（one-way pipeline）逐步实现了技术溢出的效应。因此，在跨国公司内部化技术转移的过程中，即跨国母公司的技术转移到跨国子公司并不会带来技术溢出，其原因在于跨国公司内部化技术转移往往具有更强的隐含性和缄默性；同时，跨国公司内部化技术转移所形成的绿色技术竞争优势反而会对东道国企业产生不利的竞争效应。但在跨国公司外部化技术转移的过程中，东道国跨国子公司的绿色技术"漏向"当地公司，从而形成正的溢出效应。

基于上述研究成果，本书提出如下假设：

H_1：跨国公司技术转移对跨国公司技术溢出具有正向作用。

H_{1a}：内部化技术转移对跨国公司技术溢出具有负向作用。

H_{1b}：外部化技术转移对跨国公司技术溢出具有正向作用。

2. 跨国公司技术溢出与绿色创新系统创新绩效

跨国公司技术溢出对东道国绿色创新的影响存在双面效应。部分学者的研究成果表明跨国公司技术溢出对绿色创新具有积极的影响。张学刚和钟茂初（2010）的研究认为，跨国子公司不仅向东道国转移环境技术，促进东道国整体环境技术水平提升，更重要的是在技术转移过程中促进环境技术在同一产业内的企业间，以及供应链上下游企业间的扩散和传播。李斌等（2011）运用中国 1999~2009 年省际面板数据的研究表明，跨国公司外商直接投资对中国的污染治理技术创新具有积极的影响。

Albornoz 等（2009）采用企业层数据进行了检验，其研究结果发现外商直接投资对东道国的环境技术产生了比较显著的垂直溢出效应。在 Albornoz 等（2009）的研究基础上，陈媛媛和李坤望（2010）将环境技术分解为清洁生产技术和末端治理技术进行了进一步研究，结果发现外商直接投资水平溢出对两种技术的影响都为正，垂直溢出对末端治理技术的影响不显著，而对清洁生产技术的影响存在正向的前向链接效应。

跨国公司技术溢出对东道国绿色创新的消极影响主要表现为"市场窃取效应"，Backer 和 Sleuwaegen（2003）认为跨国公司对东道国企业的投资存在挤出效应，跨国公司凭借技术优势挤占本土企业市场份额。毕克新等（2014）的研究表明，外商直接投资流入对于绿色研发能力、绿色制造能力均产生了显著的正向影响，对绿色产品市场开拓能力产生了负向影响。

基于上述研究成果，本书提出如下假设：

H₂：跨国公司技术溢出对我国制造业绿色创新系统创新绩效具有正向作用。

H₂ₐ：跨国公司技术溢出对我国制造业绿色创新系统绿色研发绩效具有正向作用。

H₂ᵦ：跨国公司技术溢出对我国制造业绿色创新系统绿色制造绩效具有正向作用。

H₂c：跨国公司技术溢出对我国制造业绿色创新系统绿色营销绩效具有负向作用。

14.2.2 基于绿色创新系统社会资本的研究假设

1. 跨国公司技术转移与绿色创新系统社会资本

目前关于跨国公司技术转移与社会资本关系的研究集中于探讨后者对前者的影响。《世界投资报告 2005 跨国公司和研发国际化》一书中指出，R&D 相关的跨国公司对外直接投资可以引起东道国国家创新系统的结构性变化。跨国公司在东道国设立的研发机构成为东道国国家创新系统的组成部分，并与东道国的企业、科研院所、政府机构形成不同程度的相互作用，从而增加了东道国国家创新系统的复杂性，使东道国国家创新系统从相对复杂的封闭系统向更加复杂的开放系统转变，如图14-2所示。

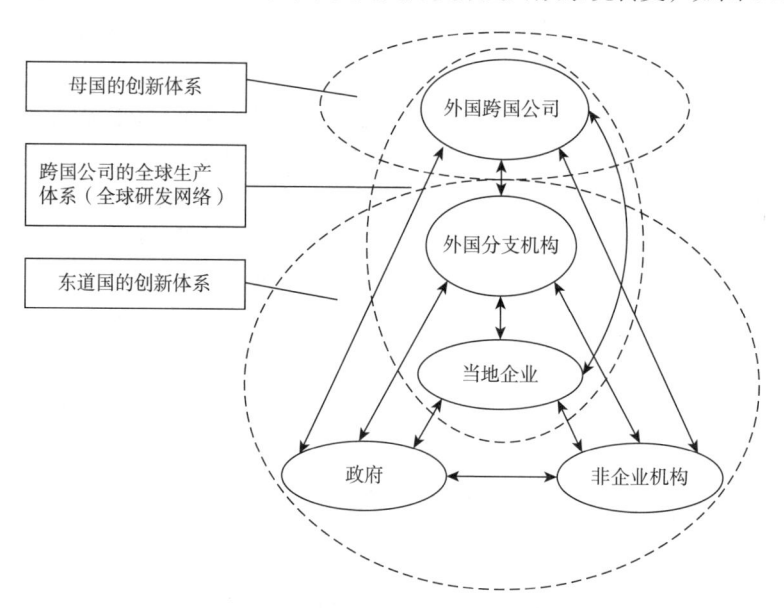

图 14-2 基于跨国公司技术转移的制造业绿色创新系统网络关系图
资料来源：《世界投资报告 2005 跨国公司和研发国际化》

汪俊（2010）认为跨国公司海外研发具有东道国创新系统放大效应，从而使东道国创新系统由简单的封闭系统向复杂的国际开放系统转变。与此相似，章文光和王晨（2014）则认为在封闭的系统中我国制造业绿色创新系统的主体由内资制造业企业、政府、高等院校与科研院所、中介组织四个部分构成，但在开放经济系统的条件下，随着跨国公司的进入并开展绿色创新活动，我国制造业绿色创新系统主体得到补充，形成以内资制造业企业和外资制造业企业为核心，政府、高等院校与科研院所、中介组织为辅助的绿色创新系统，拓宽了我国制造业绿色创新系统社会资本的结构维度，并导致社会资本中心位置的改变。

基于上述研究成果，本书提出如下假设：

H_3：跨国公司技术转移对我国制造业绿色创新系统社会资本具有正向作用。

H_{3a}：内部化技术转移对我国制造业绿色创新系统社会资本具有正向作用。

H_{3b}：外部化技术转移对我国制造业绿色创新系统社会资本具有正向作用。

2. 绿色创新系统社会资本与绿色创新系统创新绩效

绿色创新系统社会资本为我国制造业绿色创新系统的外部绿色技术获取和内部绿色技术共享提供了基本渠道，从而有助于促进我国制造业绿色创新系统创新绩效的提升。在绿色创新系统社会资本的保障下，我国制造业绿色创新系统可以通过与绿色创新系统外部企业开展绿色创新合作，以及绿色创新系统内网络的知识交流和共享，促进绿色技术知识从绿色创新系统外部向企业内部流动及绿色创新系统内部的流动和吸收。而知识转移有利于专业知识资源的集成和组合，从而推动创新成果的产生。

社会资本在绿色技术创新扩散过程中，不仅能提高资源配置能力，促进隐性知识的传递和扩散，还能扩大采用者的范围和数量，因此加速绿色技术创新扩散进程。Cassiman和Veugelers（2006）认为知识转移的频率与企业创新绩效具有正相关性，而且企业外部知识的转移比内部知识更有利于提高企业的创新绩效。Maurer等（2011）在收集了德国机械工程行业的数据并分析后发现，企业社会资本作为知识转移的媒介，对企业绩效和企业创新有促进作用。

绿色创新系统社会资本也助于我国制造业绿色创新系统获取外部创新资金投入，Weber和Weber（2007）对德国风险投资企业的研究表明，社会资本与知识转移的适当关系对投资公司的创新投资决策具有积极影响。此外，Knudsen（2007）在分析了欧洲七国五大行业的创新活动样本后发现，企业间的关联程度对企业创新绩效具有不同影响，即企业间关联越大，转移带来的知识与自身资源越相似，越不利于企业创新活动，而企业间关联越小，转移所获知识与自身资源越具互补性，越会促进企业创新行为和创新绩效的提高。

此外，Subramaniam和Youndt（2005）认为使用共同语言和交流平台的社会资本是知识转移的必要条件，能促进合作创新的开展，进而提升企业的创新绩效，社会资本的共同认知对提高渐进式创新绩效和激进式创新绩效发挥了显著作用，并能促进产品创新绩效的提升，增加新产品在销售收入中的比重。

基于上述研究成果，本书提出如下假设：

H_4：绿色创新系统社会资本对我国制造业绿色创新系统创新绩效具有正向作用。

H_{4a}：绿色创新系统社会资本对我国制造业绿色创新系统绿色研发绩效具有正向作用。

H_{4b}：绿色创新系统社会资本对我国制造业绿色创新系统绿色制造绩效具有正向作用。

H_{4c}：绿色创新系统社会资本对我国制造业绿色创新系统绿色营销绩效具有正向作用。

14.2.3 基于绿色创新系统吸收能力的研究假设

1. 跨国公司技术转移与绿色创新系统吸收能力

跨国公司技术转移对绿色创新系统吸收能力影响的研究并不多见。在现有的研究中，跨国公司先进技术的掌握者带入的新产品、新设备及产品销售策略等非物化技术具有更强的竞争力，从而提高了我国制造业绿色创新系统绿色技术获取的积极性，增加了可供选择获取的绿色技术范围和数量（杨朝均，2013），从而有助于提升绿色创新系统的绿色技术获取能力。

而跨国公司先进的产品、设备等作为现实的样本，增加了我国制造业绿色创新系统通过技术监听站、逆向工程、看中学等方式获取跨国公司技术转移的可能和应用转化能力，从而有助于提高我国制造业绿色创新系统的绿色技术消化能力；同时作为供应商的跨国公司技术转移会对我国制造业企业提供技术指导和帮助，也有助于提高绿色创新系统的绿色技术消化能力。Giuliania 和 Bella（2005）发现，具有高水平吸收能力的企业更容易与外部的企业建立知识联系，更容易形成与这些企业间的知识流动。

跨国公司技术转移过程中与我国制造业绿色创新系统内的企业形成产业链上下游关联，为使我国制造业供应商提供的中间产品符合其质量要求，可能对我国制造业企业创新活动提供技术帮助或信息服务（Liu，2008），从而提高我国制造业绿色创新系统的绿色技术整合能力。

基于上述研究成果，本书提出如下假设：

H_5：跨国公司技术转移对我国制造业绿色创新系统吸收能力具有正向作用。

H_{5a}：内部化技术转移对我国制造业绿色创新系统吸收能力具有正向作用。

H_{5b}：外部化技术转移对我国制造业绿色创新系统吸收能力具有正向作用。

2. 绿色创新系统吸收能力与绿色创新系统创新绩效

创新活动的本质就是利用已有知识去生产新的知识，而其中部分知识源于创新主体外部，当创新主体具有较高吸收能力进而能从外部相关知识中获取更多的利益时，吸收能力就成为创新主体在创新活动中取得竞争优势的关键（Zollo and Winter，2002）。基于知识观的资源理论也认为创新绩效依赖于其所拥有的知识（Spender，1996），更好地利用我国制造业绿色创新系统的现存绿色知识并获取、吸收、整合外部绿色技术知识是我国制造业绿色创新系统提高创新绩效的关键。

从绿色创新系统绿色技术获取能力的角度来看，良好的吸收能力有助于提高我国制造业绿色创新系统在绿色技术知识搜寻过程中的效率，尤其对于绿色创新品创新。Moorman 和 Slotegraaf（1999）认为依赖于对外部信息的获取和有效利用，外部信息的有效利用与成功的新产品开发之间存在正相关关系。

从绿色创新系统绿色技术消化能力来看，依靠外部知识源与经验学习，将来企业能够更好地获取与消化知识，这将更有可能维持企业的竞争优势，因为其能够更加柔性地配置其资源基础，以及有效地以低成本培养能力。

从绿色创新系统绿色技术整合能力来看，外部绿色技术知识进入我国制造业绿色创新系统内部后，必须通过我国制造业绿色创新系统的创新主体进行分享、转化，同时与绿色创新系统内部原有的技术知识整合，新的绿色技术知识通过整合后融入现有知识结构中才能发挥作用（Fosfuri and Tribó，2008），从而促进我国制造业绿色创新系统创新绩效的提升。

基于上述研究成果，本书提出如下假设：

H_6：绿色创新系统吸收能力对我国制造业绿色创新系统创新绩效具有正向作用。

H_{6a}：绿色创新系统吸收能力对我国制造业绿色创新系统绿色研发绩效具有正向作用。

H_{6b}：绿色创新系统吸收能力对我国制造业绿色创新系统绿色制造绩效具有正向作用。

H_{6c}：绿色创新系统吸收能力对我国制造业绿色创新系统绿色营销绩效具有正向作用。

14.2.4 影响机理的假设总结与结构模型

为阐明跨国公司技术转移对我国制造业绿色创新系统创新绩效的影响机理，参考现有研究成果，本书共提出 21 个待检验假设，如表 14-2 和图 14-3 所示。

表 14-2 研究假设依据

假设内容	提出依据
H_1: 跨国公司技术转移对跨国公司技术溢出具有正向作用	Eskeland 和 Harrison（2003）; Mericana 等（2007）; Bell 和 Marin（2004）; 杜健和顾华（2007）
H_{1a}: 内部化技术转移对跨国公司技术溢出具有负向作用	
H_{1b}: 外部化技术转移对跨国公司技术溢出具有正向作用	
H_2: 跨国公司技术溢出对我国制造业绿色创新系统创新绩效具有正向作用	张学刚和钟茂初（2010）; 李斌等（2011）; Albornoz 等（2009）; 陈媛媛和李坤望（2010）; 毕克新等（2014）
H_{2a}: 跨国公司技术溢出对我国制造业绿色创新系统绿色研发绩效具有正向作用	
H_{2b}: 跨国公司技术溢出对我国制造业绿色创新系统绿色制造绩效具有正向作用	
H_{2c}: 跨国公司技术溢出对我国制造业绿色创新系统绿色营销绩效具有负向作用	
H_3: 跨国公司技术转移对我国制造业绿色创新系统社会资本具有正向作用	汪俊（2010）; 杨朝均（2013）; 章文光和王晨（2014）
H_{3a}: 内部化技术转移对我国制造业绿色创新系统社会资本具有正向作用	
H_{3b}: 外部化技术转移对我国制造业绿色创新系统社会资本具有正向作用	
H_4: 绿色创新系统社会资本对我国制造业绿色创新系统创新绩效具有正向作用	Cooke 和 Wills（1999）; Smith 等（2005）; Weber 和 Weber（2007）
H_{4a}: 绿色创新系统社会资本对我国制造业绿色创新系统绿色研发绩效具有正向作用	
H_{4b}: 绿色创新系统社会资本对我国制造业绿色创新系统绿色制造绩效具有正向作用	
H_{4c}: 绿色创新系统社会资本对我国制造业绿色创新系统绿色营销绩效具有正向作用	
H_5: 跨国公司技术转移对我国制造业绿色创新系统吸收能力具有正向作用	Liu（2008）; 王然等（2010）; 杨朝均（2013）
H_{5a}: 内部化技术转移对我国制造业绿色创新系统吸收能力具有正向作用	
H_{5b}: 外部化技术转移对我国制造业绿色创新系统吸收能力具有正向作用	
H_6: 绿色创新系统吸收能力对我国制造业绿色创新系统创新绩效具有正向作用	Zollo 和 Winter（2002）; Cassiman 和 Veugelers（2006）; Spender（1996）; Fabrizio（2009）; Moorman 和 Slotegraaf（1999）
H_{6a}: 绿色创新系统吸收能力对我国制造业绿色创新系统绿色研发绩效具有正向作用	
H_{6b}: 绿色创新系统吸收能力对我国制造业绿色创新系统绿色制造绩效具有正向作用	
H_{6c}: 绿色创新系统吸收能力对我国制造业绿色创新系统绿色营销绩效具有正向作用	

第14章　跨国公司技术转移对制造业绿色创新系统绿色创新绩效的影响机理 ·293·

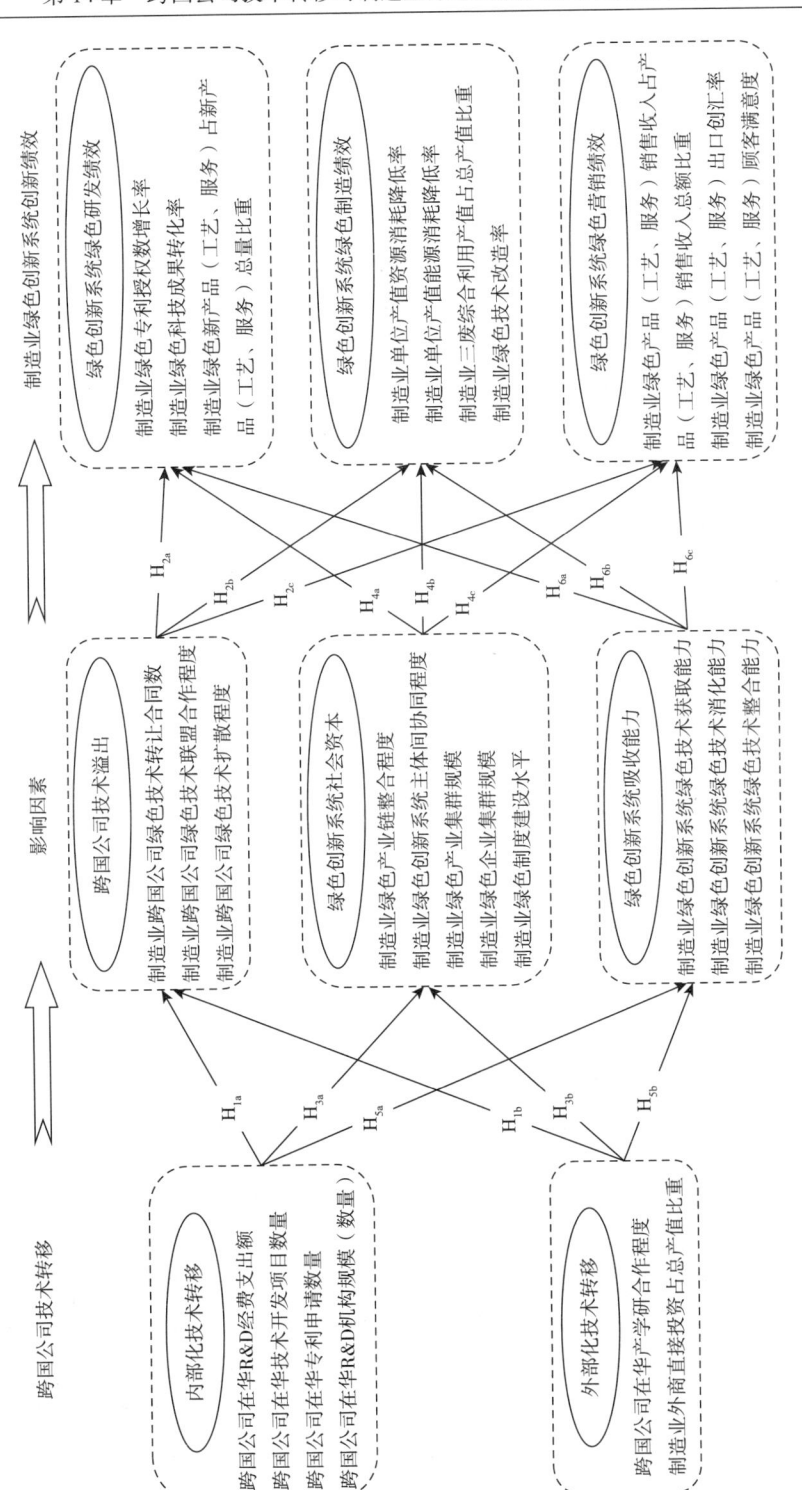

图14-3　跨国公司技术转移对制造业绿色创新系统创新绩效影响机理的结构模型

14.3 研究设计与数据检验

14.3.1 变量测度

参考现有关于跨国公司技术转移、跨国公司技术溢出、社会资本、吸收能力和创新绩效的文献，结合本书的研究目的、创新投入产出理论，考虑到指标数据收集的局限性，本书对跨国公司技术转移、绿色创新系统创新绩效、跨国公司技术溢出、绿色创新系统社会资本和绿色创新系统吸收能力等变量的测度指标进行了设定。

1. 跨国公司技术转移的测度指标设定

跨国公司主要通过两种方式对发展中国家进行技术转移：一是在产权和控制权范围内对海外子公司的内部化技术转移，二是对其他企业的外部化技术转移。因此，本书选择跨国公司的内部化技术转移和外部化技术转移作为跨国公司技术转移的两个潜在变量。其中，选择跨国公司在华R&D经费支出额、跨国公司在华技术开发项目数量、跨国公司在华专利申请数量、跨国公司在华R&D机构规模（数量）共四个变量作为内部化技术转移的观测变量，选择跨国公司在华产学研合作程度、制造业外商直接投资占总产值比重共两个变量作为外部化技术转移的观测变量。

2. 绿色创新系统创新绩效的测度指标设定

从创新过程视角来看，绿色创新过程可分为研发活动阶段和应用扩散阶段两个部分。其中，应用扩散阶段包括在制造过程中应用绿色新工艺和在营销过程中推广绿色新产品（工艺、服务）两个方面的内容。因此，本书选择绿色研发绩效、绿色制造绩效和绿色营销绩效三个指标作为制造业绿色创新系统创新绩效的潜在变量。其中，选择制造业绿色专利授权数增长率、制造业绿色科技成果转化率和制造业绿色新产品（工艺、服务）占新产品（工艺、服务）总量比重共三个指标作为绿色创新系统绿色研发绩效的观测变量；选择制造业绿色技术改造率、制造业单位产值资源消耗降低率、制造业单位产值能源消耗降低率和制造业三废综合利用产值占总产值比重共四个指标作为绿色创新系统绿色制造绩效的观测变量；选择制造业绿色产品（工艺、服务）销售收入占产品（工艺、服务）销售收入总额比重、制造业绿色产品（工艺、服务）出口创汇率和制造业绿色产品（工艺、服务）顾客满意度共三个指标作为绿色创新系统绿色营销绩效的观测变量。

3. 跨国公司技术溢出的测度指标设定

跨国公司技术溢出是指跨国公司在对制造业绿色创新系统进行技术转移的过程中，对我国制造业绿色创新系统主体的绿色创新非自愿产生的且无法直接获取全部收益（甚至无收益）的外部性影响。因此，本书选择制造业跨国公司绿色技术转让合同数、制造业跨国公司绿色技术联盟合作程度、制造业跨国公司绿色技术扩散程度共三个指标作为跨国公司技术溢出的观测变量。

4. 绿色创新系统社会资本的测度指标设定

社会资本反映了一个企业所有社会关系的总和，以及合理、有效获取并利用这些关系的能力的总和。这里的社会关系既包括与相关企业之间的横向联系，也包括与供应链上各环节之间的纵向联系，还包括与企业外部相关组织、群体之间的社会联系。因此，本书选择制造业绿色产业链整合程度、制造业绿色创新系统主体间协同程度、制造业绿色产业集群规模、制造业绿色企业集群规模、制造业绿色制度建设水平共五个指标作为跨国公司技术溢出的观测变量。

5. 绿色创新系统吸收能力的测度指标设定

吸收能力是指企业识别、吸收来源于企业的外部知识并实现这些知识的商业化利用的能力。Zahra 和 George（2002）认为吸收能力是源于组织惯例和规范形成的获取、消化、转化和利用知识的动态组织能力。因此，本书认为我国制造业绿色创新系统吸收能力包括三个基本维度，即绿色技术获取能力、绿色技术消化能力、绿色技术整合能力，并选择制造业绿色创新系统绿色技术获取能力、制造业绿色创新系统绿色技术消化能力、制造业绿色创新系统绿色技术整合能力共三个指标作为绿色创新系统吸收能力的观测变量。

14.3.2 数据来源

本章以 2005~2011 年我国 28 个制造业行业的面板数据为样本，运用结构方程模型实证研究跨国公司技术转移对制造业绿色创新系统创新绩效的影响机理。数据来源于《中国统计年鉴》、《中国环境统计年鉴》、《中国能源统计年鉴》、《中国工业经济统计年鉴》、《中国科技统计年鉴》、《工业企业科技活动统计资料》和《人力资源和社会保障事业发展统计公报》等，以及国家统计局、国家知识产权局等官方网站发布的相关数据和统计报告。由于本书部分所需数据有些无法从统计年鉴中直接查找获得，因此本书依据以往文献对此问题的处理方式通过计算推导得出（具体计算方式见附表 A2 和附录问卷 B2）。

为消除价格变动的影响，本书以 2004 年为基年，用出厂价格指数、固定投资指数对工业总产值、绿色创新投入等指标进行平减。由于 2005 年以前和 2011 年以后，我国制造业统计口径发生了变化，因此，本书选择的样本数据为 2005~2011 年的面板数据。对于行业的选择，由于"废弃资源和废旧材料回收加工业"及"烟草制品业"两个行业在统计年鉴中的统计数据缺乏连贯性，基于对数据连贯性的考虑，为确保本书数据分析的准确性剔除这两个行业。

14.3.3 信度与效度检验

1. 信度分析

信度分析就是对测度量表的可靠性分析，检验采用同样方法对同一对象重复测量时得到相同结果的可能性高低，即测验分数未受测量误差影响的程度，反映测量指标对测度问题衡量程度的一致性或稳定性。在信度检验时大多数文献采用 Cronbach's α 系数作为检验测度工具一致性的指标。Cronbach's α 系数越高，说明观测变量对潜在变量的解释程度越高，可信度就越高。一般来说，当测度量表的 Cronbach's α 系数大于 0.6 时，认为测度同一潜变量的观测变量间的一致性可以接受；当 Cronbach's α 系数大于 0.7 时，表明测度同一潜变量的观测变量间具有较高的一致性。

因此，本书采用 Cronbach's α 系数来检验各观测变量的稳定性和内部一致性。根据 SPSS 16.0 的结果，量表的总体 Cronbach's α 系数为 0.75，高于信度检验临界值 0.7 的设定，说明本书所用量表具有较好的信度；同时，量表中 8 个潜变量的 Cronbach's α 系数也均高于 0.7，说明潜变量内部一致性系数较高，具有较好的相关性。信度检验结果如表 14-3 所示。

表 14-3 测量模型的信度与效度检验

潜变量	Cronbach's α	组合信度	AVE	交叉因子载荷
内部化技术转移	0.936	0.949 9	0.826 4	0.828
				0.960
				0.890
				0.952
外部化技术转移	0.804	0.729 8	0.574 6	0.749
				0.767
跨国公司技术溢出	0.761	0.876 0	0.703 8	0.865
				0.724
				0.916

续表

潜变量	Cronbach's α	组合信度	AVE	交叉因子载荷
绿色创新系统社会资本	0.719	0.878 2	0.591 5	0.676
				0.787
				0.807
				0.799
				0.769
绿色创新系统吸收能力	0.890	0.805 6	0.581 9	0.833
				0.773
				0.674
绿色创新系统绿色研发绩效	0.864	0.894 2	0.739 7	0.743
				0.909
				0.917
绿色创新系统绿色制造绩效	0.708	0.828 1	0.546 8	0.763
				0.739
				0.767
				0.686
绿色创新系统绿色营销绩效	0.725	0.891 7	0.734 1	0.930
				0.878
				0.762

2. 效度分析

效度分析就是对测度量表的有效性分析，反映了所选择的测度量表是否符合研究目的及其符合程度。效度分析的结果越高，表明测度方法、测度手段、测度结果的有效程度越高，即表明测度指标对构念的解释程度越高、越有效。效度分析主要包括内容效度、收敛效度和判别效度等方面的内容，不同维度的测量结果反映测度量表效度的不同方面。

在效度检验方面，本书所采用的量表基于大量研究成果总结与修改而成，因而具有较好的内容效度；在收敛效度检验方面，各测量指标的交叉因子载荷绝大部分高于 0.7（3 个指标接近于 0.7），且 AVE 值均高于 0.5，表明测量指标可以有效地解释潜变量，测量变量具有很好的收敛效度；在判别效度检验方面，AVE 的平方根都大于该测量变量与其他测量变量的相关系数，表明本书所用量表具有较好的判别效度。效度检验结果如表 14-3 所示。

14.4 影响机理的实证检验与结果探讨

14.4.1 结构方程模型检验

1. 初始模型检验及模型拟合

（1）初始模型构建。样本数据通过了信度分析和效度分析，因此，本节将进一步运用结构方程模型的路径实证检验跨国公司技术转移对我国制造业绿色创新系统创新绩效的影响机理。基于图 14-3 中所构建的跨国公司技术转移对我国制造业绿色创新系统创新绩效影响机理的结构模型，本书设置了初始模型，如图 14-4 所示。

（2）初始模型检验及模型拟合。本书使用 AMOS 17.0 的极大似然法对初始模型进行参数估计，从而判别理论假设模型与实际数据是否吻合，以及各变量的估计参数是否通过显著检验。表 14-4 为初始模型参数估计的结果。

表 14-4 初始模型的参数估计值

路径	路径系数	变量估计标准误差	临界比	显著性水平 P
跨国公司技术溢出<---内部化技术转移	-0.143	0.043	-3.313	***
跨国公司技术溢出<---外部化技术转移	-0.086	0.057	-1.522	0.128
绿色创新系统绿色研发绩效<---跨国公司技术溢出	0.007	0.005	1.369	0.171
绿色创新系统绿色制造绩效<---跨国公司技术溢出	0.201	0.087	2.294	0.022
绿色创新系统绿色营销绩效<---跨国公司技术溢出	-0.017	0.007	-2.464	0.014
绿色创新系统社会资本<---内部化技术转移	-2.408	0.486	-4.953	***
绿色创新系统社会资本<---外部化技术转移	1.566	0.210	7.446	***
绿色创新系统绿色研发绩效<---绿色创新系统社会资本	0.017	0.007	2.563	0.010
绿色创新系统绿色制造绩效<---绿色创新系统社会资本	0.003	0.002	1.785	0.074
绿色创新系统绿色营销绩效<---绿色创新系统社会资本	-0.007	0.003	-2.413	0.016
绿色创新系统吸收能力<---内部化技术转移	0.002	0.090	0.021	0.984
绿色创新系统吸收能力<---外部化技术转移	0.114	0.108	1.062	0.288
绿色创新系统绿色研发绩效<---绿色创新系统吸收能力	-0.007	0.008	-0.893	0.372
绿色创新系统绿色制造绩效<---绿色创新系统吸收能力	0.002	0.002	0.707	0.480
绿色创新系统绿色营销绩效<---绿色创新系统吸收能力	-0.149	0.050	-2.957	0.003

***表示 $P<0.001$

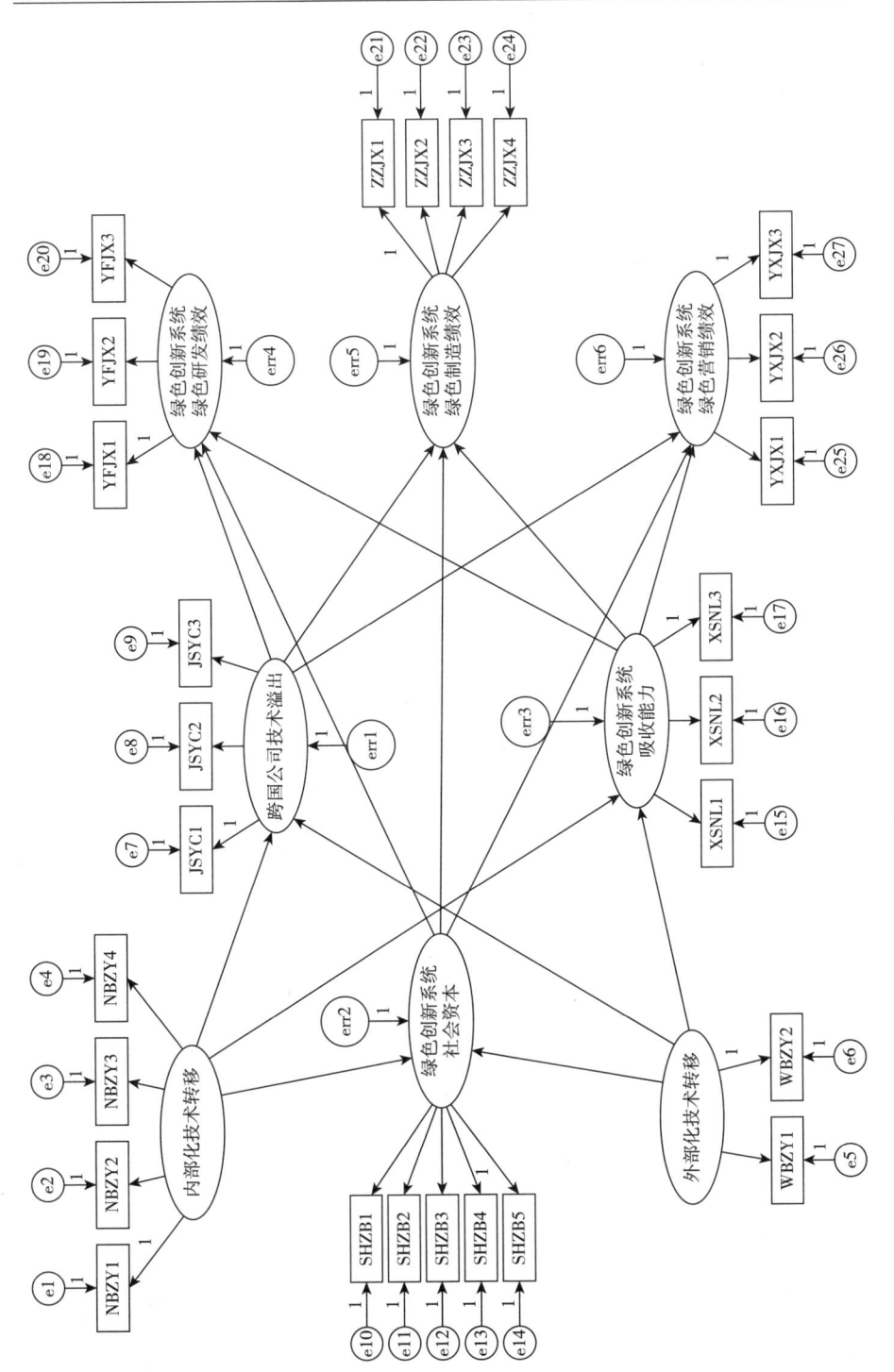

第14章 跨国公司技术转移对制造业绿色创新系统绿色创新绩效的影响机理

图14-4 初始模型路径示意图

在初始模型检验结果的基础上,通过分析参数估计结果和各种适配度指标判断初始模型的拟合性,从而检验测度变量间的理论假设关系是否与数据结果相拟合,以及理论假设与数据检验间的拟合程度,从而确定是否需要进行模型修正。早期文献中采用的模型拟合指数主要包括 GFI 和 AGFI 两种,但存在 GFI 和 AGFI 指数值很高,而拟合模型与真实模型相去甚远的误判。

因此,参考现有多数文献的做法,本书选择多个适配度指标来判断模型的拟合程度,主要包括卡方与自由度的比值(χ^2/df)、RMSEA、RMR、GFI、CFI、NFI、IFI 共七个拟合指数。各拟合指数的判别标准及初始模型的拟合指数值如表 14-5 所示。

表 14-5 初始模型的常用拟合指数计算结果

拟合项目	标准	拟合指数值	拟合结果
χ^2/df	≤2	6.371	否
RMSEA	<0.05	0.166	否
RMR	<0.1	0.006	是
GFI	≥0.9	0.628	否
CFI	≥0.9	0.620	否
NFI	≥0.9	0.583	否
IFI	≥0.9	0.624	否

依据表 14-5,初始模型拟合结果十分不理想,除 RMR 指数外其余拟合指数显然没有达到结构方程模型所要求的标准,因此需要对初始模型进行修正,从而改善模型拟合度。

2. 模型修正

结构方程模型是一种应用线性方程系统来检验变量与潜变量及潜变量之间关系的统计方法。结构方程模型可以同时检验多个因变量,并且能够接受自变量和因变量的测量误差。但在进行结构方程模型分析时,由于变量测度方式和数据收集过程往往受到主观因素影响,且模型构建和研究假设也可能存在不足,理论假设与实际数据很难轻易匹配,从而需要对模型进行修正。

进行结构方程模型修正时一般采用两种修正方法——简约修正法和扩展修正法。简约修正法是指通过删除或限制部分假设路径以简化结构模型,扩展修正法是指通过放松路径限制以提高模型的拟合度。不论是采用简约修正法还是扩展修正法,删减或限制路径关系必须依赖于理论成果或现实依据,避免随意删减或限制路径关系。在变更路径关系时往往参考修正指数(modification index,MI)对初始模型进行修正，MI 反映了某一固定或限制参数恢复自由时值的减少量。一般而言，当 MI 大于 4 时才具有修改的意义。因此，本书以 MI 为模型修正依据，按照 MI 从大到小的顺序，依次增加变量残差的协方差关系及变量之间的关系，从而对模型进行修正。

根据上述模型修正的基本要求，本书通过增加变量残差的协方差关系及变量之间的关系，从而对模型进行修正以改善模型的拟合程度。模型修改的具体情况如表 14-6 所示。

表 14-6 修改模型中增加的残差间协方差关系和变量间的路径关系

增加的协方差项							
e26<-->e15	e10<-->e16	e13<-->e23	e18<-->err4	e6<-->e20	e3<-->err6	e1<-->e2
err1<-->err3	e27<-->e25	e11<-->e17	e14<-->e17	e5<-->e12	e4<-->err1	e3<-->e7
e16<-->err5	e24<-->e16	e11<-->e8	e20<-->err6	e5<-->e13	e4<-->err5	e3<-->e25
e17<-->err1	e23<-->err6	e11<-->e7	e20<-->err5	e6<-->err6	e4<-->e7	e3<-->e26
e9<-->err3	e23<-->e15	e11<-->e26	e20<-->e9	e6<-->e17	e4<-->e25	e3<-->e24
e9<-->err6	e23<-->e25	e12<-->err4	e20<-->e7	e6<-->e9	e4<-->e26	e3<-->e11
e9<-->e15	e22<-->e27	e12<-->e16	e20<-->e25	e6<-->e8	e4<-->e24	e2<-->err2
e9<-->e16	e21<-->err3	e12<-->e17	e20<-->e24	e6<-->e26	e4<-->e10	e2<-->e14
e7<-->e16	e10<-->err3	e13<-->err6	e19<-->e7	e6<-->e23	e4<-->e14	e1<-->e8
e7<-->e17	e10<-->err1	e13<-->err4	e19<-->e12	e6<-->e22	e4<-->e20	e1<-->e26
e25<-->e15	e10<-->err5	e13<-->e17	e19<-->e13	e6<-->e10	e3<-->err3	e1<-->e6
e26<-->e17	e10<-->e17	e13<-->e22	e18<-->e19	e6<-->e19	e3<-->err5	—
e26<-->e9	e10<-->e26	e13<-->e11	e5<-->err4	e4<-->err2	e3<-->e9	—
e27<-->err6	e10<-->e24	e13<-->e12	e5<-->e21	e4<-->err3	e3<-->e8	—

添加的路径关系	
绿色创新系统绿色营销绩效<--外部化技术转移	绿色创新系统吸收能力<--跨国公司技术溢出
绿色创新系统绿色营销绩效<--内部化技术转移	跨国公司技术溢出<--绿色创新系统吸收能力
内部化技术转移<-->外部化技术转移	

注：表中所增加的残差间协方差关系和变量间路径关系的目的在于提高模型拟合程度，并通过协方差和相关系数对新增的 5 条路径进行系数检验，但新增的各种关系并非本书的研究重点，因此在后续的研究中并未探讨。

经过上述修正过程，修正模型的主要适配度指标都达到了可接受的标准，修正过程结束。修正后的各适配度指标如表 14-7 所示。

表 14-7 初始模型的常用拟合指数计算结果

拟合项目	标准	拟合指数值	拟合结果
χ^2/df	≤2	1.210	是
RMSEA	<0.05	0.032	是
RMR	<0.1	0.002	是
GFI	≥0.9	0.904	是
CFI	≥0.9	0.989	是
NFI	≥0.9	0.937	是
IFI	≥0.9	0.989	是

3. 假设检验与效应分析

根据修正模型，本书对前文的研究假设进行了再次检验，从而得到各测度变量间的路径系数，如表14-8所示。修正模型的结构方程路径如图14-5所示。

表 14-8 整体模型的路径估计与检验结果

路径	路径系数	变量估计标准误差	临界比	显著性水平 P	检验结果
跨国公司技术溢出<---内部化技术转移	−0.136	0.052	−2.605	0.009	支持
跨国公司技术溢出<---外部化技术转移	0.688	0.191	3.612	***	支持
绿色创新系统绿色研发绩效<---跨国公司技术溢出	0.005	0.006	0.811	0.417	不支持
绿色创新系统绿色制造绩效<---跨国公司技术溢出	0.373	0.142	2.634	0.008	支持
绿色创新系统绿色营销绩效<---跨国公司技术溢出	−0.087	0.027	−3.232	0.001	支持
绿色创新系统社会资本<---内部化技术转移	0.868	0.201	4.312	***	支持
绿色创新系统社会资本<---外部化技术转移	−0.718	0.336	−2.135	0.033	不支持
绿色创新系统绿色研发绩效<---绿色创新系统社会资本	0.036	0.020	1.757	0.079	支持
绿色创新系统绿色制造绩效<---绿色创新系统社会资本	0.020	0.008	2.467	0.014	支持
绿色创新系统绿色营销绩效<---绿色创新系统社会资本	0.021	0.007	2.937	0.003	支持
绿色创新系统吸收能力<---内部化技术转移	0.054	0.045	1.207	0.228	不支持
绿色创新系统吸收能力<---外部化技术转移	0.470	0.122	3.855	***	支持
绿色创新系统绿色研发绩效<---绿色创新系统吸收能力	0.005	0.020	0.243	0.808	不支持
绿色创新系统绿色制造绩效<---绿色创新系统吸收能力	0.021	0.043	0.482	0.630	不支持
绿色创新系统绿色营销绩效<---绿色创新系统吸收能力	−0.375	0.110	−3.419	***	不支持

***表示 $P<0.001$

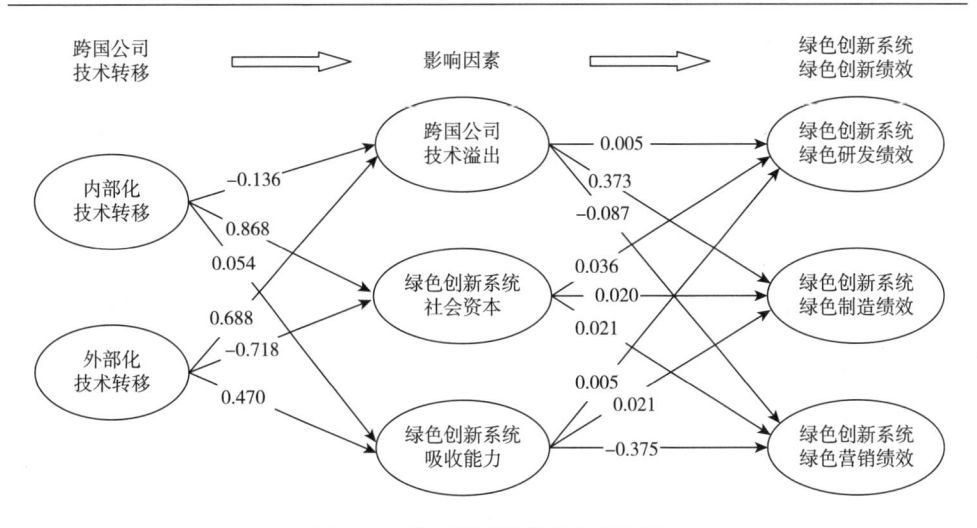

第14章 跨国公司技术转移对制造业绿色创新系统绿色创新绩效的影响机理

图 14-5 修正模型的结构方程路径

1) 基于跨国公司技术溢出的假设检验

如表 14-8 所示，内部化技术转移、外部化技术转移对跨国公司技术溢出的路径系数分别为-0.136、0.688，且通过了 1%的显著性水平检验，假设 H_{1a}、H_{1b} 得到验证，即内部化技术转移与跨国公司技术溢出呈负相关，而外部化技术转移与跨国公司技术溢出呈正相关。跨国公司技术溢出对绿色创新系统绿色研发绩效、绿色创新系统绿色制造绩效、绿色创新系统绿色营销绩效的路径系数分别为 0.005、0.373、-0.087，但跨国公司技术溢出对绿色创新系统绿色研发绩效的路径系数并未通过显著性水平检验，因此，假设 H_{2a} 并未得到检验的支持、假设 H_{2b}、H_{2c} 得到检验的支持，表明跨国公司技术溢出与绿色创新系统绿色研发绩效的相关性不明显，跨国公司技术溢出对绿色创新系统绿色制造绩效具有积极的影响，而对绿色创新系统绿色营销绩效具有消极的作用。

2) 基于绿色创新系统社会资本的假设检验

如表 14-8 所示，内部化技术转移对绿色创新系统社会资本的路径系数为 0.868，通过了 1%的显著性水平检验，假设 H_{3a} 得到检验的支持，表明内部化技术转移与绿色创新系统社会资本正相关。外部化技术转移对绿色创新系统社会资本的路径系数为-0.718，假设 H_{3b} 未得到检验的支持。绿色创新系统社会资本对绿色创新系统绿色研发绩效、绿色创新系统绿色制造绩效、绿色创新系统绿色营销绩效的路径系数分别为 0.036、0.020、0.021，均通过了 10%水平下的显著性检验，假设 H_{4a}、H_{4b}、H_{4c} 得到检验的支持，表明绿色创新系统社会资本与绿色创新系统创新绩效正相关。

3）基于绿色创新系统吸收能力的假设检验

如表 14-8 所示，内部化技术转移对绿色创新系统吸收能力的路径系数未通过显著性水平检验，假设 H_{5a} 未得到检验的支持。外部化技术转移对绿色创新系统吸收能力的路径系数为 0.470，通过了 1%的显著性水平检验，假设 H_{5b} 得到检验的支持。绿色创新系统吸收能力对绿色创新系统绿色研发绩效、绿色创新系统绿色制造绩效的路径系数未通过显著性水平检验，假设 H_{6a}、H_{6b} 未得到检验的支持；而绿色创新系统吸收能力对绿色创新系统绿色营销绩效的路径系数为负数，因此假设 H_{6c} 也未得到检验的支持。

14.4.2　影响机理检验结果讨论

1. 基于跨国公司技术溢出的影响机理结果讨论

（1）跨国公司技术转移与跨国公司技术溢出。跨国公司技术溢出的假设检验中，跨国公司技术转移与跨国公司技术溢出的假设均通过了检验，表明内部化技术转移与跨国公司技术溢出呈负相关关系，而外部化技术转移与跨国公司技术溢出呈正相关关系，但总体来看，跨国公司技术转移对跨国公司技术溢出具有积极影响。

跨国公司两种技术转移方式内在特性的不同导致其对跨国公司技术溢出影响的差异。内部化技术转移是跨国母公司与跨国子公司之间的缄默式技术转移，通过股权控制的方式防止技术溢出效应发生，从而保证其核心技术的领先竞争优势。这种内部化的技术转移提高了东道国子公司的市场竞争力，加剧了跨国子公司与东道国企业的技术差距从而产生不利溢出效应。而在外部化技术转移过程中，东道国企业可以通过与跨国子公司的合作关系，或从跨国子公司获取的产品、技术中获取溢出效应。

（2）跨国公司技术溢出与绿色创新系统创新绩效。跨国公司技术溢出与绿色创新系统创新绩效总体上呈正相关关系。其中，跨国公司技术溢出对绿色创新系统绿色制造绩效具有积极的影响，而对绿色创新系统绿色营销绩效具有消极的作用，但跨国公司技术溢出与绿色创新系统绿色研发绩效的相关性不明显。与刘辉群和白玲（2007）的研究结论一致，虽然跨国公司的研发投入带动国内企业研发投入的增加，但其对我国知识创造能力的影响并不显著。

其原因在于跨国公司进入加剧了我国制造业的激烈竞争环境，而绿色创新高投入、高风险的特征导致部分企业减少绿色研发活动；同时，跨国公司可以凭借其技术领先优势建立或增强其市场垄断地位，挤占东道国企业的市场份额，从而不利于绿色营销绩效。

(3)跨国公司技术溢出的中间传导作用。跨国公司技术转移与绿色创新系统创新绩效在整体上存在正相关关系,尽管部分假设并未通过验证。跨国公司技术转移对跨国公司技术溢出具有积极影响,但是,内部化技术转移与跨国公司技术溢出呈负相关关系,而外部化技术转移与跨国公司技术溢出呈正相关关系。不同的技术转移方式,导致跨国公司技术溢出效应存在较大差异,因此,跨国公司的技术转移对绿色创新系统创新绩效的影响程度也会受到技术溢出因素的调节。

同时,跨国公司进入东道国市场后产生的竞争压力,导致东道国企业出于生存的自适应性反应。跨国公司技术溢出对绿色创新系统绿色制造绩效具有积极的作用,而对绿色创新系统绿色营销绩效具有消极的作用,但跨国公司技术溢出与绿色创新系统绿色研发绩效相关性不明显。

(4)结论的政策启示。在利用跨国公司技术溢出促进跨国公司技术转移对我国制造业绿色创新系统创新绩效提升方面的政策启示如下:

由于内部化技术转移对跨国公司技术转移具有不利影响,进而对我国制造业绿色创新系统创新绩效产生消极作用,因此,应促进跨国公司内部化技术转移对我国制造业绿色创新系统创新绩效的正向技术溢出效应。具体措施为通过绿色创新资金支持、绿色创新减免税等手段鼓励我国制造业绿色创新系统绿色创新主体进行绿色创新活动,从而与跨国公司形成良性的绿色创新竞争循环。

外部化技术转移通过对跨国公司技术溢出的正向作用促进我国制造业绿色创新系统创新绩效提升,因此,应进一步加强跨国公司外部化技术转移的积极影响。具体措施为通过政府引导、相关行业组织搭台的方式进一步增加我国制造业绿色创新系统与跨国公司的绿色创新合作项目,并拓宽合作范围,尤其提倡和鼓励绿色技术水平较低企业与跨国公司进行绿色创新合作。

2. 基于绿色创新系统社会资本的影响机理结果讨论

(1)跨国公司技术转移与绿色创新系统社会资本。绿色创新系统社会资本的假设检验中,内部化技术转移对我国制造业绿色创新系统社会资本具有积极影响,而外部化技术转移具有消极的影响。建立研发机构是跨国公司内部化技术转移的重要手段,而跨国公司研发机构的建立不仅带来研发资金、先进技术、知识和研发管理经验,而且增加了我国制造业绿色创新系统社会资本的行为主体,从而有利于绿色创新系统社会资本网络维度的拓展。

据统计,截至2011年底,跨国公司在华设立的研发机构总数已达930余家。此外,跨国公司研发机构所形成的集聚效应、开放效应有助于我国制造业绿色创新系统社会资本结构维度和信任维度的改善。在外部化技术转移方面,跨国公司为获取更多的本土化研发资源和本土化研发成果,不断加强与我国制造业绿色创新系统之间的紧密联系,从而挤占了我国制造业绿色创新系统的绿色创新资源,尤其表现为对绿色创新人力资源的挤占，同时跨国公司优厚的薪资待遇将导致我国制造业绿色创新人才的流失，从而不利于我国制造业绿色创新系统的内部社会资本聚集。

（2）绿色创新系统社会资本与绿色创新系统创新绩效。绿色创新系统社会资本与我国制造业绿色创新系统创新绩效正相关，绿色创新系统社会资本对绿色创新系统绿色研发绩效、绿色创新系统绿色制造绩效、绿色创新系统绿色营销绩效三个维度均产生了积极的影响。

社会资本作为我国制造业绿色创新系统与外部主体之间的联系，以及绿色创新系统内部形成的关联，能够促进绿色创新系统内外部不同主体间的合作，不仅有利于同类主体间的交流，而且能够加强纵向链接上主体间的技术合作，能加速绿色技术、绿色信息和绿色知识从绿色创新系统外部向绿色创新系统内部转移，特别是有利于缄默性知识的转移，并创造新知识，以及在我国制造业绿色创新系统内不同主体间转移、扩散，有利于降低绿色创新的风险和成本，从而促进我国制造业绿色创新系统开展绿色创新活动和提升绿色创新绩效。

（3）绿色创新系统社会资本的中间传导作用。绿色创新系统社会资本不仅与我国制造业绿色创新系统绿色创新整体新绩效正相关，而且对绿色创新系统绿色研发绩效、绿色创新系统绿色制造绩效、绿色创新系统绿色营销绩效三个维度均产生了积极的影响。

但是，在检验绿色创新系统社会资本假设的结果中，内部化技术转移对绿色创新系统社会资本具有积极影响，而外部化技术转移对绿色创新系统社会资本具有消极的影响。绿色创新系统社会资本在跨国公司采用不同方式转移技术的情况下，对跨国公司技术转移的效果产生差异性影响，导致跨国公司技术转移对绿色创新系统创新绩效整体的影响程度产生调节作用。

（4）结论的政策启示。在利用绿色创新系统社会资本促进跨国公司技术转移对我国制造业绿色创新系统创新绩效提升方面的政策启示如下：

内部化技术转移通过对社会资本的正向作用促进我国制造业绿色创新系统创新绩效提升，因此，应进一步加强跨国公司内部化技术转移的积极影响。具体措施为通过提供良好的基础设施等硬件条件和政策优惠措施等软件条件改善投资环境，吸引跨国公司在我国建立研发机构，并开展各种绿色创新活动，从而丰富我国制造业绿色创新系统社会资本的关系网络和知识积累，进而促进我国制造业绿色创新系统创新绩效提升。

外部化技术转移对绿色创新系统社会资本具有不利影响，导致我国绿色创新人力资本的流失，进而对我国制造业绿色创新系统创新绩效产生消极作用。具体措施为通过增加教育财政投入等方式提升我国制造业绿色创新人才储备，同时，鼓励我国制造业创新主体加强对跨国公司绿色创新人才的引进和培养，从而提升我国制造业绿色创新系统创新绩效。

3. 基于绿色创新系统吸收能力的影响机理结果讨论

（1）跨国公司技术转移与绿色创新系统吸收能力。绿色创新系统吸收能力的假设检验中，外部化技术转移对绿色创新系统吸收能力具有积极的作用，而内部化技术转移对绿色创新系统吸收能力的影响不显著。在外部化技术转移方面，跨国公司外部化技术转移不仅增加了我国制造业绿色创新系统可供选择获取的绿色技术范围和数量，而且通过技术监听站、逆向工程、看中学等方式增加获取跨国公司技术转移的可能和应用转化能力。

此外，跨国公司作为我国制造业绿色创新系统的关联企业，为使我国制造业供应商提供的中间产品符合其质量要求，可能对我国制造业企业创新活动提供技术帮助或信息服务，从而提高我国制造业绿色创新系统的绿色技术整合能力。

（2）绿色创新系统吸收能力与绿色创新系统创新绩效。绿色创新系统吸收能力对绿色创新系统绿色研发绩效、绿色创新系统绿色制造绩效的影响不显著，而对绿色创新系统绿色营销绩效产生了消极的影响。

一个可能的解释为，从技术演化的 S 曲线来看，任何一项技术都存在物理极限，而处在物理极限阶段的技术性能增长速度非常缓慢，大量研发投入只能取得较少创新效果。而马丽等（2003）认为一些发展中国家和地区不惜以牺牲环境为代价吸引外商直接投资，这种对外商直接投资的恶性竞争导致该地区环境标准下降与环境质量恶化。而这些国家较低的环境规制水平，使外商直接投资面临使用更低廉技术的诱惑，它们可能会将一些过时的、有害的技术转移给东道国，制约东道国的绿色技术进步。因此，当我国引进跨国公司处于物理极限的有害技术并进行消化、吸收、创新时，绿色创新系统吸收能力并不能带来绿色创新绩效的显著提高。

（3）绿色创新系统吸收能力的中间传导作用。实证检验中绿色创新系统吸收能力对绿色创新系统创新绩效各纬度的影响均未显示较明显的正相关，其中，对绿色创新系统绿色研发绩效、绿色创新系统绿色制造绩效的影响不显著，而对绿色创新系统绿色营销绩效产生了消极的影响。

同时，绿色创新系统吸收能力在针对跨国公司采用不同技术转移方式的假设检验中，基于不同转移方式的内在特性，外部化技术转移对绿色创新系统吸收能力具有积极的作用，而内部化技术转移对绿色创新系统吸收能力的影响不显著。绿色创新系统吸收能力作为跨国公司技术转移与绿色创新系统创新绩效作用过程中的重要影响因素之一，由于不同技术转移方式对绿色创新系统吸收能力产生的相异的作用，进而影响跨国公司技术转移对绿色创新系统创新绩效整体作用程度。

（4）结论的政策启示。在利用绿色创新系统吸收能力促进跨国公司技术转移对我国制造业绿色创新系统创新绩效提升方面的政策启示如下：

跨国公司外部化技术转移通过对绿色创新系统吸收能力的正向作用促进我国制造业绿色创新系统绿色营销绩效提升，但并未显著促进绿色创新系统的绿色研发绩效和绿色制造绩效，因此，应加强吸收能力在跨国公司技术转移对我国制造业绿色创新系统绿色研发绩效和绿色制造绩效方面的作用。具体措施为：在引入跨国公司的过程中，为避免成为发达国家转移污染技术的"避难天堂"，着重考察跨国公司的环保水平，坚决杜绝引进绿色技术水平低、环境污染严重的跨国公司；同时，加强对已进入跨国公司的环境规制，迫使外资企业采用与母国公司一致的环境保护标准，采用先进、环保、新兴的绿色技术，从而增加我国制造业吸收外部绿色技术的数量和质量，促进制造业绿色创新系统创新绩效提升。

14.5 本章小结

本章首先在分析跨国公司技术转移、绿色创新系统创新绩效、跨国公司技术溢出、绿色创新系统社会资本和绿色创新系统吸收能力理论背景的基础上，构建了跨国公司技术转移对制造业绿色创新系统创新绩效影响机理的概念模型；其次从跨国公司技术溢出、绿色创新系统社会资本和绿色创新系统吸收能力3个方面提出了21条研究假设，进而构建了跨国公司技术转移对制造业绿色创新系统创新绩效影响机理的结构模型，并以2005~2011年我国28个制造业行业的面板数据为样本数据，在进行数据的信度与效度分析的基础上运用结构方程模型进行了实证检验。

第15章　跨国公司技术转移对制造业绿色创新系统绿色创新绩效影响效果评价

绿色创新绩效是衡量制造业绿色创新系统创新活动水平的基本指标，是有针对性地制定制造业绿色创新系统创新政策的重要依据。因此，如何评价跨国公司技术转移条件下的制造业绿色创新系统创新绩效具有重要意义。通过前文的影响因素分析和影响机理分析，明确了跨国公司技术转移、跨国公司技术溢出、绿色创新系统社会资本、绿色创新系统吸收能力在制造业绿色创新系统创新绩效中的作用效果。本章将在此基础上进一步构建跨国公司技术转移对制造业绿色创新系统创新绩效影响效果的评价指标体系，并运用 RAGA-PPE 模型进行实证评价，从而为因地制宜地制定制造业绿色创新系统创新绩效提升政策提供更翔实、更丰富的理论和现实依据。

15.1　评价指标体系构建

15.1.1　评价指标选择概述

1. 传统视角下绿色创新绩效评价指标选择概述

从现有相关文献来看，绿色创新绩效测度与评价领域的研究主要分为两种思路：一种思路倾向于构建多指标综合评价体系来研究绿色创新绩效问题，即多指标综合评价；另一种思路倾向于运用单指标衡量绿色创新绩效，即单指标测度。

（1）在绿色创新绩效的多指标综合评价方面，陈劲等（2002）从绿色新概念的提出与应用、绿色产品创新、绿色工艺创新和末端技术创新4个方面选择了22个指标，设计了绿色技术创新绩效的审计指标体系，并通过问卷调查的方式对江浙一带 55 家企业的绿色技术创新绩效进行了实证研究。李海萍等（2005）认为绿色创新绩效包括环境绩效和经济绩效两个部分，建立排污交易权制度和绿色会计核算体系制度有利于实现企业绿色创新的环境绩效向经济绩效转换，从而推动绿色创新活动的开展；而中国科学院可持续发展战略研究组（2010）则认为绿色创新绩效不仅包括环境维度和经济维度，还包括社会维度，绿色创新绩效是技术的、组织的、社会的和制度的统一。

Arundel 等（2007）从技术水平、知识产出水平、直接绩效水平和间接绩效水平四方面进行环境创新绩效评价，具体内容包括环境 R&D 支出、环境专利数量、环境专著数量、资源与生产率变化、创新数、环境创新产品销售收入等。吴雷（2009）认为生态创新绩效包括经济效益、环境效益和社会效益三个方面，并运用 DEA 对生态技术创新绩效进行了评价分析。程华和廖中举（2010）从绿色技术创新、绿色生产创新和绿色营销创新三个方面设计了绿色创新绩效的测度量表。程华和廖中举（2011）运用因子分析法，从环境创新资金投入、环境创新人力投入、环境规制投入、环境绩效、经济绩效五个方面对环境创新绩效进行了实证分析。华振等（2011）从创新投入、创新产出和创新环境三个方面构建了绿色创新绩效的评价指标体系，并运用 DEA 模型进行了实证分析。Cheng 和 Shiu（2012）从生态组织、生态工艺创新和生态产品创新三个维度构建了生态创新绩效的评价指标体系。

法国统计局采用九种形式并通过分数来表示创新的强度进而定义环境创新。在生产过程中采用六种环境创新：降低单位产品的原料消耗，降低单位产出的能源消耗，减少企业二氧化碳的排放，采用污染更少和有害性更小的替代原料，减少土壤、水源、空气和噪声污染，循环利用。三种生态创新均发生在消费过程中，如当产品被消费者使用时，减少能源消耗，减少消费者对土壤、水源和空气的污染，增加产品使用后的循环利用（Chen et al., 2006）。Tseng 等（2013）构建了绿色创新绩效评价指标体系，如表 15-1 所示。

表 15-1 绿色创新评价指标体系

评价目的	项目分类	标准
绿色创新	管理创新	重新界定操作和生产工艺使内部效率保证绿色供应链管理的有效实施 重新设计、改良产品或服务以求新的环境标准或指令 减少有害废物排放量等 减少水、电、煤气、汽油等的消耗量 安装环境管理系统和 ISO14000 系列 面向股东开展环境意识研讨会和培训
	工艺创新	在生产、使用及废物处理过程中减少对水、电、气、油等能源的消耗 对材料的回收、再利用及再生产 使用清洁技术节约能源等的开支，减少废物对环境的污染 指派内部审计人员对供应商的环境性能进行评估 工艺设计和创新，提高企业研发能力 低成本绿色供应商；与竞争对手进行单位成本比较

续表

评价目的	项目分类	标准
绿色创新	产品创新	新绿色产品的竞争力，对顾客需求的满足程度 评估绿色产品的技术、经济商业可行性 修复企业报废产品，回收再利用 使用生态标签、环境管理体制和 ISO14000 革新设计方案和绿色产品
	技术创新	在绿色设备和技术上的投资 综合性材料节约方案的实施 监督制度和技术转让 先进的绿色产品技术 对文件和信息的管理

资料来源：Tseng 等（2013）

此外，还有部分学者进一步研究了绿色创新某一主要内容的绩效评价，如绿色工艺创新绩效、绿色产品创新绩效等的评价研究。Chen 等（2006）指出，绿色工艺创新绩效的测量包括：制造工艺可以有效地控制有害物质和废物的排放；制造工艺可以把废物和排放物循环再利用；制造工艺减少了水、电、煤和油的消耗；制造工艺减少了原材料的使用。绿色产品创新绩效的测量包括：企业采用的产品材料在产品的开发和设计中产生最少的污染；企业采用的产品材料在产品开发和设计中消耗最少的能源和资源；企业采用的产品原料在产品开发和设计中消耗最少的材料；企业在产品开发和设计中对于产品的循环、再利用和分解经过深思熟虑。

Lin 和 Chang（2009）从公司采用节能材料、最低的材料使用量、产品回收利用、降低有害物质排放、有害物质和垃圾回收再利用、能源消耗和减少使用未加工原料等七个方面评价了绿色产品创新和绿色工艺创新。张昌勇（2011）从经济绩效、社会绩效和环境绩效三个方面构建了绿色产业创新绩效的评价指标体系。毕克新等（2013a）从经济绩效、社会绩效和生态绩效三个方面构建了我国制造业绿色工艺创新绩效评价指标体系。

（2）在绿色创新绩效的单指标测度方面，大多数文献倾向于运用绿色专利、污染物排放量等指标衡量绿色创新绩效，并进一步探讨绿色创新绩效的影响因素。Eiadat 等（2008）以绿色专利作为绿色创新绩效的测度指标，并进一步验证了绿色创新活动的开展有利于提高企业绩效。Carrión-Flores 和 Innes（2010）以有毒气体排放量作为环境绩效的衡量指标，研究了美国制造业企业绿色创新的环境绩效。Chiou 等（2011）运用结构方程模型研究了绿色工艺创新的环境绩效及对企业竞争力的影响。范群林等（2013）以与环境保护相关的发明专利申请量作为环境技术创新绩效的测度指标，研究了环境政策、技术进步等因素对环境技术创新绩效的影响。

综上所述，现有文献在绿色创新绩效评价领域已取得了大量研究成果，为绿色创新系统创新绩效的评价研究奠定了基础，但在开放性经济条件下如何重新评价绿色创新绩效的研究尚需进一步探索。因此，参考研究成果，本书基于跨国公司技术转移的视角对我国制造业绿色创新系统创新绩效进行评价，这对从整体上反映我国制造业绿色创新系统创新绩效，有针对性地制定绿色创新政策，合理利用跨国公司技术转移提升我国制造业绿色创新系统创新绩效具有重要的理论与现实意义。

2. 跨国公司技术转移条件下绿色创新系统创新绩效评价指标选择

在传统研究视角中，大量文献从投入-产出视角、产出视角对绿色创新绩效进行了评价，其研究重点在于分析绿色创新绩效的效率，或致力于研究绿色创新的环境绩效、经济绩效和生态绩效等。但在开放性经济条件下，一个国家或地区的绿色创新系统创新绩效将越来越多地受到跨国公司技术转移的影响。因此，在开放性经济环境中评价绿色创新系统创新绩效时应将跨国公司技术转移的影响纳入评价指标体系中。

在开放经济系统中，我国制造业绿色创新系统创新绩效将越来越受到外部环境的影响，尤其是跨国公司技术转移的影响。一方面，跨国公司作为我国制造业绿色创新系统主体进行的绿色创新活动将直接提升绿色创新系统的绿色创新绩效；另一方面，跨国公司在技术转移过程中对我国制造业绿色创新系统其他创新主体（内资制造业、高等院校、科研院所等）产生作用，进而对我国制造业绿色创新系统创新绩效产生间接影响。因此，在开放性经济环境中评价我国制造业绿色创新系统创新绩效时应将跨国公司技术转移的影响纳入评价指标体系中。此外，由于跨国公司技术转移在影响东道国绿色创新系统创新绩效的过程中受到众多因素的影响，本书主要探讨跨国公司技术溢出、绿色创新系统社会资本和绿色创新系统吸收能力三个因素的影响。

我国制造业绿色创新系统创新绩效受跨国公司技术转移的影响，而跨国公司技术转移影响我国制造业绿色创新系统创新绩效的过程中，跨国公司技术溢出、绿色创新系统社会资本和绿色创新系统吸收能力三个因素具有重要作用。其中，跨国公司技术溢出是跨国公司技术转移影响绿色创新绩效的前提，只有在跨国公司技术转移产生技术溢出的条件下，我国制造业绿色创新系统绿色创新才能得到有效提升；绿色创新系统社会资本是跨国公司技术转移影响绿色创新绩效的连接渠道，通过绿色创新系统社会资本我国制造业绿色创新系统创新主体才能有效吸收跨国公司的技术溢出；绿色创新系统吸收能力是跨国公司技术转移影响绿色创新绩效的保障，只有我国制造业绿色创新系统创新主体具有相应吸收能力时，跨国公司技术转移才能促进我国制造业绿色创新系统创新绩效提升。

基于上述思考，本书选择多指标综合评价的方式对制造业绿色创新系统创新绩效进行评价。同时，在评价的过程中，不仅考虑跨国公司技术转移产生的影响，而且还考虑跨国公司技术溢出、绿色创新系统社会资本和绿色创新系统吸收能力三个因素的影响，从而构建基于跨国公司技术转移的制造业绿色创新系统创新绩效评价指标体系。

15.1.2 评价指标体系构建原则

评价指标体系的构建关系到最终评价结果的准确性，对于准确把握跨国公司技术转移视角下的我国制造业绿色创新系统创新绩效具有决定性的作用。因此，在构建评价指标体系时应首先明确指标体系构建的基本原则。结合本书的研究目的，本书在构建评价指标体系时不仅考虑到传统绿色创新绩效评价的普遍性，还考虑到跨国公司技术转移和主要影响因素的特殊性，从而遵循以下评价指标体系构建原则。

1. 科学性与可行性相结合的原则

科学性原则是评价指标体系构建时需要首先遵循的基本原则。基于跨国公司技术转移的制造业绿色创新系统创新绩效评价指标选择是否科学，直接关系到评价结果是否准确、合理和客观。因此，在选择评价指标时本书以现有文献和实际研究成果为基础，选取能真实客观反映跨国公司技术转移视角下我国制造业绿色创新系统创新绩效的指标作为评价指标。但在遵循科学性原则的基础上还应考虑评价过程的可行性。可行性原则是指在选择评价指标时应考虑到指标数据等的可获取性，过多采用一些抽象、复杂的评价指标不仅导致评价过程难以实现，还会导致评价结果缺乏足够的可信度。因此，要在科学性原则的基础上兼顾可行性原则。

2. 系统性与目的性相结合的原则

系统性是指基于跨国公司技术转移的制造业绿色创新系统创新绩效评价指标体系，要能从不同层面、不同维度和不同视角系统地反映跨国公司技术转移视角下制造业绿色创新系统创新绩效的基本特征和系统属性，选择指标应考虑指标间的相互关系和在系统中的作用。目的性原则是指评价指标体系的构建必须具有明确的目的导向性，以综合、客观反映跨国公司技术转移视角下制造业绿色创新系统创新绩效的基本水平和主要问题为目标，而不仅是为了评价排序而构建指标体系。

3. 全面性与典型性相结合的原则

全面性原则是指基于跨国公司技术转移的制造业绿色创新系统创新绩效评价

指标体系的构建，不仅要靠传统绿色创新绩效评价指标体系构建中的绿色研发绩效、绿色制造绩效和绿色营销绩效等维度，还应考虑跨国公司技术转移和主要影响因素的作用，从而全面地反映制造业绿色创新系统创新绩效综合水平。典型性原则是指在指标体现构建时应选择具有代表性的、典型性的评价指标，而非将所有指标简单综合，对于一些不具代表性的和不能主要反映跨国公司技术转移视角下制造业绿色创新系统创新绩效的指标应尽量排除，从而以相对简洁的指标体系进行评价分析。

4. 理论性与实践性相结合的原则

理论性原则是指构建评价指标体系时不仅必须以跨国公司技术转移、绿色创新系统创新绩效、跨国公司技术溢出、绿色创新系统社会资本和绿色创新系统吸收能力的理论研究为基础，而且所构建的评价指标体系也能对相关理论进行补充和拓展。但基于跨国公司技术转移的制造业绿色创新系统创新绩效评价指标体系的构建同时也应遵循实践性原则，即构建的评价指标体系具有实践意义，能反映基于跨国公司技术转移的制造业绿色创新系统创新绩效在不同时间维度和行业维度的差异，不仅使评价结果具有纵向和横向的可比性，还能反映出各制造业行业在跨国公司技术转移情况下绿色创新系统创新绩效存在的问题，从而对制造业绿色创新系统创新绩效提供正确的指导。

5. 静态性与动态性相结合的原则

基于跨国公司技术转移的制造业绿色创新系统创新绩效首先是一个相对稳定的状态，反映了过去某一时间点在考虑跨国公司技术转移条件下的制造业绿色创新系统创新绩效的基本状态和特征，从而其指标体系具有静态性的特征。但制造业绿色创新系统绿色创新活动生态环境绩效结果，往往比经济绩效需要更长的时间才能显现；且随着时间推移，跨国公司技术转移和主要影响因素均会发生改变，从而导致跨国公司技术转移视角下的制造业绿色创新系统创新绩效具有动态发展性，所以在选取评价指标的过程中应遵循动态性原则，要选择能够同时具有长期监控功能的评价指标，从而使评价指标体系在一定程度上具有对未来的可预测性。

15.1.3 评价指标体系构架

为了科学、系统地评价跨国公司技术转移视角下我国制造业绿色创新系统创新绩效，避免单一指标"管中窥豹，仅见一斑"的不足，本书采用多指标综合评价的方法。在遵循指标体系构建的科学性与可行性相结合、系统性与目的性相结合、全面性与典型性相结合、理论性与实践性相结合、静态性与动态性相结合原则的前提下，根据前文跨国公司技术转移视角下绿色创新系统创新绩效评价内容的理论分析，从绿色创新系统创新绩效、跨国公司技术转移、影响因素三个方面，构建了基于跨国公司技术转移的我国制造业绿色创新系统创新绩效评价指标体系，如表15-2所示。

表15-2 跨国公司技术转移对制造业绿色创新系统创新绩效影响程度评价指标体系

一级指标	二级指标	三级指标
跨国公司技术转移	内部化技术转移	跨国公司在华R&D经费支出额
		跨国公司在华技术开发项目数量
		跨国公司在华专利申请数量
		跨国公司在华R&D机构规模（数量）
	外部化技术转移	跨国公司在华产学研合作程度
		制造业外商直接投资占总产值比重
影响因素	跨国公司技术溢出	制造业跨国公司绿色技术转让合同数
		制造业跨国公司绿色技术联盟合作程度
		制造业跨国公司绿色技术扩散程度
	绿色创新系统社会资本	制造业绿色产业链整合程度
		制造业绿色创新系统主体间协同程度
		制造业绿色产业集群规模
		制造业绿色企业集群规模
		制造业绿色制度建设水平
	绿色创新系统吸收能力	制造业绿色创新系统绿色技术的获取能力
		制造业绿色创新系统绿色技术的消化能力
		制造业绿色创新系统绿色技术的整合能力
绿色创新系统创新绩效	绿色创新系统绿色研发绩效	制造业绿色专利授权数增长率
		制造业绿色科技成果转化率
		制造业绿色新产品（工艺、服务）占新产品（工艺、服务）总量比重
	绿色创新系统绿色制造绩效	制造业单位产值资源消耗降低率
		制造业单位产值能源消耗降低率
		制造业三废综合利用产值占总产值比重
		制造业绿色技术改造率
	绿色创新系统绿色营销绩效	制造业绿色产品（工艺、服务）销售收入占产品（工艺、服务）销售收入总额比重
		制造业绿色产品（工艺、服务）出口创汇率
		制造业绿色产品（工艺、服务）顾客满意度

上述评价指标体系包含三个层面的评价内容。第一个层面从传统视角评价我国制造业绿色创新系统的绿色研发绩效、绿色制造绩效和绿色营销绩效；第二个层面的评价内容将跨国公司技术转移纳入我国制造业绿色创新系统创新绩效；第三个层面的评价内容将考虑跨国公司技术溢出、绿色创新系统社会资本和绿色创新系统吸收能力三个因素在跨国公司技术转移影响我国制造业绿色创新系统创新绩效过程中的作用。

15.2 评价模型

15.2.1 主要评价方法对比及选择

（1）神经网络评价法。神经网络评价法具有很强的非线性拟合能力，在不建立数学模型的条件下，也可以处理大量未知模式的复杂数据，反映复杂的非线性关系。神经网络评价法避免了传统评价方法中的主观因素，简化了分析过程，容易学习，且便于计算机操作。然而，神经网络评价法不能解释推理过程和结论的依据，同时极大地依赖于数据数量。另外，神经网络评价的结果质量依赖于学习样本的选取，评价对象的范围也较窄。

（2）模糊综合评价法。模糊综合评价法是通过运用模糊数学和模糊统计的原理，把事物按照其基本属性分类，设计评价指标，由专家对无法量化的指标进行评议并对评价值进行加权处理，把最终处理过的各指标进行统计，得到评价单元代表整体效果评价值的归属度。模糊综合评价法适用于复杂系统的情况，而且具有很强的适用性，既可应用于主观因素综合评价，也可应用于客观因素综合评价。模糊综合评价法在评价过程中，不能处理评价因素的相关性造成的评价信息重复问题。模糊综合评价法还具有较高主观因素的干扰性，评价结果的人为影响性较大。

（3）层次分析法。层次分析法的原理是从整体的视角，分层次分析影响总体效果的全部因素，依照逐层服从和综合最优的原则，根据目标和功能，把系统建成一个多级的层次结构。层次分析法能够通过对定性因素影响作用的判别，增强选择依据的可靠性，把多目标决策转化为一个主目标。在应用中，层次分析法简单易操作。层次分析法在处理较多影响因素时，判断矩阵很难达到一致，且不易调整。另外，专家对于权重的判断依然导致较大的主观片面性。

（4）DEA法。DEA法是使用数学规划模型评价多个输入，特别是多个输出单元之间的相对有效性，通过判别输出单元是否位于生产可能集的生产前沿面上，来推测输出单元生产效率的高低,是一种对多指标投入和多指标产出的相同类型单元的相对效率进行综合评价的方法。DEA法能够把评估效率的结果用一个综合的指标呈现出来,便于受评对象间的比较。另外,DEA法通过数学规划优化数据,避免了人为的主观因素干扰,因此权重误差较小,评价结果更客观。DEA法可以直接通过输入和输出数据建立非参数模型,而不需要任何变量间的函数假设,但这些假设在应用中常常受到限制,造成过多受评单元显示有效,而对于不同质单元则不能进行评价。同时,DEA法对于投入产出指标的波动性较为敏感,对指标的要求较高。

（5）因子分析法。因子分析法是一种对多单元进行降维处理的统计分析方法,依据观测数据中的基本结构,通过几个不可观测的潜在变量,描述原来众多变量的主要信息来反映基本的数据结构和多个变量间的相关关系。因子分析法可以找到隐藏于原有变量背后的主要维度及潜在变量,通过最少的变量个数,反映原有的数据结构。因子分析法在使用过程中,可以产生新的指标和变量,发现原有变量间的内在联系,是分析客体指标的有效方法。原有信息在因子提取后会造成一定程度的失真,从而造成分析结果存在偏差。

（6）PPE法。PPE是用来分析和处理高维非正态、非线性数据的统计方法。它直接由样本数据驱动,特别适用于分析和处理非线性、非正态的高维数据,通过把高维数据投影到低维的空间上,通过对投影指标函数优化达到最佳的投影方向,也就是最能反映原高维数据结构或特征的投影,并用最优的投影方向分析高维样本数据的结构特征,对样本数据进行评价,以达到研究高维数据的目的。虽然PPE以数据的线性投影为基础,但它找的是线性投影中的非线性结构,因此它可以用来解决一定程度的非线性问题。遗传算法可以缩小优秀个体的取值空间,加速搜索反映高维数据特征的最优投影方向值,辅助PPE模型优化投影参数,使高维数据转化成低维数据,把每个样本的多个评价指标整合成一个综合指标,并按照投影值进行排序与识别。PPE模型可以克服"维数祸根"对多元数据进行分析,不但对数据本身无特殊要求,而且忽略与数据结构特征不相关的变量影响。

在本书中,除了要评价我国制造业绿色创新系统创新绩效外,更重要的是反映出跨国公司技术转移及技术溢出、社会资本和吸收能力对绿色创新系统创新绩效的作用程度。在选取的每个样本数据上都会体现上述因素的影响作用。只有对高维样本数据进行低维化处理,并进行可视化处理,才能够将每个样本的多个因素影响的程度综合成一个评价指标进行比对。

15.2.2 基于 RAGA-PPE 的评价模型

PPE 模型是运用 PPE 基本思想进行多指标评价的模型，已在绿色工艺创新绩效评价、企业绩效评价、区域节能降耗评价、环境影响评价、城市协调发展评价等领域得到成功应用。运用 PPE 模型进行评价的步骤如下。

（1）由于绿色创新系统创新绩效的各评价指标量纲和性质不同，在综合评价前需对各指标进行归一化处理。其中，x_{ij}^* 为绿色创新系统创新绩效评价指标的原始值；x_{ij} 为绿色创新系统创新绩效评价指标的无量纲化值；$\max x_j^*$、$\min x_j^*$ 分别为同类绿色创新系统创新绩效评价指标的最大值和最小值。

$$\text{正向指标：} x_{ij} = \frac{x_{ij}^* - \min x_j^*}{\max x_j^* - \min x_j^*}$$
$$\text{逆向指标：} x_{ij} = \frac{\max x_j^* - x_{ij}^*}{\max x_j^* - \min x_j^*} \quad (15\text{-}1)$$

（2）构造绿色创新系统创新绩效评价的投影指数函数。PPE 就是将评价指标的 p 维数据 $\{X_{ij} | i=1,2,\cdots,n;\ j=1,2,\cdots,p\}$ 综合成以 $a = \{a_1, a_2, \cdots, a_p\}$ 为唯一投影方向的投影值 z_i：

$$z_i = \sum_{i=1}^{p} a_j x_{ij}, \quad i=1,2,\cdots,n \quad (15\text{-}2)$$

然后根据 z_i 一维散布图进行排序，即可得到绿色创新系统创新绩效评价的综合评价值。其中，a 为单位长度向量。

运用 PPE 模型对绿色创新系统创新绩效进行投影时，要求绿色创新系统创新绩效的投影值 z_i 满足以下特征：第一，绿色创新系统创新绩效的各评价指标在局部中投影点尽可能密集，最好凝聚成若干个点团；第二，绿色创新系统创新绩效的各评价指标在整体上投影点团之间尽可能散开。绿色创新系统创新绩效评价指标的投影指数函数 $Q(a)$ 为

$$Q(a) = S_z D_z \quad (15\text{-}3)$$

其中，$S_z = \sqrt{\dfrac{1}{n-1}\sum_{i=1}^{n}(z_i - E_z)^2}$；$D_z = \sum_{i=1}^{n}\sum_{j=1}^{n}(R - r_{ij}) u \cdot (R - r_{ij})$。$S_z$ 为投影值 z_i 的标准差；D_z 为投影值 z_i 的局部密度；E_z 为序列投影值 z_i 的均值；R 为局部密度的窗口半径；样本间距 $r_{ij} = |z_i - z_j|$；$u \cdot (R - r_{ij})$ 为一单位阶跃函数，当 $t \geqslant 0$ 时其函数值为 1，当 $t<0$ 时其函数值为 0。

（3）优化绿色创新系统创新绩效评价的投影指标函数。对于既定的绿色创新

系统创新绩效评价指标体系和指标值，绿色创新系统创新绩效评价指标的投影指标函数 $Q(a)$ 只随投影方向 a 的变化而变化。不同的投影方向反映不同的数据结构特征，最佳投影方向就是最大可能暴露高维数据某类特征结构的投影方向。因此，绿色创新系统创新绩效评价的优化目标函数可设计为

$$\max Q(a) = S_z D_z$$
$$\text{s.t.} \sum_{j=1}^{p} a_j^2 = 1 \quad (15\text{-}4)$$

由于 PPE 最佳投影方向的计算是一个复杂非线性优化问题，用传统的优化方法处理困难。因此，本书采用 RAGA 寻找最佳投影方向。

（4）计算综合得分。根据步骤（3）计算得出绿色创新系统创新绩效指标值的最佳投影方向 a，并将其代入式（15-2），从而得到绿色创新系统创新绩效的投影值 z_i，即绿色创新系统创新绩效评价的最终结果。

15.3 实证评价及结果探讨

15.3.1 实证评价结果

本书以 2005~2011 年我国 28 个制造业行业的面板数据为样本数据进行实证研究。数据来源于《中国统计年鉴》、《中国环境统计年鉴》、《中国能源统计年鉴》、《中国工业经济统计年鉴》、《中国科技统计年鉴》、《工业企业科技活动统计资料》及《人力资源和社会保障事业发展统计公报》等，以及国家统计局、国家知识产权局等官方网站发布的相关数据和统计报告。由于本书所需的部分数据不能直接从统计年鉴中查找得到，参考以往文献对此类问题的处理方式，本书通过计算推导得出此类数据（具体计算方式见附表 A2 和附录问卷 B2）。

为消除价格变动的影响，本书以 2004 年为基年，用出厂价格指数、固定投资指数对工业总产值、绿色创新系统创新投入等指标进行平减。由于 2005 年以前和 2011 年以后，我国制造业统计口径发生了变化，因此，本书选择的样本数据为 2005~2011 年的面板数据。对于行业的选择，由于"废弃资源和废旧材料回收加工业"及"烟草制品业"这两个行业在统计年鉴中的统计数据缺乏连贯性，基于数据连贯性的考虑，为确保本书数据分析的准确性剔除这两个行业。

根据上述步骤，本书运用 RAGA-PPE 模型对跨国技术转移视角下我国制造业绿色创新系统创新绩效进行了评价，并根据七年间的平均值进行了排名，具体结果见表 15-3~表 15-5。在运用 RAGA 寻求最优投影方向时，选定的相关参数为：

种群规模 n=400，交叉概率 P_c=0.8，变异概率 P_m=0.2，加速次数为 7 次。

表 15-3 传统视角的制造业绿色创新系统创新绩效评价结果

行业代码	2005 年	2006 年	2007 年	2008 年	2009 年	2010 年	2011 年	均值	排名
C13	0.433	0.256	0.377	0.411	0.369	0.459	0.151	0.351	25
C14	0.341	0.277	0.451	0.421	0.585	0.459	0.281	0.402	19
C15	0.359	0.265	0.449	0.555	0.505	0.571	0.371	0.439	14
C17	0.352	0.171	0.318	0.475	0.594	0.657	0.265	0.405	18
C18	0.247	0.160	0.311	0.417	0.569	0.324	0.234	0.323	27
C19	0.253	0.274	0.343	0.296	0.392	0.242	0.470	0.324	26
C20	0.648	0.271	0.482	0.421	0.557	0.376	0.223	0.425	17
C21	1.065	0.817	0.440	0.420	0.769	0.563	0.469	0.649	10
C22	0.328	0.818	0.879	0.823	0.580	0.700	0.469	0.657	9
C23	0.367	0.554	0.234	0.419	0.580	0.568	0.285	0.430	15
C24	0.243	0.335	0.314	0.334	0.565	0.459	0.365	0.374	20
C25	0.702	0.917	1.066	0.692	0.570	0.743	0.674	0.766	7
C26	0.796	0.690	0.952	1.067	1.028	1.163	0.705	0.914	5
C27	0.204	0.266	0.307	0.405	0.570	0.460	0.264	0.354	24
C28	0.858	0.385	0.801	0.600	0.659	0.459	0.482	0.606	11
C29	0.987	1.764	1.447	1.233	1.393	1.169	1.261	1.322	1
C30	0.855	0.647	0.663	0.944	0.800	0.763	0.468	0.734	8
C31	0.352	0.498	0.579	0.598	0.554	0.575	0.278	0.491	12
C32	0.251	0.268	0.231	0.421	0.285	0.391	0.673	0.360	22
C33	0.737	0.583	0.451	0.599	0.577	0.866	1.682	0.785	6
C34	0.354	0.271	0.440	0.615	0.569	0.474	0.261	0.426	16
C35	1.242	1.003	1.263	1.514	1.484	1.256	0.983	1.249	2
C36	0.245	0.327	0.311	0.459	0.580	0.440	0.150	0.359	23
C37	0.286	0.379	0.429	0.534	0.679	0.486	0.458	0.464	13
C39	1.155	0.818	0.802	1.581	1.280	1.571	1.119	1.190	3
C40	0.292	0.151	0.303	0.534	0.396	0.446	0.483	0.372	21
C41	1.535	0.819	1.265	0.895	1.118	1.233	0.959	1.118	4
C42	0.223	0.202	0.311	0.212	0.362	0.348	0.123	0.254	28
均值	0.561	0.507	0.579	0.639	0.677	0.651	0.522	0.591	—

表 15-4 考虑跨国公司技术转移的制造业绿色创新系统创新绩效评价结果

行业代码	2005年	2006年	2007年	2008年	2009年	2010年	2011年	均值	排名
C13	0.626	0.392	0.598	0.710	0.332	0.724	0.494	0.554	15
C14	0.645	0.417	0.497	0.731	0.416	0.631	0.510	0.550	16
C15	0.648	0.319	0.426	0.839	0.381	0.717	0.476	0.544	17
C17	0.628	0.391	0.357	0.572	0.383	0.702	0.492	0.504	20
C18	0.412	0.258	0.426	0.571	0.238	0.471	0.382	0.394	25
C19	0.641	0.380	0.359	0.516	0.238	0.439	0.476	0.435	23
C20	0.648	0.225	0.356	0.519	0.235	0.489	0.196	0.381	26
C21	1.111	0.732	0.409	0.578	0.460	0.727	0.458	0.639	11
C22	0.629	0.705	0.639	0.859	0.510	0.723	0.500	0.652	9
C23	0.593	0.392	0.208	0.498	0.228	0.572	0.359	0.407	24
C24	0.574	0.395	0.346	0.490	0.304	0.608	0.422	0.448	22
C25	0.373	0.703	0.641	0.513	0.387	0.612	0.494	0.532	18
C26	0.841	0.728	0.856	1.059	0.767	1.187	1.103	0.934	7
C27	0.635	0.460	0.510	0.737	0.489	0.725	0.734	0.613	12
C28	0.632	0.331	0.495	0.386	0.387	0.612	0.494	0.477	21
C29	0.955	1.361	1.063	1.059	0.862	1.075	0.851	1.033	6
C30	0.814	0.633	0.514	0.858	0.545	0.859	0.589	0.687	8
C31	0.626	0.391	0.498	0.723	0.387	0.622	0.466	0.531	19
C32	0.340	0.289	0.340	0.500	0.234	0.438	0.511	0.379	27
C33	0.639	0.385	0.340	0.597	0.417	0.737	0.973	0.584	13
C34	0.624	0.385	0.498	0.877	0.440	0.608	0.526	0.565	14
C35	1.389	1.036	1.170	1.433	1.158	1.333	1.277	1.256	3
C36	0.509	0.416	0.484	1.061	0.525	0.731	0.775	0.643	10
C37	1.099	0.926	0.930	1.334	1.186	1.202	1.474	1.164	4
C39	1.618	1.351	1.278	2.181	1.652	1.904	1.882	1.695	2
C40	1.960	1.518	1.720	1.937	1.881	1.774	2.161	1.850	1
C41	1.775	1.001	1.135	1.074	0.922	1.202	0.923	1.148	5
C42	0.354	0.168	0.341	0.375	0.171	0.446	0.369	0.318	28
均值	0.798	0.596	0.623	0.842	0.576	0.817	0.727	0.711	15

表 15-5 考虑跨国公司技术转移及影响因素的绿色创新系统创新绩效评价结果

行业代码	2005年	2006年	2007年	2008年	2009年	2010年	2011年	均值	排名
C13	0.665	0.576	0.468	0.699	0.563	0.635	0.591	0.599	21
C14	0.721	0.569	0.516	0.720	0.533	0.638	0.683	0.626	18
C15	0.698	0.459	0.414	0.923	0.535	0.611	0.682	0.617	20
C17	0.666	0.754	0.610	0.937	0.822	0.618	0.684	0.727	16
C18	0.571	0.569	0.508	0.856	0.711	0.561	0.566	0.620	19
C19	0.583	0.567	0.371	0.693	0.533	0.325	0.819	0.556	24
C20	0.558	0.452	0.367	0.484	0.384	0.371	0.296	0.416	27
C21	0.719	0.731	0.400	0.692	0.541	0.557	0.486	0.590	22
C22	0.692	0.874	0.869	1.199	0.834	0.657	0.590	0.817	12
C23	0.377	0.574	0.499	0.691	0.387	0.559	0.590	0.525	25
C24	0.408	0.569	0.374	0.692	0.381	0.425	0.465	0.473	26
C25	0.686	1.331	1.253	1.470	1.397	1.658	1.659	1.351	6
C26	1.754	1.742	1.601	2.311	1.768	2.287	1.691	1.879	2
C27	0.689	0.863	0.611	0.937	0.959	0.965	0.813	0.834	11
C28	0.717	0.672	0.795	0.938	0.959	0.641	0.686	0.772	14
C29	1.270	1.600	1.079	1.281	0.960	1.133	1.072	1.199	8
C30	1.147	1.030	0.616	0.944	0.692	0.837	0.692	0.851	10
C31	0.463	0.569	0.489	0.701	0.537	0.562	0.571	0.556	23
C32	0.695	0.563	0.374	0.690	0.692	0.560	1.428	0.714	17
C33	0.726	0.674	0.640	1.303	0.957	1.215	2.473	1.141	9
C34	0.723	0.734	0.638	1.216	0.825	0.635	0.675	0.778	13
C35	1.946	1.718	1.552	2.152	1.982	2.011	1.439	1.829	3
C36	0.519	0.734	0.769	1.235	0.836	0.551	0.684	0.761	15
C37	1.134	1.485	1.090	1.542	1.700	1.439	1.178	1.367	5
C39	1.471	1.600	1.563	2.311	1.937	1.665	1.659	1.744	4
C40	2.110	1.911	2.056	1.912	2.280	1.799	1.563	1.947	1
C41	1.990	1.486	1.089	1.413	1.310	1.125	0.984	1.343	7
C42	0.393	0.344	0.374	0.566	0.367	0.336	0.452	0.405	28
均值	0.896	0.919	0.785	1.125	0.942	0.906	0.935	0.930	21

其中，表 15-3 为传统视角下绿色创新系统创新绩效评价结果，仅对我国制造业绿色创新系统的绿色研发绩效、绿色制造绩效和绿色营销绩效进行评价。

表 15-4 为考虑跨国公司技术转移的绿色创新系统创新绩效评价结果,在评价过程中增加跨国公司技术转移相关指标,以衡量跨国公司技术转移对我国制造业绿色创新系统创新绩效的作用。

表 15-5 为考虑跨国公司技术转移及影响因素的绿色创新系统创新绩效评价结果,在评价过程中增加跨国公司技术转移、跨国公司技术溢出、绿色创新系统社会资本和绿色创新系统吸收能力的相关指标,以衡量跨国公司技术溢出、绿色创新系统社会资本、绿色创新系统吸收能力三个因素在跨国公司技术转移影响我国制造业绿色创新系统创新绩效过程中的作用。

15.3.2 基于雷达图的可视化结果探讨

1. 传统视角下制造业绿色创新系统创新绩效评价结果探讨

本书采用雷达图对传统视角下我国制造业绿色创新系统创新绩效的评价结果进行可视化比较,如图 15-1 所示。从制造业整体来看,2005~2011 年我国制造业绿色创新系统创新绩效基本呈倒"U"形变化,其评价得分均值依次为 0.560、0.507、0.579、0.639、0.677、0.651、0.522。

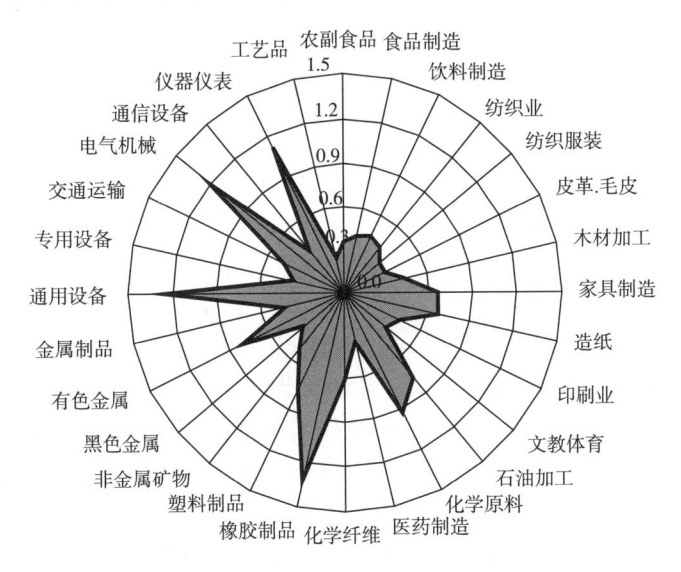

图 15-1 传统视角下制造业绿色创新系统创新绩效评价结果

从各行业情况来看,2005~2011 年橡胶制品业的评价得分均值最高,为 1.322,其绿色创新系统创新绩效最好;而工艺品及其他制造业的评价得分均值最低,为 0.254,其绿色创新系统创新绩效最差。从行业间的差异来看,传统视角下我国制造业绿色创新系统创新绩效存在一定行业差异，2005~2011年，绿色创新系统创新绩效最好行业与最差行业的得分差距依次为1.331、1.613、1.216、1.369、1.199、1.329、1.559，其中，2005~2008年我国制造业行业间绿色创新系统创新绩效最大差距波动较为明显，2009~2011年呈逐年增长的发展趋势。

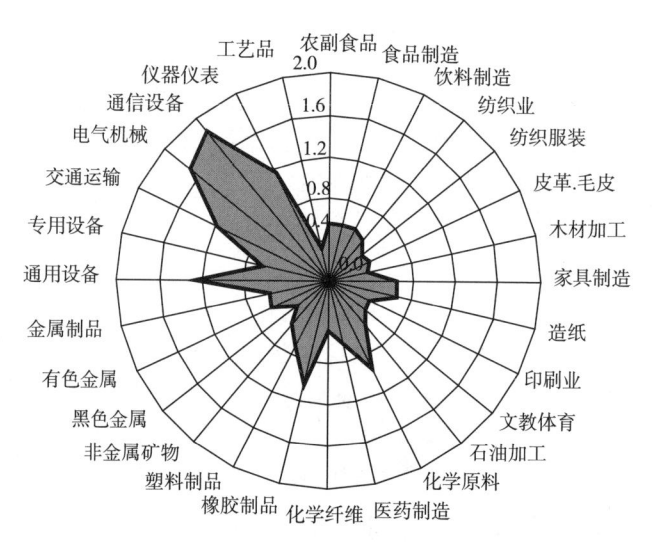

2. 考虑跨国公司技术转移的制造业绿色创新系统创新绩效评价结果探讨

考虑跨国公司技术转移的我国制造业绿色创新系统创新绩效评价结果雷达图，如图15-2所示。从制造业整体来看，2005~2011年我国制造业绿色创新系统创新绩效波动性变化较为明显，其评价得分均值依次为0.798、0.596、0.623、0.842、0.576、0.817、0.727。

图15-2 考虑跨国公司技术转移的制造业绿色创新系统创新绩效评价结果

从各行业情况来看，2005~2011年通信设备.计算机及其他电子设备制造业的评价得分均值最高，为1.850，其绿色创新系统创新绩效最好；而工艺品及其他制造业的评价得分均值最低，为0.318，其绿色创新系统创新绩效最差。从行业间的差异来看，考虑跨国公司技术转移的我国制造业绿色创新系统创新绩效行业差异较为明显，2005~2011年，绿色创新系统创新绩效最好行业与最差行业的得分差距依次为1.619、1.350、1.512、1.807、1.710、1.466、1.966，我国制造业行业间绿色创新系统创新绩效最大差距基本呈波动型增长的发展趋势。

3. 考虑跨国公司技术转移及影响因素的制造业绿色创新系统创新绩效评价结果探讨

考虑跨国公司技术转移及影响因素的我国制造业绿色创新系统创新绩效评价结果雷达图，如图 15-3 所示。从制造业整体来看，2005~2011 年我国制造业绿色创新系统创新绩效波动性变化较为明显，其评价得分均值依次为 0.896、0.919、0.785、1.125、0.942、0.906、0.935。

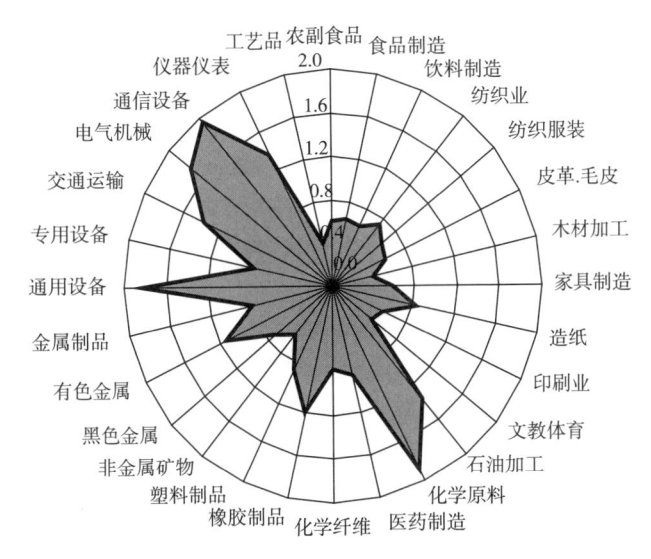

图 15-3 考虑跨国公司技术转移及影响因素的制造业绿色创新系统创新绩效评价结果

从各行业情况来看，2005~2011 年通信设备.计算机及其他电子设备制造业的评价得分均值最高，为 1.947，其绿色创新系统创新绩效最好；而工艺品及其他制造业的评价得分均值最低，为 0.405，其绿色创新系统创新绩效最差。从行业间的差异来看，考虑跨国公司技术转移及影响因素的我国制造业绿色创新系统创新绩效的行业差异十分显著，2005~2011 年，制造业绿色创新系统创新绩效最好行业与最差行业的得分差距依次为 1.734、1.567、1.689、1.827、1.913、1.962、2.177，我国制造业行业间绿色创新系统创新绩效最大差距基本呈逐年增长的发展趋势（除 2005 年）。

15.3.3 基于变异系数的差异化分析

1. 绿色创新系统创新绩效的变异系数及行业差异

为进一步分析 2005~2011 年我国制造业绿色创新系统创新绩效的行业差异水

平，本书将变异系数作为我国制造业绿色创新系统创新绩效的行业差异指数，并分别从传统视角、考虑跨国公司技术转移、考虑跨国公司技术转移及影响因素三个梯次测算 2005~2011 年各行业绿色创新系统创新绩效的变异系数，从而考察我国制造业绿色创新系统创新绩效的行业差异情况。

变异系数又称标准差率，是衡量各观测值变异程度的统计量。当测量两个或多个资料的变异程度时，采用标准差与平均数的比值（相对值）来比较。变异系数（coefficient of variation，CV）的计算公式为 $CV = S / \bar{X}$，其中 S 为标准差，$\bar{X}$ 为均值。变异系数的值越大，说明空间分布的不平衡性就越大。变异系数结果如表 15-6 所示。

表 15-6　制造业绿色创新系统创新绩效行业差异的变异系数

变异系数	2005 年	2006 年	2007 年	2008 年	2009 年	2010 年	2011 年	均值
传统视角	0.660	0.705	0.597	0.544	0.454	0.514	0.717	0.599
考虑跨国公司技术转移	0.527	0.616	0.575	0.522	0.745	0.465	0.646	0.585
考虑跨国公司技术转移及影响因素	0.591	0.531	0.602	0.478	0.593	0.624	0.568	0.570

传统视角下我国制造业绿色创新系统创新绩效的变异系数大致呈"U"形变化，2009 年我国制造业绿色创新系统创新绩效的行业差异最小；考虑跨国公司技术转移的我国制造业绿色创新系统创新绩效变异系数变化程度较大，2005~2011 年行业差异变化程度剧烈波动；考虑跨国公司技术转移及影响因素的我国制造业绿色创新系统创新绩效变异系数也具有较频繁的变化特征，2005~2011 年行业差异程度呈显著的波动变化趋势。

综上所述，2005~2011 年，传统视角下我国制造业绿色创新系统创新绩效在整体上基本呈倒"U"形变化；从行业间差异来看，橡胶制品业的绿色创新系统创新绩效最好，工艺品及其他制造业的绿色创新系统创新绩效最差；传统视角下我国制造业绿色创新系统创新绩效变异系数均值最大，存在明显行业差异，且行业差异在时间维度上呈"U"形变化的发展趋势。从考虑跨国公司技术转移的评价结果来看，2005~2011 年我国制造业绿色创新系统创新绩效在整体上呈较为明显的波动性变化；从行业间差异来看，通信设备.计算机及其他电子设备制造业的绿色创新系统创新绩效最好，工艺品及其他制造业的绿色创新系统创新绩效最差；考虑跨国公司技术转移的我国制造业绿色创新系统创新绩效变异系数较大，存在较明显行业差异，且 2005~2011 年行业差异变化程度剧烈波动。考虑跨国公司技术转移及影响因素的评价结果与考虑跨国公司技术转移的评价结果相似，2005~2011 年我国制造业绿色创新系统创新绩效波动性变化较为明显；从行业间差异来看，通信设备.计算机及其他电子设备制造业的绿色创新系统创新绩效最好，工艺品及其他制造业的绿色创新系统创新绩效最差；考虑跨国公司技术转移及影响因素的我国制造业绿色创新系统创新绩效变异系数也具有较频繁的变化特征，2005~2011年行业差异程度呈显著的波动变化趋势。

2. 制造业绿色创新系统创新绩效差异成因探讨

根据考虑跨国公司技术转移及影响因素的我国制造业绿色创新系统创新绩效评价结果均值，本书采用等距的划分方式将28个制造业行业划分为较好、一般、较差三个区段。计算等级划分点的公式为 $X_{min}+(X_{max}-X_{min})/3$、$X_{max}-(X_{max}-X_{min})/3$。根据上述公式，本书将评价得分均值高于1.433的行业划分为绿色创新系统创新绩效较好区段，将评价得分均值低于0.919的行业划分为绿色创新系统创新绩效较差区段，其余行业为绿色创新系统创新绩效一般区段。从第14章影响机理的结果来看，跨国公司技术转移通过跨国公司技术溢出、绿色创新系统吸收能力和绿色创新系统社会资本可以促进绿色创新系统创新绩效提升，因此，本部分从跨国公司技术转移、跨国公司技术溢出、绿色创新系统吸收能力和绿色创新系统社会资本四个方面的差异来分析制造业绿色创新系统创新绩效具有差异的成因。

（1）绿色创新系统创新绩效较好区段主要包括通信设备.计算机及其他电子设备制造业、化学原料及化学制品制造业、通用设备制造业、电气机械及器材制造业四个行业。

首先，通信设备.计算机及其他电子设备制造业的跨国公司技术转移和绿色创新系统社会资本明显优于其他行业，从而该行业的跨国公司技术转移主要通过绿色创新系统社会资本促进该行业创新绩效的整体水平提升。

其次，与通信设备.计算机及其他电子设备制造业相似，电气机械及器材制造业在跨国公司技术转移和绿色创新系统社会资本两个方面比大部分制造业行业更为明显，从而促进了该行业绿色创新系统创新绩效的整体提升。

最后，化学原料及化学制品制造业、通用设备制造业两个行业在跨国公司技术转移方面的优势不如通信设备.计算机及其他电子设备制造业，但也明显优于其他制造业行业，且这两个行业绿色创新系统吸收能力和绿色创新系统社会资本优于大部分制造业行业，因此，这两个行业的跨国公司技术转移主要通过绿色创新系统吸收能力和社会资本两条路径促进绿色创新系统创新绩效整体水平的提升。

上述四个行业在跨国公司技术转移方面整体优于其他行业的特征，使这些行业在绿色创新系统创新绩效的综合测评绩效上明显优于其他行业。

（2）绿色创新系统创新绩效一般区段主要包括交通运输设备制造业、石油加工.炼焦及核燃料加工业、仪器仪表及文化.办公用机械制造业、橡胶制品业、有色金属冶炼及压延加工业五个行业。

其中，石油加工、炼焦及核燃料加工业的跨国公司技术转移通过跨国公司技术溢出的路径促进该行业绿色创新系统创新绩效的整体水平提升；橡胶制品业的跨国公司技术转移通过绿色创新系统吸收能力的路径促进该行业绿色创新系统创新绩效的整体水平提升；其他三个行业的跨国公司技术转移通过三个因素的综合作用提升绿色创新系统创新绩效。

但这五个行业（除交通运输设备制造业）在跨国公司技术转移方面的优势低于较好区段的四个行业，使得其绿色创新系统创新绩效略低于较好区段的四个行业，但又优于较差区段的制造业行业。而交通运输设备制造业虽然在跨国公司技术转移方面具有明显优势，但在跨国公司技术溢出、绿色创新系统吸收能力和绿色创新系统社会资本方面存在一定不足，从而使得其绿色创新系统创新绩效的整体水平低于较好区段的四个行业。

（3）绿色创新系统创新绩效较差区段主要包括塑料制品业、医药制造业、造纸及纸制品业、金属制品业等19个行业。较差区段的制造业行业的跨国公司技术转移基本通过三个因素的综合作用提升绿色创新系统创新绩效，但不论是在跨国公司技术转移方面还是在三个主要影响因素方面，这些行业明显低于绿色创新系统创新绩效较好区段和一般区段（除医药制造业、金属制品业、专用设备制造业），从而使得这些行业绿色创新系统创新绩效整体水平较低。

而医药制造业、金属制品业、专用设备制造业三个行业虽然在跨国公司技术转移方面具有一定优势，但这三个行业的跨国公司技术溢出、绿色创新系统吸收能力和社会资本存在较大不足，从而制约了其绿色创新系统创新绩效的整体提升。

3. 研究结论的前后印证关系

通过制造业绿色创新系统创新绩效差异成因发现，跨国公司技术转移是制造业绿色创新系统创新绩效提升的关键，而跨国公司技术溢出、绿色创新系统吸收能力和绿色创新系统社会资本也是制造业绿色创新系统创新绩效的主要影响因素，这与第13章影响因素分析和第14章影响机理研究的结论基本一致。

首先，跨国公司技术转移是制造业绿色创新系统创新绩效提升的关键。从本章的评价结果来看，跨国公司技术转移越多的制造业行业，其绿色创新系统创新绩效也就越好，这与前文的研究形成印证。一方面，第13章研究发现跨国公司技术转移与绿色创新系统创新绩效的关联度系数均值为0.684，跨国公司技术转移对制造业绿色创新系统创新绩效具有较大影响；另一方面，第14章影响机理的实证研究也发现跨国公司技术转移与绿色创新绩效在整体上存在正相关关系。

其次，跨国公司技术溢出、绿色创新系统吸收能力和绿色创新系统社会资本也是制造业绿色创新系统创新绩效的主要影响因素。通过本章的评价发现，部分行业由于跨国公司技术溢出、绿色创新系统吸收能力和绿色创新系统社会资本三个影响因素的作用而具有较好的评价结果（如化学原料及化学制品制造业、通用设备制造业），或受上述因素的制约而评价结果较差（如交通运输设备制造业、医药制造业、金属制品业、专用设备制造业）。第13章的研究发现，跨国公司技术溢出、绿色创新系统吸收能力和绿色创新系统社会资本与制造业绿色创新系统创新绩效具有重要的正相关关系；第14章的研究也发现跨国公司技术溢出、绿色创新系统吸收能力和绿色创新系统社会资本三个因素，在跨国公司技术转移影响制造业绿色创新系统创新绩效的过程中具有重要的传导作用。

最后，本章关于制造业绿色创新系统创新绩效的研究，不仅通过另一种研究方法对前文影响因素和影响机理的研究形成了前后印证的逻辑关系，而且是对前文研究的进一步补充。在"一带一路"倡议和"创新驱动"国家发展战略背景下，这将对制造业绿色创新系统充分利用跨国公司技术转移提升绿色创新绩效，加快制造业有效技术追赶和实现可持续发展具有重要的理论和现实意义。

15.4 本章小结

本章首先在梳理评价指标选择文献和设计指标构建原则的基础上，从跨国公司技术转移、绿色创新系统创新绩效，以及跨国公司技术溢出、绿色创新系统社会资本和绿色创新系统吸收能力影响等方面，构建了基于跨国公司技术转移的制造业绿色创新系统创新绩效评价指标体系；其次，以2005~2011年我国28个制造业行业面板数据为样本数据，运用RAGA-PPE评价模型实证评价了基于跨国公司技术转移的制造业绿色创新系统创新绩效，进而运用雷达图、变异系数法等对评价结果进行了分析，并探讨了差异的成因。

第16章　外商直接投资流入对制造业绿色创新系统绿色创新能力的影响研究：创新资源投入视角

在全球强调可持续发展及环境规制日益严厉的情况下，作为全球吸引外资最多的发展中国家，外商直接投资不仅为我国制造业开展绿色创新活动带来了雄厚的资金支持，还成为我国制造业获取先进绿色创新资源的主要来源之一。随着外商直接投资流入总量和规模的扩大，外商直接投资成为推动我国制造业绿色创新系统发展的主要动力。但由于我国制造业在绿色创新方面对于外资及外资企业的绿色创新资源过度依赖，外商直接投资流入的一些负面作用逐渐显现出来，如"污染避难所"假说和外商直接投资流入抑制了我国制造业的绿色创新等。因此，本章将在前文的研究基础上，研究外商直接投资流入是否促进了我国制造业绿色创新系统的发展和绿色创新能力的提升，以及外商直接投资流入对我国生态环境产生了怎样的影响。

16.1　概念模型及研究假设

16.1.1　理论关联

1. 外商直接投资与制造业创新

众多学者对外商直接投资与制造业创新之间的关系展开了一些卓有成效的研究，研究关注的重点主要集中在外商直接投资与制造业创新是否存在着正向相关性。Girma 等（2006）在研究东道国企业研发活动的过程中发现，外商直接投资进入促进了东道国研发活动的进行。随着外商直接投资与制造业创新相关研究的不断深入，学者们认识到在不同视角下外商直接投资与制造业创新存在的关系是不同的。范承泽等（2008）的研究结果表明，外商直接投资在行业层面上对我国创新投入存在一定程度的正向影响，但这种正向影响远小于外商直接投资在企业层面对我国创新投入所产生的负向影响。刘贵鹏等（2012）、白嘉等（2013）分别基于价值链和技术效应的视角，指出外商直接投资与我国制造业的研发活动呈现出显著的倒"U"形曲线关系。

在外商直接投资与制造业绿色创新方面，Eskeland 和 Harrison（2003）认为外资企业拥有比东道国企业更加环境友好的生产技术和污染处理技术，为东道国企业使用绿色技术进行绿色生产和清洁生产提供了动机与机遇，进而提升了东道国企业的绿色创新水平。李子豪和刘辉煌（2010）利用2001~2007年我国工业行业的面板数据实证研究了外商直接投资对我国环境的综合影响，实证结果表明外商直接投资对我国制造业绿色技术水平的提高产生了显著的积极影响，但外商直接投资密集度的逐渐增加，对环境产生了一定程度的负面影响。

2. 外商直接投资与制造业创新系统

在关于外商直接投资与制造业创新系统方面的相关研究中，Tang 和 Hussler（2011）认为，基于外商直接投资而构建的创新系统，对东道国高新技术产业和专利等方面的发展做出了重大贡献。尚涛等（2007）以东道国创新系统为研究对象，研究结果表明，外资企业的研发投入在优化我国创新系统结构和功能方面具有显著的促进作用。肖雁飞和沈玉芳（2007）通过研究外商直接投资研发投入对我国科技创新能力提升的影响，得出二者之间具有显著的促进作用，同时还发现外商直接投资研发投入对我国国家创新系统和区域创新系统的形成起到了一定的推动作用。张卫红（2010）认为企业创新系统创新资源与外商直接投资技术溢出存在正向相关性。

3. 外商直接投资与制造业创新能力

关于外商直接投资与制造业创新能力方面的研究，Blind 和 Jungmittag（2004）运用德国各行业公司层面的数据进行实证分析，认为外商直接投资对东道国企业的产品创新和工艺创新均产生了促进作用。根据 Huber（2008a）关于跨国公司技术转移和技术溢出的研究，本书认为外资企业拥有较为先进的技术，通过技术转移和技术溢出对我国制造业创新能力的提升起到了一定的促进作用。而 Kemeny（2010）认为，外商直接投资流入其最终目的是占领中国市场，以及利用中国廉价劳动力的比较优势进而获得更多的利润，其技术外溢效应并不显著，对中国企业的创新能力并没有产生促进作用。

随着环境问题的日益严峻，众多学者将研究的焦点逐渐转移到了研究外商直接投资与制造业绿色创新能力的关系上。Braun 和 Wield（1994）认为，绿色创新能力是减少环境污染，减少原材料和能源消耗所使用的技术和工艺，以及生产出绿色产品的能力。宋马林等（2010）基于"经济门槛效应"概念研究认为，当我国制造业具有良好的经济技术基础和消化吸收能力时，对外商直接投资的外溢效应及其所带来的市场冲击等负面效应有较好的应对能力，进而提升了我国制造业绿色创新能力。张伟等（2011）认为，通过环境规制和技术规制，利用外商直接投资可以增强我国制造业绿色创新能力。随着外商直接投资进入程度的不断加深，外商直接投资对我国的生态环境逐渐造成了不同程度的破坏。Andonava（2003）通过研究欧洲中东部地区企业的发展认为，外商直接投资与清洁生产的实现及绿色创新能力的提升不存在必然的联系。柴志贤（2011）研究发现，外商直接投资的技术引进在一定程度上促进了我国制造业绿色创新能力，但对环境技术改进的促进作用却不显著。张成（2011）通过对内外资企业在进行清洁生产实现绿色创新方面的效果进行比较，发现外资企业更容易导致我国环境质量的恶化。

上述研究分析了外商直接投资对制造业绿色创新等方面的影响，但仍然存在一些不足之处。一方面，当前关于外商直接投资与制造业创新的影响研究，主要集中在研究外商直接投资与制造业自主创新和技术创新等方面，虽然少数学者开始关注外商直接投资对制造业绿色创新的影响，但关于外商直接投资与制造业绿色创新系统、外商直接投资与制造业绿色创新系统绿色创新能力等方面的研究还有待进一步探索；另一方面，现有研究主要集中在外商直接投资对制造业创新的直接影响上，没有完全揭示外商直接投资影响制造业创新的机理，且很少有学者考虑创新系统创新资源这一影响因素的作用。

因此，本章从外商直接投资流入的各创新资源，以及我国制造业绿色创新系统绿色创新资源的角度出发，研究外商直接投资流入对我国制造业绿色创新系统绿色创新能力的影响及影响机理，并在此基础上检验制造业绿色创新系统绿色创新资源在其中的作用。

16.1.2 概念模型

制造业绿色创新系统绿色创新能力属于制造业企业战略管理范畴，是实现制造业绿色创新、提升制造业企业市场竞争能力的关键。外商直接投资作为提升我国制造业绿色创新系统绿色创新能力最直接有效的方式之一，对我国制造业绿色创新系统绿色创新能力的影响不仅仅是直接作用的结果。

基于开放式创新理论分析，制造业绿色创新系统绿色创新能力的提升必须通过均衡协调制造业绿色创新系统中内外部的绿色创新资源来实现。外商直接投资正是我国制造业绿色创新系统绿色创新资源的主要外部来源之一，其对我国制造业绿色创新系统绿色创新资源的投入具有重要的影响。本章基于以往相关文献的理论研究及外商直接投资、创新资源的相关概念，将我国制造业绿色创新系统绿色创新资源作为中介变量，构建了外商直接投资流入对我国制造业绿色创新系统绿色创新能力影响的概念模型，如图16-1所示。

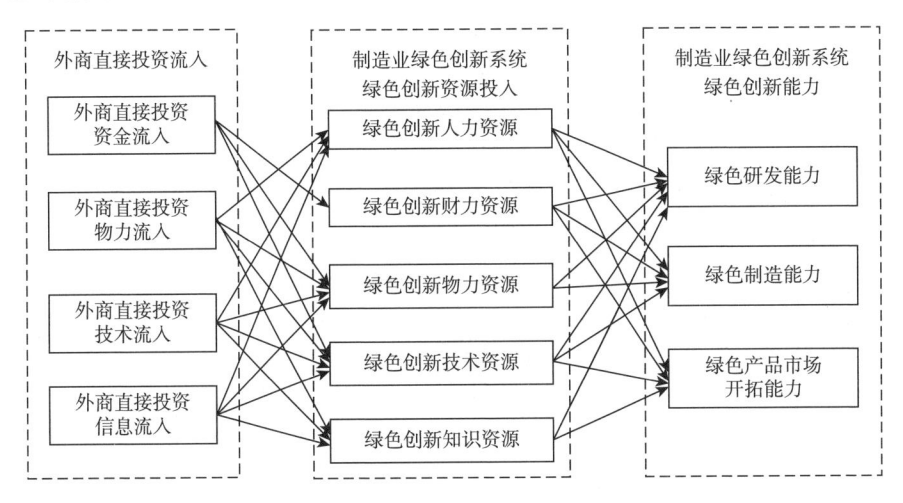

图16-1 外商直接投资流入对我国制造业绿色创新系统绿色创新能力影响的概念模型

16.1.3 外商直接投资流入与制造业绿色创新系统绿色创新资源

绿色创新资源作为我国制造业进行绿色创新活动的基础，是我国制造业绿色创新系统绿色创新能力提升的关键要素。然而，当前我国制造业普遍面临创新资源短缺的问题，尤其是绿色创新资源，外商直接投资流入作为我国制造业的外部创新资源是弥补绿色创新资源短缺的关键因素。Slaughter（2002）认为，外商直接投资流入为东道国的技术创新提供了必要的创新资源，对东道国创新系统创新资源投入具有一定的正向影响。

基于Grant（1991）、周寄中（1999）关于创新资源的研究，笔者认为创新资源是创新活动的物质基础，是创造科技成果，推动整个经济和社会发展的要素集合，以及行业创新的重要前提，包括绿色创新人力资源、绿色创新财力资源、绿色创新物力资源、绿色创新技术资源和绿色创新知识资源五个方面。

1. 外商直接投资资金流入与制造业绿色创新系统绿色创新资源

资金流入是外商直接投资最直接的表现形式之一，Chenery（1960）提出了著名的"双缺口"理论模型，其核心是东道国的经济及创新发展受国内资金不足的制约，而吸收外资是填补这个缺口的有效方式之一。我国制造业绿色创新系统绿色创新能力的发展需要各种绿色创新资源作为保障，而我国所拥有的绿色创新资源有限，且远少于国外发达国家。传统的外商直接投资理论认为，外商直接投资资金流入弥补了东道国与外资企业在资源禀赋上的差异。因此，外商直接投资资金流入促进了我国制造业绿色创新系统绿色创新资源的增加，如在发展我国制造业绿色创新系统的过程中，外商直接投资资金流入为购买和改造机器设备及获取和改进绿色技术等绿色创新资源提供了大量的资金支持。

基于以上分析，本书提出以下假设：

H_1：外商直接投资资金流入对我国制造业绿色创新系统绿色创新资源具有正向作用。

H_{1a}：外商直接投资资金流入对我国制造业绿色创新系统绿色创新财力资源具有正向作用。

H_{1b}：外商直接投资资金流入对我国制造业绿色创新系统绿色创新物力资源具有正向作用。

H_{1c}：外商直接投资资金流入对我国制造业绿色创新系统绿色创新技术资源具有正向作用。

2. 外商直接投资物力流入与我国制造业绿色创新系统绿色创新资源

外商直接投资物力流入是指外资企业向我国制造业投入的先进机器设备、仪器及有助于技术开发的科研仪器和设备等。发达国家是绿色创新的倡导者和先进绿色技术的持有者，外商直接投资的物力资源也正是绿色技术资源和绿色知识资源的载体，我国制造业通过使用这些物力资源间接获得绿色创新资源。物力资源是有效发挥绿色创新资源各要素资源功能和效用的重要条件，所以外商直接投资的物力流入对我国制造业绿色创新系统绿色创新资源具有一定的正向作用。

基于以上分析，本书提出以下假设：

H_2：外商直接投资物力流入对我国制造业绿色创新系统绿色创新资源具有正向作用。

H_{2a}：外商直接投资物力流入对我国制造业绿色创新系统绿色创新人力资源具有正向作用。

H_{2b}：外商直接投资物力流入对我国制造业绿色创新系统绿色创新物力资源具

有正向作用。

H$_{2c}$：外商直接投资物力流入对我国制造业绿色创新系统绿色创新技术资源具有正向作用。

H$_{2d}$：外商直接投资物力流入对我国制造业绿色创新系统绿色创新知识资源具有正向作用。

3. 外商直接投资技术流入与我国制造业绿色创新系统绿色创新资源

我国制造业在引进外资的过程中，除了考虑吸引资金还希望能够引进先进的绿色技术和管理经验，外商直接投资技术流入使我国制造业绿色创新系统拥有更多的绿色技术资源和绿色知识资源。外资企业拥有先进的绿色技术，通过对我国制造业的人员开展培训和技术指导来提升我国制造业绿色创新系统的绿色创新能力，但同时我国制造业也必须加大绿色创新系统绿色创新资源的投入来增强外商直接投资技术流入的效果。外资企业转移先进绿色技术主要通过示范效应、人力资源流动效应和竞争效应等来实现，而这些效应的实现均需要我国制造业绿色创新系统绿色创新资源的投入作为保障，因此外商直接投资在投入技术的同时也促进了我国制造业绿色创新系统绿色创新资源的投入。

基于以上分析，本书提出以下假设：

H$_3$：外商直接投资技术流入对我国制造业绿色创新系统绿色创新资源具有正向作用。

H$_{3a}$：外商直接投资技术流入对我国制造业绿色创新系统绿色创新人力资源具有正向作用。

H$_{3b}$：外商直接投资技术流入对我国制造业绿色创新系统绿色创新物力资源具有正向作用。

H$_{3c}$：外商直接投资技术流入对我国制造业绿色创新系统绿色创新技术资源具有正向作用。

H$_{3d}$：外商直接投资技术流入对我国制造业绿色创新系统绿色创新知识资源具有正向作用。

4. 外商直接投资信息流入与我国制造业绿色创新系统绿色创新资源

我国制造业绿色创新系统的绿色创新始于对我国制造业绿色创新系统绿色创新能力的商业潜力认识和环境保护意识，终于将其全部转化为产品和环境污染的治理。基于以往学者关于信息问题的研究，笔者认为从绿色研发阶段到绿色产品市场开拓阶段，消费者绿色需求和市场绿色竞争需求等信息资源对于辨识正确的绿色创新方向，保障绿色创新过程的顺利进行扮演着重要角色。

我国制造业要想降低绿色创新的不确定性和风险，必须及时有效地搜集与绿色技术、绿色专利、绿色市场需求等相关的信息。而信息资源的有效性不仅需要信息本身的支持，还需要与信息相关的人员、设备、技术和资金等各种资源的支持。国外发达国家在绿色创新方面较我国具有一定的先进性，且拥有最前沿的绿色信息。因此外商直接投资信息流入对我国制造业绿色创新系统的绿色创新开展具有一定的导向作用。基于 He（2008）关于外商直接投资信息流入的研究，我国为了有效利用外商直接投资的信息流入，必须加大对制造业绿色创新系统绿色创新资源的投入，提升自身的绿色创新水平。

基于以上分析，本书提出以下假设：

H_4：外商直接投资信息流入对我国制造业绿色创新系统绿色创新资源具有正向作用。

H_{4a}：外商直接投资信息流入对我国制造业绿色创新系统绿色创新人力资源具有正向作用。

H_{4b}：外商直接投资信息流入对我国制造业绿色创新系统绿色创新物力资源具有正向作用。

H_{4c}：外商直接投资信息流入对我国制造业绿色创新系统绿色创新技术资源具有正向作用。

H_{4d}：外商直接投资信息流入对我国制造业绿色创新系统绿色创新知识资源具有正向作用。

16.1.4 制造业绿色创新系统绿色创新资源与制造业绿色创新系统绿色创新能力

基于动态能力理论，制造业绿色创新系统各主体能够有效配置和利用制造业绿色创新系统内外部的绿色创新资源是实现我国制造业绿色创新系统绿色创新能力提升的主要驱动力（陈菲琼和任森，2011）。谢科范等（2007）基于对资源集成的研究认为，通过集成外部创新资源，并与内部创新资源进行整合能够迅速地、显著地提升企业自身的创新能力。

1. 绿色创新人力资源与绿色创新能力

绿色创新人力资源是所有创新资源中最灵活且具有一定能动性的部分，是能够持续提供绿色创新价值的资源，在促进我国制造业绿色创新系统绿色创新活动开展的过程中起着重要的推动作用。

绿色创新人力资源具有创造性和流动性两种特性。关于其创造性的研究中，基于 Cano 和 Cano（2006）对创新人力资源和企业研发能力的研究，笔者认为绿色创新人力资源对我国制造业绿色创新系统绿色研发能力具有积极的影响。绿色创新人力资源作为绿色创新知识和绿色创新技术的载体，是保障绿色研发能力，稳固绿色技术知识基础，进而实现我国制造业绿色创新系统绿色创新能力提升的关键。关于其流动性的研究显示，绿色创新人力资源的流动性越高，我国制造业绿色创新系统越容易获得拥有绿色创新知识和绿色创新技术的高素质人才，对我国制造业绿色创新系统进行绿色创新活动、提升绿色创新能力具有一定的促进作用。

基于以上分析，本书提出以下假设：

H_5：绿色创新人力资源对我国制造业绿色创新系统绿色创新能力具有正向作用。

H_{5a}：绿色创新人力资源对我国制造业绿色创新系统绿色研发能力具有正向作用。

H_{5b}：绿色创新人力资源对我国制造业绿色创新系统绿色制造能力具有正向作用。

H_{5c}：绿色创新人力资源对我国制造业绿色创新系统绿色产品市场开拓能力具有正向作用。

2. 绿色创新财力资源与绿色创新能力

绿色创新财力资源是我国制造业绿色创新系统开展绿色创新活动的资金保障。Bellais（2004）、窦鹏辉和陈诗波（2012）的研究发现，企业研发资金的投入对于完善科技研发机制，提升企业研发能力有正向作用。绿色创新财力资源的投入有助于我国制造业绿色创新系统创新主体间开展绿色技术研发活动。我国制造业绿色创新系统在其生产制造和市场开拓的过程中也同样需要投入大量资金。

基于以上分析，本书提出以下假设：

H_6：绿色创新财力资源对我国制造业绿色创新系统绿色创新能力具有正向作用。

H_{6a}：绿色创新财力资源对我国制造业绿色创新系统绿色研发能力具有正向作用。

H_{6b}：绿色创新财力资源对我国制造业绿色创新系统绿色制造能力具有正向作用。

H_{6c}：绿色创新财力资源对我国制造业绿色创新系统绿色产品市场开拓能力具有正向作用。

3. 绿色创新物力资源与绿色创新能力

创新资源由硬资源和软资源构成，硬资源是指科研设备、通信网络设备等物力资源，软资源是指政治制度、文化氛围等，这些创新资源对企业的创新能力具有一定的促进作用。只有拥有先进的绿色技术装备，才能增强企业绿色研发能力，使用绿色生产技术和污染处理技术的绿色制造能力，并最终实现经济效益和环境效益的统一。为了提升我国制造业绿色创新系统绿色创新能力，必须加大我国制造业绿色创新系统绿色创新物力资源、绿色创新人力资源及绿色研发资源的投入。

基于以上分析，本书提出以下假设：

H_7：绿色创新物力资源对我国制造业绿色创新系统绿色创新能力具有正向作用。

H_{7a}：绿色创新物力资源对我国制造业绿色创新系统绿色研发能力具有正向作用。

H_{7b}：绿色创新物力资源对我国制造业绿色创新系统绿色制造能力具有正向作用。

4. 绿色创新技术资源与绿色创新能力

绿色创新技术资源是我国制造业通过购买绿色技术，改进现有技术并最终自主创造出能够实现节能、减排和降耗的技术资源的能力。我国制造业对绿色创新技术的熟悉程度会直接影响我国制造业绿色创新系统绿色创新能力的提升。Schoenecker 和 Swanson（2002）通过对技术资源的实证研究发现，技术资源对研发效率、生产制造能力及新产品的创新绩效具有正向作用。关于绿色产品的生产及销售，即绿色产品的制造能力和市场开拓能力的提高，绿色创新技术的支持和绿色创新技术的研发投入强度发挥着重要的促进作用。基于曹勇等（2010）关于技术资源的研究，笔者认为绿色创新技术资源投入与我国制造业绿色创新系统绿色创新能力紧密相连，是我国制造业绿色创新系统绿色创新产出的重要源泉。

基于以上分析，本书提出以下假设：

H_8：绿色创新技术资源对我国制造业绿色创新系统绿色创新能力具有正向作用。

H_{8a}：绿色创新技术资源对我国制造业绿色创新系统绿色研发能力具有正向作用。

H_{8b}：绿色创新技术资源对我国制造业绿色创新系统绿色制造能力具有正向作用。

H$_{8c}$：绿色创新技术资源对我国制造业绿色创新系统绿色产品市场开拓能力具有正向作用。

5. 绿色创新知识资源与绿色创新能力

绿色创新主要是通过我国制造业绿色创新系统中各组织之间绿色知识的产生、传递和积累来实现的，这种创新被称为网络式创新。绿色创新知识资源投入是我国制造业绿色创新系统进行绿色创新必不可少的资源，是我国制造业绿色创新系统拥有的可以反复利用的、通过科研院所研发出来的并被用来提升制造业绿色创新能力的资源。

绿色创新知识资源的衡量主要包括绿色知识存量和绿色知识流量两种。Feeney（2009）认为知识资源的存量对企业的创新能力具有一定的促进作用。而Dhanaraj 等（2004）认为知识流量对企业学习能力的提升具有重要的促进作用，是企业创新能力提升及竞争优势获取的重要源泉。目前，绿色创新知识资源已经取代了传统资源要素成为我国制造业绿色创新系统进行绿色创新活动的核心，对我国制造业绿色创新系统绿色创新能力的提升具有促进作用。

基于以上分析，本书提出以下假设：

H$_9$：绿色创新知识资源对我国制造业绿色创新系统绿色创新能力具有正向作用。

H$_{9a}$：绿色创新知识资源对我国制造业绿色创新系统绿色研发能力具有正向作用。

H$_{9b}$：绿色创新知识资源对我国制造业绿色创新系统绿色制造能力具有正向作用。

H$_{9c}$：绿色创新知识资源对我国制造业绿色创新系统绿色产品市场开拓能力具有正向作用。

16.1.5　制造业绿色创新系统绿色创新资源的中介作用

外商直接投资的创新性投资通过促进制造业绿色创新系统绿色创新资源投入的增加而加剧市场竞争，并通过示范作用，引导我国制造业进行模仿和创新，进而激发我国制造业积极进行绿色产品的研发、制造和营销。Kokko 等（1995）、Sjoholm（1999）、薄文广等（2005）的研究发现外商直接投资流入对东道国创新能力影响的大小主要取决于东道国的消化吸收能力。当其具有较强消化吸收能力时，外商直接投资流入产生促进作用；反之，则产生抑制作用。吸收能力的强弱主要取决于创新资源投入强度。

路江涌（2008）、徐侠和李树青（2008）在外商直接投资与我国技术创新水平的研究中，认为东道国的人力资源和物力资源对我国技术创新存在一定的正向作用。宋马林等（2010）、张伟等（2011）在相关研究中也得出了相同的结论。

基于以上分析，本书提出以下假设：

H_{10}：绿色创新资源在外商直接投资流入与绿色创新能力之间起中介作用。

H_{10a}：基于绿色创新资源的中介作用，外商直接投资流入对我国制造业绿色创新系统绿色研发能力具有显著正向作用。

H_{10b}：基于绿色创新资源的中介作用，外商直接投资流入对我国制造业绿色创新系统绿色制造能力具有显著作用。

H_{10c}：基于绿色创新资源的中介作用，外商直接投资流入对我国制造业绿色创新系统绿色产品市场开拓能力具有显著正向作用。

以上假设均根据以往学者关于外商直接投资与制造业创新的相关研究文献整理，如表16-1所示。

表16-1 研究假设依据

研究假设	假设依据相关文献
H_{1a}：外商直接投资资金流入对我国制造业绿色创新系统绿色创新财力资源具有正向作用	Branstetter（2006）；李武威（2012）；张伟等（2011）；贺胜兵和杨文虎（2008）；邓慧慧（2012）；等等
H_{1b}：外商直接投资资金流入对我国制造业绿色创新系统绿色创新物力资源具有正向作用	
H_{1c}：外商直接投资资金流入对我国制造业绿色创新系统绿色创新技术资源具有正向作用	
H_{2a}：外商直接投资物力流入对我国制造业绿色创新系统绿色创新人力资源具有正向作用	Cheng 和 Kwan（2000）；党亚茹和孟彩红（2011）；等等
H_{2b}：外商直接投资物力流入对我国制造业绿色创新系统绿色创新物力资源具有正向作用	
H_{2c}：外商直接投资物力流入对我国制造业绿色创新系统绿色创新技术资源具有正向作用	
H_{2d}：外商直接投资物力流入对我国制造业绿色创新系统绿色创新知识资源具有正向作用	
H_{3a}：外商直接投资技术流入对我国制造业绿色创新系统绿色创新人力资源具有正向作用	UNCTAD（1999）；Wei 等（1999）；张中元和赵国庆（2012）；Huber（2008b）；方健雯（2009）；等等
H_{3b}：外商直接投资技术流入对我国制造业绿色创新系统绿色创新物力资源具有正向作用	
H_{3c}：外商直接投资技术流入对我国制造业绿色创新系统绿色创新技术资源具有正向作用	
H_{3d}：外商直接投资技术流入对我国制造业绿色创新系统绿色创新知识资源具有正向作用	

续表

研究假设	假设依据相关文献
H_{4a}：外商直接投资信息流入对我国制造业绿色创新系统绿色创新人力资源具有正向作用	He（2008）；杨燕和高山行（2011）；杨发明和许庆瑞（1998）；盖人豪（2011）；王名福（2004）；邱均平等（1999）；张卫红（2010）；等等
H_{4b}：外商直接投资信息流入对我国制造业绿色创新系统绿色创新物力资源具有正向作用	
H_{4c}：外商直接投资信息流入对我国制造业绿色创新系统绿色创新技术资源具有正向作用	
H_{4d}：外商直接投资信息流入对我国制造业绿色创新系统绿色创新知识资源具有正向作用	
H_{5a}：绿色创新人力资源对我国制造业绿色创新系统绿色研发能力具有正向作用	Cano 和 Cano（2006）；张震宇和陈劲（2008）；丁勇（2011）；李国富和汪宝进（2011）；等等
H_{5b}：绿色创新人力资源对我国制造业绿色创新系统绿色制造能力具有正向作用	
H_{5c}：绿色创新人力资源对我国制造业绿色创新系统绿色产品市场开拓能力具有正向作用	
H_{6a}：绿色创新财力资源对我国制造业绿色创新系统绿色研发能力具有正向作用	Bellais（2004）；窦鹏辉和陈诗波（2012）；等等
H_{6b}：绿色创新财力资源对我国制造业绿色创新系统绿色制造能力具有正向作用	
H_{6c}：绿色创新财力资源对我国制造业绿色创新系统绿色产品市场开拓能力具有正向作用	
H_{7a}：绿色创新物力资源对我国制造业绿色创新系统绿色研发能力具有正向作用	王海燕（2004）；等等
H_{7b}：绿色创新物力资源对我国制造业绿色创新系统绿色制造能力具有正向作用	
H_{8a}：绿色创新技术资源对我国制造业绿色创新系统绿色研发能力具有正向作用	Grant（1991）；Schoenecker 和 Swanson（2002）；Acs 和 Audretsch（1988）；曹勇等（2010）；等等
H_{8b}：绿色创新技术资源对我国制造业绿色创新系统绿色制造能力具有正向作用	
H_{8c}：绿色创新技术资源对我国制造业绿色创新系统绿色产品市场开拓能力具有正向作用	
H_{9a}：绿色创新知识资源对我国制造业绿色创新系统绿色研发能力具有正向作用	Tödtling 等（2009）；Feeney（2009）；Brouthers 和 Hennart（2007）；等等
H_{9b}：绿色创新知识资源对我国制造业绿色创新系统绿色制造能力具有正向作用	
H_{9c}：绿色创新知识资源对我国制造业绿色创新系统绿色产品市场开拓能力具有正向作用	
H_{10a}：基于绿色创新资源的中介作用，外商直接投资流入对我国制造业绿色创新系统绿色研发能力具有显著正向作用	Kokko 和 Zejan（1996）；Sjoholm（1999）；薄文广等（2005）；路江涌（2008）；徐侠和李树青（2008）；曹勇等（2010）；等等
H_{10b}：基于绿色创新资源的中介作用，外商直接投资流入对我国制造业绿色创新系统绿色制造能力具有显著正向作用	
H_{10c}：基于绿色创新资源的中介作用，外商直接投资流入对我国制造业绿色创新系统绿色产品市场开拓能力具有显著正向作用	

16.2 研究设计与数据检验

16.2.1 变量测度

本书在结合大量国内外文献关于外商直接投资和创新能力变量测度研究的基础上，依据本书的研究目的、创新投入产出理论及指标数据收集的局限性，对外商直接投资流入、制造业绿色创新系统绿色创新资源和制造业绿色创新系统绿色创新能力中各变量的测度指标进行设定。

各变量的具体测度指标如表 16-2 所示。

表 16-2　外商直接投资流入对我国制造业绿色创新系统绿色创新能力指标体系

变量	潜变量	观测变量
外商直接投资流入	外商直接投资资金流入	FZ1 制造业实际使用外资金额
		FZ2 制造业外商直接投资合同金额
	外商直接投资物力流入	FW 制造业固定资产外商投资金额占制造业固定资产比重
		FW 制造业固定资产外商投资金额占实际使用外资金额比重
	外商直接投资技术流入	FJ1 外资企业技术转移合同数
		FJ2 外资企业新产品开发项目数
	外商直接投资信息流入	FX1 外资企业在我国专利申请授权数
		FX2 外资企业拥有注册商标数
制造业绿色创新系统绿色创新资源	绿色创新人力资源	CR1 制造业科技活动人员数占制造业年末从业人员数比重
		CR2 制造业绿色新产品创新人员数占年末从业人员数比重
	绿色创新财力资源	CC1 制造业绿色新产品创新费用支出占制造业总产值比重
		CC2 制造业绿色 R&D 经费支出占制造业行业产值比重
	绿色创新物力资源	CW1 制造业绿色创新仪器设备经费支出占行业产值比重
		CW2 制造业新增固定资产经费支出
		CW3 制造业制造设备改造率
	绿色创新技术资源	CJ 制造业绿色技术成交合同数占技术成交合同总数比重
		CJ 制造业绿色技术开发合同数占技术成交合同总数比重
	绿色创新知识资源	CZ1 制造业绿色知识存量
		CZ2 制造业绿色知识流量

续表

变量	潜变量	观测变量
制造业绿色创新系统绿色创新能力	绿色研发能力	LY1 制造业绿色专利授权数增长率
		LY2 制造业绿色科技成果转化率
	绿色制造能力	LZ1 制造业循环技术产值占制造业总产值比重
		LZ2 制造业绿色技术产值占制造业总产值比重
		LZ3 制造业低碳技术产值占制造业总产值比重
	绿色产品市场开拓能力	LS1 制造业绿色产品产值占制造业总产值比重的增长率
		LS2 制造业绿色产品占市场比重的增长率

16.2.2 数据来源

本书主要采用 28 个制造业行业 2006~2010 年连续 5 年的统计数据，组成一个面板样本数据集合进行实证研究，数据主要来源于《中国统计年鉴》、《工业企业科技活动统计资料》、《中国科技活动统计年鉴》和《中国火炬统计年鉴》，以及国家知识产权局、国家统计局等官方网站上发布的统计报告。由于本书所需数据有些无法从统计年鉴中直接查找得到，因此本书依据以往文献对此问题的处理方式通过计算推导得出，数据计算依据如附表 A3 所示。对于行业的选择，由于"废弃资源和废旧材料回收加工业"及"烟草制品业"这两个行业在统计年鉴中的统计数据缺乏连贯性，基于数据连贯性的考虑及为确保本书实证分析的准确性剔除这两个行业。最终，本书选取 28 个制造业行业进行实证研究分析。

16.2.3 测量模型分析

（1）信度检验。关于信度的检验主要包括两方面——潜变量的稳定性和测量模型的内部一致性，本书主要通过 Cronbach's α 系数和组合信度（composite reliability，CR）来表示。

一般认为 Cronbach's α 系数大于 0.7 说明该研究的潜变量具有较好的稳定性，如表 16-3 所示，所有变量的 Cronbach's α 系数和组合信度均高于 0.7。说明本书所用的测量变量具有较好的信度。

表 16-3　测量模型的信度与效度检验

潜变量	观测变量数目	Cronbach's α 系数	组合信度	AVE
FZ	2	0.949 505	0.975 364	0.951 913
FW	2	0.963 568	0.982 081	0.964 793
FJ	2	0.883 185	0.944 808	0.895 390
FX	2	0.862 740	0.934 836	0.877 677
CC	2	0.894 520	0.949 838	0.904 469
CR	2	0.705 246	0.871 544	0.772 335
CW	3	0.936 699	0.959 539	0.887 717
CJ	2	0.886 945	0.946 496	0.898 427
CZ	2	0.801 870	0.909 751	0.834 452
LY	2	0.942 766	0.972 165	0.945 837
LZ	3	0.913 097	0.945 552	0.852 843
LS	2	0.983 073	0.991 604	0.983 348

（2）效度检验。其包括内敛效度检验和判别效度检验。这两种效度检验都是用来检验潜变量之间的差异程度，其区别在于内敛效度检验是通过交叉因子载荷系数来检验潜变量的区分效度，而判别效度检验则通过 AVE 值的平方根与其他潜变量的相关系数的大小比较来表示，如果 AVE 值的平方根大于其他潜变量之间的相关系数，证明该模型中潜变量之间存在很好的区分度。

如表 16-4 和表 16-5 所示，测量指标的因子载荷均接近 0.7 或高于 0.7，并且 AVE 值均高于 0.5，表明测量变量可以有效地解释潜变量，测量变量具有很好的内敛效度。根据表 16-4 和表 16-5 所示，各潜变量的测量指标的载荷系数和 AVE 的平方根均大于其他测量指标的相关系数，说明该模型中的各个变量具有较好的判别效度。

表 16-4　潜变量之间的相关系数

潜变量	FZ	FW	FJ	FX	CC	CR	CW	CJ	CZ	LY	LZ	LS
FZ	0.986											
FW	0.632	0.982										
FJ	0.374	0.370	0.946									
FX	−0.150	−0.010	0.226	0.937								
CC	0.821	0.615	0.469	−0.100	0.951							
CR	0.339	0.351	0.410	0.069	0.558	0.879						
CW	0.517	0.569	0.520	0.079	0.680	0.556	0.942					
CJ	0.314	0.318	0.612	0.241	0.395	0.459	0.385	0.948				

续表

潜变量	FZ	FW	FJ	FX	CC	CR	CW	CJ	CZ	LY	LZ	LS
CZ	0.571	0.464	0.444	0.454	0.571	0.310	0.510	0.592	0.913			
LY	0.650	0.507	0.432	0.159	0.703	0.486	0.521	0.598	0.705	0.997		
LZ	0.608	0.394	0.473	0.240	0.822	0.285	0.563	0.702	0.786	0.813	0.923	
LS	0.626	0.574	0.348	0.118	0.730	0.510	0.546	0.567	0.635	0.829	0.749	0.992

注：对角线上的数字表示 AVE 的平方根

表 16-5　测量指标之间的交叉因子载荷系数表

观测变量	FZ	FW	FJ	FX	CC	CR	CW	CJ	CZ	LY	LZ	LS
FZ1	0.977	0.634	0.339	−0.176	0.849	0.343	0.511	0.239	0.514	0.621	0.582	0.619
FZ2	0.975	0.600	0.392	−0.176	0.753	0.319	0.498	0.378	0.601	0.647	0.604	0.604
FW1	0.606	0.981	0.356	−0.002	0.564	0.339	0.547	0.283	0.426	0.430	0.361	0.510
FW2	0.635	0.984	0.370	0.001	0.642	0.350	0.569	0.340	0.483	0.561	0.411	0.613
FJ1	0.396	0.267	0.945	0.178	0.490	0.365	0.459	0.581	0.452	0.499	0.502	0.382
FJ2	0.313	0.431	0.948	0.249	0.398	0.410	0.524	0.578	0.389	0.321	0.394	0.280
FX1	−0.090	0.099	0.208	0.921	−0.050	0.049	0.157	0.125	0.282	0.117	0.227	0.092
FX2	−0.180	−0.078	0.215	0.953	−0.128	0.077	0.010	0.305	0.297	0.173	0.224	0.125
CC1	0.803	0.565	0.492	−0.139	0.955	0.510	0.650	0.351	0.547	0.691	0.684	0.727
CC2	0.758	0.607	0.397	−0.049	0.947	0.553	0.644	0.402	0.539	0.645	0.636	0.659
CR1	0.268	0.372	0.257	0.029	0.482	0.877	0.533	0.334	0.282	0.416	0.407	0.499
CR2	0.328	0.246	0.462	0.091	0.498	0.881	0.445	0.471	0.263	0.438	0.444	0.398
CW1	0.475	0.549	0.527	0.145	0.665	0.553	0.952	0.346	0.508	0.464	0.591	0.520
CW2	0.505	0.542	0.502	0.057	0.617	0.514	0.947	0.328	0.480	0.491	0.554	0.466
CW3	0.481	0.516	0.438	0.019	0.641	0.504	0.927	0.415	0.452	0.519	0.530	0.559
CJ1	0.356	0.358	0.559	0.185	0.397	0.438	0.360	0.947	0.549	0.558	0.532	0.556
CJ2	0.241	0.246	0.601	0.272	0.353	0.431	0.369	0.948	0.573	0.576	0.543	0.518
CZ1	0.506	0.376	0.335	0.305	0.537	0.271	0.503	0.503	0.920	0.669	0.774	0.627
CZ2	0.538	0.475	0.483	0.259	0.506	0.297	0.426	0.582	0.907	0.618	0.658	0.529
LY1	0.631	0.496	0.438	0.142	0.451	0.688	0.618	0.494	0.703	0.974	0.831	0.846
LY2	0.633	0.490	0.402	0.168	0.495	0.679	0.544	0.520	0.668	0.971	0.748	0.765
LZ1	0.589	0.563	0.486	0.154	0.496	0.682	0.620	0.580	0.642	0.814	0.946	0.772
LZ2	0.562	0.576	0.499	0.294	0.450	0.622	0.510	0.592	0.616	0.730	0.944	0.772
LZ3	0.531	0.408	0.324	0.218	0.394	0.618	0.437	0.466	0.714	0.705	0.879	0.672
LS1	0.650	0.351	0.364	0.131	0.507	0.738	0.578	0.546	0.741	0.826	0.765	0.992
LS2	0.592	0.331	0.326	0.102	0.504	0.710	0.545	0.536	0.724	0.819	0.719	0.991

注：灰色数字表示该指标的因子载荷归属

16.3 模型检验及结果探讨

16.3.1 结构模型检验

从上文中可以看出该模型的信度和效度分析结果证明了该结构方程模型可以进行进一步的影响路径分析。本书采用 Smartpls 软件进行实证检验，对于结构方程模型的解释能力，PLS 估计方法主要通过 R^2 来说明，其大小表示其他潜变量对其所代表的内生潜变量的解释程度，即该模型的预测能力。

如图 16-2 所示，本书的结构方程模型分别解释了制造业绿色创新系统的绿色创新人力资源资源（21.4%）、绿色创新财力资源（67.4%）、绿色创新物力资源（45.5%）、绿色创新技术资源（40.4%）和绿色创新知识资源（36.4%）的方差，说明外商直接投资流入的创新资源能够很好地预测制造业绿色创新系统绿色创新资源的水平。研究模型还分别解释了制造业绿色创新系统的绿色研发能力（69.1%）、绿色制造能力（75.8%）和绿色产品市场开拓能力（70.1%）的方差，表明制造业绿色创新系统绿色创新资源预测制造业绿色创新系统绿色创新能力的效果较高。具体假设检验的路径系数见表 16-6。

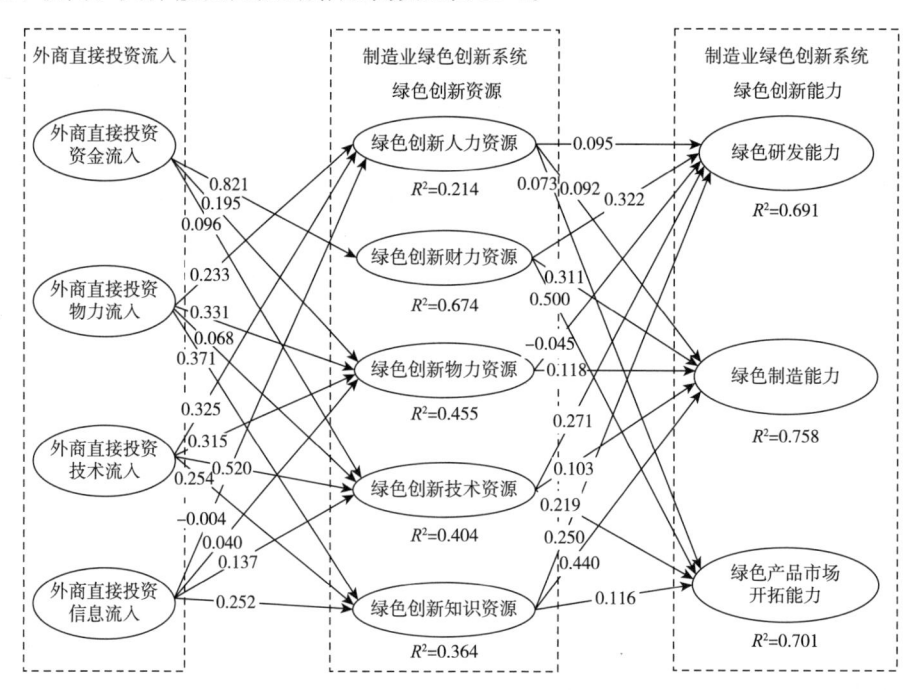

图 16-2 结构方程估计结果

表 16-6　外商直接投资流入对我国制造业绿色创新系统绿色创新能力影响的路径系数及检验

变量间关系	路径系数	检验结果
H_{1a}：FZ→CC	0.820 926	支持
H_{1b}：FZ→CW	0.195 203	支持
H_{1c}：FZ→CJ	0.096 962	支持
H_{2a}：FW→CR	0.232 836	支持
H_{2b}：FW→CW	0.330 753	支持
H_{2c}：FW→CJ	0.067 876	支持
H_{2d}：FW→CZ	0.371 475	支持
H_{3a}：FJ→CR	0.324 644	支持
H_{3b}：FJ→CW	0.314 544	支持
H_{3c}：FJ→CJ	0.520 331	支持
H_{3d}：FJ→CZ	0.254 189	支持
H_{4a}：FX→CR	−0.004 498	不支持
H_{4b}：FX→CW	0.039 822	支持
H_{4c}：FX→CJ	0.137 175	支持
H_{4d}：FX→CZ	0.252 251	支持
H_{5a}：CR→LY	0.095 226	支持
H_{5b}：CR→LZ	0.092 238	支持
H_{5c}：CR→LS	0.073 273	支持
H_{6a}：CC→LY	0.321 735	支持
H_{6b}：CC→LZ	0.311 119	支持
H_{6c}：CC→LS	0.500 421	支持
H_{7a}：CW→LY	−0.044 587	不支持
H_{7b}：CW→LZ	0.117 913	支持
H_{8a}：CJ→LY	0.270 688	支持
H_{8b}：CJ→LZ	0.102 873	支持
H_{8c}：CJ→LS	0.219 310	支持
H_{9a}：CZ→LY	0.257 157	支持
H_{9b}：CZ→LZ	0.466 299	支持
H_{9c}：CZ→LS	0.116 082	支持
H_{10a}：FDI→LY	0.192 703	支持
H_{10b}：FDI→LZ	0.054 111	支持
H_{10c}：FDI→LS	−0.049 331	不支持

（1）外商直接投资流入与制造业绿色创新系统绿色创新资源假设检验。

从图16-2和表16-6中可知，外商直接投资资金流入对制造业绿色创新系统绿色创新财力资源、绿色创新物力资源、绿色创新技术资源影响的路径系数分别为0.820 926、0.195 203、0.096 962，说明外商直接投资资金流入对制造业绿色创新系统绿色创新资源存在正向影响，对于绿色财力资源的正向影响尤为显著，H_1成立。

外商直接投资物力流入对制造业绿色创新系统绿色创新人力资源、绿色创新物力资源、绿色创新技术资源、绿色创新知识资源影响的路径系数分别为0.232 836、0.330 753、0.067 876、0.371 475，说明外商直接投资物力流入对上述四种绿色创新资源存在着正向影响，H_2成立。

外商直接投资技术流入对制造业绿色创新系统绿色创新人力资源、绿色创新物力资源、绿色创新技术资源、绿色创新知识资源影响的路径系数分别为0.324 644、0.314 544、0.520 331、0.254 189，说明外商直接投资技术流入对上述四种绿色创新资源存在着正向影响，其中对绿色技术创新资源影响较为显著，H_3成立。

外商直接投资信息流入对制造业绿色创新系统绿色创新人力资源、绿色创新物力资源、绿色创新技术资源、绿色创新知识资源影响的路径系数分别为−0.004 498、0.039 822、0.137 175、0.252 251，说明外商直接投资信息流入除对绿色创新人力资源存在负影响外，对上述其他三种绿色创新资源存在正向影响。H_4部分成立，其中H_{4a}不成立。

（2）制造业绿色创新系统绿色创新资源与制造业绿色创新系统绿色创新能力假设检验。

从图16-2和表16-6中可知，制造业绿色创新系统绿色创新人力资源对制造业绿色创新系统绿色研发能力、绿色制造能力、绿色产品市场开拓能力影响的路径系数分别为0.095 226、0.092 238、0.073 273，说明制造业绿色创新系统绿色创新人力资源对制造业绿色创新能力有正向影响，H_5成立。

制造业绿色创新系统绿色创新财力资源对制造业绿色创新系统绿色研发能力、绿色制造能力和绿色产品市场开拓能力影响的路径系数分别为0.321 735、0.311 119、0.500 421，说明制造业绿色创新系统绿色创新财力资源对制造业绿色创新能力有正向影响，H_6成立。

制造业绿色创新系统绿色创新物力资源对制造业绿色创新系统绿色研发能力和绿色制造能力影响的路径系数分别为−0.044 587、0.117 913，说明制造业绿色创新系统绿色创新物力资源对制造业绿色创新研发能力存在一定的负影响，对制造业绿色制造能力存在正向影响。H_7部分成立，其中H_{7a}不成立。

制造业绿色创新系统绿色创新技术资源对制造业绿色创新系统绿色研发能

力、绿色制造能力、绿色产品市场开拓能力影响的路径系数分别为 0.270 688、0.102 873、0.219 310，说明制造业绿色创新系统绿色创新技术资源对制造业绿色创新能力有正向影响，H_8 成立。

制造业绿色创新系统绿色创新知识资源对制造业绿色创新系统绿色研发能力、绿色制造能力、绿色产品市场开拓能力的影响路径系数分别为 0.257 157、0.466 299、0.116 082，说明制造业绿色创新系统绿色创新知识资源对制造业绿色创新能力有正向影响，H_9 成立。

（3）基于制造业绿色创新系统绿色创新资源的中介作用，外商直接投资流入与制造业绿色创新系统绿色创新能力假设检验。

依据结构方程模型的特点及以往相关文献的研究，为验证绿色创新资源在制造业外商直接投资流入影响绿色创新系统绿色创新能力过程中的中介效应，本书将制造业绿色创新系统绿色创新资源从该结构方程模型中移除，并再次进行检验，将两次检验的结果进行比较发现，在制造业绿色创新系统绿色创新资源移除之前，如表16-6所示，外商直接投资流入各创新资源对制造业绿色创新系统绿色创新能力影响路径系数的总和分别为 0.192 703、0.054 111 和−0.049 331。

其中外商直接投资资金流入对制造业绿色创新系统绿色创新能力的影响分别为 0.188 817、0.126 589 和 0.037 751；外商直接投资物力流入对制造业绿色创新系统绿色创新能力影响路径系数分别为 0.017 383、−0.213 435 和 0.152 835；外商直接投资技术流入对制造业绿色创新系统绿色创新能力影响路径系数分别为 −0.109 424、−0.035 465 和−0.273 235；外商直接投资信息流入对制造业绿色创新系统绿色创新能力影响的路径系数分别为 0.096 196、0.113 890 和 0.109 608。而将其移除之后发现，外商直接投资流入各创新资源对制造业绿色创新系统绿色创新能力影响路径系数的总和分别为 1.042 872、1.019 690 和 0.896 262，远大于原模型中两者之间的影响路径系数。

基于温忠麟等（2004）关于中介变量的研究，本书认为包含中介变量模型的路径系数与移除中介变量模型的路径系数比较，当其存在较大差异时，说明中介效应显著。因此，根据上述分析讨论，制造业绿色创新系统绿色创新资源在外商直接投资流入对制造业绿色创新系统绿色创新能力影响过程中起完全的中介作用，H_{10} 成立。

对于路径系数显著性检验，Smartpls 2.0 以 Bootstrap 方法来检验路径系数的显著性，得出 H_{10a}、H_{10b} 均在 0.05 显著性水平下成立，而外商直接投资流入对制造业绿色创新系统绿色产品市场开拓能力的影响没有通过显著性水平检验。综上所述，H_{10a} 和 H_{10b} 通过验证，H_{10c} 未通过验证，即外商直接投资流入对制造业绿色创新系统绿色产品市场开拓能力具有抑制作用。

16.3.2 结论探讨

本书以我国制造业外商直接投资流入为视角，以外商直接投资影响我国制造业绿色创新系统绿色创新能力为研究对象。运用结构方程模型的 PLS 建模技术深入探讨了外商直接投资流入、我国制造业绿色创新系统绿色创新资源与制造业绿色创新系统绿色创新能力之间的关系。主要研究结论如下：

（1）外商直接投资流入对我国制造业绿色创新系统绿色创新资源具有正向影响，验证了 Grant（1991）关于外商直接投资流入与创新系统的创新资源存在正相关的观点。H_1、H_2 和 H_3 通过验证，而 H_4 部分通过验证。其中 H_{4a} 未通过验证，即外商直接投资信息流入对我国制造业绿色创新系统绿色创新人力资源具有一定的抑制作用。

这是因为国外发达国家是绿色创新的倡导者，拥有最新的绿色信息资源。随着外资企业进入程度的加深，大量的绿色信息流入我国制造业，促进了我国制造业绿色创新系统的发展。但与此同时，由于技术差距的存在，我国制造业绿色创新系统各主体无法有效地消化吸收外资企业流入的绿色信息，进而出现挤出效应，为了保持现有的市场利润，我国制造业企业开始通过减少绿色创新投入来降低运营成本，而降低成本最有效的方法之一就是减少人力资本，所以外商直接投资的信息流入对我国制造业绿色创新系统绿色创新人力资源产生了负向影响。

（2）我国制造业绿色创新系统绿色创新资源与绿色创新能力具有正向影响，H_5、H_6、H_8 和 H_9 通过验证，H_7 部分通过检验。其中我国制造业绿色创新系统绿色创新物力资源对我国制造业绿色研发能力具有一定程度的抑制作用。

对于我国制造业绿色创新系统各主体来说，尤其是制造业企业，科技成果的市场化效果远不如产品创新和工艺创新的效果，我国制造业进行绿色研发仅仅是为了提升制造业的经济效益。由于自主研发需要消耗大量的资金和时间，因而我国制造业绿色创新系统各主体将大量资金和精力投放到购买国外现成的设备或改进现有机器设备上，进行相对容易的产品创新和工艺创新，所以随着绿色创新物力资源投入的增加，我国制造业绿色研发能力反而降低。

（3）在结构方程模型验证过程中，本书证实了我国制造业绿色创新系统绿色创新资源在外商直接投资流入与我国制造业绿色创新系统绿色创新能力之间的中介作用，说明我国制造业绿色创新系统绿色创新资源是提升我国制造业绿色创新系统绿色创新能力的重要因素之一。另外本书还验证了宋马林等（2010）、柴志贤（2011）关于外商直接投资流入促进我国制造业绿色创新能力的观点。但外商直接投资流入对我国制造业绿色创新系统绿色产品市场开拓能力产生了一定的抑制作用。

由于现阶段外商直接投资流入我国制造业的绿色创新资源还是以初期的低技术含量的绿色创新资源为主，并且我国制造业绿色创新系统各主体的绿色创新水平有限，对于外商直接投资流入的各创新资源的吸收能力有限，因而随着外资企业的进入，外资企业以其较强的绿色创新能力占领我国制造业的绿色产品市场。考虑到绿色产品收益的不确定性及外资企业进入可能给我国制造业企业带来损失，不少企业对绿色产品创新的动力不足，进而降低了我国制造业绿色创新系统各主体的绿色产品市场开拓能力。

基于以上综合分析，本书对我国制造业实现经济效益与环境效益的统一具有一定的指导作用。要使外商直接投资在提升我国制造业绿色创新系统绿色创新能力方面发挥更大的作用，其关键在于提升我国制造业绿色创新系统各主体自身的绿色创新水平及其吸收能力，进而迫使外资企业必须通过加大绿色创新力度或投入更多的绿色创新资源来维持其在我国制造业市场的垄断地位，增进外商直接投资的外溢效应。

在积极引进外商直接投资的同时，我国制造业绿色创新系统各主体还应注意到外资企业对我国生态环境的影响，避免"污染避难所效应"的出现。"污染避难所效应"是由于发达国家和发展中国家在环境标准上存在一定的差异，因此对环境有污染的产业从环境标准高的国家转向环境标准低的国家。为防止外商直接投资流入对我国生态环境产生更多的负面影响，实现我国制造业绿色创新系统的可持续发展，我国政府应提高环境标准，进行环境规制，进而防止这一现象的发生。

16.4 本章小结

本章首先在分析外商直接投资流入与制造业绿色创新系统创新能力、绿色创新资源理论关联的基础上，从绿色创新资源视角构建了外商直接投资流入与制造业绿色创新系统创新能力影响的概念模型，并提出了三者间关系的理论假设；其次对28个制造业行业2006~2010年的样本数据进行信度和效度分析，运用结构方程模型的PLS建模技术深入探讨了外商直接投资流入及我国制造业绿色创新系统绿色创新资源与制造业绿色创新系统绿色创新能力之间的关系。

第五部分

低碳创新相关的制造业绿色创新系统研究

低碳经济的发展对制造业绿色创新系统提出了新的要求,制造业在构建绿色创新系统、进行绿色创新活动的过程中必然更加关注低碳方面的效应。因此,本书中对低碳创新相关的制造业绿色创新系统问题进行了研究,具体包括第17章和第18章两章的内容。

第17章 低碳创新系统的内涵与外延及其多学科视角的理论解析

资源环境问题的日益突出导致绿色创新理论的兴起，而随着全球气候问题的不断加剧，低碳创新理论成为最新、最热的研究问题。为应对全球气候变暖，加快低碳创新已经得到广泛的认同，基于创新系统视角对低碳创新的研究也逐渐受到学术界的关注。作为绿色创新领域中的特殊组成部分，关于低碳创新的研究是对绿色创新理论的细化和深入，也是对绿色创新理论的重要补充和完善。因此，本章将对特殊的绿色创新系统——低碳创新系统的相关问题进行研究，为低碳创新的发展提供最基本的理论支撑。

17.1 低碳创新系统的内涵

17.1.1 概念内涵的分析

旨在更全面地剖析低碳创新系统的内涵，本书将从系统概念的本质出发进行分析。系统工程学家将系统定义为一组内在相关的要素为实现某一共同的目标而组成的集合。系统由系统要素、系统要素间的关系，以及其属性和特征组成。基于此，要辨析不同创新系统的内涵重点需要回答以下三个问题：从哪个层面进行分析，包括国家创新系统、区域创新系统、产业创新系统和技术创新系统等不同层面；如何界定创新系统的边界和结构要素，包含主体、网络和制度；如何评价创新系统的绩效。同时，系统功能也是创新系统的重要内容。因此，本章从以下四个方面探讨低碳创新系统的概念内涵。

1. 低碳创新系统的分析层面

对于传统的创新系统而言,无论是国家创新系统、区域创新系统,还是产业创新系统、技术创新系统,都是围绕技术的开发、扩散与应用来展开的。而且,现有低碳创新系统概念大多也是以技术系统概念和框架为核心。显然,低碳创新系统的内涵也应主要从技术系统层面来剖析。其中,低碳技术一般被认为包含源头控制的无碳技术、过程控制的减碳技术和末端控制的去碳技术三个部分(Huang and Bi, 2012)。

不同于一般的技术系统,低碳技术创新系统不仅涉及低碳技术的开发、扩散与应用,也涉及低碳技术的低碳绩效及其对碳减排、减少环境污染、应对资源短缺,以及经济、社会与生态环境可持续发展的影响(Weber and Hemmelskamp, 2005)。因此,技术系统层面下的低碳创新系统还包含了低碳发展要求这一本质属性。

2. 低碳创新系统的系统边界与系统结构要素

在技术系统的框架下,以低碳技术创新系统为核心的低碳创新系统具有技术系统的所有本质特征(Carlsson et al., 2002)。因此,低碳创新系统并非主要以地理边界作为系统边界,而是主要以低碳技术涉及的知识领域作为边界。在系统边界内,低碳技术创新、低碳组织创新和低碳制度创新过程中涉及的所有主体、网络和制度要素(Johnson and Jacobsson, 2001)都被纳入低碳创新系统中。其中,网络作为系统主体间知识转移的重要渠道,与制度环境是密不可分的。因此,本书用环境要素(Rogge and Hoffmann, 2010)来指代系统结构要素中的网络和制度,以期在对低碳创新系统功能与结构的剖析中更清晰地勾勒出低碳创新系统的内涵。

结合对低碳技术创新系统的大量实证研究,低碳技术的突破性创新往往不是低碳创新系统初创的起点,其诞生往往源于政府的管制(Hekkert et al., 2007)。在低碳创新系统中,政治体系应该包含联合国政府间气候变化专门委员会、跨国政府机构、国家机构、地区机构等(OECD, 2001)。在政府制定的低碳政策、创新政策、产业政策等支持下,系统解决方案提供商与组件生产商等低碳技术提供者和高等院校与科研院所等产业外部研究机构(Rogge and Hoffmann, 2010)利用现有的人力资源、物力资源和财力资源等创新资源和知识产权制度、技术标准和科技设施等创新基础(Köhler et al., 2013)进行无碳技术、减碳技术和去碳技术等低碳技术的研发,通过商品市场和要素市场或直接向低碳技术使用者提供低碳解决方案或技术设备。

其中,知识产权制度发挥着极为重要的作用(Köhler et al., 2013)。同时,环境非政府组织、金融中介机构、服务中介机构、行业协会等中介机构在低碳技术研发、示范应用和扩散的过程中,为低碳技术提供者和低碳技术使用者提供技术游说、金融与产业、信息与管理等支持。特别是环境非政府组织,作为推动低碳技术发展的重要游说机构,在低碳新兴技术对传统能源技术的嵌入及合法性地位的形成过程中扮演着至关重要的角色(Johnson and Jacobsson, 2001; Parayil, 2003)。

基于以上分析,本书将低碳创新系统的主体要素概括为政治体系、低碳技术提供者、产业外部研究机构、低碳技术使用者和中介机构。其中,低碳技术使用者中的产业是指将低碳技术作为投入进行二次生产的所有组织;而居民是指将低碳技术作为最终消费品来使用的所有组织。环境要素则可以概括为政策环境、市场、创新基础和创新资源。其中,核心要素市场价格被单独提炼出来,因为核心要素市场价格被认为是实现创新系统低碳转型的关键(Rogge and Hoffmann, 2010)。

3. 低碳创新系统与外部环境的相互作用

低碳创新源于政府管制的压力,而政府管制则源于系统外部环境的倒逼与要求。随着全球人口的增长和经济的发展,能源需求和消费量不断上升,造成了资源的过度消耗、生态环境的破坏,以及全球气候变暖等危害人类生存发展的重大问题。

资源短缺和生态环境破坏程度的扩大开始倒逼全球发展模式的转型,旨在实现通过更少的自然资源消耗和更少的环境污染,获得更多的经济产出的低碳经济发展模式(冯之浚等,2009)。同时,对传统工业社会的技术模式、组织制度、社会结构与文化的反思,使建立一种具有低碳社会制度、低碳文化和低碳生活的新型社会形态的呼声越来越高。为了实现资源禀赋的优化、生态环境的保护、低碳经济的发展,以及低碳社会的构建,创新系统的低碳转型成为关键(Weber and Hemmelskamp, 2005)。

同时,考虑到现有对低碳技术创新系统概念及其内涵的界定,外部环境往往被忽视,而仅关注低碳技术的开发、扩散及应用。因此,在对低碳创新系统内涵的剖析中,应结合绿色创新系统等概念的界定,将外部环境纳入低碳创新系统的概念中。另外,考虑到低碳创新系统的外在驱动性特点,其形成和发展方向很大程度上取决于外部环境的倒逼和要求,可见低碳创新系统具有动态性特征(Fukuda and Watanabe, 2008; Cooke, 2011)。

4. 低碳创新系统的系统功能与系统结构

创新系统功能分析框架的提出,主要是基于对不同地区可再生能源技术创新系统的研究。目前,受到多数学者认可和应用的创新系统功能分析框架中主要涉及七项系统功能，包括企业家创业活动、知识创造、知识扩散、政府管制、市场构建、资源配置和游说与合法性建立（Hekkert et al. 2007）。

然而，低碳创新系统不仅涉及低碳技术的开发、扩散和应用，更涉及低碳技术的低碳绩效及其对碳减排、减少环境污染、应对资源短缺，以及经济、社会与生态环境可持续发展的影响。同时，考虑到部分绿色创新系统等概念都将应对资源短缺和环境污染，向生态效率跨越转变，实现经济、社会和生态的可持续发展等纳入其中（陈劲，1999；陈劲，2000；袁凌等，2000；Weber and Hemmelskamp，2005；Gee and McMeekin，2011），低碳创新系统概念也应该能有效地识别外部环境中全球气候变暖、环境污染等对低碳创新系统的要求。因此，本书在七项功能的基础上，增加"外部环境识别"功能，以识别生态环境和资源禀赋的倒逼，以及低碳经济和低碳社会发展的要求与机会。

此外，八项系统功能的良性相互作用下，其核心目标是实现低碳技术创新、低碳组织创新和低碳制度创新。区别于低碳技术创新系统概念，本书将低碳技术创新、低碳组织创新和低碳制度创新视为低碳创新系统的三项整合功能。而技术系统框架下的八项系统功能则是旨在实现整合功能的子功能。

低碳创新系统中的系统功能间存在相互影响，一项系统功能的实现可能影响另外一项系统功能的实施，而系统功能的相互作用将形成非线性的网络结构，进而对创新系统绩效产生积极的或消极的影响。本书将这种由不同系统功能相互作用而形成的网络结构称为系统的虚拟结构，即系统结构。考虑到低碳创新系统的动态性特征，系统功能与结构将随着系统外部环境识别情况的变化而变化。

17.1.2 概念内涵模型的构建

基于低碳创新系统的三项整合功能，可以将低碳创新系统分为低碳技术创新系统、低碳组织创新系统和低碳制度创新系统三个子系统。事实上，三个子系统中系统要素间的相互关系及其由此形成的系统功能与结构才是低碳创新系统的内涵。

（1）对于低碳技术创新系统而言，存在两种网络结构，其一是外部环境识别—政府管制—低碳知识创造/引进—低碳技术提供者的创业活动—游说网络。即在资源禀赋与生态环境的倒逼，以及低碳社会与低碳经济的要求下，为了降低工业发展对环境的破坏，政治体系开始发挥作用，一系列政策被制定出来进行技术管制和支持，以推动低碳技术知识的创造。新兴低碳技术的诞生将提高市场对该技术领域的预期，更多的企业家进入市场开展创业活动，游说行为也将随之增加，在企业家的游说下更多支持政策的出台也将使该新兴低碳技术的发展形成良性循环（Hekkert et al.，2007），本书将该发展路径称为低碳技术创新路径1（T路径1），如图17-1所示。

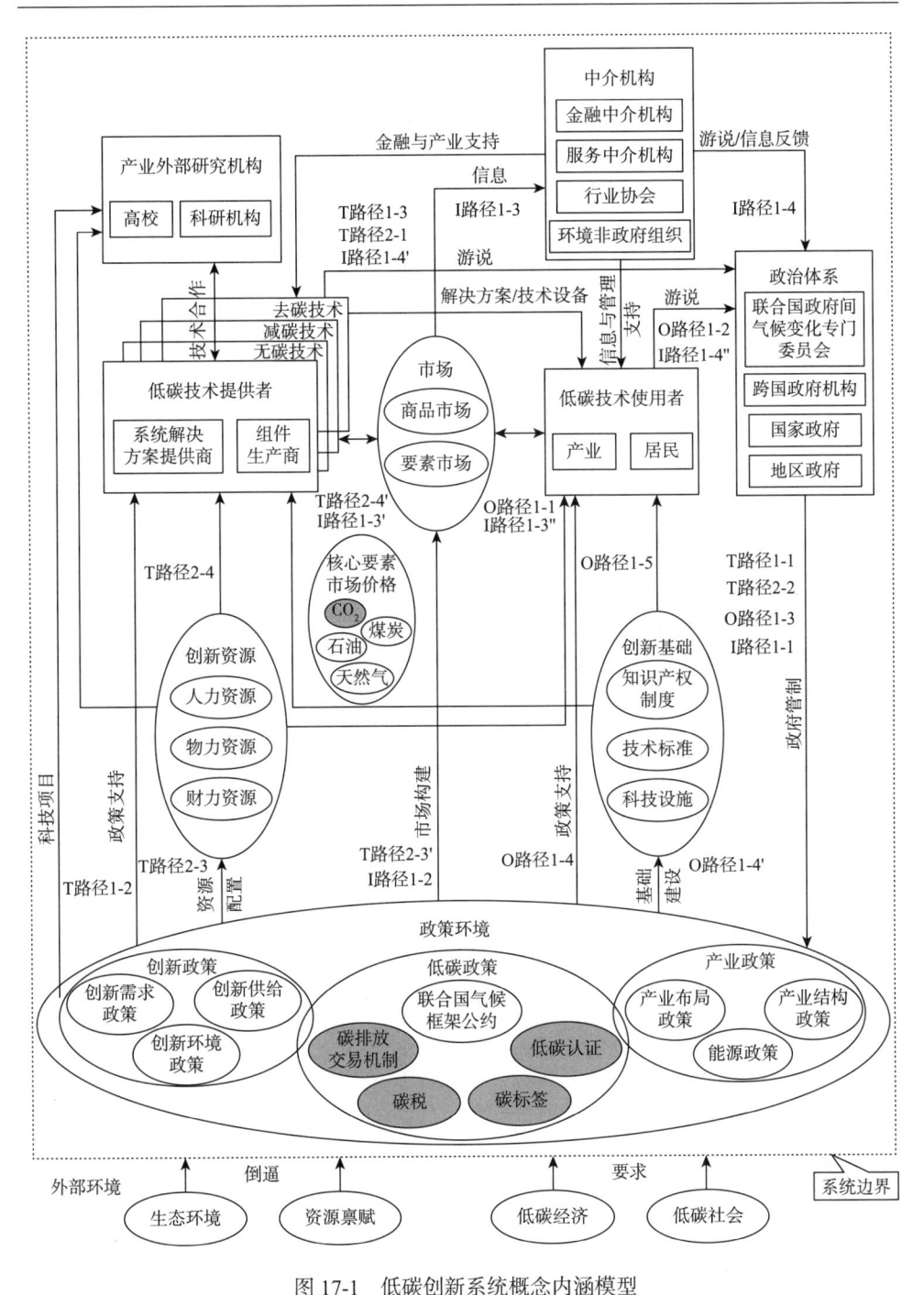

第 17 章　低碳创新系统的内涵与外延及其多学科视角的理论解析

图 17-1　低碳创新系统概念内涵模型

□ 是指系统主体要素；○ 是指系统环境要素；● 是指引入低碳后的核心环境要素

其二是外部环境识别—创业活动—游说—政府管制—资源配置/市场构建网络。在外部环境的作用下，少数企业家对外部环境和市场的变化首先做出尝试，并通过向政府游说以获得政府机构对该新兴低碳技术领域的认可，并通过政策制定向该领域配置更多的资源，或逐步构建市场，使新兴低碳技术能够与传统技术在市场中进行竞争。在政策支持下，低碳技术竞争力提高，企业家对该技术领域的预期也使更多新项目出现，由此将形成良性循环（Hekkert et al.，2007），本书将该发展路径称为低碳技术创新路径2和3（T路径2和3），如图17-1所示。

在以上两种网络结构中，低碳技术知识的研发主要由低碳技术提供者完成，其与产业外部的研究机构通常通过合同方式进行技术合作（Köhler et al.，2013）。同时，低碳技术知识领域的基础性研究多数是由产业的外部研究机构完成的，这也是低碳技术得以创造的知识基础（Rogge and Hoffmann，2010）。

（2）对于低碳组织创新系统而言，其网络结构为低碳技术使用者所在行业竞争/要素价格波动—低碳组织创新—游说—政府管制—行业新标准确立（Hekkert al.，2007）—要素价格的波动。无论是行业的竞争压力，还是要素市场价格的波动，都会增加低碳技术使用者中产业的生产成本，生产成本的提高迫使企业家采用新的管理方式降低要素价格波动的影响，如提高能效、降低末端污染等。

事实上，涉及低碳组织的主要是传统的高能耗、高污染和高排放行业。这些技术成熟、规模化生产和全球化竞争的传统行业中大型企业往往在创新系统中发挥了主导作用，行业技术改进和发展的方向主要也由少数大型企业的重大技术战略来决定。这些少数大型企业对政府机构的游说对行业技术标准的设立和能源管理机制等行业重大事件有着重要的影响，这也将倒逼行业内其他企业进行必要的低碳组织创新以满足相关的行业规定，进而构成了低碳组织创新活动的良性循环，本书称之为低碳组织创新路径1（O路径1），如图17-1所示。

（3）对于低碳制度创新系统而言，其网络结构为外部环境识别—政府管制—市场构建—低碳技术提供者的创业活动/低碳技术使用者的管理活动/中介机构的分析—游说/信息反馈。可见，低碳制度的建立不仅是构建低碳制度创新系统的关键，更是维系低碳创新系统发展的关键。这主要是因为低碳技术创新不仅受到"双重外部性"的影响，还受到行业自然垄断的影响（如电网企业）（Rogge and Hoffmann，2010）。

新兴低碳技术在现阶段没有办法在价格和绩效上与传统技术进行竞争，多数低碳技术在市场构建方面都较为薄弱（Köhler et al.，2013）。而市场构建正是低碳制度创新的核心，旨在实现低碳制度创新的政府管制主要致力于低碳市场的构建。而低碳技术提供者、低碳技术使用者和中介机构对市场信息的搜集与反馈又将市场构建中存在的问题反馈给政府机构的相关部门，由此循环往复地进行市场的构建和修补，进而使新兴低碳技术能够摆脱政策的财政支持和补贴，实现市场化发展并与传统技术进行竞争,即低碳制度创新新路径1(I路径1),如图17-1所示。

综上所述,结合Kuhlmann和Arnold(2001)、Foxon等(2005)、Hekkert等(2007)、Rogge和Hoffmann(2010)、Köhler等(2013)对不同创新系统的描绘,并参考众多关于低碳创新系统的文献,本书构建的低碳创新系统的概念内涵模型如图17-1所示。

17.2 低碳创新系统的外延

概念的外延是指具有概念本质属性的事物所形成的范围(朱志凯,1995)。根据上文对低碳创新系统内涵的分析,低碳创新系统的外延是指在低碳技术所涉及的领域和一定的行政或经济区域内,反映低碳创新系统本质属性的不同层面的创新系统,其包含两个维度:行政或经济区域维度和技术领域维度。

基于行政或经济区域维度对低碳创新系统进行细分,低碳创新系统的外延包括区域低碳创新系统、国家低碳创新系统、跨国经济区域的低碳创新系统等。基于技术领域维度对低碳创新系统进行细分,低碳创新系统的外延包括低碳技术创新系统、产业低碳创新系统等。结合创新系统研究的主要分析视角,本书分别对国家低碳创新系统、区域低碳创新系统、产业低碳创新系统和低碳技术创新系统进行分析。

17.2.1 基于行政或经济区域维度的低碳创新系统外延

1. 国家低碳创新系统

国家创新系统是最早出现的创新系统概念,其于1985年被斯堪的纳维亚半岛的国家首次使用。国家创新系统不仅涉及国家的各产业及产业内的企业,还包括其他社会组织,主要是科技领域的组织(Lundvall,1992),并突出了技术政策的作用(Nelson,1993)。而国家低碳系统则被认为是面向低碳技术创新的由多个组成要素构成的国家创新网络,各个要素间互相关联和作用,形成具有节能减排功能的基本框架(李蜀湘和陆小成,2011)。

结合学者们对国家创新系统概念的界定,本书认为国家低碳创新系统以国家行政区域和低碳技术所涉及的领域构成的范围作为系统边界,强调低碳领域的国际合作,政府在国家低碳创新资源配置、低碳创新政策与制度建设(Nelson,1988)、低碳创新基础设施建设(Freeman,1988)等方面的作用。

在低碳领域的国际合作方面，依托《联合国气候变化框架公约》中的国际合作约定，即发达国家应向发展中国家提供技术和资金支持，重点关注发达国家向发展中国家进行低碳技术转让和资金支持对双方低碳创新能力和效果的影响，以及技术转让和资金流动对输出国和输入国国家低碳创新系统建立与完善的作用。

在国家低碳创新资源配置方面，重点关注国家财政金融体系、人才教育与培训体系和信息服务体系中创新资源的分配和低碳技术的基础研究、应用研究与开发等比例结构的优化等问题，并结合一国的资源禀赋和比较优势，引导资源流向一国具有比较优势的关键低碳领域。在国家低碳创新政策与制度建设方面，重点关注有利于低碳创新的制度环境建设、先进低碳技术国际合作与交流，以及低碳技术扩散和推广应用等问题。在国家低碳创新基础设施建设方面，重点关注国家低碳技术领域的科技基础设施建设和相关学科建设等问题。

德国是发达国家中最先实施低碳技术产业化并将低碳与环境产业作为未来主导产业的国家之一。德国运用各种政策工具构建国家低碳创新系统，其主要的低碳发展政策包括传统的直接调控政策、市场政策和信息型与自愿型政策。在过去的15年内，德国在碳排放量减少17%的同时实现了经济的稳步增长，德国国家低碳创新系统随之逐步形成。由此可见，国家低碳创新系统是客观存在的且发挥着重要作用。

2. 区域低碳创新系统

区域创新系统以区域的地理界线为边界，重点探讨不同区域竞争力的差异，以及区域的等级制度与集中度、合作程度、集体学习能力等对创新环境和技术市场的影响（Saxenian，1994）。同时，区域创新系统往往会随着地方政府管制方式和企业合作模式的变化而动态变化。而区域低碳创新系统是指在特定区域内，与低碳技术创新全过程相关的政府、企业、高等院校、科研院所、中介机构等组织机构和制度与机制等实现条件构成的网络体系（陆小成和刘立，2009）。

结合学者们对区域创新系统概念的界定，本书认为区域低碳创新系统是以特定行政或经济区域和低碳技术所涉及的领域构成的范围作为系统边界，强调开发、整合与优化区域创新资源，区域制度建设层面的地方政府自主权程度和区域组织与合作创新层面的创新主体间的集中度和合作程度（Saxenian，1994）。在开发、整合与优化区域创新资源方面，重点关注对区域内现有知识资源和人力资源等的开发，以及对区域内物力资源和财力资源的整合与优化；在区域制度建设层面，重点关注地方政府在公共建设方面的自主权程度，以及地方政府对低碳技术和产业的财政补贴与税收减免等问题；在区域组织与合作创新层面，重点关注创新主体开展低碳创新的自主性和创新能力、区域内各级政府、企业、高等院校、研究机构和中介机构的相互作用及其集聚与合作程度、效果等问题。

作为高度一体化的区域经济合作组织，欧盟在区域制度建设等方面处于世界领先地位。其中，欧盟排放交易机制是欧盟气候政策的重要基石，该机制实现了对 CO_2 定价交易的功能，欧盟区域低碳创新系统由此逐步形成。2007 年，欧盟通过了《欧洲能源政策》，规划到 2020 年将温室气体排放削减 20%，可再生能源份额提高 20%，能源效率提高 20%。欧盟区域低碳创新系统的有效运行为区域低碳创新系统的重要作用提供了有力的依据。

17.2.2 基于技术领域维度的低碳创新系统外延

1. 产业低碳创新系统

围绕不同产业的技术机制，产业创新系统重点探讨不同技术机制下的技术机会与专有性、技术知识的积聚程度与相关知识基础的特性（Malerba，2004）。同时，由于技术的创新与变革，产业创新系统一般具有内在的动态性特征。而低碳产业创新系统是指以低碳技术创新、低碳制度创新和低碳组织创新为核心，以提升低碳产业创新能力和国际竞争力为导向，相关企业、知识生产机构、政府机构和中介机构通过附加值生产链互相联系所形成的动态网络体系（梁中，2010）。

结合学者们对产业创新系统概念的界定，本书认为产业低碳创新系统以与特定低碳技术相关联的产业为系统边界，强调产业共性和关键低碳技术的研发与推广应用及产业内各创新主体间的技术联系与知识流动（Malerba，2004）。在产业共性和关键低碳技术的研发与推广应用方面，重点关注产业共性和关键低碳技术的研发、扩散和应用等问题；在产业内创新主体间的技术联系和知识流动方面，重点关注特定环境下单一产业内企业、高等院校、研究机构、中介机构等创新主体间的低碳技术扩散及相关知识流动，以及在特定创新合作与组织网络下各创新主体在推动低碳创新中的作用等问题。

电力产业是目前德国最大的碳排放源，政府通过优惠贷款、直接补贴、许可证交易等政策手段引导电力行业开展低碳能源技术的研发与推广应用，并制定了可再生能源发展规划，计划到 2030 年将可再生能源发电量占比提高到 30%，由此德国电力产业低碳创新系统逐步形成。德国可再生能源发电技术水平不断提高并得到了广泛的推广应用，其中生物质能和风能发电量增长最快。同样，产业低碳创新系统的建立和完善也是实现产业低碳发展的根本途径。

2. 低碳技术创新系统

技术系统不以地理边界为系统边界，并将同一技术在不同产业的应用纳入研究范畴。重点探讨技术创造、选择、识别、扩散和应用全过程及各要素间的相互关系，其关系的属性和特征决定了技术系统的本质（Carlsson and Stankiewicz, 1991）。在后续的研究中，学者们往往将技术创新系统和技术系统这两个概念等同起来使用。

结合以上观点，本书认为低碳技术创新系统以低碳技术涉及的领域作为系统边界，强调低碳技术创新的动力源及其作用方式（Carlsson and Stankiewicz, 1991）和低碳技术创新的非均衡扩散过程（Carlsson et al., 2002）等。在低碳技术创新的动力源及其作用方式方面，重点关注技术推动-市场拉动的综合推动作用、新兴低碳技术创造对市场需求的激发、市场低碳发展需求对特定领域科学知识发展的引导，以及极大的社会需求与有限的社会资源矛盾对低碳技术创新的刺激等问题；在低碳技术创新的非均衡扩散过程方面，重点关注非均衡技术市场对低碳技术创新扩散的影响、新兴低碳技术非均衡扩散的溢出效应及技术使用者的吸收能力，以及有效的低碳技术创新扩散对产业技术进步和产业结构优化的影响等问题。

一系列新能源汽车技术的创造和发展代表了汽车行业未来的发展方向。其中，混合动力汽车技术已处于大规模产业化阶段；基于新型动力电池技术、纯电动汽车技术已在日本、欧盟等国家和地区实现了产业化发展。除此之外，燃料电池技术、代用燃料汽车技术等新能源汽车技术也已经进入示范试验阶段，新能源汽车技术创新系统已初具规模。同时，新能源汽车技术已获得世界各国市场和政府的认可和优先发展。

17.3 基于多学科视角的低碳创新系统的概念解析

17.3.1 基于经济学视角的低碳创新系统概念解析

创新在本质上是一种经济行为，而创新系统作为经济系统的子系统与经济学的相关理论密切相关，低碳创新系统的客观存在和内在规律获得了环境库茨涅茨曲线、索洛经济增长模型、外部性理论等相关理论的支撑。

环境库茨涅茨曲线表明大多数污染物的变动趋势与人均收入的变化趋势呈倒"U"形关系，即污染程度随人均收入的增长先增加后下降（Selden and Song, 1994），因此要全面权衡经济发展与环境保护的关系，不能只考虑短期的直接经济绩效而忽视经济发展对自然环境的影响。因此，将低碳绩效和经济绩效的统一与社会的可持续发展作为系统发展目标纳入低碳创新系统概念中得到了环境库茨涅茨曲线的支持。

索洛经济增长模型将技术进步率作为外生变量引入柯布-道格拉斯生产函数中，并认为技术进步是促进经济增长的重要因素（Hasen and Prescott, 2002）。本书提出的低碳创新系统概念以低碳技术创造、选择、识别、扩散和应用的全过程为核心，充分考虑了技术进步对系统发展的重要作用。因此，将低碳技术创造、选择、识别、扩散和应用的全过程作为核心纳入低碳创新系统概念中得到了索洛经济增长模型的支持。

外部性理论主要研究那些生产或消费对其他团体强征了不可补偿的成本或给予了无须补偿的收益的现象（Samuelson and Nordhaus, 2009）。而低碳创新的双重正外部性特征则降低了创新主体的创新动力。外部性理论认为政府征税或补贴等干涉手段是实现经济系统动态均衡的必要条件。因此，将政府机构作为主体要素，政府机构的低碳制度创新作为功能要素，低碳政策等作为环境要素纳入低碳创新系统概念中得到了外部性理论的支持。

17.3.2 基于管理学视角的低碳创新系统概念解析

从管理学视角分析，管理过程理论、组织行为理论、权变管理理论等相关理论为本书提出的低碳创新系统概念提供了理论依据。

围绕法约尔提出的计划、组织、指挥、协调和控制五项管理职能，管理过程理论认为不同层级的组织需要执行不同的职能以使企业正常运作（Barki, 2005）。同样，低碳创新系统的主体要素需要在不同环境中发挥不同的职能以实现低碳技术创新、低碳组织创新和低碳制度创新功能。因此，将低碳技术提供者主导的低碳技术创新、低碳技术使用者主导的低碳组织创新和政府机构主导的低碳制度创新纳入低碳创新系统概念中得到了管理过程理论的支持。

组织行为理论认为个体、团队和组织的行为是由动机支配的，且动机受外部条件的约束，任何行为的产生必有一种或几种激励因素在起作用（Hemingway, 2005）。低碳创新系统中主体要素间的相互作用符合组织行为理论对组织行为的论述，政策环境和主体要素间的相互作用也是低碳创新系统的重要内容。因此，将低碳政策、创新政策、产业政策等构成的政策环境，以及主体要素间的相互关系纳入低碳创新系统概念中得到了组织行为理论的支持。

权变管理理论认为企业组织内部及组织与外部环境之间存在复杂的非线性相互联系，企业要根据不同的内外部条件寻求不同的最合适的管理模式和方法（Cadez and Guilding, 2008）。同样，低碳创新系统与系统外部环境不断进行着物质、资金、信息、知识等的交流，系统内部要素及系统与外部环境之间存在复杂的非线性相互作用。因此，将系统内主体要素的动态性，以及系统的动态性和耗散结构特征纳入低碳创新系统概念中得到了权变管理理论的支持。

17.3.3 基于生态学视角的低碳创新系统概念解析

低碳创新系统本身具有生态系统的许多特征，生态学的相关理论也为低碳创新系统概念的界定提供了理论支持，主要包括关键种理论、生态位理论、生态系统理论等。

关键种理论主要研究一些珍稀的、特有的、对其他物种具有不成比例影响的物种在维护生物多样性和生态系统稳定性中的作用（Werner and Peacor，2003）。同样，在低碳创新系统中也存在关键低碳技术，该类技术是系统诞生的逻辑起点并对维持系统的运行起着决定性的作用。因此，将无碳技术、减碳技术和去碳技术等关键低碳技术的创新作为低碳创新系统的核心并纳入概念中得到了关键种理论的支持。

生态位理论认为同一群落中的不同生物在相同环境下，将占有特定物理空间并发挥特定的功能作用（Wiens and Graham，2005）。同样，创新主体进行低碳创新涉及企业、科研院所、高等院校等低碳技术提供者间的相互竞争，也涉及低碳技术提供者、低碳技术使用者、中介机构、政府机构等间的相互依赖。因此，将低碳技术提供者、低碳技术使用者、中介机构、政府机构等主体要素及其相互关系纳入低碳创新系统概念中得到了生态位理论的支持。

生态系统理论认为不同种群内及其与无机环境间存在非线性的相互作用，这种联系和作用推动生态系统在不断的演化中达到某种平衡（Ehrenfeld，2010）。同样，低碳创新系统内的主体要素、环境要素和功能要素间存在着非线性的相互作用，且与系统外部环境不断地进行着物质、资金、信息、知识等的交流并随着时间的推移而动态演化。因此，将系统的主体要素、环境要素和功能要素间的相互关系，以及系统与外部环境的相互作用及其动态性纳入低碳创新系统概念中得到了生态系统理论的支持。

17.4 低碳创新系统的政策建议与未来研究设想

17.4.1 低碳创新系统的政策建议

1. 搭建低碳创新系统的良性运作机制

明确低碳创新系统的发展目标及原则，平衡短期经济绩效和长期战略绩效的关系，为低碳创新系统的发展提供指导（McDowall et al., 2013）；建立有效的低碳制度体系，根据不同地区、行业和技术的特征，有区别地建立碳排放交易机制、碳税、碳标签和低碳认证等制度，推动低碳技术创新和低碳组织创新的开展，为低碳创新系统的形成提供动力；加快低碳市场的构建，促进低碳技术创新和低碳组织创新活动的开展由管制倒逼向市场导向转变（Chapple et al., 2011），逐步提高低碳技术的竞争力和市场化程度，以及低碳组织制度转变的自发性，进而使低碳技术和低碳组织制度得以脱离财政补贴等政策支持而独立存在于市场中，最终将低碳市场由利基市场转变为主流市场；完善低碳技术提供者、低碳技术使用者和中介机构向政府的游说和信息反馈机制，以形成低碳创新系统中核心主体要素的良性传导和作用回路。

2. 构建低碳创新系统中政产学研金介用合作模式

加强政府机构对低碳技术创新、低碳组织创新和低碳制度创新活动的政策支持和引导，为低碳技术提供者、产业外部研究机构低碳技术使用者提供持续的、稳定的直接政策支持，并构建有效的市场机制以提高低碳技术提供者和低碳技术使用者开展低碳技术创新和低碳组织创新的动力；转变以高等院校为核心的产学研合作为以市场为导向的产学研合作（Chapple et al., 2011），提高产学研创新产出的市场适用性；提高金融机构和其他中介机构对市场信息的捕获和分析能力，并充分发挥各中介机构对低碳技术提供者和低碳技术使用者的金融产业支持和信息管理支持；优化低碳技术提供者、低碳技术使用者和中介机构向政府机构进行游说的渠道，提高政府机构获取信息反馈的真实性（Hekkert et al., 2007），进而提高政策制定的针对性和有效性。

3. 发挥地方政府在低碳创新系统中的重要作用

结合地区的生态环境、资源禀赋和经济社会发展状况，制定科学的、合理的低碳发展中长期规划，明确低碳发展中生态环境、经济和社会的发展目标，为低碳技术创新、低碳组织创新和低碳制度创新等的政策制定提供指导；明确地区低碳发展的评价方式和方法，建立统一的、科学的地区低碳发展指标体系，为新兴低碳产业发展、传统产业的低碳转型，以及低碳市场的构建提出明确的、定量的要求，以此保持低碳政策的持续性和稳定性；设立独立的非营利性的低碳发展审查机构，对地区低碳发展指标体系进行定期的评价和反馈，及时提出不同产业低碳发展的问题和不足，防止地区传统核心工业部门的反低碳游说对政策持续性的影响（McDowall et al., 2013）；结合地区的创新基础条件和创新资源优势，通过有效的财政支持和税收优惠等政策支持手段，重点培育若干低碳产业和技术，扶持若干具有影响力的龙头企业,以此带动其他附属产业的发展。

4. 完善低碳技术研发与推广应用体系

确立低碳技术研发与推广应用在国家发展战略中的地位,制定统一的、合理的低碳技术研发与推广应用的规划;明确低碳技术的具体内容,对可再生能源技术等清晰的低碳技术之外的技术进行归类总结,避免一些重要的低碳技术被政策支持与管制所遗漏(Hudson et al., 2011),为进一步的政策制定提供依据;对不同低碳技术制定明确的、定量的发展目标,以提高企业家对市场的预期,为低碳技术的示范应用及推广提供保障;构建必要的政策支持结构和制度框架,对不同的低碳技术制定特定的发展规划,优化低碳技术研发政策、低碳技术示范应用政策和低碳技术推广政策等的力度和结构,以适应处于不同发展阶段的低碳技术的发展要求(McDowall et al., 2013);完善低碳技术推广反馈机制,提高低碳技术二次创新和改进的有效性。

5. 促进低碳创新系统中创新资源的优化配置

完善对低碳创新系统的创新资源评估体系,充分掌握不同低碳技术创新和低碳组织创新活动的创新资源情况,以有效地进行创新资源的配置;积极推进低碳技术领域创新团队的建设,培养一批专业技术过硬、自主创新能力强、具有国际竞争力和影响力的高水平低碳技术研发团队;完善高级专家培养与选拔的制度体系,培养造就一批低碳创新领域的中青年高级专家;培养适应低碳产业发展需求的各类实用技术专业人才,为快速提高低碳技术自主研发与创新能力提供人才保障;有效发挥国家低碳技术发展计划和专项资金的引导作用,明确资金的申请、拨付和审查流程,确保专项资金对低碳技术研发、示范应用和推广项目的落实(Hudson et al., 2011);合理运用投资补助、财政贴息、股份投资、财政支持担保、政府采购和税收减免等财政手段和企业债券、风险投资、上市融资等金融手段,引导企业和社会资金加大对低碳技术研发与推广应用的投资力度,加快建立低碳技术研发与推广应用的投融资体系。

17.4.2 低碳创新系统的未来研究设想

现有低碳创新系统的研究大多仅仅基于技术创新系统层面,并形成了较为成熟的以创新系统功能框架为主的低碳技术创新系统分析框架。但是,低碳创新系统中的外部环境识别、创新集群,以及政府管制的作用等研究问题仍未受到国内外学者们的关注。因此,本书认为未来低碳创新系统研究的重点主要包括以下三个方面。

1. 关于低碳创新系统外部环境识别功能对技术创新系统功能的嵌入

现有较为成熟的低碳技术创新系统概念及其系统功能分析框架都是围绕低碳技术的创造、选择、识别、扩散和应用来展开的，而在某种意义上忽视了低碳创新系统外部环境对系统的影响。低碳创新系统概念虽然是围绕低碳技术创新系统而形成的，但是也涉及低碳组织创新系统和低碳制度创新系统两个子系统。因此，仅仅从技术层面来剖析低碳技术创新系统七项功能的相互作用是不够的，应将低碳创新系统的生态环境、资源禀赋、低碳经济与低碳社会等外部环境纳入研究范畴中。可见，突破低碳技术创新系统及其系统功能分析框架，纳入外部环境识别功能，并剖析外部环境识别功能与七项功能的相互作用，才能够更全面地揭示外部环境动态变化下低碳创新系统的演化过程。

2. 关于创新集群对低碳创新系统形成与发展的影响

在传统的国家创新系统中，创新集群被认为是国家创新系统形成和发展的动力，可见，创新系统中创新集群的研究是揭示创新系统如何运作的关键。而创新集群往往又是由具有贸易联系、创新联系、知识流动联系或共同知识基础的主体构成的，其实质就是价值链上不同企业的集群。特别是对低碳创新系统而言，新兴低碳技术的有效且可持续的开发、扩散及应用是低碳创新系统得以形成与发展的核心。而价值链中掌握核心技术知识的核心企业，及由此形成的创新集群发挥着重要的作用（OECD，2001）。其中，价值链中核心企业低碳创新活动所引致的价值链上下游的低碳技术知识的引进、消化、吸收和再创新在很大程度上影响低碳创新系统的良性运作。显然，对低碳创新系统中创新集群的实证分析及理论提炼将成为今后低碳创新系统研究的重要内容。

3. 关于低碳创新系统中政府管制对低碳绩效的影响

政府管制对低碳技术创新的研究实际上已经取得了不少成果，现有研究大多以可再生能源技术作为研究对象。其中，多数研究对政府管制的作用表示了充分的肯定，并认为其是必不可少的（Hillman et al.，2011）。然而，仅对低碳技术创新的研究往往无法真实反映政府管制的效果。研究表明财政补贴、税收优惠等政府政策对低碳技术创新的推进很可能会带动相关低碳产品的销售和使用，最终反而造成了碳排放量的增加。这显然是与低碳创新系统旨在实现生态环境保护、资源禀赋优化、低碳经济与低碳社会发展的宗旨相悖的（陈劲，1999）。可见，仅从技术维度出发往往只能反映政府管制对低碳技术创新绩效的作用，而忽视了碳强度降低等整体低碳绩效。因此,有必要将系统外部环境纳入研究范畴,以此更全面地剖析低碳创新系统中政府管制对低碳绩效的作用。

17.5 本章小结

本章首先以低碳技术创新系统概念为核心,增加了低碳组织创新和低碳制度创新功能维度,并突出了系统对生态环境、资源禀赋、低碳经济与社会等外部环境的识别,提出了低碳创新系统的概念内涵及模型。其次,从行政或经济区域和技术领域两个维度梳理了低碳创新系统的外延,包括国家低碳创新系统、区域低碳创新系统、产业低碳创新系统和低碳技术创新系统概念。并进一步运用经济学、管理学和生态学等三个学科的经典成熟理论对所提出的低碳创新系统概念进行解析,为基于文献整理得出的概念内涵与外延提供坚实的理论支撑。最后,结合对低碳创新系统概念的归纳和提炼,提出了一般性的、适用于不同层面低碳创新系统的政策建议,并展望了未来低碳创新系统研究的方向和侧重点。

第18章 制造业绿色创新系统可持续发展效益综合评价研究

制造业绿色创新系统在运行过程中，各创新主体通过进行可持续发展创新活动来增加对制造业绿色创新系统可持续发展相关知识要素的投入，通过技术优化降低资源、能源消耗，减少对生态环境的破坏，从而在我国制造业生存发展的同时维护生态环境的良性循环。为实现我国制造业绿色创新系统可持续发展，必须建立一套科学的综合评价体系，这既充实和发展了制造业绿色创新系统的理论体系，又能对我国制造业绿色创新系统可持续发展效益进行科学的监测，从而制定出正确的方针政策，更好地保障我国制造业绿色创新系统可持续发展战略的顺利实施。

18.1 影响因素分析及概念模型构建

纵观国内外相关领域的研究现状，与制造业绿色创新系统的可持续发展影响因素相关的研究较少，本书结合可持续发展理论，以制造业绿色创新系统功能为基础，分析制造业绿色创新系统可持续发展的影响因素。

18.1.1 制造业绿色创新系统可持续发展的影响因素

制造业绿色创新系统的可持续发展需要制造业绿色创新系统各创新主体开展促进人类社会可持续发展的新知识、新产品和新服务等方面的创新活动，摆脱制造业高投入、高消耗、高污染、低产出、低效益和低质量特点的粗放式发展现状。制造业绿色创新系统是一个复杂、开放、动态的社会经济系统，涉及面广，所以制造业绿色创新系统可持续发展受到多方面因素的影响，本章主要从循环经济发展、绿色经济发展和低碳经济发展三个维度来研究各因素对制造业绿色创新系统可持续发展的影响。

1. 循环经济发展

循环经济通过对有限资源的循环利用，改变"增长型"、"投入型"和"消耗型"的粗放发展模式，建立一种生产投入自然资源最少、排放污染物最少、对环境危害最小的发展模式，实现资源节约、废物再利用、资源多次使用，在生产、流通和消费各个环节实现集约发展。循环经济的根本目的是实现可持续发展，循环经济发展为制造业绿色创新系统运行提出新的要求。在循环经济背景下，制造业绿色创新系统的各创新主体通过循环经济相关的知识创新及扩散、研发方向引导、资源分配、市场建设、制度体系形成等功能，增加对循环技术研发的投入、提高循环利用效率、减少不可再生资源和能源的浪费、加强循环经济的制度建设和物质循环的市场建设，从而对制造业的可持续发展产生正向影响。

2. 绿色经济发展

绿色经济以环境保护为基础、以治理污染和改善生态为特征，其围绕社会经济的全面发展，以生态环境容量、资源承载能力为前提，以实现自然资源持续利用、生态环境的持续改善和生活质量持续提高、经济持续发展。基于可持续发展战略的绿色经济在绿色发展方面对制造业绿色创新系统绿色经济提出了新的需求，要求市场和政府对制造业企业生产的能源消耗和污染物排放的控制越来越严格。制造业绿色创新系统遵循绿色经济要求，通过绿色经济相关的知识创新、知识流动、研发导向和市场制度建设等功能，提高绿色技术的研发投入，加强对制造业产生的废气、废水和固体废弃物的减排和治理，促进资源和能源节约使用，以此推进制造业的可持续发展进程。

3. 低碳经济发展

低碳经济针对碳的排放量来应对气候变暖的经济问题，通过制定低碳政策、开发低碳创新技术和发展低碳产业结构促进生产和生活低能耗、低污染、低排放，建立低碳能源系统、低碳技术体系，降低二氧化碳的排放量，缓和温室效应，有效节约资源，充分利用清洁能源，既实现经济的高速发展又维持较低的碳排放量，从而缓解气候变暖带来的生态环境压力和危害。气候问题的恶化及低碳经济的提出对制造业绿色创新系统的可持续发展提出更具体的要求。面对降低二氧化碳排放量这一具体目标，制造业绿色创新系统依靠知识创新和研发导向的功能，加强对低碳技术的投入，加快进行低碳技术的研发，减少化石能源使用，加快建设二氧化碳捕获与埋存（carbon capture and storage，CCS）项目与碳交易市场等，降低二氧化碳排放对气候和环境的影响。

18.1.2 相关概念界定

本书从循环经济发展、绿色经济发展和低碳经济发展的视角出发，分析制造业绿色创新系统可持续发展的影响因素，在此基础上将制造业绿色创新系统可持续发展效益进一步分解为循环效益、绿色效益和低碳效益进行研究。对制造业绿色创新系统可持续发展效益内涵的认识是进行可持续发展效益评价的首要条件。制造业绿色创新系统可持续发展效益相关概念尚未有统一的界定，导致相关研究对概念的区分并不明确，因此有必要对制造业绿色创新系统可持续发展效益相关概念进行界定，并对制造业绿色创新系统循环效益、绿色效益和低碳效益进行辨析。

1. 制造业绿色创新系统可持续发展效益

国内有许多学者对创新系统的可持续发展效益进行了研究，但关于制造业绿色创新系统可持续发展效益的概念却没有统一的定义。本书结合以往的研究成果，给出如下定义：制造业绿色创新系统创新主体通过可持续发展领域相关技术研发及制度建设等方式，设计并制造有益于人类健康且与环境友好的产品，减少自然资源和能源的消耗及对生态环境有害的废弃物排放，在不断满足当代人对制造业产品需求的同时，注重代际与代内获取资源和分享产品的公平性、持续性及协调性。本书所指的制造业绿色创新系统可持续发展效益是指制造业绿色创新系统对与它直接或间接相关的生态系统造成某种影响的效益。

有学者在可持续发展效益评价中将可持续发展效益分解为经济、资源、环境、社会、人口和科教等子问题，但为了更加突出制造业绿色创新系统可持续发展效益的生态内涵，区别于以前学者以经济效益为主的概念界定，本书从循环经济、绿色经济和低碳经济三个维度，以制造业绿色创新系统环保需求为导向，将制造业绿色创新系统可持续发展效益评价归为制造业绿色创新系统循环效益、绿色效益、低碳效益及其他未知效益，本书的界定更加突出各概念的生态向度内涵。

2. 制造业绿色创新系统循环效益

制造业绿色创新系统各创新主体根据减量化（reduce）、再利用（reuse）及资源化（recycle）的"3R"原则，进行产品和生产流程的循环技术创新，以增加不可再生资源的利用效率、减少非再生资源的使用和各种污染物的排放、降低废弃物管理成本、充分利用生产产生的副产品，以此降低制造业对环境的影响及自然资源的消耗所产生的影响。

3. 制造业绿色创新系统绿色效益

制造业绿色创新系统将环保技术、清洁能源技术等有益于环境的技术转化为生产力，在提高生产效率的同时通过节能、减排、降耗的方式减少对生态资源的索取及对生态造成危害的物质的排放，改变传统制造业对环境的破坏所带来的效益。

4. 制造业绿色创新系统低碳效益

制造业绿色创新系统通过应用低碳技术，减少化石能源的使用和碳的排放量来应对气候变暖的生态环境问题，从而缓解制造业产业二氧化碳排放造成气候变暖带来的生态环境压力和危害的效益。

制造业绿色创新系统的循环效益、绿色效益和低碳效益等概念都是基于可持续发展理论提出的，其内涵存在一定的交叉，也具有各自的侧重点。对制造业绿色创新系统的循环效益、绿色效益和低碳效益概念的辨析如表 18-1 所示。

表 18-1 制造业绿色创新系统可持续发展相关概念辨析

项目	概念内涵	侧重点	相关文献
可持续发展效益	制造业绿色创新系统创新主体通过可持续发展领域相关技术研发及制度建设等方式，设计并制造有益于人类健康且与环境友好的产品，减少自然资源和能源的消耗及对生态环境有害的废弃物排放，在不断满足当代人对制造业产品需求的同时，注重代际与代内获取资源和分享产品的公平性、持续性及协调性	制造业绿色创新系统运行过程中环境保护与资源和能源的永续利用	Brundtland（1987）；季六祥（2001）
循环效益	制造业绿色创新系统各创新主体根据 3R 原则，进行产品和生产流程的循环技术创新，以增加不可再生资源的利用效率、减少非再生资源的使用和各种污染物的排放、降低废弃物管理成本、利用生产的副产品，以此降低制造业对环境的影响及自然资源的消耗所产生的影响	循环技术的运用使物质得到再利用及减少制造业废弃物排放	王慎敏等（2007）
绿色效益	制造业绿色创新系统将环保技术、清洁能源技术等有益于环境的技术转化为生产力，通过节能、减排、降耗的方式减少对生态资源的索取及对生态造成危害的物质的排放，改变传统制造业对环境的破坏所带来的效益	绿色技术的研究与开发节约能源和资源的使用，减少废弃物排放	吴英姿和闻岳春（2013）；张江雪和朱磊（2012）
低碳效益	制造业绿色创新系统通过应用低碳技术，减少再生能源的使用和碳的排放量来应对气候变暖的生态环境问题，从而缓解制造业产业二氧化碳排放造成气候变暖带来的生态环境压力和危害的效益	低碳技术的研发减少化石能源的使用，减少二氧化碳排放，缓解气候问题	Kroodsma 和 Field（2006）；Leena（2010）

制造业绿色创新系统的循环效益、绿色效益和低碳效益的相同点表现为：均以制造业的可持续发展作为目标，将污染物减排、能源与物质消耗优化、废弃物

回收与循环利用等资源和环境问题纳入研究范畴，以制造业企业、高等院校、科研院所、中介机构、政府等作为创新主体，以实现技术、经济与生态环境的协调发展。

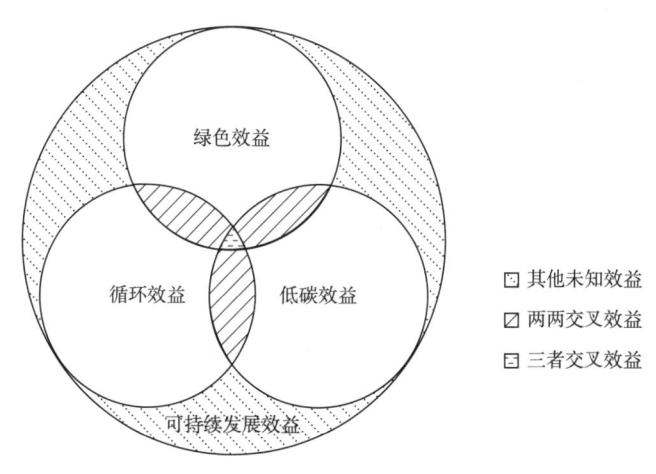

18.1.3 制造业绿色创新系统可持续发展效益概念模型

本书界定的制造业绿色创新系统可持续发展效益为制造业绿色创新系统通过可持续发展领域相关技术研发及制度建设等方式，使制造业追求自身生存和发展的同时保证生态环境的良性循环权益，并将制造业绿色创新系统可持续发展效益归纳为循环效益、绿色效益和低碳效益三者的并集及其他未知效益。根据以上概念的界定，构建制造业绿色创新系统可持续发展效益概念模型，如图18-1所示。

图 18-1 制造业绿色创新系统可持续发展效益概念模型

本书重点从资源、环境和生态等角度研究制造业绿色创新系统可持续发展效益，认为它主要包含循环效益、绿色效益和低碳效益三个方面，且这三者的外延有两两交叉和共同交叉的部分，这是由三者概念的交叉性决定的。通过对循环效益、绿色效益和低碳效益概念的界定和辨析，可以对交叉部分做出如下总结。

（1）减少资源和能源消耗。循环效益、绿色效益和低碳效益都注重制造业绿色创新系统减少资源和能源的消耗，提高资源和能源的利用效率。但是循环效益从循环利用的角度出发强调节约不可再生能源和资源，而低碳效益强调减少产生温室气体的化石能源的使用。

（2）减少废弃物的排放。循环效益、绿色效益和低碳效益都主张减少废弃物向自然界的排放，但侧重点各有不用，循环效益提倡通过废弃物的循环利用使之资源化从而减少废弃物排放总量,绿色效益主要关注有毒有害废弃物对自然界生态平衡的影响,提倡减少排放废弃物或排放经过无害化处理的废弃物,而低碳效益针对温室气体排放对大气的影响而主导减少排放二氧化碳等温室气体。

(3)先进技术研发和推广。循环效益、绿色效益和低碳效益都注重对先进环保生产技术的研发和推广。循环效益侧重于对物质循环利用发明技术的研发,绿色效益则偏重于对清洁生产相关技术的研发和利用,低碳效益重点关注减少二氧化碳相关技术的研发。

从 20 世纪 50 年代开始到 2003 年,循环经济、绿色经济和低碳经济的概念依次产生,从不同的角度解决可持续发展战略中发展与生态环境协调问题。人类对可持续发展问题的认识是逐步深入的,我们相信更加科学和深入的可持续发展模式将陆续产生,会有更多的角度来衡量可持续发展效益,本书用其他未知效益来表示。但是,目前其他未知效益尚未显现,制造业循环效益、绿色效益和低碳效益仍是制造业绿色创新系统可持续发展效益的研究重点,所以本书仅从制造业绿色创新系统循环效益、绿色效益和低碳效益三方面衡量制造业绿色创新系统可持续发展效益。

18.2 制造业绿色创新系统可持续发展效益综合评价指标体系构建

制造业绿色创新系统可持续发展效益评价的一个重要问题是选择何种指标对其进行表征。制造业绿色创新系统可持续发展效益评价指标体系的制定不仅是量化制造业绿色创新系统可持续发展效益的基础性工作,而且是可持续发展理论研究的基本内容,是评判制造业绿色创新系统可持续发展质量的主要依据。本节在对相关国内外文献的研究,以及前文对制造业绿色创新系统可持续发展效益、循环效益、绿色效益和低碳效益概念界定的基础上,分析制造业绿色创新系统可持续发展效益综合评价指标体系。

18.2.1 循环效益指标

(1)不可再生资源和能源。不可再生资源和能源对制造业有很强的约束力,提出循环经济根本上是为了解决不可再生资源和能源的稀缺性问题,提高不可再生资源和能源的使用效率,实现重复利用。制造业绿色创新系统的功能之一就是通过面向新能源、新材料等的知识探索缓解不可再生资源和能源对制造业发展的约束性。本书选取制造业行业单位产值不可再生能源和资源消耗作为制造业绿色创新系统循环效益的衡量指标。

(2)循环利用率。制造业绿色创新系统对循环技术的研发和推广可以促进制造业对资源、能源、产品、包装物,甚至是制造产生的废弃物的循环利用,进而提高制造业生产循环过程中物质的利用效率,制造业能源、资源、产品、包装物,尤其是废弃物的利用率对循环经济的实现至关重要。所以本书选取制造业行业能源、资源、产品、包装物及三废的综合利用率作为制造业绿色创新系统循环效益的指标。

(3)循环技术的投入和产出情况。循环技术的研发已成为制造业绿色创新系统可持续发展的主要推动力,制造业循环技术是指制造业在减量化、再利用和再制造、资源化等方面的技术、工艺和设备。衡量循环技术的指标主要包括制造业循环技术研发资金的投入及循环技术的产出。本书选取制造业行业循环技术 R&D 经费占总产值比重和制造业行业循环技术产值占总产值比重作为制造业绿色创新系统循环效益指标。

(4)循环制度的建设情况。制造业循环经济的运行需要相关制度的指导和约束,其中包括在制造业循环经济建设中政府的发展规划、监管体系、文化认同和相关认证制度。循环制度为制造业施行循环技术提供了保障,本书选取制造业行业循环制度建设水平作为制造业绿色创新系统循环效益指标。

18.2.2 绿色效益指标

(1)资源和能源的使用情况。制造业绿色创新系统绿色效益的核心内容之一是节约资源和能源。资源和能源的过量使用,甚至浪费直接导致了制造业发展的不可持续性。制造业绿色创新系统的核心要素之一就是在资源和能源约束的背景下实现资源和能源的集约利用,本书选取制造业行业单位产值能源和资源消耗作为制造业绿色效益指标。

(2)废气、废水及固体废弃物排放情况。制造业废气、废水及固体废弃物排放直接导致了对周围自然环境的干扰,甚至是破坏,在工业经济形态下经济增长一直伴随着工业三废的排放。在绿色经济的背景下,控制环境问题的同时进行生产制造成为制造业绿色创新系统的核心要素,控制三废的排放量,提高三废排放的达标率,以及进一步提高环境污染治理经费是衡量制造业绿色创新系统绿色效益的关键指标。

（3）绿色技术的投入和产出情况。绿色技术变革是制造业绿色创新系统进行生产模式变革的基础，而衡量绿色技术的主要指标是制造业绿色技术研发资金的投入及绿色技术的产出。自主创新是促进制造业绿色创新系统发展的强大动力，而知识性研发投资又是创新的基础。本书选取制造业行业绿色技术 R&D 经费占总产值比重及制造业行业绿色技术产值占总产值的比重作为制造业绿色效益指标。

（4）绿色制度的建设情况。由于制造业节约资源、减少废弃物排放、降低能耗并不能对制造业企业带来直接的经济效益，且会产生很多生产经营外的成本，绿色行动的外部性极大，绿色制度所代表的制度强制性及舆论压力是制造业企业绿色行为的关键。制造业绿色创新系统绿色技术创新的关键驱动因素之一是制度安排。绿色制度层面包括绿色产品认证制度、制造业污染物排放监管体系、绿色税收等政策。

18.2.3　低碳效益指标

（1）化石能源使用情况。气候变化引起的环境问题是低碳经济提出的背景和直接原因，如何在保证经济增长的同时减少温室气体的排放是低碳经济要解决的直接问题。制造业化石能源的消耗是导致碳排放的一个重要因素，本书选取制造业行业单位产值化石能源消耗量作为制造业绿色创新系统低碳效益指标。

（2）碳排放及捕获和埋存情况。制造业化石能源的消耗产生了大量温室气体，对气候变化产生了直接影响。减少制造业温室气体排放，积极推进二氧化碳捕获与埋存项目是缓解温室气体排放的重要对策。本书选取制造业行业碳排放量、制造业行业碳排放强度、制造业行业碳捕获和封存程度来衡量制造业绿色创新系统低碳效益。

（3）低碳技术的投入和产出情况。低碳技术是指在降低碳强度的同时对生产率产生较小影响的技术，我国传统制造业一直存在以煤为主的能源结构，克服能源结构的劣势必须依靠制造业绿色创新系统创新主体对低碳技术的研发和应用。低碳改造率为低碳密集型产业在制造业中所占的比重大小，低碳改造率的大小本质上取决于低碳技术的先进程度。本书选取制造业行业低碳改造率的增长率、制造业行业低碳技术 R&D 经费占总产值比重和制造业行业低碳技术产值占总产值比重作为制造业绿色创新系统低碳效益的技术指标。

（4）低碳制度的建设情况。目前来看，由于降低碳排放很难给制造业企业带来直接经济效益，所以相对于循环经济来说低碳经济的推进更需要相关配套政策。政府作为制造业绿色创新系统政策制定的主体，通过制度安排推动低碳技术的产学研合作研发和国际合作、制定相关的碳税政策、进行产品低碳认证、普及公众的低碳意识，对低碳效益有至关重要的影响。

18.2.4 评价指标体系

通过构建制造业绿色创新系统可持续发展效益概念模型及对循环效益、绿色效益和低碳效益的分析，加上对综合评价指标体系的设计思路和设计原则分析，本书建立制造业绿色创新系统可持续发展效益综合评价指标体系，如表18-2所示。

表18-2 制造业绿色创新系统可持续发展效益综合评价指标体系

目标层	准则层	要素层（指标）
制造业绿色创新系统可持续发展效益	循环效益	制造业行业单位产值不可再生资源消耗
		制造业行业单位产值不可再生能源消耗
		制造业行业资源循环利用率
		制造业行业能源循环利用率
		制造业行业产品循环利用率
		制造业行业包装物循环利用率
		制造业行业三废综合利用率
		制造业行业循环技术R&D经费占总产值比重
		制造业行业循环技术产值占总产值比重
		制造业行业循环制度建设水平
	绿色效益	制造业行业单位产值资源消耗
		制造业行业单位产值能源消耗
		制造业行业单位产值废水排放量
		制造业行业单位产值废气排放量
		制造业行业单位产值固体废弃物排放量
		制造业行业三废排放达标率
		制造业行业环境污染治理经费占总产值比重
		制造业行业绿色技术R&D经费占总产值比重
		制造业行业绿色技术产值占总产值的比重
		制造业行业绿色制度建设水平

续表

目标层	准则层	要素层（指标）
制造业绿色创新系统可持续发展效益	低碳效益	制造业行业单位产值化石能源消耗
		制造业行业碳排放量
		制造业行业碳排放强度
		制造业行业碳捕获和封存程度
		制造业行业低碳改造率的增长率
		制造业行业低碳技术 R&D 经费占总产值比重
		制造业行业低碳技术产值占总产值比重
		制造业低碳制度建设水平

18.3 层次分析-模糊综合评价模型选择

制造业绿色创新系统具有变量多、机制复杂、不确定因素的作用等显著特点，要对制造业绿色创新系统可持续发展效益进行综合评价是一个典型的模糊性问题，这是因为影响我国制造业绿色创新系统可持续发展效益的因素不仅多，而且各个影响因素间还存在交叉性，因此用模糊综合评价的方法对我国制造业绿色创新系统可持续发展效益进行综合评价。

18.3.1 层次分析法权重确定

制造业绿色创新系统可持续发展效益评价的各指标之间的重要程度是不完全相同的，有的甚至差别很大，本书采用了美国学者 T.L.Saaty 教授提出的层次分析法来计算制造业绿色创新系统可持续发展效益评价的各指标之间的权重分配。

（1）构造比较判断矩阵。根据层次分析法构造制造业绿色创新系统可持续发展效益评价指标的比较判断矩阵：

$$A = \begin{Bmatrix} a_{11} & a_{12} & a_{13} & \cdots & a_{1n} \\ a_{21} & a_{22} & a_{23} & \cdots & a_{2n} \\ a_{31} & a_{32} & a_{33} & \cdots & a_{3n} \\ \vdots & \vdots & \vdots & & \vdots \\ a_{n1} & a_{n2} & a_{n3} & \cdots & a_{nn} \end{Bmatrix} = \{a_{ij}\}$$

其中，a_{ij} 为制造业绿色创新系统可持续发展效益评价指标体系中第 i 个指标相对于第 j 个指标的重要程度，$a_{ij} > 0$，且显然 $a_{ii} = 1$；$a_{ij} = a_{ji}^{-1}$；（$i=1$，2，$\cdots$，n；$j=1$，2，$\cdots$，n）。

关于比较判断矩阵中 a_{ij} 的取值，本书使用 Saaty1~9 对比度标尺对指标间的重要程度比较进行衡量，具体对比度标尺数值如表 18-3 所示。

表 18-3 Saaty 对比度标尺

对比度标尺	含义
1	评价指标 U_i 与评价指标 U_j 具有同等重要程度
3	评价指标 U_i 比评价指标 U_j 略微重要
5	评价指标 U_i 比评价指标 U_j 稍重要
7	评价指标 U_i 比评价指标 U_j 重要得多
9	评价指标 U_i 比评价指标 U_j 绝对重要
2，4，6，8	评价指标 U_i 与评价指标 U_j 的重要性对比结果处于上述中间位置
倒数	评价指标 U_i 与评价指标 U_j 的重要性比较结果是评价指标 U_j 与评价指标 U_i 的倒数

（2）计算权重集并进行一致性检验。通过制造业绿色创新系统可持续发展效益评价的指标权重判断矩阵计算得出权重集，并进行一致性检验。根据一致性检验的判断结果决定是否采纳计算出的权重集。

第一步，对比较判断矩阵每行元素分别相乘，即

$$M_i = \prod_{j=1}^{n} a_{ij}, \quad i = 1, 2, \cdots, n \quad (18-1)$$

其中，a_{ij} 为制造业绿色创新系统可持续发展效益评价指标体系中指标权重比较判断矩阵中第 i 行第 j 列的元素。

第二步，对 M_i 开 n 次方根，即

$$\overline{W}_i = \sqrt[n]{M_i}, \quad i = 1, 2, \cdots, n \quad (18-2)$$

第三步，对 $\overline{W}_i$ 进行一致性处理，即

$$w_i = \frac{\overline{W}_i}{\sum_{i=1}^{n} \overline{W}_i}, \quad i = 1, 2, \cdots, n \quad (18-3)$$

其中，w_i 为制造业绿色创新系统可持续发展效益评价指标体系中第 i 个指标对于上一级指标的权重。

得出 $W = (w_1, w_2, \cdots, w_n)$ 为下一层对上一层的相对重要性，即下一层对上一层指标的权重值。

第四步，一致性检验。

$$\lambda_{\max} = \sum_{i=1}^{n} \frac{(AW)_i}{nW_i} \qquad (18\text{-}4)$$

其中，$\lambda_{\max}$ 为制造业绿色创新系统可持续发展效益评价指标判断矩阵的最大特征根。

$$CI = \frac{(\lambda_{\max} - n)}{(n-1)} \qquad (18\text{-}5)$$

其中，CI 为该 n 阶比较判断矩阵的一致性指标，n 一定，若 CI 越小则一致性越好，CI 越大则一致性越差。考虑到 CI 可能是由随机性造成的误差，因此还需考虑与随机一致性指标 RI 进行比较。

$$CR = \frac{CI}{RI} \qquad (18\text{-}6)$$

其中，RI 为随机一致性指标，其取值如表 18-4 所示。

表 18-4　RI 取值表

n	1	2	3	4	5	6	7	8	9	10
RI	0	0	0.58	0.96	1.12	1.24	1.32	1.41	1.45	1.49

一致性检验的依据是指，当 CR<0.1 时，表示制造业绿色创新系统可持续发展效益评价判断矩阵具有一致性，否则为了满足 CR<0.1 的要求就需要重新调整判断矩阵。

组合权重为要素层对于目标层的重要程度和权重，计算出要素层对于准则层的指标以及准则层对于目标层的指标，组合权重就可以求得。

对于组合权重的一致性检验步骤如下：

$$CI = \sum_{j=1}^{m} W_j CI_j \qquad (18\text{-}7)$$

其中，W_j 为第 j 个二级指标的权重集；CI_j 为第 j 个二级指标对应的比较判断矩阵的 CI。

$$RI = \sum_{j=1}^{m} W_j RI_j \qquad (18\text{-}8)$$

其中，RI_j 为第 j 个二级指标对应的比较判断矩阵的随机一致性指标。

若以此求出的 CR<0.1，表示制造业绿色创新系统可持续发展效益总层次评价判断矩阵具有一致性，否则为了满足 CR<0.1 的要求就需要重新调整判断矩阵。

18.3.2　模糊综合评价法的评价过程

模糊综合评价是建立在模糊数学上的综合评价方法，该方法将定性数据和定量数据根据隶属度函数化为隶属度向量，最后根据最大隶属度原则进行评价。以下是模糊综合评价法的评价过程。

（1）确定因素集。根据建立的制造业绿色创新系统可持续发展效益综合评价指标体系，设立评价指标集 U，其中 $U= \{ U_1, U_2, \cdots, U_n \}$。

（2）确定评价集。评价集是指对制造业绿色创新系统可持续发展效益可能做出的各种总的评价结果组成的集合，用 V 表示。制造业绿色创新系统可持续发展效益评价的目的就是在考虑相关指标的基础上从评价集中选出一个适当的评价结果。建立评价集 V，其中 $V= \{ V_1, V_2, \cdots, V_n \}$。

（3）确定隶属度。制造业绿色创新系统可持续发展效益模糊综合评价指标的隶属度计算分为定性指标隶属度计算和定量指标隶属度计算。其中定性指标采用专家打分法为各指标做量化处理，本书采用 5 分制打分法与评价集相对应，对结果进行统计，根据式（18-9）确定定性指标的隶属度：

$$R_{ij} = \frac{K_{ij}}{K} \tag{18-9}$$

其中，K 为评估专家对制造业绿色创新系统可持续发展效益 U_i 评价的总分数；K_{ij} 为专家选择 U_i 隶属于 V_j 的分数。

定量指标的计算分为效益型指标（指标值越大越好）和成本型指标（指标值越小越好）两种类型进行计算，本书采用正态分布模型对隶属度进行测量。

第一，效益型指标隶属度的确定。

$$\begin{cases} r_{ij}^{(1)} = \begin{cases} 1, & \text{当} u > b \text{时} \\ e^{-k(u-b)^2}, & \text{当} u < b, k > 0 \text{时} \end{cases} \\ r_{ij}^{(i)} = e^{-k(u-x_{i-1})^2}, & \text{当} k > 0 \text{时} \\ r_{ij}^{(5)} = \begin{cases} e^{-k(u-a)^2}, & \text{当} u \geqslant a, k > 0 \text{时} \\ 1, & \text{当} x < a \text{时} \end{cases} \end{cases} \tag{18-10}$$

其中，$r_{ij}^{(i)}$ 为在制造业绿色创新系统可持续发展效益评价过程中 i 行业的 j 指标实测值对于（i）评价集的隶属度；u 为该行业评价指标的实测值；a 为该指标评价的最小值；b 为该指标评价的最大值。

第二，成本型指标隶属度的确定。

$$\begin{cases} r_{ij}^{(1)} = \begin{cases} 1, & \text{当} u \leqslant a \text{时} \\ e^{-k(u-a)^2}, & \text{当} u > a, k > 0 \text{时} \end{cases} \\ r_{ij}^{(i)} = e^{-k(u-x_{i-1})^2}, & \text{当} k > 0 \text{时} \\ r_{ij}^{(5)} = \begin{cases} e^{-k(u-b)^2}, & \text{当} b \leqslant u, k > 0 \text{时} \\ 1, & \text{当} x < b \text{时} \end{cases} \end{cases} \tag{18-11}$$

（4）模糊综合评判。根据前文得出的各指标权重和模糊综合评价矩阵，进行模糊变换后得出每个评价对象的综合评价向量 B，根据最大隶属度原则对每个评价对象进行评价，即综合评价向量中最大数值对应的评语即为该制造业行业可持续发展效益的评价。

$$B = W \cdot R \quad (18\text{-}12)$$

其中，B 为制造业绿色创新系统某行业的可持续发展效益综合评价向量；R 为制造业绿色创新系统某行业的可持续发展效益各指标隶属度向量；W 为制造业绿色创新系统某行业的可持续发展效益各指标权重向量。

（5）确定分数集。综合评价向量只是从定性的方面对评价结果进行说明，而用定量的分值来表示即符合思维习惯也有利于评价对象相互之间进行比较。为此，将评判的等级进行量化，将综合评价向量与分数集向量相乘，通过得分判断我国制造业绿色创新系统可持续发展效益的等级。设定分数集为 S=[120，90，60，30，10]。

（6）评判结果。通过式（18-12）计算我国制造业绿色创新系统可持续发展效益综合评价量化评判结果。

$$G = B \cdot S^{\mathrm{T}} \quad (18\text{-}13)$$

其中，G 为制造业绿色创新系统某行业的可持续发展效益综合评价量化评价结果。

G 与我国制造业绿色创新系统可持续发展综合评价评价集的对应关系如表 18-5 所示。

表 18-5　量化模糊综合评价结果与评价集对应关系

G	高	较高	一般	较低	低
量化评价结果	>75	75~65	65~55	55~45	<45

18.4　实证评价

18.4.1　综合评价研究对象选取及数据来源

本书对我国制造业绿色创新系统的可持续发展效益进行研究，决定抽取我国所有的制造业行业作为研究对象，以反映我国制造业绿色创新系统可持续发展效益的整体情况。但是，在研究过程中发现工艺品与其他制造业、废弃资源和废旧材料回收加工业两个制造业行业的统计数据并不全面，且其产值占制造业总产值的比重很低，为了结果的准确性将其舍去，只对其他 28 个行业进行研究，为了研究过程能简练准确地说明研究内容，对这 28 个行业进行编码，研究标号及制造业名称见附录 C。

本书的数据来源分为统计数据及调查问卷数据两部分。在本书 28 个制造业绿色创新系统可持续发展效益评价指标中，有 23 个指标可以通过统计数据计算得到，其中统计数据来源如下：

（1）统计年鉴：本书大部分研究数据来自 2009~2011 年的《中国统计年鉴》、《中国矿业年鉴》、《中国环境统计年报》、《工业企业科技活动统计年鉴》、《中国环境统计年鉴》及《中国劳动力统计年鉴》等统计年鉴。

（2）各类发展报告及权威报刊资料：《中国制造业发展研究报告 2011》、《中国制造业发展研究报告 2012》及《中国能源报》等。

（3）权威检索系统：国家知识产权局专利检索与服务系统等。具体指标的计算依据如附表 A4 所示。

对于 5 个无法取得统计数据的制造业绿色创新系统可持续发展效益评价指标，通过发放调查问卷的方式取得，对调查问卷的反馈进行量化得出数据。对于指标权重的取得，本书采取层次分析法对指标权重进行计算。根据层次分析法的原则向 40 位对制造业的可持续发展有一定研究成果的专家定向发放指标权重问卷，根据专家的评分及层次分析法的具体计算公式得出制造业绿色创新系统可持续发展效益评价权重值（见附录问卷 B4）。

18.4.2 综合评价指标数据值计算

根据附表 A4 所列示的各指标的计算公式及数据来源，计算得出中国制造业绿色创新系统可持续发展效益综合评价指标值，如表 18-6 所示。

表 18-6　我国制造业绿色创新系统可持续发展效益综合评价指标数据值

行业编号	U_{11}	U_{12}	U_{13}	U_{14}	U_{17}	U_{18}	U_{19}	U_{21}	U_{22}	U_{23}	U_{24}	U_{25}
C13	0.070	0.070	0.576	1.000	0.147	0.001	0.005	0.817	0.076	4.097	8.405	1.348
C14	0.122	0.122	0.524	0.550	0.175	0.003	0.006	0.714	0.133	4.806	15.412	1.352
C15	0.114	0.114	0.628	0.520	0.311	0.007	0.011	0.666	0.124	8.251	20.150	2.615
C16	0.036	0.036	0.669	0.420	0.014	0.001	0.001	0.252	0.039	0.458	2.533	0.982
C17	0.200	0.200	0.229	0.830	0.098	0.004	0.011	0.802	0.218	8.611	12.917	0.156
C18	0.056	0.056	0.269	1.000	0.002	0.001	0.001	0.730	0.061	0.976	1.560	0.338
C19	0.046	0.046	0.154	0.290	0.024	0.005	0.005	0.739	0.050	3.567	2.842	0.408

续表

行业编号	U_{11}	U_{12}	U_{13}	U_{14}	U_{17}	U_{18}	U_{19}	U_{21}	U_{22}	U_{23}	U_{24}	U_{25}
C20	0.129	0.129	0.389	1.000	0.148	0.000	0.001	0.780	0.140	0.681	13.614	0.317
C21	0.044	0.044	0.367	0.230	0.016	0.001	0.001	0.741	0.048	0.486	1.157	0.175
C22	0.350	0.350	0.626	0.420	2.203	0.005	0.049	0.770	0.380	37.732	68.007	2.752
C23	0.101	0.101	0.507	0.740	0.018	0.004	0.001	0.721	0.110	0.443	1.319	0.000
C24	0.062	0.062	0.226	0.340	0.003	0.001	0.000	0.740	0.067	0.342	0.676	0.128
C25	0.522	0.522	0.949	1.000	0.382	0.005	0.003	0.794	0.567	2.395	36.174	0.809
C26	0.571	0.571	0.913	1.000	0.283	0.019	0.008	0.768	0.620	6.448	33.739	2.524
C27	0.112	0.112	0.812	0.250	0.123	0.002	0.006	0.607	0.122	4.480	10.569	1.213
C28	0.268	0.268	0.895	0.270	0.224	0.013	0.011	0.850	0.291	8.553	27.286	2.987
C29	0.228	0.228	0.845	0.360	0.154	0.016	0.002	0.777	0.247	1.192	9.634	0.625
C30	0.139	0.139	0.546	0.220	0.048	0.004	0.001	0.775	0.151	0.358	2.911	0.039
C31	0.795	0.795	0.791	0.320	1.343	0.006	0.001	0.751	0.864	1.008	158.470	8.415
C32	3.550	1.022	0.951	0.340	0.537	0.027	0.003	0.888	1.110	2.256	62.969	2.036
C33	8.386	0.421	0.895	0.380	0.440	0.010	0.001	0.888	0.457	1.107	37.588	9.487
C34	0.166	0.166	0.761	0.480	0.075	0.002	0.002	0.777	0.180	1.498	3.043	0.089
C35	0.086	0.086	0.811	0.660	0.035	0.009	0.001	0.757	0.093	0.372	3.499	0.320
C36	0.079	0.079	0.807	0.640	0.034	0.011	0.001	0.745	0.086	0.451	3.178	0.635
C37	0.062	0.062	0.760	0.670	0.042	0.006	0.001	0.765	0.068	0.473	1.676	0.193
C39	0.045	0.045	0.655	1.000	0.018	0.003	0.000	0.769	0.049	0.269	0.480	0.006
C40	0.042	0.042	0.766	0.950	0.055	0.002	0.001	0.825	0.046	0.654	0.192	0.021
C41	0.050	0.050	0.785	0.830	0.030	0.002	0.001	0.744	0.054	0.776	0.352	0.000

行业编号	U_{26}	U_{27}	U_{28}	U_{29}	U_{31}	U_{32}	U_{33}	U_{34}	U_{35}	U_{36}	U_{37}
C13	92.61	0.001	0.001	0.005	0.032	800.4	0.023	800.4	4.327	0.067	0.020
C14	92.36	0.002	0.007	0.019	0.064	521.0	0.046	521.0	8.122	0.053	0.002
C15	94.17	0.002	0.010	0.019	0.063	417.2	0.046	417.2	2.207	0.153	0.004
C16	96.16	0.000	0.003	0.011	0.012	50.2	0.009	50.2	0.097	0.119	0.002
C17	96.79	0.003	0.011	0.035	0.048	1 007.1	0.035	1 007.1	2.229	0.377	0.002
C18	97.08	0.000	0.001	0.008	0.020	166.7	0.014	166.7	0.462	0.100	0.002
C19	91.92	0.001	0.005	0.035	0.012	65.2	0.008	65.2	0.241	0.126	0.035
C20	91.75	0.000	0.001	0.014	0.046	246.0	0.033	246.0	6.636	0.022	0.009

续表

行业编号	U_{26}	U_{27}	U_{28}	U_{29}	U_{31}	U_{32}	U_{33}	U_{34}	U_{35}	U_{36}	U_{37}
C21	95.42	0.000	0.003	0.028	0.014	40.3	0.009	40.3	2.350	0.007	0.003
C22	94.33	0.008	0.015	0.042	0.161	1 249.4	0.120	1 249.4	0.743	3.410	0.001
C23	96.47	0.001	0.004	0.013	0.021	47.4	0.013	47.4	10.296	0.002	0.004
C24	95.03	0.000	0.005	0.019	0.017	34.0	0.011	34.0	1.648	0.007	0.005
C25	95.75	0.003	0.013	0.078	0.254	4 233.1	0.145	4 233.1	1.223	11.51	0.012
C26	91.06	0.003	0.029	0.053	0.311	10 214.5	0.213	10 214.5	1.555	23.87	0.007
C27	95.72	0.001	0.008	0.007	0.044	371.4	0.032	371.4	0.075	2.509	0.000
C28	96.32	0.003	0.025	0.029	0.053	187.3	0.038	187.3	0.354	0.437	0.002
C29	98.27	0.001	0.023	0.025	0.060	257.8	0.044	257.8	1.554	0.124	0.006
C30	97.22	0.000	0.012	0.040	0.027	254.4	0.018	254.4	0.948	0.180	0.006
C31	94.20	0.004	0.009	0.035	0.570	13 427.4	0.419	13 427.4	1.880	43.210	0.012
C32	95.71	0.006	0.038	0.048	0.752	31 369.6	0.605	31 369.6	8.841	28.370	0.004
C33	89.84	0.003	0.022	0.051	0.076	1 535.7	0.055	1 535.7	3.104	0.628	0.010
C34	95.78	0.001	0.006	0.019	0.026	358.5	0.018	358.5	3.870	0.041	0.002
C35	94.53	0.000	0.033	0.046	0.035	933.6	0.027	933.6	0.705	1.082	0.003
C36	91.13	0.000	0.038	0.035	0.034	521.9	0.024	521.9	0.178	2.026	0.002
C37	96.84	0.000	0.025	0.021	0.019	715.8	0.013	715.8	2.442	0.118	0.005
C39	95.48	0.000	0.034	0.033	0.010	264.5	0.006	264.5	16.200	0.007	0.023
C40	98.50	0.001	0.024	0.019	0.006	207.4	0.004	207.4	2.525	0.020	0.002
C41	97.60	0.006	0.039	0.049	0.767	31 997	0.617	31 997.2	9.018	28.94	0.004

注：U_{11} 为制造业行业单位产值不可再生资源消耗；U_{12} 为制造业行业单位产值不可再生能源消耗；U_{13} 为制造业行业资源循环利用率；U_{14} 为制造业行业能源循环利用率；U_{17} 为制造业行业三废综合利用率；U_{18} 为制造业行业循环技术 R&D 经费占总产值比重；U_{19} 为制造业行业循环技术产值占总产值比重；U_{21} 为制造业行业单位产值资源消耗；U_{22} 为制造业行业单位产值能源消耗；U_{23} 为制造业行业单位产值废水排放量；U_{24} 为制造业行业单位产值废气排放量；U_{25} 为制造业行业单位产值固体废弃物排放量；U_{26} 为制造业行业三废排放达标率；U_{27} 为制造业行业环境污染治理经费占总产值比重；U_{28} 为制造业行业绿色技术 R&D 经费占总产值比重；U_{29} 为制造业行业绿色技术产值占总产值比重；U_{31} 为制造业行业单位产值化石能源消耗；U_{32} 为制造业行业碳排放量；U_{33} 为制造业行业碳排放强度；U_{34} 为制造业行业碳捕获和封存程度；U_{35} 为制造业行业低碳改造率的增长率；U_{36} 为制造业行业低碳技术 R&D 经费占总产值比重；U_{37} 为制造业行业低碳技术产值占总产值比重

18.4.3　综合评价权重值计算

本书拟通过层次分析法确定我国制造业绿色创新系统可持续发展效益指标

权重。通过向制造业绿色创新系统可持续发展研究领域专家学者发放调查问卷和进行深度访谈的方式，共征询意见表 40 份，通过数据处理得到一级判断矩阵，具体如下：

$$W_1 = \begin{bmatrix} 1 & 0.65 & 2.39 \\ & 1 & 2.91 \\ & & 1 \end{bmatrix}$$

通过计算得到我国制造业绿色创新系统可持续发展效益评价一级指标权重为 $W_1 = (0.348, 0.495, 0.157)$。进行一致性检验，结果如下：$\lambda_{max} = 3.006$，通过对一致性指标的计算 $CI = (\lambda_{max} - n)/(n-1) = 0.003$，通过查询平均随机一致性的相应指标 $RI = 0.580$，计算一致性比例 $CR = CI/RI = 0.005 < 0.1$，此时可以认为判断矩阵是具有一致性的。

我国制造业绿色创新系统可持续发展效益评价中循环效益二级比较判断矩阵如下：

$$W_{11} = \begin{bmatrix} 1 & 1.42 & 1.8 & 1.61 & 1.65 & 0.92 & 0.45 & 0.35 & 0.41 & 0.74 \\ & 1 & 0.57 & 0.54 & 0.55 & 0.78 & 0.54 & 0.73 & 0.67 & 0.82 \\ & & 1 & 1.32 & 1.75 & 1.91 & 0.83 & 1.15 & 0.65 & 1.01 \\ & & & 1 & 1.78 & 1.79 & 0.71 & 0.63 & 0.75 & 0.85 \\ & & & & 1 & 1.55 & 0.72 & 0.51 & 1.25 & 0.52 \\ & & & & & 1 & 0.67 & 0.52 & 0.75 & 0.85 \\ & & & & & & 1 & 0.92 & 0.87 & 1.87 \\ & & & & & & & 1 & 1.25 & 1.2 \\ & & & & & & & & 1 & 1.11 \\ & & & & & & & & & 1 \end{bmatrix}$$

通过计算得到我国制造业绿色创新系统可持续发展效益评价循环效益指标权重为 $W_{11} = (0.086, 0.066, 0.107, 0.095, 0.079, 0.074, 0.132, 0.138, 0.120, 0.103)$。进行一致性检验，结果如下：$\lambda_{max} = 10.430$，通过对一致性指标的计算 $CI = \dfrac{\lambda_{max} - n}{n-1} = 0.048$，通过查询平均随机一致性的相应指标 $RI = 1.490$，计算一致性比例 $CR = \dfrac{CI}{RI} = 0.032 < 0.1$，此时可以认为判断矩阵是具有一致性的。

我国制造业绿色创新系统可持续发展效益评价中绿色效益二级比较判断矩阵如下：

$$W_{12} = \begin{bmatrix} 1 & 1.01 & 0.67 & 1.02 & 1.07 & 0.65 & 0.62 & 0.52 & 0.71 & 1.32 \\ & 1 & 0.84 & 0.81 & 0.87 & 0.56 & 0.72 & 0.52 & 0.73 & 0.32 \\ & & 1 & 1.07 & 1.15 & 0.75 & 0.72 & 0.84 & 0.95 & 0.46 \\ & & & 1 & 1.11 & 0.82 & 0.81 & 0.74 & 0.68 & 0.37 \\ & & & & 1 & 0.84 & 0.83 & 0.75 & 0.39 & 0.65 \\ & & & & & 1 & 0.99 & 0.81 & 1.13 & 0.78 \\ & & & & & & 1 & 0.97 & 1.12 & 0.79 \\ & & & & & & & 1 & 1.48 & 0.89 \\ & & & & & & & & 1 & 0.75 \\ & & & & & & & & & 1 \end{bmatrix}$$

通过计算得到我国制造业绿色创新系统绿色效益指标权重为 $W_{12} =$ (0.080, 0.068, 0.090, 0.081, 0.078, 0.111, 0.112, 0.126, 0.109, 0.145)。进行一致性检验，结果如下：$\lambda_{\max} = 10.221$，通过对一致性指标的计算 $CI = \dfrac{\lambda_{\max} - n}{n-1} = 0.025$，通过查询平均随机一致性的相应指标 $RI = 1.490$，计算一致性比例 $CR = \dfrac{CI}{RI} = 0.017 < 0.1$，此时可以认为判断矩阵是具有一致性的。

我国制造业绿色创新系统可持续发展效益评价中低碳效益二级比较判断矩阵如下：

$$W_{13} = \begin{bmatrix} 1 & 1.34 & 1.21 & 1.78 & 1.2 & 0.92 & 1.21 & 2.23 \\ & 1 & 0.86 & 1.31 & 0.86 & 0.73 & 0.82 & 2.86 \\ & & 1 & 1.52 & 0.92 & 0.78 & 1.02 & 2.36 \\ & & & 1 & 0.86 & 0.75 & 0.82 & 1.08 \\ & & & & 1 & 0.85 & 0.96 & 2.22 \\ & & & & & 1 & 1.42 & 3.02 \\ & & & & & & 1 & 2.31 \\ & & & & & & & 1 \end{bmatrix}$$

通过计算得到我国制造业绿色创新系统低碳效益指标权重为 $W_{13} = (0.157, 0.123, 0.135, 0.095, 0.132, 0.165, 0.133, 0.059)$。进行一致性检验，结果如下：$\lambda_{\max} = 8.065$，通过对一致性指标的计算 $CI = \dfrac{\lambda_{\max} - n}{n-1} = 0.009$，通过查询平均随机一致性的相应指标 $RI = 1.410$，计算一致性比例 $CR = \dfrac{CI}{RI} = 0.006 < 0.1$，此时可以认为判断矩阵是具有一致性的。

根据中国制造业绿色创新系统可持续发展效益综合评价要素层对于目标层的

权重及要素层对于准则层的权重计算要素层对于目标层的组合权重，计算结果如表 18-7 所示。

表 18-7　组合权重

$W_1=$ 0.349	u_{11}	u_{12}	u_{13}	u_{14}	u_{15}	u_{16}	u_{17}	u_{18}	u_{19}	u_{110}
层次权重	0.083	0.063	0.108	0.098	0.078	0.072	0.135	0.138	0.122	0.103
组合权重	0.030	0.023	0.037	0.033	0.027	0.026	0.046	0.048	0.042	0.036
$W_2=$ 0.495	u_{21}	u_{22}	u_{23}	u_{24}	u_{25}	u_{26}	u_{27}	u_{28}	u_{29}	u_{210}
层次权重	0.082	0.068	0.087	0.082	0.077	0.111	0.112	0.128	0.108	0.145
组合权重	0.040	0.034	0.045	0.040	0.039	0.055	0.055	0.062	0.054	0.720
$W_3=$ 0.156	u_{31}	u_{32}	u_{33}	u_{34}	u_{35}	u_{36}	u_{37}	u_{38}		
层次权重	0.157	0.124	0.136	0.095	0.132	0.167	0.134	0.055		
组合权重	0.025	0.019	0.021	0.015	0.021	0.026	0.021	0.009		

总结以上计算结果，我国制造业绿色创新系统可持续发展效益综合评价指标体系权重如表 18-8 所示。

表 18-8　我国制造业绿色创新系统可持续发展效益综合评价指标权重

目标层	准则层	指标权重	要素层	指标权重	组合权重
我国制造业绿色创新系统可持续发展效益	循环效益	0.348	制造业行业单位产值不可再生资源消耗	0.083	0.030
			制造业行业单位产值不可再生能源消耗	0.063	0.023
			制造业行业资源循环利用率	0.108	0.037
			制造业行业能源循环利用率	0.098	0.033
			制造业行业产品循环利用率	0.078	0.027
			制造业行业包装物循环利用率	0.072	0.026
			制造业行业三废综合利用率	0.135	0.046
			制造业行业循环技术 R&D 经费占总产值比重	0.138	0.048
			制造业行业循环技术产值占总产值比重	0.122	0.042
			制造业行业循环制度建设水平	0.103	0.036

续表

目标层	准则层	指标权重	要素层	指标权重	组合权重
我国制造业绿色创新系统可持续发展效益	绿色效益	0.495	制造业行业单位产值资源消耗	0.082	0.040
			制造业行业单位产值能源消耗	0.068	0.034
			制造业行业单位产值废水排放量	0.087	0.045
			制造业行业单位产值废气排放量	0.082	0.040
			制造业行业单位产值固体废弃物排放量	0.077	0.039
			制造业行业三废排放达标率	0.111	0.055
			制造业行业环境污染治理经费占总产值比重	0.112	0.055
			制造业行业绿色技术 R&D 经费占总产值比重	0.128	0.062
			制造业行业绿色技术产值占总产值的比重	0.108	0.054
			制造业行业绿色制度建设水平	0.145	0.072
	低碳效益	0.157	制造业行业单位产值化石能源消耗	0.157	0.025
			制造业行业碳排放量	0.124	0.019
			制造业行业碳排放强度	0.136	0.021
			制造业行业碳捕获和封存程度	0.095	0.015
			制造业行业低碳改造率的增长率	0.132	0.021
			制造业行业低碳技术 R&D 经费占总产值比重	0.167	0.026
			制造业行业低碳技术产值占总产值比重	0.134	0.021
			制造业行业低碳制度建设水平	0.055	0.009

18.4.4 多级模糊综合评判

（1）确定因素集。根据上文分析的制造业绿色创新系统可持续发展效益评价指标体系，设立评价指标集 U。本书确定循环效益、绿色效益、低碳效益为评价我国制造业绿色创新系统可持续发展效益的评价因素。

$U=\{U_1, U_2, U_3\}=\{$循环效益，绿色效益，低碳效益$\}$

$U_1=\{$制造业行业单位产值不可再生资源消耗，制造业行业单位产值不可再生能源消耗，制造业行业资源循环利用率，制造业行业能源循环利用率，制造业行业产品循环利用率，制造业行业包装物循环利用率，制造业行业三废综合利用率，制造业行业循环技术 R&D 经费占总产值比重，制造业行业循环技术产值占

总产值比重，制造业行业循环制度建设水平}

U_2={制造业行业单位产值资源消耗，制造业行业单位产值能源消耗，制造业行业单位产值废水排放量，制造业行业单位产值废气排放量，制造业行业单位产值固体废弃物排放量，制造业行业三废排放达标率，制造业行业环境污染治理经费占总产值比重，制造业行业绿色技术 R&D 经费占总产值比重，制造业行业绿色技术产值占总产值的比重，制造业行业绿色制度建设水平}

U_3={制造业行业单位产值化石能源消耗，制造业行业碳排放量，制造业行业碳排放强度，制造业行业碳捕获和封存程度，制造业行业低碳改造率的增长率，制造业行业低碳技术 R&D 经费占总产值比重，制造业行业低碳技术产值占总产值比重，制造业行业低碳制度建设水平}

（2）确定评价集。评价集是指对制造业绿色创新系统可持续发展效益可能做出的各种总的评价结果组成的集合，用 V 表示，综合制造业绿色创新系统可持续发展效益评价的目的就是在考虑相关影响因素的基础上，从评价集中选出一个适当的评价结果。建立评价集 V：

V={V_1（可持续发展效益高），V_2（可持续发展效益较高），V_3（可持续发展效益一般），V_4（可持续发展效益较差），V_5（可持续发展效益差）}

（3）确定隶属度。由于本书的评价对象较多，仅就第一个评价对象"农副食品加工业"的计算过程进行详细说明，其他可以类推得出。

第一，定性指标隶属度。由于某些指标无法通过具体数据表述，或者获得数据的难度非常大，本书决定通过设计调查问卷对这些指标进行数据搜集，这些指标包括制造业行业产品循环利用率、制造业行业包装物循环利用率、制造业行业循环制度建设水平、制造业行业绿色制度建设水平、制造业行业低碳制度建设水平五个指标。通过对问卷的统计，分别得到农副食品加工业的产品循环利用率、包装物循环利用率、循环制度建设水平、绿色制度建设水平、低碳制度建设水平，对其进行隶属度的计算，结果如下：

$$R_{15}=\{0.025, 0.05, 0.1, 0.175, 0.65\}$$
$$R_{16}=\{0, 0.025, 0.075, 0.085, 0.815\}$$
$$R_{110}=\{0, 0.05, 0.675, 0.125, 0.2\}$$
$$R_{210}=\{0.675, 0.25, 0.05, 0.025, 0\}$$
$$R_{38}=\{0.025, 0.025, 0.05, 0.25, 0.65\}$$

第二，定量指标隶属度。定量指标的隶属度根据公式计算得出，本书中需要进行定量隶属度计算的指标包括制造业行业单位产值不可再生资源消耗、制造业行业单位产值不可再生能源消耗、制造业行业资源循环利用率、制造业行业能源循环利用率、制造业行业三废综合利用率、制造业行业循环技术 R&D 经费占总产值比重、制造业行业循环技术产值占总产值比重、制造业行业单位产值资源消耗、制造业行业单位产值能源消耗、制造业行业单位产值废水排放量、制造业行业单位产值废气排放量、制造业行业单位产值固体废弃物排放量、制造业行业三废排放达标率、制造业行业环境污染治理经费占总产值比重、制造业行业绿色技术R&D经费占总产值比重、制造业行业绿色技术产值占总产值的比重、制造业行业单位产值化石能源消耗、制造业行业碳排放量、制造业行业碳排放强度、制造业行业碳捕获和封存程度、制造业行业低碳改造率的增长率、制造业行业低碳技术R&D经费占总产值比重和制造业行业低碳技术产值占总产值比重。

通过隶属度公式，式（18-10）和式（18-11）的计算，得到农副食品加工业定量指标的隶属度。

$$R_{11} = \{0.657, 0.343, 0, 0, 0\}$$
$$R_{12} = \{0.934, 0.066, 0, 0, 0\}$$
$$R_{13} = \{0.142, 0.171, 0.268, 0.339, 0.08\}$$
$$R_{14} = \{0.751, 0.249, 0, 0, 0\}$$
$$R_{17} = \{0, 0, 0.781, 0.145, 0.074\}$$
$$R_{18} = \{0, 0.608, 0.392, 0, 0\}$$
$$R_{19} = \{0, 0.106, 0.573, 0.223, 0.098\}$$
$$R_{21} = \{0, 0.002, 0.189, 0.478, 0.331\}$$
$$R_{22} = \{0.434, 0.545, 0.021, 0, 0\}$$
$$R_{23} = \{0.069, 0.117, 0.233, 0.549, 0.032\}$$
$$R_{24} = \{0.166, 0.309, 0.525, 0, 0\}$$
$$R_{25} = \{0, 0.03, 0.938, 0.032, 0\}$$
$$R_{26} = \{0, 0, 0.203, 0.79, 0.007\}$$
$$R_{27} = \{0, 0, 0, 0.215, 0.785\}$$
$$R_{28} = \{0, 0, 0, 0.131, 0.869\}$$
$$R_{29} = \{0, 0, 0, 0.89, 0.911\}$$
$$R_{31} = \{0.378, 0.622, 0, 0, 0\}$$
$$R_{32} = \{0, 0, 0.896, 0.104, 0\}$$
$$R_{33} = \{0.662, 0.335, 0.003, 0, 0\}$$
$$R_{34} = \{0, 0, 0.038, 0.962, 0\}$$
$$R_{35} = \{0, 0, 0.011, 0.985, 0.004\}$$
$$R_{36} = \{0, 0, 0.339, 0.333, 0.328\}$$
$$R_{37} = \{0, 0.265, 0.73, 0.005, 0\}$$

（4）模糊综合评判。分别计算出其他27个行业的制造业绿色创新系统可持续发展效益指标的隶属度，根据式（18-16）计算出综合评价结果，如表18-9所示。

表 18-9 评价结果

行业	可持续发展效益	循环效益	绿色效益	低碳效益
农副食品加工业	54.83	67.28	48.30	47.80
食品制造业	56.58	64.78	53.47	48.21
饮料制造业	55.31	61.44	53.63	47.01
烟草制品业	57.73	50.70	62.47	58.37
纺织业	53.70	60.74	50.36	48.60
纺织服装.鞋.帽制造业	56.55	59.35	57.03	48.83
皮革.毛皮.羽毛（绒）及其制品业	52.79	55.73	45.74	68.50
木材加工及木.竹.藤.棕.草制品业	51.38	61.34	43.86	53.03
家具制造业	58.29	55.03	59.73	60.96
造纸及纸制品业	61.89	69.30	63.35	40.85
印刷业和记录媒介的复制业	65.36	72.75	62.07	59.37
文教体育用品制造业	57.65	52.17	57.83	69.20
石油加工.炼焦及核燃料加工业	59.98	68.92	56.75	50.34
化学原料及化学制品制造业	61.36	69.68	57.19	56.07
医药制造业	58.04	57.91	60.49	50.62
化学纤维制造业	52.04	52.96	52.20	49.50
橡胶制品业	65.99	72.39	66.29	50.87
塑料制品业	59.21	69.19	56.24	46.46
非金属矿物制品业	50.72	50.93	47.88	59.21
黑色金属冶炼及压延加工业	59.51	62.50	61.80	45.67
有色金属冶炼及压延加工业	58.22	60.19	57.14	57.27
金属制品业	58.95	65.31	57.21	50.35
通用设备制造业	62.65	60.16	70.01	44.95
专用设备制造业	61.17	59.32	66.90	47.21
交通运输设备制造业	59.15	64.28	58.17	50.85
电气机械及器材制造业	78.11	74.28	79.67	81.67
通信设备.计算机及其他电子设备制造业	60.64	57.87	63.75	56.96
仪器仪表及文化.办公用机械制造业	70.99	66.85	76.96	61.32
平均值	59.24	65.26	58.80	53.93

18.4.5 综合评价结果分析

1. 结果分析

通过将我国制造业绿色创新系统可持续发展效益模糊综合评判结果与评判标准表进行比对,可以得出我国制造业绿色创新系统可持续发展效益综合评价结果为"一般",其中循环效益为"较高"、绿色效益为"一般"、低碳效益为"较低"。我国制造业绿色创新系统可持续发展效益在各行业间存在着不平衡性,电气机械及器材制造业、仪器仪表及文化.办公用机械制造业、橡胶制品业及印刷业和记录媒介的复制业4个制造业行业的可持续发展综合评价结果为"好"或"较好";通用设备制造业、造纸及纸制品业、化学原料及化学制品制造业、专用设备制造业、通信设备.计算机及其他电子设备制造业、石油加工.炼焦及核燃料加工业、黑色金属冶炼及压延加工业、塑料制品业、交通运输设备制造业、金属制品业、家具制造业、有色金属冶炼及压延加工业、医药制造业、烟草制品业、文教体育用品制造业、食品制造业、纺织服装.鞋.帽制造业及饮料制造业18个制造业行业综合评价结果均为"一般";农副食品加工业、纺织业、皮革.毛皮.羽毛(绒)及其制品业、化学纤维制造业、木材加工及木.竹.藤.棕.草制品业及非金属矿物制品业6个制造业行业综合评价结果为"较差"。

分析发现,轻工制造业行业,如文教体育用品制造业、食品制造业、纺织服装.鞋.帽制造业、饮料制造业、农副食品加工业、纺织业、皮革.毛皮.羽毛(绒)及其制品业、化学纤维制造业、木材加工及木.竹.藤.棕.草制品业9个制造业行业可持续发展效益综合评价结果为"一般"或"较低"。主要原因是我国轻工制造业行业中劳动密集型企业占比较高,且普遍存在资源和能源利用效率低、行业整体技术水平低、创新投入少、装备水平不高、企业规模小、相关制度法规不健全等问题。近年来,出口和内需的拉动使轻工制造业维持较快增长速度,忽视了其高耗能、高污染和高排放的问题,导致其可持续发展效益较低。政府作为制造业绿色创新系统的重要主体应注重对轻工制造业可持续发展方面的规范和引导,根据轻工制造业的具体情况进行制度创新,促使轻工制造业进行技术创新和工艺创新,并对其废弃物排放进行规制。

(1)循环效益。我国制造业绿色创新系统循环效益的综合评价结果明显优于绿色效益和低碳效益,总体综合评价结果为"较高"。原因在于循环经济在我国提出时间较早、发展相对比较成熟,是被社会普遍接受和倡导的发展模式。但行业间也呈现不均衡分布。

其中,电气机械及器材制造业、印刷业和记录媒介的复制业、橡胶制品业、化学原料及化学制品制造业、造纸及纸制品业、塑料制品业、石油加工.炼焦及核燃料加工业、农副食品加工业，仪器仪表及文化.办公用机械制造业9个制造业行业循环效益综合评价结果为"较高"。

金属制品业、食品制造业、交通运输.设备制造业、黑色金属冶炼及压延加工业、饮料制造业、木材加工及木.竹.藤.棕.草制品业、纺织业、有色金属冶炼及压延加工业、通用设备制造业、纺织服装.鞋.帽制造业、专用设备制造业、医药制造业、通信设备.计算机及其他电子设备制造业、皮革.毛皮.羽毛（绒）及其制品业、家具制造业15个制造业行业循环效益综合评价结果为"一般"。

化学纤维制造业、文教体育用品制造业、非金属矿物制品业及烟草制品业4个制造业行业循环效益综合评价结果为"较低"。

通信设备.计算机及其他电子设备制造业、交通运输设备制造业等制造业行业的循环效益与国外相比仍有较大差距，究其原因，很大程度上是因为其再使用和再循环环节较为薄弱，如手机、数码相机、计算机等电子设备，目前我国在回收处理方面存在很大的困难，现阶段技术条件有限及相关制度不健全，造成了可循环资源的极大浪费及对环境的严重污染。因此，制造业绿色创新系统各创新主体应致力于再制造技术创新，运用新技术提高回收利用率。

（2）绿色效益。我国制造业绿色创新系统绿色效益综合评价结果为"一般"。评价结果在行业间也呈现不均匀分布。

其中，电气机械及器材制造业、仪器仪表及文化.办公用机械制造业、通用设备制造业、专用设备制造业及橡胶制品业5个制造业行业绿色效益综合评价为"高"或"较高"。

通信设备.计算机及其他电子设备制造业、造纸及纸制品业、烟草制品业、印刷业和记录媒介的复制业、黑色金属冶炼及压延加工业、医药制造业、家具制造业、交通运输设备制造业、文教体育用品制造业、金属制品业、化学原料及化学制品制造业、有色金属冶炼及压延加工业、纺织服装.鞋.帽制造业、石油加工.炼焦及核燃料加工业、塑料制品业15个制造业行业绿色效益综合评价结果为"一般"。

饮料制造业、食品制造业、化学纤维制造业、纺织业、农副食品加工业、非金属矿物制品业、皮革.毛皮.羽毛（绒）及其制品业、木材加工及木.竹.藤.棕.草制品业8个制造业行业绿色效益综合评价为"较低"。

传统生产过程中产生大量污染物质的石油、化工制造业行业绿色效益综合评价结果为"一般"，具体指标表现为绿色技术研发投入强度大、绿色技术产值占总产值比重较大、绿色制度建设水平相对健全。说明我国制造业绿色创新系统中对传统污染类企业的政策投入较大，使制造业绿色创新系统中创新主体注重传统制造业企业节能、环保技术的创新，绿色效益有很大的提高，通过绿色经济实现了可持续增长。

（3）低碳效益。我国制造业绿色创新系统低碳效益综合评价结果为"较低"，综合评价结果低于循环效益和绿色效益。近几年，低碳经济的概念才逐渐进入人们的视野，中国制造业关于低碳的技术研发和推广落后于发达国家，且相关政策体系也不完善，导致我国制造业绿色创新系统低碳效益明显偏低，但评价结果在行业间分布也不均衡。

其中，电气机械及器材制造业、文教体育用品制造业、皮革.毛皮.羽毛（绒）及其制品业3个制造业行业低碳效益综合评价结果为"高"或"较高"。

仪器仪表及文化.办公用机械制造业、家具制造业、印刷业和记录媒介的复制业、非金属矿物制品业、烟草制品业、有色金属冶炼及压延加工业、通信设备.计算机及其他电子设备制造业、化学原料及化学制品制造业8个制造业行业低碳效益综合评价结果为"一般"。

仪器仪表及文化.办公用机械制造业、家具制造业、印刷业和记录媒介的复制业、非金属矿物制品业、烟草制品业、有色金属冶炼及压延加工业、通信设备.计算机及其他电子设备制造业、化学原料及化学制品制造业、木材加工及木.竹.藤.棕.草制品业、橡胶制品业、交通运输设备制造业、医药制造业、金属制品业、石油加工.炼焦及核燃料加工业、化学纤维制造业、纺织服装.鞋.帽制造业、纺织业17个制造业行业绿色效益综合评价结果为"较低"或"低"。

钢铁行业、建材行业和装备制造业，如橡胶制品业、交通运输设备制造业、医药制造业、金属制品业、石油加工.炼焦及核燃料加工业、化学纤维制造业、专用设备制造业、饮料制造业、塑料制品业、黑色金属冶炼及压延加工业、通用设备制造业低碳效益明显偏低，一次能源以煤为主、能源效率较低是造成这些行业化石能源消耗高、二氧化碳排放总量大的主要原因。能源结构调整是提高其低碳效益的主要支撑点，制造业行业能源结构主要依靠能源技术的进步来解决。制造业绿色创新系统的主体政府、制造业企业、高等院校、科研院所应从多方面加大对钢铁行业和建材行业低碳创新的各项扶持力度，通过提高制造业绿色创新系统低碳技术的创新能力，以此来不断提升制造业绿色创新系统低碳效益。

2. 政策启示

针对以上结论，提出关于提高我国制造业绿色创新系统可持续发展效益的对策建议。

1）完善政策法规体系

政策法规是保障制造业绿色创新系统可持续发展的重要手段。政府作为制造业绿色创新系统的重要主体，在制造业绿色创新系统中起到提供战略导向和相应的政策、法律和法规支持的作用，政府应充分发挥其宏观调控功能，完善基础设施的构建，才能为我国制造业绿色创新系统可持续发展效益的提高提供方向和保障。

第一，制定鼓励制造业企业增加可持续发展相关技术投入的政策措施，加大可持续发展相关技术开发和技术改造的投资力度。第二，要建立健全可持续发展相关技术进步项目的资本金制度，对承担急需发展的重点可持续发展相关技术改造项目的制造业企业，自有资金不足总投资一定比例的，财政安排一定的资金，用于调整负债结构。第三，要建立可持续发展相关技术进步投资风险基金和采取税收扶持政策。重点支持新产品开发、重大技术装备研制、高新技术产业化、引进技术的消化和吸收、新技术的推广和应用、企业技术中心的建设等符合可持续发展效益的项目。第四，继续完善有关制造业各行业节能、减排、降耗行政法规的细则，并加大政策执行力度和监管力度。

2）鼓励可持续发展相关技术创新活动

制造业企业作为绿色创新系统低碳技术创新的实施主体，低碳技术的研发、扩散和应用，都离不开制造业企业，因此要实现制造业绿色创新系统的高速运转，必须加强制造业企业进行可持续发展相关技术创新的意识。同时，高等院校和科研院所在创新系统中发挥着知识提供的作用，如科学技术的研发等，高等院校及科研院所知识产出的增加为制造业绿色创新系统提供丰富的知识源，有利于提高我国制造业绿色创新系统可持续发展效益。

第一，通过技术改造提高基础能源生产和利用效率，加快解决化石能源消费比重过高等能源消费结构不合理的问题，提高核电、风电和水电在电力能源中的比重。第二，加强以节能为中心的技术改造，努力实现资源的高效利用和循环利用，促进制造业企业节能降耗。第三，应大力研究开发绿色制造技术、不可再生资源的替代技术、清洁生产工艺、产品拆卸与回收技术、生态工厂循环制造技术。

3）推进产业结构调整

这里不仅指产业内部各要素的优化搭配，还包括产业之间的整体协作。改造和提升传统产业是提升制造业绿色创新系统可持续发展效益的关键。制造业绿色创新系统的重要主体政府充分发挥其宏观调控功能。

第一，加强对传统制造业产业可持续发展有关技术的改造和升级，促进企业兼并重组，加快淘汰落后产能，严控高耗能、高污染行业新增产能，发挥政府在制造业绿色创新系统中的宏观调控作用，弥补市场调控的缺失，将有限资源优先分配给具有可持续发展潜力的行业。第二，发展和培育战略性新兴产业，战略性新兴产业是以重大技术突破和重大发展需求为基础，对经济社会全局和长远发展具有重大引领带动作用，知识技术密集、物质资源消耗少、成长潜力大、综合效益好的产业。鼓励发展节能、降耗、减污的高新技术产业有利于提高整个制造业绿色创新系统的创新效率，使有限资源能够得到更好的利用。

4）加速制造业企业可持续发展的知识扩散

制造业绿色创新系统中的知识流动是新兴循环、绿色和低碳知识在最初的生产化和商业化之后的继续推广利用，包括在其潜在采用者之间传播、推广和应用，也包括在已采用企业内部继续扩大新知识的应用范围。制造业绿色创新系统应充分发挥知识扩散作用，使可持续发展效益的外部性优势扩散到整个制造业行业。

第一，充分挖掘我国制造业绿色创新系统可持续发展的潜力和方向，推动制造业产学研平台的建设和发展，促进创新系统各主体间知识的流动，加强创新人力和财力资源的投入，提高各种资源的利用率。第二，应进一步推进高耗能、高污染产业的可持续发展试点研究。制造业绿色创新系统中政府部门应推进重点行业的可持续发展试点，帮助试点企业朝着资源利用效率最大、资源浪费最少、低污染、少损害、低能耗、高产出方向尝试，为试点全面铺开积累经验。

5）充分发挥制造业绿色创新系统主体的作用

制造业绿色创新系统的主体由制造业企业、高等院校、科研院所、政府和相关中介机构等组成，在绿色创新系统中，制造业企业在绿色创新过程中则起主导作用，高等院校和科研院所的作用主要是提供基础研究与应用研究等方面的可持续发展相关知识成果并参与可持续发展相关技术创新的各个过程，政府和中介机构主要提供相关政策和服务方面的支持。

第一，加强制造业企业的主体地位，制造业企业作为绿色创新系统可持续发展相关技术创新的实施主体，应加强可持续发展相关技术的研发、扩散和应用，以此实现制造业绿色创新系统的高速运转。第二，加大高等院校及科研院所知识产出。高等院校和科研院所在创新系统中发挥着知识提供的作用，高等院校及科研院所应加强可持续发展相关知识产出，为制造业绿色创新系统提供丰富的知识源。第三，完善中介机构服务体系。中介机构应充分把制造业企业在物质资源、人力资源等方面的优势与高等院校和研究机构在科研方面的优势结合起来，充分发挥高等院校、科研院所和企业各自的长处和优势，通过优化结合，实现资源互补，大幅度调动各自的主动性及创新性。

18.5 本章小结

本书首先在制造业绿色创新系统可持续发展影响因素识别和分析的基础上，

构建制造业绿色创新系统可持续发展效益概念模型。其次将我国制造业绿色创新系统可持续发展效益分为循环效益、绿色效益、低碳效益和其他未知效益，从资源、环境和生态等角度探索我国制造业绿色创新系统的可持续发展效益，并从循环效益、绿色效益、低碳效益三个方面构建我国制造业绿色创新系统可持续发展效益评价指标体系。运用层次分析-模糊综合评价的评价模型对我国制造业 28 个行业的可持续发展效益进行评价，进而提出了政策建议。

第 19 章　结论与展望

作为解决资源环境问题的关键手段，绿色创新不仅得到了学术界的广泛研究，也引起了各国政府和产业界的重点关注。根据我国制造业发展的实际情况，本书对制造业绿色创新系统的相关问题进行了研究，在解决制造业绿色创新系统结构不合理、绿色创新模式不匹配等问题的同时，对提升我国制造业绿色创新绩效和解决相关资源环境问题具有重要的理论意义和现实意义。本书突破了现有研究的局限性，结合定性与定量分析方法，对制造业绿色创新系统构建及运行机制、绿色创新动力与绿色创新模式、制造业绿色创新系统的知识溢出与知识共享、跨国公司技术转移下制造业绿色创新系统及低碳创新系统等问题进行研究。

19.1　研究结论

19.1.1　制造业绿色创新系统构建及运行机制方面的研究结论

1. 制造业绿色创新系统构建的研究结论

本部分在梳理绿色创新系统及相关创新系统、绿色创新模式、绿色创新绩效等研究领域国内外文献的基础上对国内外研究现状进行评述，并界定绿色创新、绿色创新系统等基本概念。对制造业绿色创新系统的基本结构、构成要素、特征、功能与环境等制造业绿色创新系统的理论基础进行研究。其结论如下：

首先，绿色创新系统是在一定的环境背景下，各类型的创新主体要素和非主体要素（政府、高等院校、企业、科研院所、中介机构等）结合创新资源在创新动力（市场拉动、技术推动、环境规制推动）的作用下，通过创新过程（研发、制造、营销）联结成的网络体系，该网络体系的目的是实现可持续发展、经济发展及创新和扩散。

其次，从基本结构和构成要素来看，我国制造业绿色创新系统主要由创新资源、创新主体、创新动力和创新过程四部分组成，创新主体结合创新资源在创新动力的作用下产生创新以实现其可持续发展的目的。

再次，绿色创新系统是一个复杂系统，具有大多数复杂系统的基本特征，从复杂系统理论的角度出发，绿色创新系统具有四个基本特征，即聚集性、非线性、流和多样性。而制造业绿色创新系统在与外部环境相互作用、相互联系的过程中，将会有一定的性质、某种能力和某种功能表现出来，这种功能即为制造业绿色创新系统的功能，主要包括可持续发展功能、经济发展功能、创新与扩散功能三个功能。

最后，制造业绿色创新系统的外部环境是指创新主体在参与绿色创新活动过程中所处的外部环境，包括宏观政治环境、市场环境、社会服务环境、文化环境、技术环境及全球制造业大背景等。制造业绿色创新系统的外部环境与创新资源共同作用为绿色创新系统输入信息与资源，同时实现制造业绿色创新系统与外部环境的能量、物质及信息的交换和流动。

2. 基于机制要素协同的制造业绿色创新系统运行机制研究结论

作为制造业绿色创新系统理论基础的补充，本书在分析制造业绿色创新系统运行机制要素的基础上，剖析了各项运行机制要素间的相互作用关系，构建了制造业绿色创新系统运行机制要素协同模型，揭示运行机制要素间的协同作用，并通过案例分析验证制造业绿色创新系统运行机制要素协同模型。其结论如下：

（1）制造业绿色创新系统的有效运行依赖于不同系统运行机制的共同作用，即构建系统运行机制的协同关系，将相互独立的运行机制要素组合起来，促进运行机制要素间的相互作用，对于我国制造业绿色创新系统而言，其运行机制要素包括生成机制、整合机制、扩散机制和长效机制四个方面。

（2）制造业绿色创新系统运行机制要素的协同关系分为内部协同和外部协同两种。内部协同是指制造业绿色创新系统内部各子机制间及不同运行机制内的协同发展关系。其中，各子机制内部的协同是运行机制间协同的前提，绿色创新系统各子机制间的协同则是实现创新系统有序发展的基础。外部协同主要体现为制造业绿色创新系统四项运行机制与外部环境间的相互作用。

（3）在初创阶段，与新兴绿色技术相关的创新系统结构要素表现为创新资源的缺乏、创新主体的单一和创新知识的不成熟等，整合机制、扩散机制和长效机制并未形成，我国制造业绿色创新系统运行机制的协同仅表现为生成机制中内生机制与外生机制的协同。

在形成与成长阶段，伴随着绿色创新系统生成机制、整合机制和扩散机制的形成，三种机制间的相互作用也逐渐显现出来，我国制造业绿色创新系统的生成机制、整合机制与扩散机制将形成协同关系，但由于绿色技术和产品嵌入的不稳定，以及市场的不确定性，长效机制仍未能发挥作用。

成熟与转移阶段的开端以长效机制的形成和有效运行为标志，在长效机制的作用下，绿色创新系统的生成机制、整合机制和扩散机制得以进一步强化协同作用，以实现制造业绿色创新系统对传统创新系统的嵌入，甚至替代。同时，构建绿色技术和产品的自主创新能力，并能够进行整套技术和设备的出口。

19.1.2 制造业绿色创新系统绿色创新动力与绿色创新模式方面的研究结论

（1）在绿色创新动力对制造业绿色创新系统的影响机理方面，制造业绿色创新系统的绿色创新动力因素主要包括技术推动动力因素、市场拉动动力因素及环境规制推动动力因素，三个动力因素的共同作用，促进制造业绿色创新系统创新绩效的提升。运用结构方程模型实证检验绿色创新动力对我国制造业绿色创新系统的影响机理发现：技术推动动力因素对绿色制造绩效、绿色营销绩效具有显著的正向影响，对绿色研发绩效的正向影响并不显著；市场拉动动力因素对绿色研发绩效具有显著的负向影响，对绿色营销绩效具有显著的正向影响，而对绿色制造绩效的负向影响不显著；环境规制推动动力因素对绿色研发绩效、绿色营销绩效具有显著的正向影响，对绿色制造绩效具有显著的负向影响。

（2）在基于绿色创新动力的制造业绿色创新系统绿色创新模式构建方面，在我国制造业绿色创新系统中，技术推动、市场拉动和环境规制推动三个动力因素既相互独立又互相促进，发挥互补与协同效应，共同促进绿色创新系统绿色创新的产生。在分析不同的动力因素对绿色创新影响路径的基础上，确定我国制造业绿色创新系统的绿色创新模式可分为技术推动绿色创新模式、市场拉动绿色创新模式、环境规制推动绿色创新模式及混合绿色创新模式。

（3）在制造业绿色创新系统绿色创新模式选择与组合研究方面，从自组织特性来看，我国制造业绿色创新系统具有开放性、随机涨落性、协同性和超循环性等自组织特性，制造业绿色创新系统的基本要素、子系统间的作用是非线性的，存在正负反馈机制，在技术推动、市场拉动和环境规制推动三个动力因素的协同作用下，我国制造业绿色创新系统实现了自组织演进。基于实证研究发现：三种绿色创新模式中，环境规制推动绿色创新模式的评价数值最高，并且其数值要明显高于其他两组数值，说明环境规制对提升制造业绿色创新系统创新绩效的作用最为显著，这充分体现了绿色创新与传统创新的不同之处。从三种模式的组合总体趋势看，制造业技术推动、市场拉动与环境规制推动三种绿色创新模式对绿色创新系统的作用效果整体在走向协调，在三种绿色创新模式的协同作用下，具有自组织特性的制造业绿色创新系统将不断从无序状态到有序状态、从有序状态向更加有序的状态发展完善。

（4）在制造业绿色创新系统产学研战略联盟模式及演化机理方面，基于绿色技术创新、基于绿色产业创新和基于绿色供应链创新的三种制造业绿色创新系统产学研战略联盟模式，在创新主体的主导地位、联盟模式的具体功能等方面表现出一定的差异性。从演化过程来看，制造业绿色创新系统产学研战略联盟模式从无序到有序、从低级有序到高级有序的演化过程表现为基于绿色技术创新的制造业绿色创新系统产学研战略联盟模式、基于绿色产业创新的制造业绿色创新系统产学研战略联盟模式和基于绿色供应链创新的制造业绿色创新系统产学研战略联盟模式三个阶段。

19.1.3 制造业绿色创新系统知识溢出与知识共享机制方面的研究结论

（1）在制造业绿色创新系统知识溢出与知识共享的基本过程和影响因素方面，制造业绿色创新系统知识溢出与知识共享过程是绿色创新系统主体所拥有的绿色创新知识向其他主体流动的复杂过程，这些主体之间知识流动行为的产生源于市场需求、外部环境及创新动力的推动，在制造业绿色创新系统中对各个主体间的知识溢出与共享进行管理能够促进整个系统有序发展，激励主体学习、掌握并转化为绿色知识产出，有利于提升整个系统的竞争力。而制造业绿色创新系统知识溢出和知识共享的影响因素分为直接和间接影响因素，系统中的知识溢出和知识共享的效果不仅受到外部宏观环境的影响，还受到知识溢出和知识共享的主体意愿和能力的影响。

（2）在制造业绿色创新系统知识溢出机制方面，制造业绿色创新系统知识溢出机制包括产生机制、传导机制和吸收机制三个子机制。产生机制是制造业绿色创新系统知识溢出的逻辑起点，制造业绿色创新系统中的知识溢出源于绿色知识的正外部性，且是由各个主体间存在的知识势差所导致的。传导机制是制造业绿色创新系统知识溢出的中间过程，该过程以系统主体接收溢出源所溢出的知识为第一过程，并利用该知识进行创新；从传导方向来看，制造绿色创新系统的知识溢出传导方向分为水平传导和垂直传导两种，而绿色R&D合作、绿色技术转化、绿色产品流动则是制造绿色创新系统知识溢出的三种传导路径。吸收机制是制造业绿色创新系统知识溢出的逻辑终点，是创新主体通过对知识溢出的吸收、消化、应用并创造出相应创新产品的过程，同时也是实现知识增量的过程；绿色创新系统中各创新主体保持对外部知识的开放性和拥有高吸收能力对获取知识资源、提升绿色创新能力至关重要。

（3）在制造业绿色创新系统知识共享机制方面，制造业绿色创新系统中的知识共享是指绿色知识供给者在知识溢出后，被其他创新主体共同分享，从而转化为整个绿色创新系统知识存量的过程。制造业绿色创新系统知识共享机制包括发生机制、竞合机制及激励机制三个子机制。互惠性偏好和知识自我效能是绿色创新个体间知识共享的动机，而制造业企业之间知识共享的动机主要来自企业绿色创新压力增加和绿色创新资源不足；知识共享通常发生在由绿色知识特性、绿色知识拥有者特性和绿色知识接受者特性组成的三维空间内；绿色创新主体通过合作获取互补性的异质资源来实现利益最大化，但在知识共享合作中又存在竞争行为；绿色创新系统主体应建立健全完善的激励机制，为促进知识共享的发生提供制度保障。

19.1.4 跨国公司技术转移与直接投资行为下的制造业绿色创新系统研究结论

（1）在跨国公司技术转移视角下制造业绿色创新系统绿色创新绩效的影响因素研究方面，跨国公司技术溢出与跨国公司技术转移、绿色创新系统绿色创新绩效的关联度系数最高，是跨国公司技术转移影响我国制造业绿色创新系统绿色创新绩效的最重要因素；相比较而言，跨国公司技术溢出对跨国公司技术转移的影响略高于其对绿色创新系统绿色创新绩效的影响。绿色创新系统社会资本与跨国公司技术转移、绿色创新系统绿色创新绩效的关联度系数虽然相对最低，但同样是跨国公司技术转移影响我国制造业绿色创新系统绿色创新绩效的重要因素，但绿色创新系统社会资本对跨国公司技术转移的影响明显高于其对绿色创新系统绿色创新绩效的影响。绿色创新系统吸收能力也是跨国公司技术转移影响我国制造业绿色创新系统绿色创新绩效的重要因素，绿色创新系统吸收能力对跨国公司技术转移和绿色创新系统绿色创新绩效的影响并无显著差异；但作为我国制造业绿色创新系统利用跨国公司技术转移提升绿色创新绩效的关键，绿色创新系统吸收能力与跨国公司技术转移的关联度系数，尤其是与绿色创新系统绿色创新绩效的关联度系数较低。

（2）在跨国公司技术转移对制造业绿色创新系统创新绩效影响机理的研究方面，内化跨国公司转移技术为我国制造业技术基础储备，已成为提升我国制造业绿色创新系统绿色创新绩效的重要手段。本书在考虑跨国公司技术溢出、绿色创新系统社会资本和绿色创新系统吸收能力的作用下，构建了跨国公司技术转移对我国制造业绿色创新系统绿色创新绩效影响机理的概念模型并提出了研究假设，进而运用结构方程模型进行了实证检验。研究结果表明：跨国公司技术转移对我国制造业绿色创新系统绿色创新绩效具有积极影响，而跨国公司技术溢出、绿色创新系统社会资本和绿色创新系统吸收能力在跨国公司技术转移对我国制造业绿色创新系统绿色创新绩效影响的过程中均产生了积极的作用，相比较而言，首先跨国公司技术溢出的影响最为显著，其次为绿色创新系统社会资本，最后为绿色创新系统吸收能力。

（3）在跨国公司技术转移对制造业绿色创新系统绿色创新绩效影响效果评价的研究方面，传统视角下我国制造业绿色创新系统绿色创新绩效在整体上基本呈倒"U"形变化，而综合考虑跨国公司技术转移及影响因素的影响效果评价结果与仅考虑跨国公司技术转移的影响效果评价结果相似，其对绿色创新系统绿色创新绩效影响效果的波动性变化较为明显。从行业差异来看，传统视角下制造业绿色创新系统绿色创新绩效行业差异最大，仅考虑跨国公司技术转移的影响效果时行业差异居中，而综合考虑跨国公司技术转移及影响因素的影响效果时行业差异最小。而从行业差异成因来看，跨国公司技术转移具有重要作用，跨国公司技术溢出、绿色创新系统社会资本和绿色创新系统吸收能力等因素也是我国制造业绿色创新系统绿色创新绩效提升的重要因素。

（4）在外商直接投资流入对制造业绿色创新系统创新能力影响的研究方面，外商直接投资流入对制造业绿色创新系统绿色创新资源的各要素资源投入具有促进作用，但其中外商直接投资信息流入对制造业绿色创新人力资源产生了抑制作用；同时制造业绿色创新系统中绿色创新资源投入对绿色创新能力也产生了促进作用，其中绿色创新物力资源对绿色研发能力产生了抑制作用。本书还发现，创新资源投入在外商直接投资流入对制造业绿色创新系统绿色创新能力影响的过程中起完全中介作用，基于这种中介作用，外商直接投资流入对绿色研发能力、绿色制造能力均产生了显著的正向影响，对绿色产品市场开拓能力产生了负向影响。

19.1.5　低碳创新相关的制造业绿色创新系统研究结论

低碳经济的发展对制造业绿色创新系统提出了新的要求，制造业在构建绿色创新系统、进行绿色创新活动的过程中必然更加关注低碳方面的效应，因此，本书中对低碳创新相关的制造业绿色创新系统问题进行了研究。研究结论如下：

（1）在系统分析层面上，不同于低碳技术创新系统概念，低碳创新系统概念不仅关注低碳技术的开发、扩散与应用过程，而且将围绕低碳技术的组织层面和制度层面的创新活动纳入概念中。在系统边界与系统结构要素上，低碳创新系统主要以低碳技术涉及的知识领域作为边界,并将低碳技术创造、选择、识别、扩散和应用全过程中涉及的主体要素和环境要素纳入系统内。在系统功能与系统结构上,低碳技术创新系统具有企业家创业活动、知识创造、知识扩散、政府管制、市场构建、资源配置和游说、合法性建立、外部环境识别八项功能,而低碳创新系统的结构即是由低碳技术创新、低碳组织创新和低碳制度创新三个子系统组成的网络。

基于对低碳创新系统概念内涵的剖析,本书首先提出了国家低碳创新系统、区域低碳创新系统、产业低碳创新系统和低碳技术创新系统等低碳创新系统外延的概念,并结合国家创新系统、区域创新系统、产业创新系统和技术创新系统的概念和分析框架阐述了低碳创新系统外延概念的核心内容与特征。其次,通过引用经济学、管理学和生态学的部分经典理论的概念解析发现,本书提出的低碳创新系统概念内涵和外延得到了不同学科若干经典理论的支持。最后,结合在对低碳创新系统概念内涵和外延特征的剖析中提炼出的系统构建、维系与发展的重要因素,提出通过搭建低碳创新系统的良性运作机制,构建低碳创新系统中政产学研金介用合作模式,发挥地方政府在低碳创新系统中的重要作用,完善低碳技术研发与推广应用体系,以及促进低碳创新系统中创新资源的优化配置,以建立和完善低碳创新系统,促进低碳创新系统的良性运作和发展。

(2)在制造业绿色创新系统可持续发展效益综合评价方面,我国制造业绿色创新系统可持续发展效益综合评价结果为"一般",且我国制造业绿色创新系统可持续发展效益在各行业间存在不平衡性;电气机械及器材制造业等四个制造业行业的可持续发展综合评价结果为"很好"或"好";农副食品加工业等六个制造业行业的综合评价结果为"差";其他行业的综合评价结果均为"一般"。相比较而言,我国制造业绿色创新系统循环效益的综合评价结果明显优于绿色效益和低碳效益,其综合评价结果为"好",而绿色效益综合评价结果为"一般",低碳效益综合评价结果为"差",综合评价结果低于循环效益和绿色效益。

19.2 研究展望与局限

本书之前尚未有文献系统地研究制造业绿色创新系统领域的相关问题,这是本书在该方向上试图做的一个开拓。由于制造业绿色创新系统理论的研究正处于起步阶段(尤其是制造业低碳创新系统的研究),同时受数据来源、研究视野不够全面等问题的制约,本书难免会存在一些不足之处和需进一步研究的问题。

在后续的研究中,我们试图在以下几个方面进行补充和尝试:第一,探讨全球价值链嵌入视角下的制造业绿色创新系统研究；第二，探讨制造业绿色创新系统的资源配置效率与创新能力提升问题；第三，制造业绿色创新系统的演进与发展研究；第四，基于特定产业的制造业绿色创新系统研究；第五，进一步探讨制造业低碳创新系统的相关问题。相信继续研究这些问题将有助于促进制造业绿色创新系统的理论体系更加完善。

此外，受统计数据来源的限制，本书部分指标采用了近似替代和计算推导的衡量方式，在今后的研究中，若条件允许将对这些问题进行再次验证，以求研究更为精确。

总之，本书对制造业绿色创新系统这一研究领域尝试了创新性研究，也得出了具有一定价值的结果，为完善我国制造业绿色创新系统、促进制造业创新能力和绩效的提升提供了理论参考和实践指导。

参 考 文 献

艾明晔, 毕克新, 李婉红. 2010. 基于 BRV 的制造业企业工艺创新能力评价指标体系研究[J]. 科技与经济, 23（6）: 7-10.
安小风. 2009. 供应链知识共享的空间模型及激励机制研究[D]. 重庆大学博士学位论文.
白嘉, 韩先锋, 宋文飞. 2013. FDI 溢出效应、环境规制与双环节 R&D 创新——基于工业分行业的经验研究[J]. 科学学与科学技术管理, （1）: 56-66.
宝贡敏, 徐碧祥. 2007. 国外知识共享理论研究述评[J]. 重庆大学学报（社会科学版）, 13（2）: 43-49.
毕克新, 吕健. 2010. 信息化条件下制造业企业工艺创新能力评价指标体系研究[J]. 科技进步与对策, 27（3）: 124-127.
毕克新, 孙德花. 2010a. 基于复合系统协调度模型的制造业企业产品创新与工艺创新协同发展实证研究[J]. 中国软科学, （9）: 156-162.
毕克新, 孙德花. 2010b. 制造业企业产品创新与工艺创新协同发展博弈分析[J]. 管理评论, 22（5）: 104-111.
毕克新, 杨朝均. 2012. FDI 溢出效应对我国工业碳排放强度的影响[J]. 经济管理, （8）: 31-39.
毕克新, 冯迪. 2013. 信息化条件下制造企业工艺创新组织的演进影响因素[J]. 经济管理, （3）: 152-161.
毕克新, 刘刚. 2015. 论中国制造业绿色创新系统运行机制的协同性[J]. 学术交流, （3）: 126-131.
毕克新, 申楠. 2016. 制造业绿色创新系统知识溢出的传导机制[J]. 学术交流, （4）: 122-128.
毕克新, 刘玉红, 孙金花. 2009. 制造业企业产品与工艺创新协同发展的政府行为研究[J]. 中国科技论坛, （3）: 82-87.
毕克新, 杨绍宇, 高巍. 2010. 信息技术壁垒对中小企业技术创新的影响研究[J]. 技术经济, 29（6）: 1-5.
毕克新, 杨朝均, 黄平. 2011a. FDI 对我国制造业绿色工艺创新的影响研究——基于行业面板数据的实证分析[J]. 中国软科学, （9）: 172-180.
毕克新, 陈大龙, 王莉静. 2011b. 制造业企业自主创新与知识管理互动过程研究[J]. 情报杂志, 30（1）: 125-129.
毕克新, 高巍, 程蕴娇. 2011c. 制造业企业工艺创新机制的系统研究[J]. 预测, 30（4）: 70-74.
毕克新, 黄平, 李婉红. 2012a. 产品创新与工艺创新知识流耦合影响因素研究——基于制造业企业的实证分析[J]. 科研管理, 33（8）: 16-24.
毕克新, 黄平, 施芳芳. 2012b. 基于知识管理的制造业企业工艺创新过程及模型[J]. 系统管理学报, 21（4）: 478-485.
毕克新, 黄平, 王楠. 2012c. 信息化条件下我国制造业绿色创新政策体系构建[J]. 中国行政管理, （7）: 65-69.
毕克新, 马慧子, 艾明晔. 2012d. 区域知识产权与区域技术创新整体水平的关联分析[J]. 科技管理研究, 32 (14): 211-213.
毕克新, 马慧子, 黄平. 2012e. 制造业企业信息化与工艺创新互动关系影响因素研究[J]. 中国软科学, (10): 138-147.
毕克新, 温暖, 黄平. 2012f. 信息化条件下流程导向型工艺创新组织结构研究——基于制造业企业新型工艺创新组织的分析[J]. 科学学研究, 30 (3): 474-480.
毕克新, 杨朝均, 黄平. 2013a. 中国绿色工艺创新绩效的地区差异及影响因素研究[J]. 中国工业经济, (10): 57-69.
毕克新, 黄平, 马婧瑶. 2013b. 低碳经济背景下的低碳技术观[J]. 中国科技论坛, 1 (9): 107-112.
毕克新, 王禹涵, 杨朝均. 2014. 创新资源投入对绿色创新系统绿色创新能力的影响——基于制造业 FDI 流入视角的实证研究[J]. 中国软科学, (3): 153-166.
毕克新, 杨朝均, 隋俊. 2015a. 跨国公司技术转移对绿色创新绩效影响效果评价——基于制造业绿色创新系统的实证研究[J]. 中国软科学, (11): 81-93.
毕克新, 付珊娜, 田莹莹. 2016. 低碳背景下我国制造业绿色创新系统演化过程: 创新系统功能视角[J]. 科技进步与对策, 33 (19): 61-68.
毕克新, 黄平, 刘震, 等. 2015b. 基于专利的我国制造业低碳技术创新产出分布规律及合作模式研究[J]. 情报学报, 34 (7): 701-710.
边燕杰, 丘海雄. 2000. 企业的社会资本及其功效[J]. 中国社会科学, (2): 87-99.
薄文广, 马先标, 冼国明. 2005. 外国直接投资对于中国技术创新作用的影响分析[J]. 中国软科学, (11): 45-51.
蔡跃洲. 2012. 推动绿色创新的政策选择及东亚区域合作[J]. 中国科技论坛, (9): 95-100.
曹勇, 苏凤娇, 赵莉. 2010. 技术创新资源投入与产出绩效的关联性研究——基于电子与通信设备制造行业的面板数据分析[J]. 科学学与科学技术管理, 31 (12): 29-35.
曹执令, 杨婧. 2013. 中国制造业环境污染水平测算与变化态势分析[J]. 经济地理, (4): 107-113.
柴志贤. 2011. FDI 推动了中国工业绿色生产率的增长吗? [J]. 经济论坛, (9): 105-107.
陈傲, 柳卸林, 吕萍. 2010. 创新系统各主体间的分工与协同机制研究[J]. 管理学报, 7 (10): 1455.
陈大龙, 王莉静. 2010. 我国制造业企业自主创新动力因素分析及作用机理研究[J]. 现代管理科学, (10): 86-88.
陈大龙, 王莉静. 2011. 我国制造业企业自主创新动力机制研究[J]. 科技与经济, 24 (1): 31-35.
陈方丽, 慕继丰, 张炜. 2004. 信息技术与企业隐性知识的管理[J]. 科研管理, 25 (6): 28-34.
陈菲琼, 任森. 2011. 创新资源集聚的主导因素研究: 以浙江为例[J]. 科研管理, 32 (1): 89-96.
陈金波. 2010. 企业社会资本与技术创新——对河南省 249 户重点企业的实证研究[J]. 经济经纬, (3): 96-100.
陈劲. 1999. 国家绿色技术创新系统的构建与分析[J]. 科学学研究, (3): 37-41.
陈劲. 2000. 完善面向可持续发展的国家创新系统[J]. 中国科技论坛, (2): 23-25.
陈劲, 李飞宇. 2001. 社会资本: 对技术创新的社会学诠释[J]. 科学学研究, 19 (3): 102-107.
陈劲, 刘景江, 杨发明. 2001. 绿色技术创新审计指标测度方法研究[J]. 科研管理, 22 (6): 69-75.
陈劲, 刘景江, 杨发明. 2002. 绿色技术创新审计实证研究[J]. 科学学研究, 20 (1): 107-112.
陈劲, 邱嘉铭, 沈海华. 2007. 技术学习对企业创新绩效的影响因素分析[J]. 科学学研究, 25 (6): 1223-1232.

陈立泰, 叶长华. 2009. 重庆市产学研联盟发展的创新模式研究[J]. 科技管理研究, (6): 166-175.
陈申, 毕克新. 2011. 区域中小企业创新系统竞争优势研究. 科技进步与对策, 28 (22): 31-38.
陈文婕, 颜克高. 2010. 新兴低碳产业发展策略研究[J]. 经济地理, (2): 200-203.
陈艳春, 韩伯棠. 2013. 绿色技术溢出与中国区域经济增长[M]. 北京: 科学出版社.
陈媛媛, 李坤望. 2010. 中国工业行业 SO_2 排放强度因素分解及其影响因素——基于 FDI 产业前后向联系的分析[J]. 管理世界, (3): 14-21.
程华, 廖中举. 2010. 影响生态科技创新的主要因素实证研究综述——基于法规、市场和企业内部因素[J]. 科技进步与对策, 27 (12): 152-156.
程华, 廖中举. 2011. 中国区域环境创新绩效评价与研究[J]. 中国环境科学, 31 (3): 522-528.
戴鸿轶, 柳卸林. 2009. 对环境创新研究的一些评论[J]. 科学学研究, 27 (11): 1601-1610.
党亚茹, 孟彩红. 2011. 基于 DEA 的省区科技物力资源效能发展评价[J]. 科技管理研究, (16): 66-72.
邓慧慧. 2012. 论中国 FDI 流入对周边国家和地区吸纳 FDI 的影响[J]. 中南财经政法大学学报, (5): 68-74.
丁堃. 2009. 论绿色创新系统的结构和功能[J]. 科技进步与对策, 26 (15): 116-119.
丁勇. 2011. 研发能力、规模与高新技术企业绩效[J]. 南开经济研究, (4): 137-153.
东方, 邓灵斌. 2010. 试论知识转移的社会网络模型构建研究[J]. 山东图书馆学刊, (1): 84-85.
窦鹏辉, 陈诗波. 2012. 我国科技创新能力的绩效评估与影响因素分析[J]. 科技进步与对策, (7): 133-138.
杜健, 顾华. 2007. 基于产业技术创新的 FDI 技术溢出研究述评[J]. 财贸经济, (4): 47-51.
樊斌, 鞠晓峰. 2009. 不完全信息条件下知识共享激励机制研究[J]. 科学学研究, 27 (9): 1365-1369.
范承泽, 胡一帆, 郑红亮. 2008. FDI 对国内企业技术创新影响的理论与实证研究[J]. 经济研究, (1): 89-102.
范群林, 邵云飞, 唐小我. 2011. 以发电设备制造业为例探讨企业环境创新的动力[J]. 软科学, 25 (1): 67-70.
范群林, 邵云飞, 唐小我. 2013. 环境政策、技术进步、市场结构对环境技术创新影响的实证研究[J]. 科研管理, 34 (6): 68-76.
方健雯. 2009. FDI 对我国全要素生产率的影响——基于制造业面板数据的实证分析[J]. 管理评论, (8): 74-79.
冯之浚, 周荣, 张倩. 2009. 低碳经济的若干思考[J]. 中国软科学, (12): 18-23.
付丹, 毕克新. 2010a. "哈尔滨-大庆" 国家级高新区创新环境管理体系构建[J]. 科技管理研究, 30 (7): 75-77.
付丹, 毕克新. 2010b. 我国国家级高新区管理体系构建研究[J]. 科技管理研究, 30 (6): 28-31.
付菁华. 2010. 跨国内部社会关系维度对母子公司间知识转移绩效的影响[J]. 上海管理科学, (2): 15-18.
付敬, 朱桂龙. 2014. 知识源化战略、吸收能力对企业创新绩效产出的影响研究[J]. 科研管理, (3): 25-34.
付睿臣, 毕克新. 2009a. 企业信息化对研发优势影响机理及实证研究[J]. 科研管理, 30 (6): 25-30.

付睿臣,毕克新. 2009b. 企业信息能力到技术创新能力的传导机制研究[J]. 科学学研究, 27 (10): 1576-1583.
付睿臣,毕克新. 2009c. 我国制造业企业信息化的现状及建设对策[J]. 科技管理研究, (9): 378-379.
付睿臣,毕克新. 2009d. 制造业企业信息化内涵与建设模式研究——以海尔为例[J]. 科学学与科学技术管理, 30 (6): 140-144.
付睿臣,毕克新,李唯滨. 2009. 企业信息化研究综述[J]. 科技管理研究, 29 (12): 238-240.
盖人豪. 2011. 创新资源环境与技术创新能力及创新绩效的作用关系研究[D]. 哈尔滨工程大学硕士学位论文.
高建. 1997. 中国企业技术创新分析[M]. 北京:清华大学出版社.
高建,汪剑飞,魏平. 2004. 企业技术创新绩效指标:现状、问题和新概念模型[J]. 科研管理, (25): 14-22.
高巍,毕克新. 2011a. 黑龙江省装备制造业工艺创新能力对策研究[J]. 科技管理研究, 31 (21): 8-11.
高巍,毕克新. 2011b. 基于信息化水平的制造业企业工艺创新能力形成路径研究[J]. 科学学与科学技术管理, 32 (10): 42-49.
高巍,毕克新. 2011c. 制造业企业工艺创新能力体系构建研究[J]. 中国科技论坛, (10): 32-36.
高巍,毕克新. 2014. 制造业企业信息化水平与工艺创新能力互动关系实证研究[J]. 科学学与科学技术管理, (8): 96-103.
葛如一,张朋柱. 2008. 不连续技术创新产学研合作模式演变模型研究[J]. 中国科技论坛, (3): 26-28.
郭国峰,温军伟,孙保营. 2007. 技术创新能力的影响因素分析——基于中部六省面板数据的实证研究[J]. 数量经济技术经济研究, 24 (9): 134-143.
郭孝刚,刘思峰,方志耕. 2008. 国外技术扩散对我国制造业研发活动的影响[J]. 科技进步与对策, 25 (5): 69-71.
郭效中. 2012. 区域创新系统主体间协同模式的实证分析——北京、江苏和广东三省市的比较研究[J]. 科技管理研究, (15): 5-8.
郭彦路. 2009. 供应链知识共享模式及共享机制研究[D]. 天津大学硕士学位论文.
韩国元,陈伟,张国营. 2014. 基于SEM的高校科研团队知识共享影响因素研究[J]. 情报科学, (10): 118-123.
韩先锋,惠宁,宋文飞. 2014. 环境规制对研发技术进步的影响效应研究[J]. 中国科技论坛, (12): 75-79.
郝文杰. 2008. 企业研发团队知识共享的内在机制与影响因素研究[D]. 哈尔滨工业大学博士学位论文.
何志勇,李碗红. 2010. 基于超循环理论的复杂产品系统集成创新机制研究[J]. 科学管理研究, 28 (2): 1-5.
贺胜兵,杨文虎. 2008. FDI对我国进出口贸易的非线性效应研究——基于面板平滑转换模型[J]. 数量经济技术经济研究, (10): 44-55.
胡继灵,范体军,楼高翔. 2008. 绿色供应链管理中的企业间知识转移研究[J]. 科技管理研究, (2): 209-216.

胡守忠，宋勤建. 2009. 地方高校科技服务与地区产学研互动发展模式的探讨[J]. 研究与发展管理，21（5）：101-105.

华振，Cheng C C，Shiu E C. 2011. 中国绿色创新绩效研究——与东北三省的比较分析[J]. 技术经济，30（7）：30-34，41.

黄静. 2006. 影响 FDI 技术外溢效果的因素分析——基于吸收能力的研究[J]. 世界经济研究，（8）：60-66.

黄鲁成. 2003. 区域技术创新生态系统的特征[J]. 中国科技论坛，（1）：23-26.

惠赟. 2011. 组织隐性知识共享的管理机制研究[D]. 大连理工大学博士学位论文.

季六祥. 2001. 可持续发展素质体系及评价[J]. 数量经济技术经济研究，（3）：26-29.

蒋国瑞，高丽霞. 2009. 面向技术受方的技术转移影响因素指标评价体系分析[J]. 科学学与科学技术管理，（9）：16-20.

井绍平. 2004. 绿色营销及其对消费者心理与行为影响的分析[J]. 管理世界，（5）：145-146.

李斌，彭星，陈柱华. 2011. 环境规制、FDI 与中国治污技术创新：基于省际动态面板数据的分析[J]. 财经研究，（10）：92-102.

李春艳，刘力臻. 2007. 产业创新系统生成机理与结构模型[J]. 科学学与科学技术管理，28（1）：50-55.

李国富，汪宝进. 2011. 科技人力资源分布密度与区域创新能力的关系研究[J]. 科技进步与对策，（1）：144-148.

李海萍，向刚，高忠仕，等. 2005. 中国制造业绿色创新的环境效益向企业经济效益转换的制度条件初探[J]. 科研管理，26（2）：46-49.

李红霞. 2011. 基于绿色供应链的钢铁制造业战略采购策略研究[J]. 物流工程与管理，33（202）：106-108.

李嘉明，甘慧. 2009. 基于协同学理论的产学研联盟演进机制研究[J]. 科研管理，（30）：166-172.

李进兵，邓金堂. 2009. 四川装备制造业创新系统的协调度分析. 软科学，4：83-86.

李平，于国才. 2009. 有效需求、技术状态与研发投入[J]. 经济评论，（1）：54-59.

李庆东. 2008. 产业创新系统协同演化理论与绩效评价方法研究[D]. 吉林大学博士学位论文.

李蜀湘，陆小成. 2011. 国家低碳创新系统的构建：应对气候变化的道路选择[J]. 中国科技论坛，188（12）：15-20.

李婉红，毕克新. 2012. 一种新型的制造企业工艺创新组织结构：虚拟动态联盟[J]. 科技管理研究，32（9）：154-157.

李婉红，毕克新，艾明晔. 2011a. 制造企业 IT 资源-IT 能力对工艺创新的驱动研究[J]. 中国科技论坛，（9）：37-42.

李婉红，毕克新，艾明晔. 2011b. 制造企业工艺创新决策模型的构建[J]. 统计与决策，（6）：176-179.

李婉红，毕克新，曹霞. 2011. 基于 IT 驱动的制造企业工艺创新动力源研究[J]. 科研管理，（12）：17-25.

李婉红，毕克新，曹霞. 2013. 环境规制工具对制造企业绿色技术创新的影响——以造纸及纸制品企业为例[J]. 系统工程，31（10）：112-122.

李武威. 2012. 外资研发、技术创新资源投入与本土企业创新绩效：命题与模型[J]. 情报杂志，31（6）：191-196.

李彦蓉, 郭鹏. 2012. 区域产学研创新系统协调度比较分析[J]. 商业时代, (25): 133-135.
李焱焱, 叶冰, 杜鹃, 等. 2004. 产学研合作模式分类及其选择思路[J]. 科技进步与对策, (10): 98-99.
李云雁. 2010. 企业应对环境管制的战略与技术创新行为[D]. 浙江工商大学博士学位论文.
李子豪, 刘辉煌. 2010. 外商直接投资的环境效应——基于中国36个工业部门数据的实证研究[J]. 系统工程, (11): 59-64.
梁晶, 李晶. 2011. 高新科技园区竞争力评价指标体系的构建[J]. 软科学, 25 (9): 10-13.
梁喜. 2014. 低碳需求约束下制造商技术创新决策的比较分析[J]. 工业工程, 17 (1): 112-119.
梁中. 2010. 低碳产业创新系统的构建及运行机制分析[J]. 经济问题探索, 336 (7): 141-145.
刘伯雅. 2009. 我国发展绿色消费存在的问题及对策分析——基于绿色消费模型的视角[J]. 当代经济科学, (1): 115-119.
刘贵鹏, 韩先锋, 宋文飞. 2012. 基于价值链视角的中国工业行业研发创新双环节效率研究[J]. 科学学与科学技术管理, (6): 42-50.
刘辉群, 白玲. 2007. 跨国公司研发投资对我国国家创新体系的影响[J]. 中国软科学, (1): 101-106.
刘柯杰. 2002. 知识外溢、产业聚集与地区高科技产业政策选择[J]. 生产力研究, (2): 97-98.
刘寿先. 2008. 企业社会资本与技术创新关系研究: 组织学习的观点[D]. 山东大学博士学位论文.
刘晓东, 毕克新, 叶惠. 2016. 全球价值链下低碳技术突破性创新风险管理研究——以中国制造业为例[J]. 中国软科学, (11): 152-166.
刘晓昆. 2009. 浅谈绿色消费对企业绿色营销的影响及对策[J]. 环境保护, (2): 37-39.
刘焰. 2003. 中国西部生态旅游产品绿色创新的理论范式与路径选择[J]. 管理评论, 15 (6): 45-50.
柳卸林. 1998. 国家创新体系的引入及对中国的意义[J]. 中国科技论坛, 2: 28.
隆娟洁, 陈治亚. 2009. 不同来源地FDI的技术溢出效应——基于行业面板数据的实证研究[J]. 中国科技论坛, (8): 72-76.
鲁若愚, 张鹏, 张红琪. 2012. 产学研合作创新模式研究——基于广东省部合作创新实践的研究[J]. 科学学研究, (2): 186-193.
陆小成. 2008. 区域低碳创新系统的构建——基于技术预见的视角[J]. 科学技术与辩证法, 141 (6): 97-101.
陆小成, 刘立. 2009. 区域低碳创新系统的结构-功能模型研究[J]. 科学学研究, 27 (7): 1080-1085.
陆致成, 高亮华, 徐林旗. 2000. 知识经济时代的创新孵化器——清华同方的技术创新模式及其典型案例分析[J]. 清华大学学报 (哲学社会科学版), (5): 47-52.
路江涌. 2008. 外商直接投资对内资企业效率的影响和渠道[J]. 经济研究, (6): 95-104.
吕燕, 王伟强. 1994. 企业绿色技术创新研究[J]. 科学管理研究, 12 (4): 46-48.
吕志元. 2007. 基于学习型产业集群的创新机制与系统构建. 河南大学学报 (自然科学版), 5: 327-330.
罗小芳, 李柏洲. 2013. 市场新产品需求对大型企业原始创新的拉动机制——基于国内市场与国外市场比较的实证研究[J]. 科技进步与对策, (4): 73-76.
马家喜, 仲伟俊, 梅姝娥. 2008. 企业技术联盟与一类"产学研"合作技术创新模式选择研究[J].

管理学报,(6):824-831.

马丽,刘卫东,刘毅.2003.外商投资对地区资源环境影响的机制分析[J].中国软科学,(10):129-132.

孟亮,宣国良.2005.FDI技术溢出效应理论研究述评[J].生产力研究,(9):222-224.

聂佳佳.2014.需求信息预测对制造商回收再制造策略的价值[J].管理科学学报,(1):35-47.

彭勃,雷家骕.2008.基于产业创新系统理论的我国大飞机产业发展分析[J].中国软科学,(8):41-47.

彭灿.2002.面向可持续发展的区域创新系统:概念、功能与特性[J].中国科技论坛,(3):76-80.

彭灿,杨玲.2009.技术能力、创新战略与创新绩效的关系研究[J].科研管理,(2):26-32.

彭福扬,王胜.2005.以绿色消费创新促进技术创新生态化转向[J].求索,(2):35-36.

彭文慧.2012.社会资本、外资行为与区域经济增长空间差异[J].经济经纬,(5):6-10.

蒲明,毕克新.2013.内部嵌入性与跨国子公司成长能力关系的实证研究[J].中国软科学,(8):136-143.

亓朋,许和连,艾洪山.2008.外商直接投资企业对内资企业的溢出效应:对中国制造业企业的实证研究[J].管理世界,(4):58-68.

钱锡红,杨永福,徐万里.2010.企业网络位置、吸收能力与创新绩效——一个交互效应模型[J].管理世界,(5):118-129.

秦书生.2012.绿色技术创新的政策支持[J].科技与经济,25(145):18-21.

邱均平,付立宏,刘霞.1999.信息资源网络化对经济和社会发展的影响及对策——对经济生产和知识经济的影响分析[J].情报学报,(6):541-548.

任保平,张如意.2011.区域创新体系建设中产学研合作模式的选择[J].学习与探索,(192):173-175.

任耀,牛冲槐,牛彤,等.2014.绿色创新效率的理论模型与实证研究[J].管理世界,(7):176-177.

尚杰,王鸿.2015.基于循环型农业视角的涉农企业行为分析[A].中国科学技术协会学术部编.第十七届中国科协年会论文集[C].北京:中国科学技术出版社.

尚杰,王鸿.2016.基于循环型农业视角的涉农企业综合效率评价[J].科技管理研究,36(15):77-81.

尚涛,樊增强,冯宗宪.2007.跨国公司在华R&D投资与我国国家创新系统建设[J].中国科技论坛,(1):42-46.

施建刚,林陵娜,唐代中.2014.考虑互惠偏好的项目团队成员知识共享激励[J].同济大学学报(自然科学版),42(10):1618-1625.

史江涛.2007.员工关系、沟通对其知识共享与知识整合作用的机制研究[D].浙江大学博士学位论文.

宋马林,王舒鸿,汝慧萍,等.2010.基于省际面板数据的FDI绿色创新能力统计分析[J].中国软科学,(5):143-151.

苏楠,吴贵生.2011.领先用户主导创新:自主创新的一种新模式——以神华集团高端液压支架自主创新为例[J].科学学研究,29(15):771-800.

隋俊.2015.跨国公司技术转移对制造业绿色创新系统创新绩效的影响[D].哈尔滨理工大学博士学位论文.

隋俊,毕克新,杨朝均,等.2015a.制造业绿色创新系统创新绩效影响因素——基于跨国公司技术转移视角的研究[J]. 科学学研究,（3）：440-448.
隋俊, 毕克新, 杨朝均, 等. 2015b. 跨国公司技术转移对我国制造业绿色创新系统绿色创新绩效的影响机理研究[J]. 中国软科学,（1）：118-129.
孙冰. 2003. 企业技术创新动力研究[D]. 哈尔滨工程大学博士学位论文.
孙凯. 2011. 在孵企业社会资本对资源获取和技术创新绩效的影响[J]. 中国软科学,（8）：165-177.
孙群英, 毕克新. 2010. 制造业企业信息化对工艺创新能力影响机理的实证研究[J]. 科学学与科学技术管理, 31（5）：94-99.
孙群英, 毕克新. 2011. 企业创新要素协同模式研究现状及发展趋向[J]. 商业研究, 31（5）：94-99.
孙群英, 毕克新. 2012. 制造业企业工艺创新模式及其选择研究现状与发展趋势[J]. 科技管理研究, 32（1）：1-5.
孙伟, 高建, 张帖, 等. 2009. 产学研合作模式的制度创新：综合创新体[J]. 科研管理,（5）：69-75.
汤建影, 黄瑞华. 2005. 研发联盟企业间知识共享影响因素的实证研究预测[J]. 预测, 24（5）：20-25.
田红娜. 2012. 基于动力源的制造业绿色工艺创新模式研究[J]. 学习与探索,（8）：116-118.
田红娜, 毕克新. 2012. 基于自组织理论的制造业绿色工艺创新系统演进[J]. 科研管理, 33（2）：18-25.
田红娜, 毕克新, 李海涛. 2012a. 基于技术预见的制造业绿色工艺创新战略制定研究[J]. 软科学, 26（5）：10-14.
田红娜, 毕克新, 夏冰, 等. 2012b. 基于系统动力学的制造业绿色工艺创新运行过程评价分析[J]. 科技进步与对策, 29（13）：112-118.
田红娜, 李香梅. 2014. 制造业绿色工艺创新扩散过程研究[J]. 科技进步与对策,（4）：50-55.
田红娜, 李香梅. 2015. 基于生态位的制造业绿色工艺创新路径演化[J]. 中国科技论坛,（10）：53-56.
田红娜, 张琳, 高晶, 等. 2015. 我国制造业绿色工艺创新路径设计与选择研究——基于我国制造业的问卷调查[J]. 软科学, 29（5）：6-11.
汪俊. 2010. 外商直接投资（FDI）对制造业技术创新能力影响的实证研究[D]. 中南大学博士学位论文.
汪秀婷. 2007. 国外产业创新模式对我国产业创新的借鉴[J]. 武汉理工大学学报（信息与管理工程版）, 8：29-32.
王滨. 2010. FDI技术溢出、技术进步与技术效率——基于中国制造业1999~2007年面板数据的经验研究[J]. 数量经济技术经济研究,（2）：93-103, 17.
王海燕. 2004. 国内外创新环境研究[J]. 科学研究,（4）：28-32.
王建明, 陈红喜, 袁瑜. 2010. 企业绿色创新活动的中介效应实证[J]. 中国人口·资源与环境,（6）：111-117.
王立平. 2008. 知识溢出及其对我国区域经济增长作用的实证研究[M]. 合肥：合肥工业大学出版社.
王敏, 银路. 2008. 技术演化的集成研究及新兴技术演化[J]. 科学学研究,（3）：466-471.
王名福. 2004. 论企业技术创新信息问题[J]. 科技进步与对策,（4）：61-65.
王明明, 党志刚, 钱坤. 2009. 产业创新系统模型的构建研究——以中国石化产业创新系统模型为例[J]. 科学学研究, 27（2）: 295-301.
王齐. 2005. 环境管制促进技术创新及产业升级的问题研究[D]. 山东大学博士学位论文.
王然, 燕波, 邓伟根. 2010. FDI对我国工业自主创新能力的影响及机制——基于产业关联的视角[J]. 中国工业经济,（11）: 16-25.
王慎敏, 易理强, 周寅康. 2007. 循环型城市建设绩效评价研究——以珠三角城市群为例[J]. 中国人口·资源与环境,（3）: 90-95.
王天力. 2013. 隐性知识获取、吸收能力与新创企业创新绩效关系研究[D]. 吉林大学博士学位论文.
王文岩, 孙福全, 申强. 2008. 产学研合作模式的分类、特征及选择[J]. 中国科技论坛,（5）: 37-40.
王向阳, 刘战礼, 赵英鑫. 2011. 基于企业生命周期的路径依赖和吸收能力关系研究[J]. 科研管理, 32（9）: 1-6, 73.
王欣. 2015. 高端装备制造业知识溢出研究[D]. 哈尔滨理工大学硕士学位论文.
王琰. 2012. 绿色产业的创新与发展策略研究[J]. 现代经济信息,（22）: 233-239.
王元明, 郝建新. 2011. 基于动因分析的企业创新联盟模式选择研究[J]. 科技进步与对策, 28（22）: 84-87.
王子君, 张伟. 2002. 外国直接投资、技术许可与技术创新[J]. 经济研究,（3）: 69-75, 95-96.
韦影. 2007. 企业社会资本与技术创新: 基于吸收能力的实证研究[J]. 中国工业经济,（9）: 119-127.
魏大鹏, 张慧毅. 2011. 技术进步、制度安排与产业竞争力生成能力[J]. 科学学与科学技术管理, 32（1）: 116-122.
魏江, 申军. 2003. 传统产业集群创新系统的结构和运行模式——以温州低压电器业集群为例[J]. 科学学与科学技术管理, 1: 14-17.
温忠麟, 张雷, 侯杰泰, 等. 2004. 中介效应检验程序及其应用[J]. 心理学报, 36（5）: 614-620.
吴宝. 2012. 企业融资结网与风险传染问题研究[D]. 浙江工业大学博士学位论文.
吴波. 2014. 绿色消费研究评述[J]. 经济管理, 36（11）: 178-189.
吴雷. 2009. 基于DEA方法的企业生态技术创新绩效评价研究[J]. 科技进步与对策,（18）: 114-117.
吴晓波, 陈颖. 2010. 基于吸收能力的研发模式选择的实证研究[J]. 科学学研究,（11）: 1722-1730.
吴英姿, 闻岳春. 2013. 中国工业绿色生产率、减排绩效与减排成本[J]. 科研管理,（2）: 105-111, 151.
武志伟. 2003. 企业社会资本的内涵和功能研究[J]. 软科学,（5）: 19-21.
肖雁飞, 沈玉芳. 2007. 国际跨国公司R&D决策行为规律和趋势研究[J]. 科学管理研究,（1）: 93-97.
谢科范, 董芹芹, 陈云. 2007. 基于资源集成的自主创新模式辨析[J]. 科学学研究,（S1）: 110-113.
徐侠, 李树青. 2008. FDI对科研活动影响的实证研究[J]. 中国软科学,（4）: 73-80.
许庆瑞, 王伟强, 吕燕. 1995. 中国企业环境技术创新研究[J]. 中国软科学,（5）: 16-20.
严海宁. 2009. 市场结构及其影响因素对中国企业技术创新的作用研究[D]. 华中科技大学博士学位论文.
杨朝均. 2013. FDI对我国制造业绿色工艺创新的影响及溢出效应研究[D]. 哈尔滨工程大学博

士学位论文.
杨朝均. 2014. 基于 RAGA-PPE 模型的绿色工艺创新动力评价及地区差异分析[J]. 科技进步与对策, (18): 51-56.
杨发明, 许庆瑞. 1998. 企业绿色技术创新研究[J]. 中国软科学, (3): 47-51.
杨淑芳. 2013. 制造业绿色创新系统国际比较研究[D]. 哈尔滨理工大学硕士学位论文.
杨新荣. 2005. 我国企业绿色营销的影响因素实施战略[J]. 经济管理, (23): 57-60.
杨燕, 高山行. 2011. 创新驱动、自主性与创新绩效的关系实证研究[J]. 科学学研究, (10): 1568-1576.
姚芊, 毕克新. 2011a. 制造业工艺创新动力模式研究评述[J]. 北京理工大学学报(社会科学版), 13(3): 60-67.
姚芊, 毕克新. 2011b. 制造业工艺创新扩散博弈研究[J]. 经济管理, (6): 155-160.
叶子青, 钟书华. 2002. 美、日、欧盟绿色技术创新比较研究[J] 科技进步与对策, (7): 150-152.
游达明, 刘芳. 2009. 社会资本影响企业技术创新机理实证研究[J]. 科技进步与对策, (22): 100-103.
于国才. 2013. "招商引资"优惠政策、异质型 FDI 进入与技术溢出效应[D]. 南开大学博士学位论文.
于娱, 施琴芬, 朱卫未. 2013. 高校科研团队内部隐性知识共享绩效实证研究[J]. 科学学与科学技术管理, (10): 21-30.
袁凌, 申颖涛, 姜太平. 2000. 论绿色技术创新[J]. 科技进步与对策, (9): 64-65.
张昌勇. 2011. 我国绿色产业创新的理论研究与实证分析[D]. 武汉理工大学博士学位论文.
张成. 2011. 内资和外资: 谁更有利于环境保护——来自我国工业部门面板数据的经验分析[J]. 国际贸易问题, (2): 98-106.
张方华, 林仁方. 2004. 企业的社会资本与技术合作[J]. 科研管理, (2): 31-36.
张方华, 林仁方, 陈劲. 2003. 企业的社会资本与隐性知识[J]. 研究与发展管理, (6): 67-72.
张江雪, 朱磊. 2012. 基于绿色增长的我国各地区工业企业技术创新效率研究[J]. 数量经济技术经济研究, (2): 113-125.
张明, 江旭, 高山行. 2008. 战略联盟中组织学习、知识创造与创新绩效的实证研究[J]. 科学学研究, 26(4): 868-873.
张汝根. 2007. 绿色消费与绿色营销的互动关系及启示[J]. 生态经济, (10): 73-75.
张伟, 李虎林, 安学兵. 2011. 利用 FDI 增强我国绿色创新能力的理论模型与思路探讨[J]. 管理世界, (12): 170-171.
张卫红. 2010. 企业创新资源对 FDI 技术外溢的影响分析[J]. 改革与战略, (11): 76-78.
张学刚, 钟茂初. 2010. 外商直接投资与环境污染: 基于联立方程的实证研究[J]. 财经科学, (10): 110-117.
张振刚, 景诗龙. 2007. 产业集群共性技术创新系统研究——以西樵纺织产业集群为例[J]. 商业研究, 9: 93-97.
张震宇, 陈劲. 2008. 基于开放式创新模式的企业创新资源构成特征及其管理[J]. 科学学与科学技术管理, (2): 61-62.
张治河, 谢忠泉. 2006. 我国钢铁产业创新与发展的问题及管理措施[J]. 中国软科学, (2): 31-37.
张中元, 赵国庆. 2012. FDI、环境规制与技术进步——基于中国省级数据的实证分析[J]. 数量经济技术经济研究,(4): 19-32.

章文光,王晨. 2014. 外资研发与区域创新系统互动——机制分析和实证检验[J]. 北京师范大学学报(社会科学版),(2): 147-156.

赵博,毕克新. 2016a. 基于专利的我国制造业低碳突破性创新动态演化规律分析[J]. 管理世界,(7): 182-183.

赵博,毕克新. 2016b. 我国制造业低碳突破性创新战略体系与战略组合研究[J]. 求是学刊, 43(1): 72-79.

赵书松,廖建桥,张可军. 2010. 个体知识共享动机:国外研究综述与本土化的理论拓展[J]. 情报杂志, 29(1): 114-122.

赵细康. 2004. 环境政策对技术创新的影响[J]. 中国地质大学学报(社会科学版), 4(1): 24-28.

赵细康. 2006. 引导绿色创新——技术创新导向的环境政策研究[M]. 北京:经济科学出版社.

甄志勇,毕克新. 2011a. 制造业绿色创新系统的政府行为优化——兼论对日本核事故的教训吸取[J]. 学习与探索,(4): 184-186.

甄志勇,毕克新. 2011b. 制造业绿色创新系统中的地方政府行为博弈[J]. 科技进步与对策, 28(24): 22-26.

甄志勇,毕克新. 2011c. 制造业绿色创新系统中地方政府行为绩效评价[J]. 哈尔滨理工大学学报, 16(3): 116-120.

甄志勇,毕克新. 2011d. 制造业绿色创新系统中地方政府行为研究综述[J]. 科技与管理, 13(3): 31-35.

郑海涛. 2011. 基于企业集聚的网络结构、外部社会资本和技术创新绩效关系研究[D]. 华南理工大学博士学位论文.

郑继方. 2002. 绿色营销:变革、冲突与战略选择[J]. 中国软科学,(4): 86-88.

郑慕强. 2011. FDI技术外溢与本地企业技术创新:吸收能力的影响[J]. 科研管理,(3): 1-8.

中国科学院可持续发展战略研究组. 2010. 中国可持续发展战略研究报告 2010——绿色发展与创新[M]. 北京:科学出版社.

仲伟俊,梅姝娥,谢园园. 2009. 产学研合作技术创新模式分析[J]. 中国软科学,(8): 174-181.

周寄中. 1999. 科技资源论[M]. 西安:陕西人民教育出版社.

周静珍,万玉刚,高静. 2005. 我国产学研合作创新的模式研究[J]. 科技进步与对策,(3): 70-72.

周绍东. 2012. 战略性新兴产业创新系统研究述评[J]. 科学管理研究, 30(4): 40-42.

朱成钢. 2006. 绿色消费驱动下的绿色营销策略及其启示[J]. 商业经济与管理,(11): 48-51.

朱华兵,龚江洪. 2009. 不同来源地外资对中国技术进步影响的实证分析[J]. 科技进步与对策, 26(11): 41-44.

朱志凯. 1995. 逻辑与方法[M]. 北京:人民出版社.

Hippel E. 1988. 技术创新源泉[M]. 柳卸林译. 北京:科学技术文献出版社.

Abernathy W J, Utterback J M. 1978. Patterns of industrial innovation[J]. Technology Review, 7(80): 40-47.

Abraham F, Konings J, Slootmaekers V. 2010. FDI spillovers in the Chinese manufacturing sector[J]. Economics of Transition, 18(1): 143-182.

Acs Z J, Audretsch D B. 1988. Innovation in large firm: an empirical analysis [J]. American Economic Review, (4): 678-690.

AI M Y, BI K X, LI W H. 2011. Research on evaluation for capability of process innovation in manufacturing enterprises — under IT circumstance[C]. 2011 IEEE 18th International Conference on Industrial Engineering and Engineering Management.

Aitken B J, Harrison A E. 1999. Do domestic firms benefit from direct foreign investment? Evidence from Venezuela[J]. American Economic Review, 89(3): 605-618.

Albornoz F, Cole M A, Elliott R J R, et al. 2009. In search of environmental spillovers[J]. The World Economy, 32(1): 136-163.

Ambec S, Barla P. 2006. Can environmental regulations be good for business? An assessment of the porter hypothesis[J]. Energy Studies Review, 14(2): 42-62.

Andersen M M. 2006. Eco-innovation indicators[R]. Copenhagen: European Environment Agency.

Andonava L B. 2003. Openness and the environment in Central and Eastern Europe: can trade and foreign investment stimulate better environmental management in enterprises? [J]. The Journal of Environment Development, 12(2): 177-204.

Arrow K J. 1962. The economics implications of learning by doing[J]. The Review of Economic Studies, 39(3): 155-173.

Arundel A, Kemp R, Parto S. 2007. Indicators for environmental innovation: what and how to measure[A]//Marinova D, Annandale D, Phillimore J. The International Handbook on Environmental Technology Management[C]. Cheltenham: Edward Elgar Publishing Ltd.: 324-339.

Azzone G, Noci G. 1998. Identifying effective PMSs for the deployment of "green" manufacturing strategies[J]. International Journal of Operations & Production Management, 18(4): 308-335.

Backer K D, Sleuwaegen L. 2003. Does foreign direct investment crowd out domestic entrepreneurship? [J]. Review of Industrial Organization, (1): 67-84.

Bandura A. 1977. Self-efficacy theory: towards a unifying theory of behavioral change[J]. Psychological Review, 84: 191-215.

Barki H P A. 2005. A model of organizational integration, implementation effort, and performance[J]. Organization Science, 16(2): 165-179.

Baumol W J. 2002. The Free-market Innovation Machine: Analyzing the Growth Miracle of Capitalism[M]. Princeton: Princeton University Press.

Becker R A. 2011. Local environmental regulation and plant-level productivity[J]. Ecological Economics, 70(12): 2516-2522.

Beise M, Rennings K. 2005. Lead markets and regulation: a framework for analyzing the international diffusion of environmental innovations[J]. Ecological Economics, 52(1): 5-17.

Bell M, Marin A. 2004. Where do foreign direct investment-related technology spillovers come from in emerging economies? An exploration in Argentina in the 1990s[J]. The European Journal of Development Research, 16(3): 653-686.

Bellais R. 2004. Post Keynesian theory, technology policy, and long-term growth[J]. Journal of Post Keynesian Economies, 26(3): 419-440.

Bergek A, Jacobsson S, Carlsson B, et al. 2008. Analyzing the functional dynamics of technological innovation systems: a scheme of analysis[J]. Research Policy, 37(3): 407-429.

Bernauer T, Engels S, Kammerer D, et al. 2006. Explaining green innovation ten years after porter's win-win proposition how to study the effects of regulation on corporate environmental innovation[J]. Politische Vierteljahresschrift, 39: 323-341.

Bi K X. 2013. Comprehensive evaluation research on the sustainable development benefits of China's manufacturing green innovation[J]. Proceedings of 2013 International Conference on Public Administration, (10): 1102-1111.

Bi K X, Huang P, Ye H. 2015. Risk identification, evaluation and response of low-carbon technological innovation under the global value chain: a case of the Chinese manufacturing industry[J]. Technological Forecasting & Social Change, 100: 238-248.

Bi K X, Huang P, Wang X. 2016. Innovation performance and influencing factors of low-carbon technological innovation under the global value chain: a case of Chinese manufacturing industry[J]. Technological Forecasting & Social Change, 111: 275-284.

Blättel-Mink B. 1998. Innovation towards sustainable economy-the integration of economy and ecology in companies[J]. Sustainable Development, (2): 49-58.

Blind K, Jungmittag A. 2004. Foreign direct investment, imports and innovations in the service industry[J]. Review of Industrial Organization, (25): 205-227.

Blomström M M, Kokko A. 1998. Multinational corporations and spillovers[J]. Journal of Economic Surveys, 12 (3): 247-277.

Bock G W, Kim Y G. 2002. Breaking the myths of rewards: an exploratory study of attitudes about knowledge sharing[J]. Information Resources Management Journal, 15 (2): 14-21.

Bossink B. 2008. Interdependent sustainable innovation processes and systems in dutch residential building[J]. Journal of Green Building, 3 (2): 139-155.

Branstetter L. 2006. Is foreign direct investment a channel of knowledge spillover? Evidence from Japan's FDI in the United States [J]. Journal of International Economics, 68 (2): 325-344.

Braun E, Wield D. 1994. Regulation as a means for the social control of technology[J]. Technology Analysis & Strategic Management, 6 (3): 259-272.

Brouthers K, Hennart J M A. 2007. Boundaries of the firm: insights from international entry mode research[J]. Journal of Management, 33 (3): 395-425.

Brundtland G H. 1987. World Commission on Environment and Development[M]. Oxford: Oxford University Press.

Burgelman R A. 1983. A model of the interaction of strategic behavior, corporate context, and the concept of strategy[J]. Academy of Management Review, 8 (1): 61-70.

Bwalya S M. 2006. Foreign direct investment and technology spillovers: evidence from panel data analysis of manufacturing firms in Zambia[J]. Journal of Development Economics, (2): 514-526.

Cadez S, Guilding C. 2008. An exploratory investigation of an integrated contingency model of strategic management accounting[J]. Accounting, Organizations and Society, 33 (7~8): 836-863.

Cano C P, Cano P Q. 2006. Human resources management and its impact on innovation performance in companies[J]. Interactional Journal of Technology Management, 35 (1~4): 11-28.

CaPello. 2007. Spatial transfer of knowledge in hi-tech milieus: learning versus collective learning progresses[J]. Regional Studies, 33 (S1): 353-365.

Carlsson B, Stankiewicz R. 1991. On the nature, function and composition of technological systems[J]. Journal Of Evolutionary Economics, (1~2): 93-118.

Carlsson B, Jacobsson S, Holmen M, et al. 2002. Innovation systems: analytical and methodological issues[J]. Research Policy, 31 (2): 233-245.

Carrión-Flores C E, Innes R. 2010. Environmental innovation and environmental performance[J]. Journal of Environmental Economics and Management, 59 (1): 27-42.

Cassiman B, Veugelers R. 2006. In search of complementarity in innovation strategy: internal r&d and external knowledge acquisition[J]. Management Science, 18 (1): 68-82.

Caves R E. 1974. Multinational firms, competitionand productivity in host-country markets[J]. Economica, 41 (162): 176-193.

Chang C, Robin S. 2006. Doing R&D and importing technologies: the critical importance of firm size in Taiwan manufacturing industries[J]. Review of Industrial Organization, 29 (3): 253-278.

Chapple K, Kroll C, Lester T W, et al. 2011. Innovation in the green economy: an extension of the regional innovation system model? [J]. Economic Development Quarterly, 25 (1): 5-25.

Chen Y S, Lai S B, Wen C T. 2006. The influence of green innovation performance on corporate advantage in Taiwan[J]. Journal of Business Ethics, (4): 331-339.

Chenery H B. 1960. Patterns of industrial growth[J]. American Economic Review, 50 (4): 624-654.

Cheng C C, Shiu E C. 2012. Validation of a proposed instrument for measuring eco-innovation: an implementation perspective[J]. Technovation, 32 (6): 329-344.

Cheng L K, Kwan Y K. 2000. What are the determinants of the location of foreign direct investment? The Chinese experience[J]. Journal of International Economics, 51 (2): 379-400.

Chiou T Y, Chan H K, Lettice F, et al. 2011. The influence of greening the suppliers and green innovation on environmental performance and competitive advantage in Taiwan[J]. Transportation Research Part E: Logistics and Transportation Review, 47 (6): 822-836.

Cohen W M, Levinthal D A. 1990. Absorptive capacity: a new perspective on learning and innovation[J]. Administrative Science Quarterly, 35 (1): 128-152.

Coleman J S. 1988. Social capital in the creation of human capital[J]. American Journal of Sociology, (94): 95-120.

Cooke P. 1992. Regional innovation systems: competitive regulation in the new Europe[J]. Geoforum, 23 (3): 365-382.

Cooke P. 2008. Cleanness and an analysis of the platform nature of life sciences: further reflections upon platform policies[J]. European Planning Studies, 16 (3): 1-19.

Cooke P. 2011. Transition regions: regional-national eco-innovation systems and strategies[J]. ProgPlan, 76: 105-146.

Cooke P, Wills D. 1999. Small firms, social capital and the enhancement of business performance through innovation programmes[J]. Small Business Economics, (3): 219-234.

Costantini V, Mazzant M. 2012. On the green and innovative side of trade competitiveness? The impact of environmental policies and innovation on EU export[J]. Research Policy, 41 (1): 132-153.

Crespo N, Fontoura M P. 2009. FDI spillovers at regional level: evidence from Portugal[J]. Papers in

Regional Science, 88（3）: 591-607.

Cummings J L, Teng B S. 2003. Transferring R&D knowledge: the key factors affecting knowledge transfer success[J]. Journal of Engineering Technology Management,（1）: 39-68.

Davenport T, Prusak L. 1998. Learn how valuable knowledge is acquired, created, bought and bartered[J]. Australian Library Journal, 47（3）: 268-272.

Davenport T, Prusak L. 2001. Working knowledge: how organizations manage what they know[J]. The Journal of Technology Transfer,（4）: 6.

Deif A M. 2011. A system model for green manufacturing[J]. Journal of Cleaner Production, 19（14）: 1553-1559.

Dhanaraj C, Lyles M A, Steensma H K, et al. 2004. Managing tacit and explicit knowledge transfer in IJVs: the role of relational embeddedness and the impact on performance[J]. Journal of International Business Studies, 35（5）: 428-442.

Diabat A, Govindn K. 2011. An analysis of the drivers affecting the implementation of green supply chain management[J]. Resources, Conservation and Recycling, 4（55）: 659-667.

Driessen P, Hillebrand B. 2002. Adoption and diffusion of green innovations[A]//Bartels G C, Nelissen W J A. Marketing For Sustainability: Towards Transactional Policy-Making[C]. Amsterdam: IOS Press Inc.

Edquist C. 1997. Systems of Innovation: Technologies, Institutions and Organizations[M]. London: London Pinter Publishers/Cassell Academic.

Ehrenfeld J G. 2010. Ecosystem consequences of biological invasions[J]. Annual Review of Ecology, Evolution, and Systematics, 41（1）: 59-80.

Eiadat Y, Kelly A, Roche F, et al. 2008. Green and competitive? An empirical test of the mediating role of environmental innovation strategy[J]. Journal of World Business, 43（2）: 131-145.

Eryiğit N, Demirkaya H, Özcure G. 2012. Multinational firms as technology determinants in the new era developing countries: survey in Turkey[J]. Procedia - Social and Behavioral Sciences,（58）: 1239-1246.

Eskeland G S, Harrison A E. 2003. Moving to greener pastures? Multinationals and the pollution haven hypothesis[J]. Journal of Development Economics, 70（1）: 1-23.

Eun J H, Lee K, Wu G H. 2006. Explaining the "University-Run Enterprises" in China—a theoretical framework for university-industry relationship in developing countries and its application to China[J]. Research Policy,（35）: 1329-1346.

Faber A, Hoppe T. 2013. Co-constructing a sustainable built environment in the netherlands-dynamics and opportunities in an environmental sectoral innovation system[J]. Energy Policy, 52: 628-638.

Fabrizio K R. 2009. Absorptive capacity and the search for innovation [J]. Research Policy, 38（2）: 255-267.

Fagerberg J, Srholec M. 2008. National innovation systems, capabilities and economic development[J]. Research Policy,（9）: 1417-1435.

Feeney R. 2009. Development, innovation and natural resources: the Latin-American case [J]. Journal of Interdisciplinary Economies, 20（1~2）: 149-166.

Feldman M P. 1994. Knowledge complementarity and innovation[J]. Small Business Economics, 6（5）: 363-372.

Fosfuri A, Tribó J A. 2008. Exploring the antecedents of potential absorptive capacity and its impact on innovation performance[J]. Omega, 36（2）: 173-187.

Foster C, Green K. 2000. Greening the innovation process[J]. Business Strategy and the Environment, （5）: 287-303.

Foxman E R, Kilcoyne P. 1993. Information technology, marketing practice, and consumer privacy: ethical issues[J]. Journal of Public Policy & Marketing, 12（1）: 106-119.

Foxon T, Pearson P. 2008. Overcoming barriers to innovation and diffusion of cleaner technologies: some features of a sustainable innovation policy regime[J]. Journal of Cleaner Production, 16: 148-161.

Foxon T J, Gross R, Chase A, et al. 2005. UK innovation systems for new and renewable energy technologies: drivers, barriers and systems failures[J]. Energy Policy, 33（16）: 2123-2137.

Freeman C. 1987. Technology Policy and Economic Performance: Lessons from Japan[M]. London: London Pinter.

Freeman C. 1988. Japan: a new national system of innovation[A]//Dosi E A. Technical Change and Economic Theory[C]. London: Francis Pinter.

Fritsch M, Franke G. 2004. Innovation, regional knowledge spillovers and R&D cooperation[J]. Research Policy, 33（2）: 245-255.

Frondel M, Horbach J, Rennings K. 2007. End-of-pipe or cleaner production? An empirical comparison of environmental innovation decisions across OECD countries[J]. Business Strategy and the Environment, 16（8）: 571-584.

Fukuda K, Watanabe C. 2008. Japanese and US perspectives on the national innovation ecosystem[J]. Technology in Society, 30（1）: 49-63.

Gee S, McMeekin A. 2011. Eco-innovation systems and problem sequences: the contrasting cases of US and brazilian biofuels[J]. Industry and Innovation, 18（3）: 301-315.

Gilbert M, Martyn C H. 1996. Understanding the process of knowledge transfer to achieve successful technological innovation[J]. Technovation, （6）: 301-312.

Gilsing V, Nooteboom B. 2006. Exploration and exploitation in innovation systems the case of pharmanceutical biotechnology[J]. Research Policy, 35: 1-23.

Ginsberg J M, Bloom P N. 2004. Choosing the right green marketing strategy[J]. MIT Sloan Management Review, 46（1）: 79-84.

Girma S. 2005. Absorptive capacity and productivity spillovers from FDI: a threshold regression analysis[J]. Oxford Bulletin of Economics and Statistics, 67（3）: 281-306.

Girma S, Gong Y, Gorg H. 2006. Can you teach old dragons new tricks? FDI and innovation activity in Chinese state-owned enterprises[R]. IZA Discussion Paper No. 2267.

Giuliania E, Bella M. 2005. The micro-determinants of meso-level learning and innovation: evidence from a chilean wine cluster[J]. Research Policy, （1）: 47-68.

Goodman P, Darr E. 1998. Computer-Aider Systems and Communities: Mechanisms for Organizational Learning in Distributed Environments[J]. MIS Quarterly, 22（4）: 417-440.

Görg H, Greenaway D. 2004. Much ado about nothing? Do domestic firms really benefit from foreign direct investment? [J]. The World Bank Research Observer, 19 (2): 171-197.

Gosens J, Lu Y. 2013. From lagging to leading? Technological innovation systems in emerging economies and the case of Chinese wind power[J]. Energy Policy, 60: 234-250.

Grant R M. 1991. The resource-based theory of competitive advantage: implications for strategy formation[J]. California Management Review, 33 (3): 114-135.

Grant R M. 1996. Toward a knowledge-based theory of the firm[J]. Strategic Management Journal, 17 (1): 109-122.

Greenhalgh C, Rogers M. 2006. The value of innovation: the interaction of competition, R&D and IP[J]. Research Policy, 35 (4): 562-580.

Grinfeld L A. 2006. Multinational production, absorptive capacity, and endogenous RD spillovers[J]. Review of International Economics, 14 (5): 922-940.

Guan J C, Yam R C M, Mok C K. 2005. Collaboration between industry and research institutes universities on industrial innovation in Beijing, China[J]. Technology Analysis & Strategic Management, 17 (3): 339-353.

Gulbrandsen M, Smeby J C. 2005. Industry funding and university professors research performance[J]. Research Policy, 34 (6): 932-950.

Hamel G. 1991. Competition for competence and interpreters learning within international strategic alliances[J]. Strategic Management Journal, 12: 83-103.

Hanifan L. 1916. The rural school community centre[J]. Atlas of the American Academy of Politics and Science, 67: 137-138.

Hasen J R, Prescott E. 2002. Malthus to Solow[J]. American Economic Review, 92: 1205-1217.

He C. 2008. Foreign manufacturing investment in China: the role of industrial agglomeration and industrial linkages[J]. China & World Economy, 16 (1): 82-99.

Hekkert M P, Suurs R A A, Negro S O, et al. 2007. Functions of innovation systems: a new approach for analysing technological change[J]. Technological Forecasting and Social Change, 74 (4): 413-432.

Hellström T. 2007. Dimensions of environmentally sustainable innovation: the structure of eco-innovation concepts[J]. Sustainable Development, (15): 148-159.

Hemingway C A. 2005. Personal values as a catalyst for corporate social entrepreneurship[J]. Journal of Business Ethics, 60 (3): 233-249.

Heron R L, Hayter R. 2002. Knowledge, Industry and Environment: Innovation and Institutions in Territorial Perspective[M]. Farnham: Ashgate.

Hillman K, Nilsson M, Rickne A, et al. 2011. Fostering sustainable technologies: a framework for analyzing the governance of innovation systems[J]. Science and Public Policy, 38 (5): 403-415.

Hoffman A J. 2001. Linking organizational and field-level analyses: the diffusion of corporate environmental practice[J]. Organization and Environment, 14 (2): 133-156.

Holmstrom B. 1979. Moral hazard and observability[J]. Bell Journal of Economics, 10: 74-91.

Hooff B V D, Ridder J A D. 2004. Knowledge sharing in context: the influence of organizational commitment, communication climate and CMC use on knowledge sharing[J]. Journal of knowledge Management, 8 (6): 117.

Huang P, Bi K X. 2012. Research on catch-up mode of low-carbon technology in China[C]. International Conference on Management Science & Engineering, Dallas, USA, IEEE: 1624-1630.

Huang P, Negro S O, Hekkert M P, et al. 2016. How China became a leader in solar PV: an innovation system analysis[J]. Renewable and Sustainable Energy Reviews, 64: 777-789.

Huber J. 2008a. Technological environmental innovations (TEIs) in a chain-analytical and life-cycle-analytical perspective[J]. Journal of Cleaner Production, (18): 1980-1986.

Huber J. 2008b. Pioneer countries and the global diffusion of environmental innovations: theses from the viewpoint of ecological modernization theory [J]. Global Environmental Change, 18 (3): 86-132.

Hudson L, Winskel M, Allen S. 2011. The hesitant emergence of low carbon technologies in the UK: the micro-CHP innovation system[J]. Technology Analysis and Strategic Management, 23 (3): 297-312.

Inkpen A C, Tsang E W K. 2005. Social, networks and knowledge transfer[J]. Academy of Management Review, 30 (1): 146-165.

Jabbour L, Mucchielli J L. 2007. Technology transfer through vertical linkages: the case of the Spanish manufacturing industry[J]. Journal of Applied Economics, 10 (1): 115-136.

Jacobs J. 1985. Cities and the Wealth of Nations: Principle of Economic Life[M]. London: Viking.

Jacobsson S, Bergek A. 2011. Innovation system analyses and sustainability transitions: contributions and suggestions for research[J]. Environmental Innovation and Societal Transitions, 1(1): 41-57.

Jaffe A B, Trajtenberg M, Henderson R. 1993. Geographic localization of knowledge spillovers as evidenced by patent citations[J]. Quarterly Journal of Economics, (63): 577-598.

Javorcik B S. 2004. Does foreign direct investment increase the productivity of domestic firms? In search of spillovers through backward linkages[J]. The American Economic Review, 94 (3): 605-627.

Johnson A, Jacobsson S. 2001. Inducement and blocking mechanisms in the development of a new industry: the case of renewable energy technology in Sweden[A]//Coombs R, Green K, Richards A, et al. Technology and the Market Demand, Users and Innovation[C]. Cheltenham: Edwar Elgar Publishing.

Kaasa A. 2009. Effects of different dimensions of social capital on innovative activity: evidence from Europe at the regional level[J]. Technovation, 29 (3): 218-233.

Kardos M. 2014. The relevance of foreign direct investment for sustainable development empirical evidence from European Union[J]. Procedia Economics and Finance, (15): 1349-1354.

Keeble D, Wilkinson F. 1999. Collective Learning and knowledge development in the evolution regional cluster of high technology SMEs in Europe[J]. Regional Studies, 33 (4): 295-303.

Kemeny T. 2010. Does foreign direct investment drive technological upgrading? [J]. World Development, 38 (11): 1543-1554.

Kemp R, Pearson P. 2007. Final report MEI project about measuring eco-innovation[J]. UM Merit Maastricht, 32 (3): 121-124.

Kenneth J A. 1962. The economic implications of learning by doing[J]. The Review of Economic

Studies, 29（3）: 155-173.
Kim C S, Inkpen A C. 2005. Cross-border R&D alliances, absorptive capacity and technology learning[J]. Journal of International Management, 11（3）: 313-329.
Klassen R D, Whybark D C. 1999. The impact of environmental technologies on manufacturing performance[J]. The Academy of Management Journal, 42（6）: 599-615.
Knudsen M P. 2007. The relative importance of inter-firm relationships and knowledge transfer for new product development success[J]. Journal of Product Innovation Management, 24（2）: 117-138.
Köhler K, Schade W, Leduc G, et al. 2013. Leaving fossil fuels behind? An innovation system analysis of low carbon cars[J]. Journal of Cleaner Production, 48（6）: 176-186.
Kokko A, Tansini R, Zejan M. 1995. Local technological capability and productivity spillovers from FDI in the Uruguayan manufacturing sector[J]. Journal of Development Studies, 32（4）: 602-611.
Kokko A, Zejan M. 1996. Local technological capability and productivity spillovers from FDI in the Uruguayan manufacturing sector[J]. Journal of Development Studies, 32（4）: 602-611.
Kostopoulos K, Papalexandris A, Papachroni M, et al. 2011. Absorptive capacity, innovation and financial performance[J]. Journal of Business Research, 64（12）: 1335-1343.
Kroodsma D A, Field C B. 2006. Carbon sequestration in California agriculture, 1980—2000[J]. Ecoltogical Applications, 16（5）: 1975-1985.
Krugman P. 1991. Geography and Trade[M]. Cambridge: The MIT Press.
Kuhlmann S, Arnold E. 2001. RCN in the norwegian research and innovation system[R]. Fraunhofer ISI.
Lane P J, Lubatkin M. 1998. Relative absorptive capacity and interorganizational learning[J]. Strategic Management Journal, 19（5）: 461-477.
Lee J, Veloso F M, Hounshell D A. 2011. Linking induced technological change, and environmental regulation: evidence from patenting in the U.S. auto industry[J]. Research Policy, 40（9）: 1240-1252.
Lee J N. 2001. The impact of knowledge sharing, organizational capability and partnership quality on IS outsourcing success[J]. Information& Management, 38（5）: 323-335.
Leena E T. 2010. Evaluating design strategies, performance and occupant satisfaction: a low-carbon office refurbishment[J]. Building Research &Information, 38（6）: 610-624.
Lewis K. 2004. Knowledge and performance in knowledge-worker teams: a longitudinal study of transitive memory systems[J]. Management Science, 50（11）: 1519-1533.
Lichtenthaler U. 2009. Absorptive capacity, environmental turbulence, and the complementarity of organizational learning processes[J]. Academy of Management Journal, 52（4）: 822-846.
Lim K. 2009. The many faces of absorptive capacity: spillovers of copper interconnect technology for semiconductor chips[J]. Industrial and Corporate Change, 18（6）: 1249-1284.
Lin H F. 2007. Knowledge sharing and firm innovation capability: an empirical study[J]. International Journal of Manpower, 28（3~4）: 315-332.
Lin M J J, Chang C H. 2009. The positive effect of green relationship learning on green innovation

performance: the mediation effect of corporate environmental ethics[C]. Picmet Portland International Conference on Management of Engineering and Technology: 2341-2348.

Liu X, Buck T. 2007. Innovation performance and channels for international technology spillovers: evidence from Chinese high-tech industries[J]. Research Policy, (3): 355-366.

Liu Z. 2008. Foreign direct investment and technology spillovers: theory and evidence[J]. Journal of Development Economics, 85 (1~2): 176-193.

Lundvall B A. 1992. National Systems of Innovation, Towards a Theory of Innovation and Interactive Learning[M]. London: London Pinter Publishers.

Macdougall G D A. 1960. The benefits and costs of private investment from abroad: a theoretical approach[J]. Economic Record, 36 (73): 13-35.

Malerba F. 2004. Sectoral Systems of Innovation, Concepts, Issues and Analyses of Six Major Sectors in Europe[M]. Cambridge: Cambridge University Press.

Marchi V D. 2012. Environmental innovation and R&D cooperation: empirical evidence from Spanish manufacturing firms[J]. Research Policy, 41 (3): 614-623.

Marcin K. 2008. How does FDI inflow affect productivity of domestic firms? The role of horizontal and vertical spillovers, absorptive capacity and competition[J]. Journal of International Trade and Economic Development, 17 (1): 155-173.

Marshall A. 1920. Principles of Economics: An Introductory Volume[M]. London: MacMillan.

Martin R, Sunley P. 2006. Path dependence and regional economic evolution[J]. The Journal of Economic Geography, (6): 395-437.

Maurer I, Bartsch V, Ebers M. 2011. The value of intra-organizational social capital: how it fosters knowledge transfer, innovation performance, and growth[J]. Organization Studies, 32 (2): 157-185.

McDowall W, Ekins P, Radošević S, et al. 2013. The development of wind power in China, Europe and the USA: how have policies and innovation system activities co-evolved? [J]. Technology Analysis & Strategic Management, 25 (2): 163-185.

Mericana Y, Yusopb Z, Noorc Z M. 2007. Foreign direct investment and the pollution in five ASEAN nations [J]. International Journal of Economics and Management, 1 (2): 245-261.

Mintzberg H. 1983. Power in and Around Organizations[M]. Englewood Cliffs: Prentice Hall.

Miozzo M, Grimshaw D. 2008. Service multinationals and forward linkages with client firms: the case of it outsourcing in Argentina and Brazil[J]. International Business Review, (1): 8-27.

Mirrlees J A. 1974. Optimum Accumulation Under Uncertainty: The Case of Stationary Returns to Investment[M]. London: MacMillan.

Mirrlees J A. 1976. The optimal structure of incentives and authority within an organization[J]. Bell Journal of Economics, 7 (1): 105-131.

Moorman C, Slotegraaf R J. 1999. The contingency value of complementary capabilities in product development[J]. Journal of Marketing Research, (2): 239-257.

Motohashi K. 2005. University-industry collaborations in Japan: the role of new technology-based firms in transforming the national innovation system[J]. Research Policy, 34 (5): 583-594.

Motohashi K, Yun X. 2007. China's innovation system reform and growing industry and science

linkages[J]. Research Policy, 36（8）: 1251-1260.
Mowery D C, Oxley J E. 1995. Inward technology transfer and competitiveness: the role of national innovation systems[J]. Cambridge Journal of Economics, （1）: 67.
Myers S, Marquis D G. 1969. Successful Industrial Innovations: A Study of Factors Underlying Innovation in Selected Firms[M]. Arlington: National Science Foundation.
Nahapiet J, Ghoshal S. 1998. Social capital, intellectual capital, and the organizational advantage[J]. The Academy of Management Review, （2）: 242-266.
Nelson R R. 1988. National systems of innovation: preface and institutions supporting technical change in the United States[A]//Dosi E A. Technical Change and Economic Theory[C]. London: Francis Pinter.
Nelson R R. 1993. National Innovation Systems, a Comparative Analysis[M]. New York: Oxford University Press.
Nieuwlaat C, Bruggen G H V, Kacker M. 2001. The impact of channel function performance on buyer-seller relationships in marketing channels[J]. International Journal of Research in Marketing, 22（2）: 141-158.
Nita B. 2008. Identifying organizational and interpersonal relationship factors that promote knowledge sharing[D]. Ph. D. Aliant International University.
Nonaka I, Takcuchi H. 1995. The Knowledge Creating Company[M]. Cambridge: Oxford University Press.
Nooteboom B, Haverbeke W V, Duysters G, et al. 2005. Optimal cognitive distance and absorptive capacity[J]. Research Policy, 36（7）: 1016-1034.
OECD. 2001. Innovative Clusters: Drivers of National Innovation Systems[M]. Paris: OECD Publishing.
OECD. 2010. Eco-Innovation in Industry: Enabling Green Growth[M]. Paris: OECD Publishing.
Oltra V, Saint-Jean M. 2009. Sectoral systems of environmental innovation: an application to the French automotive industry[J]. Technological Forecasting and Social Change, 76（4）: 567-583.
Padmore T, Schuetze H, Gibson H. 1998. Modeling systems of innovation: an enterprise-centered view[J]. Research Policy, 26（6）: 605-624.
Parayil G. 2003. Mapping technological trajectories of the green revolution and the gene revolution from modernization to globalization[J]. Research Policy, 32（6）: 971-990.
Park B I, Ghauri P N. 2011. Key factors affecting acquisition of technological capabilities from foreign acquiring firms by small and medium sized local firms[J]. Journal of World Business, （1）: 116-125.
Park S H, Luo Y. 2001. Guanxi and organizational dynamics: organizational networking in Chinese firms[J]. Strategic Management Journal, 22（5）: 455-477.
Patel P, Pavitt K. 1994. National systems of innovation: why they are important and how they might be measured and compared[J]. Economics of Innovation and New Technology, 3: 77-95.
Pavitt K. 1984. Sectoral patterns of technical change towards a taxonomy and a theory[J]. Research Policy, 13: 343-373.
Perez T. 1997. Multinational enterprises and technological spillovers: an evolutionary model[J]. Journal of Evolutionary Economics, （2）: 169-192.

Porter M E. 1990. The Competitive Advantage of Nations[M]. New York: Free Press.
Porter M E. 1991. America's green strategy[J]. Scientific American, 264 (4): 168.
Porter M E, van der Linde C. 1995. Green and competitive[J]. Harvard Business Review, 73 (5): 120-134.
Presley A, Sarkis J, Liles D H. 2015. A soft-systems methodology approach for product and process innovation[J]. IEEE Transactions on Engineering Management, 47 (3): 379-392.
Rai V, Schultz K, Funkhouser E. 2014. International low carbon technology transfer: do intellectual property regimes matter? [J]. Glob Environ Change-Human Policy Dimens, 24: 60-74.
Ramasamy B, Goh K W, Yeung M C H. 2006. Is guanxi (relationship) a bridge to knowledge transfer? [J]. Journal of Business Research, (59): 130-139.
Rao P, Holt D. 2005. Do green supply chains lead to competitiveness and economic performance? [J]. International Journal of Operation & Production Management, 25 (9): 898-916.
Reid A, Miedzinski M. 2008. Eco-innovation final report for sectoral innovation watch[R]. Brussels: Technopolis Group.
Rennings K. 2000. Redefining innovation—eco-innovation research and the contribution from ecological economics[J]. Ecological Economics, (2): 319-332.
Rhodes J, Lok P, Hung R Y Y, et al. 2008. An integrative model of organizational learning and social capital on effective knowledge transfer and perceived organizational performance[J]. Journal of Workplace Learning, 20 (4): 245-258.
Rogge K S, Hoffmann V H. 2010. The impact of the EU ETS on the sectoral innovation system for power generation technologies-findings for Germany[J]. Energy Policy, 38 (12): 7639-7652.
Romer P M. 1986. Increasing returns and long run growth[J]. Journal of Political Economy, 94 (5): 1002-1037.
Romer P M. 1990. Endogenous technological change[J]. Journal of Political Economy, 98 (5): 71-102.
Ross S. 1973. The economic theory of agency: the principal's problem[J]. American Economic Review, 63: 134-139.
Samuelson A P, Nordhaus W D. 2009. Economics[M]. New York: McGraw Hill Higher Education.
Sánchez-Sellero P, Rosell-Martínez J, García-Vázquez J M. 2014. Absorptive capacity from foreign direct investment in Spanish manufacturing firms[J]. International Business Review, (2): 429-439.
Santoro M D. 2000. Success breeds success: the linkage between relationship intensity and tangible outcomes in industry-university collaborative ventures[J]. The Journal of High Technology Management Research, 11 (2): 255-273.
Saxenian A. 1994. Regional Advantage: Culture and Competition in Silicon Valley and Route 128[M]. Cambridge: Harvard University Press.
Schiederig T, Tietze F, Herstatt C. 2012. Green innovation in technology and innovation management-an exploratory literature review[J]. R&D Management, 42 (2): 180-192.
Schmookler J. 1966. Invention and Economic Growth[M]. Cambridge: Harvard University Press.
Schoenecker T, Swanson L. 2002. Indicators of firm technological capability: validity and performance

implications [J]. IEEE Transactions on Engineering Management, 49 (1): 36-44.

Seeley C, Dietrick B. 2000. Crafting a knowledge management strategy[J]. Knowledge Management Review, 3 (1): 18.

Segura-Bonilla O. 2003. Competitiveness, systems of innovation and the learning economy: the forest sector in costa rica[J]. Forest Policy and Economics, 5 (4): 373-384.

Selden T M, Song D. 1994. Environmental quality and development: is there a "Kuznets" curve for air pollution emission? [J]. Journal of Environmental Planning and Management, 27: 612-647.

Shi Q, Lai X. 2013. Identifying the underpin of green and low carbon technology innovation research: a literature review from 1994 to 2010[J]. Technological Forecasting and Social Change, 80 (5): 839-864.

Sicotte C, Denis J L, Lehoux P. 1998. The computer based patient record: a strategic issue in process innovation[J]. Journal of Medical Systems, 22 (6): 431-443.

Siemsen E, Roth A V, Balasubramanian S. 2007. How motivation, opportunity, and ability drive knowledge sharing: the constraining-factor model[J]. Journal of Operations Management. (9): 1-20.

Sjoholm F. 1999. Productivity growth in indonesia: the role of regional characteristics and foreign direct investment[J]. Economic Development and Culture Change, 47 (3): 559-568.

Slaughter M J. 2002. Does inward foreign direct investment contribute to skill upgrading in developing countries? [R]. Scepa Working Paper.

Smith K, Collins C J, Clark K D. 2005. Existing knowledge, knowledge creation capacity, and the rate of new product introduction in high-technology firms [J]. Academy of Management Journal, (48): 346-357.

Soekijad M, Andriessen E. 2003. Conditions for knowledge sharing in competitive alliances[J]. European Management Journal, 21 (5): 578-587.

Spence M. 1962. Cost reduction, competition, and industry performance[J]. Econometrica, 52 (1): 101-122.

Spence M, Zeckhauser R. 1971. Insurance, information, and individual action[J]. American Economic Review, 61 (2): 380-387.

Spender J C. 1996. Making knowledge the basis of a dynamic theory of the firm[J]. Strategic Management Journal, (17): 45-62.

Spiers J, Pearson P J G, Foxon T. 2008-09-13. Adapting innovation systems indicators to assess eco-innovation[EB/OL]. http://orca.cf.ac.uk/40682/.

Stenmark D. 2000. Leveraging tacit organizational knowledge[J]. Journal of Management Information Systems, 17 (3): 9-24.

Subramaniam M, Youndt M A. 2005. The influence of intellectual capital on the types of innovative capabilities[J]. Academy of Management Journal, (3): 450-463.

Swap W, Leonard D, Shield M, et al. 2001. Using mentoring and storytelling to transfer knowledge in the workplace[J]. Journal of Management Information System, 18 (1), 95-114.

Szulanski G. 2000. The process of knowledge transfer: a diachronic analysis of stickiness[J]. Organizational Behavior and Human Decision Processes, (1): 9-27.

Tang J. 2006. Competition and innovation behaviour[J]. Research Policy, 35（1）: 68-82.

Tang L B, Sheng H Y, Tang L X. 2009. Model of stock returns prediction: comparison and selection[J]. Journal of Hunan University of Science Technology: Natural Science Edition, 2: 70-73.

Tang M, Hussler C. 2011. Betting on indigenous innovation or relying on FDI: the Chinese strategy for catching-up[J]. Technology in Society, 33（1）: 23-35.

Tang Z, Shang J, Shi C. 2013. Estimation of carbon dioxide emissions and spatial variation from tourism accommodation in China[J]. Environmental Engineering & Management Journal, 12（10）: 1921-1925.

Tang Z, Shang J, Shi C, et al. 2014. Decoupling indicators of CO_2 emissions from the tourism industry in China: 1990—2012[J]. Ecological Indicators, 46（6）: 390-397.

Teece D J. 1981. Internal organization and economic performance: an empirical analysis of the profitability of principal firms[J]. Journal of Industrial Economics, 30（2）: 173-199.

Teece D J, Pisano G, Shuen A. 1997. Dynamic capabilities and strategic management[J]. Strategic Management Journal, 18（7）: 509-533.

Todorova G, Durisin B. 2007. Absorptive capacity: valuing a reconceptualization[J]. The Academy of Management Review,（3）: 132-143.

Tödtling F, Lehner P, Kaufmann A. 2009. Do different types of innovation rely on specific kinds of knowledge interactions? [J]. Technovation, 29（1）: 59-71.

Tsai W. 2001. Knowledge transfer in intra-organizational networks: effects of network position and absorptive capacity on business unit innovation and performance[J]. Academy of Management Journal, 44（5）: 996-1004.

Tseng M L, Huang F H, Chiu A S F. 2012. Performance drivers of green innovation under incomplete information[J]. Procedia-Social and Behavioral Sciences,（40）: 234-250.

Tseng M L, Wang R, Chiu A S F, et al. 2013. Improving performance of green innovation practices under uncertainty[J]. Journal of Cleaner Production, 40: 71-82.

Tuluce N S, Doğan İ. 2014. The impact of foreign direct investments on smes' development[J]. Procedia-Social and Behavioral Sciences,（150）: 107-115.

UNCTAD. 1999. World investment report: foreign direct investment and the challenge of development[R]. United Nations, Geneva.

van den Bergh J C, Truffer B, Kallis G. 2011. Environmental innovation and societal transitions: introduction and overview[J]. Environmental Innovation and Societal Transitions, 1（1）: 1-23.

Volberda H, Foss N, Lyles M. 2010. Absorbing the concept of absorptive capacity: how to realize its potential in the organization field[J]. Organization Science, 21（4）: 931-951.

von Neumann J, Morgenstern O. 1944. Theory of Games and Economic Behavior[M]. Princeton: Princeton University Press.

Walz R, Eichhammer W. 2012. Benchmarking green innovation[J]. Mineral Economics, 24（2）: 79-101.

Wang J Y, Blomström M. 1992. Foreign investment and technology transfer: a simple model[J]. European Economic Review,（1）: 137-155.

Wang L J, Bi K X, Liu X Y. 2016. Research on crisis warning system of China's low carbon manufacturing innovation[C]. International Conference on Management Science & Engineering 24RDannual Conference Proceedings.

Weber B, Weber C. 2007. Corporate venture capital as a means of radical innovation: relational fit, social capital, and knowledge transfer[J]. Journal of Engineering and Technology Management, 24 (1~2): 11-35.

Weber M, Hemmelskamp J. 2005. Towards Environmental Innovation Systems[M]. Heidelberg: Springer Berlin Heidelberg.

Wei Y, Liu X, Parker D, et al. 1999. The regional distribution of foreign direct investment in China[J]. Regional Studies, 33 (9): 857-867.

Werner E E, Peacor S D. 2003. A review of trait-mediated indirect interactions in ecological communities[J]. Ecology, 84 (5): 1083-1100.

Wersching K. 2006. Agglomeration in an innovative and differentiated industry with heterogeneous knowledge spillovers[J]. Journal of Economic Interaction and Coordination, 9: 1-25.

Wiens J J, Graham C H. 2005. Niche conservatism: integrating evolution, ecology, and conservation biology[J]. Annual Review of Ecology, Evolution and Systematics, 36: 519-539.

Wilson R. 1969. The structure of incentives for decentralization under uncertainty[A]//Guilbaud M. La Decision[C]. Paris: Centre National de le Recherche Scientifique.

Wolch J. 2007. Annals of the association of American geographers[J]. Green Urban Worlds, 97: 373-384.

Yalabik B, Fairchild R J. 2011. Customer, regulatory, and competitive pressure as drivers of environmental innovation[J]. International Journal of Production Economics, (2): 519-527.

Yli-Renko H, Autio E, Sapienza H J. 2001. Social capital, knowledge acquisition, and knowledge exploitation in young technology-based firms[J]. Strategic Management Journal, 22 (6~7): 587-613.

Zahra S, George G. 2002. Absorptive capacity: a review reconceptualization, and extension[J]. The Academy of Management Review, 27 (2): 185-203.

Zhao S S, Bi K X. 2016. A study on radical innovation mechanism of low-carbon technology in manufacturing[C]. International Conference on Management Science & Engineering 23RDannual Conference Proceedings.

Zhu L, Jeon B N. 2007. International RD spillovers: trade, FDI, and information technology as spillover channels[J]. Review of International Economics, 15 (5): 955-976.

Zollo M, Winter S G. 2002. Deliberate learning and the evolution of dynamic capabilities[J]. Organization Science, (3): 339-351.

Zweimüller J. 2000. Schumpeterian entrepreneurs meet Engel's law: the impact of inequality on innovation-driven growth[J]. Journal of Economic Growth, 5 (2): 185-206.

附录 A 指标衡量方式和数据来源说明

附表 A1　绿色创新动力因素与绿色创新系统绿色创新指标计算依据及数据来源

一级指标	二级指标	三级指标	计算方式与步骤	指标计算的基本参数及数据来源
绿色创新动力因素	技术推动动力因素	制造业绿色技术产值占总产值比重	1. 制造业绿色技术产值占总产值比重=制造业绿色产品产值+制造业三废利用产值 2. 制造业绿色产品产值≈制造业各行业绿色专利数比重×制造业各行业产值	1. 制造业各行业三废综合利用产品产值 《中国环境统计年鉴》 2. 制造业行业绿色技术专利数 3. 制造业行业专利总数 国家知识产权局专利检索与服务系统 4. 制造业各行业产值 《中国工业经济统计年鉴》
		制造业绿色技术升级程度	1. 制造业绿色技术升级程度≈制造业污染治理设备总数增长率=（当年制造业污染治理设备数-上一年制造业污染治理设备数）/上一年制造业污染治理设备数	1. 制造业污染治理设备总数 《中国环境统计年鉴》
		制造业绿色科技进步贡献率	1. 利用结构方程模型计算绿色科技进步贡献率，在产出中加入坏产出。其中，投入指标包括固定资产存量、员工数量，产出包括工业总产值和 SO_2 排放量	1. 制造业各行业产值 2. 固定资产 3. 制造业各行业全部从业人员平均人数 《中国工业经济统计年鉴》 4. 制造业各行业三废综合利用产品产值 《中国环境统计年鉴》
	市场拉动动力因素	制造业用户驱动绿色创新参与程度	1. 制造业用户驱动绿色创新参与程度≈制造业受客户与消费者需求信息影响高的比例×（制造业研发企业数/制造业企业总数）	1. 制造业受客户与消费者需求信息影响高的比例 《全国工业企业创新调查统计资料》 2. 制造业研发企业数 3. 制造业企业总数 《中国科技统计年鉴》

续表

一级指标	二级指标	三级指标	计算方式与步骤	指标计算的基本参数及数据来源
绿色创新动力因素	市场拉动动力因素	制造业绿色产品差异化进入壁垒难易程度	1. 制造业绿色产品差异化进入壁垒难易程度≈制造业有新产品销售的企业数占企业总数的比重 2. 该指标反向表征制造业绿色产品差异化进入壁垒难易程度	1. 制造业有新产品销售的企业数 2. 制造业企业总数 《中国科技统计年鉴》
		制造业绿色破坏性创新市场规模	1. 制造业绿色破坏性创新市场规模≈制造业新产品销售收入×绿色破坏性创新比例 2. 绿色破坏性创新比例≈基础研究经费支出/研究与试验发展经费支出	1. 制造业新产品销售收入 2. 基础研究经费支出 3. 研究与试验发展经费支出 《中国科技统计年鉴》
	环境规制推动动力因素	制造业绿色创新环境规制制度建设水平	调查问卷（见附录问卷B1）	
		制造业绿色创新环境规制政策体系完备程度	调查问卷（见附录问卷B1）	
		制造业绿色创新环境规制有效性	1. 制造业绿色创新环境规制有效性≈制造业各行业三废排放达标率=制造业各行业三废排放达标总量/制造业各行业三废排放总量 2. 制造业各行业三废排放达标总量=制造业各行业废水排放达标量+制造业各行业 SO_2 排放达标量+制造业各行业粉尘排放达标量+制造业各行业烟尘排放达标量+制造业各行业固体废弃物处置量+制造业各行业固体废弃物综合利用量 3. 制造业各行业三废排放总量=制造业各行业废水排放量+制造业各行业 SO_2 排放量+制造业各行业粉尘排放量+制造业各行业烟尘排放量+制造业各行业固体废弃物产生量	1. 制造业各行业废水排放达标量、SO_2 排放达标量、粉尘排放达标量、烟尘排放达标量 2. 制造业各行业固体废弃物处置量、固体废弃物综合利用量 3. 制造业各行业废水排放量、SO_2 排放量、粉尘排放量、烟尘排放量 4. 制造业各行业固体废弃物产生量 《中国环境统计年鉴》
绿色创新系统绿色创新绩效	绿色研发绩效	制造业绿色专利授权数增长率	制造业行业绿色专利授权数增长率=（当年制造业行业绿色专利授权数–上一年制造业行业绿色专利授权数）/上一年制造业行业绿色专利授权数	1. 制造业行业绿色专利授权数 国家知识产权局专利检索与服务系统
		制造业绿色科技成果转化率	1. 制造业行业绿色科技成果转化率≈制造业行业绿色专利所有权转让及许可数/制造业行业绿色专利授权数 2. 制造业行业绿色专利所有权转让及许可数≈制造业行业专利所有权转让及许可数×制造业行业绿色技术占有比重 3. 制造业行业专利所有权转让及许可数≈2009年制造业行业专利所有权转让及许可数×(1+制造业技术市场成交合同数年均增长率)^n（n表示年数） 4. 制造业技术市场成交合同数年均增长率=[（2010年制造业技术市场成交合同数/2006年制造业技术市场成交合同数）^(1/4)]–1 5. 制造业行业绿色技术占有比重≈制造业行业绿色技术专利数/制造业行业专利总数	1. 2009年制造行业专利所有权转让及许可数 《中国科技统计年鉴》 2. 制造业技术市场成交合同数 《中国科技统计年鉴》 3. 制造业行业绿色技术专利数 4. 制造业行业专利总数 国家知识产权局专利检索与服务系统

续表

一级指标	二级指标	三级指标	计算方式与步骤	指标计算的基本参数及数据来源
绿色创新系统绿色创新绩效	绿色研发绩效	制造业绿色新产品（工艺、服务）占新产品（工艺、服务）总量比重	1. 制造业各行业绿色新产品（工艺、服务）占市场比重≈制造业各行业绿色新产品（工艺、服务）数比重×（制造业各行业专利所有权转让及许可数/制造业各行业专利授权数） 2. 制造业各行业绿色新产品（工艺、服务）数比重≈制造业各行业绿色专利数比重=制造业各行业绿色专利授权数/制造业各行业专利授权数	1. 制造业各行业专利所有权转让及许可数 2. 制造业各行业专利授权数 《中国科技统计年鉴》
	绿色制造绩效	制造业单位产值资源消耗降低率	1. 制造业各行业单位产值资源消耗降低率=（上年制造业各行业单位产值资源消耗量-当年制造业各行业单位产值资源消耗量）/当年制造业各行业单位产值资源消耗量 2. 制造业各行业单位产值资源消耗量=（制造业各行业主营业务成本-制造业各行业工资总额-制造业各行业当年折旧）/制造业各行业产值 3. 制造业各行业当年折旧=当年制造业各行业累计折旧-上年制造业各行业累计折旧（2008年以后）	1. 制造业各行业主营业务成本 2. 制造业各行业当年折旧 3. 制造业各行业累计折旧 4. 制造业各行业产值 《中国工业经济统计年鉴》 5. 制造业各行业工资总额 国务院发展研究中心信息网人口与就业数据库
		制造业单位产值能源消耗降低率	1. 制造业各行业单位产值能源消耗降低率=（上年制造业各行业单位产值能源消耗量-当年制造业各行业单位产值能源消耗量）/当年制造业各行业单位产值能源消耗量 2. 制造业各行业单位产值能源消耗量=制造业各行业能源消耗总量/制造业各行业产值	1. 制造业各行业能源消耗总量 《中国能源统计年鉴》 2. 制造业各行业产值 《中国工业经济统计年鉴》
		制造业三废综合利用产值占总产值比重	制造业三废综合利用产值占总产值比重=制造业各行业三废综合利用产值/制造业各行业产值	1. 制造业各行业产值 《中国工业经济统计年鉴》 2. 制造业各行业三废综合利用产值 国家统计局环境统计数据专题
		制造业绿色技术改造率	1. 制造业各行业绿色技术改造率≈制造业各行业绿色技术专利数/制造业各行业专利总数	1. 制造业各行业绿色技术专利数 国家知识产权局专利检索与服务系统 2. 制造业各行业专利总数 《中国科技统计年鉴》
	绿色营销绩效	制造业绿色新产品（工艺、服务）销售收入占产品（工艺、服务）销售收入总额比重	1. 制造业绿色新产品（工艺、服务）销售收入占产品（工艺、服务）销售收入总额比重=制造业绿色新产品（工艺、服务）销售收入/制造业行业产值 2. 制造业绿色新产品（工艺、服务）销售收入≈制造业新产品销售收入×制造业行业绿色技术占有比重 3. 制造业行业绿色技术占有比重≈制造业行业绿色技术专利数/制造业行业专利总数	1. 制造业行业产值 2. 制造业行业新产品产值 《中国统计年鉴》 3. 制造业行业绿色技术专利数 4. 制造业行业专利总数 国家知识产权局专利检索与服务系统

续表

一级指标	二级指标	三级指标	计算方式与步骤	指标计算的基本参数及数据来源
绿色创新系统绿色创新绩效	绿色营销绩效	制造业绿色新产品（工艺、服务）出口创汇率	1. 制造业绿色新产品（工艺、服务）出口创汇率≈制造业各行业新产品出口创汇率×制造业行业绿色技术占有比重 2. 制造业各行业新产品出口创汇率=制造业各行业新产品出口交付值/制造业各行业产值 3. 制造业行业绿色技术占有比重≈制造业行业绿色技术专利数/制造业行业专利总数	1. 制造业各行业新产品出口交付值 2. 制造业各行业产值 《中国工业经济统计年鉴》
		制造业绿色新产品（工艺、服务）顾客满意度	（当年绿色新产品销售收入−上年绿色新产品销售收入）/上年绿色新产品销售收入≈制造业新产品销售收入×制造业行业绿色技术占有比重	1. 制造业各行业新产品销售收入 《中国工业经济统计年鉴》

注：①关于绿色专利数据提取的说明。参考程华和廖中举（2011）获取环境专利的方式，本书通过设定绿色专利的检索关键词，并将专利IPC分类号与各行业相对应，从而检索获得绿色专利的申请数。由于作者专业知识的局限性，绿色专利等检索词的设定、绿色专利的判断和分类等方面可能存在一定误差，但整体上能很好地反映绿色专利的基本情况。②关于绿色产品数据提取的说明。在绿色创新系统绿色营销绩效部分涉及绿色产品，但由于绿色产品是指在使用过程中不会对生态环境、自然资源造成过多不良影响的产品，其统计过程相对复杂，且现有统计年鉴中未详细统计各行业的绿色产品。因此，本书认为制造业行业绿色专利数量对于制造业行业绿色创新产品具有一定的代表性，所以根据制造业行业绿色专利数占制造业行业专利总数的比重来提取与制造业行业绿色创新产品相关的指标数据。③由于缺乏历年制造业各行业专利所有权转让及许可数（2009年除外），本书以全国技术市场成交变化趋势来近似反映制造业各行业的专利转让和许可活动，通过全国技术市场成交合同数的平均增长率来推算历年制造业各行业的专利转让和许可活动数。全国技术市场成交合同数平均增长率的计算时间范围为2005~2011年。④由于本书中有些指标数据统计年鉴中没有针对制造业分行业进行统计，如外资企业研发支出中的高等院校支出、外商直接投资合同金额、外商直接投资项目合同数、制造业国外引进技术合同数、全国技术成交合同数等，出于本书研究的需要，依据制造业行业产值占制造业总产值的比重对其进行制造业行业划分。⑤由于缺乏绿色技术改造率的相关数据，本书用制造业各行业绿色技术专利数占专利总数的比重来近似替代，其原因在于绿色技术创新活动是制造业企业绿色技术改造行为最主要的方式和手段，而绿色技术专利的申请代表了绿色技术创新活动的成果，也就是反映了制造业企业在生产过程中所进行的绿色技术改造活动

附表A2　跨国公司技术转移及相关指标计算依据及数据来源

一级指标	二级指标	三级指标	计算方式与步骤	指标计算的基本参数及数据来源
跨国公司技术转移	内部化技术转移	跨国公司在华R&D经费支出额	跨国公司在华R&D经费支出额=外资企业（分行业）R&D经费内部支出+外资企业（分行业）R&D经费外部支出	1. 外资企业（分行业）R&D经费内部支出 2. 外资企业（分行业）R&D经费外部指出 《工业企业科技活动统计资料》
		跨国公司在华技术开发项目数量	跨国公司在华技术开发项目数量≈外资企业（分行业）新产品开发项目数+外资企业（分行业）R&D项目数	1. 外资企业（分行业）新产品开发项目数 2. 外资企业（分行业）R&D项目数 《工业企业科技活动统计资料》
		跨国公司在华专利申请数量	外资企业（分行业）专利申请数	《工业企业科技活动统计资料》
		跨国公司在华R&D机构规模	外资企业（分行业）R&D机构数	《工业企业科技活动统计资料》

续表

一级指标	二级指标	三级指标	计算方式与步骤	指标计算的基本参数及数据来源
影响因素	跨国公司外部化技术转移	制造业外商直接投资占总产值比重	外商直接投资（分行业）总产值/该行业总产值	《工业企业科技活动统计资料》
		跨国公司在华产学研合作程度	1. 跨国公司在华产学研合作程度≈分行业外资企业研发支出中的高等院校支出比例=分行业外资企业研发支出中的高等院校支出/分行业外资企业研发支出 2. 分行业外资企业研发支出中的高等院校支出≈全国外资企业外部支出中高等院校支出×（各行业研发支出/制造业研发支出）	1. 外资企业外部支出中高等院校支出 2. 各行业研发支出 3. 制造业研发支出 《中国科技统计年鉴》
影响因素	跨国公司技术溢出	制造业跨国公司绿色技术扩散程度	1. 制造业跨国公司绿色技术扩散程度≈外资固定资产比重占行业总固定资产比重×制造业行业绿色技术所占比重 2. 外资固定资产比重占行业总固定资产比重=外资固定资产/行业总固定资产 3. 制造业行业绿色技术所占比重≈制造业行业绿色技术专利数/制造业行业专利总数	1. 外资固定资产 2. 行业总固定资产 《中国工业经济统计年鉴》
		制造业跨国公司绿色技术联盟合作程度	问卷（见附录问卷B2）	
		制造业跨国公司绿色技术转让合同数	1. 制造业跨国公司绿色技术转让合同数≈外资企业（分行业）技术转移合同数×制造业行业绿色技术所占比重 2. 制造业行业绿色技术所占比重≈制造业行业绿色技术专利数/制造业行业专利总数 3. 外资企业（分行业）技术转移合同数=制造业行业外商直接投资合同项目数+制造业行业国外技术引进合同数 4. 制造业行业外商直接投资合同项目数≈制造业外商直接投资合同项目数×（制造业行业产值/制造业总产值） 5. 制造业行业国外技术引进合同数≈制造业国外技术引进合同数×（制造业行业产值/制造业总产值）	1. 制造业外商直接投资合同项目数 2. 制造业行业产值 3. 制造业总产值 《中国统计年鉴》 4. 制造业国外技术引进合同数 《中国科技统计年鉴》 5. 制造业行业绿色技术专利数 6. 制造业行业专利总数 国家知识产权局专利检索与服务系统

一级指标	二级指标	三级指标	计算方式与步骤	指标计算的基本参数及数据来源
影响因素	绿色创新系统社会资本	制造业绿色产业链整合程度	1. 制造业绿色产业链整合程度=（前向关联系数+后向关联系数）×制造业行业绿色技术所占比重 2. 制造业行业绿色技术所占比重≈制造业行业绿色技术专利数/制造业行业专利总数 3. 前向关联系数计算公式 $FS_{it} = \sum_{m(m \neq i)} \sigma_{im} HS_{mt}$ 4. 前向关联系数计算公式 $BS_{it} = \sum_{j(j \neq i)} \sigma_{ij} HS_{jt}$	《中国投入产出表》 《中国工业经济统计年鉴》
		制造业绿色创新系统主体间协同程度	制造业绿色创新系统主体间协同程度≈研发经费外部支出所占比例=研发外部支出/（研发外部支出+研发内部支出）	1. 研发外部支出 2. 研发内部支出 《中国科技统计年鉴》
		制造业绿色产业集群规模	制造业绿色产业集群规模≈该产业中产值最大的5个地区的产值之和/该产业全国总产值×制造业行业绿色技术所占比重	《中国工业经济统计年鉴》 2005~2012年全国30个地区的地方统计年鉴
		制造业绿色企业集群规模	制造业绿色企业集群规模≈该产业中企业数量最多的5个地区的企业数之和/该产业全国企业总数×制造业行业绿色技术所占比重	《中国工业经济统计年鉴》 2005~2012年全国30个地区的地方统计年鉴
		制造业绿色制度建设水平	问卷（见附录问卷B1）	
	绿色创新系统吸收能力	制造业绿色创新系统绿色技术的获取能力	1. 制造业绿色创新系统绿色技术的获取能力≈制造业（分行业）技术获取经费/制造业（分行业）销售收入×制造业行业绿色技术所占比重 2. 制造业行业绿色技术所占比重≈制造业行业绿色技术专利数/制造业行业专利总数 3. 制造业（分行业）技术获取经费=制造业（分行业）引进技术经费支出+购买国内技术经费支出	1. 制造业分行业引进技术经费支出 2. 制造业分行业购买国内技术经费支出 3. 制造业分行业销售收入 《工业企业科技活动统计资料》 4. 制造业行业绿色技术专利数 5. 制造业行业专利总数 国家知识产权局专利检索与服务系统
		制造业绿色创新系统绿色技术的消化能力	1. 制造业绿色创新系统绿色技术的消化能力≈制造业分行业消化吸收经费/制造业分行业销售收入×制造业行业绿色技术所占比重 2. 制造业行业绿色技术所占比重≈制造业行业绿色技术专利数/制造业行业专利总数	1. 制造业分行业消化吸收经费 2. 制造业分行业销售收入 《工业企业科技活动统计资料》 3. 制造业行业绿色技术专利数 4. 制造业行业专利总数 国家知识产权局专利检索与服务系统

续表

一级指标	二级指标	三级指标	计算方式与步骤	指标计算的基本参数及数据来源
影响因素	绿色创新系统吸收能力	制造业绿色创新系统绿色技术的整合能力	1. 制造业绿色创新系统绿色技术的整合能力≈制造业分行业技术改造经费/制造业分行业销售收入×制造业行业绿色技术所占比重 2. 制造业行业绿色技术所占比重≈制造业行业绿色技术专利数/制造业行业专利总数	1. 制造业（分行业）技术改造经费 2. 制造业（分行业）销售收入 《工业企业科技活动统计资料》 3. 制造业行业绿色技术专利数 4. 制造业行业专利总数 国家知识产权局专利检索与服务系统
绿色创新系统绿色创新绩效	绿色创新系统绿色研发绩效	制造业绿色专利授权数增长率	见附表 A1	见附表 A1
		制造业绿色科技成果转化率	见附表 A1	见附表 A1
		制造业绿色新产品（工艺、服务）占新产品（工艺、服务）总量比重	见附表 A1	见附表 A1
	绿色创新系统绿色制造绩效	制造业单位产值资源消耗降低率	见附表 A1	见附表 A1
		制造业单位产值能源消耗降低率	见附表 A1	见附表 A1
		制造业三废综合利用产值占总产值比重	见附表 A1	见附表 A1
	绿色创新系统绿色营销绩效	制造业绿色技术改造率	见附表 A1	见附表 A1
		制造业绿色新产品（工艺、服务）销售收入占产品（工艺、服务）销售收入总额比重	见附表 A1	见附表 A1
		制造业绿色新产品（工艺、服务）出口创汇率	见附表 A1	见附表 A1

附表 A3　外商直接投资流入对制造业绿色创新系统创新能力影响的测量指标数据提取说明

一级指标	二级指标	三级指标	计算方式与步骤	指标计算的基本参数及数据来源
外商直接投资流入	外商直接投资金流入	制造业行业实际使用外资金额	制造行业实际使用外资金额	1. 制造业行业实际使用外资金额 《工业经济统计年鉴》
		制造业行业外商直接投资合同金额	1. 制造业行业外商直接投资合同金额 [1)]≈2006 年制造业行业外商直接投资合同金额×（1+制造业行业实际使用外资金额年均增长率）^{n}（n 表示年数） 2. 2006 年制造业行业外商直接投资合同金额 [2)]≈2006 年制造业外商直接投资合同金额×（2006 年制造业行业产值/2006 年制造业总产值） 3. 制造业行业实际使用外资金额年均增长率 =［（2010 年制造业行业实际使用外资金额/2006 年制造业行业实际使用外资金额）^（1/4）］–1	1. 2006 年制造业外商直接投资合同金额 2. 2006 年制造业行业产值 3. 2006 年制造业总产值 《中国统计年鉴》 4. 制造业行业实际使用外资金额 《工业经济统计年鉴》

续表

一级指标	二级指标	三级指标	计算方式与步骤	指标计算的基本参数及数据来源
外商直接投资流入	外商直接投资物力流入	制造业行业固定资产外商投资金额占制造业行业固定资产比重	制造业行业固定资产外商投资金额占制造业行业固定资产比重=制造业行业固定资产外商投资金额/制造业行业固定资产合计	1. 制造业行业固定资产外商投资金额《中国统计年鉴》 2. 制造业行业固定资产合计《中国工业经济统计年鉴》
		制造业行业固定资产外商投资金额占制造业行业实际使用外资金额比重	制造业行业固定资产外商投资金额占制造业行业实际使用外资金额比重=制造业行业固定资产外商投资金额/制造业行业实际使用外资金额	1. 制造业行业固定资产外商投资金额《中国统计年鉴》 2. 制造业行业实际使用外资金额《工业经济统计年鉴》
	外商直接投资技术流入	外资企业（分行业）技术转移合同数	1. 外资企业（分行业）技术转移合同数=制造业行业外商直接投资合同项目数+制造业行业国外技术引进合同数 2. 制造业行业外商直接投资合同项目数 [2] ≈制造业外商直接投资合同项目数×(制造业行业产值/制造业总产值) 3. 制造业行业国外技术引进合同数 [2] ≈制造业国外技术引进合同数×(制造业行业产值/制造业总产值)	1. 制造业外商直接投资合同项目数 2. 制造业行业产值 3. 制造业总产值 《中国统计年鉴》 4. 制造业国外技术引进合同数 《中国科技统计年鉴》
		外资企业（分行业）新产品开发项目数	外资企业（分行业）新产品开发项目数	外资企业（分行业）新产品开发项目数《工业企业科技活动统计资料》
	外商直接投资信息流入	外资企业（分行业）在我国专利申请授权数	1. 外资企业（分行业）在我国专利申请授权数≈外资企业（分行业）在我国专利申请数×制造业在我国专利申请授权率 2. 外资企业（分行业）在我国专利申请数≈外资企业（分行业）在国内外专利申请数×制造业在我国专利申请数占制造业在国内外专利申请数比重 3. 制造业在我国专利申请数占制造业在国内外专利申请数比重=制造业在我国专利申请数/制造业在国内外专利申请数 4. 制造业在我国专利申请授权率≈制造业在我国专利申请授权数/制造业在我国专利申请数	1. 外资企业（分行业）在国内外专利申请数《工业企业科技活动统计资料》 2. 制造业在我国专利申请授权数 3. 制造业在我国专利申请数 4. 制造业在国内外专利申请数 国家知识产权局网
		外资企业（分行业）拥有注册商标数	外资企业（分行业）拥有注册商标数	外资企业（分行业）拥有注册商标数《工业企业科技活动统计资料》

续表

一级指标	二级指标	三级指标	计算方式与步骤	指标计算的基本参数及数据来源
制造业绿色创新系统绿色创新资源	绿色创新人力资源	制造业行业绿色新产品创新人员数占制造业行业年末从业人员数比重	1. 制造业行业绿色新产品创新人员数占制造业行业年末从业人员数比重=制造业行业绿色新产品创新人员数/制造业行业年末从业人员数 2. 制造业行业绿色新产品创新人员数 [3]≈(制造业行业有创新精神的企业家人数+制造业行业工程技术人员数+制造业行业研发人员数)×制造业行业绿色技术所占比重 3. 制造业行业有创新精神的企业家人数 [4]≈制造业行业有创新活动企业数 4. 制造业行业有创新活动企业数 [1]≈2006年制造业行业有创新活动企业数×(1+制造业行业企业数年均增长率)^n(n表示年数) 5. 制造业行业企业数年均增长率=[(2010年制造业行业企业数/2006年制造业行业企业数)^(1/4)]−1 6. 制造业行业绿色技术所占比重≈制造业行业绿色技术专利数/制造业行业专利总数	1. 制造业行业企业数 2. 制造业行业工程技术人员数 3. 制造业行业研发人员数 4. 制造业行业年末从业人员数 《中国科技统计年鉴》 5. 2006年制造业行业有创新活动企业数 《工业企业创新调查统计数据》 6. 制造业行业绿色技术专利数 7. 制造业行业专利总数 国家知识产权局专利检索与服务系统
		制造业行业科技活动人员数占制造业行业年末从业人员数比重	制造业行业科技活动人员数占制造业行业年末从业人员数比重=制造业行业科技活动人员数/制造业行业年末从业人员数	1. 制造业行业科技活动人员数 2. 制造业行业年末从业人员数 《中国科技统计年鉴》
	绿色创新财力资源	制造业行业绿色新产品创新费用支出占制造业行业产值比重	1. 制造业行业绿色新产品创新费用支出占制造业行业产值比重=制造业行业绿色新产品创新费用支出/制造业行业产值 2. 制造业行业绿色新产品创新费用支出 [18]≈[2006年制造业行业创新费用支出合计×(1+5.856%)^n]×制造业行业绿色技术所占比重(n表示年数) 3. 根据国家统计局发布的信息,以2005年创新投入指数为100,2011年我国创新投入指数为140.7,年均增长率5.856% 4. 制造业行业绿色技术所占比重≈制造业行业绿色技术专利数/制造业行业专利总数	1. 2006年制造业行业创新费用支出 《工业企业创新调查统计数据》 2. 制造业行业产值 《中国统计年鉴》 3. 2005~2011年我国创新投入年均增长率5.856% 国家统计局官方网站数据 4. 制造业行业绿色技术专利数 5. 制造业行业专利总数 国家知识产权局专利检索与服务系统
		制造业行业绿色R&D经费支出占制造业行业产值比重	1. 制造业行业绿色R&D经费支出占制造业行业产值比重=制造业行业绿色R&D经费支出/制造业行业产值 2. 制造业行业绿色R&D经费支出 [3]≈(制造业行业研发经费内部支出+制造业行业研发经费外部支出)×制造业行业绿色技术所占比重 3. 制造业行业绿色技术所占比重≈制造业行业绿色技术专利数/制造业行业专利总数	1. 制造业行业研发经费内部支出 2. 制造业行业研发经费外部支出 《工业企业科技活动统计年鉴》 3. 制造业行业产值 《中国统计年鉴》 4. 制造业行业绿色技术专利数 5. 制造业行业专利总数 国家知识产权局专利检索与服务系统

附录 A　指标衡量方式和数据来源说明

续表

一级指标	二级指标	三级指标	计算方式与步骤	指标计算的基本参数及数据来源
制造业绿色创新系统绿色创新资源	绿色创新物力资源	制造业行业绿色创新仪器设备经费支出占制造业行业产值比重	1. 制造业行业绿色创新仪器设备经费支出占制造业行业产值比重=制造业行业绿色创新仪器设备经费支出/制造业行业产值 2. 制造业行业绿色创新仪器设备经费支出 [3)] ≈（制造业行业 R&D 活动仪器设备经费+制造业行业生产经营用设备价值）×制造业行业绿色技术所占比重 3. 制造业行业绿色技术所占比重≈制造业行业绿色技术专利数/制造业行业专利总数	1. 制造业行业R&D活动仪器设备经费 《中国科技统计年鉴》 2. 制造业行业生产经营用设备价值 《中国工业经济统计年鉴》 3. 制造业行业产值 《中国统计年鉴》 4. 制造业行业绿色技术专利数 5. 制造业行业专利总数 国家知识产权局专利检索与服务系统
		制造业行业新增固定资产经费支出	制造业行业新增固定资产	制造业行业新增固定资产 《中国统计年鉴》
		制造业行业制造设备改造率	制造业行业制造设备改造率≈制造业行业技术改造费用/制造业行业生产经营用设备价值	1. 制造业行业技术改造费用 2. 制造业行业生产经营用设备价值 《中国工业经济统计年鉴》
	绿色创新资源	制造业行业绿色技术开发成交合同数占制造业行业技术成交合同总数比重	1. 制造业行业绿色技术开发成交合同数占制造业行业技术成交合同总数比重=制造业行业绿色技术开发成交合同数 [5)]/制造业行业技术成交合同总数 [5)] 2. 制造业行业绿色技术开发成交合同数 [3)] ≈制造业行业技术开发成交合同数×制造业行业绿色技术占有比重 3. 制造业行业技术开发成交合同数 [2)] ≈制造业技术开发成交合同数×（制造业行业产值/制造业总产值） 4. 制造业行业技术成交合同总数 [2)] ≈制造业技术成交合同总数×（制造业行业产值/制造业总产值） 5. 制造业行业绿色技术占有比重≈制造业行业绿色技术专利数/制造业行业专利总数	1. 制造业技术开发成交合同数 2. 制造业技术成交合同总数 《中国科技统计年鉴》 3. 制造业行业绿色技术专利数 4. 制造业行业专利总数 国家知识产权局专利检索与服务系统 5. 制造业行业产值 6. 制造业总产值 《中国统计年鉴》
	绿色创新技术资源	制造业行业绿色技术成交合同数占制造业行业技术成交合同总数比重	1. 制造业行业绿色技术成交合同数占制造业行业技术成交合同总数比重=制造业行业绿色技术成交合同数/制造业行业技术成交合同总数 [5)] 2. 制造业行业绿色技术成交合同数≈制造业行业新材料及其应用合同数 [5)] +制造业行业新能源与高效节能合同数 [5)] +制造业行业环境保护与资源综合利用技术合同数 [5)] 3. 制造业行业技术成交合同总数 [2)] ≈制造业技术成交合同总数×（制造业行业产值/制造业总产值） 4. 制造业行业新材料及其应用合同数 [2)] ≈制造业新材料及其应用合同数×（制造业行业产值/制造业总产值）	1. 制造业新材料及其应用合同数 2. 制造业新能源与高效节能合同数 3. 制造业环境保护与资源综合利用技术合同数 《中国火炬统计年鉴》 4. 制造业技术成交合同总数 《中国科技统计年鉴》

续表

一级指标	二级指标	三级指标	计算方式与步骤	指标计算的基本参数及数据来源
制造业绿色创新系统绿色创新资源	绿色创新技术资源	制造业行业绿色技术成交合同数占制造业行业技术成交合同总数比重	5. 制造业行业新能源与高效节能合同数 [2)] ≈制造业新能源与高效节能合同数×（制造业行业产值/制造业总产值） 6. 制造业行业环境保护与资源综合利用技术合同数 [2)] ≈制造业环境保护与资源综合利用技术合同数×（制造业行业产值/制造业总产值）	5. 制造业行业产值 6. 制造业总产值 《中国统计年鉴》
	绿色创新知识资源	制造业行业绿色知识存量	1. 制造业行业绿色知识存量≈制造业行业绿色固定资产数+制造业行业绿色新产品开发项目数+制造业行业绿色专利数+制造业行业拥有绿色注册商标数 2. 制造业行业绿色固定资产数 [3)] ≈制造业行业固定资产数×制造业行业绿色技术占有比重 3. 制造业行业固定资产数 [6)] ≈制造业行业固定资产合计/2 000（元） 4. 制造业行业绿色新产品开发项目数 [3)] ≈制造业行业新产品开发项目数×制造业行业绿色技术占有比重 5. 制造业行业拥有绿色注册商标数 [3)] ≈制造业行业拥有注册商标数×制造业行业绿色技术占有比重 6. 制造业行业绿色技术占有比重≈制造业行业绿色技术专利数/制造业专利总数	1. 制造业行业固定资产合计 《中国工业经济统计年鉴》 2. 制造业行业新产品开发项目数 3. 制造业行业拥有注册商标数 《工业企业科技活动统计资料》 4. 制造业行业绿色专利数 5. 制造业行业绿色技术专利数 6. 制造业行业专利总数 国家知识产权局专利检索与服务系统
		制造业行业绿色知识流量	1. 制造业行业绿色知识流量≈制造业行业绿色固定资产数增加量+制造业行业绿色新产品开发项目增加量+制造业行业绿色专利所有权转让及许可数+制造业行业绿色注册商标转让数 2. 制造业行业绿色固定资产数增加量 [3)] ≈（当年制造业行业固定资产数−上一年制造业行业固定资产数）×制造业行业绿色技术占有比重 3. 制造业行业固定资产数 [6)] ≈制造业行业固定资产合计/2 000（元） 4. 制造业行业绿色新产品开发项目数增加量 [3)] ≈（当年制造业行业新产品开发项目数−上一年制造业行业新产品开发项目数）×制造业行业绿色技术占有比重 5. 制造业行业绿色专利所有权转让及许可数 [3)] ≈制造业行业专利所有权转让及许可数×制造业行业绿色技术占有比重 6. 制造业行业绿色注册商标转让数 [3)] ≈制造业注册商标转让数×制造业行业绿色技术占有比重 7. 制造业行业注册商标转让数 [2)] ≈制造业注册商标转让数×（制造业行业产值/制造业总产值） 8. 制造业行业绿色技术占有比重≈制造业行业绿色技术专利数/制造业行业专利总数	1. 制造业行业固定资产合计 《中国工业经济统计年鉴》 2. 制造业行业新产品开发项目数 3. 制造业行业专利所有权转让及许可数 《中国科技统计年鉴》 4. 制造业注册商标转让数 国家工商行政管理总局商标局——中国商标战略年度发展报告 5. 制造业行业产值 6. 制造业总产值 《中国统计年鉴》 7. 制造业行业绿色技术专利数 8. 制造业行业专利总数 国家知识产权局专利检索与服务系统

附录 A　指标衡量方式和数据来源说明

续表

一级指标	二级指标	三级指标	计算方式与步骤	指标计算的基本参数及数据来源
制造业绿色创新系统绿色创新能力	绿色研发能力	制造业行业绿色专利授权数增长率	见附表 A1	见附表 A1
		制造业行业绿色科技成果转化率	见附表 A1	见附表 A1
	绿色制造能力	制造业行业循环技术产值占制造业行业产值比重	1. 制造业行业循环技术产值占制造业行业产值比重≈制造业行业循环技术产值/制造业行业产值 2. 制造业行业循环技术产值 [3)]≈制造业行业产值×(制造业行业循环技术专利数/制造业行业专利总数)	1. 制造业行业产值《中国统计年鉴》 2. 制造业行业循环技术专利数 3. 制造业行业专利总数 国家知识产权局专利检索与服务系统
		制造业行业绿色技术产值占制造业行业产值比重	1. 制造业行业绿色技术产值占制造业行业产值比重≈制造业行业绿色技术产值/制造业行业产值 2. 制造业行业绿色技术产值 [3)]≈制造业行业产值×(制造业行业绿色技术专利数/制造业行业专利数)	1. 制造业行业产值《中国统计年鉴》 2. 制造业行业绿色技术专利数 3. 制造业行业专利总数 国家知识产权局专利检索与服务系统
		制造业行业低碳技术产值占制造业行业产值比重	1. 制造业行业低碳技术产值占制造业行业产值比重=制造业行业低碳技术产值/制造业行业产值 2. 制造业行业低碳技术产值 [3)]≈制造业行业产值×制造业行业低碳改造率 3. 制造业行业低碳改造率≈制造业行业低碳技术专利数/制造业行业专利总数	1. 制造业行业产值《中国统计年鉴》 2. 制造业行业低碳技术专利数 国家知识产权局专利检索与服务系统 3. 制造业行业专利总数 《工业企业科技活动统计年鉴》
	绿色产品市场开拓能力	制造业行业绿色新产品产值占制造业行业产值比重的增长率	1.制造业行业绿色新产品产值占制造业行业产值比重的增长率=(当年制造业行业绿色新产品产值占制造业行业产值比重–上一年制造业行业绿色新产品产值占制造业行业产值比重)/上一年制造业行业绿色新产品产值占制造业行业产值比重 2. 制造业行业绿色新产品产值占制造业行业产值比重=制造业行业绿色新产品产值/制造业行业产值 3. 制造业行业绿色新产品产值 [3)]≈制造业行业新产品产值×制造业行业绿色技术占有比重 4. 制造业行业绿色技术占有比重≈制造业行业绿色技术专利数/制造业行业专利总数	1. 制造业行业产值 2. 制造业行业新产品产值 《中国统计年鉴》 3. 制造业行业绿色技术专利数 4. 制造业行业专利总数 国家知识产权局专利检索与服务系统

续表

一级指标	二级指标	三级指标	计算方式与步骤	指标计算的基本参数及数据来源
制造业绿色创新系统绿色创新能力	绿色产品市场开拓能力	制造业行业绿色新产品占市场比重的增长率	1. 制造业行业绿色新产品占市场比重的增长率=（当年制造业行业绿色新产品占市场比重–上一年制造业行业绿色新产品占市场比重）/上一年制造业行业绿色新产品占市场比重 2. 制造业行业绿色新产品占市场比重=制造业行业绿色新产品销售收入/制造业行业销售收入 3. 制造业行业绿色新产品销售收入$^{3)}$≈制造业行业新产品销售收入×制造业行业绿色技术占有比重 4. 制造业行业绿色技术占有比重≈制造业行业绿色技术专利数/制造业行业专利总数	1. 制造业行业新产品销售收入 2. 制造业行业销售收入 《中国统计年鉴》 3. 制造业行业绿色技术专利数 4. 制造业行业专利总数 国家知识产权局专利检索与服务系统

1) 对于外商直接投资合同金额和制造业行业有创新活动的企业数，其中外商直接投资合同金额，国家商务部对外发布截至 2006 年，制造业行业有创新活动的企业数国家统计局只统计了 2006 年，所以针对 2006 年以后的外商直接投资合同金额和制造业行业有创新活动的企业数，分别根据制造业实际使用外资金额年均增长率和制造业行业企业数年均增长率间接计算得出

2) 由于本书中有些指标数据统计年鉴中没有针对制造业行业进行统计，如外商直接投资合同金额、外商直接投资项目合同数、制造业国外引进技术合同数、全国技术成交合同数等，根据研究的需要，依据制造业行业产值占制造业总产值的比重对其进行制造业行业划分

3) 目前关于制造业行业绿色创新方面的相关数据较少，本书认为制造业行业绿色专利数量对于制造业行业绿色创新具有一定的代表性，所以根据制造业行业绿色专利数占制造业行业专利总数的比重来提取与制造业行业绿色创新相关的指标数据

4) 对于制造业有创新精神的企业家的人数统计，国家统计局在 2007 年国家工业企业创新调查统计资料中针对 2006 年进行了统计，根据该年鉴的查找得出制造业企业家人数与制造企业数相同，基于此本书用制造业有创新活动的企业数替代制造业有创新精神的企业家人数

5) 统计年鉴中所指的技术成交合同数是全国技术成交合同数，但对于一些技术合同所涉及的技术性质多是针对制造业的业务，如新材料及其应用合同、新能源与高效节能合同、环境保护与资源综合利用技术合同等，因此本书用全国技术成交合同数来替代制造业技术成交合同数

6) 由于制造业固定资产数量在统计年鉴中并未涉及，关于制造业知识存量的固定资产来源较多，无法准确提取其数量，因此我们选取制造业固定资产数量的最大值来进行数据收集，即根据固定资产的定义取固定资产单价最小值来推算制造业固定资产数量

注：在统计年鉴中有对于 2010 年制造业专利所有权转让及许可数进行的分行业统计，所以针对其他年份的制造业行业专利所有权转让及许可数本书依据制造业技术成交合同数年均增长率来间接推算得出

附表 A4　绿色创新系统可持续发展效益综合评价指标体系解释及数据来源

指标	指标计算说明	指标计算的基本参数及数据来源
制造业行业单位产值不可再生资源消耗	1. 制造业行业单位产值不可再生资源消耗=制造业行业不可再生资源消耗/制造业行业产值 2. 制造业行业不可再生资源消耗=制造业行业不可再生能源消耗+制造业行业矿石资源消耗 3. 制造业行业不可再生能源消耗≈制造业行业能源消耗×不可再生能源所占比重	1. 制造业行业能源消耗（需加总） 《中国统计年鉴》 2. 制造业行业矿石资源消耗 《中国矿业年鉴》 3. 不可再生能源所占比重 《中国统计年鉴》

续表

指标	指标计算说明	指标计算的基本参数及数据来源
制造业行业单位产值不可再生资源消耗	4. 制造业行业矿石资源消耗[1]≈（铁矿石+锰矿石+铬矿石+铝矿石+锌矿石+铅矿石+铜矿石+锡矿石+镍矿石+锑矿石等）的开采量+（铁矿砂+铜矿砂+镍矿砂及其精矿+铝和铝合金+锰矿砂及其精矿）的进口量	4. 制造业行业产值 《中国统计年鉴》
制造业行业单位产值不可再生能源消耗	1. 制造业行业单位产值不可再生能源消耗≈制造业行业能源消耗×不可再生能源所占比重/制造业行业产值	1. 制造业行业能源消耗（需加总） 《中国统计年鉴》 2. 不可再生能源所占比重 《中国统计年鉴》 3. 制造业行业产值 《中国统计年鉴》
制造业行业资源循环利用率	1. 制造业行业资源循环利用率[2]≈制造业行业水资源循环利用率 2. 制造业行业水资源循环利用率=制造业行业重复用水量/制造业行业用水总量	1. 制造业行业重复供水量 2. 制造业行业用水总量 《中国环境统计年报》
制造业行业能源循环利用率	1. 制造业行业能源效率	1. 制造业行业能源效率 黄山松,谭清美.制造业行业能源效率测算与影响因素分析[J].技术经济与管理研究, 2010 (S2): 14-18
制造业行业三废综合利用率	1. 制造业行业三废综合利用率≈制造业行业三废综合利用产品产值/制造业行业产值	1. 制造业行业三废综合利用产品产值 2. 制造业行业产值 《中国统计年鉴》
制造业行业循环技术R&D经费占总产值比重	1. 制造业行业循环技术R&D经费占总产值比重[3]≈（制造业行业研发经费内部支出+外部支出）×制造业行业循环技术所占比重/制造业行业产值 2. 制造业行业循环技术所占比重≈制造业行业循环技术专利数/制造业行业总专利数	1. 制造业行业研发经费内部支出 2. 制造业行业研发经费外部支出 《工业企业科技活动统计年鉴》 3. 制造业行业循环技术专利数（需判别） 4. 制造业行业专利总数（需判别） 国家知识产权局专利检索与服务系统
制造业行业循环技术产值占总产值比重	见附表A3	见附表A3
制造业行业单位产值资源消耗	见附表A1	见附表A1
制造业行业单位产值能源消耗	见附表A1	见附表A1
制造业行业单位产值废水排放量	1. 制造业行业单位产值废水排放量=制造业行业废水排放量/制造业行业产值	1. 制造业行业废水排放量 2. 制造业行业产值 《中国统计年鉴》
制造业行业单位产值废气排放量	1. 制造业行业单位产值废气排放量=制造业行业废气排放量/制造业行业产值	1. 制造业行业废气排放量 2. 制造业行业产值 《中国统计年鉴》

续表

指标	指标计算说明	指标计算的基本参数及数据来源
制造业行业单位产值固体废弃物排放量	1. 制造业行业单位产值固体废弃物排放量=制造业行业固体废弃物排放量/制造业行业产值	1. 制造业行业固体废弃物排放量 2. 制造业行业产值 《中国统计年鉴》
制造业行业三废排放达标率	1. 制造业行业三废排放达标率=制造业行业三废排放达标排放量/制造业行业三废排放总量 2. 制造业行业三废排放达标排放量=制造业行业废水排放达标量+制造业行业SO_2排放达标量+制造业行业粉尘排放达标量+制造业行业烟尘排放达标量+制造业行业固体废弃物处置量+固体废弃物综合利用量 3. 制造业行业三废排放总量=制造业行业废水排放量+制造业行业SO_2排放量+制造业行业粉尘排放量+制造业行业烟尘排放量+固体废弃物产生量	1. 制造业行业三废排放达标排放量（需加总） 2. 制造业行业三废排放总量（需加总） 《中国环境统计年鉴》 《中国环境统计年报》
制造业行业环境污染治理经费占总产值比重	1. 制造业行业环境污染治理经费占总产值比重=制造业行业环境污染治理经费/制造业行业产值	1. 制造业行业环境污染治理经费 《中国环境统计年鉴》 2. 制造业行业产值 《中国统计年鉴》
制造业行业绿色技术R&D经费占总产值比重	见附表A3	见附表A3
制造业行业绿色技术产值占总产值的比重	见附表A3	见附表A3
制造业行业单位产值化石能源消耗	1. 制造业行业单位产值化石能源消耗=制造业行业化石能源消费量/制造业行业产值 2. 制造业行业化石能源消费量=制造业行业煤炭消耗+制造业行业焦炭消耗+制造业行业原油消耗+制造业行业汽油消耗+制造业行业煤油消耗+制造业行业柴油消耗+制造业行业燃料油消耗+制造业行业天然气消耗	1. 制造业行业化石能源消费量 《中国制造业行业发展研究报告》 2. 制造业行业产值 《中国统计年鉴》
制造业行业碳排放总量	1. 制造业行业碳排放总量	1. 制造业行业碳排放总量 《中国制造业行业发展研究报告》
制造业行业碳排放强度	1. 制造业行业碳排放强度=制造业行业碳排放总量/制造业行业产值	1. 制造业行业碳排放强度 《中国制造业行业发展研究报告》 2. 制造业行业产值 《中国统计年鉴》
制造业行业碳捕获和封存程度	1. 制造业行业碳捕获和封存程度[5]≈我国试运行的两个CCS项目年碳捕获和封存量×制造业行业碳排放量/全国碳排放总量	1. 我国试运行的两个CCS项目年碳捕获和封存量 《中国能源报》 2. 制造业行业碳排放总量 《中国制造业行业发展研究报告》 3. 全国碳排放总量

附录 A 指标衡量方式和数据来源说明

续表

指标	指标计算说明	指标计算的基本参数及数据来源
制造业行业低碳改造率的增长率	1. 制造业行业低碳改造率的增长率=（2010年低碳改造率−2009年低碳改造率）/2009年低碳改造率 2. 制造业行业低碳改造率[3)]≈制造业行业低碳技术专利数/制造业行业专利总数	1. 制造业行业产值 《中国统计年鉴》 2. 制造业行业低碳技术专利数（需判别） 3. 制造业行业专利总数 国家知识产权局专利检索与服务系统
制造业行业低碳技术 R&D 经费占总产值比重	1. 制造业行业低碳技术 R&D 经费占总产值比重[3)]≈（制造业行业研发经费内部支出+外部支出）×制造业行业低碳技术所占比重/制造业行业产值 2. 制造业行业低碳技术所占比重≈制造业行业低碳技术专利数/制造业行业总专利数	1. 制造业行业研发经费内部支出 2. 制造业行业研发经费外部支出 《工业企业科技活动统计年鉴》 3. 制造业行业低碳技术专利数（需判别） 4. 制造业行业专利总数 国家知识产权局专利检索与服务系统
制造业行业低碳技术产值占总产值比重	见附表 A3	见附表 A3

1）由于难以取得制造业行业消耗的所有非能源类矿产资源的消耗情况，本书选取制造业行业主要矿产资源的消耗作为数据来源

2）制造业行业资源循环利用率数据较难提取，本书参照国内外同类研究，以制造业行业水资源利用率作为替代指标

3）通过统计年鉴难以提取制造业循环技术、制造业循环技术产值、绿色技术和低碳技术 R&D 经费、低碳改造率，但我们认为 R&D 经费的分布呈现一定的规律：以循环技术 R&D 经费为例，某一行业获得的循环技术方面的专利数量与该行业循环技术 R&D 经费的投入呈正相关，所以我们用循环技术专利比重替代循环技术 R&D 经费比重

4）由于制造业行业资源消耗数据难以直接取得，本书用制造业行业主营业务成本中原材料成本的消耗量替代制造业行业资源消耗量。制造业行业主营业务成本主要由人力资源成本、原材料成本和固定资产折旧成本构成，所以本书用制造业行业主营业务成本减去制造业行业人力资源和制造业行业固定资产折旧得出制造业行业原材料成本

5）由于我国 CCS 试运行项目只有两个，且其捕获和封存的碳排放量不单纯只针对某个行业，本书用制造业行业碳排放量占全国碳排放总量的比重乘以两个 CCS 项目年碳捕获和封存量来代替制造业行业碳捕获和封存程度

附录 B 调查问卷

附录问卷 B1 我国制造业绿色创新系统绿色创新测度指标调查问卷

尊敬的女士/先生：

您好！

首先感谢您在百忙之中抽出时间来填写问卷，我们是哈尔滨工程大学研究团队，目前正在进行我国制造业绿色创新系统绿色创新测度研究。本问卷主要是针对我国制造业绿色创新系统绿色创新测度指标中绿色创新环境规制制度建设水平和绿色创新环境规制政策体系完备程度的调查研究。如果您所在行业非制造业行业，请不要答题。非常感谢您的合作！

一、背景资料

请根据您的实际情况进行选择：

	贵公司名称：	
贵公司所属的行业（若跨多个行业，请填写您所在的行业）	□农副食品加工业	□化学纤维制造业
	□食品制造业	□橡胶制品业
	□饮料制造业	□塑料制品业
	□烟草制品业	□非金属矿物制品业
	□纺织业	□黑色金属冶炼及压延加工业
	□纺织服装、鞋、帽制造业	□有色金属冶炼及压延加工业
	□皮革、毛皮、羽毛（绒）及其制品业	□金属制品业
	□木材加工及木、竹、藤、棕、草制品业	□通用设备制造业
	□家具制造业	□专用设备制造业
	□造纸及纸制品业	□交通运输设备制造业
	□印刷业和记录媒介的复制业	□电气机械及器材制造业

续表

贵公司所属的行业（若跨多个行业，请填写您所在的行业）	□文教体育用品制造业	□通信设备.计算机及其他电子设备制造业
	□石油加工.炼焦及核燃料加工业	□仪器仪表及文化.办公用机械制造业
	□化学原料及化学制品制造业	□工艺品及其他制造业
	□医药制造业	

二、我国绿色创新环境规制制度建设水平

请根据您的了解，对2005~2011年本企业所在行业的绿色创新环境规制制度建设水平进行评价（本问题采用9分制打分法，其中，1分为非常不完善，5分为完善程度一般，9分为非常完善）。

年份	2005~2011年，本企业所在行业的绿色创新环境规制制度建设水平 ←非常不完善　非常完善→									
	1	2	3	4	5	6	7	8	9
2005	□	□	□	□	□	□	□	□	□
2006	□	□	□	□	□	□	□	□	□
2007	□	□	□	□	□	□	□	□	□
2008	□	□	□	□	□	□	□	□	□
2009	□	□	□	□	□	□	□	□	□
2010	□	□	□	□	□	□	□	□	□
2011	□	□	□	□	□	□	□	□	□

三、绿色创新环境规制政策体系完备程度

1. 制造业各行业绿色创新环境规制政策体系完善程度的比较

请根据您的了解，对2005~2011年本企业所在行业的绿色制度体系完善程度进行评价（本问题采用9分制打分法，其中，1分为非常不完善，5分为完善程度一般，9分为非常完善）。

年份	2005~2011年，本企业所在行业的绿色创新环境规制政策体系完善程度 ←非常不完善　非常完善→									
	1	2	3	4	5	6	7	8	9
2005	□	□	□	□	□	□	□	□	□
2006	□	□	□	□	□	□	□	□	□

续表

年份	2005~2011年，本企业所在行业的绿色创新环境规制政策体系完善程度								
	←非常不完善　　非常完善→								
	1	2	3	4	5	6	7	8	9
2007	□	□	□	□	□	□	□	□	□
2008	□	□	□	□	□	□	□	□	□
2009	□	□	□	□	□	□	□	□	□
2010	□	□	□	□	□	□	□	□	□
2011	□	□	□	□	□	□	□	□	□

2. 制造业各行业绿色创新环境规制政策执行程度的比较

请根据您的了解，对2005~2011年本企业所在行业的绿色制度有效执行程度进行评价（本问题采用9分制打分法，其中，1分为应用程度非常低，5分为应用程度一般，9分为应用程度非常高）。

年份	2005~2011年，本企业所在行业的绿色创新环境规制政策执行程度								
	←执行程度非常低　　执行程度非常高→								
	1	2	3	4	5	6	7	8	9
2005	□	□	□	□	□	□	□	□	□
2006	□	□	□	□	□	□	□	□	□
2007	□	□	□	□	□	□	□	□	□
2008	□	□	□	□	□	□	□	□	□
2009	□	□	□	□	□	□	□	□	□
2010	□	□	□	□	□	□	□	□	□
2011	□	□	□	□	□	□	□	□	□

再次感谢您的参与和支持！

附录问卷B2　跨国公司技术转移对制造业绿色创新系统创新绩效的影响机理调查问卷

尊敬的女士/先生：

　　您好！

　　首先感谢您在百忙之中抽出时间来填写问卷，我是哈尔滨理工大学管理学院的博士研究生，目前正在进行跨国公司技术转移对制造业绿色创新系统创新绩效的影响机理研究。本问卷主要是针对跨国公司技术转移对制造业绿色创新系统创新绩效的影响机理中的部分指标进行的调查研究。如果您所在行业非制造业行业，请不要答题。非常感谢您的合作！

一、背景资料

请根据您的实际情况进行选择：

	贵公司名称：		
贵公司所属的行业（若跨多个行业，请填写您所在的行业）	□农副食品加工业	□化学纤维制造业
	□食品制造业	□橡胶制品业
	□饮料制造业	□塑料制品业
	□烟草制品业	□非金属矿物制品业
	□纺织业	□黑色金属冶炼及压延加工业
	□纺织服装.鞋.帽制造业	□有色金属冶炼及压延加工业
	□皮革.毛皮.羽毛（绒）及其制品业	□金属制品业
	□木材加工及木.竹.藤.棕.草制品业	□通用设备制造业
	□家具制造业	□专用设备制造业
	□造纸及纸制品业	□交通运输设备制造业
	□印刷业和记录媒介的复制业	□电气机械及器材制造业
	□文教体育用品制造业	□通信设备.计算机及其他电子设备制造业
	□石油加工.炼焦及核燃料加工业	□仪器仪表及文化.办公用机械制造业
	□化学原料及化学制品制造业	□工艺品及其他制造业
	□医药制造业	

二、制造业跨国公司绿色技术联盟合作程度

1. 制造业跨国公司绿色技术联盟合作规模变化情况

请根据您的了解，对 2005~2011 年本企业所在行业的跨国公司绿色技术联盟合作规模情况进行评价（本问题采用 9 分制打分法，其中，1 分为合作规模大量减少，5 分为合作规模不变，9 分为合作规模大量增加）。

年份	2005~2011年，本企业所在行业的跨国公司绿色技术联盟合作规模变化情况								
	←大量缩小　　大量增加→								
	1	2	3	4	5	6	7	8	9
2005	□	□	□	□	□	□	□	□	□
2006	□	□	□	□	□	□	□	□	□
2007	□	□	□	□	□	□	□	□	□
2008	□	□	□	□	□	□	□	□	□
2009	□	□	□	□	□	□	□	□	□
2010	□	□	□	□	□	□	□	□	□
2011	□	□	□	□	□	□	□	□	□

2. 制造业跨国公司绿色技术联盟合作质量变化情况

请根据您的了解，对2005~2011年本企业所在行业的跨国公司绿色技术联盟合作质量变化情况进行评价（本问题采用9分制打分法，其中，1分为合作质量大幅度降低，5分为合作质量不变，9分为合作质量大幅度提高）。

年份	2005~2011年，本企业所在行业的跨国公司绿色技术联盟合作质量变化情况								
	←大幅度降低　　大幅度提高→								
	1	2	3	4	5	6	7	8	9
2005	□	□	□	□	□	□	□	□	□
2006	□	□	□	□	□	□	□	□	□
2007	□	□	□	□	□	□	□	□	□
2008	□	□	□	□	□	□	□	□	□
2009	□	□	□	□	□	□	□	□	□
2010	□	□	□	□	□	□	□	□	□
2011	□	□	□	□	□	□	□	□	□

三、制造业绿色制度建设水平情况

1. 制造业各行业绿色制度体系完善程度的比较

请根据您的了解，对2005~2011年本企业所在行业的绿色制度体系完善程度进行评价（本问题采用9分制打分法，其中，1分为非常不完善，5分为完善程度一般，9分为非常完善）。

| 年份 | 2005~2011 年，本企业所在行业的绿色制度体系完善程度 |||||||||
| | ←非常不完善　非常完善→ |||||||||
	1	2	3	4	5	6	7	8	9
2005	□	□	□	□	□	□	□	□	□
2006	□	□	□	□	□	□	□	□	□
2007	□	□	□	□	□	□	□	□	□
2008	□	□	□	□	□	□	□	□	□
2009	□	□	□	□	□	□	□	□	□
2010	□	□	□	□	□	□	□	□	□
2011	□	□	□	□	□	□	□	□	□

2. 制造业各行业绿色制度执行程度的比较

请根据您的了解，对 2005~2011 年本企业所在行业的绿色制度有效执行程度进行评价（本问题采用 9 分制打分法，其中，1 分为应用程度非常低，5 分为应用程度一般，9 分为应用程度非常高）：

| 年份 | 2005~2011 年，本企业所在行业的绿色制度有效执行程度 |||||||||
| | ←执行程度非常低　执行程度非常高→ |||||||||
	1	2	3	4	5	6	7	8	9
2005	□	□	□	□	□	□	□	□	□
2006	□	□	□	□	□	□	□	□	□
2007	□	□	□	□	□	□	□	□	□
2008	□	□	□	□	□	□	□	□	□
2009	□	□	□	□	□	□	□	□	□
2010	□	□	□	□	□	□	□	□	□
2011	□	□	□	□	□	□	□	□	□

再次感谢您的参与和支持！

附录问卷 B3　我国制造业绿色创新系统可持续发展效益综合评价指标调查问卷

尊敬的女士/先生：

您好！

本问卷是针对我国制造业绿色创新系统可持续发展效益综合评价指标中制造业产品循环利用率、制造业包装物循环利用率、制造业循环制度建设水平、制造业绿色制度建设水平、制造业低碳制度建设水平的调查研究。如果您所在行业非制造业行业，请不要答题。非常感谢您的合作！

第一部分：背景资料

请根据您的实际情况进行选择：

贵公司名称：	
贵公司所属的行业（若跨多个行业，请填写您所在的行业）	□农副食品加工业 ／ □医药制造业
	□食品制造业 ／ □化学纤维制造业
	□饮料制造业 ／ □橡胶制品业
	□烟草制品业 ／ □塑料制品业
	□纺织业 ／ □非金属矿物制品业
	□纺织服装.鞋.帽制造业 ／ □黑色金属冶炼及压延加工业
	□皮革.毛皮.羽毛（绒）及其制品业 ／ □有色金属冶炼及压延加工业
	□木材加工及木.竹.藤.棕.草制品业 ／ □金属制品业
	□家具制造业 ／ □通用设备制造业
	□造纸及纸制品业 ／ □专用设备制造业
	□印刷业和记录媒介的复制业 ／ □交通运输设备制造业
	□文教体育用品制造业 ／ □电气机械及器材制造业
	□石油加工.炼焦及核燃料加工业 ／ □通信设备.计算机及其他电子设备制造业
	□化学原料及化学制品制造业

第二部分

以下问题使用5分制打分法（1——非常不符合；2——不符合；3——基本符合；4——较符合；5——非常符合）。

我国制造业行业可持续发展效益综合评价：

主要问题		←非常不符合　非常符合→
		1　2　3　4　5
制造业产品循环利用率	本企业所在行业建立了完善和规范的制造业产品回收渠道	□　□　□　□　□
	本企业所在行业掌握制造业产品回收循环利用的有效技术	□　□　□　□　□
制造业包装物循环利用率	本企业所在行业建立了完善和规范的制造业包装物回收渠道	□　□　□　□　□
	本企业所在行业掌握制造业包装物回收循环利用的有效技术	□　□　□　□　□

附录 B 调查问卷

续表

主要问题		←非常不符合　非常符合→
		1　2　3　4　5
制造业循环制度建设水平	本企业所在行业循环制度体系非常完善	□　□　□　□　□
	本企业所在行业循环制度得到有效执行	□　□　□　□　□
制造业绿色制度建设水平	本企业所在行业绿色制度体系非常完善	□　□　□　□　□
	本企业所在行业绿色制度得到有效执行	□　□　□　□　□
制造业低碳制度建设水平	本企业所在行业低碳制度体系非常完善	□　□　□　□　□
	本企业所在行业低碳制度得到有效执行	□　□　□　□　□

感谢您的参与！

附录问卷 B4　我国制造业绿色创新系统可持续发展效益综合评价权重调查问卷

尊敬的女士/先生：

您好！感谢您的参与支持！

我们是哈尔滨理工大学的研究人员，本调查问卷的主要目的在于确定我国制造业绿色创新系统可持续发展效益综合评价的各指标之间的相对权重，调查问卷根据层次分析法的形式设计。这种方法是在同一个层次对影响因素的重要性进行两两比较。衡量尺度划分为五个等级，分别是绝对重要、十分重要、比较重要、稍微重要、同样重要，对应数值如下表所示：

衡量尺度对应表

文字描述	绝对重要	十分重要	比较重要	稍微重要	同样重要
数字描述	9	7	5	3	1

左边的综合评价标尺表示左边因素比右边因素重要，右边的综合评价标尺表示右边因素比左边因素重要。请根据您的判断在对应方格中打钩。

例如，您认为一套房子的地理位置重要，还是价格重要？

如果您认为一套房子地理位置的重要性相对于价格比较重要，那么请在左侧比较重要"5"下面对应打钩。

对于综合评价房子的指标相对重要程度的样表如下：

A	综合评价尺度									B
	9	7	5	3	1	3	5	7	9	
地理位置			√							价格

本问卷采用匿名方式，获得的数据仅供学术研究之用，不会被用于任何商业用途，您的回答将得到严格的保密，不要有任何顾虑。若您需要本书成果，请提供您的通信方式，待本书完成后我们会及时反馈。

非常感谢您的合作！

A. 制造业可持续发展效益综合评价

A	综合评价尺度									B
	9	7	5	3	1	3	5	7	9	
循环效益										绿色效益
循环效益										低碳效益
绿色效益										低碳效益

B. 制造业循环效益综合评价

A	综合评价尺度									B
	9	7	5	3	1	3	5	7	9	
制造业单位产值不可再生资源消耗										制造业单位产值不可再生能源消耗
制造业单位产值不可再生资源消耗										制造业资源循环利用率
制造业单位产值不可再生资源消耗										制造业能源循环利用率
制造业单位产值不可再生资源消耗										制造业产品循环利用率
制造业单位产值不可再生资源消耗										制造业包装物循环利用率
制造业单位产值不可再生资源消耗										制造业三废综合利用
制造业单位产值不可再生资源消耗										制造业循环技术 R&D 经费占总产值比重
制造业单位产值不可再生资源消耗										制造业循环技术产值占总产值比重
制造业单位产值不可再生资源消耗										制造业循环制度建设水平
制造业单位产值不可再生能源消耗										制造业资源循环利用率
制造业单位产值不可再生能源消耗										制造业能源循环利用率
制造业单位产值不可再生能源消耗										制造业产品循环利用率
制造业单位产值不可再生能源消耗										制造业包装物循环利用率
制造业单位产值不可再生能源消耗										制造业三废综合利用
制造业单位产值不可再生能源消耗										制造业循环技术 R&D 经费占总产值比重

续表

A	综合评价尺度 9 7 5 3 1 3 5 7 9	B
制造业单位产值不可再生能源消耗		制造业循环技术产值占总产值比重
制造业单位产值不可再生能源消耗		制造业循环制度建设水平
制造业资源循环利用率		制造业能源循环利用率
制造业资源循环利用率		制造业产品循环利用率
制造业资源循环利用率		制造业包装物循环利用率
制造业资源循环利用率		制造业三废综合利用
制造业资源循环利用率		制造业循环技术 R&D 经费占总产值比重
制造业资源循环利用率		制造业循环技术产值占总产值比重
制造业资源循环利用率		制造业循环制度建设水平
制造业能源循环利用率		制造业产品循环利用率
制造业能源循环利用率		制造业包装物循环利用率
制造业能源循环利用率		制造业三废综合利用
制造业能源循环利用率		制造业循环技术 R&D 经费占总产值比重
制造业能源循环利用率		制造业循环技术产值占总产值比重
制造业能源循环利用率		制造业循环制度建设水平
制造业产品循环利用率		制造业包装物循环利用率
制造业产品循环利用率		制造业三废综合利用
制造业产品循环利用率		制造业循环技术 R&D 经费占总产值比重
制造业产品循环利用率		制造业循环技术产值占总产值比重
制造业产品循环利用率		制造业循环制度建设水平
制造业包装物循环利用率		制造业三废综合利用
制造业包装物循环利用率		制造业循环技术 R&D 经费占总产值比重
制造业包装物循环利用率		制造业循环技术产值占总产值比重
制造业包装物循环利用率		制造业循环制度建设水平
制造业三废综合利用		制造业循环技术 R&D 经费占总产值比重
制造业三废综合利用		制造业循环技术产值占总产值比重
制造业三废综合利用		制造业循环制度建设水平
制造业循环技术 R&D 经费占总产值比重		制造业循环技术产值占总产值比重
制造业循环技术 R&D 经费占总产值比重		制造业循环制度建设水平
制造业循环技术产值占总产值比重		制造业循环制度建设水平

C. 制造业绿色效益综合评价

A	综合评价尺度 9 7 5 3 1 3 5 7 9	B
制造业单位产值资源消耗		制造业单位产值能源消耗
制造业单位产值资源消耗		制造业单位产值废水排放量
制造业单位产值资源消耗		制造业单位产值废气排放量
制造业单位产值资源消耗		制造业单位产值固体废弃物排放量
制造业单位产值资源消耗		制造业三废排放达标率
制造业单位产值资源消耗		制造业环境污染治理经费占总产值比重
制造业单位产值资源消耗		制造业绿色技术R&D经费占总产值比重
制造业单位产值资源消耗		制造业绿色技术产值占总产值的比重
制造业单位产值资源消耗		制造业绿色制度建设水平
制造业单位产值能源消耗		制造业单位产值能源消耗
制造业单位产值能源消耗		制造业单位产值废水排放量
制造业单位产值能源消耗		制造业单位产值废气排放量
制造业单位产值能源消耗		制造业单位产值固体废弃物排放量
制造业单位产值能源消耗		制造业三废排放达标率
制造业单位产值能源消耗		制造业环境污染治理经费占总产值比重
制造业单位产值能源消耗		制造业绿色技术R&D经费占总产值比重
制造业单位产值能源消耗		制造业绿色技术产值占总产值的比重
制造业单位产值能源消耗		制造业绿色制度建设水平
制造业单位产值能源消耗		制造业单位产值废水排放量
制造业单位产值能源消耗		制造业单位产值废气排放量
制造业单位产值能源消耗		制造业单位产值固体废弃物排放量
制造业单位产值能源消耗		制造业三废排放达标率
制造业单位产值能源消耗		制造业环境污染治理经费占总产值比重
制造业单位产值能源消耗		制造业绿色技术R&D经费占总产值比重
制造业单位产值能源消耗		制造业绿色技术产值占总产值的比重
制造业单位产值能源消耗		制造业绿色制度建设水平
制造业单位产值废水排放量		制造业单位产值废气排放量
制造业单位产值废水排放量		制造业单位产值固体废弃物排放量
制造业单位产值废水排放量		制造业三废排放达标率
制造业单位产值废水排放量		制造业环境污染治理经费占总产值比重
制造业单位产值废水排放量		制造业绿色技术R&D经费占总产值比重
制造业单位产值废水排放量		制造业绿色技术产值占总产值的比重

续表

A	综合评价尺度 9 7 5 3 1 3 5 7 9	B
制造业单位产值废水排放量		制造业绿色制度建设水平
制造业单位产值废气排放量		制造业单位产值固体废弃物排放量
制造业单位产值废气排放量		制造业三废排放达标率
制造业单位产值废气排放量		制造业环境污染治理经费占总产值比重
制造业单位产值废气排放量		制造业绿色技术R&D经费占总产值比重
制造业单位产值废气排放量		制造业绿色技术产值占总产值的比重
制造业单位产值废气排放量		制造业绿色制度建设水平
制造业单位产值固体废弃物排放量		制造业三废排放达标率
制造业单位产值固体废弃物排放量		制造业环境污染治理经费占总产值比重
制造业单位产值固体废弃物排放量		制造业绿色技术R&D经费占总产值比重
制造业单位产值固体废弃物排放量		制造业绿色技术产值占总产值的比重
制造业单位产值固体废弃物排放量		制造业绿色制度建设水平
制造业三废排放达标率		制造业环境污染治理经费占总产值比重
制造业三废排放达标率		制造业绿色技术R&D经费占总产值比重
制造业三废排放达标率		制造业绿色技术产值占总产值的比重
制造业三废排放达标率		制造业绿色制度建设水平
制造业环境污染治理经费占总产值比重		制造业绿色技术R&D经费占总产值比重
制造业环境污染治理经费占总产值比重		制造业绿色技术产值占总产值的比重
制造业环境污染治理经费占总产值比重		制造业绿色制度建设水平
制造业绿色技术R&D经费占总产值比重		制造业绿色技术产值占总产值的比重
制造业绿色技术R&D经费占总产值比重		制造业绿色制度建设水平
制造业绿色技术产值占总产值的比重		制造业绿色制度建设水平

D. 制造业低碳效益综合评价

A	综合评价尺度 9 7 5 3 1 3 5 7 9	B
制造业单位产值化石能源消耗		制造业碳排放量
制造业单位产值化石能源消耗		制造业碳排放强度
制造业单位产值化石能源消耗		制造业碳捕获和封存程度
制造业单位产值化石能源消耗		制造业低碳改造率的增长率
制造业单位产值化石能源消耗		制造业低碳技术R&D经费占总产值比重
制造业单位产值化石能源消耗		制造业低碳技术产值占总产值比重
制造业单位产值化石能源消耗		制造业低碳制度建设水平

续表

A	综合评价尺度 9 7 5 3 1 3 5 7 9	B
制造业碳排放量		制造业碳排放强度
制造业碳排放量		制造业碳捕获和封存程度
制造业碳排放量		制造业低碳改造率的增长率
制造业碳排放量		制造业低碳技术 R&D 经费占总产值比重
制造业碳排放量		制造业低碳技术产值占总产值比重
制造业碳排放量		制造业低碳制度建设水平
制造业碳排放强度		制造业碳捕获和封存程度
制造业碳排放强度		制造业低碳改造率的增长率
制造业碳排放强度		制造业低碳技术 R&D 经费占总产值比重
制造业碳排放强度		制造业低碳技术产值占总产值比重
制造业碳排放强度		制造业低碳制度建设水平
制造业碳捕获和封存程度		制造业低碳改造率的增长率
制造业碳捕获和封存程度		制造业低碳技术 R&D 经费占总产值比重
制造业碳捕获和封存程度		制造业低碳技术产值占总产值比重
制造业碳捕获和封存程度		制造业低碳制度建设水平
制造业低碳改造率的增长率		制造业低碳技术 R&D 经费占总产值比重
制造业低碳改造率的增长率		制造业低碳技术产值占总产值比重
制造业低碳改造率的增长率		制造业低碳制度建设水平
制造业低碳技术 R&D 经费占总产值比重		制造业低碳技术产值占总产值比重
制造业低碳技术 R&D 经费占总产值比重		制造业低碳制度建设水平
制造业低碳技术产值占总产值比重		制造业低碳制度建设水平

附录 C 制造业行业代码对照表

附表 C1 制造业行业代码对照表

代码	行业名称	代码	行业名称
C13	农副食品加工业	C28	化学纤维制造业
C14	食品制造业	C29	橡胶制品业
C15	饮料制造业	C30	塑料制品业
C16	烟草制品业	C31	非金属矿物制品业
C17	纺织业	C32	黑色金属冶炼及压延加工业
C18	纺织服装.鞋.帽制造业	C33	有色金属冶炼及压延加工业
C19	皮革.毛皮.羽毛（绒）及其制品业	C34	金属制品业
C20	木材加工及木.竹.藤.棕.草制品业	C35	通用设备制造业
C21	家具制造业	C36	专用设备制造业
C22	造纸及纸制品业	C37	交通运输设备制造业
C23	印刷业和记录媒介的复制业	C39	电气机械及器材制造业
C24	文教体育用品制造业	C40	通信设备.计算机及其他电子设备制造业
C25	石油加工.炼焦及核燃料加工业	C41	仪器仪表及文化.办公用机械制造业
C26	化学原料及化学制品制造业	C42	工艺品及其他制造业
C27	医药制造业		

后　　记

　　本书的主要研究内容来源于我们承担的国家自然科学基金资助项目（71273073、71073041、70872024），在这些项目立项、研究和结题验收过程中得到了许多评审专家、同行评议人和有关管理人员的悉心指导与无私帮助，这对于本书的构思和撰写工作具有重要的启发作用，在此谨向他们表示衷心的感谢！本书在出版过程中又获得国家科学技术学术著作出版基金项目资助，同时也对项目评审专家和相关管理人员表示衷心的感谢！

　　特别感谢中国技术经济学会常务副会长、《管理世界》杂志社总编辑李志军教授在百忙之中为本书写序！

　　在本书的撰写过程中，毕克新、杨朝均、黄平组织了本书和上述国家自然科学基金报告的撰写、补充与修改工作。毕克新、杨朝均和黄平撰写了本书的第1章、第2章、第17章和第19章，毕克新、杨朝均和刘微微撰写了本书的第3章及第5章，毕克新、尹冲和黄平撰写了第4章，毕克新、杨朝均、刘刚和刘微微撰写了第6~8章；毕克新、刘蒙和杨朝均撰写了第9章，毕克新、李婉红、申楠和杨朝均撰写了第10~12章，毕克新、隋俊和杨朝均撰写了第13~15章，毕克新、王禹涵、付珊娜和杨朝均撰写了第16章，毕克新、祁心雨、付珊娜和杨朝均撰写了第18章。本书最终定稿是由毕克新和杨朝均负责完成的。

　　本书从酝酿、策划、整理加工到编辑排版，自始至终得到了科学出版社的热情鼓励和支持，他们的辛勤工作和高度的敬业精神，使我们得到了强有力的帮助。在此向他们表示深深的谢意！

　　衷心感谢李柏洲教授、范德成教授、孟凡生教授、宋艳教授、尹航教授、朱建新教授、康伟教授、扬枏教授、马永红教授、郭韬教授、苏屹教授和赵健宇副教授等的大力支持和帮助！衷心感谢杨洪涛教授、杜丹丽教授、艾明晔副教授、李英玫副教授和张倩副教授等兴海团队骨干成员的无私帮助与参与！此外，龚晨、程久瑜、李岩、赵珊珊等学生也为本书做了很多有益的工作，在此一并向他们表示感谢！

　　本书撰写过程中参考了大量国内外同行专家的相关研究成果，这些成果不仅为本书的选题、研究思路的形成等起到了重要的启发作用,也是本书论证分析的重要理论支撑,特此向这些成果的研究者表示衷心的感谢,特别是向那些可能因为疏忽而未被注明的作者深表歉意。

相信本书对弥补绿色创新系统研究空缺具有一定的理论意义,并对指导制造业绿色创新系统的运行及绿色创新活动的开展具有一定的现实意义。但由于研究视角的差异、研究能力的不足、研究资料与数据收集的困难等主客观因素的影响,本书也存在一些研究局限,部分研究观点难免会存在不足。因此,诚然恳请同行专家学者和广大读者对我们的研究工作批评指正,你们的意见和建议将是促进我们进一步完善相关研究的最大动力。

毕克新

2016 年 12 月